Pierre Bourdieus Konzeption des Habitus

Alexander Lenger • Christian Schneickert
Florian Schumacher (Hrsg.)

Pierre Bourdieus Konzeption des Habitus

Grundlagen, Zugänge, Forschungsperspektiven

Herausgeber
Alexander Lenger
Albert-Ludwigs-Universität Freiburg
Freiburg i. Br., Deutschland

Florian Schumacher
Albert-Ludwigs-Universität Freiburg
Freiburg i. Br., Deutschland

Christian Schneickert
Humboldt-Universität zu Berlin
Berlin, Deutschland

ISBN 978-3-531-18668-9   ISBN 978-3-531-18669-6 (eBook)
DOI 10.1007/978-3-531-18669-6

Die Deutsche Nationalbibliothek verzeichnet diese Publikation in der Deutschen Nationalbibliografie; detaillierte bibliografische Daten sind im Internet über http://dnb.d-nb.de abrufbar.

Springer VS
© Springer Fachmedien Wiesbaden 2013
Das Werk einschließlich aller seiner Teile ist urheberrechtlich geschützt. Jede Verwertung, die nicht ausdrücklich vom Urheberrechtsgesetz zugelassen ist, bedarf der vorherigen Zustimmung des Verlags. Das gilt insbesondere für Vervielfältigungen, Bearbeitungen, Übersetzungen, Mikroverfilmungen und die Einspeicherung und Verarbeitung in elektronischen Systemen.

Die Wiedergabe von Gebrauchsnamen, Handelsnamen, Warenbezeichnungen usw. in diesem Werk berechtigt auch ohne besondere Kennzeichnung nicht zu der Annahme, dass solche Namen im Sinne der Warenzeichen- und Markenschutz-Gesetzgebung als frei zu betrachten wären und daher von jedermann benutzt werden dürften.

Gedruckt auf säurefreiem und chlorfrei gebleichtem Papier

Springer VS ist eine Marke von Springer DE. Springer DE ist Teil der Fachverlagsgruppe Springer Science+Business Media.
www.springer-vs.de

Inhaltsverzeichnis

Vorwort 9

Einleitung

Pierre Bourdieus Konzeption des Habitus
Alexander Lenger, Christian Schneickert und *Florian Schumacher* 13

Teil I: Theoretische Grundlagen des Habitusbegriffs

Habitus in der kabylischen Gesellschaft und Max Webers protestantische Ethik
Franz Schultheis 45

Der Klassenhabitus in Abgrenzung zum Klassenbewusstsein bei Karl Marx
Klaus Eder 57

Die Wurzeln von Bourdieus Habituskonzept in der Phänomenologie Edmund Husserls
Christian Schneickert 75

Demonstrativer Konsum und die Theorie der feinen Leute:
Geschmack, Distinktion und Habitus bei Thorstein Veblen und Pierre Bourdieu
Alexander Lenger und *Stefan Priebe* 91

Bourdieus Adaption von Erwin Panofskys kunsttheoretischem Entwurf epochaler „Mental Habits"
Florian Schumacher 109

Bourdieus Habitusbegriff und Wittgensteins Sprachphilosophie
Boike Rehbein 123

Norbert Elias' „sozialer Habitus" als Vorläufer des Bourdieu'schen Habitus?
Eine vergleichende Analyse
Florian Schumacher 131

Teil II: Methoden der empirischen Habitusanalyse

Das Konzept der Habitushermeneutik in der Milieuforschung
Andrea Lange-Vester und *Christel Teiwes-Kügler* 149

Dokumentarische Methode und die Logik der Praxis
Ralf Bohnsack 175

Sozialraum- und Habituskonstruktion – Die Korrespondenzanalyse in Pierre Bourdieus
Forschungsprogramm
Jörg Blasius und *Andreas Schmitz* 201

Teil III: Konzeptionelle Erweiterungen und interdisziplinäre Anwendung

Ökonomie der Praxis, ökonomische Anthropologie und ökonomisches Feld:
Bedeutung und Potenziale des Habituskonzepts in den Wirtschaftswissenschaften
Alexander Lenger 221

Habitus und sozialer Raum: Zur Nutzung der Konzepte Pierre Bourdieus in der
Frauen- und Geschlechterforschung
Steffani Engler 247

Der Habitusbegriff in Erziehungswissenschaft und Bildungsforschung
Thomas Höhne 261

Habitus und Kultur: Das Habituskonzept in den empirischen Kulturwissenschaften
Ethnologie – Volkskunde – Cultural Studies
Jochen Bonz und *Jens Wietschorke*..285

Bourdieus Habituskonzept in den Geschichtswissenschaften
Sven Reichardt 307

Habitus und Literatur: Literarische Texte in Bourdieus Soziologie
Maja Suderland..325

Unbewusste Schemata: Der Habitus in der Psychologie
Michael Zander 347

Habitus und Politik: Zum Habituskonzept in der Politikwissenschaft
Heiko Geiling 361

Globaler Habitus? Der Habitusbegriff in der Globalisierungsforschung
Christian Schneickert 377

Autorinnen- und Autorenverzeichnis...397

Stichwortverzeichnis..401

Personenverzeichnis...409

Vorwort

Ausgangspunkt des vorliegenden Sammelbandes bilden sich über Jahre hinwegziehende Diskussionen über die theoretischen Hintergründe von Pierre Bourdieus Konzept des Habitus unter den Herausgebern sowie das große Interesse, mit dem das Habituskonzept in verschiedenen Lehrveranstaltungen und in interdisziplinären Fachdiskussionen aufgegriffen wurde. Die Kooperation der Herausgeber beruht im Wesentlichen auf der Zusammenarbeit am Institut für Soziologie der Albert-Ludwigs-Universität Freiburg in den Jahren 2006 bis 2011, die in den vergangenen zwei Jahren bei verschiedenen Projekttreffen und Tagungen in Freiburg, Frankfurt und Berlin fortgeführt wurde und um gemeinsame Workshops zu Bourdieus Soziologie an der Pädagogischen Hochschule in Freiburg, der Facultad Latinoamericana de Ciencias Sociales in Buenos Aires sowie am Department of Sociology der University of Cape Town ergänzt wurden.

Aus diesen Diskussionen hat sich die Struktur des Sammelbandes ergeben, die drei inhaltliche Ziele verfolgt: Erstens, die systematische Rekonstruktion der theoretischen Fundierung des Habituskonzepts. Zweitens, die Darstellung der unterschiedlichen Verwendungsweisen des Konzepts in verschiedenen Fachdisziplinen. Drittens, die methodische Ausarbeitung des Habituskonzepts für zukünftige empirische Forschung.

Bourdieus Habituskonzept – so die Ausgangsthese des vorliegenden Sammelbandes – ist deshalb anschlussfähig und populär, weil es sich auf große Traditionen verschiedener Disziplinen bezieht. Die Idee einer systematischen Analyse dieser Denkschulen, auf deren Schultern Bourdieus Habitus ruht, stellt somit das Fundament des Bandes dar. Trotz zahlreicher Abhandlungen zu Bourdieus Theorie liegt ein systematischer Überblick über die theoretischen Wurzeln des Habitusbegriffs bisher nicht vor. Dies lässt sich teilweise durch Bourdieus Zitierpraxis erklären, denn nur an sehr wenigen Stellen seiner Schriften verweist er explizit auf theoretische Vorläufer und damit auf die Genealogie seiner eigenen Soziologie. Erst auf der Basis der theoretischen Rekonstruktion des Konzepts wird die interdisziplinäre Anschlussfähigkeit vollständig verständlich. Denn inzwischen hat das Habituskonzept im Zuge der Popularisierung Bourdieus Einzug in nahezu alle sozial- und geisteswissenschaftlichen Disziplinen erhalten und so erfreut sich die Soziologie Pierre Bourdieus weit über die Grenzen der Soziologie hinaus immer größerer Beliebtheit. Entsprechend wird auch das Habituskonzept zunehmend in anderen Fachdisziplinen rezipiert, adaptiert und modifiziert.

Für die zukünftige Forschung in allen Disziplinen ist die empirische Untersuchung von Habitus entscheidend. Methoden der empirischen Habitusanalyse wurden von Bourdieu jedoch nur fragmentarisch hinterlassen und trotz engagierter Arbeit einiger ForscherInnen bisher nicht systematisch und umfassend ausgearbeitet. Der vorliegende Band sammelt einige der vielversprechendsten Ansätze und stellt sie in den Kontext theoretischer Rückbindung und interdisziplinärer Anwendung.

Der Sammelband wäre ohne die Mithilfe vieler Personen nicht möglich gewesen. So möchten wir uns zunächst bei Regine Schwab bedanken, die etliche Stunden mit Formatierung und Korrekturen verbrachte sowie bei Salvatore Calabrese, der die Texte auf inhaltliche Passung und Konsistenz prüfte. Für die Durchsicht der Literaturverzeichnisse bedanken wir uns bei Kerstin Schaper, für die Erstellung der Grafiken bei Andreas Kroneder. Für kritische Anmerkungen und hilfreiche Hinweise bedanken wir uns darüber hinaus bei Jonas Meixner, Stefan Priebe, Manuel Armbruster und Anna Güthler.

Zudem geht unser Dank an die Internationale Graduierten Akademie (IGA) der Albert-Ludwigs-Universität Freiburg, deren finanzielle Unterstützung die zahlreichen Projekttreffen zu diesem Band ermöglicht hat.

Frankfurt, Berlin und Freiburg
im April 2013

Alexander Lenger, Christian Schneickert, Florian Schumacher

Einleitung

Pierre Bourdieus Konzeption des Habitus

Alexander Lenger, Christian Schneickert und Florian Schumacher

„Das Paradox aber ist, dass die meisten Kommentatoren den wichtigsten Unterschied zwischen meinem Gebrauch dieses Begriffs und seinen sämtlichen früheren Verwendungen (Héran 1987) vollkommen außer Acht lassen – ich habe Habitus auch und vor allem gesagt, *um nicht »habitude« zu sagen, Gewohnheit* –, nämlich die generative, um nicht zu sagen kreative Kapazität, die im System der Dispositionen als *ars* – als Kunst in ihrem eigentlichen Sinne der praktischen Meisterschaft – und insbesondere als *ars inveniendi* angelegt ist. Kurz, sie machen sich eine mechanische Vorstellung von einem *gegen den Mechanismus* konstruierten Begriff." (Bourdieu / Wacquant 1996 [1992]: 154f.; Hervorhebungen im Original)

1. Einleitung

Die Theorie Bourdieus gehört heute zum Standardrepertoire der Sozialwissenschaften, was sich nicht zuletzt durch die Vielzahl an Sekundärtexten belegen lässt (vgl. exemplarisch Janning 1991; Jenkins 1992; Schwingel 1995; Bittlingmayer / Eickelpasch 2002; Papilloud 2003; Ebrecht / Hillebrandt 2004; Fuchs-Heinritz / König 2005; Barlösius 2006; Rehbein 2006; Wacquant 2006; Bohn / Hahn 2007; Schultheis 2007; Jurt 2008; Fröhlich / Rehbein 2009; Kastner 2009; Schumacher 2011; Šuber / Prinz / Schäfer 2011). Obwohl das Habituskonzept das Schlüsselkonzept der Gesamttheorie darstellt (vgl. Miller 1989: 196) und geradezu inflationär verwendet wird (vgl. hierzu auch Zuckermann 2010), widmet sich im deutschen Sprachraum lediglich der Band von Beate Krais und Gunter Gebauer (2002) dezidiert dem soziologischen Ursprungskonzept (für einen Überblick zur Rezeption im deutschsprachigen Raum siehe Abschnitt 5). Die häufige Verwendung zeigt einerseits die große Popularität Bourdieus, birgt aber andererseits die Gefahr, ihn als Klassiker kaum noch im Original zu lesen und seine theoretischen Konzepte nur stark vereinfacht zu rezipieren. Solche theoretischen Verkürzungen können dann zu stereotypen Auffassungen wie etwa dem Vorwurf des Determinismus führen (vgl. exemplarisch Jenkins 1982) und damit einer ernsthaften Kritik der Prämissen des Bourdieu'schen Theoriegebäudes im Weg stehen (siehe Fröhlich / Rehbein / Schneickert 2009). In diesem Sinne ist der vorliegende Sammelband weniger als Versuch zu verstehen, den ‚Propheten' vor Angriffen oder ‚falscher' Interpretation zu schützen (vgl. Alexander 1995), sondern vielmehr als eine systematische Begriffsarbeit, die sowohl weitere Forschungen als auch grundlegende Kritik stimulieren soll.

Der Begriff des Habitus wird in verschiedenen Bereichen verwendet und gehorcht demzufolge verschiedenen, kontextabhängigen Definitionen. Im allgemeinen Sprachgebrauch bezeichnet der lateinische Begriff ‚Habitus' die äußere Erscheinung bzw. das

Gesamterscheinungsbild einer Person. In der Medizin wird der Begriff verwendet, um vom Erscheinungsbild auf die Krankheitslage zu schließen. Der Biologie dient er zur Beschreibung der äußeren Beschaffenheit von Tieren, Pflanzen und Kristallen (vgl. Meyers 1974: 255; Brockhaus 1995: 1434). In der Philosophie wiederum ist ‚Habitus' ein aristotelisch-scholastischer Begriff für eine erworbene Verhaltensdisposition oder Gewohnheit, die als ‚zweite Natur' des Menschen eng mit moralischen Einstellungen verbunden ist (vgl. Prechtl/Burkard 1999: 223f.). Habitus wird in diesem Sinne auch schlicht als ‚Haltung' verstanden (siehe dazu Wacquant 2006; Rehbein 2006: 88-90). Soziologisch bezeichnet der Begriff zunächst die äußere Erscheinung von Menschen, von der aus auf die Gesamtheit der Einstellungen und Gewohnheiten geschlossen werden kann (vgl. Fuchs-Heinritz et al. 2007: 259). Hier werden dann häufig auch das Aussehen und die Haltung (vgl. Hillmann 1994: 317) sowie das Erscheinungsbild (z. B. Kleidungsstil, Sprache) mit einbezogen (vgl. Reinhold / Lamnek / Recker 1997: 249).

Die vorliegende Einführung widmet sich der *soziologischen* Bedeutung des Begriffs in der von Bourdieu vorgegebenen Prägung. In seinen Worten steht Habitus für die „Wahrnehmungs-, Denk- und Handlungsschemata" eines Menschen, in dem sämtliche inkorporierten, früheren sozialen Erfahrungen zum Ausdruck kommen (Bourdieu 1970 [1967]: 153, 1987 [1980]: 101). Dabei ist der Habitus vor allem durch die spezifische gesellschaftliche Position geprägt, die Angehörige einer sozialen Gruppe innerhalb einer Sozialstruktur einnehmen. Genereller gefasst dient das Konzept der Vermittlung individueller Dispositionen (Subjekt-Ebene) und gesellschaftlicher Möglichkeiten (Struktur-Ebene). Im Gegensatz etwa zu Foucault wird das Subjekt bei Bourdieu weniger diszipliniert, sondern eher als Träger eines Habitus verstanden (vgl. Reckwitz 2008: 39). Entsprechend diskutiert die vorliegende Einführung zunächst die Genese der individuellen Dispositionen bzw. den Habitus der Akteure als Träger gesellschaftlicher Strukturen (vgl. Bourdieu 1970 [1967], 1982 [1979], 1987 [1980]).

Es zeigt sich, dass sich die verschiedenen Verwendungsweisen und Interpretationen des Konzepts auf einen gemeinsamen Nenner zurückführen lassen: die Kategorisierung von Mitgliedern sozialer Klassen innerhalb von objektiven gesellschaftlichen Strukturen in Kombination mit einem auf das individuelle Subjekt bezogenen Konzept inkorporierter kollektiver Dispositionen. Mit Blick auf die grundsätzliche Konzeption des Begriffs, die den Habitus zwischen sozialem Akteur und sozialen Strukturen verortet, lautet unsere Ausgangsthese, dass mit dem Habituskonzept von Bourdieu nicht nur interdisziplinär, sondern auch transdisziplinär gearbeitet werden kann. Bourdieus Habituskonzept ist also nicht nur modifiziert in diversen sozialwissenschaftlichen Disziplinen verwendbar, sondern stellt durch den vermittelnden Charakter zwischen Subjekt und Objekt, Struktur und Handlung sowie Individuum und Gesellschaft ein holistisches Konzept dar und ermöglicht damit eine fachübergreifende und gegenstandsbezogene Forschung.

Im Folgenden werden zunächst die Ursprünge des Habitusbegriffs im Werk Bourdieus herausgearbeitet und dann die Sammelbandbeiträge zu den theoretischen Grundlagen des Habitusbegriffs vorgestellt (Abschnitt 2). Daran anschließend wird die gegenwärtige Relevanz des Habituskonzepts beleuchtet und konzeptionelle Erweiterungen sowie interdisziplinäre Verwendungsweisen erörtert (Abschnitt 3). Vor diesem Hintergrund zeigt sich die originäre Bedeutung und Stellung des Habituskonzepts in Bourdieus Gesamtwerk, die ausführlich diskutiert wird (Abschnitt 4). Im Anschluss folgen eine Zusammenfassung der deutschsprachigen Rezeption und eine Skizze der im Sammelband vorliegenden Ansätze zur empirischen Habitusanalyse (Abschnitt 5). Das Fazit fasst die Überlegungen zusammen und verweist auf die mögliche Entfaltung der Entwicklungspotenziale des Habituskonzepts für die zukünftige Forschung mit und gegen Bourdieu (Abschnitt 6).

2. Ursprung und Herkunft des Habitusbegriffs

„Die Suche nach den Quellen, ohnehin nicht die beste hermeneutische Strategie, wird zumindest bei Zeitgenossen, also Konkurrenten, offensichtlich weniger von dem Wunsch nach dem Verstehen eines Beitrags geleitet als von dem, seine Originalität (im informationstheoretischen Sinne) zu mindern oder zu zerstören, um zugleich dem »Entdecker« unbekannter Quellen zu erlauben, sich als derjenige, dem man nichts vormachen kann, von den naiven Gemütern abzuheben, die sich der Illusion von etwas gänzlich Neuem hingeben." (Bourdieu 1999 [1992]: 287, Fn. 6)

Der Ursprung des Habitusbegriffs im Werk Bourdieus scheint aus heutiger Sicht einer stringenten Rekonstruktion zugänglich. So deuten viele AutorInnen die Entwicklung des Habituskonzepts vor dem Hintergrund seiner Erfahrungen im Algerien der 1950er Jahre (vgl. Krais 2004a: 99f., 2004b: 189; Neckel 2002: 30; Rehbein 2006: 28; Wacquant 2004 und Schultheis in diesem Band). Franz Schultheis bezeichnet die algerischen Schriften von Bourdieu sogar als „Kristallisationskern der gesamten Theorie Bourdieus" (Schultheis 2007: 19, vgl. auch 2000: 65, 2003: 26). Während seiner Zeit in Algerien habe Bourdieu ein zunehmendes Auseinanderfallen von erworbenen, traditionellen Handlungsmustern und neuen, strukturellen Anforderungen beobachtet, bedingt durch die (Zwangs-)Einführung des westlichen Kapitalismus in Folge der Kolonialisierung des Landes. Weiter wird argumentiert, dass der Begriff des Habitus hier zwar noch nicht explizit auftauchte, aber konzeptionell und funktionell in den algerischen Schriften Bourdieus (1976 [1972], 2000 [1977]) bereits angelegt gewesen sei (vgl. insbesondere Schultheis 2007).

Eine nähere Betrachtung dieser frühen Arbeiten Bourdieus lassen jedoch Zweifel an dieser Auffassung aufkommen. Der Algerienaufenthalt Bourdieus steht am Anfang seiner akademischen Karriere.[1] Bis zu dessen Ende hatte er mit *Sociologie de l'Algérie* (1958) ‚lediglich' eine Monographie sowie drei kürzere Beiträge über Algerien (1959a, 1959b, 1960) veröffentlicht – Werke, in denen weder eine konzeptionelle Entwicklung noch eine systematische Ausformulierung des Habituskonzepts anzutreffen sind. Folglich sind der Algerienaufenthalt und die zeitgleichen Publikationen zwar elementare Teile von Bourdieus Theoriegebäude, setzten darüber hinaus aber bestenfalls den biographischen Impuls zur Entwicklung der Habitustheorie.

Die theoretischen Grundlagen, an die das Habituskonzept anknüpft, entstanden nicht unmittelbar in der praktischen Auseinandersetzung mit empirischen Beobachtungen in Algerien, sondern resultierten vielmehr aus Bourdieus philosophischer Vorbildung und deren Abgleich mit der sozialen Praxis sowie der daraus resultierenden Übertragung dieser Überlegungen auf seine Heimat Béarn (so auch Wacquant 2004). So entstand zwischen 1962 und 1989 eine Reihe von Studien (Bourdieu 1962a, 1972, 1977, 1989), die erst etliche Jahre später unter dem Titel *Der Junggesellenball* als zusammenhängendes Werk veröffentlicht wurden (Bourdieu 2008 [2002]).

---

[1] Bourdieu, geboren 1930, leistete von 1955 bis 1958 seinen Militärdienst in Algerien und war von 1958 bis 1960 Assistent an der Faculté des Lettres in Algier.

Ohne die Originalität der wissenschaftlichen Leistung Bourdieus in Frage zu stellen, stellt seine Zitierpraxis doch eine erhebliche Erschwernis für die Rekonstruktion der Quellen einzelner Konzepte dar. Auch auf die Vorläufertheorien des Habituskonzepts verweist Bourdieu nur sporadisch (vgl. Miller 1989: 196). Entsprechend scheinen uns zwei Punkte für das Anliegen des vorliegenden Bandes von entscheidender Bedeutung zu sein:

Erstens ist der konzeptionelle Entwurf der Habitustheorie nicht ausschließlich mit der biographischen Erfahrung in Algerien zu erklären, sondern erst einige Jahre später anzusetzen: Bourdieu entwickelte ein eigenes Konzept des Habitus im Rahmen seiner Auseinandersetzung mit Panofsky (Bourdieu 1970 [1967]) sowie im Rahmen der Publikationen *Entwurf einer Theorie der Praxis* (1976 [1972]) und *Sozialer Sinn* (1987 [1980]), in welchen er das Konzept um eine Handlungstheorie ergänzte.[2] Das bedeutet, dass nur die Textexegese dieser Werke eine systematische Ableitung seines Habituskonzepts gewährleistet. Überlegungen zum Gruppen- bzw. Klassenhabitus finden sich dann in *Die feinen Unterschiede* (1982 [1979]) systematisch ausformuliert und auf die Klassengesellschaft übertragen.

Zweitens ist das Gesamtwerk von Bourdieu keineswegs theoretisch konsistent, sondern lässt sich durch Phasen, Ideenstränge und Entwicklungsschübe charakterisieren. Auch wenn die Forschungsliteratur dies allgemein anerkennt, werden die dem Werk immanenten Modifikationen und Weiterentwicklungen doch selten herausgestellt. Die hier vorgelegten Beiträge zeigen, dass verschiedene Fachdisziplinen sich meist auf verschiedene Entwicklungsphasen des Habituskonzepts beziehen, so etwa die empirischen Kulturwissenschaften auf das Habituskonzept der algerischen Frühphase oder die Psychologie und Bildungsforschung auf das spätere Habituskonzept. Das hat durchaus inhaltliche Gründe, erfordert aber gerade deswegen die historische Rekonstruktion der Theorieentwicklung.

Insgesamt lassen sich in Bourdieus Werk über verschiedene Arbeitsphasen hinweg drei Stränge der Entwicklung des Habituskonzepts identifizieren: erstens seine Anlage in Bourdieus philosophischer Grundausbildung; zweitens seine durch die Forschungsaufenthalte in Algerien und Béarn ethnologisch bzw. empirisch motivierten Modifikationen; drittens seine Übertragung und soziologische Anwendung auf moderne Klassengesellschaften in den Arbeiten zur Kunstsoziologie und zur Soziologie des französischen Bildungssystems.[3]

In seinen Studien zur Photographie (1981 [1965]) und zu MuseumsbesucherInnen (2006 [1966]) verwendet Bourdieu in Anlehnung an Max Weber den Begriff ‚Ethos', um die Einstellungen der verschiedenen Klassen zu Kunst und Kultur zu beschreiben. Den Begriff Habitus benutzt er dann systematisch erstmals 1967 in der Auseinandersetzung mit Panofskys Kunsttheorie in einem Aufsatz mit dem Titel „Der Habitus als Vermittler zwi-

---

[2] Rehbein (2006: 88) verweist zu Recht darauf, dass der Habitusbegriff in seiner späteren Bedeutung bereits in einem Aufsatz von 1962 über die Ehelosigkeit im Béarn auftaucht. Bourdieu spricht dabei von einem ländlichen Habitus, der sich in Körperhaltung und Sprache zeigt und von Stadtbewohnern und insbesondere den heiratsfähigen Frauen abwertend wahrgenommen wird (vgl. Bourdieu 1962b: 322f.).

[3] Ergänzend bemerkt hierzu Rehbein: „Es liegt nahe, dass er zur begrifflichen Durchdringung der sozialen Welt Algeriens gedanklich auf diese Arbeit zurückgriff. Vor diesem Hintergrund ist es beispielsweise möglich, dass ihm die Differenzen zwischen Subjektivität und Gesellschaft, zwischen kolonialer Terminologie und traditionalem Alltag, zwischen Bewusstsein der Zukunft und Leben in der Gegenwart auf der Basis von Leibniz' Monadenlehre ins Auge sprangen. Diese Vermutung wird dadurch gestützt, dass Bourdieu die »Harmonie« zwischen Subjekt und Gesellschaft verschiedentlich auf eine »lex insita« zurückführte, einen Begriff von Leibniz (z. B. 1982: 134; 1992: 49). Das dem Subjekt bzw. der Monade innewohnende Gesetz kann zur Differenz von Subjekt und Gesellschaft führen, wenn diese sich gleichsam unverhofft ändert. Von dieser Vorstellung ist es nur ein kleiner Schritt bis zum Begriff des Habitus, in dem die *lex insita* ihren Ort hat." (Rehbein 2006: 89; Hervorhebungen im Original)

schen Struktur und Praxis" (Bourdieu 1970 [1967]) (vgl. hierzu den Beitrag von Schumacher in diesem Band sowie Rist 1984: 203f.; Krais 2002: 26; Jurt 2008: 6). Bourdieu selbst argumentiert später, dass er den Begriff des Ethos für redundant erachtet habe, weil er vollständig in dem des Habitus aufgehe (Bourdieu1993 [1980]: 126). Laut Rehbein blieb der Habitusbegriff als Terminus bestehen, wurde jedoch in seiner konzeptuellen Tiefe kontinuierlich ausgearbeitet und den jeweiligen Forschungsprojekten angepasst (Rehbein 2006: 89).[4] Die Klärung der Ursprungsquellen des Habituskonzepts wird dabei von Bourdieu häufig selbst erschwert, wenn er beispielsweise feststellt: „Den [Habitusbegriff] gibt es bei allen großen Soziologen, bei Durkheim, bei Mauss" (Bourdieu 2000: 199).[5] Mit diesem Verweis auf die generelle Zugehörigkeit des Konzepts zum ‚Fundus der Geistesgeschichte' wird auf Quellenangaben häufig einfach verzichtet (vgl. exemplarisch Rehbein 2006: 88). Es mag hilfreich sein, festzuhalten, dass Bourdieu den Begriff des Habitus im Anschluss an Aristoteles (hexis) als ‚Haltung' oder ‚Disposition' in Abgrenzung zum Begriff ‚Zustand' verwendet (vgl. Rehbein / Saalmann 2009: 110); die nachfolgenden Beiträge zeigen jedoch, dass der Habitusbegriff in sehr unterschiedlichen Konnotationen vorlag und somit verschiedenste Strömungen erst einmal in sich sammelte, bevor von *einem* Habituskonzept überhaupt gesprochen werden kann.

So zeigt Franz Schultheis in seinem Beitrag, dass das Habituskonzept maßgeblich von Bourdieus Auseinandersetzung mit dem Werk von Max Weber und seiner Erfahrung in Algerien profitiert hat; Klaus Eder weist auf die theoretische Weiterentwicklung hin, die Bourdieu in der Marx-Rezeption durch den Begriff des Klassenhabitus in Abgrenzung zum Klassenbewusstsein gelungen ist; Christian Schneickert argumentiert, dass der Habitus bei Edmund Husserl als Widerstreit von Gewohnheit und Freiheit konzipiert war, wobei insbesondere die zeitliche und die körperliche Dimension von Bourdieu übernommen wurden. Boike Rehbein stellt dar, inwieweit die Regelhaftigkeit des Habitus auf philosophische Überlegungen Ludwig Wittgensteins zurückzuführen sind; Florian Schumacher zeigt, dass Bourdieu das Habituskonzept an Erwin Panofskys Analyse der stilistischen Einheitlichkeit verschiedener Epochen entwickelt hat, die er dann auf soziale Klassen und Individuen übertrug. Alexander Lenger und Stefan Priebe legen dar, dass Thorstein Veblen als ein weitgehend unbeachteter Vorläufer der Überlegungen zur distinktiven Kraft des Habitus gelten kann. Florian Schumacher schließlich analysiert die Unterschiede und Gemeinsamkeiten zwischen dem von Norbert Elias im Rahmen seiner Zivilisationstheorie entwickelten Konzept des sozialen Habitus und Bourdieus Konzeption.

3. Aktualität und interdisziplinäre Verwendungsweisen des Habituskonzepts

Heute ist Bourdieu einer der meistzitierten Sozialwissenschaftler (Mikl-Horke 2001: 357; Jurt 2010a: 318; Prinz / Schäfer / Šuber 2011: 11). Laut Ulf Wuggenig (2008) ist er welt-

---

[4] So verwendet Bourdieu zwar seit 1967 den Begriff ‚Habitus', versteht darunter jedoch ein anderes Habituskonzept als in seinen späteren Arbeiten. Beispielsweise war der Habitusbegriff in der direkten Übernahme von Panofsky nicht auf Klassen bezogen (vgl. hierzu Schumacher sowie die weiteren Beiträge zu den Grundlagen des Habituskonzepts in diesem Band).
[5] Vgl. zum Begriff des Habitus im historischen Ablauf auch Nickl (2001).

weit der nach Foucault meistzitierte Autor unter den PhilosophInnen und SozialwissenschaftlerInnen, die im 20. Jahrhundert geboren wurden.[6]

Gewiss ist dafür nicht allein das Habituskonzept verantwortlich, sondern die Gesamttheorie mit ihren Konzepten von Kapital, sozialem Raum und Feldern sowie symbolischer Herrschaft bzw. Gewalt. Der Habitus ist jedoch nicht nur das zentrale, alle Theoriekomponenten verbindende Konzept, sondern auch die Basis der ‚Theorie der Praxis', dessen zentrales Anliegen die Überwindung des Gegensatzes von Subjektivismus und Objektivismus ist. In diesem Sinne steht der Habitus für „einen Paradigmenwechsel im sozialwissenschaftlichen Denken, nämlich der Abkehr von einer Vorstellung vom sozialen Handeln, die dieses als Resultat bewusster Entscheidungen bzw. als das Befolgen von Regeln begreift" (Krais / Gebauer 2002: 5).

Dieses Grundanliegen wird in den unterschiedlichen Disziplinen mit großer Variationsbreite interpretiert und integriert: So zeigt Alexander Lenger für die Wirtschaftswissenschaften das Potenzial des Habitusbegriffs auf, soziale Ungleichheit in die ökonomische Analyse zu integrieren und entwickelt auf dieser Basis Vorschläge für eine neue Wirtschaftssoziologie. Zur Darstellung der Verwendungsweise des Habituskonzepts in der Frauen- und Geschlechterforschung wird ein Beitrag von Steffanie Engler wiederabgedruckt. Thomas Höhne legt dar, dass die Rezeption von Bourdieus konflikttheoretischen Überlegungen in Erziehungswissenschaft und Bildungsforschung – trotz ihrer Prominenz – uneinheitlich und disparat ist, wobei sich interessanterweise gerade die Bildungsforschung nach PISA von Bourdieu distanziert. Jochen Bonz und Jens Wietschorke besprechen die Verwendung des Habituskonzepts in den empirischen Kulturwissenschaften und diskutieren dabei insbesondere die unterschiedlichen Sichtweisen der europäischer Ethnologie und der britischen Cultural Studies. Maja Suderland beschäftigt sich in ihrem Beitrag mit der Verwendung des Habitusbegriffs in der Literaturtheorie und legt den Fokus auf die Sozioanalyse literarischer Werke. Michael Zander betrachtet den schwierigen Stand des Habitusbegriffs in der Psychologie, der auf deren schwach ausgeprägte Auseinandersetzung mit dem Gesellschaftsbegriff zurückzuführen ist. Heiko Geiling gibt einen Einblick in die Rezeption des Habituskonzept in den Politikwissenschaften und plädiert für eine soziologische Vertiefung politikwissenschaftlicher Perspektiven mit Rückgriff auf das Habituskonzept. Sven Reichardt fasst die Verwendung des Habituskonzepts in den Geschichtswissenschaften zusammen und demonstriert, wie es im Rahmen des Paradigmenwechsels hin zur historischen Kulturwissenschaft in eine ganze Reihe geschichtswissenschaftlicher Studien Eingang fand. Christian Schneickert schließlich veranschaulicht für die Globalisierungsforschung, dass Individuen und Gruppen nicht länger allein nationalen sozialen Räumen zugeordnet werden können, und schlägt vor, globale Habitus in globalisierten Feldern und transnationalen Milieus zu analysieren.

---

[6] Wuggenig gibt folgende Zitationszahlen an: 97.400 für Michel Foucault, 49.000 für Pierre Bourdieu, 42.500 für Jacques Derrida und 41.200 für Roland Barthes (Wuggenig 2008: 161). Vgl. dazu auch Schwarz: „His most widely known work, Distinction: A Social Critique of the Judgment of Taste (Cambridge, MA: Harvard University Press, 1984), has been ranked as the sixth most important social scientific work of the twentieth century." (Swartz 2003: 520)

4. Zur Stellung des Habitus im Gesamtwerk Bourdieus

Angesichts der vielfältigen Verwendungsweisen ist es unabdingbar, zunächst einen Überblick über das Habituskonzept in seiner ursprünglichen Fassung zu geben. In *Sozialer Sinn* erläutert Bourdieu die Ausgangsüberlegung seiner Forschungen: „Von allen Gegensätzen, die die Sozialwissenschaften künstlich spalten, ist der grundlegendste und verderblichste der zwischen Subjektivismus und Objektivismus." (Bourdieu 1987 [1980]: 49) Der Habitus ist das Konzept, mit dem er diesen vermeintlichen Gegensatz zwischen Gesellschaft und Individuum, Theorie und Praxis, Struktur und Handlung zu überwinden sucht. Entsprechend sollen sich die Sozialwissenschaften „weder auf eine Sozialphänomenologie noch auf eine Sozialphysik" (Bourdieu 1987 [1980]: 49) reduzieren, sondern die Vorteile beider Perspektiven vereinen. Er bezeichnet den Habitus als diejenigen „Wahrnehmungs-, Denk- und Handlungsschemata" (1987 [1980]: 101) eines Menschen, in denen sämtliche inkorporierten früheren sozialen Erfahrungen zum Ausdruck kommen. Da der individuelle Habitus vor allem durch die spezifische gesellschaftliche Position des Trägers als Individuum bzw. Angehöriger einer Gruppe innerhalb einer Sozialstruktur geprägt ist, erklärt die Unterschiedlichkeit dieser Schemata, wieso nicht alle Akteure dieselben Praktiken in gleicher Weise bewerten (vgl. Bourdieu 1982 [1979]: 334).

In Anlehnung an Noam Chomskys Begriff der „generativen Grammatik" versteht Bourdieu den Habitus als Tiefenstruktur der Handlungsmuster (vgl. Bourdieu 1999 [1992]: 286).[7] Geregelte Handlungen sind demnach „Produkte des Habitus, an denen sich zeigen lässt, wie eine kleine, endliche Anzahl von Schemata unendlich viele, an stets neue Situationen sich anpassende Praktiken zu erzeugen gestattet, und ohne dass hierfür die Schemata als explizite Prinzipien formuliert werden müssten" (Bourdieu 1976 [1972]: 204).

Dabei kommt dem Habitus gewissermaßen eine Doppelfunktion zu. Er stellt gleichzeitig eine erzeugte soziale Praxis dar (*opus operatum*), generiert aber zugleich die Praxis (*modus operandi*). Entsprechend zielt die Theorie der Praxis darauf ab, sich nicht mit einer empirischen Analyse des *opus operatum* zu begnügen, sondern vielmehr das Erzeugungsprinzip der Praxis in die sozialwissenschaftliche Analyse zu integrieren. Da zur Identifikation des *modus operandi* eine empirische Analyse nicht ausreicht, hat Bourdieu das Habituskonzept als „theoretische Hilfskonstruktion" entworfen (Barlösius 2006: 58).

---

[7] Bourdieu spricht dabei auch von der Kategorie des „modus operandi". Dabei rekurriert er auf die Konzeption der „generativen Grammatik" von Noam Chomsky (vgl. Chomsky 1969, 1973), mit der er sich in den 1960er Jahren beschäftigte. Chomskys generativer Grammatik zufolge besteht das Fundament von Sprache aus einigen wenigen grammatikalischen Kategorien und Zusammenhängen, die allen Menschen als kognitive Struktur gemeinsam sind. Linguistische Kompetenz basiert demzufolge auf einem kleinen Fundament von Prinzipien, aus denen eine Vielfalt von grammatikalischen Varianten hervorgebracht werden kann. Chomsky zufolge liegt den verschiedenen Sprachen und konkreten Sprechakten als ein unbewusstes Fundament eine angeborene Universalgrammatik zugrunde (vgl. Rehbein / Saalmann 2009: 112f.; Krais / Gebauer 2002: 31-34). Analog zu Panofskys Entwurf versteht Bourdieu den Habitus als ein System inkorporierter Muster, „die es erlauben, alle typischen Gedanken, Wahrnehmungen und Handlungen einer Kultur zu erzeugen" (Bourdieu 1970 [1967]: 143). Im Gegensatz zu Chomskys generativer Grammatik ist Bourdieus Habitus nicht genetisch oder biologisch, sondern sozial bestimmt (vgl. Bohn 1991: 66).

4.1 Strukturgeleiteter Utilitarismus und strukturierter Individualismus

In einer häufig zitierten Stelle aus *Die feinen Unterschiede* geht Bourdieu davon aus, dass „wir Menschen, laut Leibniz, in Dreiviertel unserer Handlungen Automaten sind" (Bourdieu 1982 [1979]: 740). Diese sehr grobe Einschätzung verweist auf ein Thema, das in der Rezeption des Habitus wie in der gesamten Theorie Bourdieus häufig diskutiert wird: die Frage nach der Freiheit menschlicher Handlungen und rationaler Entscheidungen. Allgemein beschreibt Bourdieu den Habitus als „geregelte Improvisation" oder als „konditionierte und bedingte Freiheit" (1987 [1980]: 103, 106). Der Habitus ermöglicht es Menschen, in unterschiedlichen Situationen flexibel und vor allen Dingen schnell zu handeln und gewährleistet zugleich die Kohärenz der Identität. Je genauer eine bestimmte Situation einem zurückliegenden Erlebnis gleicht, desto adäquater sind die zukünftigen Handlungen den Situationen angepasst. Wirklich identische Situationen kommen in der sozialen Realität jedoch so gut wie nie vor, weshalb der Habitus im Grunde stets zur Improvisation gezwungen ist. Entsprechend läuft die Verinnerlichung der sozialen Strukturen zwar systematisch und dauerhaft ab, jedoch nicht mechanisch (Bourdieu 1987 [1980]: 102). Vor dem Hintergrund dieser Überlegungen schlussfolgert Bourdieu, dass der Habitus „nicht nur strukturierende, die Praxis wie deren Wahrnehmung organisierende Struktur, sondern auch strukturierte Struktur" ist (Bourdieu 1982 [1979]: 279).

In der Praxis, und insbesondere in der Interaktion mit anderen Menschen, stehen Akteure in der Ausführung ihrer Handlungen üblicherweise unter Zeitdruck. Diesem Dilemma begegnet der Habitus, indem er ungewohnte Situationen mit bereits eingeübten Bewertungs- und Handlungsschemata verbindet und so zwar spontane, aber dennoch geregelte Handlungen hervorzubringen hilft. Je schneller eine Handlung erfolgen muss, desto weniger Zeit bleibt für einen Rückgriff auf das Bewusstsein und desto automatisierter, d. h. unbewusster und körperlicher, muss die Reaktion des Habitus ausfallen. So erklärt das Habituskonzept die Erzeugung von Gesellschaft durch nicht intendierte Handlungen (vgl. Krais / Gebauer 2002: 66).

De facto wird der Habitus jedoch deutlich strukturalistischer gelesen, und für eine solche Lesart liefert Bourdieu gute Gründe (vgl. Schwingel 1995: 68f.). Insbesondere wenn er den zeitlichen Aspekt individueller sowie kollektiver Lebensläufe diskutiert (das ‚soziale Altern' von Akteuren oder Klassen), lässt seine Analyse relativ wenig Raum für freie Wahlhandlungen oder abweichendes Verhalten. Mit dem Konzept des von Nietzsche entliehenen Begriffs ‚amor fati' (Liebe zum Schicksal; vgl. Nietzsche 1988 [1882], 1999 [1887]) argumentiert Bourdieu, dass die soziale Laufbahn eines Subjekts – trotz der formellen Möglichkeit zur Handlung – aufgrund individueller Neigungen in der Praxis bereits weitgehend vorherbestimmt ist. So stellt z. B. das soziale Altern der unteren Klassen für Bourdieu eine lebenslange Verzichtsleistung bzw. ‚Trauerarbeit' dar (Bourdieu 1982 [1979]: 189), sich mit dem zu begnügen, was man hat, und dies auch zu lieben. Entsprechend schreibt er, „dass man hat, was man mag, weil man mag, was man hat" (Bourdieu 1982 [1979]: 286). In diesem Sinne sind die Präferenzen der unteren Schichten für Bourdieu lediglich „zur Tugend erhobene Not" (Bourdieu 1982 [1979]: 289). Hier zeigt sich eine zwar überzeugende, aber dennoch höchst problematische Argumentation, lässt sich damit doch jede Handlung – zumindest der weniger privilegierten Klassen – auf direkte materielle Existenzbedingungen zurückführen. Bourdieus Habitus zeigt in dieser Form sein soziologisches Menschenbild, mit Menschen als gesellschaftlich geprägten Wesen.

Somit ist Bourdieus Habituskonzept zunächst eine Theorie des Dreiviertel-Automaten und lässt das ‚freie Viertel' relativ unerforscht (vgl. u. a. Miller 1989: 205; Schwingel 1995: 61).

4.2 Theorie der Praxis

Als Konzept ist der Bourdieu'sche Habitus eng mit dem theoretischen Gesamtkonstrukt einer ‚Theorie der Praxis' verbunden. Entsprechend problematisch ist es, wenn er aus dem Gesamtzusammenhang herausgelöst und isoliert betrachtet wird. In *Die feinen Unterschiede* versucht Bourdieu (1982 [1979]: 175; siehe hierzu auch Papilloud 2003), das Zusammenspiel seiner wichtigsten Konzepte in einer Formel zu verdeutlichen:

„[(Habitus) (Kapital)] + Feld = Praxis"

Die zu erklärende Praxis ergibt sich demnach aus der Kombination von Handlungsmöglichkeiten (Habitus und Kapital) innerhalb bestimmter Strukturen (Feld). Kapitalsorten können für Bourdieu alle handlungsrelevanten Ressourcen auf einem Feld sein, insbesondere aber ökonomisches, kulturelles und soziales sowie symbolisches Kapital (siehe ausführlich Bourdieu 1983, 1987 [1980]: 122-147). Felder sind in der Bourdieu'schen Theorie historische, durch Ausdifferenzierung entstandene und von Machtstrukturen durchzogene gesellschaftliche Teilbereiche.[8]

Diese Begriffe fügen sich zu einer Theorie des Sozialen zusammen, die Bourdieu bereits in seinen frühen Schriften als ‚Theorie der Praxis' bezeichnet. Diese Theorie basiert auf der grundlegenden Frage, wieso Menschen in immer neuen Situationen strukturiert und geregelt handeln, ohne dabei einer bewussten Regel oder formellen Anweisung zu folgen. Die Erklärung dieses Phänomens soll das Habituskonzept liefern: Für ungewohnte Situationen kann der Habitus mit nur minimaler Verzögerung Erklärungen und Handlungsoptionen liefern, die theoretische Modelle oder bewusste Reflexion so nicht leisten könnten (vgl. Bourdieu 1982 [1979]: 375). Wenn aber theoretische, bewusste und rationale Kosten-Nutzen-Kalküle für die Menschen in der Praxis nicht die entscheidenden Handlungsmotive darstellen, so Bourdieus Überlegung, treffen womöglich auch die sozialwissenschaftlichen Theorien über die Handlungen der Menschen (Zweck-Mittel Relationen, Kausalitäten etc.) nicht zu (vgl. Krais / Gebauer 2002: 23).

Ähnlich der Funktionsweise des ‚Gabentauschs' bei Marcel Mauss oder ‚Schrödingers Katze' in der Quantenmechanik basiert Bourdieus Theorie der Praxis auf der epistemologischen Annahme, dass soziale Interaktionen mehrheitlich nur dann funktionieren, wenn sie ‚verschleiert' ablaufen, d. h. nicht expliziert und rationalisiert werden (Bourdieu 1976 [1972]: 220f.).[9] Damit entzieht sich die Praxis teilweise dem Zugriff der Akteure, besonders der wissenschaftlichen BeobachterInnen: „Wenn die Individuen eher vom Habitus besessen

---

[8] Das Verhältnis von sozialem Raum und Feldern ist bei Bourdieu weitgehend ungeklärt (vgl. dazu Lipuma 1993; Rehbein 2006: 110-117; Schumacher 2011: 136). Die Formel aus *Die Feinen Unterschiede* setzt Raum und Feld synonym, da in Bourdieus Hauptwerk der Feldbegriff hinter dem des sozialen Raums zurücktritt.

[9] Vgl. zur konträren Position die Theorie der rationalen Entscheidung (z. B. Becker 1993, 1996). Für einen Vergleich der Positionen von Gary S. Becker und Pierre Bourdieu siehe König (2003).

sind, als dass sie ihn besitzen, so deshalb, weil sie ihn nur so weit besitzen, wie er in ihnen als Organisationsprinzip ihrer Handlungen wirkt, d. h. auf eine Weise, derer sie symbolisch schon nicht mehr habhaft sind." (Bourdieu 1976 [1972]: 209) Und genau diesen Kontrollverlust nutzt der Habitus, um geregelte Praxis hervorzubringen, und lässt sich daher in den Haltungen ablesen, die ein Akteur der eigenen Zukunft bzw. neuen Situationen gegenüber einnimmt (Bourdieu 1987 [1980]: 120).

4.3 Vereinigendes Prinzip und Einheitlichkeit der Person

Der bereits angesprochene Rückgriff auf die generative Grammatik von Chomsky ermöglicht es dem Habituskonzept, in unterschiedlichen Situationen eine unbegrenzte Anzahl von Äußerungen (Handlungen, Praktiken etc.) zu produzieren. Gemäß dieser Logik handelt nicht jede Person in jeder Situation gleich (inter-personelle Differenz), aber stets in Übereinstimmung mit dem eigenen Set an Handlungsmustern (intra-personelle Einheit) (vgl. Krais / Gebauer 2002: 32): „Der Begriff Habitus hat unter anderem die Funktion, die stilistische Einheitlichkeit zu erklären, die die Praktiken und Güter eines einzelnen Akteurs oder einer Klasse von Akteuren miteinander verbindet." (Bourdieu 1998 [1994]: 21) Entsprechend ist der individuelle Habitus nach Bourdieu immer auch eine spezielle Abwandlung des Habitus einer Gruppe (Klassenhabitus) oder der gesamtgesellschaftlichen und historischen Umstände (vgl. Bourdieu 1987 [1980]: 113). Erst mit Hilfe dieser Konzeption ist es möglich, den vermeintlichen Gegensatz von Gesellschaft und Individuum aufzulösen.

Die Besonderheit des Habitus zeigt sich besonders in Abgrenzung zu anderen soziologischen Konzepten, die auf die Erklärung ähnlicher Sachverhalte, wie Lernprozesse, soziale Rollen, Identität oder Sozialisation abzielen. Bezüglich der Lernprozesse geht es bei der Körperlichkeit des Habitus darum, dass Erfahrungen in eine holistische Einheit integriert werden. Der in der Soziologie und Sozialpsychologie sehr prominente Begriff der Identität unterscheidet sich vom Habitus insbesondere dadurch, dass die (gelungene) Identitätsbildung eine klare Trennung von Innen und Außen impliziert, während der Habitus gerade auf deren gegenseitige Durchdringung abzielt (vgl. Liebsch 2002: 68f.).

Der Gegensatz von Habitus und sozialer Rolle, eines der zentralen Konzepte der Soziologie, findet eine sehr gute Darstellung bei Krais und Gebauer (vgl. 2002: 63f.). Demnach wird die Einheitlichkeit des Subjekts in der Habituskonzeption durch das Prinzip der Inkorporierung gewährleistet, d. h. bestimmte soziale Praktiken werden an den menschlichen Körper gebunden. Das Konzept der sozialen Rolle dagegen fokussiert stärker die gesellschaftlichen Erwartungen gegenüber einer Person, etwa im Beruf, im Familienleben oder in der Freizeit (vgl. Krais / Gebauer 2002: 67). Demgegenüber kann der Habitus erklären, wie sich ein Individuum zu seinen verschiedenen Rollen situationsübergreifend verhält und in welcher Weise strukturelle Kategorien sozialer Ungleichheit quer zu solchen sozialen Erwartungen liegen können (Krais / Gebauer 2002: 69f.). Während die soziale Rolle das Individuum also tendenziell in funktionale Ausschnitte unterteilt, sorgt Bourdieus Habitus für die Einheitlichkeit einer Person, die letztlich für die Analyse sozialer Ungleichheit unverzichtbar ist.

4.4 Sozialisation und Habitusformierung

Diese Inkorporation sozialer Praktiken erfolgt über Sozialisation. Bourdieu verwendet hierfür jedoch nicht den Begriff der Sozialisation, sondern bevorzugt den Begriff der ‚Habitusformierung' (Bourdieu 1987 [1980]: 122; vgl. Lenger / Schneickert 2009: 285). Bourdieu geht generell davon aus, dass die relevanten kulturellen Praktiken sozialisiert und nicht natürlich-biologisch gegeben sind. Individuelle Präferenzen sind somit für ihn das Resultat von familiärer und schulischer Erziehung (Bourdieu 1982 [1979]: 16f.). Dem Habitus liegt die grundlegende und einverleibte Erfahrungen der Existenzbedingungen im Kindheitsalter zugrunde (Bourdieu 1987 [1980]: 101). Auf dieser Annahme beruhen besonders seine bildungssoziologischen Arbeiten der 1970er Jahre (vgl. Bourdieu / Passeron 1971 [1964]; Bourdieu et al. 1981). Erst in Bezug auf das Konzept der sozialen Felder betont Bourdieu auch die Möglichkeit einer späteren Sozialisation in bestimmten gesellschaftlichen Teilbereichen (siehe Bourdieu 1999 [1992] und 2001 [2000] sowie als empirische Untersuchung dieser Fragestellung, siehe Schneickert 2013), weswegen bei Bourdieu die Beziehung der Primär- zur Sekundärsozialisation vage bleibt. In seiner Theorie findet sich nirgends eine systematisch-theoretische, geschweige denn eine empirische Erörterung dieser Frage (siehe hierzu die Beiträge von Höhne und Zander in diesem Band). Empirisch wird für die soziale Herkunft meist der Beruf des Vaters heran gezogen, ohne dabei zwischen verschiedenen biographischen Phasen zu unterscheiden. Für die kulturellen Praktiken dienen dann meist Bildungsabschluss, Beruf und Einkommen als unabhängige Variablen. Insbesondere anhand der bildungssoziologischen Befunde zeigt sich das Primat der Primärsozialisation für die Konzeption des Habitus. Wenn Bourdieu für das Bildungswesen die habituell determinierten Unterschiede beim Zugang (Bourdieu / Passeron 1971 [1964]), bei der Bewertung (Bourdieu 1982 [1979]) und bei der Nutzung (Bourdieu et al. 1981) der schulischen bzw. universitären Ausbildung betont, dann muss er implizit die strukturierende Wirkung der Primärsozialisation anerkennen. Zugleich führt er dieses Faktum an, um gegen die nur vermeintliche Demokratisierung der Bildung bzw. eben die Illusion der Chancengleichheit zu argumentieren. De facto verortet Bourdieu also die primäre Habitusgenese im familiären Umfeld (vgl. hierzu sowie zur Funktion der Sekundärsozialisation die Ausführungen weiter unten und den Beitrag von Thomas Höhne).

4.5 Körper und Hexis

Als geschichtliches und körperliches System produziert der Habitus Denk-, Wahrnehmungs- und Bewertungsschemata, die deutlich kohärenter und eleganter auf die Praxis eingestellt sind, als eine mechanische Regelbefolgung vermuten lassen würde (vgl. Bourdieu 1987 [1980]: 101). Somit erhält der Körper in Bourdieus Gesamtwerk eine prominente Rolle – und das lange vor dem sogenannten ‚body turn' der Soziologie (siehe Gugutzer 2006; Schroer 2005).

Im Gegensatz zur sozialen Rolle garantiert der Körper die grundsätzliche Einheitlichkeit der Person, weil Menschen existenziell an ihren Körper gebunden sind. Wenn Ungleichheitsverhältnisse inkorporiert sind, bedeutet das nicht nur, dass diese durch ihren

Körperbezug naturalisiert und legitimiert werden.[10] Vielmehr verdeutlicht dieses Phänomen auch, dass Ungleichheitsverhältnisse als klassifizierte und klassifizierende Praktiken genauso wenig einfach abgelegt werden können, wie die Sucht eines Rauchers bzw. einer Raucherin auf Knopfdruck eingestellt werden oder ein Übergewichtiger bzw. eine Übergewichtige ad hoc signifikant abnehmen kann. Bourdieu beschreibt diese Zwänge als „zur zweiten Natur gewordene, in motorischen Schemata und körperlichen Automatismen verwandelte gesellschaftliche Notwendigkeit" (Bourdieu 1982 [1979]: 739):

> „Es scheint durchaus, als würden die mit bestimmten sozialen Verhältnissen gegebenen Konditionierungsprozesse das Verhältnis zur sozialen Welt in ein dauerhaftes und allgemeines Verhältnis zum eigenen Leib festschreiben – in eine ganz bestimmte Weise, seinen Körper zu halten und zu bewegen, ihn vorzuzeigen, ihm Platz zu schaffen, kurz: ihm soziales Profil zu verleihen." (Bourdieu 1982 [1979]: 739)

Der Habitus ist also das Dispositionssystem sozialer Akteure (vgl. Schwingel 1995: 59), das die Prozesse der Verinnerlichung der sozialen Praxis repräsentiert und letztlich somit die Inkorporierung der sozialen Laufbahn eines Individuums darstellt: „Als einverleibte, zur Natur gewordene und damit als solche vergessene Geschichte" (Bourdieu 1987 [1980]: 105) bleiben dessen Handlungsanweisungen dem Bewusstsein in der Praxis meist versagt.[11]

4.6 Trägheits- und Hysteresis-Effekt

Die strukturalistische Tendenz von Bourdieus Habituskonzept wird insbesondere in der Annahme eines Trägheitseffektes konkretisiert. Nach Bourdieu bestimmen die Klassenlagen grundsätzlich den Habitus und prägen dementsprechend die konkrete Praxis der Individuen. Dies manifestiert sich in ähnlichen Arbeitserfahrungen, Formen der Konsumption, Lebensstilen, kulturellen Praktiken oder sozialen Netzwerken, kurz: im gesamten Ausdruck eines subjektiven Lebens. Somit wäre grundsätzlich zu erwarten, dass Individuen derselben Klassen bzw. Klassenfraktionen stets auch ähnliche Habitusmuster aufweisen.

Dass dies nicht so ist, erklärt Bourdieu mit dem Trägheits- bzw. Hysteresis-Effekt (Bourdieu 1982 [1979]: 188, 1987 [1980]: 116). Der inkorporierte Habitus besitzt demnach ein Beharrungsvermögen, der sich über mehrere Generationen trotz geänderter sozialer Bedingungen fortsetzen kann. Der Begriff *Hysteresis* stammt aus der Festkörperphysik und bezeichnet die Tatsache, dass etwa magnetisierte Metallspäne auch nach Entfernen des Magnets noch eine bestimmte Dauer magnetisiert bleiben (Suderland 2009: 127). Der Begriff geht auf das griechische Wort *hysteros* zurück (*später* oder *hinterher*). Diesen Effekt des Nachwirkens oder Zurückbleibens überträgt Bourdieu auf die menschliche Sozialisation. Der Habitus kann an materielle Existenzbedingungen angepasst sein, die mit den aktuellen Existenzbedingungen nicht mehr übereinstimmen. So führen plötzliche Armut oder

---

[10] Vgl. auch Krais / Gebauer (2002: 51). Die Annahme, dass auch Ungleichheitsverhältnisse häufig naturalisiert werden, wird empirisch beispielsweise von Sachweh (2010) bestätigt.
[11] Bourdieu spricht in diesem Zusammenhang auch von körperlicher *hexis*, wobei er den Begriff über Marcel Mauss von Husserl und Merleau-Ponty übernimmt (siehe Schneickert in diesem Band). Habitus ist die lateinische Übersetzung des griechischen Wortes *hexis*, mit dem die aristotelische Kategorienlehre diejenigen Eigenschaften bezeichnet, die nicht zum Wesen oder zur Natur eines Objekts gehören (vgl. Holder 2009: 124).

plötzlicher Reichtum gerade nicht zeitnah zu einer entsprechenden Habitus-Neuformierung. Vielmehr ist auch nach sozialen Auf- bzw. Abstiegen weiterhin die ursprüngliche Herkunft aus dem sozialen Verhalten ablesbar. Praktische Beispiele für solche Hysteresis-Effekte ist ein ‚proletarischer Habitus' von sogenannten ‚Neureichen' oder ein ‚aristokratischer Habitus' des abgestiegenen Adels. Den Trägheitseffekt des Habitus sieht Bourdieu über Generationen hinweg gegeben, womit die dominante Funktion der Primärerziehung auf einer generationellen Makroebene zum Tragen kommt.

Zwar sind somit im Habitus die gesellschaftlichen Strukturen verkörpert, weshalb er zur Reproduktion derselben neigt (vgl. Rehbein 2006: 92); dennoch wehrt sich Bourdieu entschieden dagegen, im und mit dem Habitus einen „mechanischen Determinismus" (Bourdieu 1987 [1980]: 102) festzuschreiben. Vielmehr lässt der sowohl strukturierte als auch strukturierende Charakter des Habitus, der derart doppelt bestimmt wiederum die Praxis determiniert, die soziale Praxis zum „Ort der Dialektik von opus operatum und modus operandi, von objektivierten und einverleibten Ergebnissen der historischen Praxis, von Strukturen und Habitusformen" (Bourdieu 1987 [1980]: 98) werden. Diesen Zusammenhang zeigt Abbildung 1.

Abbildung 1: Existenzbedingungen, Habitus und Lebensstile

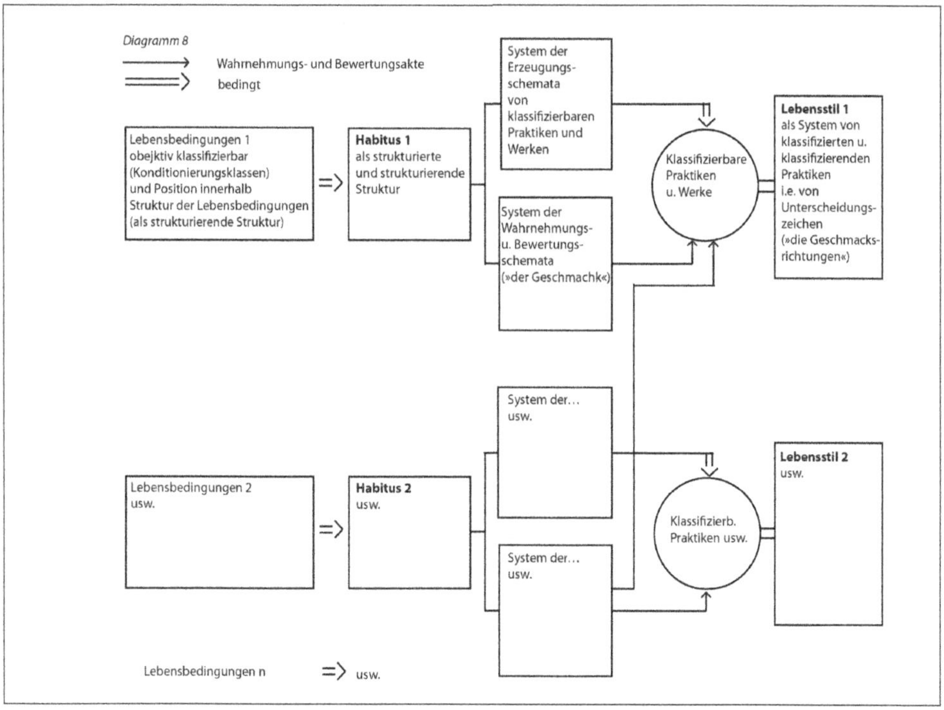

Quelle: Bourdieu (1982 [1979]: 280).

An diesem Punkt kommt auch die zeitliche Dimension des sozialen Raums zum Tragen, die Bourdieu mit dem Begriff des ‚sozialen Alterns' bzw. der ‚sozialen Laufbahn' zu erklären versucht (Bourdieu 1982 [1979]: 187). Die stärker gewichtete Primärsozialisation gibt eine bestimmte ‚Flugbahn' vor, die durch verschiedene Einflüsse mehr oder weniger stark modifiziert werden kann. Für BeobachterInnen wird dies überhaupt nur sichtbar, wenn eine Differenz zwischen den Erwerbsbedingungen des Habitus und den Anwendungsbedingungen auftritt, d. h. wenn die Existenzbedingungen, unter denen ein bestimmter Habitus generiert wurde, und diejenigen, unter denen er zur Anwendung kommt, nicht deckungsgleich sind. Wären beide Situationen identisch, käme es tatsächlich zu jener deterministischen Reproduktion des Sozialen, die Bourdieu häufig unterstellt wird. Diese Kongruenz kommt in der Realität jedoch nicht vor, und je größer die Differenz ist, desto besser kann ein (soziologischer) Beobachter die Aneignungsbedingungen des Habitus analysieren.

Da es in der modernen Gesellschaft wahrscheinlicher geworden ist, dass Habitus unter veränderten Bedingungen operieren müssen (vgl. Schwingel 1995: 78), erlaubt Bourdieus Habituskonzept mit seinen Trägheitseffekten nicht zuletzt eine Erklärung für die problematischen Effekte schneller Modernisierungs- und Transformationsprozesse (vgl. hierzu auch den Beitrag von Lenger in diesem Band). Gerade für die Krisenhaftigkeit der modernen Gesellschaft (vgl. Beck 1986) bietet der Habitus vorteilhafte Strategien, indem er sich Bedingungen schafft, die denen ähneln, mit denen er vertraut ist (vgl. Schwingel 1995: 79). Manche Krisen (Bourdieu nennt hier die Proteste der 1960er Jahre) sind jedoch so fundamental und umfassend, dass Habitus und gesellschaftliche Lage auseinanderfallen und massive persönliche und kollektive Krisen die Folge sind (Bourdieu 1982 [1979]: 241-248).

4.7 Geschmack und Lebensstile

Die Berücksichtigung individueller Bewertung bei der Analyse gesellschaftlicher Strukturen ist grundlegend für die Soziologie Bourdieus und deren Erkenntnis, dass „die objektiven Beziehungen letztlich nur mittels des Systems der Dispositionen ihrer Träger existieren" (Bourdieu 1970 [1968]: 39f.). Entsprechend müssen die individuellen Dispositionen bzw. die Habitus der individuellen Akteure als Träger gesellschaftlicher Strukturen in den Mittelpunkt des Forschungsinteresses gestellt werden (Bourdieu 1987 [1980], 1982 [1979]).

Diese Überlegungen zur Einheitlichkeit einer Person, insbesondere des persönlichen Stils, und zum Trägheitseffekt des Habitus führen Bourdieu auch zu Fragen des Geschmacks und, in Anlehnung an Max Weber, zur Stilisierung des Lebens in der Moderne:

> „Der Habitus ist das generative und vereinheitlichende Prinzip, das die intrinsischen und relationalen Merkmale einer Position in einen einheitlichen Lebensstil rückübersetzt [...]. Die Habitus sind Prinzipien zur Generierung von unterschiedlichen und der Unterscheidung dienenden Praktiken." (Bourdieu 1998 [1994]: 21)

Die persönlichen wie gruppenspezifischen Dispositionen sorgen dafür, dass sich einheitliche und kohärente Lebensstile herausbilden, die sich von anderen Lebensstilen unterscheiden lassen und in der Praxis auch unterschieden (klassifiziert) werden (siehe Abb. 1). In diesem Sinne entsprechen die unterschiedlichen Lebensstile den verschiedenen Existenzbedingungen und tragen somit den Charakter systematischer Konfigurationen (vgl. Bourdieu 1982 [1979]: 278). Die Kohärenz der Lebensstile gründet auf Geschmacksähnlichkeiten, die auf ähnlichen Klassifikationsschemata des Habitus basieren und dem Bewusstsein der Akteure höchstens fragmentarisch zugänglich sind (vgl. Bourdieu 1982 [1979]: 283).

Dass der Geschmack eine vereinende Wirkung hat, zeigt sich etwa am Beispiel erster sozialer Begegnungen. Spontane Zu- bzw. Abneigung sowie die sofortige Klassifikation und Bewertung kleinster Äußerungen innerhalb der ersten persönlichen Kontakte funktionieren völlig unbewusst und tragen doch systematischen Charakter (vgl. Bourdieu 1982 [1979]: 375). Diese Systematik aus Anziehung und Abstoßung funktioniert nun nicht allein bei sozialen Kontakten, sondern strukturiert das gesamte Handeln und Denken von Menschen, jedoch auf eine unbewusste und kaum spürbare Art. Dieser Zustand lässt sich wie folgt beschreiben:

> „[E]in unmittelbares Verhaftet sein bis hinein in die Tiefen des Habitus, bis hinein in das Innerste des Geschmacks und des Ekels, der Sympathien und Antipathien, der Phantasmen und Phobien, welche weitaus nachdrücklicher als die erklärten Meinungen und Ansichten im Unbewussten die Einheit einer Klasse begründen." (Bourdieu 1982 [1979]: 137)

4.8 Klassen und Klassifizierungen

Die Verbindung von gesellschaftlichen Strukturen und individuellen Erfahrungen im körperlichen und einheitlichen Habitus legen den Schluss nahe, dass es uneingeschränkte Individualität nicht geben kann. Denn wie beschrieben geht Bourdieu davon aus, dass ähnliche Existenzbedingungen zur Ausbildung ähnlicher Habitusstrukturen führen und von Habitusklassen bzw. einem Klassenhabitus gesprochen werden kann (Krais / Gebauer 2002: 37). Damit erfüllt der Habitus innerhalb der Bourdieu'schen Theorie die Funktion, die Entstehung und Reproduktion sozialer Tatsachen auf individueller und kollektiver Ebene begrifflich zu fassen (Krais / Gebauer 2002: 76). Besonders relevant ist dabei die Erklärung der Reproduktion und Persistenz sozialer Ungleichheit. Mit der zentralen Rolle des Körpers in diesem Konzept kann dann überzeugend dargelegt werden, wie die Legitimierung sozialer Ungleichheit auf deren Naturalisierung beruht (Krais / Gebauer 2002: 51):

> „[A]ls mache der Habitus aus Zufallsereignis und Zufälligkeit Logik und Notwendigkeit, als gelänge es ihm, die Effekte der durch die materiellen Daseinsbedingungen, also die allerersten Beziehungserlebnisse und die Praxis strukturierter Handlungen, Objekte, Räume und Zeiten, durch die Auswirkung biologischer Zwangsläufigkeiten wie Einfluss des Hormonhaushalts oder Bedeutung der primären und sekundären Geschlechtsmerkmale von Kindesbeinen an verspürten sozialen Notwendigkeit zusammenzuführen." (Bourdieu 1987 [1980]: 146)

Die Form der Gesellschaft bestimmt maßgeblich die Existenzbedingungen von sozialen Gruppen sowie deren Beziehungen untereinander. Diese Strukturen werden von den Individuen inkorporiert und erzeugen Praktiken, welche die Strukturen tendenziell (wenn auch nicht identisch) reproduzieren. In Bourdieus Worten: „[In] einer Gesellschaft mit Klassenteilung sagen alle Hervorbringungen eines bestimmten Handelnden infolge einer wesensmäßigen Überdeterminiertheit untrennbar zugleich etwas über seine Klassenzugehörigkeit [...] und über seinen Leib aus." (Bourdieu 1987 [1980]: 146) Über den Habitus werden folglich der gesellschaftlichen Ordnung bzw. der Klassenstruktur angemessene, richtige, geschickte und als passend bewertete Verhaltensweisen und Wahrnehmungsweisen erzeugt:

> „Der Habitus konstruiert die Welt durch eine bestimmte Weise, sich auf sie auszurichten, ihr eine Aufmerksamkeit entgegenzubringen, die wie die eines sich konzentrierenden Springers eine aktive, konstruktive, körperliche Spannung auf eine unmittelbar bevorstehende Zukunft ist." (Bourdieu 2001 [2000]: 184)

Im Habitus einzelner Akteure kommen also die kollektiven Prinzipien sozialer Schichtung und Ordnung zum Ausdruck. Er basiert auf einer bestimmten körperlichen Haltung *(Hexis)* und steht damit in Beziehung zur sozialen Welt, aus der er entstanden ist und an die er angepasst ist. Im Habitus werden die sozialen Strukturen konkret und können als solche erforscht und veranschaulicht werden. Da die sozialen Strukturen einverleibt sind, ist auch das praktische Erkennen der Welt sozial konstruiert. Die subjektive Wahrnehmung der Welt verschiedener sozialer Akteure ist folglich eine grundlegend unterschiedliche und hängt von der jeweiligen sozialen Position und Perspektive ab (vgl. Bourdieu 2001 [2000]: 189f.). Vor dem Hintergrund der Unterteilung der Gesellschaft in Klassen im Rahmen von Bourdieus Modell des sozialen Raums werden schließlich drei grundlegende soziale Klassenhabitus analysiert, die auf drei unterschiedlichen Lebensstilen und drei unterschiedlichen ästhetischen Einstellungen beruhen.

Aus dem legitimen Geschmack entspringt der Lebensstil der herrschenden Klasse beziehungsweise der Bourgeoisie (siehe Bourdieu 1982 [1979]: 405-499). Er basiert auf dem Habitus der Distinktion und präferiert die allgemein anerkanntesten kulturellen Werke, die den Kanon der legitimen Kultur einer Gesellschaft bilden (zum Beispiel der klassischen Musik, der ‚schönen Künste' oder der anspruchsvollen Literatur). Der mittlere Geschmack (Bourdieu 1982 [1979]: 500-584) entspricht dem Kleinbürgertum und umfasst „die minderbewerteten Werke der legitimen Künste" sowie die „legitimsten Werke der minderbewerteten Künste" (Bourdieu 1982 [1979]: 36-38). Er ist wesentlich durch ein nacheiferndes Orientieren an dem (nie erreichten) Vorbild des legitimen Geschmacks gekennzeichnet. Hier lässt sich etwa die Differenz zwischen der Sportart Golf und ihrer kleinbürgerlichen Kopie Minigolf anführen oder auch das Musical, das man als die ‚Oper des kleinen Mannes' bezeichnen könnte. Der populäre Geschmack (Bourdieu 1982 [1979]: 585-619) der Volksklassen oder unteren Klassen präferiert leichte kulturelle Kost „fern jedes künstlerischen Anspruchs" (z. B. Schlager, Groschenroman) oder aber durch eine weite Verbreitung entwertete ehemalige ernste Kunst (z.B. Chanson) (Bourdieu 1982 [1979]: 38).

5. Rezeption

Heute liegen bereits unzählige einführende Artikel zum Habituskonzept in seiner soziologischen Verwendung vor (siehe exemplarisch Bohn 1991; Schwingel 1995: 59-81; Willems 1997; Rehbein 2006: 86-97; Wacquant 2006; Jurt 2010b). Dabei fällt auf, dass der Habitusbegriff in ganz unterschiedlichen Bedeutungszusammenhängen verwendet und entwickelt wird, und dass keineswegs nach Maßgabe des von Bourdieu selbst entworfenen Konzepts. Wenn also eine umfassende und vollständige Darstellung der Rezeption an dieser Stelle zwar unmöglich ist, kann doch die Verwendung des Habitusbegriffs in verschiedenen Bereichen systematisiert werden.

Am häufigsten wird das Habituskonzept zur Beschreibung verschiedener Berufsgruppen und Professionen herangezogen (siehe Windolf 1981; Pfadenhauer / Scheffer 2009). Zu nennen wären hier beispielsweise SozialarbeiterInnen (Baier 2011; Becker-Lenz / Müller 2009; Becker-Lenz et al. 2012); ÄrztInnen (Boeker 2005); LehrerInnen (Beer 2004; Baar 2010; Lange-Vester / Teiwes-Kügler 2013a); SoldatInnen (Beck / Schlichte 2006); Intellektuelle (Fischer / Joch 2000); WissenschaftlerInnen und ProfessorInnen (Engler 2001); wissenschaftliche MitarbeiterInnen (Lange-Vester / Teiwes-Kügler 2013b); ArbeiterInnen und Angestellte (Karrer 2000); UnternehmerInnen (Lettke 1998); ManagerInnen (Hartmann 1995; 2001; 2002); Verwaltungspersonal (Vorheyer 2010). Zudem wurden Hochschulsozialisation und Fachhabitus verschiedener Studiengänge untersucht, wie zum Beispiel in der Biologie und der Psychologie (Frank 1990); der Erziehungswissenschaft, Rechtswissenschaft, Elektrotechnik und des Maschinenbaus (Engler 1993); den Sozialwissenschaften (Lange-Vester / Teiwes-Kügler 2006); den Ingenieurswissenschaften (Kröger 2011) sowie in den Erfahrungs- und Naturwissenschaften (Franzmann 2012).

Eine zweite zentrale Kategorie stellen Untersuchungen zum Bildungssystem dar. Anna Brake (2006) beispielsweise untersucht mit Bezug zum Habitus die Strategien im Bildungssystem (ähnlich auch Lenger 2008, 2009; Schneickert / Lenger 2010; Schneickert 2013). Bremer (2007) befasst sich mit dem Zusammenhang von Habitus und Lernprozessen in der Weiterbildung. Rosenberg (2008) widmet sich dem Wandel von Habitus durch Bildungsprozesse, während Schmitt (2010) Habitus-Struktur-Konflikte im Studium untersucht.

Interessanterweise lassen sich gerade in jüngerer Zeit verschiedene Publikationen finden, die mit explizitem Bezug zu Bourdieu einen geographischen Habitus explizieren. So werden einerseits urbane Habitus als spezifische Lebensform analysiert (Bockrath 2008; Dirksmeier 2009) und andererseits spezifische Habitusmuster einzelner Städte herausgearbeitet (Musner 2009). Auch werden zunehmend nationale Habitus zum Gegenstand des Forschungsinteresses (Wodak et al. 1998; Goltermann 2001; Schumacher 2013). Demgegenüber konzentrieren sich einige AutorInnen der Eliten- und Globalisierungsforschung auf die Globalisierung bzw. Transnationalisierung individueller und kollektiver Habitus (exemplarisch Hartmann 1999, 2003, 2008; für einen Überblick siehe Schneickert in diesem Band). Poehls (2009) untersucht die Herausbildung eines europäischen Habitus durch den Besuch des Europa Colleges als Reproduktionsmechanismus des EU-Machtfeldes. Im Kontext der Transnationalisierungsforschung haben sich darüber hinaus einige AutorInnen den Habitus von MigrantInnen gewidmet. So rekonstruiert Seukwa (2006) bildungsbiographisch am Beispiel von Flüchtlingen in Hamburg den „Habitus der Überlebenskunst", und Weiß (2005, 2006) zeigt die symbolische Dimension sozialer Ungleichheit am Beispiel hochqualifizierter MigrantInnen auf. Darüber hinaus finden sich einige Untersuchungen zum Geschlechtshabitus (Frerichs / Steinrücke 2008; Faulstich-Wieland 2010), insbesondere Analysen des männlichen Habitus (siehe Brandes 2001, 2002; Frevert 2003; Budde / Mammes 2009; Baar 2010).

Häufig geht der Habitusbegriff auch in historische Studien (insbesondere zum 19. Jahrhundert) ein, wobei der Bezug zu Bourdieus Konzeption eher implizit ist (vgl. hierzu ausführlich den Beitrag von Lange-Vester 2013 zur historischen Habitusforschung sowie den Beitrag von Reichardt in diesem Band). Beispielhaft sind hier die Arbeiten von Lange-Vester (2007) zum Habitus der Volksklassen, von Marian Füssel (2007) zur akademischen Lebenswelt von deutschen Professoren im 17. und 18. Jahrhundert sowie die Beiträge von Reitmayer (1999a, 1999b) zur Lebensweise deutscher Großbankiers im Kaiserreich.

Obgleich der Habitus selten im Kontext klassischer Sozialisationstheorien verwendet wird, existieren eigenständige Forschungen zum Thema Habitusgenese. So analysiert Cicourel (1993) die Habitus im Entwicklungs- und im Erwachsenenalter; Busch (1999) widmet sich anhand eines narrativen Interviews mit einem 74-Jährigen den Wandlungen, denen der Habitus im Verlauf der Lebensgeschichte einer Person unterworfen ist; Schneickert (2013) untersucht die Beziehung zwischen primärer Habitus- und sekundärer Feldsozialisation am Beispiel studentischer MitarbeiterInnen auf dem wissenschaftlichen Feld. Zudem wurde das Habituskonzept auf verschiedene Praktiken im Sozialisationsprozess übertragen. Zu nennen wäre hier beispielsweise die Genese generationsspezifischer habitueller Muster am Beispiel der Computerspielnutzung (Biermann 2009). Rosenberg (2008) schließlich widmet sich den Distinktions- und Habitusformen von SchülerInnen.

Darüber hinaus lassen sich noch etliche weitere Forschungskontexte identifizieren, etwa Anhelm (2006) und Schäfer (2009), die den religiösen Habitus von Gruppen untersuchen, oder Henning und Kohl (2011), die die Bedeutung des Habitus auf die Herausbildung von Netzwerkstrukturen analysieren. Inzwischen liegen auch diverse Studien zum mehrsprachigen Habitus bzw. habituellen Unterschieden in der Sprache vor (Franceschini 2010; Gogolin 2008; Kohlscheen 2008).

6. Kritik und empirische Habitusforschung

Ungeachtet der Forschungsrelevanz und Anschlussfähigkeit von Bourdieus Konzeption des Habitus sind einige beständige Kritikpunkte zu nennen:

Auf *konzeptioneller Ebene* ist anzumerken, dass Bourdieu das Problem der Habitusgenese und Habitusvermittlung aus seiner Analyse überwiegend exkludiert. Das Verhältnis von Habitusgenese und Sozialisationstheorie bleibt ebenso unklar wie die konkrete Vermittlung des Habitus in der Praxis. Hinzu tritt das Problem, dass Bourdieu sich selbst dem Spannungsverhältnis von Determinismus und Freiheit nicht explizit gewidmet hat und seine Soziologie somit keine differenzierten Aussagen über sozialen Wandel zulässt. Diese Punkte sind eng miteinander verflochten: Denn verortet man die Entwicklung des Habitus in der Primärsozialisation eines Menschen, so bekommt das Habituskonzept einen weitaus deterministischeren Einschlag als unter Mitberücksichtigung der Sekundär- oder gar Tertiärsozialisation.

Auf *methodologischer Ebene* ist anzumerken, dass Bourdieu seine theoretischen Konzepte zwar in der Auseinandersetzung mit der empirischen Praxis entwickelt hat, sein methodisches Vorgehen jedoch häufig undeutlich expliziert hat. So ist zwar bekannt, dass er zur Habitusanalyse auf teilnehmende Beobachtungen, qualitative Interview- und quantitative Korrespondenzanalysen zurückgriff (vgl. Reckwitz 2008: 45), eine konkrete Methode der Habitusanalyse hat er jedoch nicht hinterlassen. Verglichen mit der theoretischen Entwicklung steckt die empirische Habitusanalyse gewissermaßen noch in den Kinderschuhen.[12] Unter der Vielzahl von Versuchen stechen drei elaborierte methodische Ansätze hervor: die Korrespondenzanalyse, die dokumentarische Methode und die Habitushermeneutik.

---

[12] Siehe aber den kürzlich erschienenen Sammelband von Brake / Bremer / Lange-Vester (2013) sowie die geplante Monographie von Schäfer (2013).

Ralf Bohnsack zeigt in seinem Beitrag, dass die dokumentarische Methode (vgl. Bohnsack 2001, 2006) geeignet ist, den Habitus empirisch zu analysieren. Hierzu weist er auf die vielfältigen Übereinstimmungen zwischen den Grundbegriffen und Analyseeinstellungen der dokumentarischen Methode und der Kultursoziologie Bourdieus hin und zeigt, dass der Habitus insbesondere dann empirisch analysiert werden kann, wenn die Praxis als „strukturierende Struktur" verstanden wird.

Andrea Lange-Vester und Christel Teiwes-Kügler stellen die Methode der Habitushermeneutik dar (vgl. auch Teiwes-Kügler 2001; Bremer 2004; Bremer / Teiwes-Kügler 2007, 2013). Diese wurde seit den 1990er Jahren im Rahmen der Milieuforschung um Michael Vester (2001) u. a. gemeinsam mit Helmut Bremer entwickelt und ist ein auf den Milieuansatz abgestimmtes Verfahren zur Analyse gesellschaftlicher Gruppen wie auch von Lebens- und Sichtweisen einzelner Personen. Zentrales Instrument zur Analyse der Habitus sind die im Anschluss an Bourdieu weiterentwickelten Elementarkategorien, die eine sinnvolle Verortung der Habitus im sozialen Raum ermöglichen.

Jörg Blasius und Andreas Schmitz schließlich zeigen, inwieweit die Korrespondenzanalyse, eine von Bourdieu seit Mitte der 1970er Jahre favorisierte Methode geometrischer Datenanalyse, zur Objektivierung relationaler Beziehungen des Sozialen geeignet ist, die Habitus von Individuen empirisch zu bestimmen (vgl. auch Blasius 2000, 2001). Die durch die Korrespondenzanalyse bestimmten Strukturachsen ermöglichen eine theoriegeleitete Interpretation von Nähe und Distanz zwischen den Kategorien (Merkmalsausprägungen) und den Merkmalsträgern (z. B. den Befragten oder Institutionen) sowie eine Zuordnung von Merkmalen und Merkmalsträgern in einem gemeinsamen Projektionsraum.

7. Schluss: Von der Analyse des sozialen Raums zur Feldanalyse

Das Habituskonzept kann sicherlich insofern als Schlüssel zu Bourdieus Gesamttheorie angesehen werden, als es gewährleistet, verschiedene Elemente seiner theoretischen Arbeit miteinander zu verbinden. Aber auch wenn Bourdieus zentrale Leistung darin besteht, ähnliche Habitus zu Klassenfraktionen zusammengefasst zu haben, blieb er nicht bei Überlegungen zu einer durch Ungleichheit strukturierten Klassengesellschaft stehen. Vielmehr verknüpfte er diese Überlegungen in seinen späteren Werken systematisch mit dem Konzept sozialer Felder, womit er der für moderne Gesellschaften charakteristischen Ausdifferenzierung Rechnung trug (siehe Bourdieu 1992 [1984], 1998, 1999 [1992], 2004 [1989], 2000, 2001 [2000], 2002).[13] Dieser Erweiterung liegt die zentrale Erkenntnis zugrunde, dass Individuen nicht in allen spezifischen Kontexten identisch handeln, sondern die jeweilige Handlung letztlich davon abhängt, auf welchem Feld sie stattfindet.[14]

---

[13] Dabei schließt Bourdieu mit dem Feldkonzept zwar, ähnlich wie Luhmann (siehe v. a. 1984), an die Idee einer Ausdifferenzierung gesellschaftlicher Funktionsbereiche an, die zugrundeliegende Feldstruktur bestehe letztlich aber aus Ungleichheit und Machtasymmetrien. Die Felder seien deshalb keine funktionalen bzw. selbst regulierenden Systeme, wie Luhmann unterstellt (vgl. Luhmann 1986: 202-217; 1988), sondern vielmehr Kräftefelder im Sinne einer Machtstruktur (vgl. Bourdieu / Wacquant 1996: 133f.).
[14] Jeffrey Alexander (1995: 158f.) hält die Feldtheorie demgegenüber eher für eine Revision als eine Weiterentwicklung der Bourdieu'schen Theorie. Sicherlich ist die Idee der Differenzierung eine Relativierung der zunächst sehr stark konzipierten Primärsozialisation zugunsten einer möglichen Sekundär- und Tertiärsozialisation. Insge-

Zur Veranschaulichung sozialer Felder greift Bourdieu auf den Vergleich zur Spielmetapher, insbesondere in Bezug auf Mannschaftssportarten, zurück (vgl. Bourdieu / Wacquant 1996: 127). Ähnlich einem guten Stürmer im Fußball, der immer an der richtigen Stelle steht, agiert der Habitus über den ‚praktischen Sinn' als Gespür für das (soziale) Spiel, also das, was alltagssprachlich als Talent bezeichnet wird. Bourdieu formuliert dieses Phänomen folgendermaßen:

> „Als besonders exemplarische Form des praktischen Sinns als vorweggenommener Anpassung an die Erfordernisse eines Feldes vermittelt das, was in der Sprache des Sports als »Sinn für das Spiel« [...] bezeichnet wird, eine recht genaue Vorstellung von Habitus und Feld, von einverleibter und objektivierter Geschichte, das die fast perfekte Vorwegnahme der Zukunft in allen konkreten Spielsituationen ermöglicht." (Bourdieu 1993 [1980]: 122)

Jedes Feld, d. h. jeder gesellschaftliche Bereich wie Wirtschaft, Politik, Wissenschaft, aber auch Religion oder Kunst, hat demnach eine spezifische Logik (Bourdieu 1998 [1994]: 19), bestimmte Interessen und Einsätze (Bourdieu 1993 [1980]: 107) sowie eigene Regeln, die von den teilnehmenden Akteuren anerkannt werden müssen. Je besser das, was auf einem Feld von Bedeutung ist, von den Akteuren verinnerlicht wurde, desto geschickter können diese sich darin gewinnbringend platzieren. Bourdieu bezeichnet den kollektiven Glauben an diese Regeln, Einsätze und Ziele eines Feldes als *illusio* (Bourdieu 1998 [1994]: 152f.).

Letztlich kann argumentiert werden, dass Bourdieu mit dem Feldkonzept versuchte, die Ausdifferenzierung moderner Gesellschaften in sein ungleichheitstheoretisches Modell von Sozialstruktur einzubauen, dies jedoch nicht systematisch und stringent durchgeführt hat. So wurden weder Felder und Subfelder systematisch unterschieden und abgegrenzt, noch wurde das Verhältnis von Habitus zum Feld erarbeitet. Dementsprechend blieb auch das Verhältnis von sozialem Raum, Feldern und Habitus theoretisch und empirisch unscharf. Dennoch ist gerade der Versuch, die Ausdifferenzierung moderner Gesellschaften mit sozialer Ungleichheit zu verbinden – insbesondere im Kontext der Globalisierung – vielversprechend und aktuell. Denn gerade die Rückbindung an das Habituskonzept bietet die Möglichkeit, soziale Strukturen zu analysieren, ohne das Handeln von Akteuren in der Praxis aus dem Auge zu verlieren.

Die Feldkonzeption profitiert somit insbesondere davon, dass sie gewissermaßen kompatibel zur Differenzthese von Luhmann ist (siehe auch Nassehi / Nollmann 2004; Bohn 2005; vgl. Schumacher 2011: 127, 169). Indem Felder die Gesellschaft gerade nicht repräsentieren, sondern parallel zu ihr liegende „Netze" abbilden, entsprechen sie gewissermaßen Unterkategorien des sozialen Raums.[15] Nicht die kommunikative Anschlussfähigkeit innerhalb einer funktional differenzierten (Welt-)Gesellschaft, sondern die Einbettung von Akteuren in relationale, sozialstrukturelle und durch Ungleichheit strukturierte Netzwerke ist für eine solche Theorie *konflikthafter Differenzierung* entscheidend.

Mit dem Habituskonzept ist es Bourdieu gelungen, ein Instrumentarium vorzulegen, das die Einheitlichkeit des Handelns in verschiedenen Kontexten bzw. auf verschiedenen Feldern erklären kann. Mit der Verbindung von mikrosoziologischer Handlungstheorie und makrosoziologischer Gesellschaftstheorie überwindet Bourdieu im Habitus den Antago-

---

samt fügt sich das Feldkonzept aber durchaus in die ungleichheitstheoretische Gesamtkonzeption der Theorie der Praxis.

[15] Für einen Überblick der Gemeinsamkeiten zwischen Netzwerktheorie und Bourdieus Feldtheorie siehe Bernhard (2008).

nismus von Subjekt und Objekt und kann so die Praktiken von sozialen Akteuren in verschiedenen sozialen Zusammenhängen (Sozialstrukturen, Feldern, Milieus etc.) analysieren. Der Zusammenhang von Habitus und Feld wird somit der Idee der Ausdifferenzierung von Gesellschaften gerecht, ohne die Strukturierungskraft sozialer Kämpfe und Ungleichheiten zu vernachlässigen oder gar zu negieren. In diesem Sinne stellt die Habitus-Feld-Theorie eine allgemeine Theorie sozialer Ungleichheit dar, die Mikro- und Makroebene verbindet und für sehr unterschiedliche Disziplinen, analytische Ebenen und soziale Phänomene Anwendung finden kann und Erklärungskraft besitzt. Durch seine praxeologische Ausrichtung liefert sie gleichermaßen theoretische Begründungszusammenhänge sowie eine überprüfbare empirische Methodik.

Literatur

Alexander, Jeffrey C. (1995): *Fin de siècle social theory. Relativism, reduction, and the problem of reason.* London / New York: Verso.

Anhelm, Fritz Erich (2006): Protestantische Anthropologie und säkularisierter Habitus. Über den theologischen Zugang zu milieuspezifischen Lebensweisen und Orientierungen. In: Helmut Bremer / Andrea Lange-Vester (Hg.): *Soziale Milieus und Wandel der Sozialstruktur. Die gesellschaftlichen Herausforderungen und die Strategien der sozialen Gruppen.* Wiesbaden: VS. S. 385-400.

Baar, Robert (2010): *Allein unter Frauen. Der berufliche Habitus männlicher Grundschullehrer.* Wiesbaden: VS.

Baier, Florian (2011): Schulsozialarbeiterischer Habitus oder: Ethik und Moral in den Grundhaltungen und Grundmustern der Praxisgestaltung. In: Florian Baier / Ulrich Deinet (Hg.): *Praxisbuch Schulsozialarbeit. Methoden, Haltungen und Handlungsorientierungen für eine professionelle Praxis.* 2. erw. Aufl. Opladen: Budrich. S. 135-158.

Barlösius, Eva (2006): Pierre Bourdieu. Frankfurt am Main: Campus.

Beck, Teresa Koloma / Schlichte, Klaus (2008): Natur und Zivilisation im Habitus des Kriegers. In: Karl S. Rehberg (Hg.): *Die Natur der Gesellschaft. Verhandlungen des 33. Kongresses der Deutschen Gesellschaft für Soziologie in Kassel 2006.* Frankfurt am Main: Campus. S. 768-775.

Beck, Ulrich (1986): *Risikogesellschaft. Auf dem Weg in eine andere Moderne.* Frankfurt am Main: Suhrkamp.

Becker, Gary S. (1993): *Der ökonomische Ansatz zur Erklärung menschlichen Verhaltens.* 2. Aufl. Tübingen: Mohr Siebeck.

Becker, Gary S. (1996): *Familie, Gesellschaft und Politik.* Tübingen: Mohr Siebeck.

Becker-Lenz, Roland / Busse, Stefan / Ehlert, Gudrun / Müller, Silke (Hg.) (2012): *Professionalität Sozialer Arbeit und Hochschule. Wissen, Kompetenz, Habitus und Identität im Studium Sozialer Arbeit.* Wiesbaden: VS.

Becker-Lenz, Roland / Müller, Silke (2009): *Der professionelle Habitus in der sozialen Arbeit. Grundlagen eines Professionsideals.* Bern: Peter Lang.

Beer, Tim (2004): *Professionalisierung und Habitus. Eine empirische Studie zur Oldenburger Teamforschung.* Oldenburg: Universität Oldenburg.

Bernhard, Stefan (2008): Netzwerkanalyse und Feldtheorie. Grundriss einer Integration im Rahmen von Bourdieus Sozialtheorie. In: Christian Stegbauer (Hg.): *Netzwerkanalyse und Netzwerktheorie. Ein neues Paradigma in den Sozialwissenschaften.* Wiesbaden: VS. S. 121-130.

Biermann, Ralf (2008): Hysteresis und Habitus als Ansätze für die Alter(n)smedienforschung: zur Genese generationsspezifischer habitueller Muster am Beispiel der Computerspielnutzung. In: Bernd Schorb / Anja Hartung / Wolfgang Reißmann (Hg.): *Medien im höheren Lebensalter: Theorie – Forschung – Praxis.* Wiesbaden: VS. S. 51-59.

Bittlingmayer, Uwe H. / Eickelpasch, Rolf (2002): Pierre Bourdieu: Das Politische seiner Soziologie. Zur Einführung. In: Uwe H. Bittlingmayer / Rolf Eickelpasch / Jens Kastner / Claudia Rademacher (Hg.): *Theorie als Kampf? Zur politischen Soziologie Pierre Bourdieus.* Opladen: Leske + Budrich. S. 13-26.

Blasius, Jörg (2000): Die Analyse von Lebensstilen mit Hilfe der Korrespondenzanalyse. In: *Österreichische Zeitschrift für Soziologie* (25), 4: S. 63-92.

Blasius, Jörg (2001): *Korrespondenzanalyse.* München: Oldenbourg.

Bockrath, Franz (2008): Städtischer Habitus – Habitus der Stadt. In: Helmuth Berking / Martina Löw (Hg.): *Die Eigenlogik der Städte. Neue Wege für die Stadtforschung.* Frankfurt am Main: Campus. S. 55-82.

Boeker, Elvira (2001): *Der ärztliche Habitus in Venezuela: Interkulturelle Einblicke in die medizinische Professionskultur am Beispiel ärztlicher Deutungsmuster über Aids in Caracas.* Dissertation. Universität Hamburg, Hamburg. Institut für Sozialwissenschaften. Online verfügbar unter http://ediss.sub.uni-hamburg.de/volltexte/2005/2316/.

Bohn, Cornelia (1991): *Habitus und Kontext. Ein kritischer Beitrag zur Sozialtheorie Bourdieus.* Opladen: Westdeutscher Verlag.

Bohn, Cornelia (2005): Eine Welt-Gesellschaft. Operative Konzepte in den Sozialtheorien Luhmanns und Bourdieus. In: Catherine Colliot-Thélène / Etienne François / Gunter Gebauer (Hg.): *Pierre Bourdieu. Deutsch-französische Perspektiven.* Frankfurt am Main: Suhrkamp. S. 43-79.

Bohn, Cornelia / Hahn, Alois (2007): Pierre Bourdieu. In: Dirk Kaesler (Hg.): *Klassiker der Soziologie. Von Talcott Parsons bis Anthony Giddens.* 5., überarb., aktualisierte und erw. Aufl. München: Beck. S. 252-271.

Bohnsack, Ralf (2001): *Die dokumentarische Methode und ihre Forschungspraxis. Grundlagen qualitativer Sozialforschung.* Opladen: Leske + Budrich.

Bohnsack, Ralf (2006): Die dokumentarische Methode in der Bild- und Fotointerpretation. In: Ralf Bohnsack / Iris Nentwig-Gesemann / Arnd-Michael Nohl (Hg.): *Die dokumentarische Methode und ihre Forschungspraxis. Grundlagen qualitativer Sozialforschung.* Opladen: Leske + Budrich. S. 67-89.

Bourdieu, Pierre (1958): *Sociologie de l'Algerie.* Paris: PUF.

Bourdieu, Pierre (1959a): Le choc des civilisations. In: Secrétariat social d'Alger (Hg.): *Le sous-développement en Algérie.* Algier: Éditions du Secrétariat social d'Alger. S. 40-51.

Bourdieu, Pierre (1959b): Tartuffe ou le drame de la foi et de la mauvaise foi. In: *Revue de la Méditerranée* 19: S. 453-458.

Bourdieu, Pierre (1960): Guerre et mutation sociale en Algérie. In: *Études méditerranéennes* 7: S. 25-37.

Bourdieu, Pierre (1962a): Célibat et condition paysanne. In: *Études rurales* 5-6: S. 32-136.

Bourdieu, Pierre (1962b): Les relations entre les sexes dans la société paysanne. In: *Les Temps Modernes* (18), 195: S. 307-331.

Bourdieu, Pierre (1970 [1967]): Der Habitus als Vermittler zwischen Struktur und Praxis. In: Pierre Bourdieu: *Zur Soziologie der symbolischen Formen.* Frankfurt am Main: Suhrkamp. S. 125-158.

Bourdieu, Pierre (1970 [1968]): Strukturalismus und soziologische Wissenschaftstheorie. In: Pierre Bourdieu: *Zur Soziologie der symbolischen Formen.* Frankfurt am Main: Suhrkamp. S. 7-41.

Bourdieu, Pierre (1972): Les stratégies matrimoniales dans le système de reproduction, In: *Annales*, 4/5: S. 1105-1127.

Bourdieu, Pierre (1976 [1972]): *Entwurf einer Theorie der Praxis auf der ethnologischen Grundlage der kabylischen Gesellschaft.* Frankfurt am Main: Suhrkamp.

Bourdieu, Pierre (1977): Une classe-objet, In: *Actes de la Recherche en Sciences Sociales*, 17/18: S. 2-5.

Bourdieu, Pierre (1981 [1965]): *Eine illegitime Kunst. Die sozialen Gebrauchsweisen der Photographie.* Frankfurt am Main: Europäische Verlagsanstalt.
Bourdieu, Pierre (1987 [1980]): *Sozialer Sinn. Kritik der theoretischen Vernunft.* Frankfurt am Main: Suhrkamp.
Bourdieu, Pierre (1982 [1979]): *Die feinen Unterschiede. Kritik der gesellschaftlichen Urteilskraft.* Frankfurt am Main: Suhrkamp.
Bourdieu, Pierre (1983): Ökonomisches Kapital, kulturelles Kapital, Soziales Kapital. In: Reinhard Kreckel (Hg.): *Soziale Ungleichheiten.* Soziale Welt Sonderband 2. Göttingen: Schwartz. S. 183-198.
Bourdieu, Pierre (1989): Reproduction interdite. La dimension symbolique de la domination économique, In: *Études rurales*, 113/114: S. 15-36.
Bourdieu, Pierre (1992 [1984]): *Homo academicus.* Frankfurt am Main: Suhrkamp.
Bourdieu, Pierre (1992): *Die verborgenen Mechanismen der Macht.* Schriften zu Politik & Kultur 1, Hamburg: VSA
Bourdieu, Pierre (1993 [1980]): *Soziologische Fragen.* Frankfurt am Main: Suhrkamp.
Bourdieu, Pierre (1998 [1994]): *Praktische Vernunft. Zur Theorie des Handelns.* Frankfurt am Main: Suhrkamp.
Bourdieu, Pierre (1998): *Vom Gebrauch der Wissenschaft. Für eine klinische Soziologie des wissenschaftlichen Feldes.* Konstanz: UVK.
Bourdieu, Pierre (1999 [1992]): *Die Regeln der Kunst. Genese und Struktur des literarischen Feldes.* Frankfurt: Suhrkamp.
Bourdieu, Pierre (2000 [1977]): *Die zwei Gesichter der Arbeit. Interdependenzen von Zeit- und Wirtschaftsstrukturen am Beispiel einer Ethnologie der algerischen Übergangsgesellschaft.* Aus dem Französischen übersetzt und mit einem Nachwort von Franz Schultheis. Hg. v. Franz Schultheis. Konstanz: UVK.
Bourdieu, Pierre (2000 [1971]): *Das religiöse Feld. Texte zur Ökonomie des Heilsgeschehens.* Konstanz: UVK Verlagsgesellschaft.
Bourdieu, Pierre (2000): Mit Weber gegen Weber. Pierre Bourdieu im Gespräch. In: Ders.: *Das religiöse Feld. Texte zur Ökonomie des Heilsgeschehens.* Konstanz: UVK. S. 111-130.
Bourdieu, Pierre (2001 [2000]): *Das politische Feld. Zur Kritik der politischen Vernunft.* Konstanz: UVK.
Bourdieu, Pierre (2002a): Das ökonomische Feld. In: *Der Einzige und sein Eigenheim.* Schriften zu Politik & Kultur 3. Hamburg: VSA. S. 185-222.
Bourdieu, Pierre (2002b): Postcriptum: Einigen und herrschen – vom nationalen zum internationalen Feld. In: *Der Einzige und sein Eigenheim.* Schriften zu Politik & Kultur 3. Hamburg: VSA. S. 227-238.
Bourdieu, Pierre (2004 [1989]): *Der Staatsadel.* Konstanz: UVK.
Bourdieu, Pierre (2008 [2002]): *Junggesellenball. Studien zum Niedergang der bäuerlichen Gesellschaft.* Konstanz: UVK.
Bourdieu, Pierre / Darbel, Alain (2006 [1966]): *Die Liebe zur Kunst. Europäische Kunstmuseen und ihre Besucher.* Konstanz: UVK.
Bourdieu, Pierre / Boltanski, Luc / de Saint, Monique / Maldidier, Pascale (1981): *Titel und Stelle. Über die Reproduktion sozialer Macht.* Frankfurt am Main: Europäische Verlagsanstalt.
Bourdieu, Pierre / Chamboredon, Jean-Claude / Passeron, Jean-Claude (1991): *Soziologie als Beruf. Wissenschaftstheoretische Voraussetzungen soziologischer Erkenntnis.* Hrsg. von Beate Krais. Berlin: De Gruyter.
Bourdieu, Pierre / Passeron, Jean-Claude (1971) [1964]: *Die Illusion der Chancengleichheit. Untersuchungen zur Soziologie des Bildungswesens am Beispiel Frankreichs.* Stuttgart: Klett.
Bourdieu, Pierre / Wacquant, Loïc J. D. (1996): *Reflexive Anthropologie.* Frankfurt am Main: Suhrkamp.

Brake, Anna (2006): Das Sichtbare und das Unsichtbare: Bildungsstrategien als Strategien des Habitus, in: Peter Büchner / Anna Brake (Hg.): *Bildungsort Familie. Transmission von Bildung und Kultur im Alltag von Mehrgenerationenfamilien.* Wiesbaden: VS. S. 81-108.

Brake, Anna / Bremer, Helmut / Lange-Vester, Andrea (Hg.) (2013): *Empirisch Arbeiten mit Bourdieu. Theoretische und methodische Überlegungen, Konzeptionen und Erfahrungen.* Weinheim: Beltz Juventa.

Brandes, Holger (2001): *Der männliche Habitus. Band 1: Männer unter sich.* Opladen: Leske + Budrich.

Brandes, Holger (2002): Der *männliche Habitus. Band 2: Männerforschung und Männerpolitik.* Opladen: Leske + Budrich.

Bremer, Helmut (2004): *Von der Gruppendiskussion zur Gruppenwerkstatt. Ein Beitrag zur Methodenentwicklung in der typenbildenden Mentalitäts-, Habitus- und Milieuanalyse.* Münster: LIT.

Bremer, Helmut (2007): *Soziale Milieus, Habitus und Lernen. Zur sozialen Selektivität des Bildungswesens am Beispiel der Weiterbildung.* Weinheim: Juventa.

Bremer, Helmut / Christel Teiwes-Kügler (2007): Die Muster des Habitus und ihre Entschlüsselung. In: Barbara Friebertshäuser / Heide von Felden / Burkhard Schäffer (Hg.): *Bild und Text-Methoden und Methodologien visueller Sozialforschung in der Erziehungswissenschaft.* Leverkusen: Opladen. S. 81-104.

Bremer, Helmut / Teiwes-Kügler, Christel (2013): Zur Theorie und Praxis der ‚Habitus-Hermeneutik'. In: Anna Brake / Helmut Bremer / Andrea Lange-Vester (Hg.): *Empirisch Arbeiten mit Bourdieu. Theoretische und methodische Überlegungen, Konzeptionen und Erfahrungen.* Weinheim: Beltz Juventa. S. 93-129.

Brockhaus (1995): Habitus. In: *Brockhaus Enzyklopädie.* 19., völlig neu bearbeitete Auflage. Mannheim: F.A. Brockhaus. S. 1434.

Budde, Jürgen / Mammes, Ingelore (Hg.) (2009): *Jungenforschung empirisch. Zwischen Schule, männlichem Habitus und Peerkultur.* Wiesbaden: VS.

Busch, Angelika (1999): Der Habitus ein ‚system fatal'? Die (Ver)wandlungen des Habitus innerhalb einer Lebensgeschichte. In: Bärbel von Borries-Pusback / Silke Wittich-Neven (Hg.): *Altern als soziale Konstruktion: Probleme des Alterns im Spannungsfeld zwischen Aktivitätspotential und Pflegebedürftigkeit.* Hamburg: Hochschule für Wirtschaft und Politik. S. 77-84.

Cicourel, Aaron (1993): Habitusaspekte im Entwicklungs- und Erwachsenenalter. In: Gunter Gebauer / Christoph Wulf (Hg.): *Praxis und Ästhetik. Neue Perspektiven im Denken Pierre Bourdieus.* Frankfurt am Main: Suhrkamp. S. 148-173.

Chomsky, Noam (1969): *Aspekte der Syntaxtheorie.* Frankfurt am Main: Suhrkamp.

Chomsky, Noam (1973): *Strukturen der Syntax.* Mouton: De Gruyter.

Dirksmeier, Peter (2009): *Urbanität als Habitus. Zur Sozialgeographie städtischen Lebens auf dem Land.* Bielefeld: Transcript Verlag.

Ebrecht, Jörg / Hillebrandt, Frank (Hg.) (2004): *Bourdieus Theorie der Praxis. Erklärungskraft – Anwendung – Perspektiven.* 2. durchges. Aufl. Wiesbaden: VS.

Engler, Steffanie (1993): *Fachkultur, Geschlecht und soziale Reproduktion. Eine Untersuchung über Studentinnen und Studenten der Erziehungswissenschaft, Rechtswissenschaft, Elektrotechnik und des Maschinenbaus.* Weinheim: Deutscher Studien Verlag.

Engler, Steffanie (2001): *In Einsamkeit und Freiheit? Zur Konstruktion der wissenschaftlichen Persönlichkeit auf dem Weg zur Professur.* Konstanz: UVK.

Faulstich-Wieland, Hannelore (2010): Sozialisation, Habitus, Geschlecht. In: Andrea Liesner / Ingrid Lohmann (Hg.): *Gesellschaftliche Bedingungen von Bildung und Erziehung. Eine Einführung.* Stuttgart: Kohlhammer. S. 19-30.

Fischer, Torben / Joch, Markus (2000): *Bruderkämpfe, zum Streit um den intellektuellen Habitus in den Fällen Heinrich Heine, Heinrich Mann und Hans Magnus Enzensberger.* Heidelberg: Winter.

Franceschini, Rita (2010): Der mehrsprachige Habitus: Das Fallbeispiel eines dreisprachigen Schulmodells in Ladinien. In: Marianne Krüger-Potratz / Ursula Neumann / Hans H. Reich (Hg.): *Bei Vielfalt Chancengleichheit. Interkulturelle Pädagogik und durchgängige Sprachbildung.* Münster: Waxmann. S. 316-339.

Frank, Andrea (1990): *Hochschulsozialisation und akademischer Habitus. Eine Untersuchung am Beispiel der Disziplinen Biologie und Psychologie.* Weinheim: Deutscher Studien Verlag.

Franzmann, Andreas (2012): *Die Disziplin der Neugierde. Zum professionalisierten Habitus in den Erfahrungswissenschaften.* Bielefeld: Transcript.

Frerichs, Petra / Steinrücke, Margareta (2008): Sozialisation, Klasse und Geschlecht. In: Karl S. Rehberg (Hg.): *Die Natur der Gesellschaft. Verhandlungen des 33. Kongresses der Deutschen Gesellschaft für Soziologie in Kassel 2006.* Frankfurt am Main: Campus. S. 146-152.

Frevert, Ute (2003): Männer in Uniform. Habitus und Signalzeichen im 19. und 20. Jahrhundert. In: Claudia Benthien / Inge Stephan (Hg.): *Männlichkeit als Maskerade. Kulturelle Inszenierungen vom Mittelalter bis zur Gegenwart.* Köln: Böhlau. S. 277-295.

Fröhlich, Gerhard / Rehbein, Boike (Hg.) (2009): *Bourdieu-Handbuch. Leben – Werk – Wirkung.* Stuttgart / Weimar: J.B. Metzler.

Fröhlich, Gerhard / Rehbein, Boike / Schneickert, Christian (2009): Kritik und blinde Flecken. In: Gerhard Fröhlich / Boike Rehbein (Hg.): *Bourdieu-Handbuch. Leben – Werk – Wirkung.* Stuttgart / Weimar: J.B. Metzler. S. 401-407.

Fuchs-Heinritz, Werner / König, Alexandra (2005): *Pierre Bourdieu. Eine Einführung.* Konstanz: UVK.

Fuchs-Heinritz, Werner / Lautmann, Rüdiger / Rammstedt, Otthein / Wienold, Hanns (Hg.) (2007): *Lexikon zur Soziologie.* Wiesbaden: VS.

Füssel, Marian (2007): Akademische Lebenswelt und gelehrter Habitus. Zur Alltagsgeschichte des deutschen Professors im 17. und 18. Jahrhundert. In: *Jahrbuch für Universitätsgeschichte* 10. S. 35-51.

Gogolin, Ingrid (2008): *Der monolinguale Habitus der multilingualen Schule.* 2. Aufl., Münster: Waxmann.

Goltermann, Svenja (2001): Identität und Habitus: Konzepte zur Analyse von ‚Nation' und ‚nationalem Bewusstsein'. In: Ulrike Jureit (Hg.): *Politische Kollektive: die Konstruktion nationaler, rassischer und ethnischer Gemeinschaften.* Münster: Westfälisches Dampfboot. S. 81-101.

Gugutzer, Robert (Hg.) (2006): *Body Turn. Perspektiven der Soziologie des Körpers und des Sports.* Bielefeld: Transcript.

Hartmann, Michael (1995): Deutsche Topmanager: Klassenspezifischer Habitus als Karrierebasis. In: *Soziale Welt* 46 (4): S. 440-468.

Hartmann, Michael (1999): Auf dem Weg zu einer transnationalen Bourgeoisie? In: *Leviathan* (27), 1: S. 113-141.

Hartmann, Michael (2001): Klassenspezifischer Habitus oder exklusive Bildungstitel als soziales Selektionskriterium. Die Besetzung von Spitzenpositionen in der Wirtschaft. In: Beate Krais (Hg.): *An der Spitze. Von Eliten und herrschenden Klassen.* Konstanz: UVK. S. 157-208.

Hartmann, Michael (2002): Leistung oder Habitus? Das Leistungsprinzip und die soziale Offenheit der deutschen Wirtschaftselite. In: Uwe H. Bittlingmayer / Rolf Eickelpasch / Jens Kastner / Claudia Rademacher (Hg.): *Theorie als Kampf? Zur politischen Soziologie Pierre Bourdieus.* Opladen: Leske + Budrich. S. 361-377.

Hartmann, Michael (2003): Nationale oder transnationale Eliten? Europäische Eliten im Vergleich. In: Stefan Hradil / Peter Imbusch (Hg.): *Oberschichten – Eliten – Herrschende Klassen.* Opladen: Leske + Budrich. S. 273-297.

Hartmann, Michael (2008): Transnationale Klassenbildung? In: Peter A. Berger / Anja Weiß (Hg.): *Transnationalisierung sozialer Ungleichheit.* Wiesbaden: VS. S. 241-259.

Hillmann, Karl-Heinz (1994): Habitus. In: Ders. (Hg.): *Wörterbuch der Soziologie.* 4. überarbeitete und ergänzte Auflage. Stuttgart: Kröner. S. 317.

Holder, Patricia (2009): Hexis (héxis). In: Gerhard Fröhlich / Boike Rehbein (Hg.): *Bourdieu Handbuch. Leben – Werk – Wirkung.* Stuttgart / Weimar: J.B. Metzler, S. 124-127.
Janning, Frank (1991): *Pierre Bourdieus Theorie der Praxis. Analyse und Kritik der konzeptionellen Grundlegung einer praxeologischen Soziologie.* Opladen: Westdeutscher Verlag.
Jenkins, Richard (1982): Pierre Bourdieu and the Reproduction of Determinism. In: *Sociology* 16: S. 270-281.
Jenkins, Richard (1992): *Pierre Bourdieu.* Reprint. London: Routledge.
Jurt, Joseph (2008): *Bourdieu.* Stuttgart: Reclam.
Jurt, Joseph (2010a): Pierre Bourdieu. (1930 - 2002). In: Matías Martínez / Michael Scheffel (Hg.): *Klassiker der modernen Literaturtheorie. Von Sigmund Freud bis Judith Butler.* München: Beck. S. 301-322.
Jurt, Joseph (2010b): Die Habitus-Theorie von Pierre Bourdieu. In: *LiTheS. Zeitschrift für Literatur- und Theatersoziologie,* 3 (Juli 2010): S. 5-17.
Karrer, Dieter (2000): *Die Last des Unterschieds. Biographie, Lebensführung und Habitus von Arbeitern und Angestellten im Vergleich.* 2. Aufl. Wiesbaden: Westdeutscher Verlag.
Kastner, Jens (2009): *Die ästhetische Disposition. Eine Einführung in die Kunsttheorie Pierre Bourdieus.* Wien: Turia & Kant.
Kohlscheen, Jörg (2007): *„Die feinen Unterschiede" in der Sprache. Zum Verhältnis von Spracheinstellung und Habitus am Beispiel von Studierenden der Ruhr-Universität Bochum,* Saarbrücken: Verlag Dr. Müller.
König, Markus (2003): *Habitus und Rational Choice. Ein Vergleich der Handlungsmodelle bei Gary S. Becker und Pierre Bourdieu.* Wiesbaden: Deutscher Universitäts-Verlag
Krais, Beate / Gunter Gebauer (2002): *Habitus.* Bielefeld, Transkript.
Krais, Beate (2004a): Habitus und soziale Praxis. In: Margareta Steinrücke (Hg.): *Pierre Bourdieu. Politisches Forschen, Denken und Eingreifen.* Hamburg: VSA. S. 91-106.
Krais, Beate (2004b): Soziologie als teilnehmende Objektivierung der sozialen Welt: Pierre Bourdieu. In: Stephan Moebius / Lothar Peter (Hg.): *Französische Soziologie der Gegenwart.* Konstanz: UVK. S. 171-210.
Kröger, Robin (2011): *Studien- und Lebenspraxis internationaler und deutscher Studierender. Erfahrungen bei der Ausbildung eines ingenieurwissenschaftlichen Habitus.* Wiesbaden: VS.
Lange-Vester, Andrea (2007): *Habitus der Volksklassen. Kontinuität und Wandel seit dem 18. Jahrhundert in einer thüringischen Familie.* Münster: LIT.
Lange-Vester, Andrea (2013): Empirisch arbeiten mit Bourdieu: Historische Habitusforschung am Beispiel einer Familiengeschichte. In: Anna Brake / Helmut Bremer / Andrea Lange-Vester (Hg.): *Empirisch Arbeiten mit Bourdieu. Theoretische und methodische Überlegungen, Konzeptionen und Erfahrungen.* Weinheim: Beltz Juventa. S. 196-227.
Lange-Vester, Andrea / Teiwes-Kügler, Christel (2006): Die symbolische Gewalt der legitimen Kultur. Zur Reproduktion ungleicher Bildungschancen in Studierendenmilieus. In: Werner Georg (Hg.): *Soziale Ungleichheit im Bildungssystem. Eine empirisch-theoretische Bestandsaufnahme.* Konstanz: UVK. S. 55-92.
Lange-Vester, Andrea / Teiwes-Kügler, Christel (2013a): Habitusmuster und Handlungsstrategien von Lehrerinnen und Lehrern: Akteure und Komplizen im Feld der Bildung. In: Hans-Georg Soeffner (Hg.): *Transnationale Vergesellschaftungen. Verhandlungen des 35. Kongresses der Deutschen Gesellschaft für Soziologie in Frankfurt am Main 2010.* Wiesbaden: Springer VS, CD-ROM.
Lange-Vester, Andrea / Teiwes-Kügler, Christel (2013b): *Zwischen W3 und Hartz IV – Arbeitssituation und Zukunft des Wissenschaftlichen Nachwuchses.* Leverkusen: Budrich.
Lenger, Alexander (2008): *Die Promotion. Ein Reproduktionsmechanismus sozialer Ungleichheit.* Konstanz: UVK.

Lenger, Alexander (2009): Ökonomisches, kulturelles und soziales Kapital von Promovierenden. Eine deskriptive Analyse der sozialen Herkunft von Doktoranden im deutschen Bildungswesen. In: *die hochschule. journal für wissenschaft und bildung* (2): S. 104-125.

Lenger, Alexander / Christian Schneickert (2009): Sozialer Sinn. In: Gerhard Fröhlich/Boike Rehbein (Hg.): *Bourdieu Handbuch. Leben – Werk – Wirkung*. Stuttgart / Weimar: J.B. Metzler. S. 279-288.

Lettke, Frank (1998): Habitus und Selbststilisierung: Zur Selbstdarstellung ostdeutscher Unternehmer im Transformationsprozeß. In: Herbert Willems / Martin Jurga (Hg.): *Inszenierungsgesellschaft. Ein einführendes Handbuch*. Opladen: Westdeutscher Verlag. S. 325-342.

Liebsch, Katharina (2002): Identität und Habitus. In: Hermann Korte / Bernhard Schäfers (Hg.): *Einführung in Hauptbegriffe der Soziologie*. Opladen: Leske + Budrich. S. 67-84.

LiPuma, Edward (1993): Culture and the concept of culture in a theory of practice. In: Craig Calhoun / Edward LiPuma / Moishe Postone (Hg.): *Bourdieu: critical perspectives*. Chicago: University of Chicago Press. S. 14-34.

Luhmann, Niklas (1984): *Soziale Systeme. Grundriß einer allgemeinen Theorie*. Frankfurt am Main: Suhrkamp.

Luhmann, Niklas (1986): *Ökologische Kommunikation. Kann die moderne Gesellschaft sich auf ökologische Gefährdungen einstellen?* Opladen: Westdeutscher Verlag.

Luhmann, Niklas (1988): Selbstreferentielle Systeme. In: Fritz B. Simon (Hg.): *Lebende Systeme. Wirklichkeitskonstruktionen in der systemischen Therapie*. Berlin und Heidelberg: Springer. S. 47-53.

Meyers (1974): Habitus. In: *Meyers Enzyklopädisches Lexikon*. Mannheim / Wien / Zürich: Lexikonverlag. S. 255.

Mikl-Horke, Gertraude (2001): *Soziologie. Historischer Kontext und soziologische Theorie-Entwürfe*. 5. Aufl. München: Oldenbourg.

Miller, Max (1989): Systematisch verzerrte Legitimationsdiskurse. Einige kritische Überlegungen zu Bourdieus Habitustheorie. In: Klaus Eder (Hg.): *Klassenlage, Lebensstil und kulturelle Praxis. Beiträge zur Auseinandersetzung mit Pierre Bourdieus Klassentheorie*. Frankfurt am Main: Suhrkamp. S. 191-220.

Musner, Lutz (2009): *Der Geschmack von Wien. Kultur und Habitus einer Stadt*. Frankfurt am Main: Campus.

Nassehi, Armin / Nollmann, Gerd (Hg.) (2004): *Bourdieu und Luhmann. Ein Theorienvergleich*. Frankfurt am Main: Suhrkamp.

Neckel, Sighard (2002): Die Mechanismen symbolischer Macht. In: Uwe H. Bittlingmayer / Rolf Eickelpasch / Jens Kastner / Claudia Rademacher (Hg.): *Theorie als Kampf? Zur politischen Soziologie Pierre Bourdieus*. Opladen: Leske + Budrich. S. 29-34.

Nickl, Peter (2001): *Ordnung der Gefühle. Studien zum Begriff des habitus*. Hamburg: Meiner.

Nietzsche, Friedrich (1988 [1882]): *Die fröhliche Wissenschaft*. Frankfurt am Main: Insel.

Nietzsche, Friedrich (1999 [1887]): *Jenseits von Gut und Böse. Zur Genealogie der Moral*. Sämtliche Werke. Bd. 5. Hrsg. von Giorgio Colli / Mazzino Montinari. München: DTV.

Papilloud, Christian (2003): *Bourdieu lesen. Einführung in eine Soziologie des Unterschieds*, Bielefeld: Transcript.

Pfadenhauer, Michaela / Scheffer, Thomas (Hg.) (2009): *Profession, Habitus und Wandel*. Frankfurt am Main: Peter Lang.

Poehls, Kerstin (2009): *Europa backstage. Expertenwissen, Habitus und kulturelle Codes im Machtfeld der EU*. Bielefeld: Transcript.

Prechtl, Peter / Franz-Peter Burkard (1999): Habitus. In: Dies. (Hg.): *Metzler Philosophie Lexikon*. 2. erw. und aktualisierte Auflage. Stuttgart / Weimar: J.B. Metzler. S. 223-224.

Prinz, Sophia / Schäfer, Hilmar / Šuber, Daniel (2011): Einleitung. Kulturwissenschaftliche Impulse und kritische Re-Lektüren von Pierre Bourdieus Soziologie. In: Daniel Šuber / Hilmar Schäfer / Sophia Prinz (Hg.): *Pierre Bourdieu und die Kulturwissenschaften. Zur Aktualität eines undisziplinierten Denkens*. Konstanz: UVK. S. 11-23.

Reckwitz, Andreas (2008): *Subjekt*. Bielefeld: Transcript.
Rehbein, Boike (2006): *Die Soziologie Pierre Bourdieus*. Konstanz: UVK.
Rehbein, Boike / Saalmann, Gernot (2009): Habitus. In: Gerhard Fröhlich / Boike Rehbein (Hg.): *Bourdieu Handbuch. Leben – Werk – Wirkung.* Stuttgart / Weimar: J.B. Metzler. S. 110-118.
Rehbein, Boike / Schneickert, Christian / Weiß, Anja (2009): Klasse. In: Gerhard Fröhlich / Boike Rehbein (Hg.): *Bourdieu Handbuch. Leben – Werk – Wirkung.* Stuttgart / Weimar: J.B. Metzler. S. 140-147.
Reinhold, Gerd / Lamnek, Siegfried / Recker, Helga (1997) (Hg.): *Soziologie-Lexikon.* München und Wien: Oldenbourg.
Reitmayer, Morten (1999a): *Bankiers im Kaiserreich. Sozialprofil und Habitus der deutschen Hochfinanz,* Göttingen: Vandenhoeck & Ruprecht.
Reitmayer, Morten (1999b): „Bürgerlichkeit" als Habitus. Zur Lebensweise deutscher Großbankiers im Kaiserreich. In: Geschichte *und Gesellschaft. Zeitschrift für historische Sozialwissenschaften* 25 (1): S. 66-93.
Rist, Gilbert (1984): La notion médiévale d'»habitus« dans la sociologie de Pierre Bourdieu. In: *Revue européenne des sciences sociales.* 22: S. 201-212.
Rosenberg, Florian von (2008): *Habitus und Distinktion in Peergroups. Ein Beitrag zur rekonstruktiven Schul- und Jugendkulturforschung.* Berlin: Logos.
Sachweh, Patrick (2010): *Deutungsmuster sozialer Ungleichheit. Wahrnehmung und Legitimation gesellschaftlicher Privilegierung und Benachteiligung.* Frankfurt am Main: Campus.
Schäfer, Heinrich W. (2009): Pfingstbewegung – sozialer Wandel und religiöser Habitus. In: Bertelsmann Stiftung (Hg.): *Was glaubt die Welt? Analysen und Kommentare zum Religionsmonitor 2008.* Gütersloh: Bertelsmann Stiftung. S. 553-608.
Schäfer, Heinrich W. (2013): *Habitus-Analysis. Identities and Strategies, Fields and Social Space According to Pierre Bourdieu? Models for Research on Religion and Culture.* Wiesbaden: VS (im Erscheinen).
Schmitt, Lars (2010): *Bestellt und nicht abgeholt. Soziale Ungleichheit und Habitus-Struktur-Konflikte im Studium,* Wiesbaden: VS.
Schneickert, Christian / Lenger, Alexander (2010): Studentische Hilfskräfte im deutschen Bildungswesen. In: *Berliner Journal für Soziologie* 20 (2): S. 203-224.
Schneickert, Christian (2013): *Studentische Hilfskräfte und MitarbeiterInnen. Soziale Herkunft, Geschlecht und Strategien auf dem wissenschaftlichen Feld.* Konstanz: UVK.
Schroer, Markus (2005): *Soziologie des Körpers.* Frankfurt am Main: Suhrkamp.
Schultheis, Franz (2000): Initiation und Initiative. Entstehungskontext und Entstehungsmotive der Bourdieuschen Theorie der sozialen Welt. In: Pierre Bourdieu: *Die zwei Gesichter der Arbeit. Interdependenzen von Zeit- und Wirtschaftsstrukturen am Beispiel einer Ethnologie der algerischen Übergangsgesellschaft.* Konstanz: UVK. S. 165-184.
Schultheis, Franz (2003): Algerien 1960 – Ein soziologisches Laboratorium. In: Boike Rehbein / Gernot Saalmann / Hermann Schwengel (Hg.): *Pierre Bourdieus Theorie des Sozialen. Probleme und Perspektiven.* Konstanz: UVK. S. 25-39.
Schultheis, Franz (2007): *Bourdieus Wege in die Soziologie. Genese und Dynamik einer reflexiven Sozialwissenschaft.* Konstanz: UVK.
Schumacher, Florian (2011): *Bourdieus Kunstsoziologie.* Konstanz: UVK.
Schumacher, Florian (2013): *Nationaler Habitus. Zur Entstehung und Entwicklung nationaler Identitäten.* Konstanz: UVK.
Schwingel, Markus (1995): *Pierre Bourdieu zur Einführung.* Hamburg: Junius.
Seukwa, Louis H. (2006): *Der Habitus der Überlebenskunst. Zum Verhältnis von Kompetenz und Migration im Spiegel von Flüchtlingsbiographien,* Münster: Waxmann.
Šuber, Daniel / Schäfer, Hilmar / Prinz, Sophia (2011) (Hg.): *Pierre Bourdieu und die Kulturwissenschaften. Zur Aktualität eines undisziplinierten Denkens.* Konstanz: UVK.
Suderland, Maja (2009): Hysteresis. In: Gerhard Fröhlich / Boike Rehbein (Hg.): *Bourdieu Handbuch. Leben – Werk – Wirkung.* Stuttgart / Weimar: J.B. Metzler. S. 127-129.

Teiwes-Kügler, Christel (2001): *Habitusanalyse und Collageninterpretation. Ein Beitrag zur Entwicklung einer methodisch-theoretisch begründeten Hermeneutik am Beispiel von empirischen Einzelfallanalysen aus Gruppenwerkstätten mit zwei sozialen Milieus.* Hannover: Unveröffentlichte Diplomarbeit.
Vester, Michael (2002): Das relationale Paradigma und die politische Soziologie sozialer Klassen. In: Uwe H. Bittlingmayer / Rolf Eickelpasch / Jens Kastner / Claudia Rademacher (Hg.): *Theorie als Kampf? Zur politischen Soziologie Pierre Bourdieus.* Opladen: Leske + Budrich. S. 61-121.
Vorheyer, Claudia (2010): *Prostitution und Menschenhandel als Verwaltungsproblem. Eine qualitative Untersuchung über den beruflichen Habitus.* Bielefeld: Transcript.
Wacquant, Loïc (2004): Following Pierre Bourdieu into the Field. In: *Ethnography* 5 (4): S. 387-414.
Wacquant, Loïc (2006): Habitus. In: Jens Beckert / Milan Zafirovski (Hg.): *International Encyclopedia of Economic Sociology.* London: Routledge. S. 315-319.
Weiß, Anja (2005): The Transnationalization of Social Inequality: Conceptualizing Social Positions on a World Scale. In: *Current Sociology* 53 (4): S. 707-728.
Weiß, Anja (2006): Vergleichende Forschung zu hochqualifizierten Migrantinnen und Migranten. Lässt sich eine Klassenlage mittels qualitativer Interviews rekonstruieren? In: *Forum Qualitative Sozialforschung* 7 (3). Artikel 2. http://nbn-resolving.de/vrn:nbn:de:0114-fqs060326
Willems, Herbert (1997): Habitus: Vergleichende Überlegungen zu einer soziologischen Theoriefigur. In: *Sociologia Internationalis: Internationale Zeitschrift für Soziologie, Kommunikations- und Kulturforschung* 35 (2): S. 121-146.
Windolf, Paul (1981): *Berufliche Sozialisation: zur Produktion des beruflichen Habitus.* Stuttgart: Enke.
Wodak, Ruth / Cillia, Rudolf de / Reisigl, Martin / Liebhart, Karin / Hofstätter, Klaus / Kargl, Maria (1998): *Zur diskursiven Konstruktion von nationaler Identität.* Frankfurt am Main: Suhrkamp.
Wuggenig, Ulf (2008): Die Übersetzung von Bildern. Das Beispiel von Pierre Bourdieus La Distinction. In: Beatrice von Bismarck / Therese Kaufmann / Ulf Wuggenig (Hg.): *Nach Bourdieu. Visualität, Kunst, Politik.* Wien: Turia + Kant, S. 143-193.
Zuckerman, Harriet (2010): Dynamik und Verbreitung des Matthäus-Effekts. Eine kleine soziologische Bedeutungslehre. In: *Berliner Journal für Soziologie,* 20 (3): S. 309-340.

Teil I
Theoretische Grundlagen des Habitusbegriffs

Habitus in der kabylischen Gesellschaft und Max Webers protestantische Ethik

Franz Schultheis

1. Einleitung[1]

In den späten 1950iger Jahren wurde der Wehrpflichtige Pierre Bourdieu, Abgänger der Pariser Elitehochschule École Normale Supérieur, in das von den Befreiungskämpfen gegen die französischen Kolonialherren gezeichnete Algerien geschickt. Fünf Jahre danach kehrte er als gestandener Ethnologe und Soziologe nach Paris zurück (vgl. hierzu im Einzelnen: Schultheis 2003, 2007, 2009). Dazwischen liegen mehrere Jahre intensivster Feldforschung, basierend auf teilnehmender Beobachtung, umfassenden statistischen Erhebungen, zahllosen Tiefeninterviews und Expertenbefragungen, genealogischen Forschungen, soziolinguistischen Analysen und fotografischen Dokumentationen, und dies alles unter oft schwierigen, ja dramatischen Bedingungen.

Diese Jahre in einem „riesigen soziologischen Laboratorium", wie er es selbst später nennen sollte (Bourdieu 2003: 24), wurden für Bourdieu nicht nur zu einer grundlegenden biographischen Weichenstellung in Form einer Konversion vom Philosophen, der seine phänomenologische Dissertation über die Zeitstrukturen des Gefühlslebens mit in seinem Militärtornister nach Algerien gebrachte hatte, zu einem empirischen Sozialforscher[2] und Gesellschaftstheoretiker, der nun mittels unterschiedlichster methodologischer Zugänge über Fragen wie die nach den Zeitstrukturen des Wirtschaftslebens forschte. Während dieser Feldforschungen und angesichts der enormen soziohistorischen Brüche und gesellschaftlichen Spannungen, die sich vor seinen Augen in diesem soziologischen Laboratorium Algeriens dramatisch zuspitzten, entwickelte er viele der sein Lebenswerk prägenden theoretischen Konzepte, wie „symbolisches Kapital" oder „symbolische Gewalt", vor allem aber das wohl am meisten rezipierte soziologische Konzept „Habitus". Der Genese dieses Konzepts im Kontext des Algerienaufenthaltes Bourdieus soll im Folgenden nachgegangen werden, wobei insbesondere auch der Rolle, die hierbei der Bourdieu'schen Rezeption der Soziologie Max Webers zukommt, ein besonderes Interesse zuteilwerden soll.

---

[1] Dieser Beitrag stützt sich auf eine Reihe von Gesprächen (Collège de France, Paris 26.9.1999 bis 26.6.2001), die ich mit Pierre Bourdieu rund um seine algerischen Erfahrungen führen konnte. Sie entstanden zu einer Zeit, in der wir auch gemeinsam die Arbeit am „Soziologischen Selbstversuch" unternahmen, und es ist kein Zufall, dass diese Spurensicherung, nicht zuletzt dank der (Wieder-) Entdeckung der photographischen Zeugnisse aus den Lehrjahren des Soziologen mit der soziologischen Objektivierung seiner eigenen biographischen Flugbahn einherging.

[2] Hier sei daran erinnert, dass in den 1950er Jahren Lévi-Strauss die Anthropologie und Ethnologie in Frankreich bereits salonfähig gemacht hatte, während die Soziologie seit dem Niedergang der Durkheim-Schule zur Paria-Wissenschaft im Feld der akademischen Disziplinen abgestiegen war. Der Einstieg Bourdieus in die Soziologie über ethnologische Feldstudien scheint demnach retrospektiv nicht als „Umweg", sondern nahe liegend (vgl. Schultheis 2006, 2007a).

Abschnitt 2 und 3 widmen sich dementsprechend der Situation in Algerien und den Konsequenzen von Bourdieus Aufenthalt für die Entwicklung des Habituskonzepts. Abschnitt 4 stellt die Entwicklung Bourdieus vom Ethnologen zum Soziologen, insbesondere die pragmatische Anwendung quantitativer und qualitativer Forschungsmethoden dar. Die Abschnitte 5 und 6 schließlich erläutern die Rezeption von Max Weber und die daraus resultierende Entwicklung des Habitusbegriffs.

2. Habitus und Krise

Eine zentrale Qualität des Habitus liegt darin, dass er mit einer beachtlichen Selbstverständlichkeit und Evidenz, einer geradezu perfekten Adäquanz, ausgestattet ist, die es ihm in der Regel erlaubt, unbemerkt zu bleiben, nicht „aufzufallen", und stets zur richtigen Zeit am richtigen Ort die richtigen Aktionen bzw. Reaktionen an den Tag zu legen. Als inkorporierte, Fleisch gewordene und zu subjektiven Strukturen geronnene soziale Wirklichkeit mit ihren objektiven Strukturen ist der Habitus das unverzichtbare Bindeglied zwischen Individuum und Gesellschaft und Schlüsselelement einer soziologischen Sicht auf die gesellschaftliche Welt. Da er wie aus dem Hintergrund heraus und ungesehen die gesellschaftliche Praxis orchestriert und sich durch seine Selbstevidenz systematisch in Vergessenheit bringt, eignet sich eine radikale gesellschaftliche Krise, bei der diese Passformen aus den Fugen geraten, Sand ins Getriebe gerät und das reibungslose Funktionieren des gesellschaftlichen Alltags durch das brüchig werden von Plausibilitätsstrukturen in Frage gestellt wird, in ganz besonderer Weise, um ihm auf die Spur zu kommen und von der Hinter- auf die Vorderbühne der „Comédie Humaine" zu zerren. Diese Bedingung scheint während Bourdieus Aufenthalt im krisengeschüttelten Algerien der antikolonialistischen Befreiungskämpfe in geradezu idealer Weise erfüllt gewesen zu sein und wie er später im Gespräch feststellen sollte, konnte er sich während seiner Forschungen in Algerien ein Kapital an soziologischen Fragestellungen und Erkenntnisinteressen erarbeiten, von dem er zeitlebens zehren konnte. Aber wie sah nun diese Situation konkret aus?

3. Verkehrte Welt – gespaltener Habitus

Mit der französischen Kolonisation erlebt Algerien, bis dahin geprägt durch eine vorkapitalistische Wirtschaftsweise und -ethik, eine dramatische Umgestaltung: brutale Durchsetzung zutiefst fremder ökonomischer Prinzipien, rapider Verfall der traditionellen landwirtschaftlichen Produktionsweise, Entstehung eines neuen Subproletariats, ökonomische Prekarisierung und gesellschaftliche Entwurzelung als Los breiter Bevölkerungsschichten. Dem soziologischen Beobachter eröffnet sich hier ein breites Feld der Beobachtung und Analyse der Folgewirkungen eines forcierten sozialen Wandels, welcher Konzepte wie Entfremdung oder Anomie in geradezu idealtypischer Ausprägung manifest werden ließ und grundlegende soziologische Fragen aufwarf. Was wird aus einer Gesellschaft, wenn sie sich einer neuen ökonomischen Verkehrsweise und Handlungslogik ausgesetzt sieht, die im Widerspruch zu sämtlichen, seit Generationen gültigen sozialen Spielregeln (Bruder-Ethik, Reziprozität der Gabe etc.) steht? Inwieweit beschränkt der traditionelle ökonomische Habitus die Handlungsspielräume der sozialen Akteure und in welchem Maß strukturiert er Vorstellbares und Unvorstellbares, begrenzt er das Feld des Möglichen? Was geschieht mit Menschen, deren gesamte Plausibilitätsstukturen wie etwa die Geschlechtsspezifika der raum-zeitlichen Organisation des Alltagslebens betreffend, durch einen Modernisierungsschock und das Hereinbrechen von völlig inkompatibel erscheinenden Existenzbedingungen brüchig werden? Welche Formen des Leidens und Elends gehen mit diesem Zustand sozialer Entwurzelung und Anomie einher?

Nach meiner These verdankt sich die Bourdieu'sche Konzeption des Habitus ganz maßgeblich der Konfrontation zwischen zwei sehr unterschiedlichen Lebenswelten, welche die jeweiligen Wahlverwandtschaften zwischen Denk- und Verhaltensweisen und objektiven gesellschaftlichen und ökonomischen Strukturen besonders plastisch vor Augen führten:

„Die jüngere Entwicklung der algerischen Gesellschaft ist ein Fallbeispiel dieses geschichtlich-kulturellen Zusammenhangs. Der Anpassungsprozess an die kapitalistische Wirtschaft, der sich hier beobachten lässt, ruft in Erinnerung, was eine alleinige Betrachtung fortgeschrittener kapitalistischer Gesellschaften leicht vergessen ließe, nämlich, dass das Funktionieren jedes Wirtschaftssystems an die Existenz eines gegebenen Systems von Dispositionen gegenüber der Welt oder, um genauer zu sein, gegenüber der Zeit gebunden ist." (Bourdieu 2000: 29)

Gerade angesichts der tiefgreifenden Krise der algerischen Gesellschaft musste das Konzept des Habitus eine ganz besondere theoretische Schärfe und Prägnanz gewinnen, deren Mitglieder sich materiell und symbolisch der Verfügung über ihre Existenz und als kulturell Entwurzelte sich jedweder Orientierungspunkte für die Entwicklung auch nur annähernd kohärenter Strategien beraubt sahen. Vielleicht bietet sich der Begriff der „Desorientierung", hier als kollektive Erfahrung verstanden, dazu an, um einen solchen Zustand der gesellschaftlichen „Anomie", des Verlustes an verlässlichen handlungsleitenden Koordinaten, zu konzeptualisieren (zum ökonomischen Habitus und Bourdieus ökonomischer Anthropologie siehe ausführlicher auch den Beitrag von Lenger in diesem Band).

4. Ethiken der Arbeit – Strukturen des Ökonomischen

Bourdieu erlebt angesichts der algerischen Ausnahmesituation eine nicht minder außergewöhnliche Konversion seines Habitus, eine Metamorphose, die aus dem brillanten Abgänger einer Pariser Elite-Hochschule, prädestiniert für eine Hochschulkarriere als Philosoph, einen autodidaktisch Geschulten machen sollte, der sich mittels ständiger Radikalisierung der eigenen intellektuellen und politischen Ansprüche und einem pausenlosen Experimentieren mit allen zur Verfügung stehenden Methoden und Mitteln der quantitativen und qualitativen Sozialforschung nützlich machen wollte:

„Ich wollte angesichts der dramatischen Situation in Algerien etwas tun, wollte mich nützlich machen und entschloss mich deshalb, eine Untersuchung über die algerische Gesellschaft in Angriff zu nehmen, um den Menschen zuhause ein wenig besser verständlich zu machen, was in diesem Land geschah. Ich wollte bezeugen, was sich da vor meinen Augen abspielte." (Bourdieu / Schultheis 1999 bis 2001)

Die Einsicht in eine andere, unserer modernen Auffassung völlig konträren Sicht von Arbeit, Anstrengung, Nutzen, Gewinn, bei der alle wirtschaftlichen Aktivitäten sozial eingebunden sind und nicht auf die Formel „Geschäft ist Geschäft" reduziert werden und wo sich Geld noch nicht vom Mittel zum Selbstzweck entwickelt hat, musste sich Bourdieu selbst mühsam gegen die vermeintlichen Evidenzen der eingefleischten Kategorien des Denkens und Handelns erkämpfen. Bourdieus Sicherung der Spuren einer untergehenden Welt verfolgt dabei von Beginn an eine Strategie der Rehabilitation des Alltäglichen.

Schon während seiner Militärzeit nutzte Bourdieu seine Freizeit, um mit einer Materialsammlung für ein Buchprojekt zu beginnen. Zunächst hatte er nur im Sinn, eine Art soziologische Länderstudie zu schreiben, welche dann tatsächlich schon im Jahre 1958 unter dem Titel „Sociologie de l'Algérie" in der populären und auflagenstarken enzyklopädischen Reihe „Que sais-je?" erscheinen sollte. Doch damit gab sich Bourdieu bald nicht mehr zufrieden. Er hatte in Algier verschiedene Mitarbeiter der dortigen Vertretung des INSEE, des Statistischen Amtes Frankreichs, kennen gelernt und mit ihnen die Arbeit an einer breit angelegten statistischen und soziologischen Analyse der Situation der Arbeiterschaft in Algerien in Angriff genommen:

> „Einerseits ging es uns darum, mit den ideologischen Berührungsängsten unserer Disziplinen zu brechen und vor allem auch den Fetischismus der Statistik zu bekämpfen, die den Forscher allzu oft in Versuchung führt, sich dem anheimzustellen, was Leibniz die „blinde Evidenz" der Zahlen und Symbole nannte. Umgekehrt besehen war für uns die Statistik mehr als nur ein Instrument der Verifizierung soziologischer Hypothesen, nämlich auch ein wichtiger Schutz vor den Fallen des Intuitionismus und allzu schneller Induktionen. Eine Zusammenarbeit mit dem Statistiker ist für den Soziologen schon unter normalen Umständen notwendig und wertvoll, gänzlich unverzichtbar aber ist sie, wenn er es unternimmt eine Gesellschaft im Umbruch zu analysieren. Hier wird die ethnographische Methode durch eine komplexe und sich ständig wandelnde, alle Anzeichen der Inkohärenz behaftete Wirklichkeit, entwaffnet. Anders herum besehen erlaubt aber auch nur eine Kenntnis der traditionellen kulturellen Modelle den Sinn bestimmter statistisch erfassbarer Verhaltensweisen zu verstehen, denn diese beziehen sich sogar dann noch auf diese alten Modelle, wenn sie diese hinter sich lassen." (Bourdieu / Schultheis 1999 bis 2001)

Gemeinsam mit den Kollegen vom INSEE unternimmt Bourdieu also eine repräsentative Erhebung zur Erwerbssituation in Algerien und lässt sich zusätzlich eine Unterstichprobe von 200 Haushalten ziehen, die er selbst als Grundlage seiner eigenen Untersuchungen benutzt. Er verfügt also über die repräsentativen Daten der Gesamtstichprobe und konnte die eigenen Ergebnisse in diesem Rahmen systematisch verorten. Schon die nach standardisierten Fragen vorgehende erwerbsstatistische Erhebung brachte sehr interessante Einblicke in die unterschiedlichen kulturellen Repräsentationen von Arbeit. So wurden unter anderem die Fragen gestellt: „Wie viele Stunden haben sie gestern gearbeitet? Wie viele Tage während der letzten Woche? Wie viele Wochen im vergangenen Monat?" Und schließlich: „Was ist Ihr Beruf?"

Die Befragten aus dem Süden Algeriens, der deutlich weniger von den Auswirkungen des Kolonialismus und in geringerem Maße von der Auswanderung betroffen war als der Norden, gaben markant seltener an, sie seien „arbeitslos" als die Befragten in den nördlichen Regionen, selbst wenn sie genau die gleiche Zahl an Stunden gearbeitet hatten. Entsprechend schlussfolgerte Bourdieu:

„Das stellte für mich die Idee der Arbeit selbst in Frage. Beide Gruppen hatten eine andere Auffassung von Arbeit. Im Süden herrscht ein traditionelles Verständnis vor. Derjenige, der von sich sagt, er arbeitet, ist frühzeitig aufgestanden, hat seinen Söhnen Arbeit zugeteilt, seiner Frau ebenfalls und ist dann losgezogen, um mit seinen Freunden im Café oder an der Straßenecke zu diskutieren. Bei den Kabylen jedoch arbeitet nur derjenige, der Geld heimbringt, das hat unsere Befragung eindeutig belegt. Auf diesem Wege gelangte ich an sehr grundlegende soziologische Fragen wie „Was heißt Arbeiten?", „Was ist Freizeit?". Immer musste ich mir angesichts der gesammelten und zu Tabellen verarbeiteten Daten sagen: „Diese Besonderheiten interpretiere ich doch nicht selbst da rein! Es muss da etwas geben, was nicht in der Tabelle drin ist und dennoch alles strukturiert. Ich stellte hier angesichts dieser empirischen Gegenstände Fragen im Stile der Philosophie, obwohl ich doch mit beiden Beinen auf dem festen Boden der Praxis stand. Und manchmal sagte ich mir: Da hast Du es! Du bist immer noch ein Philosoph. Aber diese Fragen mussten nun einmal gestellt werden und rückblickend hatte ich Recht!" (Bourdieu / Schultheis 1999 bis 2001)

Was nicht in den statistischen Daten „sichtbar" wird und dennoch wirkmächtig in den von ihnen abgebildeten Realitäten zur Geltung kommt, ist nun aber gerade der mit dem Konzept „Habitus" auf den Punkt gebrachte Doppelcharakter sozialer Wirklichkeit.

5. Von der Metaphysik zur Sozialphysik

Aber um solche „metaphysischen Fragen" vom Kopf auf die Füße zu stellen, wechselt Bourdieu in Algerien das Repertoire seiner Lektüren und widmet sich mehr und mehr der sozialwissenschaftlichen Lektüre.

So lässt er sich u. a. auch Max Webers „Protestantische Ethik und der Geist des Kapitalismus" im deutschen Original zusenden (die französische Übertragung sollte noch einige Zeit auf sich warten lassen, obwohl Maurice Halbwachs bereits in den 30er Jahren das Werk des deutschen Kollegen rezensiert und auch Raymond Aron zu dieser Zeit Weber auf den Schild gehoben hatte; vgl. hierzu: Schultheis / Paugam 2007). Er vergräbt sich in die Lektüre, weil er von Webers These von der Wahlverwandtschaft der kapitalistischen Wirtschaftsgesinnung und dem spezifischen Ethos des Protestantismus gehört hatte und selbst bei seinen Studien über Algerien auf zwei Bevölkerungsgruppen gestoßen war, die sich durch markant unterschiedliche Wirtschaftsweisen auszeichneten (vgl. Bourdieu / Schultheis 2011). Die „Modernere" der beiden, bereits von Marktlogik und Denken in monetären Kategorien geprägt, legte ein grundlegend anderes Verhältnis zur Arbeit an den Tag als jene zum Vergleich herangezogene Population. Erstere war zugleich durch Besonderheiten religiöser Glaubensinhalte geprägt, welche sich homolog zu den Weberschen Befunden als förderlich für die Hervorbringung einer im okzidentalen Sinne „rationalen" Wirtschaftsmentalität haben erweisen können. In diesem Kontext ist daran zu erinnern, dass Max Weber im Titel der protestantischen Ethik eigentlich vom „Habitus des Kapitalismus" sprechen wollte und die Ironie der Geschichte es nun so will, dass der junge französische Autodidakt in Soziologie, der über die Vorlesungen Merleau-Pontys in Paris erstmals, wenn auch nur flüchtig, mit Max Weber konfrontiert worden war, nun dieses ursprüngliche Vorhaben Webers realisieren wird und dem „ökonomischen Habitus" eine Schlüsselstellung in seinem Frühwerk einräumt. Später, ab 1962, wird Bourdieu dann ‚gezwungenermaßen' viel systematischer Weber rezipieren und auch dessen Verwendung des Konzeptes

Habitus in der Religionssoziologie auf die Spur kommen (Weber spricht hier z. B. von „Arbeit am eigenen Habitus") und daraus deutliche Anleihen machen, nachdem ihm sein „patron" Raymond Aron aufgetragen hatte, an der Uni Lille nicht wie von Bourdieu ursprünglich beabsichtigt, mit Durkheim in die Soziologie einzusteigen, sondern über das Werk von Weber, welches hier dann für die Genese der Bourdieu'schen Feldtheorie von paradigmatischer Bedeutung sein sollte (vgl. Schultheis 2008b). Wie bei Weber kommt es hier zu einer untrennbaren Verknüpfung von religions- und herrschaftssoziologischen Fragen, ja wird Religionssoziologie gar zu Herrschaftssoziologie par excellence, wie hier kurz erinnert werden soll.

Solange religiöse Praxis (Rituale, Symbole, Glaubensüberzeugungen etc.) keiner Monopolisierung unterworfen und tendenziell Jedermann zum alltäglichen Gebrauch frei verfügbar ist, sodass er nach eigenem Geschmack und Bedürfnissen an religiösen Dingen glücklich oder unglücklich werde, sind dieser Praxis sozusagen keine Grenzen gesetzt. Jeder kann nach Bedarf eine Zauberformel oder ein Gebet sprechen, niederknien, ein Totem oder ein anderes mit außeralltäglichen Kräften (Charisma) ausgestattetes Ding verehren, Symbole und Rituale entwickeln etc. Sobald jedoch eine Gruppe von Individuen einen exklusiven Anspruch auf legitimen Umgang mit diesen Gütern behauptet und durchsetzt und bei den dabei Ausgeschlossenen und faktisch „Enteigneten" auf aktive Zustimmung oder passive Duldung stößt, bringt sich eine interessante elementare Form der Vergesellschaftung zur Geltung: es kommt zu einer Dialektik von Schließung und Ausschliessung, bei der eine Gruppe das Monopol auf legitime Handhabung religiöser Gegenstände behauptet bzw. usurpiert, sich dabei als Corps von Auserwählten, von religiösen Experten und Virtuosen konstituiert und im gleichen Prozess auf der Gegenseite die von diesem Monopol Ausgeschlossenen als negativ definierte gesellschaftliche Kategorie der „Laien", der religiös Unbegabten bzw. Profanen (dis-)qualifiziert und institutionalisiert.

Diese Dichotomie zwischen positiv Qualifizierten, mit außeralltäglichen Qualitäten (Gaben und Begabungen) ausgestatteten „Experten" und der Masse der Unqualifizierten ist ein strukturelles Grundmuster aller gesellschaftlichen Felder, auch wenn sie nicht immer mit gleicher Trennschärfe sichtbar wird. Dies liegt u. a. daran, dass das religiöse Feld eine Form extremer Machtkonzentration und hierarchisch-autoritärer Organisation kennt, die schon lange vor der Entstehung moderner Staaten eine Art Prototypus herrschaftlicher Ordnung darstellte. Während diese „Mutter" aller Herrschaftsordnungen ungehorsame Mitglieder mit dem Bannstrahl der Exkommunizierung (und im Falle der Inquisition mit noch peinlicheren Strafen) sanktionieren konnte, sind z. B. Institutionen des künstlerischen oder intellektuellen Feldes mit weit weniger direkter Sanktionsmacht ausgestattet. Wer unbefugt zum Kelch greift und die Wandlung spricht, wer Dogmen in Frage stellt oder eigene religiöse Wahrheiten predigt, wird für dieses Sakrileg gebüßt. Wer hingegen nach eigenem Gutdünken drauflos dichtet, philosophiert, malt oder im Hobbykeller „Design" produziert und hierfür eine Legitimität beansprucht, die nach herrschender gesellschaftlicher Meinung (die bekanntlich maßgeblich Meinung herrschender bzw. tonangebender Gruppen ist), riskiert für solcherart „Anmaßung" Hohn und Gelächter, vielleicht auch Verachtung und soziale Ausgrenzung.

Im Stadium dieser fundamentalen Differenzierung zwischen Qualifizierten und Unqualifizierten, Experten und Profanen, Elite und Volk, ähnelt diese elementare Form eines Feldes bereits einem Markt, auf dem sich Produzenten und Konsumenten von „Heilsgütern" gegenüberstehen. Diejenigen, die über das Monopol auf legitime Handhabung religiöser Symbole und Rituale verfügen, bieten ihre Expertise religiös Unbegabten an, die je nach gegebenen „Heilsbedürfnissen" religiöse Güter unterschiedlicher Qualität nachfragen können und hierbei den Anbietern Gegenleistungen für ihre religiösen Dienstleistungen anbieten (Opfer, Schenkungen, Ablasskauf, Almosen, Kirchensteuer etc.). Hierbei differenziert die Webersche Religionssoziologie, ganz ähnlich wie jene Gramscis, interessanterweise zwischen klassenspezifischen Heilsbedürfnissen, „Habitus" und Lebensstilen der Bevölkerung, was der Idee eines Marktes der Heilsgüter noch zusätzliche Plausibilität verleiht. Diese soziologische Vorstellung lässt sich ohne allzu viel Mühe auf andere Bereiche der gesellschaftlichen Praxis und alltäglichen Lebensführung übertragen und z. B. auf das klassenspezifische Verhältnis zum Wohnen und seiner Gestaltung übertragen, wo der Zusammenhang zwischen Klassenlage, Bedürfnis, Geschmack, Lebensstilisierung auf ganz analoge Strukturmuster verweist.

Nach Weber unterscheiden sich Heilsbedürfnisse je nach konkreter Klassenlage und den ihr entsprechenden Funktionen religiöser Repräsentationen: die herrschenden Klassen suchen in ihnen eine Rechtfertigung ihrer Privilegien, die beherrschten Klassen Verheißung ihrer Erlösung und die Intellektuellen fragen insbesondere jene religiösen Wissensbestände und Überzeugungen nach, die ihrem Bedürfnis nach rationaler Durchdringung und Gestaltung der diesseitigen Lebensvollzüge entgegen kommen, eine Disposition, die sich prototypisch in der Suche nach einer systematischen ästhetischen Stilisierung und „Gestaltung" des Alltags zum Ausdruck bringen kann.

6. Wildes Forschen: Bourdieus Selbstinitiation zur „Feldforschung"

Schon bei den ersten sozialwissenschaftlichen Gehversuchen Bourdieus zeigten sich ihm die Stärken und Grenzen der statistischen Methoden und Instrumente, die er gemeinsam mit Freunden, die für das Statistische Amt Frankreichs Erhebungen in Algerien durchführten, praktizierte. Er erkannte schnell, dass das Wesentliche sich eben nicht in den Tabellen selbst fand, sondern mit Hypothesen eingekreist werden musste, die er allein auf dem Wege eines verstehenden, qualitativen Zuganges entwickeln konnte. Die statistischen Erhebungen mit standardisierten Fragebögen standen aber nicht isoliert da, sondern wurden von einer ganzen Batterie weiterer, meist qualitativer Forschungsmethoden ergänzt und umrahmt, die Bourdieu weitgehend autodidaktisch nach dem Prinzip eines intuitiven *learning by doing* entwickelte. Entsprechend stellt Bourdieu fest:

> „Ich bin einfach ins kalte Wasser gesprungen, so wie man Kinder ins Wasser stößt, damit sie schwimmen lernen. Ich arbeitete gleichzeitig an tausenderlei Fragen und Themen von der Gabe, über den Kredit bis hin zu Verwandtschaftsbeziehungen und hatte irgendwie schon das Gefühl, auf dem rechten Wege zu sein, ohne dass ich aber genauer hätte sagen können, worin meine Methode denn eigentlich konkret bestand ..." (Bourdieu / Schultheis 1999 bis 2001)[3]

---

[3] Bourdieu kam ja nicht mit leeren Händen in Algerien an, sondern verfügte durch seine Sozialisation in einer noch stark rural und traditionell geprägten Region Frankreichs durchaus über einen „praktischen Sinn" und ein dem mediterranen „Habitus" der Algerier nicht unähnliches Ensemble an Dispositionen: "Meine soziologischen Arbeiten über Algerien waren für mich Gelegenheit zu einer Anamnese. Ich bediente mich immer wieder meiner Primärerfahrungen aus der Heimat und stellte häufig Bezüge zu den Bauern aus dem Béarn her. So sagte ich mir etwa in dieser oder jener Gesprächssituation: Wenn Dir das jetzt ein Bauer daheim aufzutischen versuchte, dann könnte ich das nicht glauben. Das sind genau die Dinge, die man glaubt, einem Fremden erzählen zu müssen, Standard-

Daher liegt es nahe, dass sich die Bourdieu'sche Theorie des Habitus ganz maßgeblich aus der Konfrontation zwischen zwei sehr unterschiedlichen Lebenswelten ergibt, welche die jeweiligen Wahlverwandtschaften zwischen Denk- und Verhaltensweisen und objektiven gesellschaftlichen und ökonomischen Strukturen besonders plastisch vor Augen führten. Das Konzept des Habitus musste gerade angesichts der tiefgreifenden Krise einer Gesellschaft eine ganz besondere theoretische Schärfe und Prägnanz gewinnen, deren Mitglieder sich materiell und symbolisch der Verfügung über ihre Existenz und als kulturell Entwurzelte sich jedweder Orientierungspunkte für die Entwicklung auch nur annähernd kohärenter Strategien beraubt sahen. Entsprechend schreibt Bourdieu:

> „In der Tat enthält die ökonomische Praxis, die sich abstrakt immer gemäß einer Messlatte unterschiedlicher Grade ökonomischer „Rationalität" messen lässt, eine Klassenabhängigkeit: das Subjekt des ökonomischen Handelns ist kein *homo oeconomicus*, sondern der wirkliche Mensch, den die Wirtschaft hervorbringt. Stellt man in Rechnung, dass die Praktiken (wirtschaftlicher und anderer) jedes einzelnen Akteurs ihre gemeinsame Wurzel in der durch seinen Habitus – selbst Produkt eines bestimmten Typs ökonomischer Bedingungen – vermittelten, objektiv unterhaltenen Beziehung zur objektiven und kollektiven Zukunft hat, welche seine Klassenlage bestimmt, so wird klar, dass allein eine Soziologie der Einstellungen in der Lage ist, über die gewohnte Herangehensweise an eine derart zentrale Frage hinauszureichen." (Bourdieu 2000: 25)

Die „quasi-metaphysischen Fragen", die sich Bourdieu im Rahmen seiner ethnologischen Feldforschungen stellte, klangen bewusst naiv: "Was ist ein Kredit? Was heißt Sparen? Was Thesaurieren? Was ist der Unterschied zwischen Thesaurieren und Akkumulation? Was heißt Rücklagen bilden?" (Bourdieu / Schultheis 1999 bis 2001) – alles zentrale Fragen der Ökonomie. Und was heißt das alles in Bezug auf die Einschätzung des wirtschaftlichen Verhaltens des algerischen Bauern. Einerseits stellt man fest, dass dieser Reserven für eine Zeitspanne von fünf Jahren schafft und andererseits sagt man von ihm, er sei unfähig, vorauszuschauen und zu planen. Genau an diesem Punkt wird die „ökonomische Anthropologie" durch und durch politisch und bleibt es zeitlebens:

> „Wenn in den wirtschaftlichen Verhaltensweisen, seien sie schicksalsergeben oder zupackend, inkohärent oder methodisch, dieselbe Bedeutung zum Ausdruck kommt wie in den politischen Meinungen, ob nun enttäuscht oder entschlossen, nur Revolte oder revolutionär, dann deshalb, weil das System der Dispositionen mit der wirtschaftlichen und gesellschaftlichen Lage durch die Vermittlung der objektiven Möglichkeiten verbunden ist, die von dieser Lage bestimmt werden und selbst wiederum diese Lage verfassen. Statistisch messbar, im Sinne von einem individuellen Willen unabhängiger Regelmäßigkeiten, sind die objektiven und kollektiven Chancen (etwa die Zugangschancen zu seltenen Gütern oder die sozialen Aufstiegschancen im Rahmen einer oder mehrerer Generationen) auch konkrete Tatbestände der individuellen Erfahrung. Als Einverleibung der objektiven Situation stellt der Habitus die einheitsstiftende Struktur des Ensembles aller Dispositionen dar, welche einen praktischen Bezug zur objektiven Zukunft voraussetzen, sei es in Form der Resignation oder der Revolte gegen die vorhandene Ordnung oder in Gestalt der Fähigkeit, die wirtschaftlichen Verhaltensweisen Planung und Kalkül zu unterwerfen." (Bourdieu 2000: 140)

---

antworten für Auswärtige. Ja, ich bediente mich dieser Bezüge zum Béarn ganz bewusst und systematisch und hatte daher oft sogar den algerischen Begleitern einiges voraus, hatte die bessere Intuition für Widersprüchlichkeiten und sagte ihnen manches Mal: Da stimmt doch was nicht ...!" (Bourdieu /Schultheis 1999 bis 2001)

Bourdieus Frage nach den elementaren Formen des ökonomischen Lebens und den mit ihnen wahlverwandten mentalen, ethischen und praktischen Dispositionen in dem noch tief in traditionellen Gesellschaftsmustern verwurzelten Algerien ist von Beginn an eine scharfe erkenntnistheoretische Waffe der Kritik des modernen Kapitalismus, der seine spezifischen sozio-historischen Möglichkeitsbedingungen hinter dem Schleier vermeintlich universeller Prinzipien der Rationalität versteckt.

> „Es ging mir darum, der Vorstellung einer vorlogischen Denk- und Handlungsweise zu widersprechen und in diesem Motiv kam auch mein philosophisches Interesse in Bezug auf ein besseres Verständnis von ‚Zeit' zur Geltung. Ich glaube nicht, dass ich hier schlicht meine philosophischen Interessen dem ethnologischen Gegenstand überstülpte, sondern bin davon überzeugt, dass die Zeitdimension von zentraler Bedeutung ist und sich hier ein grundlegend anderes Verhältnis zur Zukunft identifizieren lässt." (Bourdieu / Schultheis 1999 bis 2001)

Mit seiner These von den ökonomischen Bedingungen des Zugangs zur Rationalität geht Bourdieu direkt gegen das rassistisch gefärbte Stereotyp von einer schier nicht modernisierbaren bzw. zivilisierbaren algerischen Bevölkerung an. Die üblichen Vorurteile gegenüber der vermeintlichen Unfähigkeit dieser Menschen, in „geordneten Verhältnissen" zu leben (mangelnde Hygiene in den Wohnungen, fehlende ökonomische Planung, geringe Arbeitsmotivation, Unzuverlässigkeit etc.) waren ein vorzügliches Mittel zur Legitimierung der kolonialen Konstellation, ähnlich wie die heutigen Theorien von der so genannten „Kultur der Armut", die die Existenz sozialer Ausschließung unter Rückgriff auf quasi-genetische Reproduktionsmuster erklären und legitimieren. So materialistisch die Bourdieu'sche These von der Priorität der materiellen Lebens- und Arbeitsbedingungen daher zunächst auch scheinen mochte, so sehr ist sie doch eine gerade die symbolischen Herrschaftsbeziehungen entlarvende und kritisierende Sichtweise mit emanzipatorischer Stoßrichtung, gesteht sie doch einer beherrschten Gruppe eine ökonomische und gesellschaftliche Praxis mit Eigenlogik und Eigensinn zu.

Wie Bourdieu in seinen frühen Studien überzeugend herausarbeitet, verbietet in einer vorkapitalistischen Wirtschaft die Logik einfacher Reproduktion und die mit ihr einhergehenden zyklischen Zeitperspektiven jedwede Vorstellung von Zukunft, die nicht der Idee einer bereits im Gegebenen eingeschriebenen objektiven Möglichkeit gehorcht (vgl. auch den Beitrag von Schneickert zu Husserl in diesem Band).

Ganz im Gegensatz dazu verlangt die ganze Logik eines ökonomischen Universums, welche einer solchen auf Berechenbarkeit und Voraussehbarkeit beruhenden Wirtschaftsstruktur und Wirtschaftshaltung auf dem Wege der Kolonialisierung übergestülpt wurde, eine berechnende und vorausschauende Verhaltensdisposition und zwar sowohl in den ökonomischen Vorhaben der alltäglichen Existenz wie auch in Projektionen einer revolutionären Zukunft (vgl. hierzu Schultheis 2007, 2008a).

Bourdieus frühe ökonomische Anthropologie führt vor Augen, dass das kalkulierende Denken, die Rechenhaftigkeit, die keineswegs in dem wohl universellen menschlichen Vermögen einer kalkulierenden Vernunft angelegt sind, sich schrittweise in allen Bereichen gesellschaftlicher Praxis durchsetzt und dies im Widerspruch zur Logik der häuslichen Wirtschaft. Letztere beruht ja gerade auf der Verdrängung bzw. besser gesagt der Verneinung des Kalküls, also auf der Weigerung, dem Prinzip des Ökonomischen zu gehorchen, d. h. auch im Austausch im familiären Kontext zu „sparen" (Anstrengung,

Mühsal, Arbeit, Zeit, Geld etc.). Während die Familie einst Modell aller Formen des Tausches war, auch jener, die wir als „ökonomisch" betrachten, ist die Ökonomie als solche heute einer eigenen Logik, der des Kalküls, des Profits etc. anerkannt, die gleichzeitig beansprucht, das Prinzip aller Praktiken und allen Tausches, sogar im familiären Rahmen zu sein. Die Ökonomie, so wie wir sie heute kennen, ist aus einer solchen Verkehrung des Wertespektrums hervorgegangen. „Ich erinnere mich noch", so Bourdieu in einem unserer Gespräche,

> „an so viele kleine Beobachtungen mit scheinbar anekdotischem Charakter, wie das Entsetzen eines Familienvaters, als sein erwachsener Sohn plötzlich die Forderung nach Lohn für die Mitarbeit auf dem familiären Hof erhob, oder an den Skandal, den das Verhalten eines Maurers auslöste, der, aus Frankreich zurückgekehrt, forderte, man solle ihm seinen Anteil am gemeinsamen Mahl zur Feier des Abschlusses der »kollektiven Arbeiten« (thiwizi) in Geld ausbezahlen, Beobachtungen, durch die ich mir nach und nach bewusst wurde, dass ich eine implizite Theorie der Arbeit, basierend auf der Äquivalenzbeziehung zwischen Arbeit und Geld hatte, welche sich für mich und meinesgleichen sozusagen von selbst verstand und die manche der Kabylen, die ich beobachtete, gerade dabei waren zu entdecken, indem sie sich sehr mühsam von einer für uns schwer zu denkenden Sicht von Tätigkeit als gesellschaftlicher Beschäftigung lösten." (Bourdieu / Schultheis 1999 bis 2001)

Anders gesagt war für Bourdieu die Konfrontation mit einer fremden Kultur und dem ihr entsprechenden Ensemble an subjektiven Dispositionen und Denk-, Beurteilungs- und Handlungsschemata auf der Ebene der in ihr und für sie sozialisierten und an ihr partizipierenden Individuen nicht nur Möglichkeitsbedingung einer biographischen Konversion vom Philosophen zum Ethnologen und Soziologen sowie einer Konversion seines Blicks auf Gesellschaft und sich selbst, sondern auch ein soziologisches Laboratorium, in welchem er einem weitgehend autodidaktischen Experimentierens mit vielfältigen Forschungsmethoden und -instrumenten grundlegenden sozialwissenschaftlichen Fragen nachging, sondern auch eine Theoriewerkstatt, in der er die für sein Werk zentralen Theoriebausteine (schon explizit wie z. B. „Kapital der Ehre", „Habitus" oder zumindest „avant la lettre" wie z. B. „Feld") entwickelte und sich hier, wie er später rückblickend sagen sollte, ein Kapital an sozialwissenschaftlichen Fragen erarbeitete, welches für sein ganzes Lebenswerk die zentrale Ressource spielen sollte.

Literatur

Bourdieu, Pierre (1958): *Sociologie de l'Algérie*. Paris: PUF.
Bourdieu, Pierre (2000): *Die zwei Gesichter der Arbeit. Interdependenzen von Zeit- und Wirtschaftsstrukturen am Beispiel einer Ethnologie der algerischen Übergangsgesellschaft*. Konstanz: UVK.
Bourdieu, Pierre (2003): *In Algerien. Zeugnisse der Entwurzelung*. Graz: Camera Austria.
Bourdieu, Pierre et al. (Hg.) (2010): *Das Elend der Welt*. 2. Auflage. Konstanz: UVK.
Bourdieu, Pierre / Schultheis, Franz (1999 bis 2001): *Gespräche über Bourdieus Wege in die Soziologie*. (Collège de France, Paris 26.9.1999 und 26.6.2001, teilweise veröffentlicht in Schultheis 2007).

Bourdieu, Pierre / Schultheis, Franz (2011): With Weber Against Weber. In: Conversation With Pierre Bourdieu. In: Simon, Susen / Turner, Bryan S. (Hg.): *The Legacy of Pierre Bourdieu: Critical Essays.* London: Anthem Press. S. 111-124.
Schultheis, Franz (2003): Algerien 1960 – ein soziologisches Laboratorium. In: Rehbein, Boike / Saalmann, Gernot / Schwengel, Hermann (Hg.): *Pierre Bourdieus Theorie des Sozialen.* Konstanz: UVK. S. 25-40.
Schultheis, Franz (2006): Konversionen des Blicks. Wege zu einer reflexiven Anthropologie. In: *Mittelweg* 36 (3): S. 38-46.
Schultheis, Franz (Hg.) (2007): *Bourdieus Wege in die Soziologie.* Konstanz: Universitätsverlag.
Schultheis, Franz (2008a): Symbolische Gewalt - Zur Genese eines Schlüsselkonzepts der bourdieuschen Soziologie. In: Schmidt, Robert / Woltersdorff, Volker (Hg.): *Symbolische Gewalt. Herrschaftsanalyse nach Pierre Bourdieu.* Konstanz: UVK. S. 25-44.
Schultheis, Franz (2008b): Salvation Goods and Domination: Pierre Bourdieu's Sociology of the Religious Field. In: Stolz, Jörg (Hg.): *Salvation Goods and Religious Markets: Theory and Applications.* Bern: Peter Lang. S. 31-50.
Schultheis, Franz (2009): „Es gibt nur einen Pierre Bourdieu". Jakob Schrenk im Gespräch mit Franz Schultheis. In: Carles, Pierre: *Soziologie ist ein Kampfsport – Pierre Bourdieu im Porträt.* Frankfurt am Main: Suhrkamp. S. 25-33.
Schultheis, Franz (2010): Das Elend der Welt – eine zweifache Herausforderung. Pierre Bourdieu im Gespräch mit Franz Schultheis. In: Bourdieu, Pierre et al. (Hg.): *Das Elend der Welt.* 2. Auflage. Konstanz: UVK. S. 439-443.
Schultheis, Franz / Paugam, Serge (2007): Raymond Aron, l'Allemagne et Max Weber – Une étape de la Sociologie Française. In: Aron, Raymond (Hg.): *La sociologie allemande contemporaine.* Paris: PUF. S. 5-19.

Der Klassenhabitus in Abgrenzung zum Klassenbewusstsein bei Karl Marx

Klaus Eder

1. Vorbemerkung

Dass Marx einen Einfluss auf Bourdieu hatte, ist wohl unbestreitbar. Die Begriffe Klasse und Kapital sind zentrale Elemente des Bourdieu'schen Theoriegebäudes, und doch stellt sich die Frage, wie genau dieser Einfluss zu sehen ist. Bourdieu übernimmt zunächst einmal Begriffe – doch das Entleihen von Begriffen lässt offen, wie weit es zur Rezeption von Argumenten kommt, die für eine Theoriebildung folgenreich ist. Worauf es somit ankommt, ist der besondere Gebrauch Marx'scher Argumentationsfiguren in den soziologischen Analysen, die Bourdieu vorführt.

Der Begriff des „Kapitals" wird von Bourdieu benutzt, um jene Ungleichheiten sichtbar zu machen, die Machtverhältnisse begründen. Diese Aneignung des Kapitalbegriffs vollzieht sich in zwei Schritten. Zunächst wird Kapital auf Haben reduziert und dann über Adjektive spezifiziert, nämlich als ökonomisches, soziales, kulturelles und symbolisches Kapital (Bourdieu 1983). Die von Marx dem Kapital zugeschriebene Eigenschaft der systemischen Selbstzerstörung und der damit verbundenen Ausbeutung von Menschen (der Lohnarbeiter) durch Menschen (der Kapitalisten) ist bei Bourdieu nicht mehr vorhanden. Stattdessen geht es um die sich in ungleicher Kapitalienverteilung reproduzierende Macht von Menschen über Menschen. Diese Re-Interpretation erlaubt es dann, mit der Beobachtung der zunehmenden Bedeutung „kulturellen Kapitals" die These einer sich über symbolische Macht verfestigenden Herrschaft von Menschen über Menschen zu entwickeln. Der Begriff der Klasse erfährt eine ähnliche „Entschlackung" – Klassenverhältnisse werden nicht mehr als Ausdruck von Produktionsverhältnissen, sondern als Ergebnis der ungleichen Verteilung von Kapital gesehen. Die Beziehungen zwischen Klassen sind nicht mehr das Ergebnis von Produktionsverhältnissen; sie erhalten vielmehr eine Eigenlogik dadurch, dass sie als über symbolische Abgrenzung, über symbolische Unterscheidungen hergestellt, bestimmt werden. Bourdieu nimmt also Begriffe von Marx auf, die neu „theoretisiert" werden, ohne damit zugleich den Anspruch auf eine umfassende neue „Theorie" zu verbinden. Ob nun seine (ob implizite oder explizite) Theorie Ähnlichkeiten mit Handlungstheorien, Systemtheorien o. ä. bietet, bleibt Bourdieu selbst weitgehend egal. Er sieht solche Debatten eher als Medium symbolischer Kämpfe (genauer: von Kämpfen um symbolische Macht) im Wissenschaftssystem denn als Möglichkeiten der Generierung kritischen Wissens über Machtverhältnisse.

Es gibt aber auch Begriffe, die Bourdieu nicht von Marx übernimmt bzw. die er durch andere Begriffe ersetzt. Der Begriff der Produktionsverhältnisse kommt nicht an zentraler Stelle vor. Ebenso wenig wird der Begriff des Klassenbewusstseins eingesetzt. An dessen Stelle tritt der Begriff des Klassenhabitus. Dieses Nichtübernehmen markiert Differenzen, die man nicht einer „schlechten" Rezeption anlasten sollte, sondern ihren Grund darin hat, dass Bourdieu Fehlsteuerungen des Theoretisierens bei Marx zu vermeiden sucht.

Solche Fehlsteuerungen sind insbesondere mit dem Begriff der „Klasse" verbunden gewesen. Wie im Folgenden zu zeigen sein wird, hat die Debatte um „Klassen" in eine eigentümliche Selbstwidersprüchlichkeit geführt. Es gibt einige, die behaupten, dass es Klassen gäbe, was andere bestreiten. Angesichts solch unterschiedlicher, auf zentrale Aspekte des gesellschaftlichen Lebens abzielender „Findings" stellt sich die Frage, ob der Klassenbegriff überhaupt noch Sinn in einer ernsthaften soziologischen Analyse macht oder ob er nicht aufgegeben werden sollte. Davon, wie man dieses Problem entscheidet, hängt auch ab, ob es noch Sinn macht, die von Bourdieu vorgeschlagene Ersetzung des Begriffs des Klassenbewusstseins durch den Begriff des Klassenhabitus, weiter zu diskutieren.

Der vorliegende Beitrag gliedert sich wie folgt: Nach dem Versuch einer „Rettung" des Klassenbegriffs (der sich bereits einiger Bourdieu'scher Formulierungen bedient; Abschnitt 2) wird die Frage aufgegriffen, wie Marx das Verhältnis von Klassenlage und Klassenbewusstsein dachte (Abschnitt 3). Dabei wird sowohl auf den historisch argumentierenden Marx des 18. Brumaire wie auf den strukturell argumentierenden Marx der Kritik der Politischen Ökonomie eingegangen und es werden die offenen Enden dieses Theoretisierens identifiziert. Bourdieu wird schließlich als ein Soziologe eingeführt, der nicht die offenen Enden der Marx'schen Kapitalismustheorie weiterzuspinnen versucht, sondern als ein empirischer Sozialforscher, der das Erkenntnisinteresse von Marx mit neuen analytischen Mitteln weiterverfolgt (Abschnitt 4). Zu den besonders aufschlussreichen analytischen Innovationen gehört der Habitusbegriff. Dieser Begriff ermöglicht Bourdieu eine besondere Anknüpfung an Marx, die vor aller empirischen Klassenanalyse eine epistemologische Fortführung von Marx impliziert. Der Habitusbegriff – so Bourdieu – setzt das in den Feuerbachthesen skizzierte Programm einer materialistischen (d. h. die eigenen sozialen Entstehungsbedingungen reflektierende) Erkenntnistheorie um. In diesem Sinne bezeichnet Bourdieu den „Habitus als ein sozial konstituiertes System von strukturierten und strukturierenden Dispositionen, das durch Praxis erworben wird und konstant auf praktische Funktionen ausgerichtet ist. Entsprechend dem von Marx in der Feuerbachthesen entworfenem Programm soll der Begriff Habitus eine materialistische Erkenntnistheorie möglich machen, die die Idee, daß alle Erkenntnis, die naive wie die wissenschaftliche, eine Konstruktionsarbeit voraussetzt, nicht dem Idealismus überläßt" (Bourdieu / Wacquant 1996: 154). Diese „materialistische" Begründung des Habitusbegriffs macht es möglich, das Bewusstsein sozialer Klassen nicht nur als den Effekt einer Aggregation von schlechter oder besser positionierten sozialen Akteuren zu sehen, sondern als Effekte von strukturellen Positionierungen, die durch das Handeln sozialer Klassen, durch „Agency" reproduziert werden (Abschnitt 5).

2. Klasse und Klassenbewusstsein – analytische Begriffe oder politische Kampfbegriffe

Sind Klassen tot oder waren sie je lebendig? Diese Frage hat eine längere Debatte in den 1990er Jahren beschäftigt (Clark / Lipset 1991; Pakulski 1993; Pakulski / Waters 1996). Motiviert durch die zunehmende „Unübersichtlichkeit" der politischen Verhältnisse, des

Verschwimmens der Rechts-Links-Unterscheidung[1] ist auch der Begriff der Klasse als unangemessen zur Beschreibung moderner Gesellschaften kritisiert und dann auch von einigen verabschiedet worden. Dennoch ist er nicht tot – vielmehr steht er in Wellen immer wieder auf (Giddens 1985; Esping-Andersen 1993; Goldthorpe 1996, 2003; Wright 2000, 2002; Rehberg 2011).

Die politisch und ideologisch motivierte Karriere des Klassenbegriffs ist im Grunde selbst eine soziologische Analyse wert. Sie würde aber zu dem, was der Klassenbegriff leistet, nicht viel beitragen. Er soll zur Beschreibung und Erklärung sozialer Ungleichheit taugen. Dies ist eine Formulierung, die bereits in sich voraussetzungsvoll ist. Soziale Ungleichheit ist eine Formel, die Normatives und Empirisches vermischt, die kulturelle Bewertungen und strukturelle Differenzen analytisch nicht trennt. Wenn man hier den Klassenbegriff hineinsetzt, dann kehrt dieser doppelt zurück: als moralische Kategorie eines sozialen Skandals (Klassenteilung!) und als strukturelles Faktum. In dieser Gemengelage kommt es, wenn die Verhältnisse schlechter werden, regelmäßig zu einer Konjunktur des Klassenbegriffs, in der die moralische Skandalisierung die empirische Analyse überholt. Daraus könnte man schließen, dass Klassenanalyse eigentlich erst dann möglich wird, wenn jene moralische Dimension latent gestellt wird (also in ökonomisch guten Zeiten). Aber in solchen Zeiten dominiert die Frage: Gibt es überhaupt noch Klassen? Eine „klassentheoretische Perspektive" muss also zwischen der Skylla der Moralisierung von Klassendifferenzen und der Charybdis des Zweifels an seiner empirischen Irrelevanz hindurch lavieren.

Im Folgenden möchte ich diesen diskursiven Karriereeffekten dadurch entgehen, dass ich den Klassenbegriff strukturell zu fassen suche und die kulturellen Bewertungen als überdeterminierte Effekte sehe: als Effekte der Realität und als Effekte der Beschreibung der Realität. Offensichtlich muss man in dieser Perspektive erst einmal mit der Realität dessen, was der Klassenbegriff zu fassen sucht, beginnen.

Statt von Ungleichheit wird im Folgenden von Positionsdifferenzierung (wie etwa bei Esping-Andersen oder Goldthorpe, letztlich auch bei Bourdieu selbst) ausgegangen. Menschen befinden sich in unterschiedlichen sozialen Rollen, Lagen und Positionen, in die sie sowohl von anderen Menschen klassifiziert werden als auch sich selbst zuordnen. Dies ist ein universelles Phänomen, das sich in allen Gesellschaften findet. Nun gibt es aber sehr unterschiedliche Formen von Positionsdifferenzierung. Die Gesellschaft kann soziale Positionen nach Alter, nach Geschlecht, nach Intelligenz, nach Aussehen, nach Herkunft, nach Geschicklichkeit, nach Religion, nach Kastenzugehörigkeit besetzen und mit Hilfe dieser kategorialen Differenzierungen eine Verteilung von Individuen auf diese Positionen bewirken. Wenn man das (etwa als Betroffener, also als Teilnehmer an dieser Gesellschaft) nicht gut findet, dann spricht man von Altersdiskriminierung, Geschlechtsdiskriminierung, ethnischer Diskriminierung, beruflicher Benachteiligung oder kultureller Ausgrenzung. Dass man dies erst einmal nur als Positionsdifferenz beobachtet, erlaubt es, demographisch differenzierte Verteilungsmuster zu sehen. Man kann dann weiter nach den funktionalen oder dysfunktionalen Konsequenzen solcher Arrangements fragen. Wenn man dann Regelmäßigkeiten in der Zuordnung sozialer Merkmale zu solchen Positionen findet, dann wird es möglich, von „Klassen" zu sprechen. Klassen sind aus der Beobachterperspektive nichts anderes als Klassen von Merkmalen, die erklären, warum soziale Akteure bestimmte Positionen erreichen oder nicht erreichen. Wenn man alt ist, einen ungebildeten Vater hat, kein

---

[1] Siehe hierzu die rhetorische Frage von Steven Lukes „What is left?" (1991).

Abitur hat usw., dann ist – so die Erklärungslogik – die Wahrscheinlichkeit hoch, dass diese Merkmale oder Kombinationen davon den Zugang zu Positionen und damit verbundenem Reichtum oder Armut erklären (Sørensen 1991, 2000).

Das alles wäre unproblematisch (und man könnte von Klassen reden, wie man von Organisationen oder Staaten oder Familien redet), wenn es nicht eine weitergehende Bestimmung von sozialen Klassen gäbe: Klassen von Merkmalen konstituieren soziale Gruppen, die sich – im Gegensatz zu ethnischen Gruppen – vertikal voneinander unterscheiden. Sie konstituieren eine soziale Realität sui generis, ein Klassenverhältnis, in dem sich etwa (zu irgendeinem historischen Zeitpunkt und an irgendeinem Ort) eine Arbeiterklasse von einer Kapitalistenklasse oder einer Kleinbürgerklasse unterscheidet. Diese Klassen sind voll von Individuen, die in sie eintreten und die sie wieder verlassen. Individuen können im Laufe ihres ganzen (biologischen) Lebens und sogar im Laufe der Generationenabfolge (also über das eigene Leben hinaus) diese Merkmalsbündel reproduzieren und sich als soziale Gruppen kristallisieren. Dieser Fall ist allerdings zunehmend weniger gegeben: Individuen sind nur mehr für Phasen ihres Lebens in solchen Merkmalsklassen zu verorten – Arbeitslosigkeit, Migration usw. machen die Annahme, dass die Stabilität von Klasse als Gruppe an der durchgehenden Zugehörigkeit von Individuen gebunden sei, zunehmend obsolet. Individuen steigen in das Merkmalsbündel ein und aus. Dennoch ist die Merkmalsklasse immer besetzt. Hier gilt die bekannte Metapher: Der Bus ist voll, die Passagiere wechseln. Das macht klar, wo das Problem der Klassen liegt: an der angemessenen Beschreibung der Merkmalsbündel, die über die Zeit eine strukturelle Identität jenseits der Permanenz der Zugehörigkeit von Individuen behalten.

Dass es Klassen gibt, ist also bereits per definitionem gegeben. Wie stabil sie über die Zeit sind und welche Merkmalskombinationen sich zu stabilen Klassen zusammenfügen, darüber lässt sich trefflich streiten. Nur die Frage, ob es Klassen gibt oder nicht, ist per se eine nutzlose Frage. Offen bleibt, wie viele Klassen es gibt, wie stark sie sich intern differenzieren und welche Formen von Überschneidungen mit anderen Merkmalen der Unterscheidung von Menschen („Intersektionalität") es gibt.

Bei der Rede von Klassen stellt sich zugleich stets die Frage, ob diejenigen, die einer Klasse angehören, auch wissen, dass sie einer Klasse angehören. Diese Frage ergibt sich aus der theoretischen Annahme, dass soziale Realität gleichermaßen in der Relation zwischen Individuen wie in der Repräsentation dieser Realität, in „symbolischen Formen" hergestellt wird. Im Hinblick auf Klasse ist dies bei Marx die Frage nach dem Klassenbewusstsein. Denn die „Klassen an sich" (jene Struktur, die sich in Klassenverhältnissen ausdrückt) können zu „Klassen für sich" werden, zu Gruppen von Akteuren, die sich ihrer Lage bewusst sind. Was das genau bedeutet und wie diese Transsubstantiation von Klassen an sich in Klassen für sich stattfinden soll, hat sich allerdings als großes Rätsel erwiesen und ist der Ausgangspunkt einer Geschichte von permanenten Missverständnissen von Marx (und vielleicht auch Selbstmissverständnissen von Marx selbst) geworden.

In diese Geschichte greift Bourdieu radikal ein und erzeugt dabei eine Ruptur der Klassendebatte. Dass dieser Bruch nicht zufällig ist, sondern aus der Logik der von Marx losgetretenen Klassentheorie heraus zu verstehen ist, muss zuerst gezeigt werden; erst dann lässt sich der „Bourdieueffekt" genauer bestimmen.

3. Marx

3.1 Die Geschichte permanenter Missverständnisse

Die Klassentheorie lebt von der Auseinandersetzung mit Karl Marx. Auch er sah in der Spannung von struktureller Beschreibung (die angedeutete „Klassentheorie") und historischer Analyse (die Beschreibung von konkreten Klassenlagen zu bestimmten Zeiten an bestimmten Orten) das Zentralproblem einer theoretisch angemessenen Erklärung. Das Manifest der Kommunistischen Partei und der 18. Brumaire markieren die Extreme der klassentheoretischen Beschreibung: der Abstraktion auf generelle Klassenstrukturen und der Konkretion einer historischen Beschreibung von Realgruppen (Marx / Engels 1953; Marx 1953).

Marx entwickelte die Klassentheorie einmal ad hoc aus der Beobachtung von Gruppen, die sich im Elend befinden und diese Lage mit vielen Anderen teilen. Diese deskriptive Betrachtung findet sich besonders bei Engels, der die Lage der arbeitenden Klasse an ganz bestimmten Orten und zu bestimmten Zeiten, hier England in der Mitte des 19. Jahrhunderts, beschrieben hat (Engels 1972). In diesen Analysen verknüpft sich die Empörung über die Verhältnisse mit einer analytischen Beobachtung dieser Verhältnisse. Diese Ethnographie von Klassen, die auch heute immer wieder in kritischen und bewegenden Bildern und Geschichten gezeichnet wird, ist die empirische Seite einer Fragestellung, die seitdem nach den Ursachen und Folgen benachteiligter sozialer Lagen sucht. In der Soziologie hat das in der zweiten Hälfte des 20. Jahrhunderts zu einer analytischen Beschreibung geführt, in der das symbolische Element, die Verkennung von Klassenlagen und die damit verbundene Funktion der Thematisierung dieser Verkennung verloren gegangen ist. Es bleiben deskriptiv-statistische Beobachtungen von sozialen Akteuren in einer symbolfreien Welt (Handl et al. 1977; Müller 1977). Das sind dann aber keine Klassentheorien mehr; das ist empirisches Material, das für die Theorieentwicklung benutzt werden könnte; es sind „Datenbanken", die in theoretischer Absicht erhoben werden könnten. In dieser Weise hat Marx die Arbeiten von Engels genutzt und auf dieser Grundlage eine Klassentheorie formuliert.

Der Kern dieser Klassentheorie ist eine Aussage über die Entwicklung der Klassenverhältnisse, also eine Annahme, die die Kristallisierung von Merkmalsbündeln für soziale Gruppen immer schärfer hervortreten lässt und diese zugleich zum Schicksal der in den durch diese Merkmalsbündel geformten Gruppen von Individuen macht. Es ist offensichtlich, dass die Crux der Klassenanalyse in der Bestimmung der besonderen Eigenschaften der durch Merkmalskombinationen konstituierten sozialen Gruppe liegt.

Nun hat Marx einen Vorschlag gemacht, der die Klassenanalyse auf einen theoretisch produktiven, in der Durchführung aber scheiternden Weg geführt hat, nämlich die Unterscheidung von Klasse an sich und Klasse für sich (eine Unterscheidung, die dann besonders von Bourdieu weitergeführt wurde). Eine Klasse, die „objektiv" bestimmt ist, also eine Klasse definiert an Hand einer Reihe von Merkmalen, wird dann zu einer sozialen Klasse für sich, wenn sie weiß, dass sie eine soziale Klasse ist, also ein „Bewusstsein" über sich selbst als Klasse hat. Das klingt auf den ersten Blick bestechend, ist aber doch zugleich dazu angetan, das Problem sozialer Klassen psychologisch zu lösen: wenn die einer Klasse objektiv zugehörenden Akteure sich dieser Lage bewusst sind oder werden, gibt es soziale Klassen.

Das Problem steckt darin, dass diese Lösung kurzschlüssig ist. Denn der eigentlich interessante Prozess, der Weg von der Klasse an sich zur Klasse für sich bleibt dunkel, eine black box. Die Ferneffekte dieses theoretischen Blicks, den Marx selber auf den Weg gebracht hat, finden wir noch zuhauf: eine Klasse existiert dann, wenn sie gemeinsame Symbole teilt. Das können Schlafzimmertapeten genauso gut sein wie politische Meinungen oder Wahlentscheidungen, Musikgeschmack genauso wie politisches Engagement usw. Wenn, so das implizite Argument, die soziale Klasse nicht nur ein konstruiertes Merkmalsbündel, sondern eine reale soziale Gruppe sein soll, dann muss sich das an der Verteilung von Vorstellungen ablesen lassen, im Idealfall an der Verteilung von Klassenbewusstsein bzw. Klassenunbewusstsein darüber, dass man eine Klasse ist.

Damit ist aber die theoretisch innovative Intention der Marx'schen Klassentheorie verloren gegangen. Denn das Klassenkonzept von Marx ist ein relationales Konzept, nicht ein Konzept, das sozial positionierte Akteure oder deren Aggregat, soziale Klassen, zur Grundeinheit der Analyse macht. Klassen lassen sich nur in Relation zu anderen Klassen denken, nicht als ontologische Einheiten mit mehr oder weniger Bewusstsein. In dieser Relation konstituiert sich die Handlungsfähigkeit von Klassen, sei es als ein Wissen über die eigene Lage relativ zur Lage der anderen Klasse, sei es als Wille zur Kontrolle über die andere Klasse, sei es als Suche nach der Identität, die die Klasse, der man zugehört, von der anderen unterscheidet. Was also Klasse ist, hängt davon ab, wer die andere Klasse ist oder die anderen Klassen sind, mit denen sich Klassen in „Widersprüche" verwickeln (wir würden heute sagen: sich in „performative Zwänge" verwickeln). Wie dieses „Sich-Verwickeln" gedacht werden kann, legt eine Fährte für Bourdieus Idee, das Verhältnis von sozialen Klassen als eines der gegenseitigen Abgrenzung durch kulturelle Auf- bzw. Abwertung, durch „wertende Klassifikation" zu analysieren.

3.2 Die historisch-vergleichende Soziologie und die Rolle von Klassen

Die Geschichte des Klassenbegriffs nach Marx geht den Weg der Beschreibung und Analyse von Klassen als ontologischen Einheiten, die mehr oder weniger arm, mehr oder weniger bewusst sich von anderen Klassen unterscheidet. Klassen werden von Schichten nur mehr schwer unterscheidbar, und Klassenverhältnisse sind am Ende identisch mit Schichtungssystemen. Wie Klassen in Schichtungssystemen unterschieden werden können, wird zum dominierenden Thema empirischer Forschung. Goldthorpe (1996) verfolgt einen anderen Weg als Wright (1990) mit dem Effekt, dass wir zahlreiche Typologien und Klassifikationen von Klassenlagen haben, dass wir wissen, wer im Lebenslauf oder über Generationen die Klassenlagen ändert, und dass wir wissen, wie sich diese Klassifikationen über Zeit als Effekt von sozio-ökonomischen Veränderungen (Aufstieg von Dienstleistungsberufen usw.) verändert haben. Aber wir erfahren nur mehr wenig über das, was das „Verhältnis" (also die sozialen Beziehungen) zwischen Klassen bestimmt.

Eine Ausnahme ist die an Marx anschließende Tradition der historisch-vergleichenden Soziologie, die die Interaktion zwischen Klassen ins Blickfeld gerückt hat. Unbeeindruckt von der sozialwissenschaftlichen Ungleichheitsdiskussion wurden Klassen als kollektive Akteure betrachtet, die in Interaktion untereinander Pfade historischer Prozesse festgelegt haben (Mann 1993; Wehler 1979). Ein berühmtes Beispiel ist die Untersuchung unterschiedlicher Pfade in die Moderne von Barrington Moore, in denen jenseits (oder diesseits) empiristischer Klassendebatten die Dynamik sozialen Wandelns aus der in den Zusammenhang von institutionell kanalisierten, emotional angetriebenen und von kognitiven Gerechtigkeitsurteilen gestellten Interaktion von sozialen Klassen erklärt wurde (Moore 1969). Der outcome war bisweilen ruhig, bisweilen gewalttätig, bisweilen kooperativ, bisweilen konfrontativ. Was soziale Klassen tun, ergibt sich also nicht aus einer Eigenschaft, die einer Klasse zugeschrieben wird, sondern aus der Interaktionsdynamik, die sich herstellt, wenn in Situationen Handlungen stattfinden, in denen es letztlich um Ungerechtigkeiten geht, die Akteure erfahren.

Diese Sichtweise ist sehr nah an Marx' Intentionen geblieben: nicht (handelnde) Klassen, sondern die Klassenverhältnisse bestimmen das historische Geschehen. Erst die Interaktionsmodi zwischen Klassen erzeugen „identifizierbare" Klassen, also Klassen mit Grenzen – oder mit anderen Worten: Klassenidentitäten und Klassenbewusstsein. Wenn man Marx so liest, dann wird klar, dass soziale Klassen nicht Aggregate von ontologischen Eigenschaften sind, sondern Aggregate von Eigenschaften, die sich Klassen gegenseitig zuschreiben. In diesem Zuschreibungsprozess konstituieren sich Klassenverhältnisse, die reproduziert werden können. Diese Reproduktion findet nur dann statt, wenn die in diese Klassenverhältnisse eingebundenen Akteure diese Verhältnisse reproduzieren – und das kann der Fall sein oder auch nicht. Wenn sich soziale Praktiken für die Reproduktion von Klassenverhältnissen eignen, dann ist eine weitgehende Strukturierung dieser Praktiken durch Klassenverhältnisse zu erwarten. Wenn sich diese Strukturierung lockert oder gar ausfällt, dann ist die Reproduktion von Klassenverhältnissen gefährdet. Klassen existieren also als mehr oder weniger gut „funktionierende" Reproduzenten von Klassenverhältnissen. Die historisch-vergleichende Soziologie hat also im Verweis auf die Prozessdynamik interagierender Klassen die Fährte für das Theoretisieren des Klassenbewusstseins gelegt. Doch ein analytisches Modell dieser Prozesshaftigkeit oder gar eine mikrotheoretische Fundierung fehlen weiterhin.

4. Der Bourdieu'sche Befreiungsschlag

4.1 Eine konstruktivistische Perspektive auf den sozialen Tatbestand „Klassen"

Die Überlegungen zu einem nicht-ontologisierenden Klassenbegriff schließen bereits an Überlegungen Bourdieus an, den Klassenbegriff soziologisch zu reformulieren. Wenn man die Karriere des Klassenbegriffs in der Bourdieu'schen Theorie- und Forschungsproduktion nachzeichnet, fällt auf, dass der Klassenbegriff selbst im Verlauf der Zeit an Zentralität verliert und durch die Konzentration auf die Analyse spezifischer sozialer Gruppen und spezifischer Handlungsfelder ersetzt wird (etwa der Akademiker im wissenschaftlichen Feld; vgl. Bourdieu 1984). Hinzu kommt der Versuch, die Faktoren oder Mechanismen genauer zu bestimmen, die die Stabilität vorgefundener Machtverhältnisse erklären, insbesondere Institutionen der „offiziellen" Kontrolle sozialen Handelns, die vom Recht über die öffentliche Denunziation bis hin zu der internalisierten Regeln angemessenen Verhaltens reichen (Bourdieu 1986; Boltanski 1984). Erst am Ende seiner Karriere kommt der Klassenbegriff wieder zum Zuge, allerdings in einer Form, die das Erleben von Benachteiligung in den Mittelpunkt rückt und die Frage stellt, wie dieses Erleben als Zwang erfahren wird und sich in den Individuen festsetzt, sich zu einem besonderen Habitus verfestigt (Bourdieu

/ Accardo 2002). Zugleich wird die Frage nach den Brüchen in diesem Habitus stärker konturiert, insbesondere als Frage, wie die soziologische Analyse eines Habitus zu dessen Brüchigkeit beitragen kann.

Diese Wendung des späten Bourdieu beinhaltet theoretisch gesehen wieder eine stärkere Rückwendung an Marx (Bourdieu 1997). Er fragt wie Marx nach den sozialen Bedingungen, die es Akteuren erlauben, den eingeübten Habitus des Reproduzierens von Strukturen zu brechen. Das führt aber zu einem theoretischen Paradox: je mehr sich Klassen der Klassenverhältnisse bewusst werden, umso mehr löst sich der Klassenhabitus auf, der diese Klassenverhältnisse zu reproduzieren erlaubt hat. Je mehr bewusstes Klassenhandeln vorherrscht, desto weniger funktioniert der Klassenhabitus als Garant von Klassenverhältnissen. Es ist nicht das die Klassenverhältnisse sichtbar machende Klassenbewusstsein, das die Klassenverhältnisse verändert, sondern es ist die Auflösung eines Klassenhabitus, die dies leistet. Dies ist zwar strukturelle ähnlich gedacht wie bei Marx, doch es stellt es die Marx'sche Analyse auf den Kopf: nicht das Klassensein bestimmt das Klassenbewusstsein, sondern der Klassenhabitus bestimmt das Klassensein.

4.2 Das Besondere von Klassenbeziehungen

Klassenverhältnisse sind eine besondere Form von Herrschafts- und Abhängigkeitsverhältnissen, wie sie sich in jeder Gesellschaft finden lassen. Wenn man den Feldbegriff Bourdieus anwenden würde, dann wäre das Feld von Klassenbeziehungen die Gesellschaft als Ganzes. Was in dieser feldunspezifischen Welt zählt, sind die Lebensbedingungen der Menschen als solche. Sie werden nicht in feldspezifischen Rollen erfasst, sei es als Beamte, Staatsbürger, Leser, TV-Konsumenten, Berufsausübende oder Rentiers usw. Sie sind als Ganze betroffen. Die soziale Klasse inkludiert nicht nur einzelne Aspekte einer Person, d. h. ihre Rollen in verschiedenen Feldern; sie erfasst die Person und seine Lebensbedingungen als Ganzes. Der Habitus dieser Akteure wird so zum Schlüssel der Stabilität einer die Gesellschaft durchziehenden Klassenstruktur. Das war auch die Marx'sche Idee: die kapitalistischen Produktionsverhältnisse erfassen die Menschen nicht nur in ihrer Rolle als Verkäufer oder Käufer von Arbeitskraft. Sie erfassen sie in ihrer Gesamtheit. Diese Akteure sind der Gesellschaft voll ausgeliefert: ihren ökonomischen Determinierungen wie den sie stützenden politischen und ideologischen Apparaten.

In der Regel erscheinen aber diese Verhältnisse nicht in ihrer Gesamtheit. Normalerweise erscheinen sie als Felder. Feldunspezifisch wird diese Erfahrung in jenen Krisensituationen, in denen Individuen mit ihren besonderen Schicksalen nicht nur aus ihrer Lebensbahn geworfen werden, sondern diese Erfahrung als Kollektiv machen. Dann erscheint auch die Gesellschaft als jener Zusammenhang, in dem man vor der Wahl steht: sich einzupassen oder sich zu wehren.

Nun ist weder dieses Einpassen noch das Sich-Wehren „natürlich". Das Einpassen setzt einen Habitus ebenso voraus wie das Sich-Wehren die Fähigkeit zur Distanz zum Habitus voraussetzt. Beide Eigenschaften sind sozial produziert: „Der Habitus ist nicht nur strukturierende, die Praxis wie deren Wahrnehmung organisierende Struktur, sondern auch strukturierte Struktur." (Bourdieu 1982a: 279) Für die Erklärung der Reproduktion von sozialen Klassen hat Bourdieu den Begriff des „Habitus" reserviert, während die Distanz dazu mit dem Begriff der „Kritik" gefasst werden kann. Dieser letztere Begriff ist allerdings von Bourdieu nur in Ansätzen entwickelt worden (Bourdieu / Wacquant 1996), in der Bourdieu-Tradition (oft in heftiger Abgrenzung) als Gegenkonzept zum Habituskonzept diskutiert und reformuliert worden (Boltanski / Chiapello 2001; Boltanski / Thévenot 1999).

Zusammengefasst heißt das: Bourdieu übernimmt die Grundidee von Marx, verzichtet aber auf die Beantwortung der Frage, wie das Sich-Wehren zustande kommt, sondern fragt danach, wie es überhaupt gelingt, Klassen zu reproduzieren. Das erklärungsbedürftige Phänomen für Bourdieu ist nicht die Frage der Veränderung, sondern die Frage, wie es gelingt, mögliche Veränderung zu verhindern, wie es dazu kommt, dass Menschen die Verhältnisse so nehmen, wie sie sich ihnen präsentieren.

4.3 Klassenhabitus als Garant von Klasse

Die soziologische Perspektive, die Bourdieu präferiert, ist also dominiert vom Versuch, die Mechanismen aufzudecken, die die Auflösung von Klassen verhindern. Der analytische Blick ist darauf gerichtet zu zeigen, dass habitualisiertes Klassenbewusstsein die Reproduktion sozialer Klassen ermöglicht.

Es sind zwei Begriffe, die diese Weichen stellen: die Idee der „Illusio", also die Wahrnehmung der Welt, die sich als normal darstellt, obwohl sie anders sein könnte, und die Idee des „Habitus", einer Disposition, die es erlaubt, diese „Illusio" zur Normalität des praktischen Handelns in der Welt zu machen (Bourdieu 1970; Krais / Gebauer 2000).

Dies ist die generelle These, die der Analyse „feiner Unterschiede" zugrunde liegt (Bourdieu 1982a). Die „feldunspezifische" Welt sozialer Klassen ist in dieser Untersuchung in einen nationalen Rahmen als dem relevanten sozialen Raum eingebunden, der zumindest für die Zeit, in der Bourdieu schrieb, unproblematisch war. Die Klassengesellschaft, die Bourdieu beschrieb, war in der Tat die im französischen Nationalstaat organisierte Gesellschaft, oder kurz: die französische Gesellschaft.[2] Insofern eignete sich dieser „Fall" für die Bearbeitung der Frage nach sozialen Klassen in Frankreich.

Wenn soziale Klassen sich dadurch auszeichnen, dass sie die Gesamtheit der Lebensbedingungen umfassen, dann wäre die Engführung auf Berufsstatus oder Einkommen, wie sie in der Tradition der Schichtungs- und Klassenanalyse im 20. Jahrhundert durchgeführt wurde, unzureichend. Die Idee Bourdieus, Klassenstrukturen an Hand der Kombination unterschiedlicher Kapitalien (die in unterschiedlichen Feldern erworben werden) zu identifizieren, liefert den entscheidenden Gedanken zu einer feldübergreifenden Klassenanalyse. Solche Kombinationen von ökonomischem, sozialem und kulturellem Kapital (Bourdieu 1983) weisen darauf hin, dass die Unterscheidung, die sich nach Marx eingebürgert hat, nämlich das ökonomische Kapital als unabhängige und das kulturelle Kapital als abhängige Variable zu betrachten, zwar Bedingungen für den Erwerb kulturellen Kapitals benennen kann, aber keine Erklärungen dafür liefert, warum die so identifizierten Bevorzugten oder Benachteiligten eine „Klasse" bilden sollen (Bourdieu 1983). Klassen sind, wie Bourdieu

---

[2] Diese nationale Engführung würden wir heute als methodologischen Nationalismus abqualifizieren. Was aber genau die Grenzen der Gesellschaft sind, innerhalb deren Menschen Klassenverhältnisse wahrnehmen – als Illusio oder als Skandal – ist weiterhin eine offene Frage. Auf eine „europäische Gesellschaft" oder gar auf eine kosmopolitische Gesellschaft (Beck / Grande 2004) zu verweisen, löst das Problem noch lange nicht.

dann argumentiert, Klassen auf dem Papier, Aggregate von Individuen, die sich unterscheiden lassen, latente Gruppen von Individuen mit gemeinsamen Merkmalen (Bourdieu 1985).

Der Schritt weg von der Erklärungslogik „nenn mir Berufsstatus, und ich sage dir, mit welcher Wahrscheinlichkeit du krank werden wirst" ist die Sortierung dieser Merkmalsgruppierungen durch Kontrastbildung: Nähe und Entfernungen voneinander werden sichtbar, und mögliche Klassen lassen sich mit Hilfe des gesunden Menschenverstands ohne weitere Analyse bereits ausmachen. Dieses Stehenbleiben beim gesunden Menschenverstand in der Identifizierung möglicher realer Gruppen hat mit der Marx'schen Idee einer Klassenanalyse nur wenig zu tun. Man kann zwar aus historischem Vorwissen und politischem Erfahrungswissen Hypothesen formulieren, Vermutungen anstellen, aber empirische Belege für Klassen sind das nicht.

Ein wichtiger Schritt bei Bourdieu ist die Einführung von symbolischem Kapital, also einem „Kapital", mit dessen Hilfe die Kapitalien, die man hat, bewertet werden (Bourdieu 1989b). Man kann sich das als eine Art Währung vorstellen, die den relativen Wert von Kapitalien bestimmt. Wer in Dollar bezahlt, hat mehr von dem, was er hat, als der, der in Drachmen bezahlt (hat). Im Hinblick auf klassenspezifisches Kapital heißt das, dass das symbolische Kapital einer Klasse den relativen Wert des Kapitals, das man besitzt, bestimmt. Höhere Klassen können den Wert dessen, was sie haben, aufwerten, relativ zum Kapital der anderen, während die unteren Klassen ihr Kapital relativ zum Kapital der höheren Klassen permanent entwertet sehen.

Doch woher kommt das „symbolische Kapital"? Diese Kapitalsorte besteht aus den gegenseitigen Bewertungen, die in alltäglichen Praktiken reproduziert werden. Diese alltäglichen Praktiken wiederum sind das Ergebnis eines Habitus (Bourdieu 1970). Diese oft zirkulär erscheinende Argumentation von Bourdieu (Praktiken werden durch einen Habitus reproduziert, der selbst das Ergebnis von Praktiken ist) erlaubt es, einen Mechanismus zu identifizieren, der objektive Verhältnisse (ungleiche Verteilung von Kapital) in Klassenverhältnisse, verstanden als soziale Beziehungen zwischen Klassen, transformiert. Klassenverhältnisse sind an die alltägliche Reproduktion von Kapitalverteilungen gebunden. Sie fügen dem Zwang der äußeren Verhältnisse einen inneren Zwang hinzu, nämlich den Glauben an die Objektivität dieser Verhältnisse, ihre „Naturalisierung": „Der Geschmack: als Natur gewordene, d. h. inkorporierte Kultur, Körper gewordene Klasse, trägt bei zur Erstellung des „Klassenkörpers"; als inkorporiertes, jedwede Form der Inkorporation bestimmendes Klassifikationsprinzip wählt er aus und modifiziert er, was der Körper physiologisch wie psychologisch aufnimmt, verdaut und assimiliert, woraus folgt, daß der Körper die unwiderlegbarste Objektivierung des Klassengeschmacks darstellt." (Bourdieu 1982a: 307)

Symbolisches Kapital ist allerdings notwendig auch „verteilt", denn es muss ja unterschiedliche objektive Lagen mit einem „Wert" verbinden. Diese Idee hat Bourdieu mit der Analyse der „feinen Unterschiede" empirisch an einem Fall (der französischen Gesellschaft der 1960er Jahre) eingelöst (Bourdieu 1982a). Was diese Analyse eines historisch und räumlich sehr spezifischen Falls zu einem allgemeinen Fall macht, ist die Erklärung einer Zirkularität, die sich aus dem Zusammenspiel von objektiven Lagen (Kapitalienbesitz) und subjektiven Bewertungen (Lebensstil) von sozialen Lagen ergibt.

Für die Klassenanalyse bedeutet dies, dass Klassen durch Kapitalverteilung „objektiv" existieren, deren Reproduktion durch feldunspezifische Praktiken gesichert wird, durch Praktiken, die den sozialen Raum insgesamt adressieren. Diese feldunspezifischen Praktiken werden als klassenspezifische Habitusformationen bestimmt. Sie sind vor allem in den expressiven, ästhetischen, am Körper ablesbaren Ausdrucksformen des Alltags ablesbar. Die „ästhetische Urteilskraft" (oder simpel der „Geschmack") wird als ein grundlegender Mechanismus beschrieben, in dem sich ein Klassenhabitus verkörpert. Am Körper zeigen sich die Spuren der Klassenlagen. Insofern ist der Habitus zwar in einen individuellen Köper wie eine Tätowierung „eingebrannt", indiziert aber zugleich in der Wiederholung dieser Tätowierungen ein kollektives Phänomen, den Klassenhabitus. Der Klassenhabitus geht aber zugleich über den Körper hinaus: er objektiviert sich in den Welten, die sich dieser Körper schafft: von der Wohnzimmereinrichtung bis hin zu Essenspräferenzen oder Kleiderpräferenzen, in der Wahl des Tresens oder der Musikvorlieben. Es ist die „ästhetische Urteilskraft" (Bourdieu 1982a), nicht die „praktische Vernunft" des sein Handeln moralisch begründenden Akteurs (Bourdieu 1998b), in der Bourdieu das verortet, was Marx Klassenbewusstsein genannt hätte.

Mit diesen begrifflichen Mitteln gelingt es Bourdieu, die Klassentheorie aus der deterministischen Verknüpfung mit Produktionsverhältnissen, also aus institutionalisierten und festgeschriebenen Ungleichheiten und Herrschaftsformen, zu lösen und analytisch die Realität der objektiven Zwänge einer Produktionsweise oder einer Gesellschaft von der Realität der inneren Zwänge, den klassenspezifischen Praktiken, zu trennen. Das lässt sich gut an Bourdieus klassischer Analyse von Formen des Klassenhabitus in „Die Feinen Unterschiede" (Bourdieu 1982a) ablesen.

Der aristokratische Habitus markiert jene soziale Klasse, die in der Positions- und Ressourcenverteilung eine bevorzugte Stellung in der Gesellschaft einnimmt (Bourdieu 1982a: 405-499). Aber erst der aristokratische Habitus (und die von ihm abgeleitete großbürgerliche Variante wie die der Neureichen) macht verständlich, warum sich diese Verteilungen nicht verändern lassen. Dieser Habitus wird früh eingeübt und in den Körper eingebrannt, wird in schulischen und außerschulischen Sozialisationsprozessen befördert und in Praktiken des Alltags reproduziert. Man weiß zu flanieren, man weiß große Räume mit einer besonderen Ästhetik zu füllen, und man weiß eine Sprache zu sprechen, die den anderen unzugänglich ist. Institutionen wachen gleichermaßen über die Sprache wie den guten Geschmack (Bourdieu 1982b, 1996). Damit wird ein Doppeltes erreicht: die Anerkennung dieser Besonderheit durch die, die diese Kompetenz nicht besitzen und die Selbstanerkennung als Handelnde „außer Konkurrenz", also die Selbstanerkennung, die permanent innerhalb der Gruppe gepflegt wird.

Auch Marx hat diese Eigenschaften der oberen Klassen gesehen und mit journalistischer Kompetenz beschrieben (Marx 2007). Er sieht die engen Netzwerke, die die Fraktionen der Bourgeoisie intern und untereinander bindet. Es sieht die systematischen Selbsttäuschungen, die diese Klasse sich vorspielt, und zeigt, wie dieses Spiel ihre Position befestigt. Es ist eine entfremdete Welt, und nur der Stachel der Vorstellung einer nichtentfremdeten Welt vermag die Idee anzutreiben, dass sich Selbsttäuschungen nicht langfristig reproduzieren lassen. Bourdieu dagegen ist empirischer Soziologe: er sieht die symbolische Macht sozialer Beziehungen, die Generationen um Generationen fortlaufen können (Bourdieu 1989a).

Was Bourdieu von Marx empirisch trennt, ist die Anerkennung der zentralen Rolle der Mittelklasse, deren Vorhandensein Marx ja durchaus gesehen hatte (Marx 2007), deren Verschwinden er aber als strukturell notwendig sah. Hier rächt sich wieder jene analytische Trennung, die Marx verwischt: dass die kapitalistische Dynamik nicht nur „Kapitalisten" und „Proletarier" als objektive Klassenpositionen, sondern auch Reiche und Arme und viele

Halbreiche oder Halbarme erzeugt, die durch die Verhältnisse bedingt mal eher profitieren, mal eher draufzahlen. Im realen praktischen Leben kommt es nicht zur Transformation von Klassenpositionen gemäß dem Marx'schen Diktum eines strukturellen Grundwiderspruchs im Kapitalismus, sondern zur Differenzierung realer sozialer Klassen, insbesondere zur Ausdifferenzierung einer Mittelklasse, die die Aufsteiger von unten und die Absteiger von oben auffängt. Dies gilt unabhängig von einer strukturellen Entwicklung, die diese Klassendifferenzierung unterstützt, nämlich der Entstehung einer Dienstleistungsgesellschaft, die sich im Rücken der Industriegesellschaft, für Marx noch nicht so recht sichtbar, herausbildete.

Lederer hat diese Gruppe der Unselbständigen, die zum Anfang des letzten Jahrhunderts entstanden ist und die weder Proletarier noch Kapitalisten waren, untersucht sowie ihren „kleinbürgerlichen Habitus" analysiert und beschrieben (Lederer 1979).[3] Dieser kleinbürgerliche Habitus bestimmt auch Bourdieus (alltags)soziologische Analysen dieser Gruppe (Bourdieu 1982a: 500-584). Eingezwängt zwischen der bürgerlichen Klasse und Aristokratie auf der einen Seite, den unteren Schichten der Arbeiter und des Lumpenpoletariats auf der anderen Seite, ist dieser Klassenhabitus von missglückenden Anpassungsversuchen nach oben und starken Abgrenzungsbedürfnissen nach unten gekennzeichnet. Auch hier manifestiert sich dieser Klassenhabitus gleichermaßen am Körper wie am Raum, den sich diese Klasse schafft, wie die kleinen Wohnungen und die kleinen Bilder an der Wand, oder wie an den kulturellen Vorlieben, etwa der Suche nach dem Populären und Verständlichen.[4] An dieser Klasse wird deutlich, dass Klassenbewusstsein nicht unbedingt mit revolutionärem Bewusstsein einhergeht, wie Marx es unterstellt hatte. Denn das Durchschauen der eigenen Lage ist gerade das, was von dem in die Klassenverhältnisse eingelassenen Bewusstsein verhindert wird.

Der dritte, von Bourdieu herausgearbeitete Typus eines Klassenhabitus kommt empirisch dem am nächsten, was Marx mit einer sich selbst bewusst werden Klassen gemeint hat. Bourdieu nennt ihn den Habitus der unteren Schichten, der dem „Zwang der Notwendigkeit" unterliegt, auf den diese Klassenakteure mit instrumentellen Handlungsorientierungen reagieren (Bourdieu 1982a: 584-619). Damit nimmt er eine Analytik des Habitus der Unterschichten auf, die das proletarische Bewusstsein nur als einen Spezialfall des Klassenhabitus der unteren Schichten sieht. Dieser Habitus erhält dann auch keinen weiteren distinktiven Namen – dieser Habitus bleibt in einem gewissen Sinne „namenlos". Auch hier macht Bourdieu all die Mechanismen aus, die auch die anderen Klassenlagen prägen: das Verkennen der eigenen Lage, die körperliche und räumliche Objektivierung dieser Klassenlage und ihre institutionelle Absicherung. Klassenbewusstsein ist eher Klassenunbewusstsein oder illusorisches Bewusstsein – es hat nichts mehr mit dem befreienden Bewusstsein einer optimistischen Aufklärung durch praktisches Handeln (und praktischer Vernunft) zu tun. Es ist ästhetisch verkennendes Klassenbewusstsein. Doch dieses Verkennen hat nun nicht einmal mehr einen ästhetischen Wert – es bleibt ohne jede symbolische Macht.

Mit Bourdieu werden die Ambivalenzen des Begriffs des Klassenbewusstseins bei Marx deutlich. Klassenbewusstsein bei Marx ist ein Begriff, der bereits das vorwegnimmt, was er eigentlich erst zu bestimmen hätte. Klassenbewusstsein wäre die reflexive Form

---

[3] Eine ironische Analyse dieser Gruppe liefert um dieselbe Zeit Kracauer, der vom „rosaroten Habitus" dieser Gruppe spricht (Kracauer 1985).
[4] Adorno hat diesen Habitus mit der Formel der „Halbbildung" gekennzeichnet (Adorno 1990).

eines Klassenhabitus, ein sich selbst aufklärender Klassenhabitus. Doch was diese Selbstaufklärung des Klassenhabitus antreibt, bleibt bei Marx unklar. Bourdieu umgeht das Problem damit, dass der Klassenhabitus nicht aufklärt, sondern das Gegenteil zur Folge hat: Selbstillusionierung. Er handelt sich aber damit nur ein neues Problem ein: manchmal handeln diese Klassen doch und bringen die Verhältnisse in Bewegung. Der Klassenhabitus kann also auch praktisch werden, und er könnte sogar – nicht notwendigerweise – auch eine kritische aufklärerische Funktion erfüllen. Für Bourdieu wurde das in der Studie „Das Elend der Welt" deutlich: die soziologische Aufklärung über die eigene Lage kann den Klassenhabitus als reproduktiven Mechanismus neutralisieren (Bourdieu und Accardo 2002). Doch abgesehen von der auslösenden Funktion des aufklärenden Soziologen bleibt der Rest dieses Prozesses bei Bourdieu im Dunkeln.

4.4 Klassenhabitus zwischen Habitualisierung und Kritik

Wie lässt sich nun die Weiterführung des Marx'schen Begriffs des Klassenbewusstseins bei Bourdieu bestimmen? Geht es um die Habitualisierung oder geht es um die Enthabitualisierung der Unterschiede, die Klassenverhältnisse hervorbringen? An dieser Frage wird die Unbestimmtheit klar, die dem Marx'schen Begriff des Klassenbewusstseins anhaftet. Denn Klassenbewusstsein kann das falsche Bewusstsein sozialer Klassen über sich selbst genauso heißen wie das „revolutionäre Bewusstsein", das Marx den unteren Klassen im Kapitalismus zuschreibt. Bei Bourdieu wird diese Ambivalenz aufgelöst: Klassenbewusstsein ist eine Illusion, eine perspektivische Form der Wahrnehmung der Welt, die eine Klasse eingeübt hat. Diese Form der Einübung in eine Sicht der Welt wird unmittelbar beobachtbar, wenn wir zuschauen, wie sich die Arbeiterklasse dort, wo sie an die Macht kam, inszenierte: immer noch mit jenen symbolischen Attributen, die ihre Abwertung sicherstellen konnten: die Körperbewegungen der Arbeiterführer (Walter Ulbricht), die Objektivierung in Fahnen, Maschinen, Panzern, Monumenten, in Stein gemeißelten und in realsozialistischer Kunst ornamentierten proletarischem Bewusstsein. All das ist die Fortsetzung eines Habitus, des Habitus derer, die ihre Abwertung nicht durchbrechen, sondern weiterführen, ohne es zu merken. Man sah ihnen an, woher sie kamen und dass alles revolutionäre Bewusstsein ihre Illusio, ihre Welt der Vorstellungen der realen Welt, nie hat zerstören können: die Klassengesellschaft reproduzierte sich bis hinein in den realen Sozialismus und nach dem Ende des Sozialismus in die Struktur der postsozialistischen Gesellschaften. Der Habitus der unteren Schichten blieb in die Körper eingebrannt, ihre Illusio externalisierte sich in jenem Monumentalismus, der nichts als die kompensatorische Inszenierung jener Schwäche war, aus der sich die unteren Schichten nicht gelöst hatten.

Das revolutionäre Klassenbewusstsein erweist sich so als eine Form der Reproduktion eines Klassenhabitus, der Bewertungsrelationen nicht verändert. Das symbolische Kapital, das der eigenen oder politisch geforderten Lebensform Anerkennung gibt, sichert weiter die Reproduktion von Klassenverhältnissen trotz aller Umverteilung von Reichtum und Macht. Somit bleibt das revolutionäre Klassenbewusstsein eine Fehlkonstruktion mit politisch fatalen Folgen. Was aber bricht das Klassenbewusstsein (wie das „Klassenunbewusstsein") – was löst Klassen wirklich auf?

4.5 Die Rolle der Sozialwissenschaft für die Habitualisierung eines Klassenverhältnisses

Bourdieu sieht Soziologie gleichermaßen als objektive Beschreibung der Realität wie als Aufdeckung von Illusionen über die soziale Realität (Bourdieu / Wacquant 1996). Die Analyse selbst ist Teil des Reproduktionsprozesses von Klassengesellschaften und reklamiert damit eine besondere Position des Durchschauens der Illusio einer habitualisierten Weltwahrnehmung. Die Analyse soll die Kritik der Illusio ermöglichen und so den Habitus brechen, der die Reproduktion von Klassen und damit von Klassenverhältnissen sicherstellt.

Doch bleibt Bourdieus Idee einer Desillusionierung des Habitus eine Kritik „von oben". Der Soziologe interveniert als Intellektueller in die Gesellschaft und spielt die Analyse der Illusio in die Gesellschaft zurück. Dies ist die Intention, die insbesondere in der Arbeit „La misère du monde"[5] explizit verfolgt wird: das Interview mit der alleinstehenden Postbeamtin wird zugleich zu einem Versuch der Aufklärung über die Täuschungen, in der die Postbeamtin lebt. Die leninistischen Folgen der Theorie des Klassenbewusstseins bei Marx reproduzieren sich so bei Bourdieu. Der Ausgang aus der Unmündigkeit bleibt ein Prozess, für den der konzeptuelle Rahmen der Analyse nicht ausreicht, trotz aller Versuche, die Macht der herrschenden Eliten durch „Gegenfeuer" zu brechen (Bourdieu 1998a; Bourdieu / Wacquant 1999), und trotz der Forderung nach Reflexivität des sozialwissenschaftlichen Wissens (Bourdieu 1968; Bourdieu / Wacquant 1996).

Wenn man die alternative Vorstellung einer „Kritik von unten" ernst nimmt, dann bleibt nur der Ausweg der Selbstaufklärung durch praktisches Handeln. Marx hatte dafür einige Vorstellungen entwickelt, insbesondere dort, wo er die Bedingungen fehlender Selbstaufklärung sozialer Klassenlagen durch genaue historisch-soziologische Analyse zu bestimmen wusste, etwa in der Analyse der Parzellenbauern im 18. Brumaire, die deswegen ihre Klasseninteressen nicht selbst verstehen konnten, weil ihnen ein Mittel für Selbstaufklärung fehlte: intensive Kommunikation. Diese seien, so Marx, wie ein Sack Kartoffeln, ohne Beziehungen untereinander, voneinander getrennt und isoliert, und damit unfähig, Verständigung über gemeinsame Interessen herstellen zu können (Marx / Engels 1953: 198). Industriearbeiter seien dagegen in der Fabrik zusammengepfercht, womit Bedingungen einer intensiven kommunikativen Verständigung objektiv gegeben seien. Dem müsste dann nur mehr durch politische Mobilisierung nachgeholfen werden, durch eine Bewegung, die sich zu einer Partei bildet. Damit war aber der möglichen theoretischen Idee auch schon wieder der Boden entzogen: nun war die Partei für die Kritik von unten zuständig – ein folgenreiches theoretisches Missverständnis.

---

[5] „La misère du monde" bezeichnet gleichermaßen das Elend der Welt (le monde) wie das Elend der kleinen Leute (le monde).

5. Weiterführungen des Habituskonzepts: der dem Körper eingebrannte und der zu Stein gewordene Habitus

Aus der Analyse der Aneignung von Marx durch Bourdieu werden die analytischen Bruchstellen beider Theorien klar. Zugleich lässt sich ihr Potential neu abschätzen. Dies gilt für Bourdieus Reaktion auf Marx genauso wie für einen durch Bourdieu nicht überwundenen Marx. Dies betrifft bei Bourdieu die analytische Leistung, die Stabilität eines sich selbst verkennenden Klassenbewusstseins herausgearbeitet zu haben und das „Funktionieren" dieses Selbstverkennung aufgezeigt zu haben. Dies betrifft bei Marx die letztlich offene Frage, wie sich Klassenbewusstsein in den Kommunikationsprozessen zwischen Akteuren, die Klassenlagen teilen, konstituiert und gelingende oder misslingende Lernprozesse auslöst.

Für die bei Marx offengebliebene und von Bourdieu liegengelassene Frage nach den Bedingungen der Möglichkeit einer Kritik von unten und den dadurch ausgelösten kollektiven Lernprozessen, die Verkennung beseitigen können, muss auf eine andere Marx-Rezeption ausgewichen werden, nämliche jene, die in der Kritischen Theorie vorbereitet und bei Habermas dann konzeptuell ausgearbeitet und in seinen politischen Schriften an Fällen vorgeführt wurde. Hier ist es vor allem der Kommunikationsbegriff und der Verständigungsbegriff, die als Ingredienzien einer Lebenswelt jenen Prozess der Auflösung von Illusion bewerkstelligen können (Habermas 1976, 1981).

Im Anschluss an Bourdieu sind es vor allem zwei Ideen, die Aufschluss über die bemerkenswerte Stabilität von sich verkennenden Klassenbewusstsein liefern können. Die erste Idee ist die der „Verkörperung" von Klassenverhältnissen. Die Idee, dass der Habitus in den Körper eingelassen ist, ist in der jüngeren „Körpersoziologie" aufgenommen worden. Der Körper liefert dabei jene Objektivität, die dem Individuum immer auch äußerlich ist. Zugleich aber ist jene Äußerlichkeit, die gebeugte Haltung, die Inszenierung des Blicks, der Überlegenheit oder Unterwürfigkeit signalisiert, mit dem Handeln der Individuen verbunden: Individuen handeln durch und mittels ihres Körpers. Wenn aber der Körper bereits sozial geprägt ist, wenn in ihm die Klassenverhältnisse eingebrannt sind, dann sind hier strukturelle Bremsen vorhanden, die kollektives Handeln und kollektives Lernen erschweren.

Die zweite Idee betrifft die zu „Stein" gewordenen Klassenverhältnisse: Der Klassenhabitus materialisiert sich in durch Steine hergestellten Welten, urbanen Vierteln, Justizpalästen, Kirchen, oder Denkmälern, durch die er zur Verfestigung tendiert und damit die Versteinerung des Klassenbewusstseins nach sich zieht. Sie werden selbst zur „Infrastruktur" der Gesellschaft, ein Effekt, der weit über „Institutionalisierung" hinausgeht (Calhoun 1992). Dieser Effekt ist im Realsozialismus manifest geworden, er blieb aber in den nichtsozialistischen Gesellschaften ebenso wirksam wie er in den aktuellen postdemokratischen Gesellschaften wiederkehrt.

In diesem Sinne ist das Klassenbewusstsein, das Marx einst anvisierte, an die Loslösung von der in den Körper eingebrannten und in den Stein gemeißelten Illusio abhängig, an die Auflösung jener ästhetischen Urteilskraft, die Bedingung der Möglichkeit praktischen Handelns und praktischer Vernunft ist. Der Habitusbegriff hat für diese zentrale Bedingung der Möglichkeit einer praktischen Vernunft sensibilisiert. Das geht zwar weit über Marx hinaus, aber noch immer nicht weit genug. Es bleibt eine offene Frage, wie es nach der Auflösung der „Kritik der sozialen Urteilskraft" weitergeht.

Literatur

Adorno, Theodor W. (1990): Theorie der Halbbildung (1959). In: Theodor W. Adorno: *Gesammelte Schriften 8*. Frankfurt am Main: Suhrkamp. S. 93-121.
Beck, Ulrich / Grande, Edgar (2004): *Das kosmopolitische Europa. Gesellschaft und Politik in der Zweiten Moderne*. Frankfurt am Main: Suhrkamp.
Boltanski, Luc (1984): La denonciation. In: *Actes de la recherche en sciences sociales* (51): S. 3-40.
Boltanski, Luc / Chiapello, Eve (2001): Die Rolle der Kritik in der Dynamik des Kapitalismus und der normative Wandel. In: *Berliner Journal für Soziologie* (11): S. 459-478.
Boltanski, Luc / Thévenot, Laurent (1999): The sociology of critical capacity. In: *European Journal of Social Theory* (2), 3: S. 359-377.
Bourdieu, Pierre (1968): *Le metier de sociologue* (avec J. C. Chamboredon et J. C. Passeron). Paris: Minuit.
Bourdieu, Pierre (1970): Der Habitus als Vermittlung zwischen Struktur und Praxis. In: Pierre Bourdieu: *Zur Soziologie der symbolischen Formen*. Frankfurt am Main: Suhrkamp.
Bourdieu, Pierre (1982a): *Die feinen Unterschiede. Kritik der gesellschaftlichen Urteilskraft*. Frankfurt am Main: Suhrkamp.
Bourdieu, Pierre (1982b): *Ce que parler veut dire. L'economie des echanges linguistiques*. Paris: Fayard.
Bourdieu, Pierre (1983): Ökonomisches Kapital, kulturelles Kapital, soziales Kapital. In: Reinhard Kreckel (Hg.): *Soziale Ungleichheiten*. Soziale Welt, Sonderband 2. Göttingen: Schwartz. S. 183-198.
Bourdieu, Pierre (1984): *Homo Academicus*. Paris: Minuit.
Bourdieu, Pierre (1985): *Sozialer Raum und „Klassen". Leçon sur la leçon: zwei Vorlesungen*. Frankfurt am Main: Suhrkamp.
Bourdieu, Pierre (1986): La force du droit. Elements pour une sociologie du champ juridique. In: *Actes de la recherche en sciences sociales* (64): S. 3-19.
Bourdieu, Pierre (1989a): *La noblesse d'Etat. Grandes ecoles et esprit du corps*. Paris: Minuit.
Bourdieu, Pierre (1989b): Social space and symbolic power. In: *Sociological Theory* (7): S. 14-25.
Bourdieu, Pierre (1996): *The State Nobility. Elite Schools in the Field of Power*. Cambridge: Polity Press.
Bourdieu, Pierre (1997): *Der Tote packt den Lebenden*. Hamburg: VSA.
Bourdieu, Pierre (1998a): *Gegenfeuer. Argumente im Dienst des Widerstandes gegen die neoliberale Invasion*. Konstanz: UVK.
Bourdieu, Pierre (1998b): *Praktische Vernunft. Zur Theorie des Handelns*. Frankfurt am Main: Suhrkamp.
Bourdieu, Pierre / Accardo, Alain (2002): *Das Elend der Welt. Zeugnisse und Diagnosen alltäglichen Leidens an der Gesellschaft*. Konstanz: UVK.
Bourdieu, Pierre / Wacquant, Loic J. (1996): *Reflexive Anthropologie*. Frankfurt am Main: Suhrkamp.
Bourdieu, Pierre / Wacquant, Loic J. (1999): On the Cunning of Imperialist Reason. In: *Theory, Culture & Society* (16), 1: S. 41-58.
Calhoun, Craig J. (1992): The infrastructure of modernity. Indirect social relationships, information technology, and social integration. In: Hans Haferkamp / Neil J. Smelser (Hg.): *Social Change and Modernity*. Berkeley, CA: University of California Press. S. 205-236.
Clark, Terry Nichols / Lipset, Seymour Martin (1991): Are social classes dying? In: *International Sociology* (6), 4: S. 397-410.
Engels, Friedrich (1972): Die Lage der arbeitenden Klasse in England (1845). In: Karl Marx / Friedrich Engels: *Marx-Engels-Werke*. Band 2. Berlin: Dietz. S. 225-506.
Esping-Andersen, Gøsta (Hg.) (1993): *Changing Classes. Stratification and Mobility in Postindustrial Societies*. London: Sage.

Giddens, Anthony (1985): Das Ende der Arbeiterklasse? Oder: Die Gefahren der Gelehrsamkeit. In: Hermann Strasser / John H. Goldthorpe (Hg.): *Die Analyse sozialer Ungleichheit. Kontinuität, Erneuerung, Innovation.* Opladen: Westdeutscher Verlag. S. 112-128.
Goldthorpe, John H. (1996): Class analysis and the reorientation of class theory. The case of persisting differentials in educational attainment. In: *British Journal of Sociology* (47): S. 481-505.
Goldthorpe, John H. (2003): Globalisierung und soziale Klassen. In: *Berliner Journal für Soziologie* (13), 3: S. 301-323.
Habermas, Jürgen (1976): *Zur Rekonstruktion des historischen Materialismus.* Frankfurt am Main: Suhrkamp.
Habermas, Jürgen (1981): *Theorie des kommunikativen Handelns. Band 2: Zur Kritik der funktionalistischen Vernunft.* Frankfurt am Main: Suhrkamp.
Handl, Johan / Mayer, Karl-Ulrich / Müller, Walter (Hg.) (1977): *Klassenlagen und Sozialstruktur.* Frankfurt am Main: Campus.
Kracauer, Siegfried (1985): *Die Angestellten. Aus dem neuesten Deutschland.* Frankfurt am Main: Suhrkamp.
Krais, Beate / Gebauer, Gunter (2002): *Habitus.* Bielefeld: Transcript.
Lederer, Emil (1979): Die Gesellschaft der Unselbständigen. Zum sozialpsychologischen Habitus der Gegenwart (1913/19). In: Jürgen Kocka (Hg.): *Kapitalismus, Klassenstruktur und Probleme der Demokratie in Deutschland 1910–1940. Ausgewählte Aufsätze von Emil Lederer.* Göttingen: Vandenhoeck & Ruprecht. S. 14-32.
Lukes, Steven (1991): *Moral Conflicts and Politics.* Oxford: Clarendon.
Mann, Michael (1993): *The Sources of Social Power. Volume II: The Rise of Classes and Nation-States, 1760–1914.* Cambridge: Cambridge University Press.
Marx, Karl (1953): Der achtzehnte Brumaire des Louis Bonaparte. In: Karl Marx / Friedrich Engels: *Marx Engels Werke*, Band 8. Hg. v. Institut für Marxismus-Leninismus beim ZK der SED. Berlin (DDR): Dietz. S. 111-207.
Marx, Karl (2007): *Der achtzehnte Brumaire des Louis Bonaparte.* Frankfurt am Main: Suhrkamp.
Marx, Karl / Engels, Friedrich (1953): Manifest der Kommunistischen Partei. In: Karl Marx / Friedrich Engels: *Marx Engels Werke*. Band 4. Hg. v. Institut für Marxismus-Leninismus beim ZK der SED. Berlin (DDR): Dietz. S. 459-493.
Moore, Barrington (1969): *Soziale Ursprünge von Diktatur und Demokratie. Die Rolle der Grundbesitzer und Bauern bei der Entstehung der modernen Welt.* Frankfurt am Main: Suhrkamp.
Müller, Walter (1977): Klassenlagen und soziale Lagen in der Bundesrepublik. In: Johan Handl / Karl-Ulrich Mayer / Walter Müller (Hg.): *Klassenlagen und Sozialstruktur.* Frankfurt am Main: Campus, S. 21-100.
Pakulski, Jan (1993): The dying of class or of Marxist class theory? In: *International Sociology* (8), 3: S. 279-292.
Pakulski, Jan / Waters, Malcolm (Hg.) (1996): *The Death of Class.* London: Sage.
Rehberg, Karl-Siegbert (2011): „Klassengesellschaftlichkeit" nach dem Ende der Klassengesellschaft? In: *Berlin Journal für Soziologie* (21), 1: S. 7-21.
Sørensen, Aage B. (1991): On the usefulness of class analysis in research on social mobility and socioeconomic inequality. In: *Acta Sociologica* (34): S. 71-87.
Sørensen, Aage B. (2000): Toward a sounder basis for class analysis. In: *American Journal of Sociology* (105), 6: S. 1523-1558.
Wehler, Hans-Ulrich (Hg.) (1979): *Klassen in der europäischen Sozialgeschichte.* Göttingen: Vandenhoeck & Ruprecht.
Wright, Erik Olin (2000): *Class Counts. Student Edition.* Cambridge: University Press.
Wright, Erik Olin (Hg.) (2002): *Alternative Foundations of Class Analysis. Six Perspectives.* Cambridge: University Press.

Die Wurzeln von Bourdieus Habituskonzept in der Phänomenologie Edmund Husserls

Christian Schneickert

„Die List der polemischen Vernunft ist unerschöpflich, und wer wie so viele andere »Genealogiker« dem Habitusbegriff oder seinem Gebrauch bei Husserl niemals die geringste Aufmerksamkeit geschenkt hätte, hätte ich ihn nicht aufgegriffen, gräbt Husserls Verwendungsweisen aus, um mir gewissermaßen im Vorübergehen vorzuwerfen, dessen meisterhaftes Denken, in dem er im übrigen einen vernichtenden Vorgriff zu entdecken meint, verraten zu haben." (Bourdieu 1999 [1992]: 287, Fn 6)

1. Einleitung

Ziel des vorliegenden Beitrags ist es, die Wurzeln des Bourdieu'schen Habitusbegriffs in der Phänomenologie Edmund Husserls anhand aktueller Forschungsfragen verständlich zu machen.[1] In kaum einer sozialwissenschaftlichen Debatte wird darauf verzichtet, erfolgreiche Theorien mit dem Verweis auf mangelnde Originalität abzuwerten, was Bourdieu zu Recht als „akademische Variante des dem konservativen Denken teuren ‚nichts Neues unter der Sonne'" (Bourdieu 2001 [1997]: 79) kritisiert. Dabei wehrt er sich gegen den häufig vorgebrachten Vorwurf, zentrale Konzepte aus den Werken anderer Theoretiker lediglich übernommen zu haben. Besonders in den kritischen Texten zu Bourdieus Theorie im angloamerikanischen Raum ist diese Argumentation vorzufinden (vgl. Kauppi 2000: 48). Obgleich Bourdieu Quellen oft nicht sehr konkret nennt, macht er doch grundsätzlich kein Geheimnis daraus, dass die Entwicklung seiner Konzepte innerhalb der Logik des französischen wissenschaftlichen Feldes interpretiert werden muss.

Nach dem Zweiten Weltkrieg, so Bourdieu, übernahm die USA neben der politischen auch die philosophische Führungsrolle in der Welt und löste Deutschland als Zentrum der Philosophie ab: „Eine Reise in die Vereinigten Staaten bringt nun jenes Prestige mit sich, das man einstmals durch eine Pilgerfahrt in den Schwarzwald bekam, und ein Aufenthalt in Harvard oder an der Columbia University bildet nun genau den Initiationsritus, der einstmals der Besuch im Husserlarchiv in Löwen gewesen war." (Bourdieu / Passeron 1981: 515) Dennoch weist Bourdieu an einigen Stellen darauf hin, dass es in der französischen Philosophie noch immer hohe Distinktionsgewinne versprach, die lange Zeit nur teilweise übersetzte deutsche Philosophie zu zitieren oder zu kommentieren (vgl. Bourdieu / Passeron 1981: 546f., Fn 23;

---

[1] Der Artikel entstand aus einigen grundsätzlichen Diskussionen zwischen A. Lenger, F. Schumacher und dem Autor, die wir zwischen 2009 und 2011 in Freiburg über ‚Bourdieus Kunstsoziologie' führten (siehe Schumacher 2011: 69). Für diese produktive Zeit möchte ich mich bei den Mitherausgebern bedanken.
Für die kritische Lektüre und die hilfreichen Anmerkungen danke ich Anna Güthler, Jonas Meixner und Johanna Wintermantel.

Bourdieu 2001 [1997]: 50). Inwieweit Bourdieu Husserl tatsächlich auf Deutsch gelesen und übersetzt hat, ist allerdings Spekulation (vgl. Rehbein 2006: 20, Fn. 2). Nach eigener Aussage benötigte er für die Lektüre von „Erfahrung und Urteil" (Husserl 1939) nahezu ein ganzes Jahr (vgl. Bourdieu 1992 [1987]: 17).

Laut Bourdieu hat die Rezeption der Husserl'schen Phänomenologie aber in jedem Fall das philosophische Feld Frankreichs verändert und zwar in Form einer Hinwendung zu den Dingen, die letztlich mit dem zunehmenden neuen Interesse der Philosophinnen und Philosophen für Alltägliches und einer Annäherung der Figur des Philosophen an den Schriftsteller einherging (vgl. Bourdieu 1999 [1992]: 334).

Husserl wurde in Frankreich besonders durch die Kommentierung von Maurice Merleau-Ponty rezipiert und es ist wahrscheinlich, dass Bourdieu sowohl in seiner Husserl-Interpretation als auch in seiner Sartre-Kritik stark von dessen Werk *Die Abenteuer der Dialektik* (Merleau-Ponty 1974 [1955]) beeinflusst wurde. Ebenso kann die Philosophie von Husserl als Basis der Phänomenologien von Martin Heidegger und Jean-Paul Sartre gelten (vgl. Prechtl 1991: 8). Während Bourdieu Husserl und Merleau-Ponty jedoch überwiegend positiv erwähnt, rezipiert er die anderen Theoretiker kritisch. Heidegger widmet er gar eine etwa einhundertseitige Polemik (siehe Bourdieu 1976). Alfred Schütz, der die Phänomenologie Husserls auf die soziale Welt übertrug (siehe Schütz 1974 [1932]), wird meist zusammen mit Garfinkels Ethnomethodologie (siehe Garfinkel 1994 [1967]) und Sartres Existenzialphilosophie unter dem Label ‚Subjektivismus' als Theoriestrang kritisiert, der systematisch Strukturen sozialer Ungleichheit vernachlässige (siehe Bourdieu 1993 [1987/1980]: 79-97; Schumacher 2011: 49-56). Gerade aufgrund dieser Grundsatzkritik an subjektivistischen Ansätzen ist es von Interesse, dass sich Bourdieu im Studium mit der Phänomenologie beschäftigte und eine Untersuchung zur ‚Phänomenologie des Gefühlslebens' schreiben wollte (Bourdieu 1992 [1987]: 21; Rehbein 2006: 49, Fn 1). Sein späterer Anspruch, den ethnologischen (fremden) Blick auf die eigene Gesellschaft zu richten, wurde laut Rehbein durch die Lektüre von Schütz inspiriert (vgl. Rehbein 2006: 48).

Zentrales Anliegen des Beitrags ist es, zu einem besseren theoretischen Verständnis des Habitusbegriffs beizutragen. Dazu werden jeweils drei Modifikationen in den zwei zentralen Bereichen des Konzeptes, in denen Bourdieu unmittelbar an Husserl anknüpft, kritisch diskutiert: Auf der Ebene der *Handlungstheorie* betrifft dies den Bereich von Lebensstilen und Erfahrung, die Diskussion des Gegensatzes von Gewohnheit und Vernunft sowie die Körperlichkeit des Menschen. Auf der Ebene der *Erkenntnistheorie* knüpft Bourdieus Habitus an das Problem der Zeitlichkeit, die subjektive Erfahrung sowie das kritische Verhältnis von Wissenschaft und Lebenswelt an. Ziel des vorliegen Beitrags ist es zu zeigen, dass Bourdieu die Konzeption des Begriffs in Anschluss an Husserl nicht nur systematisiert, sondern ihn darüber hinaus auch zu einem zentralen *Konzept* innerhalb einer umfassenden Sozialtheorie ausarbeitet. Damit stellt die Verwendung bei Bourdieu eine deutliche Weiterentwicklung des Begriffs dar.

Inwiefern die Phänomenologie für die Weiterentwicklung des Bourdieu'schen Habitusbegriffs in Zukunft nutzbar gemacht werden kann, soll im Folgenden geklärt werden. Hierzu werden zunächst die für das Verständnis des Habitusbegriffs bei Husserl notwendigen phänomenologischen Begriffe dargestellt (Abschnitt 2). Daran anknüpfend wird ausgeführt, wie Bourdieu diese Konzepte interpretiert und in sein eigenes Theoriegebäude eingefügt hat (Abschnitt 3). Abschließend fasst ein Fazit diese Modifikationen zusammen und versucht, mögliche Weiterentwicklungen des Begriffs im Anschluss an Husserl darzustellen.

2. Habitus in der Phänomenologie Husserls

Habitus und Habitualität sind keine zentralen Begriffe der Theorie Husserls, sondern Teil seiner genetischen Phänomenologie beziehungsweise seines Konzeptes der Personalität. Ausführungen zum Habitus finden sich daher auch kaum in Husserls Hauptwerk *Logische Untersuchungen* (Husserl 1975 [1900], 1984 [1901]), sondern vorwiegend in den Werken *Phänomenologische Psychologie* (Husserl 1968 [1925]), den zwei Teilen *Zur Phänomenologie der Intersubjektivität* (Husserl 1973 [1905-1920]; Husserl 1973 [1921-1928]) und natürlich seinem zweiten Hauptwerk, den *Ideen zu einer reinen Phänomenologie und phänomenologischen Philosophie* (Husserl 1952 [1913]). Bourdieu hingegen rezipiert vorwiegend den posthum veröffentlichten Text „Erfahrung und Urteil" (Husserl 1939). Die Konzepte von Habitus und Habitualität werden in der Sekundärliteratur zu Husserl deutlich seltener explizit behandelt als andere Begriffe, wie zum Beispiel Intentionalität, Eidetische Variation oder Epoché (siehe exemplarisch Marx 1989; Wetz 1995; Römpp 2005; Beyer 2006). Eine Ausnahme stellt die besonders gelungene Arbeit von Hiroshi Gotō (2004) zum *Begriff der Person in der Phänomenologie Edmund Husserls* dar, die allerdings keinen Bezug zu Bourdieu herstellt.

Grundlage der Phänomenologie nach Husserl ist die methodische Prämisse, keine alltäglichen und vorschnellen Deutungen der Welt vorzunehmen, sondern sich im Rahmen der philosophischen Analyse an die Gegenstände zu halten, die dem Bewusstsein direkt, d. h. phänomenal, zugänglich sind. Während die Psychologie objektive Erfahrungen untersucht, soll ein Phänomenologe nach Husserl keine Aussage über die Wirklichkeit außerhalb des Bewusstseins treffen: „Nicht Wirklichkeit, sondern erscheinende Wirklichkeit gehört zu seinem Thema" (Husserl 1986 [1911-1921]: 107).

Damit knüpft Husserl an den Descart'schen Zweifel an und fordert, das Bewusstsein zum zentralen Erkenntnisinteresse zu machen. Dies geht mit einer Wissenschaftskritik einher, welche die mangelnde Klärung der eigenen Vorannahmen kritisiert (vgl. Prechtl 1991: 18); ein Punkt, der später auch für Bourdieu zentral wird. Zwar bezweifelt Husserl nicht, dass eine Welt objektiv existieren kann, die Philosophie als Wissenschaft müsse aber begründen können, auf Grundlage welcher Kriterien sie Aussagen über diese Welt treffen kann (vgl. Prechtl 1991: 19f.). Phänomenologie als Methode soll es somit ermöglichen, von der selbstverständlichen Welt und den damit einhergehenden Auffassungen (*Apperzeptionen*) zu abstrahieren. *Eidetische Reduktion* und *Epoché* stellen dabei methodische Schritte der Abstraktion dar, um letztlich zu einem *Eidos* (der Essenz) zu gelangen (vgl. Gander 2010: 32). In diesem Zusammenhang benutzt Husserl den Begriff der *doxa*. Doxa ist die erste Setzung des Bewusstseins überhaupt, die Urform der Glaubensweise bzw. Urdoxa (vgl. Gander 2010: 62). In der philosophischen Tradition bezeichnet Doxa (Meinung) den Gegenbegriff zu Episteme (Wissen). Demnach unterscheidet Husserl Erfahrungen qualitativ in schlichte doxische, also Glaubensfragen, und fundierte, d. h. vernünftige Erfahrungen (vgl. Husserl 1939: 54). Die Gesamtheit der als selbstverständlich geglaubten Erfahrungen, Auffassungen und Annahmen bezeichnet Husserl als die *Generalthesis der natürlichen Einstellung*, die allen anderen Seinssetzungen vorausgeht und die Welt als wirklich gegeben annimmt (vgl. Gander 2010: 119). Dies bedeutet, dass Menschen in der Regel die Objektivität der Wirklichkeit nicht in Frage stellen und sogar dann noch beibehalten, wenn bestimmte Annahmen als falsch erkannt wurden (vgl. Prechtl 1991: 58). Bourdieu übernimmt das Konzept der Doxa im Sinne der Gesamtheit unhinterfragter gemeinsamer Voraussetzungen im Grunde unverändert (vgl. Rehbein 2006: 59). Allerdings differenziert er die Doxa durch den Begriff der Illusio feldspezifisch aus, d. h. auf jedem sozialen Feld gilt eine besondere Form der Doxa (vgl. Koller 2009: 80). Zudem ist für Bourdieu die unkritische Haltung gegenüber den geteilten Auffassungen ein soziologisches Problem, weil diese die Erkenntnis der eigenen Position im sozialen Raum bzw. Feld verschleiert (vgl. Bourdieu 1992 [1987]: 25). Den ersten methodischen Schritt aus diesem Zustand bezeichnet Husserl als *Epoché*. Die natürliche Einstellung wird verlassen, indem die grundsätzlichen Annahmen über die Welt hinterfragt werden. Letztlich ist es das nicht zu erreichende Ziel, die Welt aus der Sicht eines neutralen Beobachters zu entwerfen. Durch die Epoché wird die Welt als durch das Bewusstsein konstruiert erkennbar (vgl. Prechtl 1991: 59). Natürlich eliminiert die Phänomenologie die Annahmen (Seinssetzungen) nicht. Vielmehr denkt Husserl an eine „Einklammerung dieser Vorannahmen" (vgl. Gander 2010: 119), das heißt an eine vorübergehende Suspendierung aller doxischer Auffassungen über die gemeinsame Welt.

Innerhalb dieses theoretischen Rahmens der phänomenologischen Analyse fasst Husserl die Begriffe Habitus und Habitualität konzeptuell sehr weit. Insgesamt bezeichnet der Kern des Begriffs aber bereits diejenigen Konzeptualisierungen, welche auch Bourdieu übernommen hat. So ist der Habitus bei Husserl zunächst als Charakter aus bleibenden Eigenschaften zu definieren (vgl. Husserl 1968 [1925]: 215). Menschen bilden eine identitäre Struktur aus, die über die Zeit hinweg stabil bleibt und eine Tendenz zur Vereinheitlichung aufweist (vgl. Husserl 1968 [1925]: 412). Darüber hinaus ist im Habitus ‚Fremdes' bzw. Äußerliches einerseits in Form biologischer Dispositionen, andererseits aber auch in Form intersubjektiver Strukturen vorhanden (vgl. Husserl 1952 [1913]: 269). Habitus beschreibt das ‚Ich' als ein Gewordenes (vgl. Gander 2010: 127). Die Identitätsstruktur einer Person kann sich ändern, aber der Habitus verweist auf das Gleichbleibende, d. h. den bleibenden Stil einer Person (vgl. Gotō 2004: 64). Hier ist somit bereits die zeitliche Komponente enthalten: Die Vergangenheit formt den gegenwärtigen Habitus, der dann zur Grundlage zukünftiger Handlungen wird (vgl. Husserl 1973 [1905-1920]: 429). Der Habitus einer Person entwickelt sich also in der Zeit durch sich selbst weiter.

Die Identität bildet sich für Husserl durch Erfahrungen, die in den Gesamtbestand, d. h. den Habitus, integriert werden (vgl. Husserl 1952 [1913]: 271). Mit den Begriffen *Urstiftung* oder *Urdoxa* verweist Husserl auf den Umstand, dass Menschen eine Sache einmal grundsätzlich (vernünftig) verstehen müssen, um sie in der Folge schlicht (doxisch) wiederzuerkennen. Dies geschieht zwar nicht mechanisch reproduzierend, aber dennoch automatisiert. Versteht ein Kind beispielsweise einmal die Funktion einer Schere, erkennt es ab diesem Moment auch Variationen (funktionale Äquivalente) von ‚Scheren' als „neuen Fall" (vgl. Husserl 1973 [1921-1928]: 195; Gander 2010: 128). Die Integration solcher Erfahrungen in ein Ganzes bezeichnet Husserl als Habitualisierung, die zumeist unbewusst abläuft. Zwar kann es auch bewusste Habitualisierung geben, die Mehrzahl der Erfahrungen wird jedoch unbewusst in den Gesamtbestand der Erfahrungen integriert. Entscheidend ist dabei, dass die Bedingungen des Erwerbs vergessen werden, weswegen die habitualisierten Erfahrungen fortan als natürlich erscheinen (vgl. Husserl 1939: 138).

Der Habitus macht laut Husserl den Menschen grundsätzlich verstehbar, weil er Personen ihre einheitliche Konstanz verleiht, die ein anderer Mensch kennenlernen kann. Der Mensch „hat seine empirischen Eigenheiten und ist als geistiger Typus eine verständliche Einheit" (Husserl 1952 [1913]: 273). Kennt man eine Person gut, werden ihre Handlungen zunehmend erwartbar (vgl. Husserl 1952 [1913]: 270). Die Einheitlichkeit des Charakters äußert sich dann in einem kohärenten Lebensstil, der zumindest in ähnlichen Lebensphasen gleich bleibt. Die Ähnlichkeit der Herleitung zur Bourdieu'schen Anwendung ist bezüglich des Konzepts des Lebensstils verblüffend. So schreibt Husserl:

> „Der Geschmack eines Mannes legt sich auseinander darin, dass ihm die und die Kunstwerke gefallen, dass er an ihnen Geschmack hat in jener einheitlichen Weise. (...) In der faktischen, aufzuweisenden Habe (der ‚Meinung') bekundet sich die Hexis. Sie selbst ist eine Einheit wirklichen und möglichen ‚Verhaltens' des Ich, des Subjekts der bleibenden Vermögen, und das einzelne Verhalten ist ein Verhalten dieses Habens (von Meinungen). (...) Eine Überzeugung kann preisgegeben werden, der Geschmack kann sich ändern. Aber dann erwachsen nur neue Einheiten." (Husserl 1973 [1905-1920]: 404)

Husserl überträgt diesen Zusammenhang auch auf Sitten und Bräuche: „‚Man' urteilt so, ‚man' hält so die Gabel u. dgl., die Forderungen der sozialen Gruppe, des Standes usw." (Husserl 1952 [1913]: 269). Hieran schließt Bourdieu ohne Zweifel unmittelbar an, wenn er meint: „[Eine] stille Pädagogik (...) die es vermag, eine komplette Kosmologie, Ethik, Metaphysik und Politik über so unscheinbare Ermahnungen wie »Halt dich gerade!« oder »Nimm das Messer nicht in die linke Hand!« beizubringen und über die scheinbar unbedeutendsten Einzelheiten von Haltung, Betragen oder körperliche und verbale Manieren den Grundprinzipien des kulturell Willkürlichen Geltung zu verschaffen, die damit Bewusstsein und Erklärung entzogen sind" (Bourdieu 1993 [1987/1980]: 128).

Bei Husserl ist menschliches Verhalten also deshalb verstehbar, weil es nicht zufällig ist, sondern in einer geregelten Beziehung zur Umwelt abläuft (vgl. Husserl 1952 [1913]: 141). Umgekehrt erscheint auch die Welt den Menschen als sinnvoll bzw. verstehbar, weil – und das ist eine der entscheidenden Weiterentwicklungen Bourdieus – die Welt über den Habitus in der Person enthalten ist (vgl. Bourdieu 1993 [1987/1980]: 100). Aber auch bei Husserl ist der Habitus schon als Internalisierung externer Beschränkungen und Determinierungen angedacht: „Es gibt also für jedes Ich seine Notwendigkeiten, und Notwendigkeiten nicht der äußeren Bestimmung durch auferlegte äußere Regeln (...), sondern innere Notwendigkeiten, einsichtige, als ‚apriorische' Möglichkeiten, die Wirklichkeiten bestimmen" (Husserl 1973 [1921-1928]: 23).

An dieser Stelle kommen Körper und Leib ins Spiel. Bourdieu übernimmt den Begriff der körperlichen *hexis* über Marcel Mauss von Husserl und Merleau-Ponty, unterscheidet aber, im Gegensatz zu den Phänomenologen, nicht zwischen „erfahrendem Leib und wahrgenommenem Körper" (Holder 2009: 124). Bereits Maurice Merleau-Ponty modifiziert die Husserl'sche Intentionalität als inkorporierte Praxis (vgl. Lane 2000: 102; Prechtl 1991: 75). Husserl kommt dabei der Verdienst zu, den Leib unmittelbar mit dem Bewusstsein sowie der Erkenntnismöglichkeit in Verbindung zu bringen: „Ob überhaupt ein Bewusstsein ohne Leib möglich ist, ist fraglich. Sicherlich sind nicht nur die sinnlichen Empfindungen im engeren Sinn, sondern auch die sinnlichen Gefühle und Trieberlebnisse durch den Leib bestimmt. Sicherlich gehört hierher auch ein gut Stück der Individualität, nämlich die sinnlichen Dispositionen mit ihrem individuellen Habitus." (Husserl 1952 [1913]: 294f.) Nicht nur unsere eigenen Erkenntnismöglichkeiten sind nach Husserl leiblich bedingt, auch die Wahrnehmung durch andere Menschen kann einheitlich „als ‚Ausdruck' eines subjektiven Lebens in einem Leib" (Husserl 1952 [1913]: 389) erfolgen. Indem sich Husserl mit der Möglichkeit von Ortsveränderungen zum Zweck der Perspektivänderung beschäftigt, konzipiert er den Leib zum Wahrnehmungsorgan, der dem Ortswechsel materielle Grenzen setzt.

In diesem Sinne stehen der Gewohnheit und dem Unbewussten die Vernunft und Freiheit als Motor des Handelns gegenüber (vgl. Husserl 1952 [1913]: 269). Dispositionen sind für Husserl Potenziale, die latent vorhanden sind. Im alltäglichen Lauf der Dinge bestimmt demnach vorwiegend die Gewohnheit das Handeln von Menschen, aber auch in den vermeintlich wohl überlegten und freiesten Handlungen ist diese nicht gänzlich suspendiert. Solange man aber vernünftige Entscheidungen trifft, so Husserl, ist man dennoch ‚frei' (vgl. Husserl 1952 [1913]: 255). Der Einfluss der Gewohnheit sorgt letztlich für die Einheitlichkeit der Person und verbindet Vergangenheit und Zukunft. Aus den Erfahrungen einer Person entstehen habitualisierte Überzeugungen oder Haltungen, die die Neigung erzeugen, in Zukunft zu ähnlichen Überzeugungen zu tendieren: „Natürlich ist Glauben und jede Stellungnahme ein Vorkommnis im Bewußtseinsstrom, untersteht also dem ersten Gesetz, dem der ‚Gewohnheit'." (Husserl 1952 [1913]: 223) In diesem Sinne verknüpft schon Husserl gewöhnliche Alltagshandlungen mit der kohärenten Identität eines Menschen:

> „Diesen Gesetzlichkeiten entsprechen gewohnheitsmäßige Verhaltungsweisen des Subjekts, erworbene Eigenheiten (z. B. die Gewohnheit, abends seinen Schoppen zu trinken). (…) Freilich gibt es einen Sinn, von Individualität als Gesamtstil und Habitus des Subjekts zu sprechen, der als eine zusammenstimmende Einheit durch alle Verhaltungsweisen, durch alle Aktivitäten und Passivitäten hindurchgeht, und zu dem auch der ganze seelische Untergrund beständig beisteuert." (Husserl 1952 [1913]: 277)

Im Grunde entwirft Husserl hier bereits die Grundpfeiler einer Theorie der Praxis, ohne diese Überlegungen jedoch in ein systematisches Konzept des Habitus zu integrieren. Letztlich entscheidet Husserl in der Frage zwischen Freiheit und Habitus nicht zugunsten einer Seite (Gotō 2004: 77, 90). Die philosophische Tradition bedingt an dieser Stelle eine gewisse Verzerrung zugunsten von Freiheit und Vernunft als Triebfedern menschlichen Handelns. Ebenfalls in dieser Tradition hält Husserl daran fest, die Theorie als der Praxis überlegen anzusehen (Gotō 2004: 89). Diese Annahmen sind es, von denen sich Bourdieu aufgrund seiner ethnologischen Erfahrungen in Algerien distanziert. Die Phänomenologie, so Bourdieu, habe die Möglichkeit doxischer Selbstverständlichkeit hervorragend herausgearbeitet, aber letztlich verhindere die ‚natürliche Einstellung' der europäischen Philosophie die Anwendung der Methode auf sich selbst. Im Gegensatz zur Philosophie schärfe der ethnologische Blick auch die Analyse der eigenen, vermeintlich vertrauten, Gesellschaft (vgl. Bourdieu / Waquant 1996: 103f.).

3. Bourdieus Rezeption von Husserl

Die Anknüpfungspunkte der Bourdieu'schen Habitustheorie sind bis zu diesem Punkt offensichtlich geworden. Umso erstaunlicher ist es, dass in Bourdieus Hauptwerk *Die feinen Unterschiede* (Bourdieu 1982 [1979]) kein Verweis auf Husserl zu finden ist. Die Hauptauseinandersetzung mit der Husserl'schen Phänomenologie findet sich hingegen in den kunstsoziologischen Werken *Die Regeln der Kunst* (Bourdieu 1999 [1992]) und *Die Liebe zur Kunst* (Bourdieu / Darbel 2006 [1966]) sowie den Texten zur Rolle des Habitus in der

Theorie der Praxis, *Sozialer Sinn* (Bourdieu 1993 [1987/1980]) und *Entwurf einer Theorie der Praxis* (Bourdieu 1976 [1972]). Darüber hinaus finden sich an Husserl anschließende erkenntnistheoretische Überlegungen in den *Meditationen* (Bourdieu 2001 [1997]).

Tatsächlich gibt es zahlreiche Überschneidungen zwischen Husserls und Bourdieus Habituskonzept, die Bourdieu selbst jedoch kaum hervorhebt (vgl. Throop / Murphy 2002: 191) und in der deutschen Rezeption des Habituskonzepts im Grunde nicht vorkommen (siehe exemplarisch Krais / Gebauer 2002; Zenklusen 2010). Man würde den Wissenschaftsstrategen Bourdieu unterschätzen, wenn man diese Zitierpraxis als zufällig ansehen würde, wenngleich er seinen Respekt für Husserl an verschiedenen Stellen deutlich macht. So bezieht sich Bourdieu in einer positiven Kritik auf Husserl und möchte anhand dessen Philosophie aufzeigen, wie schwer es selbst für einen der bedeutendsten Philosophen des 20. Jahrhunderts war, die Grenze zwischen Theorie und Praxis tatsächlich zu überschreiten (vgl. Bourdieu 2001 [1997]: 104). Insgesamt ist in der Bourdieu-Rezeption zwischen der direkten Rezeption Husserls einerseits, die Bourdieu durchaus inhaltlich systematisch betreibt, und der generalisierten Kritik der Phänomenologie unter dem Label ‚Subjektivismus' andererseits zu unterscheiden (vgl. Throop / Murphy 2002: 189; siehe Bourdieu 1993 [1987/1980]: 79-97). Letztere richtet sich meiner Ansicht nach aber weniger gegen die Phänomenologie Husserls selbst als gegen die Sozialphänomenologie von Schütz bzw. die Ethnomethodologie von Garfinkel. Bourdieu führt diese Überlegungen direkt aus:

„Der Hang zu Gründlichkeit und methodischer Strenge, der gegen mondäne Modebegeisterungen feite (und zahlreiche Philosophielehrer veranlaßte, gegen Sartre einen Heidegger auszuspielen, den sie kaum gelesen hatten), konnte auch dazu führen, ein Gegengift gegen die »Leichtfertigkeiten« eines oft mit einem literarischen, etwas albernen Lobpreis des »Erlebten« identifizierten Existenzialismus in der Lektüre Husserls (...) oder auch bei Phänomenologen zu suchen, die, wie Maurice Merleau-Ponty, die Phänomenologie als strenge Wissenschaft auffaßten." (Bourdieu 2001 [1997]: 53)

Die Rezeption der Husserl'schen Begriffe durch Bourdieu lässt sich – gemäß den zu Beginn eingeführten thematischen Bereichen – in Handlungstheorie und Erkenntnistheorie unterscheiden. Da der Habitus bei Bourdieu die Handlungen eines Menschen in den meisten Situationen unbewusst leitet, sind die eigenen subjektiven Erfahrungen für die sozialen Akteure ebenso unzugänglich wie die subjektiven Erfahrungen anderer Menschen. Wie Husserl glaubt auch Bourdieu, dass sich die Erfahrung, wenn diese bewusst wahrgenommen wird, selbst verändert (vgl. Bourdieu 2001 [1997]: 67). Bourdieu zufolge neigt Husserl aber zum Mentalismus, wenn er annimmt, dass der Bewusstseinsakt (Noesis) die Bewusstseinsinhalte (Noemata) einschließt (vgl. Bourdieu 2001 [1997]: 169).

Für das Habituskonzept als Schlüsselelement der Bourdieu'schen Handlungstheorie übernimmt er von Husserl die Überlegung, dass Wahrnehmungen habitualisierte Erwartungen sind, die sich weiter sedimentieren, wenn diese bestätigt werden. Bourdieu kritisiert jedoch, dass die Phänomenologie tendenziell die sozialen Strukturen vernachlässigt (vgl. Dirksmeier 2007: 86). Wissenschaftstheoretisch zielen *Epoché* und *Eidetische Reduktion* sowie die Theorie der Praxis dabei auf das gleiche Problem ab. Es ist dem Bourdieu'schen Habitusbegriff zu verdanken, den Fokus auf die sozialen Bedingungen der *Generalthesis der natürlichen Einstellung* sowohl von handelnden Akteuren als auch von beobachtenden Wissenschaftlern, gerichtet zu haben.

Besonders deutlich wird die Leistung in Bourdieus kunstsoziologischen Schriften, in denen er genau diese Überlegungen auf den Kunstkonsum der bildungsfernen Klassen anwendet. Personen aus diesen Gruppen lesen die Kunstwerke mangels fehlenden Wissens aus einer praktischen Perspektive, d. h. in Husserls Worten mit einem „unmittelbaren Sinnverstehen", etwa Farbkompositionen in alltäglichen Erfahrungsmustern deutend (Bourdieu / Darbel 2006 [1966]: 80f.). Subjektivistische Analysen bleiben nach Bourdieu dann dabei stehen, diese praktische Lesart als eine (gleichwertige) Alternative unter Vielen zu rekonstruieren. Auf diese Weise verlieren sie die objektiven Strukturen aus dem Blick und sind dementsprechend nur unzureichend in der Lage, strukturierte soziale Ungleichheiten wahrzunehmen. Genau diesen blinden Fleck kritisiert Bourdieu, wenn er anmerkt, dass Husserl und Schütz die Selbstverständlichkeit der Weltwahrnehmung beinahe perfekt dekonstruieren, ohne dann konsequenterweise den nächsten Schritt zu den sozialen Bedingungen der natürlichen Einstellung zu gehen (vgl. Bourdieu 2001 [1997]: 200).

Dies wird deutlich, wenn er den Begriff der Disposition gegen die rationale Berechnung des *homo oeconomicus* stark macht: „Allein der Rückgriff auf Dispositionen – und nicht die ruinöse Hypothese von der rationalen Berechnung aller Umstände und Folgen der Handlung – ermöglicht, das unmittelbare Erfassen wirklich zu begreifen." (Bourdieu 2001 [1997]: 200) Die Analyse der Intentionalität ohne bewusste Intention ergab sich als Forschungsproblem erst für den philosophisch geschulten Ethnologen Bourdieu in Algerien (vgl. Lane 2000: 104). Husserls Eidetische Reduktion versuchte zu einer Essenz der Dinge (Eidos) zu gelangen, indem das ‚Invariante' unter verschiedenen Variationen ermittelt wurde. Merleau-Ponty übertrug diese Idee auf das Verhältnis verschiedener Gesellschaften und forderte, die ethnologische Analyse ‚primitiver' Gesellschaften als zusätzliche Variationsmöglichkeit philosophischer Überlegungen aufzugreifen und auf diese Weise die eigene Kultur zu reflektieren (vgl. Lane 2000: 125). Diese Idee ist allerdings eurozentrisch und Jeremy Lane merkt zu Recht an, dass auch Bourdieu diesen strukturellen Eurozentrismus gegen seinen eigenen Anspruch nicht vollständig aus seinen Konzepten entfernen konnte. Im Gegenteil erscheint es plausibel, dass Bourdieu diesen Ethnozentrismus später unbewusst auf seine Überlegungen zur Klassengesellschaft übertrug (vgl. Lane 2000: 31). Dies könnte erklären, weshalb Distinktionsleistungen von unteren Klassen und Milieus, etwa subkulturelle Praktiken, bei Bourdieu im Grunde nicht vorkommen (vgl. Rehbein 2003: 88).

Wichtig ist an diesem Punkt aber zunächst die Tatsache, dass Bourdieu die phänomenologische Analyse als die konsequenteste Möglichkeit ansieht, mit den Selbstverständlichkeiten des Alltags systematisch zu brechen (vgl. Bourdieu 2001 [1997]: 221). Entsprechend zieht er die Grundannahme der Phänomenologie zur Erklärung seines Hauptforschungsinteresses, der Reproduktion sozialer Ungleichheit, heran: Die soziale Welt produziert stetig ihre eigene Legitimierung, erfüllt sich selbst mit Sinn und macht soziale Gegebenheiten selbstverständlich und notwendig. Entsprechend konstatiert Bourdieu: „Die Sozialwissenschaft ist zum kritischen Bruch mit den primären Evidenzen verurteilt." (Bourdieu 2001 [1997]: 233) Auf diese Weise meint Bourdieu, die blinden Flecken der Phänomenologie von Edmund Husserl durch eine ungleichheitstheoretische Wendung mit dem Wechselspiel von Habitus und Feld zu füllen (vgl. Bourdieu 1999 [1992]: 428f.). Demzufolge entsteht die ‚natürliche Einstellung' bzw. die Doxa erst dadurch, dass die Praxis enthistorisiert, d. h. die geschichtliche Genese vergessen wird (vgl. Bourdieu 1993 [1987/1980]: 93). Allerdings wird die Geschichte mittels der individuellen Erinnerung quasi im Habitus gespeichert und lässt sich zudem stets an dem Kräfteverhältnis eines spezifischen Feldes ablesen.

Aufgrund dieser Überlegungen besteht für Bourdieu die Aufgabe der Soziologie darin, diese ‚vergessene Geschichte' zu analysieren (vgl. Bourdieu 2001 [1997]: 223).

Husserl vergleicht das empirische Gesetz der Psychologie mit der Logik und stellt einen Gegensatz fest. Die Logik (etwa in der Mathematik) beanspruche universelle Gültigkeit, während die Empirie des Denkens induktiv verallgemeinere (vgl. Prechtl 1991: 22). Diesen Gegensatz versucht Bourdieu mit dem Habitusbegriff praktisch aufzulösen (vgl. Bourdieu 1993 [1987/1980]: 49-56). Natürlich müssen die Sozialwissenschaften objektive Strukturen analysieren, da sozialwissenschaftliche Schlussfolgerungen anderweitig nicht denkbar wären. Die Theorie der Praxis geht aber von der grundsätzlichen Nichtreduzierbarkeit der Praxis auf theoretische Modelle aus und entwirft handelnde Akteure als in die Welt involviert:

> „Die Grundlage praktischen Begreifens ist nicht ein erkennendes Bewußtsein (ein transzendentales Bewußtsein wie bei Husserl und nicht einmal ein existenzielles Dasein wie bei Heidegger), sondern der praktische, von der Welt, in der er wohnt, bewohnte Gewohnheitssinn des Habitus, der, prä-okkupiert von ihr, in einer unmittelbaren Beziehung der Bindung, Spannung, Aufmerksamkeit, die die Welt konstruiert und ihr Sinn verleiht, aktiv in sie eingreift." (Bourdieu 2001 [1997]: 182)

Husserl führte mit seinem Habitusbegriff bereits die Möglichkeit ein, wissenschaftliche Vorhersagen über potenzielles zukünftiges Verhalten zu treffen (vgl. Lane 2000: 24). Dass Menschen geregelte Beziehungen zu anderen Menschen und der Umwelt aufweisen, ist eine Grundbedingung sozialwissenschaftlicher Forschung (vgl. Eder 1976: 127) und Ausgangsüberlegung der Theorie der Praxis. Die Fähigkeit zur Prognose menschlichen Verhaltens ist darüber hinaus eine Frage der Zeitlichkeit. Eine sehr weitreichende, von Husserl inspirierte Modifikation betrifft die Integration der Zeitlichkeit in den Habitus:

> „Wir können damit die metaphysische Vorstellung von Zeit als an sich bestehender, der Praxis äußerlicher und ihr vorgelagerter Wirklichkeit zurückweisen, ohne dafür die Bewußtseinsphilosophie akzeptieren zu müssen, die bei Husserl mit der (grundlegenden) Idee der Zeitkonstitution einhergeht." (Bourdieu 1999 [1992]: 511)

Bourdieu möchte ‚Zeitlichkeit' somit – in Abgrenzung von Husserl, aber vor allem von Jean-Paul Sartre – nicht als Erlebnis oder Erfahrung interpretieren. Vielmehr konstruiert er den Habitus als „Produkt der Vergangenheit, der es ermöglicht, in der Gegenwart eine mögliche Zukunft zu antizipieren" (Bourdieu 1999 [1992]: 510). Ähnliche Habitus erzeugen ähnliche Weltdeutungen, wodurch eine geteilte Sinnstruktur entsteht: „Kurz, der Habitus ist das Prinzip der gesellschaftlichen Strukturierung der zeitlichen Existenz, aller Vorwegnahmen und Vorannahmen, vermittels deren wir praktisch den Sinn der Welt konstruieren, das heißt ihre Bedeutung und damit untrennbar verbunden ihre Orientierung auf die Zukunft." (Bourdieu 1999 [1992]: 511)

Dies wird in *Die Feinen Unterschiede* besonders deutlich: Bourdieu konzipiert hier den Habitus als zur Tugend gewordene Not (vgl. Bourdieu 1982 [1979]: 289-298). So erklärt er die Neigung der Arbeiterklasse, einen hedonistischen Lebensstil im Sinne eines ‚von der Hand in den Mund' zu entwickeln, anhand der Husserl'schen Überlegungen zum Verhältnis von Vergangenheit und Zukunft (vgl. Lane 2000: 163; Wacquant 2006: 316). Weil die unteren Schichten aufgrund mangelnder Ressourcen von einer stärkeren Unsicherheit bezüglich der Zukunft betroffen sind, lohnen sich langfristige Investitionen oder Strategien (etwa im Bildungsbereich) in geringerem Maße. Die gegenwärtigen Entscheidungen werden durch den Habitus unbewusst an die (vermeintlich) objektiven Möglichkeiten angepasst und reproduzieren so tendenziell die soziale Position: „Daher produziert der Habitus zwar nicht »rationale«, wohl aber *vernünftige* Antizipationen." (Bourdieu 2002: 220) Auf diese Weise wendet Bourdieu die philosophischen Überlegungen zur Phänomenologie der Zeitstrukturen auf eine Soziologie des Gruppenbewusstseins (Klassenhabitus) an (vgl. Bourdieu 1992 [1987]: 25). Der Habitus bildet also den Horizont der Möglichkeiten von Akteuren mit Blick auf deren Zukunft, und dies sowohl hinsichtlich des Handelns als auch des Denkens. Interessanterweise bieten aber sowohl Husserl als auch Bourdieu einen Ausweg aus diesen Beschränkungen: die Epoché bei Husserl und die soziologische Analyse bei Bourdieu.

Allerdings kritisiert Bourdieu dabei Husserl für die Fortführung der philosophischen Tradition der Abwertung des Weltlichen (vgl. Bourdieu 2001 [1997]: 38). Dies ergibt sich unmittelbar aus der empirischen Rückbindung des Bourdieu'schen Theoriegebäudes. So kritisiert Bourdieu aus seiner Erfahrung in Algerien das phänomenologische Vorgehen der Ethnologie, sich mit Husserl „an die Stelle zu setzen" (Bourdieu 1993 [1987/1980]: 40). Ohne eine Objektivation der Objektivierung, also der soziologischen Analyse der Wissenschaft selbst, bleibe ein solches Vorgehen westlicher, männlicher und bürgerlicher Wissenschaftler lediglich an der Oberfläche und erzeuge systematisch fehlerhafte Ergebnisse. Allerdings sind nicht allein die verschleierten sozialen Bedingungen wissenschaftlicher Erkenntnis für solche Verzerrungen verantwortlich, sondern auch die scholastische Situation selbst:

> „Vergißt er [der Ethnologe, C.S.], daß, wie Bachelard sagt, »die Welt, in der man denkt, nicht die Welt ist, in der man lebt«, dann kann er in seinem scholastischen Ethnozentrismus (...) einen Unterschied zwischen zwei »Mentalitäten«, zwei Naturen, zwei Essenzen feststellen dort, wo er es in Wirklichkeit mit zwei sozial konstruierten Arten des Konstruierens und Verstehens der Welt zu tun hat." (Bourdieu 2001 [1997]: 66)

In Bourdieus Lesart begründet Husserl die Möglichkeit phänomenologischer Philosophie damit, dass sich die Bewusstseinsinhalte (Noema) nicht auf die Bewusstseinstätigkeit reduzieren lassen, weswegen die Welt des Denkens von der Welt des Denkenden grundsätzlich unabhängig sei. Dies kritisiert er als einen weitverbreiteten scholastischen Irrtum, der sich ganz ähnlich etwa bei Karl Popper (siehe Popper 1973) finden lasse (vgl. Bourdieu 1999 [1992]: 428). Dennoch hält Bourdieu an dem Grundanliegen der Phänomenologie fest, wenn er seine historisch-ethnographischen Feldanalysen in Anlehnung an die Idee der *Eidetischen Reduktion* entwickelt. Entsprechend konstruiert er zwei methodologische Optionen der Theorie der Praxis: erstens die Objektivierung der Objektivierungsinstanz und zweitens die Analyse der historischen Genese und das Kräfteverhältnis eines Feldes (vgl. Lane 2000: 126). Darüber hinaus muss die Theorie der Praxis die spezifische Zeitlichkeit praktischen Handelns mit all ihren Dringlichkeiten beachten, um den Verkürzungen objektiver statistischer Modelle zu entgehen. Die objektivistische Methode, so Bourdieu, zerstöre durch ihre Analyse gerade das, was sie eigentlich objektiv erfassen möchte (vgl. Bourdieu 1993 [1987/1980]: 26).

Im Gegensatz dazu betont die Theorie der Praxis das Eigenrecht der Praxis gegenüber wissenschaftlichen Objektivationen und fordert, in Husserls Worten, eine „Einklammerung" der theoretischen Annahmen: „Bourdieus Soziologie versteht sich insofern zunächst als Soziologie der Soziologie, welche erst nach vollzogener Selbstobjektivation zur Analyse der Praxis übergeht." (Hetzel 2001: 98) Laut Bourdieu erkennt Husserl zwar die Eigenlogik der Praxis im alltäglichen Handeln von Akteuren durchaus an, verweigert ihr jedoch den Status einer wirklichen Erkenntnis. Entsprechend kritisch richtet sich Bourdieu an den Wissenschaftler Husserl, wenn er feststellt: ganz „als wäre die unbewußte Hinnahme des Gegensatzes von Theorie und Praxis und vielleicht vor allem die Ablehnung der trivial genetischen Erklärungsweise stärker als sein Wille, zu den Dingen selbst zurückzukehren, und als untersagten sie ihm, die heilige Grenze zu überschreiten" (Bourdieu 2001 [1997]: 105). Dabei ist kritisch anzumerken, dass Bourdieu diese Grenze selbst nicht wirklich überschreitet, sondern nur die (vermeintlich) elitäre philosophische Erkenntnis durch die (vermeintlich) weniger elitäre soziologische Analyse ersetzt.

Neben der Neuinterpretation der Zeitlichkeit im Rahmen der Theorie der Praxis und der Kritik der scholastischen Vernunft ist die körperliche Dimension des Habitus eine weitere wichtige Weiterentwicklung des Husserl'schen Habitusbegriffs durch Bourdieu. So kritisiert Bourdieu die Auffassung, die Person durch den Leib als zur Welt hin geschlossene Einheit zu erklären, die dann von der Naturwissenschaft vollständig erklärt werden kann (vgl. Bourdieu 2001 [1997]: 169). Der Grundgedanke, dass die Erforschung der sozialen Welt anderer Mittel bedarf als die Welt der Naturwissenschaften, ist Husserl und Bourdieu gemein:

> „Mit Husserl daran erinnern, daß »die urpräsente Erde sich nicht bewegt«, heißt nicht dazu auffordern, die Entdeckung des Kopernikus zu verwerfen und sie schlicht und einfach durch die unmittelbar empfundene Wahrheit zu ersetzen (...) Es heißt nur dazu anregen, den Befund der Objektivierung und den genauso objektiven Befund des ursprünglichen Erlebens zusammenzuhalten, das die Objektivierung per definitionem ausschließt." (Bourdieu 2001 [1997]: 245)

Die Weiterentwicklung des Habitus als zur Welt offenen Körper übernimmt Bourdieu aber weniger von Husserl selbst als von Maurice Merleau-Ponty (siehe Abschnitt 2). Menschen verstehen die Welt praktisch, weil sie in dieser mit ihrem Körper existieren: „Er fühlt sich in der Welt zu Hause, weil die Welt in Form des Habitus auch in ihm zu Hause ist." (Bourdieu 2001 [1997]: 183)

Nach Husserl hat der Mensch als ‚Ich' eine Beziehung zu Seele und Leib, wobei erstere grundlegend ist, während letzterer ohne die Seele lediglich ‚tote Materie' darstellt: „Ich bin nicht mein Leib, sondern ich habe meinen Leib, ich bin nicht eine Seele, sondern ich habe eine Seele." (Husserl 1952 [1913]: 94) Dieser Trennung widerspricht Bourdieu, wenn er ausführt: „Der Leib glaubt, was er spielt: er weint, wenn er Traurigkeit mimt. (...) Was der Leib gelernt hat, das besitzt man nicht wie ein wiederbetrachtbares Wissen, sondern das ist man." (Bourdieu 1993 [1987/1980]: 135) Der Körper hat in der Habitustheorie die Rolle des aktiven Vereinheitlichungsprinzips der Eindrücke und Erfahrungen des Individuums. Im Gegensatz zu Husserl sorgt damit nicht das ‚Ich' für die Syntheseleistung dieser Wahrnehmungen, sondern der Habitus, der über den Leib die objektiven Strukturen der Welt inkorporiert hat (vgl. Dirksmeier 2007: 77). Entsprechend lässt sich für die Bourdieu'sche Gesamttheorie festhalten, dass der Habitus als Konzept immer dann besonders einheitlich konzipiert ist, wenn die Rolle der leiblichen Inkorporierung hervorgehoben wird (vgl. Lenger / Schneickert 2009: 284).

4. Fazit

Der Habitusbegriff ist ohne Bourdieus kritische Beschäftigung mit der Phänomenologie Husserls nicht vollständig verständlich. Seine Abschlussarbeit im Studium wollte Bourdieu zunächst über die subjektive Erfahrung der Zeit schreiben, die Soziologie Bourdieus hat sich dann aber nie dezidiert mit subjektiven Erfahrungen oder Sozialisation beschäftigt (vgl. Rehbein 2006: 59).

In der Rezeption des Habituskonzepts ist ein häufiger Vorwurf, die Theorie der Praxis bleibe letztlich eine strukturalistische oder sogar deterministische Theorie (vgl. Fröhlich / Rehbein / Schneickert 2009: 403, 406). So klammert Bourdieu etwa die gesamte Diskussion zwischen Vernunft und Gewohnheit bzw. Freiheit und Determinierung, die mit dem Husserl'schen Habitusbegriff noch verbunden war, mehr oder minder aus. Die Fokussierung der sozialen Reproduktion führt so zu einer Vernachlässigung der Modifikationsmöglichkeiten des Habitus, welche die philosophische Debatte noch beinhaltete (vgl. Dirksmeier 2007: 85).

Dennoch geht der Bourdieu'sche Habitus nicht einfach hinter den Husserl'schen Begriff zurück. Insgesamt ist besonders die von Bourdieu verfolgte enge Verbindung von Theorie und Empirie und von qualitativer sowie quantitativer Sozialforschung wegweisend und sollte den Ausgangspunkt sozialwissenschaftlicher Forschung bilden. Eine Kritik des Bourdieu'schen Habitusbegriffs muss vielmehr unter Einbeziehung seines eigenen Forschungscredos kritisch weitergeführt werden:

> „Die Begriffe sozialer Raum, symbolischer Raum oder soziale Klasse werden dort niemals an sich und für sich untersucht; sie müssen sich in einem Forschungszusammenhang anwenden lassen und bewähren, der untrennbar immer theoretisch und empirisch zugleich ist und in dem mit einer Vielfalt von Beobachtungs- und Meßmethoden quantitativer und qualitativer, statistischer und ethnographischer, makrosoziologischer und mikrosoziologischer Art gearbeitet wird (ein Gegensatzpaar so sinnlos wie das andere), um sich einem räumlich und zeitlich genau bestimmten Objekt zu nähern." (Bourdieu 1998 [1994]: 14)

Den Habitus also schlicht ‚subjektivistischer' zu entwerfen, würde dem Konzept nicht nur die Erklärungskraft und Systematisierung rauben, die Bourdieu in Anschluss an Husserl hinzugefügt hat, sondern auch der Bourdieu'schen Gesamttheorie kaum gerecht werden. Im Gegensatz zu Throop und Murphey (vgl. 2002: 193) sehe ich das Bourdieu'sche Habituskonzept dem Husserl'schen deswegen als überlegen an, weil es systematischer, enger und strukturalistischer entworfen ist.

Nichtsdestotrotz zeigt die Entwicklung der Soziologie, dass die Phänomenologie die sozialwissenschaftliche Methode sinnvoll ergänzen kann (vgl. Crossley 2001: 117). Insbesondere die Notwendigkeit der Weiterentwicklung der qualitativ-rekonstruktiven Sozialforschung unterstreicht, dass die Sozialwissenschaften einer ausgereifteren Konzeptualisierung subjektiver Erfahrung bedarf (vgl. Myles 2004: 105). Dies gilt auch und insbesondere für den Bourdieu'schen Habitus, der als Konzept in dieser weiteren Entwicklung eine tragende Rolle spielen könnte. Das Beispiel der Interviewerhebungen in *Das Elend der Welt* (Bourdieu 2005 [1997/1993]) veranschaulicht, dass eine stärkere Berücksichtigung subjektiver Erfahrung eine bessere Ausschöpfung des empirischen Materials erlaubt hätte. Hier muss sich Bourdieu den Vorwurf gefallen lassen, mit seiner Analyse der Reichhaltigkeit der empirischen Daten nicht immer gerecht geworden zu sein (vgl. Myles 2004: 95).

Wie dargelegt wurde, enthält der Habitusbegriff von Husserl bereits einige zentrale Elemente des Bourdieu'schen Konzepts. Der Begriff ist bei Husserl selbst aber sehr unscharf, zu breit und allgemein angelegt und zudem mit einer positivistischen Konnotation der menschlichen Entwicklung versehen. Wie bei vielen seiner philosophischen Quellen interpretiert Bourdieu Husserl sehr frei und aus radikal ungleichheitstheoretischer Perspektive und systematisiert so das Konzept teilweise auch auf Kosten der ursprünglichen Komplexität. Wie dargelegt, ist es aber Bourdieu zu verdanken, den Habitus als sozialwissenschaftliches Konzept anwendbar und populär gemacht und damit zentrale Überlegungen der Husserl'schen Phänomenologie in den zwei Bereichen – Handlungstheorie und Erkenntnistheorie – für die moderne Sozialwissenschaft relevant gemacht zu haben. Die Debatte um die Kriterien wissenschaftlicher Erkenntnis und die Kontrolle der ‚natürlichen Einstellung' von WissenschaftlerInnen ist jedenfalls hochaktuell (vgl. Throop / Murphy 2002: 201) und gilt sowohl für die quantitativ-statistische als auch für die qualitativ-rekonstruktive Sozialforschung.

Insgesamt – so meine zentrale These – lässt sich der phänomenologische Habitusbegriff von Edmund Husserl nicht gegen Bourdieu wenden. Bourdieus Modifikationen entwerfen den Habitus als soziologisches Konzept, das der empirischen Forschung zugänglich sein soll. Eine solche praktische Anwendungsweise war in der philosophischen Tradition des Begriffs nie vorgesehen (vgl. Nickl 2001: 213). Auch wird die beeindruckende Leistung der Husserl'schen Philosophie nicht dadurch geschmälert, dass bestimmte Konzepte herausgegriffen und fortentwickelt werden. Vielmehr sollte die Weiterentwicklung durch Bourdieu als Aufgabe gesehen werden, die theoretische und empirische Entwicklung des Begriffs weiter voranzutreiben.

Literatur

Beyer, Christian (2006): *Subjektivität, Intersubjektivität, Personalität. Ein Beitrag zur Philosophie der Person.* Berlin: De Gruyter.
Bourdieu, Pierre (1976): *Die politische Ontologie Martin Heideggers.* Frankfurt am Main: Syndikat.
Bourdieu, Pierre (1976 [1972]): *Entwurf einer Theorie der Praxis auf der ethnologischen Grundlage der kabylischen Gesellschaft.* Frankfurt am Main: Suhrkamp.
Bourdieu, Pierre (1982 [1979]): *Die feinen Unterschiede. Kritik der gesellschaftlichen Urteilskraft.* Frankfurt am Main: Suhrkamp.
Bourdieu, Pierre (1992 [1987]): *Rede und Antwort.* Frankfurt am Main: Suhrkamp.
Bourdieu, Pierre (1987 [1980]): *Sozialer Sinn. Kritik der theoretischen Vernunft.* Frankfurt am Main: Suhrkamp.
Bourdieu, Pierre (1998 [1994]): *Praktische Vernunft. Zur Theorie des Handelns.* Frankfurt am Main: Suhrkamp.
Bourdieu, Pierre (1999 [1992]): *Die Regeln der Kunst.* Frankfurt am Main: Suhrkamp.
Bourdieu, Pierre (2001 [1997]): *Meditationen. Zur Kritik der scholastischen Vernunft.* Frankfurt am Main: Suhrkamp.
Bourdieu, Pierre (2002): Das ökonomische Feld. In: Der Einzige und sein Eigenheim (Hg.): *Schriften zu Politik & Kultur* 3. Hamburg: VSA. S. 185-222.
Bourdieu, Pierre / Darbel, Alain (2006 [1966]): *Die Liebe zur Kunst. Europäische Kunstmuseen und ihre Besucher.* Konstanz: UVK.
Bourdieu, Pierre et al. (Hg.) (2005 [1997/1993]): *Das Elend der Welt.* Konstanz: UVK.

Bourdieu, Pierre / Passeron, Jean-Claude (1981): Soziologie und Philosophie in Frankreich seit 1945: Tod und Wiederauferstehung einer Philosophie ohne Subjekt. In: Wolf Lepenies (Hg.): *Geschichte der Soziologie. Studien zur kognitiven, sozialen und historischen Identität einer Disziplin.* Band 3. Frankfurt am Main: Suhrkamp. S. 496-551.

Bourdieu, Pierre / Waquant, Loïc J. D. (1996): *Reflexive Anthropologie.* Frankfurt am Main: Suhrkamp.

Crossley, Nick (2001): The phenomenological habitus and its construction. In: *Theory and Society* (30): S. 81-120.

Dirksmeier, Peter (2007): Mit Bourdieu gegen Bourdieu empirisch denken: Habitusanalyse mittels reflexiver Fotografie. In: *ACME. An International E-Journal for Critical Geographies* (6), 1: S. 73-97.

Eder, Klaus (1976): *Die Entstehung staatlich organisierter Gesellschaften. Ein Beitrag zu einer Theorie sozialer Evolution.* Frankfurt am Main: Suhrkamp.

Fröhlich, Gerhard / Rehbein, Boike / Schneickert, Christian (2009): Kritiker und blinde Flecken. In: Gerhard Fröhlich / Boike Rehbein (Hg.): *Bourdieu Handbuch. Leben – Werk – Wirkung.* Stuttgart / Weimar: Metzler. S. 401-408.

Gander, Hans-Helmuth (Hg.) (2010): *Husserl-Lexikon.* Darmstadt: Wissenschaftliche Buchgesellschaft.

Garfinkel, Harold (1994 [1967]): *Studies in ethnomethodology.* Cambridge: Polity Press.

Gotō, Hiroshi (2004): *Der Begriff der Person in der Phänomenologie Edmund Husserls. Ein Interpretationsversuch der Husserl'schen Phänomenologie als Ethik im Hinblick auf den Begriff der Habitualität.* Würzburg: Königshausen u. Neumann.

Hetzel, Andreas (2001): *Zwischen Poiesis und Praxis. Elemente einer kritischen Theorie der Kultur.* Würzburg: Königshausen & Neumann.

Holder, Patricia (2009): Hexis (héxis). In: Gerhard Fröhlich / Boike Rehbein (Hg.): *Bourdieu Handbuch. Leben – Werk – Wirkung.* Stuttgart / Weimar: Metzler. S. 124-127.

Husserl, Edmund (1939): *Erfahrung und Urteil. Untersuchungen zur Genealogie der Logik.* Ausgearbeitet und Herausgegeben von Ludwig Landgrebe. Prag: Academia Verlagsbuchhandlung.

Husserl, Edmund (1952 [1913]): *Ideen zu einer reinen Phänomenologie und phänomenologischen Philosophie.* Husserliana, Band IV. Gesammelte Werke. Den Haag: Nijhoff.

Husserl, Edmund (1968 [1925]): *Phänomenologische Psychologie. Vorlesungen Sommersemester 1925.* Husserliana, Band IX. Gesammelte Werke. Den Haag: Nijhoff.

Husserl, Edmund (1973 [1905-1920]): *Zur Phänomenologie der Intersubjektivität. Erster Teil: 1905-1920.* Husserliana, Band XIII. Gesammelte Werke. Den Haag: Nijhoff.

Husserl, Edmund (1973 [1921-1928]): *Zur Phänomenologie der Intersubjektivität. Zweiter Teil: 1921-1928.* Husserliana, Band XIV. Gesammelte Werke. Den Haag: Nijhoff.

Husserl, Edmund (1975 [1900]): *Logische Untersuchungen. Erster Teil. Prolegomena zur reinen Logik.* Husserliana, Band XVIII. Gesammelte Werke. Den Haag: Nijhoff.

Husserl, Edmund (1984 [1901]): *Logische Untersuchungen. Zweiter Teil. Untersuchungen zur Phänomenologie und Theorie der Erkenntnis.* Husserliana, Band XIX. Gesammelte Werke. Den Haag: Nijhoff.

Husserl, Edmund (1986 [1911-1921]): *Aufsätze und Vorträge. 1911-1921. Mit ergänzenden Texten.* Husserliana, Band XXV. Gesammelte Werke. Den Haag: Nijhoff.

Kauppi, Niilo (2000): *The politics of embodiment. Habits, power, and Pierre Bourdieu's theory.* Frankfurt am Main: Lang.

Koller, Andreas (2009): Doxa (doxa). In: Gerhard Fröhlich / Boike Rehbein (Hg.): *Bourdieu Handbuch. Leben – Werk – Wirkung.* Stuttgart / Weimar: Metzler. S. 79-80.

Krais, Beate / Gebauer, Gunter (2002): *Habitus.* Bielefeld: Transcript.

Lane, Jeremy F. (2000): *Pierre Bourdieu. A critical introduction.* London: Pluto.

Lenger, Alexander / Christian Schneickert (2009): Sozialer Sinn. In: Gerhard Fröhlich / Boike Rehbein (Hg.): *Bourdieu Handbuch. Leben – Werk – Wirkung.* Stuttgart / Weimar: Metzler. S. 279-288.
Marx, Werner (1989): Die *Phänomenologie Edmund Husserls. Eine Einführung.* München: Fink.
Merleau-Ponty, Maurice (1974 [1955]): *Die Abenteuer der Dialektik.* Frankfurt am Main: Suhrkamp.
Myles, John F. (2004): From Doxa to Experience. Issues in Bourdieu's Adoption of Husserlian Phenomenology. In: *Theory, Culture and Society* (21), 2: S. 91-107.
Nickl, Peter (2001): *Ordnung der Gefühle. Studien zum Begriff des Habitus.* Hamburg: Meiner.
Popper, Karl Raimund (1973): *Objektive Erkenntnis. Ein evolutionärer Entwurf.* Hamburg: Hoffmann und Campe.
Prechtl, Peter (1991): *Husserl zur Einführung.* Hamburg: Junius.
Rehbein, Boike (2003): Sozialer Raum und Felder. Mit Bourdieu in Laos. In: Boike Rehbein / Hermann Schwengel / Gernot Saalmann (Hg.): *Pierre Bourdieus Theorie des Sozialen. Probleme und Perspektiven.* Konstanz: UVK. S. 77-95.
Rehbein, Boike (2006): *Die Soziologie Pierre Bourdieus.* Konstanz: UVK.
Römpp, Georg (2005): *Husserls Phänomenologie. Eine Einführung.* Wiesbaden: Marix.
Schumacher, Florian (2011): *Bourdieus Kunstsoziologie.* Konstanz: UVK.
Schütz, Alfred (1974 [1932]): *Der sinnhafte Aufbau der sozialen Welt. Eine Einleitung in die verstehende Soziologie.* Frankfurt am Main: Suhrkamp.
Throop, Lason/Murphy, Ken (2002): Bourdieu and phenomenology. A critical assessment. In: *Anthropological Theory* (2), 2: S. 185-207.
Wacquant, Loïc J. D. (2006): Habitus. In: Jens Beckert / Milan Zafirovski (Hg.): *International Encyclopedia of Economic Sociology.* London: Routledge. S. 315-319.
Wetz, Franz Josef (1995): *Edmund Husserl.* Frankfurt am Main: Campus.
Zenklusen, Stefan (2010): *Philosophische Bezüge bei Pierre Bourdieu.* Konstanz: UVK.

Demonstrativer Konsum und die Theorie der feinen Leute: Geschmack, Distinktion und Habitus bei Thorstein Veblen und Pierre Bourdieu

Alexander Lenger und Stefan Priebe

„Veblens »Theorie der feinen Leute«, erstmals 1899 veröffentlicht, ist eine der scharfsinnigsten und brillantesten Beiträge zur Soziologie des Prestiges, die wir kennen; ein klassisches Werk der Gesellschaftskritik, das intelligent und höchst lebhaft sich mit Institutionen, Sitten, Gebräuchen, kollektiven Denkgewohnheiten auseinandersetzt und dessen Nachwirkungen bei Riesmann ebenso wie bei Bourdieu zu erkennen sind." (Hasselberg / Heintz 2011: 2)

1. Einleitung

Im vorliegenden Beitrag vertreten wir die These, dass Thorstein Veblen als weitgehend unbeachteter Vorläufer von Pierre Bourdieus Distinktionsthese und damit seines Habituskonzepts gelten kann.[1] Entsprechend kann gefragt werden, welche Wirkung Veblen auf das Werk von Pierre Bourdieu hatte und in welchen Punkten sie sich unterscheiden. Dabei hat die Auseinandersetzung mit Veblen, sei es Abgrenzung oder Weiterentwicklung, signifikanten Einfluss auf das Gesamtwerk Bourdieus, das ohne einen entsprechenden Rückgriff auf Veblens *Theorie der feinen Leute* ungleich schwieriger zu verstehen ist. Wir vertreten die These, dass Bourdieu die Idee der Geschmacksbildung und der Distinktion von Veblen übernimmt, systematisiert und zu einer konsistenten Theorie der sozialen Distinktion ausarbeitet, die in sein Habituskonzept eingeht.[2]

Die folgenden Ausführungen gehen davon aus, dass sowohl Veblen als auch Bourdieu die Bedeutung verschiedener Konsumpraktiken für die Bildung und Stabilisierung hierarchischer sozialer Positionen betonen und eine kulturelle Dominanz der oberen Schichten

---

[1] Für Kommentare und Hinweise zu einer früheren Fassung danken wir Salvatore Calabrese und Johann Fortwengel.
[2] Diese These vertritt auch Jean-Pascal Daloz, der in diesem Zusammenhang kritisch anmerkt: „Some of Bourdieu's commentators have taken aim at his unwillingness to situate his model of interpretation in relation to the pioneers who paved the way in the study of social distinction. Generally speaking, Bourdieu enters into dialogue with scarcely anyone other than a few select philosophers, or the founders of sociology, and he invokes first and foremost his own oeuvre. Readers of Distinction will no doubt remember that there was no reference to Veblen (1994 [1899]) at all, not even at the latter's chapter on 'Pecuniary canons of taste' or the Veblenesque idea of 'distance from economic necessity'. When some influential contemporaries (e.g. Elster 1983: 69-70) estimated that, in many respects, the French author was merely building on some of the ideas presented by Veblen (among others), Bourdieu ultimately felt compelled to counter these criticisms – not unambiguously (Daloz 2007: 31-32)." (Daloz 2010: 45) Eben diesem Argument schließt sich auch Frow (2003: 30) an, wenn er feststellt: „Many of the themes enunciated in Veblen inform the work on the sociology of distinction of Bourdieu (although from memory Bourdieu doesn't ever recognize a lineage)."

behaupten. Während aber bei Veblen eine Theorie kultureller Reproduktion durch Konsum lediglich angelegt ist und seine Theorie sich ausschließlich auf die obersten Schichten des ausgehenden 19. Jahrhunderts in Amerika bezog, integrierte Bourdieu systematisch die Dimension der kulturellen Reproduktion und erweiterte die Konsumthese um eine alle Klassen umfassende Gesellschaftstheorie. Allerdings, und hier werden die konzeptionellen Berührungspunkte sichtbar, unterstellt bereits Veblen eine – wenn auch weniger elaborierte – Kapitaltheorie, wenn er davon ausgeht, dass Eigentum indirekt zur Statusbildung beiträgt. Diese Überlegungen legen nahe, dass die Rezeption von Bourdieus Habituskonzept von einem Rückbezug auf Veblen wesentlich profitieren kann, indem das Habituskonzept primär als Teil einer Ökonomie der Praxis verstanden wird und damit für die Entwicklung einer Wirtschaftssoziologie auf der Grundlage Bourdieus dienen kann (vgl. hierzu auch Lenger in diesem Band).

Dass Bourdieu mit dem Werk von Veblen vertraut war, ist explizit nur schwer zu belegen. Insgesamt können lediglich zwei Verweise auf Veblens *Theorie der feinen Leute* identifiziert werden. So schreibt Bourdieu in *Die Feinen Unterschiede*:

> „Der naive Exhibitionismus des »ostentativen Konsums«, der Distinktion in der primitiven Zurschaustellung eines Luxus sucht, über den er nur mangelhaft gebietet, ist ein Nichts gegenüber der einzigartigen Fähigkeit des »reinen Blicks«, dieser gleichsam schöpferischen Macht, die kraft radikaler, weil scheinbar den »Personen« selbst immanenten Differenzen vom Gemeinen scheidet." (Bourdieu 1982 [1979]: 61)[3]

Die Kenntnis von Veblens Werk wird offen in „Sozialer Raum und Klassen" hervorgehoben. Hier schreibt Bourdieu:

> „Distinktion impliziert nicht notwendig, wie häufig in der Nachfolge von Veblens Theorie der *conspicious consumption* unterstellt wird, ein bewusstes Streben nach Distinktion. Jeder Konsumakt, und allgemeiner: jede Praxis ist *conspicious*, ist sichtbar, gleichviel ob sie vollzogen wurde, *um gesehen zu werden*, oder nicht; sie ist distinktiv, Unterschied setzend, gleichviel ob jemand mit ihr die Absicht verfolgt oder nicht, sich bemerkbar zu machen, sich auffällig zu benehmen (*to make oneself conspicious*), sich abzusetzen, distinguiert zu handeln. Als solche fungiert sie zwangsläufig als *Unterscheidungszeichen* und, sofern es sich um einen anerkannten, legitimen, gebilligten Unterschied handelt, als *Distinktionszeichen* (in seinen verschiedenen Bedeutungen). Ungeachtet dessen können die Akteure natürlich, sofern sie nur imstande sind, jene durch ihre als relevant vorgegebenen »spontanen« Unterschiede als signifikante Unterscheidungen, Distinktionen wahrnehmen, die spontanen Unterschiede in den Lebensstilen auch noch mittels der von Weber beschriebenen »Stilisierung des Lebens« gewissermaßen intentional verdoppeln. Das Streben nach Distinktion schafft Trennungen – ausmachbar an einer besonderen Sprechweise so gut wie an der Abneigung gegen Mesalliancen –, die als legitime, das heißt zumeist als natürliche (das Französische spricht von ›natürlicher Distinktion‹) wahrgenommen

---

[3] Dieses Zitat ist bezeichnenderweise im Abschnitt „Reiner und »barbarischer« Geschmack" (Bourdieu 1982 [1979]: 60-63) zu finden. Womöglich hat Bourdieu die Überschrift in Anschluss an Veblens „barbarische Kultur" (Veblen 2011 [1899]: 21-26) gewählt. Es wäre allerdings auch denkbar, dass sich sowohl Bourdieu als auch Veblen auf Kants Unterscheidung in reine und populäre Ästhetik beziehen. Während die Beziehung zwischen Bourdieu und Kant allgemein bekannt ist (vgl. Schumacher 2011: 85-91), kann Veblens Kantverständnis nur annähernd beschrieben werden, da seine vergleichende Promotion über die Philosophien von Immanuel Kant und Herbert Spencer unglücklicherweise nicht mehr vorliegt (Camic / Hodgson 2011: 42-44). Dass Veblen aber mit dem Werk von Kant gut vertraut war, belegt zumindest ein kurzer Beitrag über Kants Kritik der Urteilskraft im Journal of Speculative Philosophy aus dem Jahr 1884.

oder mehr noch: erkannt und anerkannt werden sollen." (Bourdieu 1985 [1984]: 21; Hervorhebungen im Original)[4]

In der Literatur – insbesondere zur Konsumforschung – wird verschiedentlich auf die inhaltlichen Ähnlichkeiten von Veblens *Theorie der feinen Leute* (2011 [1899]) und Bourdieus *Die feinen Unterschiede* (1982 [1979]) hingewiesen, da beide den Zusammenhang zwischen Sozialstruktur und Lebensstil analysieren (vgl. Trigg 2001; Campell 1995; Daloz 2010; Guimaraes / Oliveira / Rocha 2010). Hierbei wird einerseits die These vertreten, Bourdieu schließe unmittelbar an Veblens Überlegungen an (Trigg 2001, 2010; Daloz 2010), während andererseits Bourdieus und Veblens Theorien als eigenständige, sich lediglich auf denselben Gegenstandsbereich beziehende Theorien bewertet werden (Guimaraes / Oliveira / Rocha 2010). Die Frage, ob ein unmittelbarer Einfluss Veblens auf die Bourdieu'sche Soziologie vorliegt oder auftretende Übereinstimmungen rein zufälliger Natur sind, bleibt damit offen. Festzuhalten ist zunächst, dass Veblen weder in den gängigen deutschsprachigen (siehe Barlösius 2006; Bohn / Hahn 2007; Flaig 2000; Fuchs-Heinritz / König 2005; Fröhlich / Rehbein 2009; Krais / Gebauer 2002; Rehbein 2006), noch in den englischsprachigen (Shusterman 1999; Jenkins 2001) Bourdieu-Einführungen als theoretischer Vorläufer auftaucht. Gleichwohl lassen sich eine Vielzahl vereinzelter Hinweise auf einen Zusammenhang von Veblen und Bourdieu finden (vgl. hierzu insbesondere Schwingel 1995: 117; Bohn 1991; Himmelweit / Simonetti / Trigg 2001; Clarke / Doelousiaux 2003: 222; Frow 2003; Hodgson 2004: 187, Fn. 8; Miller 2008; Prinz 2009: 104; Rehbein 2009: 76; Scheve 2010: 426). Wacquant (2006: 318) und Kalinowski (2007: 54) weisen beispielsweise darauf hin, dass bereits Veblen den Begriff des Habitus in seiner *Theorie der feinen Leute* von 1899 benutzte. Gerhard Fröhlich schließlich stellt fest, dass Bourdieu sich explizit von Veblens *Theorie der feinen Leute* und der darin enthaltenen Vorstellung von demonstrativem Luxuskonsum abgrenzt, wenn er die automatische Verankerung der Distinktion in den Tiefenstrukturen des Habitus herausarbeitet (Fröhlich 1994: 50; vgl. auch Rehbein 2009: 76).

Ziel des vorliegenden Beitrages ist es aufzuzeigen, inwieweit Bourdieus Habituskonzept unmittelbar von Veblens *Theorie der feinen Leute* beeinflusst wurde und welche Konsequenzen dies für die moderne Habituskonzeption hat. Zur Begründung dieses Anliegens verfährt der vorliegende Beitrag wie folgt: Zunächst wird in Abschnitt 2 die *Theorie der feinen Leute* von Veblen zusammengefasst. Daran anschließend werden in Abschnitt 3 die Gemeinsamkeiten und Unterschiede in den jeweiligen Theoriekonzeptionen herausgearbeitet und in ihrer Relevanz für das Habituskonzept erörtert. Abschließend werden in Abschnitt 4 Entwicklungspotenziale benannt, die heute insbesondere für eine mentalitätsbasierte Ökonomik von Interesse sind. Der Beitrag schließt mit einem kurzen Fazit (Abschnitt 5).

---

[4] Auch sind in Bourdieus späteren Arbeiten zum ökonomischen Feld Hinweise auf Veblens zweiten bedeutsamen Beitrag „Why is Economics not an Evolutionary Science?" (1898) zu finden; vgl. Bourdieu (1998 [1997]: 170, 197). So schreibt Bourdieu: „Veblen hat bereits den Gedanken vertreten, dass der ökonomische Agent nicht »ein Bündel von Wünschen« (a bundle of desires), sondern »eine kohärente Struktur von Neigungen und Gewohnheiten« (a coherent structure of propensities and habits) ist." (Bourdieu 1998 [1997]: 197; Hervorhebungen im Original)

2. Theorie der feinen Leute: Eine ökonomische Untersuchung der Institutionen

Thorstein Veblen entwirft mit seiner *Theorie der feinen Leute* (Veblen 2011 [1899]) ein historisches Entwicklungsmodell westlicher Gesellschaften, in dessen Zentrum der Gegensatz von produktiver Arbeit und demonstrativem Konsum steht. Dabei setzt der Autor – wie später auch Bourdieu – den „neidvollen Vergleich" bzw. das „Verlangen nach Prestige" (Veblen 2011 [1899]: 9) als das grundlegende Prinzip, welches soziales Handeln antreibt.[5] Aus der Einsicht, dass ökonomisches Verhalten an gesellschaftliche Verhältnisse, d. h. an anthropologische und sozialpsychologische Erklärungsmuster, zurückgebunden werden muss, begründeten Veblen und andere eine Forschungsrichtung, die sich den geschriebenen und ungeschriebenen Regeln des Gesellschafts- und Wirtschaftslebens („Institutionen') zuwandte (vgl. Hodgson 1998, 2004).[6]

2.1 Instinkt und „habit of thought" als anthropologische Kategorien

Veblens Theorie des sozialen Wandels folgt einem evolutionären Ansatz, dem zufolge Gesellschaften sich in Stufen von archaisch-friedfertigen zu räuberisch-barbarischen Formen fortentwickeln (Coser 1971: 266). Die Voraussetzung des demonstrativen Konsums ist die Herausbildung einer vornehmen Klasse, die „im Übergang von der primitiven zur barbarischen Stufe entstanden sein muss – genauer ausgedrückt: im Übergang von einem friedlichen zu einem vorwiegend kriegerischen Lebensstil" (Veblen 2011 [1899]: 26).

In Folge dieses Übergangs entsteht die „Institution einer Klasse, die nicht arbeitet, also einer müßigen Klasse" (Veblen 2011 [1899]: 21). Sowohl zwischen als auch innerhalb der Klassen wird zwischen den Beschäftigungen differenziert, wobei sich die obere oder müßige Klasse durch nicht produktive Arbeit auszeichnet, die Veblen in vier Bereiche unterteilt: regieren, Krieg führen, religiöse Aufgaben und Sport (Veblen 2011 [1899]: 22). Für Veblen muss eine Gesellschaft sowohl durch einen räuberischen Lebensstil gekennzeichnet sein, der sich in der Jagd oder im Krieg zeigt, als auch einen Überfluss der Produktion vorweisen können, um damit bestimmte gesellschaftliche Gruppen von der produktiven Arbeit befreien zu können (Veblen 2011 [1899]: 26f.). Nur unter diesen Bedingungen kann es zur Formierung einer müßigen Klasse kommen, die durch demonstrative Verschwendung in Erscheinung tritt.

Kernelemente der Veblen'schen Theorie sind Institutionen und Instinkte (Z'Graggen 1983), die er schließlich zu einer historisch-genetischen Interpretation der „habits of thought" heranzieht (Veblen 1906: 592; 2006 [1914]: 7) und zu einem „process of habitua-

---

[5] Ergänzend sei auch der gemeinsame Bezug auf Max Weber (1990 [1922]: 534-539) genannt, welcher im Streben nach Prestige zwei Möglichkeiten identifiziert: zum einen die Distanzierung von der Masse durch einen gehobenen, luxuriösen Lebensstil und zum anderen die soziale Ausschließung in Gestalt der biologischen und sozialen Reproduktion aus den eigenen Reihen.
[6] Insgesamt ist das Werk von Veblen sehr überschaubar: So hat er zwischen 1898 und 1925 insgesamt lediglich fünfzehn Abhandlungen (Monographien und Essaysammlungen) verfasst. Die für die hier vorgelegten Ausführungen relevanten Aussagen finden sich in seinem Hauptwerk *Theorie der feinen Leute* (2011 [1899]), in den Monographien *The Theory of Business Enterprise* (1978 [1904]), *The Instinct of Workmanship and the State of the Industrial Arts* (2006 [1914]) und *Imperial Germany and the Industrial Revolution* (2003 [1915]) sowie in seiner Aufsatzsammlung *The Place of Science in Modern Civilization* (Veblen 1961).

tion" (Veblen 2003 [1915]: 43) verdichtet (Z'Graggen 1983: 80).[7] Instinkte stellen somit für Veblen komplexe Konstellationen von psychologischen Elementen dar und werden durch gesellschaftliche Institutionen geprägt (Z'Graggen 1983: 10). Der Mensch als handelndes Wesen schätzt Nützlichkeit und Leistung, was Veblen als „Werkinstinkt" (Veblen 2011 [1899]: 34; vgl. ausführlich 2006 [1914]) bezeichnet. Dieser kommt in friedlichen Gesellschaften durch fehlende Konkurrenz in der Förderung des Gemeinwohls zum Ausdruck und führt dazu, dass der sichtbare Erfolg zum bestimmenden Faktor für Ansehen und Prestige wird (Veblen 2011 [1899]: 34). Mit dem Übergang zur räuberischen Gesellschaftsform wird die Heldentat zur effektiveren Art zur Gewinnung von Anerkennung und „[d]er Angriff wird zur gültigen Form des Handelns, und die Beute bezeugt die erfolgreiche Aggression" (Veblen 2011 [1899]: 35). Ehrbares Verhalten wird dabei mit gesellschaftlicher Anerkennung aufgrund von Überlegenheit gleichgesetzt, die durch Trophäen symbolisch vermittelt wird.

Veblen entwirft somit ein Menschenbild, das explizit Instinkte und kollektive Denkgewohnheiten („habits of thought") als anthropologische Kategorien setzt (vgl. Herrmann-Pillath 2000: 222-228). Er versteht die Natur des Menschen als dynamisches Ergebnis eines langfristigen Zivilisationsprozesses, d. h. es handelt sich um „eine Klassifikation bestimmter grundlegender Verhaltensdispositionen des Menschen, wie etwa die elterlichen Neigungen oder die Konkurrenz, die jeweils zwar Bestandteil der menschlichen Natur, aber stark durch die kulturelle Entwicklung und den jeweiligen gesellschaftlichen Kontext geprägt sind" (Herrmann-Pillath 2000: 223).

Zentrales Element der *Theorie der feinen Leute* ist also die Institution der müßigen Klasse, wobei der demonstrative Konsum als Merkmal dieser Klasse hervorgehoben wird. Die Formierung einer müßigen Klasse geht dabei mit der Entstehung des Privateigentums einher und „beide Institutionen werden von denselben wirtschaftlichen Kräften hervorgerufen" (Veblen 2011 [1899]: 40). Analog wird Reichtum „zum Verdienst an sich; er ist seinem Wesen nach ehrenhaft und verleiht deshalb seinem Besitzer Ehre" (Veblen 2011 [1899]: 46). Aufgrund des neidvollen Vergleichs zwischen Menschen wandelt sich der uneigennützige Werkinstinkt in den kompetitiven Drang, andere im Besitz zu übertreffen. Dabei betont Veblen: „Um Ansehen zu erwerben und zu erhalten, genügt es nicht, Reichtum und Macht zu besitzen. Beide müssen sie auch in Erscheinung treten, denn Hochachtung wird erst ihrem Erscheinen gezollt." (Veblen 2011 [1899]: 52)

2.2 Prestige und demonstrativer Konsum

Mit dem Übergang zu auf Geldbesitz beruhenden Gesellschaften gewinnt die müßige Klasse eine neue und konkrete Bedeutung, denn „[v]on nun an gibt es nicht nur theoretisch, sondern auch praktisch eine »Klasse der Vornehmen«, die seither als voll ausgebildete Institution besteht" (Veblen 2011 [1899]: 54). Demonstrative Muße bezeichnet dabei die nicht produktive Verwendung der Zeit, zu der es seiner Meinung nach aus zwei Gründen

---

[7] Ergänzend sei darauf hingewiesen, dass Veblen in seinen Werken stets von ‚habits' und ‚habituation' spricht, was in der direkten englischen Übersetzung mit „Denkgewohnheiten" zu übersetzen wäre. Derselbe Begriff wurde später von Bourdieu (1974 [1967]) in der Auseinandersetzung mit Panofski (1989 [1951]) mit ‚Habitus' übersetzt; vgl. hierzu auch den Beitrag von Schumacher über Panofsky in diesem Band.

kommt: zum einen, um zu symbolisieren, dass es unter der eigenen Würde ist, produktive Arbeit zu leisten, und zum anderen, um den eigenen Reichtum durch Untätigkeit zu belegen (Veblen 2011 [1899]: 58). Symbolischer Beweis für ein müßiges Leben sind für Veblen „nicht-materielle Güter" (Veblen 2011 [1899]: 59) wie beispielsweise die Kenntnis toter Sprachen, Wissen um Sprache und Grammatik, Musik, Mode, Möbel, Reisen, Sport, aber auch das körperliche Verhalten oder Manieren (Veblen 2011 [1899]: 59-60). Hier zeigen sich Parallelen zu Bourdieus Konzept der Distinktion, da Veblen, entgegen mancher Kritik (vgl. z. B. Rehbein 2009: 76), auch über die ökonomischen Faktoren seiner Analyse hinausgeht. Veblen bezieht seine Analyse jedoch – wie bereits ausgeführt – ausschließlich auf die obersten Schichten des ausgehenden 19. Jahrhunderts in Amerika und bleibt damit weit von einer sämtliche Klassen umfassenden Gesellschaftstheorie im Sinne Bourdieus entfernt.

Grundlegend zeigt Veblen, dass wirtschaftliches Verhalten keineswegs allein von Eigennutz bestimmt wird, sondern dass andere Phänomene hinzukommen wie das Streben nach sozialer Auszeichnung und Prestige (Z'Graggen 1983: 32). Allerdings sieht Veblen den Höhepunkt der „demonstrativen Muße" bereits Ende des 19. Jahrhunderts überschritten (Veblen 2011 [1899]: 76). Stattdessen tritt der „demonstrative Konsum" als Strategie zur Erlangung von Prestige stärker in Erscheinung. Der Konsum von Luxusgütern wird zum Beweis von Reichtum und somit an sich ehrenvoll (Veblen 2011 [1899]: 84). Dabei wird die Unterscheidung zwischen edlen und gemeinen Gütern und damit die Erlernung ästhetischer Fähigkeiten – also Geschmack – zur strukturellen Pflicht (Veblen 2011 [1899]: 84). Mit zunehmendem Reichtum können Güter irgendwann nicht mehr ausreichend von der Person selbst konsumiert werden. Stattdessen werden Geschenke oder große Feste zum Mittel der Prestigebildung, indem andere stellvertretend konsumieren. Durch eben diesen stellvertretenden demonstrativen Konsum werden die Gäste zu Zeugen des Reichtums (Veblen 2011 [1899]: 85).

So werden demonstrative Muße und demonstrativer Konsum für die gesamte Gesellschaft zur anerkannten Strategie zur Genese von Prestige und zur Demonstration der sozialen Position im sozialen Vergleich. Veblen selber hält allerdings den demonstrativen Konsum für die effektivere Strategie und vermutet, dass „wohl in der künftigen Entwicklung der Wert des demonstrativen Konsums jenen der demonstrativen Muße weit überflügeln" wird (Veblen 2011 [1899]: 95). Der Vergleich der finanziellen Stärke ist dabei für den Autor mit der Bewertung intellektueller und ästhetischer Leistung untrennbar verbunden (Veblen 2011 [1899]: 103). Deshalb erkennt Veblen – wie später auch Max Weber (1990 [1922]) – an, dass die soziale Position nicht nur durch die finanzielle Überlegenheit bestimmt wird. So führt er als Beispiel Akademiker an, die einer höheren sozialen Position zugerechnet werden, als die finanziellen Verhältnisse rechtfertigen würden (Veblen 2011 [1899]: 117).

Der neidvolle Vergleich mit Anderen wird vor allem durch die Orientierung an sozial höheren Positionen bestimmt (Veblen 2011 [1899]: 109f.). Trotz der ökonomisch unzureichenden Mittel der mittleren und unteren Klassen versuchen diese, die über ihnen stehenden Klassen nachzuahmen (Coser 1971: 269). Demonstrativer und stellvertretender Konsum findet sich daher auch in den mittleren und unteren Klassen, wobei Veblen festhält:

„In den modernen zivilisierten Gesellschaften verlaufen die Trennungslinien zwischen den einzelnen Klassen sehr undeutlich, so dass die von der Oberklasse errichteten Prestigenormen ihren zwingenden Einfluss ungehindert bis auf die unterste Schicht der sozialen Struktur ausdehnen können." (Veblen 2011 [1899]: 92)

2.3 Die müßige Klasse

Die genannten Entwicklungen beeinflussen schließlich auch die „Normen des Geschmacks" und führen dazu, dass ‚teuer' nach und nach mit ‚schön' gleichgesetzt wird und billige Gegenstände automatisch als hässlich gelten (Veblen 2011 [1899]: 133). Das ästhetische Urteil über Gegenstände und Lebensgewohnheiten wird dabei unbewusst durch das damit verbundene Prestige bestimmt, vordergründig aber im Alltag durch anscheinende Schönheit oder Nützlichkeit verdeckt (Veblen 2011 [1899]: 148-149). Diese Erkenntnis greift auch Bourdieu auf, wenn er dem Geschmack bzw. der ästhetischen Urteilskraft einen zentralen Platz in seiner Theorie einräumt, im Gegensatz zu Veblen diese aber um die Idee des kulturellen Kapitals erweitert.

Mit der Entwicklung einer genügend großen müßigen Klasse verfeinern sich schließlich die Methoden und Mittel des demonstrativen Konsums, und so müssen auch die Betrachter, die nicht fähig sind, „feine Unterschiede in den Symbolen des Reichtums und der Muße festzustellen" (Veblen 2011 [1899]: 182), ihr Unterscheidungsvermögen verfeinern, um die subtilen Unterschiede interpretieren zu können. Daher besitzen die Verhaltensweisen der oberen Klassen Vorbildcharakter für die mittleren und unteren Klassen, die versuchen, sich den oberen anzupassen, und dabei die Institutionen des finanziellen Wettbewerbs und der demonstrativen Verschwendung übernehmen (Veblen 2011 [1899]: 235). Anknüpfend an diese Überlegungen wird im nächsten Abschnitt ausführlich nachgezeichnet, dass sowohl Veblen als auch Bourdieu die institutionelle bzw. gesellschaftliche Herrschaft dadurch begründen, dass die Oberklassen die Prestigeregeln festlegen und die vorherrschenden Meinungen darüber bestimmen, was gut, schön und wichtig ist (Z'Graggen 1983: 33).

3. Geschmack, Distinktion und Habitus bei Veblen und Bourdieu

Beide Autoren entwerfen eine Klassentheorie im Anschluss an Marx und gehen von geteilten Klassenhabitus aus (Bourdieu 1982 [1979]: 284; Veblen 2011 [1899]: 40). Dabei, und hier werden die konzeptionellen Gemeinsamkeiten offensichtlich, unterstellt auch Veblen eine – wenn auch weniger elaborierte – Kapitaltheorie, wenn er davon ausgeht, dass Eigentum indirekt zur Statusbildung beiträgt. So geht Veblen davon aus, dass „Reichtum die unabhängige und endgültige Grundlage des Prestiges" darstellt und zwar unabhängig davon, „ob Besitz durch eigenes aggressives Handeln oder passiv durch Erbschaft erworben wurde" (Veblen 2011 [1899]: 46).

Komplettiert wird diese Überlegung aber schon bei Veblen durch die Einsicht, dass Kapital und soziale Positionen symbolisch vermittelt werden. Demnach ist es für Veblen nicht ausreichend, „Reichtum oder Macht zu besitzen, um Ansehen zu erwerben". Vielmehr müssen diese auch in Erscheinung treten, denn „Hochachtung wird erst ihrem Erscheinen gezollt" (Veblen 2011 [1899]: 52). Das Zurschaustellen von Reichtum und demonstrativem Konsum „dient jedoch nicht allein dazu, anderen die eigene Wichtigkeit vor Augen zu führen und sie in ihnen lebendig zu erhalten, sondern auch dazu, das persönliche Selbstbewusstsein zu stärken und zu erhalten" (Veblen 2011 [1899]: 52).

Veblen deutet in seiner Analyse den Zusammenhang von Geschmack und Distinktion als gemeinsames habituelles Merkmal der oberen Klasse jedoch nur an. Bourdieu hingegen entwickelt mit seiner Habituskonzeption eine systematische Darstellung dieses Zusammenhangs. Der Trieb, sich von anderen abzuheben, also nach Distinktion zu streben, erscheint bei Bourdieu – wie auch bei Veblen – als anthropologische Konstante. Demnach orientieren sich alle Klassen an den jeweils im sozialen Raum höher stehenden Positionen und den damit verbundenen Normen und Verhaltensweisen. Der Geschmack, der auch schon bei Veblen wichtig ist, wird bei Bourdieu zum zentralen Mittel, um sich von anderen abzugrenzen und sich dadurch eine soziale Position zu sichern und diese zu reproduzieren. Der Habitus ist dabei die zentrale Vermittlungsinstanz zwischen sozialen Akteuren und dem sozialen Raum bzw. den sozialen Feldern.

3.1 Die feinen Unterschiede und der Klassengeschmack

Im sozialen Raum kommt dem Geschmack letztlich die Funktion zu, die soziale Position zu sichern und zu reproduzieren.[8] Entsprechend ähneln sich die Ausführungen zu diesem Punkt. So geht bereits Veblen davon aus, dass die Auswahl der konsumierten Güter nicht nur die individuelle Lebensführung, sondern gleichermaßen strukturelle Reproduktionsmuster repräsentieren (Veblen 2011 [1899]: 84). Der Geschmack bildet also, wie auch bei Bourdieu, die Grundlage für die Differenz und Distinktion zwischen und innerhalb der verschiedenen Klassen. Über die Wahl der konsumierten Güter[9] stellt die handelnde Person für andere sichtbar ihre soziale Position dar. Da für Veblen insbesondere kostspielige Güter gesellschaftlich anerkannt werden, lässt sich nur über den Konsum derselben ein Distinktionseffekt erzielen. Da die oberen Klassen damit auch wiederum gesellschaftliche Normen setzen, werden die Praktiken, Präferenzen und Konsumgüter zu Symbolen der sozialen Position:

> „Das Gesetz der demonstrativen Verschwendung beeinflusst nämlich den Konsum an Kleidung wie ja auch an anderen Dingen vor allem in indirekter Weise, nämlich indem es zunächst die Regeln des Geschmacks und der Wohlanständigkeit bildet und ausprägt." (Veblen 2011 [1899]: 165)

Veblen beschäftigt sich in seiner *Theorie der feinen Leute* aber – im Gegensatz zu Bourdieu, der in einem umfassenderen Sinn auch das Verhalten und den Habitus der mittleren und unteren Klassen analysiert – fast ausschließlich mit dem Geschmack der oberen Klasse, der erst durch das Fehlen ökonomischer Zwänge hervorgebracht werden kann:

---

[8] „So ist der soziale Raum durch die gegenseitige Exklusion oder Distinktion der ihn konstituierenden Positionen definiert, das heißt als Struktur der Juxtapositionen sozialer Positionen (die ihrerseits […] als Positionen innerhalb der Struktur der Verteilung unterschiedlicher Kapitalsorten definiert sind)." (Bourdieu 2001: 172)

[9] Unter Konsum versteht Veblen nicht nur den Kauf von Waren, sondern auch den Ge- bzw. Verbrauch sozialer Praktiken, wie z. B. den ‚Konsum' von Bildung oder Kunst.

> „Die Kenntnis und Beherrschung feiner Lebensformen ist eine Frage langer Gewöhnung. Guter Geschmack, Manieren und kultivierte Lebensgewohnheiten sind wertvolle Beweise der Vornehmheit, denn eine gute Erziehung verlangt Zeit, Hingabe und Geld und kann deshalb nicht von jenen Leuten bewerkstelligt werden, die ihre Zeit und Energie für die Arbeit brauchen." (Veblen 2011 [1899]: 62)

Der gute Geschmack wird somit zum gemeinsamen Merkmal der müßigen, also der oberen Klasse. Gleichzeitig bildet er die Grundlage für den Lebensstil und die individuellen Präferenzen im Konsum. Geschmack und die damit verbundenen Lebensgewohnheiten bzw. Lebensstile werden so für Veblen zum wesentlichen Unterscheidungsmerkmal zwischen den Klassen:

> „Es ist in der obersten Schicht der vornehmen Klasse, die keinen mehr über sich und wenige neben sich kennt, in der die Wohlanständigkeit ihren vollkommensten und reifsten Ausdruck findet; diese höchste Schicht ist es auch, die der Schicklichkeit ihre endgültige Gestalt verleiht, welche dann zur Norm für die unteren Klassen wird. Hier stellt der Sittenkodex auch am offensichtlichsten einen ständischen Kodex dar, und hier zeigt er am deutlichsten seine Unvereinbarkeit mit der vulgären produktiven Arbeit." (Veblen 2011 [1899]: 66)

Bei Veblen wirkt der Geschmack somit durch demonstrativen Konsum, bleibt dadurch aber vermeintlich auf ökonomisches Handeln beschränkt. Dabei rückt in modernen Gesellschaften der demonstrative Konsum zunehmend in den Vordergrund (vgl. Veblen 2011 [1899]: 94). Die von Veblen als Verschwendung bezeichnete Praxis des demonstrativen Konsums wird gewissermaßen die „Maske des Nützlichen umgehängt" (Veblen 2011 [1899]: 100), um so gesellschaftlich legitim wirksam zu werden.

Die häufig geäußerte Kritik an Veblen, wonach seine *Theorie der feinen Leute* ausschließlich die Bedeutung von ökonomischem Kapital berücksichtige und er den Akteuren nur bewusste Handlungen unterstelle, gilt es somit zurückzuweisen, sind doch im Werk von Veblen durchaus Hinweise auf die Bedeutung inkorporierten kulturellen Kapitals zu finden:

> „Daneben gibt es eine weitere Reihe gesellschaftlicher Erscheinungen, die weniger als Wissen, denn als äußerliche Gewohnheiten und körperliche Geschicklichkeiten zu bezeichnen sind. Dazu gehören Manieren, gute Erziehung, Höflichkeit, Anstand, kurz, das gesamte formelle oder zeremonielle Verhalten, das der Beobachtung in hohem Maße unterliegt und auf das man deshalb als Beweis von Muße und Ansehen um so (sic!) größeres Gewicht legt." (Veblen 2011 [1899]: 60)

Zudem stellt auch Veblen einen habituellen Zusammenhang zwischen praktischem Handeln und gesellschaftlich vermitteltem und inkorporiertem Wissen her:

> „[T]he scheme of life which men perforce adopt under the exigencies of an advanced industrial situation shapes their habit of thought on the side of their behavior, and thereby shapes their habits of thought to some extent for all purposes." (Veblen 1961 [1899]: 105)

Vor diesem Hintergrund gilt es festzuhalten, dass bereits Veblen implizit ein Konzept des Habitus im Sinne manifester Präferenzen vorliegen hat. So erkennt er explizit die Inkoration von historischen Erfahrungen in individuellen Lebensstilen und Verhaltensroutinen an: „Die Lebenshaltung besitzt also den Charakter einer Gewohnheit, die bestimmt, wie und wie weit auf bestimmte Reize reagiert wird." (Veblen 2011 [1899]: 111)

Schließlich verweist Veblen nicht nur auf den Zusammenhang zwischen den „habits of thought" (Denkgewohnheiten) und den „schemes of life" (Lebensentwürfen) (Veblen 1961 [1899]: 105), sondern legt in seiner *Theorie der feinen Leute* gleichermaßen dar, dass in modernen Gesellschaften Distinktion, etwa in Form des demonstrativen Konsums, eine immer größere Rolle spielt. Entsprechend unterstreicht Coser auch die Verknüpfung von Gewohnheiten und Klassenmerkmalen: „different habits of thought exist side by side and are associated with location in the class and occupational structure" (Coser 1971: 270).

Diese Konstruktion lässt sich auch bei Bourdieu wiederfinden, der seine Konzeption aber zu einer umfassenden und strukturierten Gesamttheorie sozialer Konflikte ausarbeitet. Der grundlegende Zusammenhang zwischen sozialer Position, verschiedenen Kapitalsorten, Distinktion und Habitus ist jedoch unserer Meinung nach bereits bei Veblen zu finden.[10]

3.2 Herrschender Geschmack und der Sinn für Distinktion

Veblen und Bourdieu stimmen darin überein, dass Präferenzen in Abhängigkeit zur sozialen Lage geprägt werden und in klassenspezifische Einstellungen ('mental habits') münden. Bourdieu jedoch begreift die Gesellschaft als einen sozialen Raum, in dem Akteure bestimmte hierarchische Positionen einnehmen und vorhandene Kapitalsorten (ökonomisches, soziales, kulturelles und symbolisches Kapital) einsetzen, um ihre individuelle Position zu verbessern. Das aus dem materiellen Kapital gezogene symbolische Kapital wird benutzt, um in Legitimations- und Positionierungskämpfen die Geltungsgrundlagen der sozialen Ordnung, d. h. die verwurzelten Spielregeln entsprechend der eigenen Nützlichkeit zu beeinflussen. Insbesondere sind Veblen und Bourdieu derselben Meinung, dass in der sozialen Realität eine kulturelle Hegemonie der oberen Klassen ('herrschender Geschmack') zu beobachten ist, d. h. dass die Mitglieder einer unteren Klasse den Mitgliedern einer höheren Klasse nacheifern und ihre Praktiken kopieren (Bourdieu 1982 [1979]: 503-505, 2004 [1989]: 380; Veblen 2011 [1899]: 92; vgl. hierzu auch Trigg 2001). Hier zeigt sich bei beiden der Gedanke, dass der Geschmack der oberen Klasse sich nach unten durchsetzt, bzw. von den unteren Klassen nachgeahmt wird.

> „Der stellvertretende Konsum in den Haushaltungen der mittleren und unteren Klassen kann aber nicht als unmittelbarer, sondern höchstens als sekundärer Ausdruck für die Lebensweise der müßigen Oberklasse gelten. Diese steht in Bezug (sic!) auf das Prestige an der Spitze der gesellschaftlichen Ordnung, weshalb ihre Lebensform und ihre Wertungen als Normen für die gesamte übrige Gesellschaft gelten. Eine mehr oder weniger große Anpassung an diese Normen ist für alle niedrigeren Klassen unerlässlich. In den modernen zivilisierten Gesellschaften verlaufen die Trennungslinien zwischen den einzelnen Klassen sehr undeutlich, so dass die von der Oberklasse errichteten Prestigenormen ihren zwingenden Einfluss ungehindert bis auf die unterste Schicht der sozialen Struktur ausdehnen können." (Veblen 2011 [1899]: 92)

Somit ist das Streben nach oben konstitutiv für die Theorien von Veblen und Bourdieu. Uneinig sind sich Veblen und Bourdieu jedoch darin, inwieweit es sich bei Distinktions-

---

[10] Coser kommt zu dem Befund, dass Veblen weder versucht, seine allgemein gehaltenen Aussagen empirisch zu überprüfen, noch diese systematischer auszuführen (Coser 1971: 271). Schwengel hebt zudem die „strukturwirksame Ungleichzeitigkeit, wie die sozialen Institutionen unterschiedlicher historischer Herkunft koexistieren" (Schwengel 1988: 93) in Veblens Analyse hervor.

praktiken um bewusste oder unbewusste Abgrenzungsprozesse handelt. Gerhard Fröhlich zum Beispiel meint zu erkennen, dass Bourdieu sich von Veblen abgrenzt, indem er stets den „automatischen Charakter der Distinktion" hervorhebt (Fröhlich 1994: 50). So schreibt Bourdieu:

> „Das bedeutet, dass »Moral« und »Ästhetik« einer bestimmten Klasse, da jeweils einer besonderen Klasse von Existenzbedingungen »angepasst«, die sich durch eine bestimmte Nähe oder Ferne zur Zwangssphäre der ökonomischen Notwendigkeiten auszeichnen, entsprechend ihrem »Banalitäts- oder Distinktionsgrad« auf die der anderen Klassen bezogen, ihre Optionen daher automatisch mit einer klar bestimmten Position assoziiert und mit einem kennzeichnenden Wert versehen sind, und zwar unabhängig von jedweder Distinktionsabsicht, von jedwedem Streben nach Differenz." (Bourdieu 1982 [1979]: 382)

Entsprechend – so Bourdieus Argument – können die vergleichsweise mühelosen distinktiven Praktiken der Oberschicht, die in den Tiefenstrukturen ihres Habitus verankert sind, von Aufsteigern mittels bewusstem Distinktionsstreben – wenn überhaupt – unvollkommen und nur mit großer Mühe nachgeahmt werden (Fröhlich 1994: 50). Während also Bourdieu Veblen in dem Punkt folgt, dass Geschmack eine gesellschaftliche Signalfunktion hat, lehnt er die Vorstellung ab, dass es sich bei der Praxis des Luxus um eine rationale und bewusst getroffene Entscheidung der oberen Klassen handelt (vgl. hierzu auch Lamont / Lareau 1998: 158; Trigg 2001: 109; Prinz 2009: 105).

Unseres Erachtens ist aber auch diese Kritik verfehlt, da Veblen Konsum nicht notwendigerweise als streng-rationale, bewusste Handlung versteht (vgl. hierzu auch Trigg 2001: 104-112, insbesondere 108-109). So ist zunächst festzustellen, dass bei Veblen Geschmack, Konsum und somit Distinktion teilweise unbewusst stattfindet. So geht er davon aus, dass Menschen beim sichtbaren Konsum kostspieliger Güter „weniger einem bewussten Bemühen" folgen, sondern sich vielmehr „an den konventionellen Standard der Wohlanständigkeit halten" (Veblen 2011 [1899]:108). Veblen selber macht die Unbewusstheit des Handelns an der Tatsache fest, dass die Verhaltensweise derart inkorporiert werden, dass auch quasi unsichtbare Konsumgüter wie Luxusunterwäsche und teure Küchenutensilien gekauft werden, die keinen öffentlichen Distinktionsgewinn abwerfen, aber eben im Geschmack aufgenommen wurden (vgl. hierzu auch Trigg 2001: 108). De facto hat somit bereits Veblen die Einsicht vertreten, dass demonstrativer Konsum nicht jedem, sondern eben den richtigen Personen gezeigt werden muss. Trigg (2001: 109) behauptet angesichts dieser Übereinstimmungen sogar, dass Bourdieus Habituskonzept „can be seen as a formalization of the insights provided by Veblen's sophisticated analysis of conspicuous consumption" (Trigg 2001: 109).

Aber auch wenn wir die Meinung vertreten, dass das Habituskonzept von Veblens *Theorie der feinen Leute* beeinflusst wurde, würde eine solche Interpretation dem Werk von Bourdieu nur gerecht, wenn zugleich auf die essenziellen Unterschiede und Weiterentwicklungen hingewiesen wird. Zwar sind auch bei Bourdieu Geschmack und Präferenzen in Abhängigkeit zur sozialen Position von Individuen sozial determiniert, d. h. Geschmack und Präferenzen werden endogen erzeugt, weil sie letztlich stets davon abhängen, wie ein Akteur in der Sozialstruktur positioniert ist. Vor diesem Hintergrund aber entwirft Bourdieu mit seinem Distinktionsbegriff eine wesentlich umfassendere Konsumtheorie als Veblen und legt folgerichtig auch eine umfassendere Kritik an der traditionellen Ökonomik vor (Himmelweit / Simonetti / Trigg 2001: 77; vgl. auch Lenger in diesem Band). So bezieht sich der demonstrative Konsum bei Bourdieu lediglich auf den Lebensstil der Elite bzw. herrschenden Klasse und ist somit nur ein Klassenhabitus unter mehreren Möglichkeiten.[11] Hinzu kommt, dass die Mitglieder der unteren Klassen weder zwangsläufig dem Lebensstil der oberen Klassen folgen, noch dass diese Konsummuster überwiegend bewusst rational sein müssen. Indem Bourdieu mit Hilfe seiner Habitustheorie auf die feinen Unterschiede im Konsum abstellt und prinzipiell verschiedene Verhaltensweisen zulässt, gelingt ihm nicht nur der Entwurf einer umfassenderen Theorie der Praxis, sondern seine Habitustheorie ist auf sämtliche Güter und Konsumpraktiken im sozialen Raum anwendbar und stellt nicht nur eine Erklärung für den Konsum von Luxusgütern dar.

Darüber hinaus ist für Bourdieu die Frage nach der Reproduktion sozialer Ungleichheit zentral. Entsprechend analysiert er auch die Bedeutung verschiedener Konsumpraktiken für die Ausbildung und Stabilisierung hierarchischer sozialer Positionen. Während aber Bourdieu die Auswirkungen von Geschmack und Distinktion auf die Reproduktion sozialer Ungleichheit ins Zentrum seiner Analyse rückt, scheinen die sozialen Folgen des Konsums bei Veblen weit weniger stark berücksichtigt. Beide Autoren antizipieren dabei einen sozialen Wettbewerb um Status, welcher als knappe Ressource gedacht wird (Guimaraes / Oliveira / Rocha 2010: 16). Bourdieu jedoch ergänzt diese Überlegungen um die Analyse des Geschmacks der Notwendigkeit bei den unteren Klassen und erweitert die Überlegungen folglich um einen „Trickle-Up" (Guimaraes / Oliveira / Rocha 2010: 16) bzw. einen „Trickle-Round-Effekt" (Trigg 2001), d. h. auch der Geschmack der unteren Klassen kann – unter bestimmten Gegebenheiten – von höheren Klassen übernommen werden (z. B. Jeans oder Fußball). Distinktion ist somit bei Bourdieu wechselseitig bedingt und hat dementsprechend das Potenzial, umfassender gedacht zu werden, d. h. konzeptionell eine Abgrenzung zwischen Klassenfraktionen nach unten und nach oben integrieren zu können.

Ursache hierfür ist das kulturelle Kapital, das im Unterschied zu Veblen in Bourdieus Analyse systematisch ergänzt wird. Weil bei der Reproduktion sozialer Positionen eben auch das inkorporierte kulturelle Kapital eine entscheidende Rolle spielt, ist es Mitgliedern unterer Klassenformationen nicht ohne Weiteres möglich, den Lebensstil der Oberschicht nachzuahmen, da ihnen neben dem ökonomischen Kapital auch die kulturellen Voraussetzungen fehlen. Entsprechend bilden sich verschiedene Klassengeschmäcker und Lebensstile heraus, die die soziale Stellung repräsentieren und zur Reproduktion der sozialen Struktur beitragen. Hier ist es Bourdieu zu verdanken, aufgezeigt zu haben, dass das kulturelle Kapital maßgeblich die Aufstiegschancen verhindert, weil Bildung in modernen Gesellschaften der entscheidende Transmitter von Vermögen und anderen ökonomischen Mitteln ist (vgl. hierzu Bourdieu / Passeron 1971; Bourdieu et al. 1981; für einen Überblick zu Bourdieus bildungssoziologischen Überlegungen siehe Heim / Lenger / Schumacher 2009).

---

[11] Jedoch weist auch Bourdieu darauf hin, dass „unter allen Gegenstandsbereichen keiner so umfassend geeignet zur Manifestation sozialer Unterschiede [ist] wie der Bereich der Luxusgüter […], so deshalb, weil in ihnen die Distinktionsbeziehungen objektiv angelegt ist und bei jedem konsumtiven Akt, ob bewusst oder nicht, ob gewollt oder ungewollt, durch die notwendig vorausgesetzten ökonomischen und kulturellen Aneignungsinstrumente reaktiviert wird" (Bourdieu 1982 [1979]: 355).

4. Von Veblen über Bourdieu zu einer mentalitätsbasierten ökonomischen Analyse

Die Rückbindung von Bourdieus Habituskonzept an die Überlegungen von Veblen hat das Potenzial, das Habituskonzept als Teil einer Ökonomie der Praxis und somit als Grundlage einer modernen Wirtschaftssoziologie im Anschluss an Bourdieu zu konzeptualisieren. Versteht man Bourdieus Habituskonzept als Fortführung der Veblen'schen Distinktionstheorie, könnte dies eine signifikante Weiterentwicklung der neuen Institutionenökonomik bzw. des Neoinstitutionalismus darstellen (so auch ähnlich Herrmann-Pillath 2000: 262). In diesem Sinne schließt das Konzept unmittelbar an den Institutionenbegriff von Veblen an, der neben formellen Institutionen ('äußere Institutionen') explizit kulturelle und lebensweltliche Aspekte ('innere Institutionen') berücksichtigt und somit gewissermaßen die Grundlagen einer kulturellen Ökonomik formuliert.[12] Mit anderen Worten: Während das Forschungsprogramm der neuen Institutionenökonomik – wie auch der Neoklassik – informelle Institutionen, d. h. Normen, Konventionen, Denkmuster etc. als exogen gegebene Nebenbedingungen betrachtet (vgl. Lenger in diesem Band), stimmen Veblen und Bourdieu darin überein, dass die inneren Institutionen bzw. die Habitus (Werte, Normen, Denkgewohnheiten und Verhaltensmuster) von (ökonomischen) Akteuren aufgrund bestehender Wechselwirkungen keine unabhängigen Variablen sind und dementsprechend Gegenstand der ökonomischen Analyse sein müssen.

Hierbei ergibt sich die unmittelbare Anschlussfähigkeit von Bourdieu für die Wirtschaftswissenschaft aus der Tatsache, dass Veblen mit seinen Beitrag „Why economics is not an evolutionary science" (Veblen 1898) und seiner *Theorie der feinen Leute* (Veblen 2011 [1899]) zugleich als Klassiker der Soziologie wie auch als einer der Gründerväter der amerikanischen Institutionenökonomik in den Wirtschaftswissenschaften gilt. Entsprechend kann durch die Aufdeckung der gemeinsamen Grundlagen von Bourdieu und Veblen auch die Nähe von Bourdieus Forschungsprogramm zum Programm der neuen Institutionenökonomik erklärt werden (vgl. hierzu Maurer 2006; Lenger in diesem Band), und es können Möglichkeiten zur Ergänzung bzw. Erweiterung des wirtschaftswissenschaftlichen Forschungsprogrammes abgeleitet werden.

So ist es Veblen zu verdanken, darauf aufmerksam gemacht zu haben, dass Institutionen einem historischen bzw. evolutionären Wandel unterliegen und entsprechend nur im Wechselspiel mit individuellen Denkgewohnheiten ('habits of thought') und gesellschaftlichen Entwicklungsprozessen zu verstehen sind. Hierzu schreibt er:

„Die Entwicklung der Institutionen ist identisch mit der Entwicklung der Gesellschaft. Die Institutionen stellen in erster Linie weitverbreitete Denkgewohnheiten [habits of thought] dar, die besondere Beziehungen und besondere Funktionen des Individuums und der Gesellschaft betreffen; den Lebensplan, der aus der Gesamtheit der in einer Gesellschaft jeweils wirksamen Institutionen besteht, kann man psychologisch als vorherrschende geistige Einstellung oder als Lebensanschauung bezeichnen." (Veblen 2011 [1899]: 186)

---

[12] Das Forschungsprogramm einer kulturellen Ökonomik versteht sich als ein fachübergreifender, integrativer sozialwissenschaftlicher Ansatz, der sich mit der systematischen Analyse sozialer Regeln, deren Entstehung sowie der Frage nach den Möglichkeiten zur Gestaltung gesellschaftlicher Rahmenbedingungen beschäftigt. Für einen Überblick siehe Blümle et al. (2004); Goldschmidt (2006); Leipold (2006). Für einen Überblick zur „kulturellen Wende" in der ökonomischen Handlungstheorie siehe Tanner (2004).

Das Wechselspiel zwischen kognitiven Denkmustern bzw. den „shared mental models" und gesellschaftlichen Institutionen hat in den vergangenen Jahren zunehmend Eingang in die wirtschaftswissenschaftlichen Debatte gefunden (vgl. North 1992 [1990]; Denzau / North 1995; Blümle et al. 2004; Lenger 2012) und ermöglicht – so unsere These – eine unmittelbare Verknüpfung mit dem Habituskonzept von Bourdieu. Marco Lehmann-Waffenschmidt und Robert Böhmer (2004: 221) haben zu Recht darauf hingewiesen, dass eine ökonomische Theorie, die zur Erklärung von ökonomischen Aktivitäten auch die Analyse der Entstehung und Wechselwirkung von kulturellen Faktoren, Normen oder Institutionen für relevant hält, gleichermaßen die mentalen und motivationalen Dispositionen der Akteure berücksichtigen muss. Wie auch Bourdieu gehen sie davon aus, dass die mentalen Dispositionen eines Akteurs auf dessen inneren Vorstellungen und Prägungen beruhen und dass allen wirtschaftlichen Handlungen somit mentale Konstruktionen zugrunde liegen, die individuell oder durch gesellschaftliche Sozialisation generiert werden.

Als ideengeschichtliche Quelle einer mentalitätsbasierten Analyse ökonomischen Verhaltens identifizieren sie Veblen und weisen darauf hin, dass er „vor allem in seinem Hauptwerk [...] die Grundlagen für eine an den sogenannten »inneren Institutionen« – den Denkgewohnheiten, Verhaltensweisen und Mentalitäten – orientierten ökonomischen Analyse" entwickelt hat (Lehmann-Waffenschmidt / Böhmer 2004: 221). Im Gegensatz zur neuen Institutionenökonomik bezweifelt Veblen jedoch (so ja später auch Bourdieu), dass die Herausbildung von Werten und Normen selbstreferentiell erfolgen könnte. Die Entstehung sei vielmehr pfadabhängig, d. h. geprägt durch vergangene Erfahrungen und Sozialisation und damit abhängig von der Lebenswelt der Akteure (vgl. hierzu Lehmann-Waffenschmidt / Böhmer 2004: 225).

5. Fazit

Im vorliegenden Beitrag haben wir argumentiert, dass Veblens *Theorie der feinen Leute* als eine Quelle von Bourdieus Habituskonzept verstanden werden kann. Bourdieu übernimmt von Veblen die Idee vom Geschmack als einem Merkmal sozialer Stratifizierung sowie die Idee der Distinktion mittels Konsum. Diese Elemente bilden zwei Grundsteine seiner Habitustheorie und werden von Bourdieu systematisch in sein praxeologisches Theoriegebäude integriert sowie um Aspekte die Reproduktion von sozialer Ungleichheit, die Funktion von kulturellem Kapital sowie die Konsummuster unterer Klassen erweitert.

Dabei ist Veblen als überwiegend unbeachteter Vorläufer von Bourdieus Distinktionsthese und damit auch des Habituskonzepts zu verstehen. Der Rückgriff auf Veblen kann jedoch zum Verständnis des Habituskonzept als Teil der Ökonomie der Praxis und damit als Grundlage für eine zu entwickelnde Wirtschaftssoziologie im Anschluss an Bourdieus beitragen (vgl. hierzu auch Lenger 2012). Was die grundlegenden Unterschiede in den jeweiligen Konzeptionen betrifft, ist zu diskutieren, inwiefern diese zeitlich (Guimaraes / Oliveira / Rocha 2010: 18) oder konzeptionell (Trigg 2001) bedingt sind. So wäre durchaus die These zu prüfen, ob z. B. das Veblen'sche Primat auf ökonomisches Kapital nicht darauf zurückgeführt werden müsste, dass im ausgehenden 19. Jahrhundert – wie ja auch von Bourdieu argumentiert (vgl. Bourdieu / Passeron 1973; Bourdieu et al. 1981) – das ökonomische Kapital die relevantere Größe zur Reproduktion des sozialen Status war (direkte

Reproduktion sozialer Ungleichheit),[13] während seit Mitte des 20. Jahrhunderts das kulturelle Kapital hinzugetreten ist (indirekte Reproduktion sozialer Ungleichheit). Zudem müsste geklärt werden, inwiefern sich die Untersuchungsgegenstände unterscheiden, d. h. ob nicht Veblen – selbst Mitglied der Oberschicht – ein wesentlich höheres Klassensegment beschrieben hat als Bourdieu, der als Mitglied der unteren Mittelschicht zeitlebens in einer gewissen Distanz zur herrschenden Klasse stand. Dass allerdings Thorstein Veblens Hauptwerk *Theorie der feinen Leute* ein einflussreicher Ausgangspunkt für die *Die feinen Unterschiede* und für das Habituskonzept von Pierre Bourdieu darstellt, bleibt von diesen weiterführenden Überlegungen unberührt.

Literatur

Barlösius, Eva (2006): *Pierre Bourdieu*. Frankfurt am Main: Campus.
Blümle, Gerold / Goldschmidt, Nils / Klump, Rainer / Schauenberg, Bernd / Senger, Harro von (Hg.) (2004): *Perspektiven einer kulturellen Ökonomik*. Münster: LIT.
Bohn, Cornelia (1991): *Habitus und Kontext. Ein kritischer Beitrag zur Sozialtheorie Bourdieus*. Opladen: Westdeutscher Verlag.
Bohn, Cornelia / Hahn, Alois (2007): Pierre Bourdieu. In: Dirk Kaesler (Hg.): *Klassiker der Soziologie. Von Talcott Parsons bis Anthony Giddens*. 5., überarb., aktualisierte und erw. Auflage. München: Beck. S. 252-271.
Bourdieu, Pierre (1974 [1967]): Der Habitus als Vermittler zwischen Struktur und Praxis. In: Pierre Bourdieu: *Zur Soziologie der symbolischen Formen*. Frankfurt am Main: Suhrkamp. S. 125-158.
Bourdieu, Pierre (1985 [1984]): Sozialer Raum und »Klassen«. In: Pierre Bourdieu: *Sozialer Raum und »Klassen«. Zwei Vorlesungen*. Frankfurt am Main: Suhrkamp. S. 7-46.
Bourdieu, Pierre (1998 [1997]): Das ökonomische Feld. In: Pierre Bourdieu et al.: *Der Einzige und sein Eigenheim*. Hamburg: VSA. S. 162-204.
Bourdieu, Pierre (2001): *Meditationen. Zur Kritik der scholastischen Vernunft*. Frankfurt am Main: Suhrkamp.
Bourdieu, Pierre (2004 [1989]): *Der Staatsadel*. Konstanz: UVK.
Bourdieu, Pierre / Boltanski, Luc / Saint-Martin, Monique de / Maldidier, Pascale (Hg.) (1981): *Titel und Stelle. Über die Reproduktion sozialer Macht*. Frankfurt am Main: Europäische Verlagsanstalt.
Bourdieu, Pierre / Passeron, Jean-Claude (1971): *Die Illusion der Chancengleichheit. Untersuchungen zur Soziologie des Bildungswesens am Beispiel Frankreichs*. Stuttgart: Klett.
Bourdieu, Pierre / Passeron, Jean-Claude (1973): *Grundlagen einer Theorie der symbolischen Gewalt. Kulturelle Reproduktion und soziale Reproduktion*. Frankfurt am Main: Suhrkamp.
Camic, Charles / Hodgson, Geoffrey M. (Hg.) (2011): Introduction to Part I. 1882-1898: Early Works. In: Thorstein Veblen: *The Essential Writings of Thorstein Veblen*. New York: Routledge. S. 41-53.
Campbell, Colin (1995): The Sociology of Consumption. In: Daniel Miller (Hg.): *Acknowledging Consumption. A Review of New Studies*. London: Routledge. S. 95-124.
Clarke, David B. / Doel, Marcus A. / Housiaux, Kate M. L. (2003): *The Consumption Reader*. London / New York: Routledge.
Coser, Lewis A. (1971): *Masters of Sociological Thought. Ideas in Historical and Social Context*. New York: Harcourt Brace Jovanovich.

---

[13] Auf den „spezifisch amerikanische[n] Charakter dieser Analyse" sowie auf den eingegrenzten Zeitpunkt der Untersuchung von Veblen hat auch Hermann Schwengel hingewiesen (Schwengel 1988: 93).

Daloz, Jean-Pascal (2007): Elite Distinction: Grand Theory and Comparative Perspectives. In: *Comparative Sociology* (6), 1-2: S. 27-74.
Daloz, Jean-Pascal (2010): *The Sociology of Elite Distinction. From Theoretical to Comparative Perspectives*. Basingstoke: Palgrave Macmillan.
Denzau, Arthur T. / North, Douglass C. (1995): Shared Mental Models: Ideologies and Institutions. In: *Kyklos* (47), 1: S. 3-31.
Elster, Jon (1983): *Sour Grapes: Studies in the Subversion of Rationality*. Cambridge: Cambridge University Press.
Flaig, Egon (2000): Pierre Bourdieu: Entwurf einer Theorie der Praxis (1972). In: Walter Erhart / Herbert Jaumann (Hg.): *Jahrhundertbücher. Große Theorien von Freud bis Luhmann*. München: Beck. S. 358-382.
Fröhlich, Gerhard (1994): Kapital, Habitus, Feld, Symbol. Grundbegriffe der Kulturtheorie bei Pierre Bourdieu. In: Ingo Mörth / Gerhard Fröhlich (Hg.): *Das symbolische Kapital der Lebensstile. Zur Kultursoziologie der Moderne nach Pierre Bourdieu*. Frankfurt am Main: Campus. S. 31-54.
Fröhlich, Gerhard / Rehbein, Boike (Hg.) (2009): *Bourdieu-Handbuch. Leben – Werk – Wirkung*. Stuttgart / Weimar: Metzler.
Frow, John (2003): Invidious Distinction. In: Gay Hawkins / Stephen Muecke (Hg.): *Cultural Economies of Waste*. Oxford: Rowman & Littlefield.
Fuchs-Heinritz, Werner / König, Alexandra (2005): *Pierre Bourdieu. Eine Einführung*. Konstanz: UVK.
Goldschmidt, Nils (2006): A Cultural Approach to Economics. In: *Intereconomics* (41) 4: S. 176-182.
Guimaraes, Isabel / Oliveira, Eva / Rocha, M. (2010*): Conspicuous Distinction: A Reading of Veblen and Bourdieu*. Universidade Catolica Portuguesa, Faculdade de Economia e Gestao. Porto (Working Papers).
Heim, Christof / Lenger, Alexander / Schumacher, Florian (2009): Bildungssoziologie. In: Gerhard Fröhlich / Boike Rehbein (Hg.): *Bourdieu-Handbuch. Leben – Werk – Wirkung*. Stuttgart / Weimar: Metzler. S. 254-263.
Herrmann-Pillath, Carsten (2000): Thorstein Veblens Menschenbild: Theoretische Grundlagen und empirische Relevanz. In: Carsten Herrmann-Pillath: *Evolution von Wirtschaft und Kultur. Bausteine einer transdisziplinären Methode*. Marburg: Metropolis. S. 216-267.
Himmelweit, Susan / Simonetti, Roberto / Trigg, Andrew B. (2001): *Microeconomics. Neoclassical and Institutionalist Perspectives on Economic Behaviour*. London: Thomson Learning.
Hodgson, Geoffrey M. (1998): On the Evolution of Thorstein Veblen's Evolutionary Economics. In: *Cambridge Journal of Economics* (22), 4: S. 415-431.
Hodgson, Geoffrey M. (2004): *The Evolution of Institutional Economics*. London: Routledge.
Jenkins, Richard (2001): *Pierre Bourdieu*. Reprint. London: Routledge.
Kalinowski, Peter (2007): *Die Grenzen des Mimetischen. Kritische Betrachtungen zu Pierre Bourdieus Habitus-Konzept*. Freiburg: Seeh.
Krais, Beate / Gebauer, Gunter (2002): *Habitus*. Bielefeld: Transcript.
Lamont, Michele / Lareau, Annette (1988): Cultural Capital: Allusions, Gaps and Glissandos in Recent Theoretical Developments. In: *Sociological Theory* (6), 2: S. 153-168.
Lehmann-Waffenschmidt, Marco / Böhmer, Robert (2004): Mentality Matters – Thorstein Veblens ‚Regime of Status' und Max Webers ‚Protestantische Ethik' aus der Sicht des (radikalen) Konstruktivismus. Eine Anwendung auf die ökonomischen Probleme des deutschen Wiedervereinigungsprozesses. In: Gerold Blümle / Nils Goldschmidt / Rainer Klump / Bernd Schauenberg / Harro von Senger (Hg.): *Perspektiven einer kulturellen Ökonomik*. Münster: LIT. S. 221-247.
Leipold, Helmut (2006): *Kulturvergleichende Institutionenökonomik. Studien zur kulturellen, institutionellen und wirtschaftlichen Entwicklung*. Stuttgart: Lucius & Lucius.
Lenger, Alexander (2012): *Gerechtigkeitsvorstellungen, Ordnungspolitik und Inklusion. Beiträge aus konflikttheoretischer und kulturökonomischer Perspektive*. Dissertation. Albert-Ludwigs-Universität, Freiburg im Breisgau. Wirtschafts- und Verhaltenswissenschaftliche Fakultät.

Maurer, Andrea (2006): Wirtschaftssoziologie als soziologische Analyse ökonomischer Felder? Bourdieus Beitrag zur Wirtschaftssoziologie. In: Michael Florian / Frank Hillebrandt (Hg.): *Pierre Bourdieu. Neue Perspektiven für die Soziologie der Wirtschaft.* Wiesbaden: VS. S. 127-146.

Miller, John (2008): Die gesellschaftlich gebilligte Liebe. In: Beatrice von Bismarck / Therese Kaufmann / Ulf Wuggenig (Hg.): *Nach Bourdieu. Visualität, Kunst, Politik.* Wien: Turia + Kant. S. 333-352.

North, Douglass C. (1992 [1990]): *Institutionen, institutioneller Wandel und Wirtschaftsleistung.* Tübingen: Mohr Siebeck.

Panofsky, Erwin (1989 [1951]): *Gotische Architektur und Scholastik. Zur Analogie von Kunst, Philosophie und Theologie im Mittelalter.* Köln: DuMont.

Prinz, Sophia (2009): Geschmack (gout). In: Gerhard Fröhlich / Boike Rehbein (Hg.): *Bourdieu-Handbuch. Leben – Werk – Wirkung.* Stuttgart / Weimar: Metzler. S. 104-110.

Rehbein, Boike (2006): *Die Soziologie Pierre Bourdieus.* Konstanz: UVK.

Rehbein, Boike (2009): Distinktion (distinction). In: Gerhard Fröhlich / Boike Rehbein (Hg.): *Bourdieu-Handbuch. Leben – Werk – Wirkung.* Stuttgart / Weimar: Metzler. S. 76-78.

Schewe, Christian von (2010): Hauptsache teuer! Thorstein Veblen: »Der demonstrative Konsum«. In: Sighard Neckel / Ana Mijic / Christian von Scheve / Monica Titton (Hg.): *Sternstunden der Soziologie.* Frankfurt am Main: Campus. S. 423-427.

Schumacher, Florian (2011): *Bourdieus Kunstsoziologie.* Konstanz: UVK.

Schwengel, Hermann (1988): *Der kleine Leviathan. Politische Zivilisation um 1900 und die amerikanische Dialektik von Modernisierung und Moderne.* Frankfurt am Main: Athenäum.

Schwingel, Markus (1995): *Pierre Bourdieu zur Einführung.* Hamburg: Junius.

Shusterman, Richard (Hg.) (1999): *Bourdieu. A Critical Reader.* Oxford: Blackwell Publishers.

Tanner, Jacob (2004): Die ökonomische Handlungstheorie vor der »kulturalistischen Wende«? Perspektiven und Probleme einer interdisziplinären Diskussion. In: Hartmut Berghoff / Jakob Vogel (Hg.): *Wirtschaftsgeschichte als Kulturgeschichte. Dimensionen eines Perspektivenwechsels.* Frankfurt am Main: Campus. S. 69-98.

Trigg, Andrew B. (2001): Veblen, Bourdieu, and Conspicuous Consumption. In: *Journal of Economic Issues* (35), 1: S. 99-115.

Trigg, Andrew B. (2010): Towards a Bourdieusian Economics of Leisure. In: Samuel Cameron (Hg.): *Handbook on the Economics of Leisure.* Cheltenham: Edward Elgar. S. 38-51.

Veblen, Thorstein (1898): Why is Economics not an Evolutionary Science? In: *Quarterly Journal of Economics* (12), 4: S. 373-397.

Veblen, Thorstein (1906): The Place of Science in Modern Civilization. In: *The American Journal of Sociology* (11), 5: S. 585-609.

Veblen, Thorstein (1961): *The Place of Science in Modern Civilisation and other Essays.* New York: Russell & Russell.

Veblen, Thorstein (1961 [1899]): The Preconception of Economic Science. In: Thorstein Veblen: *The Place of Science in Modern Civilisation and other Essays.* New York: Russell & Russell. S. 82-113.

Veblen, Thorstein (1978 [1904]): *The Theory of Business Enterprise.* New Brunswick: Transaction Books.

Veblen, Thorstein (2003 [1915]): *Imperial Germany and The Industrial Revolution.* Kitchener: Batoche Books.

Veblen, Thorstein (2006 [1914]): *The Instinct of Workmanship and the State of the Industrial Arts.* New York: Cosimo.

Veblen, Thorstein (2011 [1884]): Kant's Critique of Judgement. In: Charles Camic / Geoffrey M. Hodgson (Hg.): *The Essential Writings of Thorstein Veblen.* New York: Routledge.

Veblen, Thorstein (2011 [1899]): *Theorie der feinen Leute. Eine ökonomische Untersuchung der Institutionen.* Aus dem Amerikanischen von Suzanne Heintz und Peter von Haselberg. 2. Auflage. Frankfurt am Main: Fischer Taschenbuch.

Wacquant, Loïc J. D. (2006): Habitus. In: Jens Beckert / Milan Zafirovski (Hg.): *International Encyclopedia of Economic Sociology*. London: Routledge. S. 315-319.

Weber, Max (1990 [1922]): *Wirtschaft und Gesellschaft. Grundriss der verstehenden Soziologie*. 5., rev. Auflage. Tübingen: Mohr Siebeck.

Z'Graggen, Andreas (1983): *Thorstein Veblen. Eine kritische Interpretation seiner Theorie der Instinkte und Institutionen*. Zürich: Berichthaus AG.

Bourdieus Adaption von Erwin Panofskys kunsttheoretischem Entwurf epochaler „Mental Habits"

Florian Schumacher

1. Einleitung: Bourdieu und die Frage des Subjekts

Bekanntlich bildet der Bourdieu'sche Habitus eine Zwischenkategorie zwischen Subjekt und Objekt (vgl. Bourdieu 1987: Kap. 9; Schumacher 2011: Kap. 2.3). Das heißt einerseits – gegen den Strukturalismus gewendet –, dass das Handeln nicht unter die sozialen Strukturen unterminiert werden und das freie Subjekt revidiert werden soll, und andererseits – gegen die Subjektphilosophie gerichtet –, dass die Idee des freien Subjekts, also die Position eines radikalen Individualismus zurückgewiesen wird (vgl. Rehbein 2006: 87; Krais / Gebauer 2002: 66f.). Kurz, Bourdieu wählt für seine Soziologie einen praxeologischen Zugang: Er grenzt sich auf der einen Seite gegen den Saussure'schen Strukturalismus und dessen Folgetheorien ab, in deren Rahmen freihandelnde Subjekte größtenteils negiert werden (vgl. Fröhlich 1994: 33f.), und auf der anderen Seite vehement gegen den Sartre'schen Existenzialismus. Damit weigert er sich, kulturelle und soziale Ordnungen rein von der Struktur her, also völlig unabhängig von den Subjekten, zu denken, und verwirft gleichzeitig die Idee des Subjekts als Essenz (vgl. Jurt 2010: 5).

Diese spezifische Verortung des Bourdieu'schen Habituskonzepts zwischen Subjekt und Objekt muss auch vor dem Hintergrund des intellektuellen Feldes in Frankreich während der Jahrzehnte nach dem Zweiten Weltkrieg betrachtet werden. Damit rückt Jean Paul Sartre als Gegenspieler und dessen existenzialistische Philosophie als Abgrenzungsfolie in den Fokus: Sartre stellte für Bourdieu und seine Generation eine Art geistigen Übervater dar und markierte einen zentralen Punkt im wissenschaftlichen Feld jener ersten Jahrzehnte, in dem Bourdieu intellektuell aufwuchs und seine eigenen Positionen entwickelte (vgl. Schumacher 2011: 49-56). So konstatiert Bourdieu rückblickend in einem Zeitungsinterview: „Sartre war für mich eine Verkörperung all dessen, gegen das ich mich zu entwerfen hatte." (Bourdieu 2000) Für Bourdieu stellte nicht nur die Persönlichkeit Jean Paul Sartres den Idealtypus des omnipräsenten Intellektuellen selbst dar, sondern dieser besaß darüber hinaus mit der existenzialistischen Philosophie auch die dazu passende Subjekttheorie. Diese radikale Subjektkonzeption Sartre'scher Prägung versuchte Bourdieu mit seiner Soziologie zu überwinden: „Von der Soziologie kann ich sagen, dass ich mich beim Verlassen des schulischen Universums, und um es verlassen zu können, gegen all das aufgebaut habe, was für mich das Unternehmen Sartre repräsentierte." (Bourdieu 2003: 50) So stellt Bourdieu in Abgrenzung zum Sartre'schen Existenzialismus mit seinem Begriff des Habitus die Vorstellung des souveränen Subjekts in Frage: Das Subjekt erscheint bei Bourdieu nicht mehr als ursprüngliche Form, sondern wird durch eine Anzahl historischer und sozialer Prozesse konstituiert. Es bildet keine Essenz, stellt also keinen ontologischen Ausgangspunkt dar, sondern weist eine eigene soziale Genese auf (vgl. Jurt 2010: 17f.).

Betrachtet man Bourdieus Beschäftigung mit Panofsky und dessen Konzept der „Mental Habits", das er 1951 im Rahmen seiner Untersuchung *Gothic Architecture and scholasticism* (Panofsky 1989) entwarf, dann wird schnell klar, dass die oben ausgeführte Auseinandersetzung mit Sartres Position im intellektuellen Feld sowie die Debatte um Objektivismus und Subjektivismus für Bourdieu hier von zentraler Bedeutung sind. Denn in der Auseinandersetzung mit Panofskys Kunsttheorie in den 1960er Jahren – so die Hauptthese dieses Beitrags – gelang es Bourdieu, ein Teilkonzept seines Habitus zu entwerfen, das – direkt gegen Sartres Subjekttheorie gewandt – auf die Zwischenebenen von Subjekt und Objekt abzielt.

So muss das Heranziehen der Kunsttheorie Panofskys für Bourdieus soziologischen Begriff des Habitus zwar vorrangig in diesem Kontext der Überwindung der Sartre'schen Subjektphilosophie verstanden werden, jedoch sollte auf der anderen Seite der Einfluss handelnder Subjekte auf soziale Strukturen nicht verleugnet werden: „Ich wollte, wenn Sie so wollen, die leibhaftigen Akteure wieder ins Spiel bringen, die durch Lévi-Strauss und die Strukturalisten, zumal Althusser, dadurch eskamotiert worden waren, dass man sie zu Epiphänomenen der Struktur erklärt hatte." (Bourdieu 1992: 28) Bourdieus Habitusbegriff war also von Beginn an auf ein Erfassen der *sozialen* Genese des Subjekts ausgerichtet. Damit drückt sich in seinem Habitusbegriff „vor allem die Ablehnung einer ganzen Reihe von Alternativen aus, in denen die Soziologie (und allgemeiner die gesamte humanwissenschaftliche Theorie) befangen war" (Bourdieu 1999: 285).

Die Notwendigkeit, einen vermittelnden Begriff zwischen Subjekt und Objekt zu entwickeln, erkannte Bourdieu bereits während seiner Forschungen in Algerien (vgl. Schultheis 2007, 2011; Rehbein / Saalmann 2009: 112). Die erste systematische Verwendung des Begriffes Habitus durch Bourdieu findet sich jedoch tatsächlich erst in seinem Nachwort zu Erwin Panofskys Schrift *Gotische Architektur und Scholastik* (Panofsky 1989; Bourdieu 1974b), die Bourdieu 1967 in seiner Reihe „Le sens commun" herausgab (vgl. dazu auch Krais / Gebauer 2002: 26; Jurt 2010: 6; Rist 1984: 203f.).[1] Dieses Nachwort, das später unter dem Titel „Der Habitus als Vermittler zwischen Struktur und Praxis" (Bourdieu 1974b) in deutscher Sprache erschien, stellt somit die erste entscheidende Quelle für die explizite Ausformulierung des Habituskonzeptes im Werk Bourdieus dar und wird demzufolge im Zentrum dieses Beitrags stehen.

Der vorliegende Artikel ist in sechs Abschnitte untergliedert. Im zweiten Abschnitt wird Panofskys Untersuchung zur Einheit der mittelalterlichen Epoche skizziert (Panofsky 1989). Panofsky beschreibt darin die gemeinsamen Denkstrukturen von Scholastik und Gotik als die „Mental Habits" des Mittelalters, was eine konkrete Vorlage für Bourdieu zur Entwicklung eines eigenen Habituskonzeptes darstellte. Dies wird im dritten Abschnitt anhand Bourdieus detaillierter Auseinandersetzung mit Panofskys Begriffen des Kunstwollens, der Ikonographie und der Ikonologie dargelegt. Der vierte Abschnitt beschäftigt sich in Abgrenzung von Panofsky mit Bourdieus erster Engführung seines Habituskonzeptes, das er nicht allein als objektive epochale Kategorie anlegte, sondern gleichzeitig auch auf die subjektive Ebene handelnder Akteure fokussierte. Der fünfte Abschnitt zeigt davon ausgehend Bourdieus Interpretation von Panofskys Vorstellung eines schulischen Wissens, das für die Einheitlichkeit von Epochen herangezogen wird. Der von Bourdieu diskutierte

---

[1] In *Die Regeln der Kunst* bestätigt Bourdieu 1992 rückblickend, dass er den Begriff des Habitus direkt aus der Auseinandersetzung mit der Kunsttheorie Panofskys entnommen hat. Der Begriff sei damals, so Bourdieu ein kunsttheoretischer „‚Insider'-Begriff" gewesen (Bourdieu 1999: 285).

Zusammenhang von Habitus und schulischer Institution weist dabei bereits den Weg zu den späteren Untersuchungen seiner Bildungssoziologie.

2. Panofskys „Mental Habit" des europäischen Mittelalters

Im Rahmen seiner kunsttheoretischen Untersuchung *Gotische Architektur und Scholastik* (Panofsky 1989) widmet sich Panofsky der Frage nach der Autonomie des (künstlerischen) Subjektes nur nachrangig, denn sein Anliegen besteht primär darin, die grundlegenden objektiven Denkschemata des Mittelalters zu beschreiben. Mit seiner Konzeption von „Mental Habits", also der Vorstellung gemeinsamer epochaler Denkgewohnheiten, geht Panofsky davon aus, dass der Einheit einer bestimmten Epoche auf unbewusster Ebene eine übergeordnete Denkstruktur zugrunde liegt (vgl. Reudenbach 1994: 116). Demzufolge basieren nicht nur die unterschiedlichen Künste und Kunstwerke einer Epoche (in diesem Fall der gotischen) auf einer übergeordneten „Mental Habit", sondern auch andere Bereiche wie Philosophie oder Politik lassen sich auf solche grundlegenden Denkstrukturen zurückführen (vgl. Sauerländer 1994: 127). Panofskys Untersuchung ist folglich als eine Art exemplarische Fallstudie anzusehen, die die grundlegende Denkweise des Mittelalters anhand homologer Strukturen der gotischen Architektur und der mittelalterlichen Scholastik beschreibt. Panofsky stellt dabei zunächst für beide Bereiche eine synchrone Entwicklung sowie eine starke Beziehung untereinander für den Zeitraum zwischen 1130 und 1270 fest (vgl. Panofsky 1989: 18).

Die mittelalterliche Scholastik interpretiert Panofsky dabei als Versuch, den Glauben mithilfe der Vernunft zu beweisen. Diese Einführung der Vernunft in die Glaubensfrage wurde notwendig, weil unterschiedliche schriftliche Quellen vorlagen. Alles, was der mittelalterliche Mensch über die göttliche Offenbarung wusste, ging nämlich auf menschliche Überlieferungen zurück. Die Quellen stammten von mehr oder weniger anerkannten Autoritäten. Die wichtigste Quelle stellte, als wesentlicher und unwiderlegbarer Beweis, die von den Propheten überlieferte Heilige Schrift dar. Die Lehren der Kirchenväter konnten als Glaubensbeweise immerhin noch als sehr wahrscheinlich eingestuft werden. Schließlich existierten noch die Überlieferungen der Philosophen, die zwar ebenfalls wahrscheinlich waren, jedoch weniger sakrale Überzeugungskraft ausstrahlten (vgl. Panofsky 1989: 42f.). Das Problem bestand nun darin, dass sowohl die theologischen Abhandlungen als auch Teile der Bibel sich häufig widersprachen. Da diese Texte jedoch nicht verworfen werden konnten, blieb kein anderer Ausweg, „als sie dennoch zu akzeptieren und ständig wieder und wieder neu zu interpretieren, bis sie miteinander in Einklang gebracht werden konnten" (Panofsky 1989: 42).

Aus diesem grundlegenden Dilemma, dass die einheitliche Glaubenslehre einerseits in ihrer Reinheit erhalten werden musste, jedoch andererseits Mehrdeutigkeiten nicht einfach ignoriert werden konnten, entwickelte sich, Panofsky zufolge, die grundlegende epochale Denkweise der Scholastik. Die Methodik der Scholastik besteht grob skizziert aus drei grundlegenden Bestandteilen, die Panofsky folgendermaßen beschreibt: „Zerlegung in viele Teile, wie es die Dialektiker tun, rhythmischer Gleichklang, wie ihn die Grammatiker kennen, und erzwungene Harmonisierung (concordiae violentes), wie sie die Juristen anwenden" (Panofsky 1989: 43). Mit dieser Technik konnte das scheinbar Unvereinbare miteinander in Einklang gebracht werden. Für die Beweisführung der scholastischen Abhandlung stellt Panofsky ein Vorgehen dar, das eine systematische Auswertung und ein systematisches Verständnis der vorhandenen Quellen ermöglicht. Mithilfe dieses scholastischen Prinzips der „manifestatio" sollte nach sorgfältiger Analyse letztendlich die Wahrheit offenbart werden. Die Scholastik intendierte Panofsky zufolge mit diesem Verfahren eine endgültige Lösung, die darauf beruhte, die verschiedenen Möglichkeiten anzuerkennen und die Widersprüche schließlich auszusöhnen (vgl. Panofsky 1989: 41f.).

Eine analoge Konzeption erkennt Panofsky bei den Baumeistern der Kathedralen der Hochgotik: Das Prinzip der Klärung etwa kommt im Bereich der Kirchenarchitektur im parallelen Prinzip der „Transparenz" zum Ausdruck (vgl. Panofsky 1989: 31f.). Analog zum Vorgehen der Scholastiker analysierten die Baumeister die berühmten Bauwerke der Vergangenheit. Erkannten sie dann etwa zwei widersprüchliche Motive, „die beide von Autoritäten sanktioniert waren, konnte man das eine nicht einfach zugunsten des anderen verwerfen" (Panofsky 1989: 44). Folglich mussten beide „bis zum Äußersten durchgearbeitet und am Ende miteinander vereint werden" (Panofsky 1989: 44). Die scholastische Forderung einer systematischen Zergliederung der Argumente findet nach Panofsky „in der gleichförmigen Auf- und Unterteilung des gesamten Gebäudes ihren anschaulichsten Ausdruck" (Panofsky 1989: 32). Die Hierarchie der logischen Ebenen in der gut gegliederten scholastischen Abhandlung ist analog zur Struktur der gotischen Kathedrale und dem Verhältnis der Bauteile zueinander (vgl. Panofsky 1989: 33). Ihr Grundriss und architektonischer Aufbau sollte „eine Synthese aus allen auf verschiedenen Wegen überlieferten Hauptmotiven" darstellen (Panofsky 1989: 32).

Panofsky erkennt in der architektonischen Konzeption der hochgotischen Kathedrale ein „einzigartiges Gleichgewicht", das darauf beruht, dass „alle Elemente, die dieses Gleichgewicht hätten stören können", systematisch ausgeschlossen wurden (Panofsky 1989: 31f.). Die unbegrenzte Zergliederbarkeit der Schriften und die Herausarbeitung der Widersprüche durch die scholastische Methode finden sich Panofskys Ausführungen zufolge auf der Ebene der Kathedralenarchitektur in der Zergliedertheit des Gebäudes wieder. Analog zur scholastischen Abhandlung stellt das Gesamtgebäude der Kathedrale schließlich die „endgültige Lösung" im Bereich der Architektur dar – die Synthese aus verschiedenen Elementen (Panofsky 1989: 34).

Dieses Prinzip der Zerstückelung in klar erkennbare einzelne Teile und der anschließenden „Klärung" beziehungsweise „Harmonisierung" findet sich nach Panofsky als zugrunde liegende Denkweise auch in den anderen Künsten und Kunstwerken der Gotik wieder. Während in die Musik eine „genaue und systematische Zeiteinteilung" eingeführt wurde, „wurden die bildenden Künste vermittels einer genauen und systematischen Raumunterteilung artikuliert" (Panofsky 1989: 29). Die Figurenkonstellationen der Gemälde sind sorgfältig geordnet. Generell sind die Bildelemente sorgfältig voneinander abgesondert und im Werk vereint. Panofsky sieht dieselben Prinzipien auch auf anderen gesellschaftlichen Ebenen wie z. B. der Mode verwirklicht, die sich durch eine spezifische „Rationalität und Einheitlichkeit" auszeichnet (Panofsky 1989: 34).

3. Der Begriff des Kunstwollens: Ikonographie und Ikonologie

Nach dieser Methode werden also die verschiedenen Elemente zergliedert, um letztendlich eine Versöhnung der Gegensätze zu erreichen. Darin wurden grundsätzlich verschiedene Elemente und Autoritäten der Vergangenheit als legitim anerkannt und akzeptiert. Es ging also im Diskurs des 13. Jahrhunderts nicht darum, originelle oder produktive Gedanken zum Diskurs hinzuzufügen und etwas tatsächlich Neues zu kreieren, sondern vorrangig darum, „die Quellen zu verstehen und auszuwerten", um schließlich eine Versöhnung der unterschiedlichen Elemente zu erreichen (Panofsky 1989: 44). Dieses grundsätzliche Denkmodell lässt sich Panofsky zufolge an verschiedensten Stellen und Konstellationen des 13. Jahrhunderts als grundlegendes strukturierendes Prinzip des Diskurses erkennen. Anhand der Parallelen zwischen der Scholastik und gotischen Architektur veranschaulicht er exemplarisch diese allumfassende Denkgewohnheit dieser Epoche.

Was Bourdieu an dieser Idee der „Mental Habit", also der gemeinsamen Denkgewohnheit des 13. Jahrhunderts interessiert, ist zunächst die übergeordnete Frage nach der Einheit von Epochen: Was ist es, das dafür sorgt, dass eine bestimmte Gruppe von Menschen zu einer bestimmten Zeit kollektive Strukturen des Wahrnehmens, Denkens und Handelns hervorbringt? Bourdieu verfolgte diese Fragestellung in den Schriften Panofskys weiter (vgl. Bourdieu 1974b: 154, 1999: 319) und wurde dabei auf den ursprünglich von Alois Rigl stammenden Begriff des „Kunstwollens" aufmerksam, den Panofsky in einem Aufsatz von 1920 veranschaulichte und weiterentwickelte (vgl. Panofsky 1998a sowie Heidt 1977: 17-25; Zaunschirm 1975: 45-55). Panofsky weist darin zunächst die kunstwissenschaftliche Zuspitzung des Kunstwollens auf „das psychologisch Willensmäßige" zurück (Panofsky 1998a: 30). Das Kunstwollen versteht Panofsky demnach nicht als die subjektive „künstlerische Absicht", sondern auf der objektiven Ebene der „künstlerischer Gesamterscheinungen" (Panofsky 1998a: 30). Es bezieht sich etwa im Bereich der Malerei nicht auf die Charakterisierung eines einzelnen Gemäldes, sondern auf die grundsätzliche Anordnung bestimmter „Linien- oder Flächenkombinationen" oder „Farbzusammenstellungen" einer Epoche (Panofsky 1998a: 30). Damit wird also das „Wesentliche der künstlerischen Erscheinungen" fokussiert und nicht ein individuelles Wollen, eine Intention eines Künstlers (Panofsky 1998a: 30). Die tatsächliche künstlerische Bedeutung eines Kunstwerkes kann nicht allein über die psychologische Analyse der Absicht des Künstlers freigelegt werden, sondern verlangt die objektive Ebene des Kunstwollens einer Epoche (Panofsky 1998a: 34). Das Einzelwerk ist dabei nicht als origineller Ausdruck eines künstlerischen Genies von Interesse, also in seinem Eigenwerk, sondern „als Dokument der Stilgeschichte" (Heidt 1977: 18).

Sowohl in *Gotische Architektur und Scholastik*, wo er die gemeinsamen Denkgewohnheiten einer Epoche analysiert, als auch in seiner Schrift zum Kunstwollen fokussiert Panofsky also vorrangig die Ebene der strukturellen Einheit von Epochen. Er zielt darauf, den „endgültigen letzten Sinn im künstlerischen Phänomene" freizulegen (Panofsky 1998a: 35; vgl. auch Heidt 1977: 122):

> „Die Kunst ist nicht [...] eine subjektive Gefühlsäußerung oder Daseinsbetätigung bestimmter Individuen, sondern die auf gültige Ergebnisse abzielende, verwirklichende und objektivierende Auseinandersetzung einer formenden Kraft mit einem zu bewältigenden Stoff" (Panofsky 1998a: 40).

Bourdieu nimmt diese Zurückweisung des „psychologisch Willensmäßigen" von Panofsky auf und verweist auf „verschiedene Bedeutungsschichten", die sich bei der Interpretation freilegen lassen (Panofsky 1998a: 30; Bourdieu 1974b: 127). Dabei greift er für seinen Begriff des Habitus auf drei kunsttheoretische Aufsätze von Panofsky zurück,[2] in denen eine ikonographische und eine ikonologische Deutung voneinander unterschieden werden (vgl. Noll 2003: 151f.). Die Ikonographie ist als „primäre Sinnschicht" direkt mit der „unmittelbaren Daseinserfahrung", also mit der Intention des Künstlers oder dem „psychologisch Willensmäßigen" verbunden (Bourdieu 1974b: 127). Die Ikonologie verweist dagegen als „sekundäre Sinnschicht" auf das, was Bourdieu mit seinem Begriff des Habitus im Blick hat: die Entschlüsselung tieferer Bedeutungen eines Kunstwerks vor dem Hintergrund der Epoche. Ikonographie und Ikonologie (also subjektive psychologische Handlungsintention und Habitus) verhalten sich zueinander, so Bourdieu, „wie die Ethnologie zur Ethnographie": Während die Ethnographie kulturelle Symbole beschreibt, stelle die Ethnologie die sozialen Zusammenhänge her und fasse kulturelle Symbole „als Ausdruck der Kultur einer Nation, einer Epoche oder einer bestimmten Klasse" auf (Bourdieu 1974b: 128).

Panofskys Begriff des Kunstwollens war vorrangig gegen die Auffassung gerichtet, Kunstwerke ließen sich allein über die Analyse der psychologischen Absichten ihrer Erschaffer verstehen. Obwohl der Künstler derjenige ist, der ein Werk geschaffen hat, lässt sich sein Werk nicht alleine auf seine Persönlichkeit zurückführen. Im Rückgriff auf einen Ausdruck des Philosophen Charles S. Peirce erklärt Panofsky, dass ein Künstler zwar wisse, was er darstellt („what he parades"), jedoch nicht wisse, was sein Werk auf einer tieferen Ebene wirklich verrate und preisgebe („what he betrays"; Panofsky 1998c: 94). Das Kunstwollen lässt sich also nicht allein auf der Ebene individualpsychologischer Absichten verstehen, sondern darüber hinaus muss auch eine Ebene des „metapsychologischen Wirkens" analysiert werden (Panofsky 1922: 44; vgl. auch Heidt 1977: 125).

Ein von einem Künstler geschaffenes Kunstwerk oder eine soziale Handlung eines Akteurs verweisen Bourdieu zufolge auf eine tiefere Ebene der Bedeutung, die mit der sozialen Welt im Hintergrund korrespondiert. Es existieren somit epochenspezifische Problematiken und Auseinandersetzungen, um die der künstlerische beziehungsweise wissenschaftliche oder politische Diskurs kreist: „Das Auftreten eines Künstlers, einer Schule, einer Partei oder einer Bewegung" liegt darin begründet, dass diese immer Teil eines Diskurses sind und mit ihren „vertretenen Thesen zu einem Objekt von Auseinandersetzungen werden, dass sie ein Glied der großen Gegensätze liefern, um die jene Auseinandersetzung organisiert ist und die herangezogen werden, um die Auseinandersetzung zu denken (zum Beispiel rechts/links, hell/dunkel, Szientismus/Antiszientismus usw.)." (Bourdieu 1993: 205f.) Jede Epoche, so Bourdieus Folgerung, „organisiert die Gesamtheit ihrer künstlerischen Darstellungen gemäß einem Gliederungssystem, das ihr in eigentümlicher Weise anhaftet" (Bourdieu 1974c: 174). Bourdieu diskutiert die Vorstellung von einem umfassenden sozialen Gliederungssystem an dieser Stelle noch im Anschluss an Panofsky und fokussiert ebenfalls die Ebene von einheitlichen historischen oder kunsthistorischen Epochen. Im Rahmen seiner eigenen Konzeption des Habitus wird er diese Vorstellung vor dem Hintergrund der soziologischen Konzeptionen sozialer Differenzierung jedoch auf die Ebene

---

[2] „Zum Problem der Beschreibung und Inhaltsdeutung von Werken der bildenden Kunst" (Panofsky 1998c); „Über das Verhältnis der Kunstgeschichte zur Kunsttheorie" (Panofsky 1998b) sowie *Sinn und Deutung in der Bildenden Kunst* (Panofsky 1975).

sozialer Klassen innerhalb der französischen Gesellschaft übertragen und seine Konzeption der unterschiedlichen Klassenhabitus entwerfen.

4. Von der Einheitlichkeit von Epochen zum sozialen Akteur

Bourdieu distanziert sich in einem entscheidenden Punkt von Panofsky. Er übernimmt für seinen Begriff des Habitus nicht nur Panofskys Idee epochaler oder sozialen Gliederungssysteme, sondern fokussiert auch die Ebene des Subjekts, also den einzelnen sozialen Akteur: Das Kunstwollen ist Bourdieus Interpretation zufolge zwar als strukturelle Kategorie „der Gesamtheit der Werke eines Volkes und einer Epoche eigen", ist auf der anderen Seite aber „nicht weit entfernt von jener Art autonomer Kraft, die eine mystische Kunstgeschichte daraus machen könnte" (Bourdieu 1999: 319). Kurz, das Kunstwollen überbetont die Struktur, wie Bourdieu später im Hinblick auf seine Panofsky Interpretation rückblickend verdeutlicht:

> „Dabei forcierte ich die in Panofskys Werk einzig dastehende Verwendung des Habitus-Begriffs ein wenig, denn ich wollte die Wiederkehr des reinen erkennenden Subjekts der neukantianischen Philosophie der ‚symbolischen Formen' verhindern, der der Autor der ‚Perspektive als symbolische Form' verhaftet blieb." (Bourdieu 1999: 286)

Mit Panofskys Konzept des Kunstwollens wird es zwar ermöglicht, den Kunstwerken zugrunde liegende Denkmuster zu erfassen und innerhalb von Kunstepochen zu verorten; das Subjekt an sich wird dabei jedoch weitgehend ausgeblendet, so die Bourdieu'sche Kritik. Der Entstehungsprozess von Kunst werde im Rahmen von übergeordneten Denkmodellen wie „Mental Habits" oder dem Kunstwollen mystifiziert, da die Ebene der Handelnden, das heißt der produzierenden Künstler und Künstlerinnen, innerhalb dieser Konzeptionen nicht konkret in den Fokus gerate.

Worauf Bourdieu mit seiner Habitustheorie jedoch letztlich abzielt, ist, die dem Handeln sozialer Akteure zugrunde liegenden Denkschemata oder Denkgewohnheiten zu erfassen und zu erklären. Zwar ist die objektive Intention eines Kunstwerks, also das Kunstwollen, „niemals auf die bewusste Absicht des Künstler beschränkt", jedoch darf deshalb die Ebene des Subjekts nicht einfach ausgeblendet werden, denn Kunstwerke müssen immer auch als „Erzeugnisse von Menschenhand" wahrgenommen und analysiert werden (Bourdieu 1974b: 153f.).

Ausgehend von Panofskys Konzeptionen analysiert Bourdieu Systeme von weitgehend unbewussten „Denk-, Wahrnehmungs- und Handlungsschemata", die dem Handeln von Akteuren zugrunde liegen (Bourdieu 1974b: 153). So konnten etwa die berühmten Kunstwerke der Epochen jeweils nur solchen Köpfen entspringen, „die bereits an eine bestimmte Problematik fixiert waren, d. h. eine bestimmte Gewohnheit angenommen hatten, die Wirklichkeit zu befragen" (Bourdieu 1974b: 151). Nur mit Rückgriff auf die zugrunde liegenden Denk-, Wahrnehmungs- und Handlungsschemata lassen sich die von Künstlern produzierten Kunstwerke innerhalb einer Epoche und – übertragen auf das Denken Bourdieus – die sozialen Handlungen von Akteuren begreifen. Aufgrund basaler Denkschemata „haben die Individuen Mühe, andere Unterschiede zu bemerken als diejenigen, welche ihnen ihr verfügbares Gliederungssystem festzustellen gestattet" (Bourdieu 1974b: 174). Folglich lassen sich ausgehend von diesem vorhandenen Gliederungssystem, über das die Zugehörigkeit eines Akteurs „zu einer bestimmten Gesellschaft oder Klasse" analysiert werden kann, auch die blinken Flecken aufzeigen – also dasjenige, was nicht zu denken möglich war, was aufgrund der zugrunde liegenden Denkschemata einer Epoche unmöglich zu erfassen oder zu entwerfen war (Bourdieu 1974b: 153f.).

Während für Panofskys kunsttheoretische Untersuchung die Frage des Subjekts nachgeordnet war, da es ihm – wie gezeigt – vorrangig um die grundsätzliche Denkstruktur von Epochen ging, rückt Bourdieu mit seinem Begriff des Habitus eben diese Problematik in den Mittelpunkt: Obwohl das Konzept des Habitus also auf gesellschaftliche Strukturen abhebt, betont Bourdieu gegenüber diesen Strukturen ein aktives Element. Ohne das Subjekt analog zu Sartre als letztendlich omnipotent zu konzipieren und damit zu mystifizieren, hebt Bourdieu eine produktive Seite in der Wahrnehmung der Welt hervor. So begreift er einerseits im Rückgriff auf Panofsky mit seinem Habitusbegriff soziale Subjekte nicht als vom Sozialzusammenhang losgelöst, leitet jedoch andererseits von den kollektiven Strukturen nicht einfach mechanisch handelnde Subjekte ab, sondern analysiert strukturelle Kategorien vor allem als Grundlage konkreter Handlungen von Akteuren (vgl. Jurt 2006: 71).

Die „gemeinsame Denkgewohnheit" einer Epoche oder, anders ausgedrückt, die Strukturen der sozialen Welt regulieren als grundsätzliche Prinzipien zwar das Handeln von Subjekten, jedoch ist auch der Habitus ein generierendes Prinzip, wobei er keinen Mechanismus, sondern lediglich die Möglichkeit darstellt,

> „im Zentrum des Individuellen selber Kollektives zu entdecken; Kollektives in Form von Kultur – im subjektiven Sinne des Wortes ‚cultivation' oder ‚Bildung' oder, nach Erwin Panofskys Sprachgebrauch, im Sinn des ‚Habitus', der den Künstler mit der Kollektivität und seinem Zeitalter verbindet und, ohne dass dieser es merkte, seinen anscheinend noch so einzigartigen Projekten Richtung und Ziel weist" (Bourdieu 1974b: 132; vgl. dazu auch Rosenberg 2009: 6f.).

Die von Panofsky festgestellte Parallele zwischen gotischer Architektur und Scholastik verweist damit nicht direkt auf die subjektive Ebene des Handelns, sondern auf die zugrunde liegenden Denkschemata dieses Handelns. Da Panofskys Kategorie der „Denkgewohnheit" eine entscheidende Grundlage für das Bourdieu'sche Konzept des Habitus darstellt, rekurriert er zwar auf das Kunstwollen einer Epoche, ergänzt Panofskys Kategorie jedoch auch um die Ebene des handelnden Akteurs.

Ebenso wie die „Mental Habit" der Gotik den Künstler des Mittelalters in der Produktion seiner Kunstwerke bestimmt, liegt der Habitus als generierendes Prinzip dem Handeln eines sozialen Akteurs zugrunde. Auf dieser gemeinsamen Basis waren die Gedanken der Theologen und die Bauformen des Architekten als strukturell ähnliche Praxisformen des 13. Jahrhunderts möglich:

> „Es ist daher nur natürlich, dass sich in Bereichen, die auf der Ebene der Erscheinungen zunächst nichts miteinander verbindet, der Ausdruck dieser allgemeinen Disposition beobachten lässt, welche die Einzelmuster erzeugt, die sich dann in den verschiedenen Bereichen des Denkens und Handelns verwenden lassen." (Bourdieu 1974b: 144)

Die Befolgung der Prinzipien einer Epoche führt damit „zu Entwürfen und zu Realisierungen, die zwar eigenständig sind, sich aber zugleich auf Muster von größerer Allgemeinheit zurückführen lassen" (Bourdieu 1974b: 150). Der Habitus ist damit ein Prinzip, das als Basis unzähliger Variationen dienen kann, auf denen die konkreten künstlerischen Formen einer Epoche beziehungsweise das konkrete Handeln einer sozialen Klasse beruhen. Der Habitus vermag es, so Bourdieu, „die aktiven, erfinderischen, ‚schöpferischen' Fähigkeiten" des Akteurs hervorzuheben, ohne dabei die Ebene der zugrunde liegenden sozialen Strukturen auszublenden (Bourdieu 1999: 285).

Dass der Habitus nicht lediglich der verlängerte Arm objektiver Strukturen, sondern tatsächlich ein erzeugendes Prinzip ist, wird nach Bourdieu vor allem „in Zeiten des Übergangs und der Krise deutlich, in denen sich eine neue, generative Grammatik herausbildet", denn die epochalen „Neuerer" sind diejenigen, „die mit der ästhetischen Tradition ihrer Zeit und ihrer Umgebung gebrochen haben" (Bourdieu 1974b: 155). Um kreative Einzigartigkeit zu erkennen, reicht der Blick auf die Struktur nicht aus, sondern muss um eine Analyse des einzelnen künstlerischen Subjekts ergänzt werden. Zur umfassenden Beschreibung einer ästhetischen Disposition muss die objektive Denkgewohnheit einer Epoche also ebenso betrachtet werden wie die Persönlichkeit eines künstlerischen Subjekts und dessen spezifischer sozialer Hintergrund (Bourdieu 1974b: 157).[3]

5. Die Entwicklung des Habituskonzeptes und Panofskys Institution der Schule

Wie gezeigt wurde, geht es Panofsky in seinen kunsttheoretischen Ausführungen vor allem um die Bestimmung der übersubjektiven Einheitlichkeit von Kunstepochen. Im Rahmen seiner Analyse der gemeinsamen Denkgewohnheit der Gotik bleibt Panofskys Analyse jedoch nicht bei der bloßen Feststellung einer kollektiven epochalen Denkgewohnheit stehen, sondern liefert darüber hinaus eine Begründung, wie eine solche einheitliche Formation entsteht und aufrecht erhalten wird: durch die Institution der Schule, welche „Mental Habits" ausbilde, vereinheitliche und über eine gewisse Zeit aufrecht erhalte. Die einheitlichen Gestaltungsprinzipien in Kunst und Architektur sowie das Schaffen im Bereich der Scholastik und der Philosophie führt Panofsky also konkret auf die soziale Institution der Schule zurück, von der einheitliche Denkweisen produziert werden. So stellt Panofsky fest, dass die Scholastik zu Zeiten der Hochgotik (1130/40 bis 1270) in der Region Paris das „Bildungsmonopol" besaß, was für ihn die einheitliche Durchsetzung des gotischen Stils begründete (vgl. Panofsky 1989: 18-21). Bourdieu greift diesen Gedanken Panofskys auf und betrachtet die Wirkungsweise der Schule, in der er einen konkreten Faktor für die Homologie von sozialen Strukturen erkennt. Insofern ist der Zusammenhang von Habitus und Bildungssystem, den Bourdieu im Rahmen seiner frühen Schriften zur Bildungssoziologie untersuchen wird, in anderer Form bereits bei Panofky angelegt. Bourdieu lobt Panofsky ausdrücklich dafür, nicht vage von einer „einheitlichen Weltanschauung" oder einem „Zeitgeist" gesprochen, sondern die epochale Einheitlichkeit „entmystifiziert" und konkret auf eine Konstellation innerhalb der soziale Welt zurückgeführt zu haben (Bourdieu 1974b: 139). Denn

„in einer Gesellschaft, in der eine Schule das Monopol der Vermittlung von Bildung innehat, finden die geheimen Verwandtschaften, das einigende Band der menschlichen Werke (und

---

[3] Im Rahmen der Weiterentwicklung der Kunstsoziologie spricht Bourdieu von einem Zusammenhang, der die Position oder Stellung eines Künstlers im künstlerischen Feld, den Habitus (Disposition) des Künstlers und die Positionierung oder künstlerischen Stellungnahme umfasst (vgl. dazu Schumacher 2011: Kap. 4.10).

zugleich der Lebensführung und des Denkens) ihren prinzipiellen Nexus in der Institution der Schule" (Bourdieu 1974b: 139).

So interpretiert Bourdieu die Schule konkret als gesellschaftliche Machtinstanz, als „pädagogischen Imperativ" (Bourdieu 1974b: 140). Damit lassen sich „Mental Habits" oder, anders ausgedrückt, die kollektiven Schemata des Habitus, „die das Denken von Gebildeten in all den Gesellschaften regeln, die über eine Schule als Institution verfügen," auf diese kollektive Institution zurückführen (Bourdieu 1974b: 143). Die Schule erfüllt damit – wie Bourdieu bereits in diesem frühen Text nahelegt – „dieselbe Funktion ... wie die unbewussten Schemata, auf die der Ethnologe in der Untersuchung der Riten und Mythen bei Mitgliedern von Gesellschaften stößt, die derartige Institutionen nicht kennen" (Bourdieu 1974b: 143). Bourdieu entwickelt damit etwas, was er als „einen scholastischen Begriff des Habitus" bezeichnet (Bourdieu 1974b: 143). Was die Schule vermittelt, ist „ein Zusammenspiel bereits im Voraus assimilierter Grundmuster" (Bourdieu 1974b: 143).[4] Dieses Zusammenspiel assoziiert er dabei konkret mit dem Habitus, als einem „System verinnerlichter Muster [...], die es erlauben, alle typischen Gedanken Wahrnehmungen und Handlungen einer Kultur zu erzeugen – und nur diese" (Bourdieu 1974b: 143). Aus seiner Panofsky-Interpretation – konkret aus dem Zusammenhang zwischen der „Mental Habit" der Gotik und der Bindung dieser an eine schulische Institution – entwickelt Bourdieu explizit die Vorstellung des Habitus als eines „modus operandi", als eines erzeugenden Prinzips von Kunstwerken, das „der Zivilisation des 13. Jahrhunderts ihre Einheit verleiht", und später von kollektiven sozialen Praktiken, die sozialen Klassen ihre Einheit verleihen (Bourdieu 1974b: 143f.; Panofsky 1989: 22).[5]

In einer Passage über „Das kulturell Unbewusste" versucht Bourdieu an anderer Stelle diesen Zusammenhang genauer zu erfassen (Bourdieu 1974a: 115-124): Die Beziehung des Intellektuellen zur Schule im Bezug auf den Habitus ist ein dialektisches. Er besitzt die Bildung als erworbenes Gut, jedoch besitzt ihn auf der anderen auch die Bildung: „Menschen, die von einem bestimmten Schule geprägt wurden, verfügen über einen gewissen gemeinsamen Geist; nach demselben Muster geformt, sind sie prädisponiert, bei ihresgleichen spontane Komplizität zu erwecken" (Bourdieu 1974a: 121). Die Institution der Schule hat demnach auch die Funktion,

> „bewusst (oder zum Teil auch unbewusst) Unbewusstes zu übermitteln oder, genauer gesagt, Individuen hervorzubringen, die mit diesem System der unbewussten (oder tief vergrabenen) Schemata ausgerüstet sind, in dem ihre Bildung bzw. ihr ‚Habitus' wurzelt. Kurz, die ausdrückliche Funktion der Schule besteht darin, das kollektive Erbe in ein sowohl ‚individuell' als ‚kollektiv Unbewusstes' zu verwandeln." (Bourdieu 1974b: 139; vgl. auch Jurt 2008: 62f.; Kastner 2009: 35f.)

---

[4] Diese von Panofsky übernommene Konzeption des schulischen Lernens fließt später auch in Bourdieus Bildungssoziologie ein, in der er das Bildungssystem als sozialen Reproduktionsmechanismus analysiert (vgl. Bourdieu / Passeron 1971; Bourdieu 1981, 1988; vgl. dazu auch Heim / Lenger / Schumacher 2009).
[5] Mit dem Begriff des „modus operandi" rekurriert Bourdieu explizit auch auf Konzeption der „generativen Grammatik" von Noam Chomsky (vgl. Chomsky 1969; 1973), mit der er sich parallel zu Panofsky in den 1960er Jahren beschäftigte (vgl. Rehbein / Saalmann 2009: 113). Chomskys generativer Grammatik zufolge besteht das Fundament von Sprache auf einigen wenigen grammatischen Kategorien und Zusammenhängen, die allen Menschen als kognitive Struktur gemeinsam sind (vgl. dazu auch Rehbein / Saalmann 2009: 112f.; Krais / Gebauer 2002: 31-34).

In diesen frühen Aufsätzen entwickelt Bourdieu seinen Begriff des Habitus demnach in der Auseinandersetzung mit Panofsky als ein von der Schule vermitteltes „kulturell Unbewusstes", das als „allgemeine Disposition" den „Nährboden ... des Denkens und Handelns" bildet (Bourdieu 1974a: 123).

6. Schluss

Panofsky zieht im Rahmen seiner kunsttheoretischen Analyse zur Einheitlichkeit der gotischen Epoche die Institution der Schule zwar als Erklärungsmodell heran, verbleibt dabei aber weitgehend auf der Ebene bloßer Deskription. Während seine kunsttheoretischen Betrachtungen also bei der Beschreibung der gotischen Denkgewohnheit stehen bleiben, interessieren den Soziologen Bourdieu an den kollektiven Schemata von Epochen auch hinter ihnen liegende soziale Machtstrukturen. Wie Bourdieus Auseinandersetzung mit der Kunsttheorie Panofskys zeigt, war das Aufgreifen des Zusammenhangs von kollektivem Habitus und der Institution Schule von Beginn an nicht nur auf das Verhältnis zwischen Subjekt und Objekt, sondern vor allem auch auf die Schule als Instrument symbolischer Macht ausgerichtet. Die aus Panofskys Texten entwickelte Idee, dass die Institution der Schule ein unbewusstes Wissen nicht nur über die Denkstrukturen von Epochen, sondern auch über grundlegende Strukturen der Reproduktion sozialer Klassen liefert, wird in den frühen kunstsoziologischen Texten Bourdieus nur angedeutet, jedoch im Rahmen seiner späteren Studien zur Bildungssoziologie systematisch ausgearbeitet (vgl. v.a. Bourdieu / Passeron 1971; Bourdieu 1981, 1988).

Bei der Betrachtung dieser Auseinandersetzung Bourdieus mit Panofsky wird ebenfalls deutlich, dass Bourdieus Begriff des Habitus zu diesem frühen Zeitpunkt noch nicht als Klassenhabitus entworfen war: Die kollektiven Systeme von „Denk-, Wahrnehmungs- und Handlungsschemata" (Bourdieu 1974b: 153) waren zu diesem Zeitpunkt nicht auf den Habitus sozialer Klassen bezogen, sondern auf die Einheitlichkeit von Epochen. Wenn Bourdieu jedoch in späteren Texten den einheitlichen Habitus sozialer Klassen beschreibt, so finden sich darin immer wieder auch Verweise auf die frühe Auseinandersetzung mit der Kunsttheorie Panofskys, wenn etwa wie im folgenden Zitat aus *Sozialer Sinn*, das 1980 in französischer Sprache im Original erschien, parallel zur Klasse auch vom „Stil einer Epoche" die Rede ist:

> „Der ‚eigene' Stil, d. h. jenes besondere Markenzeichen, das alle Hervorbringungen desselben Habitus tragen, seien es nun Praktiken oder Werke, ist im Vergleich zum Stil einer Epoche oder Klasse immer nur eine Abwandlung, weswegen der Habitus nicht nur durch Einhaltung des Stils (...) auf den gemeinsamen Stil verweist, sondern auch durch den Unterschied, aus dem die ‚Machart' besteht." (Bourdieu 1987: 113)

Panofskys Kunsttheorie, die künstlerische Produkte als Ausdruck kollektiver Denkgewohnheiten begreift, stellt einen wesentlichen Entwicklungsimpuls für Bourdieus Habitusbegriff dar. Mit ihm distanziert er sich explizit vom Gegensatz von Subjekt und Objekt. Kulturelle Symbole versteht Bourdieu damit nicht wie Panofsky ausschließlich von der Struktur her, also als Ausdruck einer gesamten Kultur, einer Gesellschaft oder einer ganzen Epoche, sondern auch auf der Ebene des Subjekts. Damit gelingt es Bourdieu bereits in der Auseinandersetzung mit Panofsky, die Ebene der Epoche bzw. der sozialen Strukturen auf konkrete Weise mit dem Subjekt zu verbinden. So erscheint in seiner Soziologie einerseits die soziale Welt als ein von den Subjekten entworfenes und grundsätzlich veränderbares Gebilde, während sich auf der anderen Seite im Habitus eines sozialen Akteurs die soziale Welt in inkorporierter Form widerspiegelt. Kurz, Bourdieu gelingt es im Rückgriff auf Panofsky, die strukturelle Ebene der Epoche mit den sozialen Akteuren und andererseits die sozialen Akteure mit der strukturellen Ebene der Epoche zu verbinden.

Die Auseinandersetzung mit der Kunsttheorie Panofskys ermöglicht es Bourdieu, mit dem Habituskonzept – gegen den voluntaristischen Subjektentwurf Sartres – sein eigenes soziologisches Modell sozialen Handelns zu entwerfen, in dem die strukturelle Seite nicht einfach ausgeblendet wird (vgl. Jurt 2006: 71). Gerade dieser Habitusbegriff gewährleistet, dass der subjektivistischen Konzeption individueller Willensfreiheit „nicht ein Konzept totaler Vorherbestimmtheit" entgegengesetzt und in eine rein deterministische Sicht auf die soziale Welt verfallen wird (Kastner 2009: 39). Wie Bourdieu anhand der Analyse von künstlerischer Epoche und schöpferischem Subjekt veranschaulicht, erscheint der Mensch nicht als „passives Wesen [...], das die Eindrücke der Welt aufnimmt", sondern im Gegenteil als aktiver sozialer Akteur, der die soziale Welt durch die Brille seines Habitus entsprechend interpretiert und verarbeitet (Jurt 2008: 59).

Literatur

Bourdieu, Pierre (1974a): Künstlerische Konzeption und intellektuelles Kräftefeld. In: Pierre Bourdieu: *Zur Soziologie der symbolischen Formen*. Frankfurt am Main: Suhrkamp. S. 75-124.
Bourdieu, Pierre (1974b): Der Habitus als Vermittler zwischen Struktur und Praxis. In: Pierre Bourdieu: *Zur Soziologie der symbolischen Formen*. Frankfurt am Main: Suhrkamp. S. 125-158.
Bourdieu, Pierre (1974c): Elemente einer soziologischen Theorie der Kunstwahrnehmung. In: Pierre Bourdieu: *Zur Soziologie der symbolischen Formen*. Frankfurt am Main: Suhrkamp. S. 159-201.
Bourdieu, Pierre (1981): *Titel und Stelle. Über die Reproduktion sozialer Macht*. Frankfurt am Main: Europäische Verlags Anstalt.
Bourdieu, Pierre (1987): *Sozialer Sinn. Kritik der theoretischen Vernunft*. Frankfurt am Main: Suhrkamp.
Bourdieu, Pierre (1988): *Homo academicus*. Frankfurt am Main: Suhrkamp.
Bourdieu, Pierre (1993): Aber wer hat denn die »Schöpfer« geschaffen? In: Pierre Bourdieu (Hg.): *Soziologische Fragen*. Frankfurt am Main: Suhrkamp. S. 197-211.
Bourdieu, Pierre (1999): *Die Regeln der Kunst. Genese und Struktur des literarischen Feldes*. Frankfurt am Main: Suhrkamp.
Bourdieu, Pierre (2000): Der totale Intellektuelle. Ein Gespräch mit Pierre Bourdieu über Jean-Paul Sartre. In: *Sueddeutsche Zeitung*, 15.04.2000.
Bourdieu, Pierre (2003): »Sartre und ich«. Über den »totalen Intellektuellen«. In: Pierre Bourdieu (Hg.): *Interventionen 1961-1980. Band 1. Kolonialkrieg & revolutionäres Bewusstsein; Erziehung & Herrschaft; gegen die Wissenschaft von der politischen Enteignung*. Hamburg: VSA. S. 48-52.
Bourdieu, Pierre (Hg.) (1992): *Rede und Antwort*. Frankfurt am Main: Suhrkamp.

Bourdieu, Pierre / Passeron, Jean-Claude (1971): *Die Illusion der Chancengleichheit. Untersuchungen zur Soziologie des Bildungswesens am Beispiel Frankreichs.* Stuttgart: Klett.
Chomsky, Noam (1969): *Aspekte der Syntaxtheorie.* Frankfurt am Main: Suhrkamp.
Chomsky, Noam (1973): *Strukturen der Syntax.* Mouton: De Gruyter.
Fröhlich, Gerhard (1994): Kapital, Habitus, Feld, Symbol. Grundbegriffe der Kulturtheorie bei Pierre Bourdieu. In: Ingo Mörth / Gerhard Fröhlich (Hg.): *Das symbolische Kapital der Lebensstile. Zur Kultursoziologie der Moderne nach Pierre Bourdieu.* Frankfurt am Main: Campus. S. 31-54.
Heidt, Renate (1977): *Erwin Panofsky. Kunsttheorie und Einzelwerk.* Köln / Wien: Böhlau.
Heim, Christof / Lenger, Alexander / Schumacher, Florian (2009): Bildungssoziologie. In: Gerhard Fröhlich / Boike Rehbein (Hg.): *Bourdieu-Handbuch. Leben – Werk – Wirkung.* Stuttgart: Metzler. S. 254-263.
Jurt, Joseph (2006): Die Konzeption der Literatur nach Sartre und Bourdieu. In: Peter Knopp / Vincent von Wroblewsky (Hg.): *Carnets Jean-Paul Sartre. Der Lauf des Bösen.* Frankfurt am Main: Lang. S. 63-78.
Jurt, Joseph (2008): *Bourdieu.* Stuttgart: Reclam.
Jurt, Joseph (2010): Die Habitus-Theorie von Pierre Bourdieu. In: *LiTheS* (1. Dezember). S. 5-17. Online verfügbar unter http://lithes.uni-graz.at/lithes/08_01.html.
Kastner, Jens (2009): *Die ästhetische Disposition. Eine Einführung in Pierre Bourdieus Kunsttheorie.* Wien: Turia & Kant.
Krais, Beate / Gebauer, Gunter (2002): *Habitus.* Bielefeld: Transcript.
Noll, Thomas (2003): Ikonographie / Ikonologie. In: Ulrich Pfisterer (Hg.): *Metzler Lexikon Kunstwissenschaft. Ideen, Methoden, Begriffe.* Stuttgart: Metzler. S. 151-155.
Panofsky, Erwin (1922): Die Michelangelo-Literatur seit 1914. In: *Wiener Jahrbuch für Kunstgeschichte* (15), 1.
Panofsky, Erwin (1975): *Sinn und Deutung in der bildenden Kunst.* Köln: DuMont.
Panofsky, Erwin (1989 [1951]): *Gotische Architektur und Scholastik. Zur Analogie von Kunst, Philosophie und Theologie im Mittelalter.* Köln: DuMont.
Panofsky, Erwin (1998a): Der Begriff des Kunstwollens. In: Erwin Panofsky (Hg.): *Aufsätze zu Grundfragen der Kunstwissenschaft.* Berlin: Spiess. S. 29-43.
Panofsky, Erwin (1998b): Über das Verhältnis der Kunstgeschichte zur Kunsttheorie. Ein Beitrag zu der Erörterung über die Möglichkeit »kunstwissenschaftlicher Grundbegriffe«. In: Erwin Panofsky (Hg.): *Aufsätze zu Grundfragen der Kunstwissenschaft.* Berlin: Spiess. S. 49-75.
Panofsky, Erwin (1998c): Zum Problem der Beschreibung und Inhaltsdeutung von Werken der bildenden Kunst. In: Erwin Panofsky (Hg.): *Aufsätze zu Grundfragen der Kunstwissenschaft.* Berlin: Spiess. S. 85-97.
Rehbein, Boike (2006): *Die Soziologie Pierre Bourdieus.* Konstanz: UVK.
Rehbein, Boike / Saalmann, Gernot (2009): Habitus. In: Gerhard Fröhlich / Boike Rehbein (Hg.): *Bourdieu-Handbuch. Leben – Werk – Wirkung.* Stuttgart / Weimar: Metzler. S. 110-118.
Reudenbach, Bruno (1994): Panofsky und Suger von St. Denis. In: Bruno Reudenbach (Hg.): *Erwin Panofsky. Beiträge des Symposions Hamburg 1992.* Berlin: Akademie. S. 109-122.
Rist, Gilbert (1984): La notion médiévale d'»habitus« dans la sociologie de Pierre Bourdieu. In: *Revue européenne des sciences sociales* (22): S. 201-212.
Rosenberg, Rainer (2009): *Die deutschen Germanisten. Ein Versuch über den Habitus.* Bielefeld: Aisthesis.
Sauerländer, Willibald (1994): »Barbari ad portas«. Panofsky in den fünfziger Jahren. In: Bruno Reudenbach (Hg.): *Erwin Panofsky. Beiträge des Symposions Hamburg 1992.* Berlin: Akademie. S. 123-137.
Schultheis, Franz (2007): *Bourdieus Wege in die Soziologie. Genese und Dynamik einer reflexiven Sozialwissenschaft.* Konstanz: UVK.

Schultheis, Franz (2011): Ambivalente Wahlverwandtschaften: Pierre Bourdieu und Claude Lévi-Strauss. In: Daniel Šuber / Hilmar Schäfer / Sophia Prinz (Hg.): *Pierre Bourdieu und die Kulturwissenschaften. Zur Aktualität eines undisziplinierten Denkens.* Konstanz: UVK. S. 27-40.

Schumacher, Florian (2011): *Bourdieus Kunstsoziologie.* Konstanz: UVK.

Zaunschirm, Thomas (1975): *Systeme der Kunstgeschichte.* Wien: Verband der Wissenschaftlichen Gesellschaften Österreichs.

Bourdieus Habitusbegriff und Wittgensteins Sprachphilosophie

Boike Rehbein

1. Einleitung

Ludwig Wittgenstein (1889-1951) gilt als einer der herausragenden Vertreter der Sprachphilosophie. Wenngleich er einige Jahre dem Wiener Kreis zugehörte und später auf Betreiben Bertrand Russells in Cambridge lehrte, ist es weder einfach noch angemessen, ihn einer bestimmten Schule zuzuordnen. In seinen Frühschriften vertrat er eine Philosophie der Logik, die eng mit den Werken Gottlob Freges und dem Positivismus verwandt war. Erkenntnis sollte diesem Ansatz zufolge im Idealfall auf wenige Axiome reduzierbar sein, aus denen nach logischen Regeln die Gesamtheit der wahren Sätze abgeleitet werden kann. Wittgenstein stellte dieses philosophische System im 1921 veröffentlichten *Tractatus logico-philosophicus* (Werke 1: 7-85) vor. Die Diskussionen im Wiener Kreis und weitere Überlegungen veranlassten ihn zur Selbstkritik. Zunehmend entfernte er sich von der Orientierung an der Logik und interpretierte Erkenntnis als eine wandelbare Praxis. Da diese Praxis vor allem sprachlich verfasst ist, beschäftigte sich Wittgenstein zunehmend mit sprachphilosophischen Fragen. In Cambridge untersuchte er die Sprache als ein Geflecht von „Spielen", die sich an praktischen Zwecken ausrichten und ständig verändert werden. Die philosophischen Probleme, die er in seinem Frühwerk für logisch gelöst hielt, betrachtete er nun als Scheinprobleme, die sich aus dem „Leerlauf" der Sprache ergeben. Wittgensteins Sprachphilosophie kulminierte in dem 1953 posthum veröffentlichten Werk *Philosophische Untersuchungen* (Werke 1: 225-580).

Bourdieu hat seine Soziologie und somit auch die systematische Funktion des Habituskonzepts nicht im Zusammenhang mit der Lektüre Wittgensteins entwickelt. Zwischen Wittgenstein und Bourdieu bestand eher eine Art Wahlverwandtschaft, noch präziser wäre der Begriff der Komplementarität. Wittgensteins späte Sprachphilosophie entspricht Bourdieus Theorie der Praxis in vielen Punkten. Im Kern aber zielt jeder Ansatz auf einen anderen Aspekt der Wirklichkeit ab, der jeweils einen blinden Fleck im komplementären Ansatz darstellt. Während sich Bourdieu mit den gesellschaftlichen Voraussetzungen von Praxis beschäftigt, ist Wittgenstein an den praktischen Grundlagen der Philosophie interessiert (vgl. Bourdieu 1990 [1982]: 73). Daraus folgt, dass Bourdieu die Sprache einseitig auf soziale Strukturen und insbesondere Kämpfe reduziert, während Wittgenstein die gesellschaftlichen Bedingungen der Sprachverwendung nicht in den Blick bekommt. Keiner der beiden Ansätze vermag es somit, eine umfassende Theorie der Sprache hervorzubringen.

Dass Bourdieus Soziologie nicht in Wittgensteins Philosophie wurzelt, lässt sich dadurch belegen, dass sich im Frühwerk Bourdieus kaum Verweise auf Wittgenstein finden. Im Gesamtwerk sind wörtliche Zitate eine Seltenheit. Daher drängt sich die Vermutung auf, dass Bourdieu nicht viel von Wittgenstein gelesen und seine Arbeiten nicht genau studiert hat. Tatsächlich scheint er sich nur in einer Phase mit Wittgensteins Spätwerk beschäftigt zu haben. In dieser Phase bildete Wittgenstein jedoch eine wichtige Inspirationsquelle, unter anderem für die Ausformulierung des Habituskonzeptes. Aus seinen Gedanken über den Begriff der Regel und aus dem Konzept des Sprachspiels entwickelte Bourdieu seine „Praxeologie", die wiederum den Rahmen für den Habitusbegriff bildet. Am Ursprung des Habitusbegriffs steht die Idee, dass Praxis zeitlich, irreversibel, unscharf und nicht regelgeleitet, aber dennoch gesellschaftlich bedingt und strukturiert ist. Sie wird im *Entwurf einer Theorie der Praxis* (Bourdieu 1976 [1972]) ausgeführt. In diesem Werk und im teilweise zeitgleich entstandenen Buch *Sozialer Sinn* (Bourdieu 1987 [1980]) finden sich die meisten wörtlichen Zitate aus Wittgenstein (1976 [1972]: 161f.; 1987 [1980]: 24, 49, 74ff.).[1] Wenig später erschien auch Wittgensteins Text „Bemerkungen zu Frazers Golden Bough" in Bourdieus Zeitschrift *Actes de la recherche en sciences sociales* (1977).

Wittgensteins Spätphilosophie könnte zu dieser Idee einen unmittelbaren Beitrag geleistet haben. In diesem Zusammenhang sind vor allem sein Begriff des „Sprachspiels" und seine Diskussion der Regelhaftigkeit von Sprache für Bourdieus Soziologie der Praxis bedeutsam gewesen (Bourdieu 1987 [1980]: 19). Weder im Strukturalismus noch in der Phänomenologie fanden sich Ansätze, die den zugleich strukturierenden und strukturierten Charakter des Habitus zu fassen vermochten. Wittgensteins Deutung der Sprache als regelmäßig, aber nicht regelgeleitet sowie als konventionell, aber offen, erfüllte genau die Kriterien, die Bourdieu an eine Soziologie der Praxis anlegte. Er zog Wittgensteins Spätwerk heran, um seine eigene Vorstellung von Praxis genauer auszuarbeiten.

Später bezog sich Bourdieu nur noch selten auf Wittgenstein. Ihm kam jedoch seine Auffassung der Philosophie als „Verhexung des Verstandes" durch die Sprache entgegen: „Denn die philosophischen Probleme entstehen, wenn die Sprache feiert." (Wittgenstein 1984 [1953]: Aphorismus 38) Anstatt philosophische Probleme mit Bezug auf eine konkrete Empirie zu untersuchen, lief in der Philosophie die Sprache ohne Bezug auf eine empirische Wirklichkeit leer. Bourdieu distanzierte sich als ausgebildeter Philosoph von der reinen Schreibtischtätigkeit und fand dabei in Wittgenstein einen Bundesgenossen (Volbers 2009). Vermutlich hat er sich für seine späteren Werke von Wittgenstein so inspirieren lassen, dass er bei der Lösung gedanklicher Probleme in dessen Schriften geschaut hat. So schreibt Bourdieu beeindruckt: „Er verkörpert eine Art Retter in intellektueller Not." (Bourdieu 1992 [1987]: 28)

2. Vergleich der Theoriekomponenten

Wittgenstein wandte sich in *Philosophische Untersuchungen* (1984 [1953]) gegen die Auffassung, sprachliche Äußerungen dienten der Übermittlung von Informationen oder der Erkenntnis, seien also Propositionen, die Benennungen verknüpfen (1984 [1953]: 1ff., 304). „Es ist interessant, die Mannigfaltigkeit der Werkzeuge der Sprache und ihrer Verwendungsweisen, die Mannigfaltigkeit der Wort- und Satzarten, mit dem zu vergleichen, was Logiker über den Bau der Sprache gesagt haben. (Und auch der Verfasser der Logisch-Philosophischen Abhandlung.)" (1984 [1953]: 23) Wittgenstein hielt diese Auffassung für

---

[1] Weitere direkte Verweise sind in Bourdieu (1982 [1979]: 46; 2006 [1992]: 17, 41, 55; 2001 [1992]: 15, 490; 2001 [1997]: 67) zu finden.

eine Illusion, die aus der Beobachterperspektive resultiere. Wie Bourdieu war er der Ansicht, dass die theoretische Haltung das praktische Handeln nicht angemessen erfasse. Sprache sei in erster Linie ein Handeln. Im *Tractatus logico-philosophicus* hatte Wittgenstein wie Frege die Sprache als logisches System gedeutet, in dem Benennungen verknüpft werden. Äußerungen, die nicht in wahrheitsfähige Sätze analysierbar sind, hielt er darin für sinnlos und überflüssig. Dann erkannte er, dass Sprache nicht zum Zweck von Theorie und Logik geschaffen wurde, sondern Bestandteil des menschlichen Lebens ist. Im Werk mit dem Titel *Philosophische Grammatik* (1984 [1969], Werke 4) versuchte er, Bedeutung nicht mehr auf die Benennung, sondern auf den Gebrauch zurückzuführen. Diese Auffassung herrscht auch in *Philosophische Untersuchungen* (1984 [1953]) vor: Sprache ist Praxis.

Um die sprachliche Praxis zu verstehen, musste Wittgenstein ihre Regelmäßigkeit erklären. Man spricht ja nicht einfach irgendwie, sondern in einer gewissen Übereinstimmung mit der Grammatik. Kein Muttersprachler aber lernt zuerst die grammatischen Regeln aus einem Lehrbuch und dann den Sprachgebrauch. Sprache wird regelmäßig, aber eben nicht regelgeleitet verwendet. Wie Bourdieu unterschied Wittgenstein mindestens drei Bedeutungen von Regel: eine Art Norm, objektive Regelmäßigkeit und das wissenschaftliche Modell. Für ihn hatte der Begriff aber noch eine weitere Bedeutung, nämlich den des Handlungsmusters. In *Sozialer Sinn*, dessen erster Teil mit einem Zitat aus Wittgensteins *Philosophische Untersuchungen* beginnt,[2] benutzt Bourdieu den Terminus des praktischen Schemas ähnlich wie Wittgenstein den der Regel. Im Handeln folge man praktischen Schemata, „die für sich selbst undurchsichtig und je nach der Logik der Situation und dem von dieser geforderten, fast stets voreingenommenen Standpunkt Schwankungen unterworfen" sind (Bourdieu 1987 [1980]: 2). Handlungsschemata sind somit im Gegensatz zu logischen Regeln für unterschiedliche Zwecke einsetzbar.

Der Begriff des Habitus erweitert die Grundeinsicht, dass die Regelhaftigkeit des Handelns eine irreduzible praktische Fähigkeit ist, die durch eine großteils körperliche „Konditionierung" (Bourdieu 1996 [1992]: 160) erworben wird. Wittgensteins Annahme, dass das sprachliche Handeln eine Art „Abrichtung" erfordere, wird durch den Habitusbegriff auf das soziale Individuum übertragen, das in einer Gesellschaft eine Vielzahl von Handlungen ausführt. Es erwirbt nicht nur einzelne Fähigkeiten, sondern ein System von „strukturierten und strukturierenden Dispositionen" (Bourdieu 1996 [1992]: 154). Wie Wittgenstein verwendet auch Bourdieu die Spielmetapher, um das Situative und Unscharfe des Habitus auszudrücken, dessen Erwerb im gebotenen Moment dazu führt, dass das Individuum „richtig", also den Spielregeln gemäß, handelt (Bourdieu 1987 [1980]: 122).

Wittgenstein versuchte in *Philosophische Untersuchungen* aufzuzeigen, dass es sehr viele Zwecke des Sprachgebrauchs gibt, die sich durch den jeweiligen Kontext bestimmen. Die unterschiedlichen Kontexte gruppierte er zu „Sprachspielen" zusammen (1984 [1953]: Aphorismus 6). „Das Wort ‚Sprachspiel' soll hier hervorheben, dass das Sprechen der Sprache ein Teil ist einer Tätigkeit oder einer Lebensform." (1984 [1953]: 23) Das Spiel legt fest, wie man sich in ihm korrekt zu verhalten hat. Genau das gilt laut Wittgenstein auch für die Sprache und erklärt ihre Regelmäßigkeit. Um zu funktionieren, müsse die

---

[2] Das Zitat lautet: „‚Wie kann ich einer Regel folgen?' – wenn das nicht eine Frage nach den Ursachen ist, so ist es eine nach der Rechtfertigung dafür, daß ich so nach ihr handle. Habe ich die Begründungen erschöpft, so bin ich nun auf dem harten Felsen angelangt, und mein Spaten biegt sich zurück. Ich bin dann geneigt zu sagen: ‚So handle ich eben.'" (Bourdieu 1987 [1980]: 49; Wittgenstein 1984 [1953]: 217)

Sprache eine gewisse Konstanz, also Regelmäßigkeit aufweisen (1984 [1953]: 207f.). Sie wird dadurch gewährleistet, dass sich die Lebensform einer Gesellschaft nicht beliebig ändert und die Sprachspiele dementsprechend auch nicht willkürlich verändert werden können oder müssen. Wer die Teilnahme an einem Sprachspiel lernt, erlernt eine Form von Praxis, er lernt so etwas wie die Beherrschung von Spielregeln, die nicht bewusst sein muss (Wittgenstein 1984 [1953]: 202). Die Regelmäßigkeit im sprachlichen Handeln beruht auf der Verinnerlichung von Regeln des jeweiligen Sprachspiels. Die Befolgung einer Regel ist eine „Praxis", so Wittgenstein, die nicht mit der bewussten Anwendung einer Regel verwechselt werden darf. Man muss lediglich wissen, wie man an eine sprachliche Handlung mit der korrekten Art von Handlung anschließt (Wittgenstein 1984 [1953]: 1ff.). Ähnlich führt Bourdieu den Habitusbegriff ein (Bohn 1991: 65). Es ist kein Zufall, dass die erste ausführliche Diskussion des Begriffs unmittelbar auf die Beschäftigung mit dem Regelbegriff und Wittgenstein erfolgt (Bourdieu 1976 [1972]: 164ff.).

Wittgenstein will zeigen, dass es keine Grundform des Sprachspiels gibt, sondern zahllose Arten von Sprachen und Sätzen, beispielsweise Dank, Bitte, Befehl, Gebet, Beschreibung, Vermutung, Theaterspiel, Erzählen eines Witzes, Übersetzung (Wittgenstein 1984 [1953]: 23). Jede Art der Sprachverwendung ist mit Formen der Praxis verknüpft, die Wittgenstein als „Lebensform" bezeichnet. „Und eine Sprache vorstellen heißt, sich eine Lebensform vorstellen." (1984 [1953]: 19) Eine sprachliche Äußerung wird ähnlich wie eine Handlung in einem Spiel aufgefasst, wie ein Zug im Schach oder ein Angriff im Fußball. Es gibt allerdings keine Grundform des Spiels. Die Zahl der Spieler kann ebenso variieren wie das Ziel des Spiels, die Art des Handelns, das Regelwerk und das Ziel. Ähnlich entwickelt Bourdieu später den Begriff des Feldes (Bourdieu 1996 [1992]: 127, 200). Der einheitliche Monolith Gesellschaft wird in zahllose Spiele mit unterschiedlichen Regeln und Zielen aufgelöst. Bourdieu spricht von einem Feld, das jeweils eine eigene Struktur und eine eigene Illusio aufweist.

Die Begriffe Bourdieus und Wittgensteins entsprechen einander jedoch nur an der Oberfläche. Bourdieu ersetzt letztlich den Begriff der Regel oder Regelhaftigkeit durch den Begriff der Strategie (Bourdieu 1976 [1972]: 204ff.). Er scheint von derselben Konzeption von Praxis auszugehen wie Wittgenstein, ersetzt aber einen zentralen Begriff – nämlich den der Regel – durch einen völlig anderen. Die Ersetzung ist mit dem Unterschied zwischen den Begriffen Feld und Sprachspiel verknüpft. Die durch das Feld eingeprägten Interessen werden nicht einfach von den Spielern übernommen, sondern basieren auf Strategien, die wiederum in soziale Kämpfe eingelagert sind. In den Kämpfen verfolgen die Akteure Strategien zur Bewahrung oder Verbesserung ihrer sozialen Position: „Bourdieu begreift soziale Felder als Kräftefelder, die geprägt sind von der Konkurrenz unter den Akteuren." (Krais / Gebauer 2002: 55f.) Die Akteure streben nach den bestmöglichen Positionen auf dem Feld. Zu diesem Zweck setzen sie alles ein, worüber sie verfügen und was auf dem Feld zählt. Gleichzeitig versuchen sie, die Regeln oder Strukturen des Feldes so zu verändern, dass das, worüber sie verfügen, am besten zur Geltung kommt.

Die Strukturen eines Feldes zeichnen sich durch Ungleichheit aus. Die Ungleichheit bewirkt, dass die Menschen nicht über die gleichen Handlungsmöglichkeiten und die gleichen Habitus verfügen. Bourdieu zufolge geht es den Menschen im Handeln um diese Ungleichheit, indem sie nach dem Erhalt oder der Verbesserung ihrer sozialen Position streben. Ihre Handlungen seien als Strategien zur Verfolgung dieses Ziels zu erklären. Damit setzte Bourdieu den Begriff der Strategie an die Stelle des Regelbegriffs (Bourdieu 1976

[1972]: 216 f.). Letztlich sind gesellschaftliche Regelmäßigkeiten also auf Strategien zurückzuführen, die wiederum auf der Ungleichheit sozialer Positionen beruhen. Die Vielfalt der Praxis wird bei Bourdieu am Ende auf eine einzige Struktur und ein einziges Ziel reduziert. Das zeigt sich besonders deutlich in seiner Sprachsoziologie, in der sprachliches Handeln zum ökonomischen Akt verkommt (Bourdieu 1990 [1982]). Es soll nur darum gehen, das sprachliche Produkt auf dem bestmöglichen Markt mit dem größtmöglichen Profit zu verkaufen. Damit meint Bourdieu, dass die Sprecher die Strategie verfolgten, ihre Position zu erhalten oder zu verbessern. Das hat zur Folge, dass Sprache selber zum Instrument der Reproduktion sozialer Positionen wird.

Weder Wittgenstein noch Bourdieu vermag die Einübung in das Sprachspiel angemessen zu erklären. Die Regelmäßigkeit des Handelns wurde von beiden als Problem aufgeworfen, aber nicht aufgeklärt. Jacques Bouveresse (1993) hat moniert, dass der Begriff des Habitus kaum eine Erklärungskraft habe, sondern an die „einschläfernde Kraft" Molières erinnere. Der Begriff sei nur eine Beschreibung für erlernte praktische Fähigkeiten. Wie diese bewirken, dass in verschiedenen Situationen gleich oder in ähnlichen Situationen unterschiedlich gehandelt wird, bleibe unklar. Das aber sei das eigentliche Problem bei der Erklärung regelhaften Verhaltens, das von Wittgenstein aufgeworfen worden sei. Der Begriff des Habitus ist allerdings kein empirischer oder erklärender Begriff, sondern er ist eine Kategorie. Er kann also nicht die von Bouveresse geforderte Erklärungskraft haben. Dennoch trifft seine Kritik eine Schwäche im Habitusbegriff. Wie Situationen als gleich oder unterschiedlich eingestuft werden, scheint für Bourdieu eine empirische Frage zu sein. Das führt dazu, dass seine Interpretationen der Praxis oft unzureichend fundiert wirken. Der Zusammenhang zwischen allgemeinen gesellschaftlichen Strukturen und konkretem individuellen Verhalten bleibt dunkel. Die Nachfrage beantwortet Bourdieu mit dem Hinweis darauf, dass der Habitus nur eine „Tendenz" sei, so und nicht anders zu handeln.

Indem Bourdieu die Regelmäßigkeit in Wittgensteins Konzeption zu einer Disposition verfestigt und den Dispositionen einen einheitlichen Stil unterlegt, vermag er sowohl dem Subjekt wie auch der Gesellschaft eine höhere Konsistenz zu verleihen als Wittgenstein. Für beide erklärt die Einübung in ein bestehendes soziales Muster die Regelmäßigkeit des Handelns. Was man einmal gelernt hat, inkorporiert und wiederholt man, bis abweichende oder korrigierende Muster eingeübt werden. Für Wittgenstein ist die Vielheit der Muster oder Lebensformen nicht weiter zu reduzieren (Wittgenstein 1984, Werke 8: 559). Bourdieu hingegen führt die Muster auf soziale Bedingungen zurück, die letztlich den Klassenfraktionen entsprechen (Bourdieu 1982 [1979]: 212). Jedes Muster stimmt mit den anderen Mustern überein, weil alle in derselben sozialen Umgebung erworben werden. Zusätzliche Muster können nicht abweichend oder korrigierend wirken, weil sie strukturell mit den früheren identisch sind. Daher bezeichnet Bourdieu den Habitus als einen „Stil" der Praxis (Bourdieu 1982 [1979]: 281).

Wittgensteins Diskussion der Regelmäßigkeit führte Bourdieu auf die Fährte, die Einübung von Handlungsmustern zu erforschen. Die Forschung wurde nicht wie bei Wittgenstein philosophisch betrieben, sondern zunächst am Beispiel der kabylischen Gesellschaft (Bourdieu 1976 [1972]; 1987 [1980]) und sodann am Beispiel des französischen Nationalstaats (Bourdieu 1982 [1979]). Bouveresses Kritik ist vor diesem Hintergrund nicht vollkommen berechtigt, da Bourdieu zwar keine philosophische Erklärung der Regelmäßigkeit von Handlungen vorlegt, wohl aber ihre Einheitlichkeit soziologisch erklärt. Allerdings ist diese Einheitlichkeit zweifelhaft, wie Bernard Lahire (1998) ausführlich gezeigt hat. Die

Vorstellung, dass alle Handlungen eines Menschen strukturell oder stilistisch identisch seien, lässt sich empirisch nicht belegen, weil die Klassenfraktionen in der Praxis nicht hermetisch gegeneinander abgeschlossen sind, sondern Gemeinsamkeiten und Überschneidungen aufweisen. Das ist in der Gegenwartsgesellschaft noch deutlicher als im Frankreich der 1960er Jahre. Wenn ein Mensch seine Handlungsmuster jedoch nicht allein und vollständig innerhalb einer einzigen Klassenfraktion erwirbt, stellt sich die Frage nach der Regelmäßigkeit des Handelns erneut. Die Antwort ist nicht durch eine Rückkehr zu Wittgenstein und Bouveresse zu finden, sondern durch eine – noch ausstehende – genauere Untersuchung des Zusammenhangs zwischen sozialen Strukturen und Handlungsmustern.

3. Fazit

Die Ansätze Bourdieus und Wittgensteins überschneiden sich und ergänzen einander dort, wo sie voneinander abweichen. Während Bourdieu die Vielfalt der Sprechhandlungen nicht erklären kann, weil er die Sprachspiele auf die soziale Struktur des Feldes reduziert, so fehlt in Wittgensteins Sprachphilosophie die Gesellschaft, insbesondere die soziale Ungleichheit. Bei Wittgenstein bleibt unklar, wann welches Sprachspiel gewählt wird und warum im Sprachspiel diese oder jene Sprechhandlung zur Anwendung kommt. Damit verknüpft sich die Problematik symbolischer Gewalt, die darauf beruht, dass die Berechtigung und die Befähigung zu bestimmten Sprechhandlungen gesellschaftlich ungleich verteilt sind. Sie steht im Zentrum von Bourdieus Sprachsoziologie, fehlt in Wittgensteins Ansatz hingegen völlig.

Literatur

Bohn, Cornelia (1991): *Habitus und Kontext. Ein kritischer Beitrag zur Sozialtheorie Bourdieus.* Opladen: Westdeutscher Verlag

Bourdieu, Pierre (1976 [1972]): *Entwurf einer Theorie der Praxis auf der ethnologischen Grundlage der kabylischen Gesellschaft.* Frankfurt am Main: Suhrkamp.

Bourdieu, Pierre (1982 [1979]): *Die feinen Unterschiede. Kritik der gesellschaftlichen Urteilskraft.* Frankfurt am Main: Suhrkamp.

Bourdieu, Pierre (1987 [1980]): *Sozialer Sinn. Kritik der theoretischen Vernunft.* Frankfurt am Main: Suhrkamp.

Bourdieu, Pierre (1990 [1982]): *Was heißt sprechen? Die Ökonomie des sprachlichen Tauschs.* Wien: Braumüller.

Bourdieu, Pierre (1992 [1987]): *Rede und Antwort.* Frankfurt am Main: Suhrkamp.

Bourdieu, Pierre / Wacquant, Loïc J. D. (1996 [1992]): *Reflexive Anthropologie.* Frankfurt am Main: Suhrkamp.

Bourdieu, Pierre (2001 [1992]): *Die Regeln der Kunst. Genese und Struktur des literarischen Feldes.* Frankfurt am Main: Suhrkamp.

Bourdieu, Pierre (2001 [1997]): *Meditationen. Zur Kritik der scholastischen Vernunft.* Frankfurt am Main: Suhrkamp.

Bouveresse, Jacques (1993): „Was ist eine Regel?". In: Gunter Gebauer / Christoph Wulf (Hg.): *Praxis und Ästhetik. Neue Perspektiven im Denken Pierre Bourdieus.* Frankfurt am Main: Suhrkamp. S. 41-56.

Krais, Beate / Gebauer, Gunter (2002): *Habitus*. Bielefeld: Transcript.
Lahire, Bernard (1998): *L'homme pluriel. Les ressorts de l'action*. Paris: Nathan.
Volbers, Jörg (2009): „Wittgenstein und die Sprachphilosophie". In: Gerhard Fröhlich / Boike Rehbein (Hg.): *Bourdieu-Handbuch: Leben – Werk – Wirkung*. Stuttgart / Weimar: Metzler. S. 60-63.
Wittgenstein, Ludwig (1977): „Bemerkungen zu Frazers Golden Bough". In: *Actes de la recherche en sciences sociales* (16): S. 35-42.
Wittgenstein, Ludwig (1984): *Werke in acht Bänden, Band 1: Tractatus logico-philosophicus [1921]; Tagebücher 1914–1916; Philosophische Untersuchungen [1953]*. Frankfurt am Main: Suhrkamp.
Wittgenstein, Ludwig (1984): *Werke in acht Bänden, Band 4: Philosophische Grammatik [1969]*. Frankfurt am Main: Suhrkamp.
Wittgenstein, Ludwig (1984): *Werke in acht Bänden, Band 8: Bemerkungen über die Farben; Über Gewißheit; Zettel; Vermischte Schriften*. Frankfurt am Main: Suhrkamp.

Norbert Elias' „sozialer Habitus" als Vorläufer des Bourdieu'schen Habitus? Eine vergleichende Analyse

Florian Schumacher

1. Einleitung

Der Bourdieu'sche Habitusbegriff speist sich aus verschiedenen theoretischen Quellen. Dennoch ist die Verwandtschaft zwischen Bourdieus Habitus und einer Reihe von Vorgängertheorien nicht auf den ersten Blick erkennbar, da Bourdieu häufig lediglich einzelne Gedankenstränge bestimmter theoretischer Konzepte übernahm (wie von Veblen oder Husserl) oder aber (wie bei Panofsky, Wittgenstein oder Chomsky) gar kein eigenständiges theoretisches Konzept des Habitus vorlag. Die Beeinflussung des Bourdieu'schen Habitusbegriffs durch Elias erscheint bei genauerer Betrachtung von Elias' Soziologie dagegen als offensichtlich: Zum einen verweist Bourdieu in seinen Schriften verhältnismäßig häufig auf Elias, und zum anderen liegt von Elias ein ausformuliertes soziologisches Habituskonzept vor – lange bevor Bourdieu diesen Begriff für sich aufgriff (vgl. Paulle et al. 2012: 71). Dennoch sind die soziologischen Theorien von Elias und Bourdieu bislang nur ansatzweise systematisch miteinander verknüpft worden (vgl. Barlösius 2003; Willems 2012: 109).

Inwiefern der Elias'sche Habitusentwurf einen direkten Einfluss auf Bourdieus Habituskonzept hatte, ist mit Bourdieus Texten nicht eindeutig zu klären. Deshalb widmet sich der vorliegende Beitrag einem rekonstruierenden Vergleich der beiden Konzepte. Um jedoch die Unterschiede und Gemeinsamkeiten adäquat analysieren zu können, müssen auch die umfassenderen theoretischen Gesamtentwürfe von Elias und Bourdieu betrachtet werden, in welche die beiden Habituskonzepte eingebettet sind.

Bei Elias taucht der Begriff des Habitus zum ersten Mal 1939 im ersten Band von *Über den Prozess der Zivilisation* als kollektiver „psychischer Habitus" oder „sozialer Habitus" auf, der sich, Elias' Konzeption zufolge, im Laufe der abendländischen Zivilisationsgeschichte immer wieder veränderte (Elias 1997a: 76, 82). Eine tatsächliche systematische Ausarbeitung zu einem soziologischen Konzept erfährt der Begriff bei Elias jedoch erst im dritten Abschnitt von *Die Gesellschaft der Individuen* unter dem Titel "Wandlungen der Wir-Ich-Balance" (Elias 2001b), erstmals 1987 veröffentlicht, also lange Zeit nach der konkreten soziologischen Ausformulierung des Habitus von Bourdieu. Obwohl die Soziologie von Elias zweifellos einen prägenden Einfluss auf Bourdieu hatte, ist es somit sehr unwahrscheinlich, dass dieser den Begriff selbst tatsächlich von Elias übernommen hat. Dennoch ist die Parallelität der Konzepte – wie in diesem Beitrag gezeigt werden wird – an manchen Stellen so evident, dass eine direkte inhaltliche Beeinflussung kaum von der Hand zu weisen ist.

In Bourdieus Schriften wird Elias verhältnismäßig häufig erwähnt, und es findet sich eine ganze Reihe direkter Verweise.[1] Da Bourdieu an diesen Stellen zumeist von Elias verwendete Beispiele zur Veranschaulichung seiner eigenen Zusammenhänge gebraucht, ist von einer detaillierten Kenntnis einiger Werke der Elias'schen Soziologie durch Bourdieu auszugehen. Dennoch hat Bourdieu das Werk von Elias wohl nicht in seiner Gesamtheit rezipiert (vgl. Fröhlich 2009: 38). So verweist Bourdieu zuallermeist auf eine einzelne Schrift von Elias, das Frühwerk *Die höfische Gesellschaft* (Elias 1969).

Bourdieus einschlägige Äußerungen zu Elias weisen auf drei direkte Beeinflussungen hin: Erstens betrachtete Bourdieu Elias explizit als einen Vorläufer seiner Konzeption des sozialen Feldes, wofür er Elias' Konzept der „Figuration" rezipierte (vgl. Paulle et al. 2012: 76-79). Hierzu findet sich die prägnanteste Erwähnung von Elias in einem Fernsehinterview (de Leuw / Zimmermann 1983), wo Bourdieu erklärt, Elias habe

> „die Existenz derartiger Strukturen objektiver Beziehungen – das, was ich ‚Feld' nenne – in seinen Schriften glänzend dargestellt. Beim Lesen von Elias bin ich immer wieder frappiert, wie sehr unsere Positionen sich gleichen […]. Das sind dann immer spezifische Welten, die durch Unterschiede funktionieren, die durch Beziehungen konstituiert werden. Ich verwende in diesem Zusammenhang die Feldmetapher […]" (Bourdieu 1983 zitiert nach Fröhlich 2009: 36).

Diese Parallelität zwischen Elias' Figuration und Bourdieus Feld wird im Rahmen dieses Beitrags nicht weiter verfolgt,[2] da sie anders als die beiden anderen Beeinflussungen nicht in direktem Zusammenhang mit dem Bourdieu'schen Habitus steht. Zweitens erscheint es im Hinblick auf den Habitusbegriff als sehr wahrscheinlich, dass Bourdieu von Elias die Idee der Inkorporierung sozialer Strukturen übernahm, da sich die Prämisse einer Vermittlung zwischen Subjekt und Objekt bereits bei Elias in fast identischer Form findet. Drittens ist die Vorstellung distinktiver sozialer Praktiken im Hinblick auf den Habitus der herrschenden Klassen explizit in der Auseinandersetzung mit Elias' Modell des Prozesses der Zivilisation entstanden, wie aus Bourdieus Vorwort zur deutschen Ausgabe von *Die feinen Unterschiede* klar hervorgeht (Bourdieu 1982: 11).

Im Rahmen des bereits zitierten Interviews äußert sich Bourdieu ungewöhnlich direkt zu einem anderen Soziologen und bezeichnet Elias als Vorläufer seiner eigenen Theorie. Elias theoretischer Ansatz, so Bourdieu, stehe „unter allen lebenden Soziologen […] tatsächlich diesem meinem Ansatz am nächsten. […] Deshalb bin ich natürlich höchst geschmeichelt, in einem Atemzug mit ihm genannt zu werden. Ich bewundere ihn." (Bourdieu 1983 zitiert nach Fröhlich 2009: 36) Vor diesem Hintergrund erscheint es als umso erstaunlicher, dass Literatur zur Verwandtschaft dieser beiden Hauptvertreter der Soziologie des 20. Jahrhunderts im Allgemeinen relativ dünn gesät ist (vgl. Paulle et al. 2012: 70). Zwar wird an verschiedenen Stellen in der Sekundärliteratur auf deren Verwandtschaft hingewiesen (vgl. Barlösius 2006: 14; Schwingel 1995: 179; Fröhlich 1994: 33, 2000, 2007b: 43, 2007a: 55; Quilley / Loyal 2005: 812),[3] systematische Untersuchungen der theoretischen

---

[1] Vgl. Bourdieu (1982: 578, 357, 1994: 5f., 17); Bourdieu / Wacquant (1996: 121-123); Bourdieu (1997: 31f., 1998: 101f., 123, 151f., 1999: 95, 2001b: 49, 159, 249, 2004: 159).
[2] In diesem Zusammenhang verwendete Bourdieu insbesondere Elias' Analyse des staatlichen Gewaltmonopols für seine Analyse des bürokratischen Feldes (vgl. Bourdieu 1994: 5f., 17 zudem Paulle et al. 2012: 69, 88 Fn. 1).
[3] Interessant ist, dass Krais und Gebauer (2002) in ihrer Monographie zum Habitus Elias an keiner Stelle erwähnen. Ebenso wenig gehen auch Papilloud (2003) und Rehbein (2006) auf Elias ein. Schwingel (1995), Barlösius (2006) und Jurt (2008) erwähnen in ihren Monographien zum Werk Bourdieus Elias immerhin namentlich,

Beeinflussung einzelner Bereiche der Bourdieu'schen Theorie durch Elias finden sich jedoch bislang nur vereinzelt (vgl. Barlösius 2003; Fuchs-Heinritz / König 2011: 280-283; Fröhlich 2009; Paulle et al. 2012; Willems 2012: 68-73, 107-154).

Im folgenden ersten Abschnitt wird zunächst das von Elias im Rahmen seiner Schriften *Der Prozess der Zivilisation* (Elias 1997a, 1997b) und insbesondere *Die Gesellschaft der Individuen* (Elias 2001a) entwickelte und ausgearbeitete Konzept des „sozialen Habitus" rekapituliert, bevor in den darauf folgenden Abschnitten drei zentrale Beeinflussungen des Bourdieu'schen Habituskonzeptes durch Elias beleuchtet und diskutiert werden: Die Verortung des Habitus zwischen gesellschaftlichem Objekt und Einzelsubjekt (Abschnitt 3), der Habitus als Inkorporierung sozialer Strukturen (Abschnitt 4) und das Elias'sche Konzept der Figuration im Hinblick auf die Entwicklung eines Modells des bürgerlichen Klassenhabitus der Distinktion (Abschnitt 5). Im letzten Abschnitt wird auf die zentralen Unterschiede der beiden Theorien von Elias und Bourdieu hingewiesen, woraus – einiger eindeutiger Parallelen zum Trotz – die zuletzt bloß begrenzte Verwandtschaft der beiden theoretischen Entwürfe hervorgeht.

2. Das Konzept des „Sozialen Habitus" bei Norbert Elias

Anders als bei Bourdieu ist der Habitusbegriff bei Elias kaum mit der Frage der sozialen Ungleichheit innerhalb nationaler Gesellschaften verbunden, sondern vor allem mit dem Prozess der Fortentwicklung der abendländischen Zivilisation. Die Analyse von Herrschaftsstrukturen (etwa die Dominanz der herrschenden Klassen über die unteren Klassen in der bürgerlichen Gesellschaft oder das Machtverhältnis zwischen der Aristokratie und dem aufstrebenden Bürgertum im 17. Jahrhundert) interessiert Elias nur insofern, als er in ihnen einen Motor des allgemeinen Zivilisationsprozesses sieht. Seine soziologischen Analysen zielen also anders als bei Bourdieu nicht primär auf die adäquate und detaillierte Beschreibung sozialer Ungleichheitsmechanismen ab, sondern darauf, die Entwicklungsstufe des Gemeinwesens im Zivilisationsprozess zu erfassen (vgl. auch Paulle et al. 2012: 70). In den Rahmen dieses langfristigen sozio-historischen Prozesses ist der Begriff des sozialen Habitus als dynamisches, sich fortentwickelndes Element eingebettet. Dabei werden die Entwicklung des sozialen Habitus und die zivilisatorische Gesellschaftsdynamik jedoch nicht als vollkommen kongruente Prozesse gedacht, sondern als zwei Elemente, die sich auf lange Sicht parallel zueinander entwickeln (vgl. Elias 2001b: 283). Folglich kann der soziale Habitus Katalysator gesellschaftlicher Fortentwicklungen sein und dazu beitragen, dass ein Gemeinwesen schneller auf eine höhere Stufe der Zivilisation aufsteigt, oder eben die zivilisatorische Fortentwicklung ausbremsen, indem er sich der „weiterdrängenden Gesellschaftsdynamik widersetzt" und diese verlangsamt oder gar verhindert (Elias 2001b: 281).

Entsprechend meint Elias mit dem sozialen Habitus vor allem die Ebene der kollektiven Identifizierung mit einem Gemeinwesen. So erkennt Elias etwa bei Naturvölkern eine niedrige Version eines sozialen Habitus, da die „höchststehende Ebene der Wir-Identität" auf dieser Entwicklungsstufe die Zugehörigkeit zu einem Stamm darstelle (Elias 2001b: 282, vgl. auch 2006: 113f.). In der Moderne taucht die am weitesten fortentwickelte Stufe

---

diskutieren seine Beeinflussung jedoch nicht weiter. Einzig die Einführung von Fuchs-Heinritz und König widmet Elias immerhin drei Seiten (vgl. Fuchs-Heinritz / König 2011: 280-283).

des sozialen Habitus auf: der nationale Habitus, das heißt die Identifizierung mit einem Nationalstaat. Damit analysiert Elias analog zum sozio-historischen Prozess der Zivilisation die Entwicklung eines sozialen Habitus: Die Wir-Identität des Menschen war demnach zunächst an den Stamm gebunden und ist heute größtenteils an den Nationalstaat gebunden (vgl. Elias 2001b: 296). Folglich erscheint der soziale Habitus bei Elias als die Entwicklung der psycho-sozialen Komponente im Zivilisationsprozess, womit eine zentrale Parallele zwischen Elias Konzeption und dem Bourdieu'schen Habitus bereits angedeutet ist: die Vermittlung zwischen sozialen Akteuren und gesellschaftlichen Strukturen.

3. Zwischen Objekt und Subjekt

In der philosophischen Tradition und insbesondere seit Rousseau (Rousseau 1998 [1755]) wird der Körper als ein Bereich der Natur angesehen (vgl. Fröhlich 2000: 6). Der Ausgang vom Dualismus von Körper und Seele beziehungsweise von Geist und Materie, d. h. einer äußeren physischen Welt und einer inneren und innerlichen psychischen Sphäre, ist ein grundlegendes Element des abendländischen Diskurses überhaupt. Im Anschluss an die klassische ethnologische Studie *Die Techniken des Körpers* von Marcel Mauss (1989 [1935]) stehen sowohl Elias und als auch in dessen Nachfolge Bourdieu in einer Tradition, die mit diesem klassischen Paradigma brach (vgl. Jurt 2010: 5). Der Zivilisationsprozess ist vor allem ein sozialer Lernprozess der Triebsublimierung und Triebregulierung, in dem „Kodes gelernt und im optimalen Fall verinnerlicht werden" (Smudits 1991: 117).

Bereits Elias hielt also die Vorstellung von einem individuellen inneren Selbst und einer äußeren Gesellschaft für grundlegend falsch (vgl. Elias 1990: 114f. dazu auch Fröhlich 2000: 12f.). Die Grundprämisse einer Überwindung der Dichotomie zwischen Objektivismus und Subjektivismus findet sich also schon bei Elias vollständig ausformuliert und bildete bei ihm eine entscheidende Grundlage für die Konzeption des Zivilisationsprozesses – lange bevor Bourdieu auf derselben Grundlage seinen Habitusbegriff entwarf. Elias' Theoriekonstruktion basiert also auf der Idee, dass Individuum und Gesellschaft nicht zwei voneinander getrennte Bereiche sind. Dabei wendet er sich – ebenso wie später auch Bourdieu – entschieden gegen die Vorstellung des „Entweder-Oder" (Elias 2001b: 244; vgl. auch Barlösius 2003: 139; Paulle et al. 2012: 80). Elias verortet seinen Begriff des Habitus als ein Bindeglied zwischen gesellschaftlichem Gebilde und Einzelmenschen. Die Existenz des Menschen als Individuum hängt folglich in entscheidendem Maße von seiner Existenz als soziales Wesen innerhalb einer Gesellschaftsordnung ab: „Es gibt keine Ich-Identität ohne Wir-Identität." (Elias 2001b: 247)

Der „soziale Habitus" ist somit ein „spezifisches Gepräge", das jeder einzelne Mensch einer Gesellschaft „an sich trägt" und mit allen „anderen Angehörigen seiner Gesellschaft teilt" (Elias 2001b: 244). Dieser soziale Habitus bilde, so Elias, den kollektiven „Mutterboden", aus welchem persönliche Merkmale und individueller Stil herauswachsen (Elias 2001b: 244). Analog zu dieser Idee des kollektiven Mutterbodens spricht Bourdieu in Bezug auf seinen Habitus von „Wahrnehmungs-, Denk- und Handlungsschemata", die als generierende Prinzipien den kollektiven Praktiken zugrunde liegen (Bourdieu 1987: 101, 1974: 153). Damit stellt der Habitus ebenso wie bei Elias ein erzeugendes Prinzip von Handlungen dar, jedoch nicht die Handlung selbst. Der Habitus ist damit bei beiden Soziologen kein direkt beobachtbares, äußeres Verhaltensmuster, sondern eine „unbeobachtbare innere Tiefengrammatik" (Fröhlich 2009: 38, vgl. auch 2000: 23f.). Insofern der Habitus bei Elias und Bourdieu damit auch auf den Körper bezogen ist (wofür Bourdieu den Begriff *hexis* verwendet), ist er auf der Ebene zwischen Körper und sozialer Welt platziert (vgl. Fröhlich 2009: 38, 2000: 23). Soziale Akteure erscheinen somit bei Elias und ebenso später bei Bourdieu in ihren Handlungen weder als völlig frei und unabhängig vom gesellschaftlichen Hintergrund noch als völlig determiniert (vgl. Willems 2012: 122).

4. Die Inkorporierung der sozialen Zwänge

Elias' Zivilisationsprozess ist als ein Prozess der Verinnerlichung und der inneren Anpassung konzipiert, als Triebregulierung und Triebsublimierung. Das Innere des Subjekts ist bereits bei Elias nicht allein ein psychisches Inneres, sondern ein psycho-soziales Inneres. Ebenso wie sich bei Bourdieu die sozialen Strukturen im Klassenhabitus sozialer Akteure spiegeln, spiegelt sich bei Elias der Zivilisationsprozess in den sozialen Praktiken und den Gewohnheiten, das heißt im Verhalten des modernen Menschen wider. Beide Autoren gehen somit von einer Inkorporierung oder Einverleibung historisch entstandener sozialer Strukturen aus.

Der Zivilisationsprozess besteht Elias zufolge aus einer Reihe kultureller Praktiken, die sich die Menschen aneignen und reproduzieren. Diese gesellschaftlichen Wissens- und Erfahrungsschätze kommen etwa bei einem sozial angemessenen Verhalten bei Tisch zum Ausdruck. Daher, so fasst Fröhlich Elias zusammen, „steckt ‚die Gesellschaft' bzw. ‚die Geschichte' auch ‚in' uns – und ist nicht nur ‚außen'" (Fröhlich 2000: 13). Fröhlich weist dabei zu Recht auf die Komplexität von Elias' Konzeption des Selbstzwangs hin, wenn er von einer Dialektik von kulturellen Schätzen und kulturellen Zwängen spricht (vgl. Willems 2012: 73). Die Umwandlung von Fremdzwängen in Selbstzwänge im fortgeschrittenen Zivilisationsprozess erscheint als Konstruktion des modernen Individuums an sich, denn mit der Inkorporierung von sozialen Zwängen werden diese eben habitualisiert, das heißt zu einem Teil des menschlichen Körpers beziehungsweise der Identität des Menschen. Während die römischen Galeerensklaven noch angekettet waren und mit der Peitsche zur Arbeit gezwungen werden mussten, gehen Arbeiter und Angestellten heute „freiwillig" zur Arbeit und betrachten ihre berufliche Tätigkeit als Teil ihrer Identität.

Anhand eines solchen Beispiels lässt sich auch die grundlegende Differenz zwischen Bourdieu und Elias veranschaulichen: Während im Bourdieu'schen Kontext ein solches Beispiel dafür herangezogen werden könnte, dass soziale Herrschaftsverhältnisse zwischen sozialen Gruppen in der bürgerlichen Gesellschaft in inkorporierter Form weiterhin bestehen, jedoch nichts von ihrer Relevanz verloren haben, möchte Elias auf etwas anderes hinaus: Ihm geht es darum zu zeigen, dass sich der fortgeschrittene Zivilisationsprozess auch im Verhalten der Subjekte widerspiegelt und an einem gewaltfreieren Verhalten ablesbar ist. Dabei stehen zum einen die befriedeten Räume entwickelter Gesellschaften im Zentrum, zum anderen die Aneignung kultureller Schätze. Exemplarisch hierfür ließe sich auch das Erlernen eines Musikinstruments, das Erlernen des Schreibens oder das nahezu perfekte Ausüben einer Sportart anführen, wofür langjährige Disziplin und Arbeitsethos notwendige Grundlagen darstellen – Elemente, die in den sozialen Habitus des modernen zivilisierten Menschen eingeschrieben sind (vgl. Fröhlich 2000: 13). Mit der Umwandlung von Fremdzwang in Selbstzwang lässt sich mit Elias somit nicht vorrangig auf den Zwang zur Arbeit verweisen, sondern vor allem auf das Erlernen von im historischen Prozess der Zivilisation entstandenen kulturellen Praktiken. Die kulturellen Schätze müssen erlernt werden, sie müssen durch Selbstzwänge mühevoll angeeignet werden. Damit symbolisieren sie aber auch einen zivilisatorisch fortgeschrittenen gesellschaftlichen Zustand.

Die Regulierung des Verhaltens beschreibt Elias als den Übergang von Fremdzwängen in Selbstzwänge und demnach als die Herausbildung eines „sozialen Habitus" des zivilisierten modernen Menschen. Damit erscheint der Zivilisationsprozess auf der Ebene des sozialen Verhaltens als „Veränderung des psychischen Apparats" (Jurt 1995: 328). Dem Einzelnen wird von Kindesbeinen an eine „differenziertere und stabilere Regelung des Verhaltens" als „Automatismus angezüchtet" (Jurt 1995: 328). Triebregulierung wird zum Selbstzwang in das Bewusstsein des modernen Menschen als „richtiges" Verhalten eingeschrieben. Elias spricht dabei von einer „blind arbeitenden Selbstkontrollapparatur" beziehungsweise einer „psychischen Apparatur" oder „Prägeapparatur des Verhaltens" (Jurt 1995: 328, 336; vgl. dazu auch Baumgart / Eichener 1991: 60-63). Obwohl diese Begriffe auf den Kontext der Zivilisationstheorie ausgerichtet sind, kommen sie dem Bourdieu'schen Habitusbegriff sehr nahe, denn sie bezeichnen ebenso wie der Bourdieu'sche Habitus keine konkreten Verhaltensformen, sondern ein konkreten sozialen Verhaltensweisen zugrunde liegendes Prinzip, welches das Verhalten des Einzelnen strukturiert, aber nicht vollständig determiniert (vgl. Fröhlich 2009: 39).

Betrachtet man die unterschiedlichen theoretischen Hintergründe von Elias und Bourdieu, unterscheiden sich die beiden Konzeptionen jedoch in einem grundlegenden Punkt: Elias begründet die „Selbstzwangapparaturen" aus dem Zivilisationsprozess heraus. Er führt sie in der Tradition Durkheims auf die Ausdifferenzierung der Gesellschaft zurück: Ein kooperatives soziales Verhalten der Menschen wird Elias zufolge in Gesellschaften mit einem hohen Maß an Funktionsteilung notwendig. Durch eine fortgeschrittene Arbeitsteilung sind die „funktionellen Abhängigkeiten des einen Menschen von anderen größer" und ein gleichförmigeres und triebreguliertes Verhalten wird notwendig (Jurt 1995: 332, vgl. auch 327). Damit geht Elias zufolge von „der Kulisse des Alltags ... ein beständiger, gleichmäßiger Druck auf das Leben des Einzelnen aus" und zwingt ihn zu einem höheren Maß an Selbstbeherrschung (Jurt 1995: 336). Der Mensch ist von dieser sozialen Prägeapparatur, die Fremdzwänge in Selbstzwänge verwandelte, erst zu einem „zivilisierten Wesen" im Sinne eines fortgeschrittenen Zivilisationsprozesses modelliert worden (Jurt 1995: 343). Elias geht dabei im Rahmen seiner sozio-historischen Konzeption des Zivilisationsprozesses von einer Art psycho-sozialem Urzustand aus, der vor dem Beginn des Zivilisationsprozesses geherrscht hat: Ausgehend von einem wilden „Naturzustand" des Menschen entwickelten sich immer neue Formen des sozialer Habitus. Damit erscheint der Zivilisationsprozess als eine Domestizierung der „wilden" Natur des Menschen und folglich auch als wider die Natur. Die Gewalt wird in der modernen Gesellschaft verdrängt und im wörtlichen und metaphorischen Sinne „einkaserniert": Sie tritt nur noch in Kriegszeiten offen hervor und wird ansonsten in die Fiktion und damit ins Innenreich der Phantasie des Menschen verbannt, wo sie in Träumen, Bildern, Büchern, Filmen oder Computerspielen auftaucht (vgl. Elias 1997b: 336, 341). Die psycho-soziale Prägeapparatur des sozialen Habitus lässt – wie Elias es ausdrückt – im Zivilisationsprozess Narben zurück (Elias 1997b: 344).

Bourdieus Habitusbegriff liegt eine solche psychologisch inspirierte Über-Ich Apparatur nicht zugrunde. Mit seinem Habitus intendiert Bourdieu auch nicht, den Gegensatz zwischen einem natürlichen und einem sozialen Sein zu beschreiben, sondern lediglich einzelne soziale Herrschaftsformationen innerhalb bestimmter Gesellschaften zu einer bestimmten Zeit, wie etwa die kabylische Gesellschaft in Algerien (Bourdieu 1976, 1987), die französische Gesellschaft der 1960er Jahre (Bourdieu 1982) oder bestimmte soziale Felder (Bourdieu 1988, 1992, 1999, 2000, 2001a). Insofern der Bourdieu'sche Habitus also einen geschichtlichen Begriff darstellt, erscheint er als eine Ansammlung sozio-historischer Dispositionen, anhand derer eine soziale Gruppe oder Klasse als entweder dominant oder dominiert erscheint.

5. „Distinktion" und das Fortschreiten des Zivilisationsprozesses

Elias umfassende Untersuchung eines historischen Prozesses der Zivilisation vom Mittelalter bis in die Moderne ist als Prozess der zunehmenden Formalisierung von Verhaltensweisen beschreibbar (vgl. Smudits 1991: 113). Die Geschichte der westlich abendländischen Zivilisation wird von Elias demnach vorrangig als eine Zivilisierung beziehungsweise Kultivierung des Verhaltens beschrieben. Ausgehend von der Idee der unzivilisierten „Urhorde" beschreibt Elias eine „Stufenabfolge der Gesellschaftsentwicklung", in welcher das Verhältnis von Gemeinwesen und Einzelwesen, in der modernen Gesellschaft von Staat und Individuum sich immer wieder transformiert und anpasst (Elias 2001b: 236, 240).

Analog zum Bourdieu'schen Klassenkampf bilden bei Elias Konkurrenzverhältnisse zwischen sozialen Gruppen den Motor des Zivilisationsprozesses. Damit erscheint der Habitus bei Bourdieu als Ausdruck sozialer Ungleichheitsverhältnisse innerhalb einer gesellschaftlichen Formation, während er bei Elias als ein zentrales dynamisches Element für die Fortentwicklung der Zivilisation konzipiert ist.

Elias veranschaulicht dieses grundlegende Prinzip in seiner Analyse exemplarisch anhand der „Verhöflichung des Adels" (Elias 1969, 1997a, 1997b). Dabei beschreibt er den historischen Prozess innerhalb dessen der traditionelle kriegerische Adelsstand innerhalb des europäischen Zivilisationsprozesses nach und nach zu einem gezähmten und zivilisierten höfischen Adel wird (vgl. Jurt 1995: 364; dazu auch Chartier 1989).

Elias beschreibt diesen Prozess in seinen großangelegten Untersuchungen zum abendländischen Zivilisationsprozess anhand der Entwicklung der höfischen Etikette, zu welcher eine Reihe von Verhaltensnormen etwa bei Tisch oder gegenüber Frauen gehörten (vgl. Elias 1997a: 297). Der Courtoise-Ritter war demzufolge Produkt eines Zivilisationsprozesses, der eine Modellierung des Verhaltens erforderte. Die zivilisiertere Form des höfischen Adels entstand jedoch – und das ist der entscheidende Punkt im Hinblick auf Bourdieu – erst durch die Konkurrenz des aufstrebenden Bürgertums (vgl. Baumgart / Eichener 1991: 126-129). Denn mit dem sozialen Aufstieg der bürgerlichen Gesellschaft musste die Aristokratie um ihre soziale Position fürchten, ihre Stellung als oberste soziale Schicht war nicht mehr unangefochten. Mit der Verbürgerlichung der Gesellschaft gelangte das Bürgertum zunehmend zu Reichtum und infolgedessen auch zu sozialem Prestige. Damit waren die Ritter gezwungen, sich in die Sphäre des Hofes, also in die Nähe der königlichen Macht zu begeben, womit ihre soziale Stellung gesichert war.

Aus dieser gesellschaftlichen Konstellation entwickelte sich Elias zufolge die höfische Lebensweise: Die feine höfische Etikette stellte – um es mit Bourdieu auszudrücken – einen Akt der Distinktion dar. Die Aristokratie war gezwungen, sich vom ökonomisch aufsteigenden Bürgertum in kultureller Hinsicht zu distanzieren. Die Adligen begaben sich vor allem deshalb an den Hof und damit in die Nähe des Königs, weil sie ihr soziales Prestige aufrecht erhalten wollten und dadurch weiterhin die High Society des Landes bilden konnten (vgl. Jurt 1995: 375f.). Durch Affektregulierung und die Entwicklung distinktiver sozialer Praktiken entwickelte die Gruppe der Aristokraten eine „feine Kultur", wodurch es ihr gelang, sich von der bürgerlichen Schicht abzugrenzen. So sind sie – wie Elias analysiert – im 17. und 18. Jahrhundert zwar im ökonomischen Bereich vom erfolgreichen gewerbetreibenden Bürgertum überholt worden, waren jedoch durch einen entstandenen aristokratischen Lebensstil weiterhin symbolisch herrschend, da aristokratische Gesellschaft zumindest noch die „gute Gesellschaft" darstellte (vgl. Jurt 1995: 376).

Bei der Betrachtung dieses Modells einer materiell reichen Gruppe der Bürger und einer kulturell reichen Gruppe der Aristokraten erscheint es als äußerst plausibel, dass Bourdieu diese Konstellation in seinen Analysen zum sozialen Raum auf die französische Gesellschaft der 1960er Jahre übertrug. Denn wenn in *Die feinen Unterschiede* von einer Teilung der herrschenden Klasse die Rede ist, dann spiegelt sich dieses Modell von Elias darin praktisch eins zu eins wider. Bei Bourdieu stellt die ökonomische Macht der Bourgeoisie zwar zunächst ein Mittel dar, dem Zwang des Ökonomischen zu entkommen, denn im Kulturellen und Ästhetischen drückt sich generell eine Distanzierung von den mittleren und unteren Gesellschaftsklassen aus, indem gegen die materielle Notwendigkeit eine Nivellierung des Zweckmäßigen und eine Ästhetisierung der Welt exponiert werden. Jedoch beschreibt Bourdieu auch die Differenz zwischen Besitzbürgertum und Bildungsbürgertum als einen sekundären Gegensatz innerhalb des bürgerlichen Universums. Die grundlegende Unterscheidung besteht dabei „zwischen dem, was sich auszahlt und dem, was nichts einbringt", bzw. „zwischen Interessegeleitetem und Interesselosem" (Bourdieu 1982: 103). Bourdieu verweist hier auch auf die Gegensatzpaare von Max Weber zwischen Arbeits- und Wohnstätte, zwischen Werk- und Feiertag, zwischen männlichem Außen und weiblichem Innen sowie zwischen Geschäft und Gefühl. Bei Bourdieu verkörpern sich diese homologen Gegensätze vor allem in den Polen von industrieller Produktion und künstlerischer Produktion, also in einem Konkurrenzverhältnis zwischen „der Welt der ökonomischen Zwänge und der Welt der durch ökonomische Macht von jenen Zwängen befreiten künstlerischen Freiheiten" (Bourdieu 1982: 103).

Wie die exemplarische Argumentation bezüglich der Verhöflichung des Adels zeigt, geht Elias also analog zu Bourdieu vom Prinzip des Konkurrenzkampfes sozialer Gruppen aus, das gesellschaftliche Prozesse prägt. Ein theoretisches Grundmodell hierfür entwickelte Elias im Prinzip erst nachträglich mit John Scotson in der gemeinsam verfassten Schrift *Etablierte und Außenseiter* (Elias / Scotson 2002; vgl. auch Elias 1970: Kap. 6) mit dem Begriff der Figuration (Barlösius 2003: 141; Baumgart / Eichener 1991: 101-114). Anhand des Konkurrenzverhältnisses dreier Gruppen in einem englischen Dorf Ende der 1950er Jahre analysieren Elias und Scotson die sozialen Prozesse einer Etablierte-Außenseiter Konfiguration: Die „alten" Familien des Ortes bilden als Reaktion auf eine zugewanderte neue Gruppe eine geschlossene Gruppe von Etablierten, während die neue, zunächst heterogenere Gruppe zu Außenseitern werden (vgl. Treibel 2008: 80f.). Figurationen sind demnach „Beziehungsgeflechte von Menschen", in denen die wechselseitige Abhängigkeit von Gruppen zum Ausdruck kommt (Treibel 2008: 69). Das zentrale Element von Figurationen besteht in einer Machtrelation (Elias 1970: 94, 119).

In *Die feinen Unterschiede* wird explizit, dass Bourdieu als Basis für sein Modell des Klassenhabitus die Etablierte-Außenseiter Figuration zwischen Aristokratie und Bourgeoisie direkt von Elias übernahm: Der Gegensatz zwischen der Gruppe der verschwenderischen Aristokratie und dem „sparsamen, auf seinen Profit achtenden Bürger", so Bourdieu im Hinblick auf Elias, sei in der bürgerlichen Gesellschaft markiert durch „den Abstand zwischen Bürger und Kleinbürger" (Bourdieu 1982: 588). So übernimmt Bourdieu von Elias im Wortlaut, dass die französische Bourgeoisie analog zur Aristokratie in der letzten Phase vor ihrem endgültigen Niedergang „etwas in der Luft" schwebe „gegenüber dem Volk und Menschen zweiten Ranges" (Bourdieu 1982: 769).

Zur Veranschaulichung dieses Zusammenhangs muss auf Elias' sozio-historische Analyse der unterschiedlichen nationalen Habitusformen Deutschlands und Frankreichs hingewiesen werden. Im ersten Band seines Hauptwerks zum Zivilisationsprozess analysiert Elias detailliert die nationenspezifischen Unterschiede zwischen dem deutschen und dem französischen Bürgertum (Elias 1997a: 1-109). Während im 17. und 18. Jahrhundert in Frankreich „die bürgerliche Intelligenz und die Spitzengruppen des Mittelstandes verhältnismäßig frühzeitig in den Kreis der höfischen Gesellschaft hineingezogen" wurden, war das deutsche Bürgertum weitgehend von der Sphäre politischer Macht oder auch nur politischer Einflussnahme ausgeschlossen (Elias 1997a: 132). Elias' Untersuchung zufolge wurden die Vertreter der aufstrebenden bürgerlichen Schichten von der höfisch-aristokratischen Kultur systematisch abgelehnt und ausgegrenzt. Das deutsche Bürgertum sprach, anders als in Frankreich, eine andere Sprache als die französisch sprechenden Adligen; es entwickelte schließlich in Abgrenzung zur Aristokratie und zum „gekünstelten" Französisch ein eigenes, genuin bürgerliches Selbstbewusstsein vorrangig in der Literatur auf der Basis der deutschen Sprache. Die „Partikularität der französischen Tradition", wie Bourdieu es ausdrückt, spiegelt sich dagegen darin wider, dass eine Annäherung zwischen Aristokratie und Bourgeoisie erfolgte (Bourdieu 1982: 11; vgl. dazu auch Fuchs-Heinritz / König 2011: 281). Die Folge war eine „Durchdringung bürgerlicher Kreise mit spezifisch aristokratischem Traditionsgut" (Elias 1997a: 132). Deswegen gab es Elias zufolge in Frankreich bereits im 18. Jahrhundert nur noch kleinere soziale Differenzen zwischen Großbürgertum und höfischer Aristokratie, die sich im Verhalten anglichen: Anders als in Deutschland sprachen beide Gruppen die gleiche Sprache, lasen die gleichen Bücher und hatten mehr oder weniger die gleichen Manieren, was quasi bruchlos zu einer „unmittelbareren Fortführung der höfisch-aristokratischen Tradition des 17. Jahrhunderts" führte (Elias 1997a: 133).

Der Vorstellung von zivilisiertem Verhalten haftet bis heute etwas Aristokratisches an („Verfeinerung der Sitten", „Höflichkeit", „gutes Benehmen"), was Elias zufolge auf diese französische „Akkulturation" zurückgeführt werden kann (Elias 1997a: 136). Kurz, der von Bourdieu beschriebene Lebensstil der französischen Bourgeoisie in *Die feinen Unterschiede* besteht zu einem nicht unwesentlichen Teil aus den von Elias beschriebenen sozialen Praktiken der höfischen Etikette, wie Bourdieu ausführlich beschreibt (Bourdieu 1982: 132). Der „interessefreie" und „anti-ökonomische" Habitus der Bourgeoisie geht damit zurück auf „das Ehrverhalten der aristokratischen oder vorkapitalistischen Gesellschaften" (Bourdieu 1998: 152). Als die Bourgeoisie nach dem Niedergang des Ancien Régime zur neuen herrschenden Klasse innerhalb der französischen Gesellschaft wurde, stand sie somit in gewisser Hinsicht in der aristokratischen Tradition, weshalb Bourdieu auch von einem „Bildungsadel" (Bourdieu 1982: 31) und später von einem „Staatsadel" (Bourdieu 2004) spricht. Demzufolge werden die Adelstitel in der bürgerlichen Gesellschaft nach und nach durch die hohen Bildungstitel der Eliteuniversitäten ersetzt. Wenn Bourdieu also den Habitus der Distinktion vom Habitus des Strebens des Kleinbürgertums oder dem Habitus der

Notwendigkeit der Arbeiterklasse unterscheidet, dann greift er direkt auf Elias' Studien zur höfischen Gesellschaft und deren legitimem Geschmack nicht nur bei Tisch, sondern auch im Bereich der hohen Kultur zurück (vgl. Schumacher 2011: 83-91). Die französische Aristokratie in Form „der höfischen Gesellschaft", so fast Bourdieu zusammen, ist „inkarniert in einer Pariser Großbourgeoisie, die alles Prestige und alle – gleichermaßen ökonomischen wie kulturellen – Adelsprädikate in sich vereinigt" (Bourdieu 1982: 11).

6. Eine Befriedung der Kämpfe?

Auch wenn Elias die Dimension der sozialen Ungleichheit als ein Prinzip des Zivilisationsprozesses im Blick hatte (vgl. insb. Elias / Scotson 2002), markiert dieser Punkt den zentralen Unterschied zwischen den beiden Soziologen auch im Hinblick auf die Habituskonzepte (vgl. Willems 2012: 70f., 108).

Bei Elias ist der Konkurrenzdruck zwischen sozialen Gruppen der Motor des Zivilisationsprozesses. Bourdieu hat diese Argumentation im Rahmen seines Klassenhabitus für sein Modell des sozialen Raums adaptiert: Der vom Großbürgertum kultivierte Habitus der Distinktion entwirft als generierendes Prinzip kulturelle Praktiken, um sich vom Rest der Gesellschaft abzuheben und abzugrenzen (Bourdieu 1982: 104-115).

Während Elias' Argumentation letztendlich auf einen historischen Entwicklungsprozess als fortschreitendem Zivilisationsprozess hinausläuft, intendiert Bourdieu lediglich, die Dynamik von Konkurrenz und Distinktion als Triebfeder sozialer Prozesse innerhalb der französischen Gesellschaft zu beschreiben, womit kein Ausblick auf langfristige Entwicklungstendenzen gesellschaftlicher Prozesse verbunden ist. Elias zufolge führen die Etablierte-Außenseiter Figurationen auf lange Sicht vor dem Hintergrund eines fortschreitenden Zivilisationsprozesses zu einer Beruhigung der Kämpfe: Die gesellschaftlichen Unterschichten richten sich demnach immer am zivilisierteren Verhalten der höheren Schichten aus (Elias 1997a: 423), wodurch es schließlich zu einer Nivellierung kommt. So gesteht Elias die Affekt- und Triebregulierung zunächst vorrangig einer gebildeten abendländischen Oberschicht zu, während er soziale Unterschichten als ungehemmter beschreibt (vgl. Girtler 1991: 129).[4] Allerdings geht er letztendlich von einem fortschreitenden Prozess der Zivilisierung des Verhaltens aus, da sich die unteren Schichten immer wieder oberen Schichten anpassen, die sich bereits auf der nächsten Stufe des Zivilisationsprozesses befinden. Damit hören die unteren Schichten im Verlauf des Zivilisationsprozesses „auf, schlechthin ‚untere' soziale Schichten zu sein" (Jurt 1995: 351). Während sich also Elias zufolge die Unterschiede zwischen den sozialen Schichten der abendländischen Gesellschaft immer weiter verringern (vgl. Jurt 1995: 354), geht Bourdieu in keinster Weise von einer Befriedung der Klassenkämpfe aus. Aus Bourdieus Perspektive erscheint Elias' Modell des Zivilisationsprozesses deshalb als verkürzt, was er auch explizit äußert: Elias' Zivilisationsprozess sei, so Bourdieu, „ein Beispiel für jene Vereinfachung, derer sich jene schuldig machen, die die Transformationen der modernen Gesellschaften als lineare und

---

[4] Analog zu Bourdieu (jedoch ohne auf dessen Theorie zu verweisen) widerspricht Girtler der Konzeption von Elias, der zufolge eine ständige Angleichung zu immer zivilisierterem Verhalten analysierbar wäre und beschreibt plausibel die Bedeutung von Ritualen der Distanzierung und Distinktion in der heutigen modernen Gesellschaft (Girtler 1991: 130-139).

eindimensionale Prozesse denken" (Bourdieu 1999: 95). Elias' Vorstellung von einer Abnahme physischer Gewalt stünden „komplexe Entwicklungen" von neuen, mehrdeutigen „Formen der Herrschaft" insbesondere im Hinblick auf eine „fortschreitende symbolische Gewalt und sanfte Formen der Kontrolle" gegenüber (Bourdieu 1999: 95).

Mit Bourdieu besteht also auch die bürgerliche Gesellschaft aus eine Reihe von „Schlachtfeldern"[5] – nicht zuletzt lässt sich der gesamte soziale Raum als „dynamisches Kampffeld" beschreiben, auf dem auf der Basis unterschiedlicher Klassenhabitus dauerhaft symbolische Kämpfe ausgefochten werden: „Das Ringen der Akteure um ihre soziale Reproduktion in diesem Gesellschaftsraum ist sowohl von dem Erkennen und Anerkennen der ihm zugrunde liegenden (Herrschafts-)Strukturen bestimmt als auch durch das Ins-Spielbringen der jeweils eigenen Kapitalien." (Völker / Trinkaus 2009: 150) Während Elias seinen Begriff des Habitus dazu verwendet, das Fortschreiten des Zivilisationsprozesses zu erfassen, geht es Bourdieu mit seinem Habitus darum, die Einverleibung von Klassengegensätzen und damit Herrschaft innerhalb der bürgerlichen Gesellschaft adäquat zu erfassen.

Anders als Bourdieu betrachtet Elias mit dem Gewaltmonopol des Staates den modernen Nationalstaat als befriedeten Raum (Jurt 1995: 331), innerhalb dessen sich der nationale Habitus zu einem kosmopolitischen, transnationalen Habitus weiterentwickeln wird (Elias 2001b: 300f.). Wie Elias auf den letzten Seiten von „Wandlungen der Wir-Ich-Balance" formuliert, befindet sich die Menschheit in der Spätmoderne in einer „Übergangsstufe" vom nationalen zum transnationalen kollektiven Bewusstsein (Elias 2001b: 308).

Elias' idealistisch utopische Sicht auf den Staat hat Bourdieu an mehreren Stellen direkt als naiv kritisiert (vgl. etwa Bourdieu 1994: 5f, 17; dazu auch Fuchs-Heinritz / König 2011: 172; Paulle et al. 2012: 82). Elias habe dabei „den Prozess der Konstituierung eines staatlichen Kapitals und seiner Monopolisierung durch den Staatsadel übersehen, der zu seiner Produktion beigetragen oder, besser: der durch seine Produktion sich selbst produziert hat" (Bourdieu 2001b: 159). Bourdieu betrachtet den Staat nicht als befriedenden Raum oder neutrale Instanz, sondern als Machtapparat mit einem bürokratischen Feld, das letztendlich zu Gunsten des Großbürgertums als herrschender Klasse strukturiert ist (vgl. Bourdieu 1998: 108-125; zudem Paulle et al. 2012: 69, 88 Fn. 1). An einer Stelle deutet er deshalb auch an, dass sein Spätwerk *Der Staatsadel* in gewisser Weise auch eine Antwort auf Elias' Auffassung vom Staat sei, der es unterließe, „nach den Nutznießern und Leidtragenden dieses staatlichen Monopols" zu fragen (Bourdieu / Wacquant 1996: 123; vgl. auch Bourdieu 1998: 101f.).

7. Schluss

Ausgehend von den beiden unterschiedlichen theoretischen Gesamtentwürfen von Elias und Bourdieu sind auch deren Habitusbegriffe unterschiedlich ausgerichtet.

Elias' sozio-historische Analyse versucht, langfristige Tendenzen in der Gesellschaftsentwicklung des Abendlandes zu beschreiben. Kämpfe tauchen in seiner Konzeption des Zivilisationsprozesses lediglich als Triebfeder oder Katalysator der Fortentwicklung der

---

[5] So bezeichnet Bourdieu etwa den Bildungsbereich als das „Hauptschlachtfeld im Klassenkampf" (Bourdieu 1981: 68; vgl. dazu Heim / Lenger / Schumacher 2009).

psycho-sozialen Struktur des Menschen auf. Dadurch erscheint das Prinzip des Konflikts historisch betrachtet zwar als ein grundlegendes, perspektivisch betrachtet jedoch als ein vorübergehendes, denn mit dem Fortschreiten des Zivilisationsprozesses kommt es Elias zufolge zu einem Abklingen der Kämpfe zwischen sozialen Gruppen bei einer gleichzeitigen Zunahme der Identifikation mit dem immer komplexer werdenden Gemeinwesen. Elias' theoretisches Konstrukt des sozialen Habitus spiegelt dabei diese kollektive Identifikation mit dem Gemeinwesen wider. Ausgehend von der kollektiven Identifikation mit dem Stamm beschreibt Elias mit seinem dynamischen Begriff des sozialen Habitus die Identifizierung mit immer größer und komplexer werdenden Gemeinwesen bis hin zum nationalen Habitus der bürgerlichen Gesellschaft, der sich zu einem transnationalen und schließlich globalen Habitus weiterentwickeln soll.

Bourdieus Soziologie ist dagegen nicht auf langfristige Entwicklungen, sondern auf das Erfassen von Ungleichheitsverhältnissen innerhalb gesellschaftlicher Formationen ausgerichtet. In diesem Rahmen entwarf Bourdieu während seiner Zeit in Algerien eine Vorform seines späteren Habitus, um die dortigen sozialen Strukturen adäquat beschreiben zu können (vgl. Schultheis in diesem Band) und entwickelte sein Habituskonzept für die adäquate Beschreibung der französischen Gesellschaft als einer Klassengesellschaft in den Untersuchungen zum sozialen Raum ab den 1960er Jahren weiter. Das Prinzip des Konflikts bzw. des Kampfes zwischen sozialen Gruppen erscheint dabei als zentrales Prinzip seiner Soziologie. Innerhalb seines Modells des sozialen Raums ist der Habitus wesentlich ein Klassenhabitus und basiert auf den Lebensbedingungen sozialer Gruppen sowie auf der Reproduktion dieser Lebensbedingungen innerhalb einer nationalen Gesellschaft. Damit liegen dem Bourdieu'schen Habitusbegriff die Einheitlichkeit innerhalb der eigenen sozialen Gruppe (oder Klasse) und die Differenz zu anderen sozialen Gruppen (oder Klassen) als fundamentale Prinzipien zugrunde, während Elias' Modell des sozialen Habitus auf der zivilisationstheoretischen Entwicklung immer komplexer werdender Gemeinwesen und dem Prinzip der Identifikation mit diesen gesamtgesellschaftlichen Einheiten, wie etwa der Nation, basiert.

Trotz der eindeutigen Unterschiede, die sich aus den unterschiedlichen Ausrichtungen der theoretischen Gesamtkonzeptionen von Elias und Bourdieu ergeben, weisen die Habituskonzepte selbst weitreichende Gemeinsamkeiten auf. So basieren beide Habitusmodelle auf einer Überwindung der Differenz zwischen Objekt und Subjekt. Elias und Bourdieu intendierten mit ihren jeweiligen Habitusbegriffen, die klassische philosophische Trennung zwischen einer äußeren physischen Welt und einer inneren psychischen Sphäre des Subjekts aufzulösen. Bei beiden Habitusbegriffen spiegelt sich die soziale Welt auch im Subjekt und ist nicht allein äußerlich aufzufassen. Auch wenn dieses Eindringen der Gesellschaft in die einzelnen Menschen auf unterschiedliche Weise beschrieben wird, erscheinen Einzelsubjekte sowohl bei Elias als auch bei Bourdieu auf eine ähnliche Weise als soziale Akteure und nicht alleine als individuell Handelnde.

Literatur

Barlösius, Eva (2003): Weitgehend ungeplant und doch erwünscht. Figurationen und Habitus. Über den Stellenwert von nicht-intendiertem Handeln bei Norbert Elias und Pierre Bourdieu. In: Rainer Greshoff / Georg Kneer / Uwe Schimank (Hg.): *Die Transintentionalität des Sozialen. Eine vergleichende Betrachtung klassischer und moderner Sozialtheorien.* Wiesbaden: Westdeutscher Verlag. S. 138-157.
Barlösius, Eva (2006): *Pierre Bourdieu.* Frankfurt am Main: Campus.
Baumgart, Ralf / Eichener, Volker (1991): *Norbert Elias zur Einführung.* Hamburg: Junius.
Bourdieu, Pierre (1974): *Zur Soziologie der symbolischen Formen.* Frankfurt am Main: Suhrkamp.
Bourdieu, Pierre (1976): *Entwurf einer Theorie der Praxis auf der ethnologischen Grundlage der kabylischen Gesellschaft.* Frankfurt am Main: Suhrkamp.
Bourdieu, Pierre (1981): *Titel und Stelle. Über die Reproduktion sozialer Macht.* Frankfurt am Main: Europäische Verlags Anstalt.
Bourdieu, Pierre (1982): *Die feinen Unterschiede. Kritik der gesellschaftlichen Urteilskraft.* Frankfurt am Main: Suhrkamp.
Bourdieu, Pierre (1987): *Sozialer Sinn. Kritik der theoretischen Vernunft.* Frankfurt am Main: Suhrkamp.
Bourdieu, Pierre (1988): *Homo academicus.* Frankfurt am Main: Suhrkamp.
Bourdieu, Pierre (1992): Das intellektuelle Feld: Eine Welt für sich. In: Pierre Bourdieu (Hg.): *Rede und Antwort.* Frankfurt am Main: Suhrkamp. S. 155-166.
Bourdieu, Pierre (1994): Rethinking the state: genesis and structure of the bureaucratic field. In: *Sociological Theory* (12), 1: S. 1-18.
Bourdieu, Pierre (1997): *Der Tote packt den Lebenden.* Hamburg: VSA.
Bourdieu, Pierre (1998): *Praktische Vernunft. Zur Theorie des Handelns.* Frankfurt am Main: Suhrkamp.
Bourdieu, Pierre (1999): *Die Regeln der Kunst. Genese und Struktur des literarischen Feldes.* Frankfurt am Main: Suhrkamp.
Bourdieu, Pierre (2000): *Das religiöse Feld. Texte zur Ökonomie des Heilsgeschehens.* Konstanz: UVK.
Bourdieu, Pierre (2001a): *Das politische Feld. Zur Kritik der politischen Vernunft.* Konstanz: UVK.
Bourdieu, Pierre (2001b): *Meditationen. Zur Kritik der scholastischen Vernunft.* Frankfurt am Main: Suhrkamp.
Bourdieu, Pierre (2004): *Der Staatsadel.* Konstanz: UVK.
Bourdieu, Pierre / Wacquant, Loïc J. D (1996): Soziologie als Sozioanalyse. In: Pierre Bourdieu / Loïc J. D Wacquant (Hg.): *Reflexive Anthropologie.* Frankfurt am Main: Suhrkamp. S. 95-124.
Chartier, Roger (1989): Gesellschaftliche Figuration und Habitus. Norbert Elias und ‚Die höfische Gesellschaft'. In: Roger Chartier (Hg.): *Die unvollendete Vergangenheit. Geschichte und die Macht der Weltauslegung.* Berlin: Wagenbach. S. 37-57.
Elias, Norbert (1969): *Die höfische Gesellschaft. Untersuchungen zur Soziologie des Königtums und der höfischen Aristokratie; mit einer Einleitung: Soziologie und Geschichtswissenschaft.* Neuwied: Luchterhand.
Elias, Norbert (1970): *Was ist Soziologie?* München: Juventa.
Elias, Norbert (1990): *Norbert Elias über sich selbst.* Frankfurt am Main: Suhrkamp.
Elias, Norbert (1997a): *Über den Prozeß der Zivilisation. Soziogenetische und psychogenetische Untersuchungen. Erster Band. Wandlungen des Verhaltens in den weltlichen Oberschichten des Abendlandes.* 20., neu durchges. und erw. Auflage. Frankfurt am Main: Suhrkamp.
Elias, Norbert (1997b): *Über den Prozess der Zivilisation. Soziogenetische und Psychogenetische Untersuchungen. Zweiter Band. Wandlungen der Gesellschaft. Entwurf zu einer Theorie der Zivilisation.* 21., neu durchges. und erw. Auflage. 1. Auflage dieser Ausgabe 1997. Frankfurt am Main: Suhrkamp.

Elias, Norbert (2001a): *Die Gesellschaft der Individuen*. Hg. v. Michael Schröter. Frankfurt am Main: Suhrkamp.
Elias, Norbert (2001b): Wandlungen der Wir-Ich-Balance. In: Norbert Elias: *Die Gesellschaft der Individuen*. Hg. v. Michael Schröter. Frankfurt am Main: Suhrkamp. S. 207-315.
Elias, Norbert (2006): Figuration, sozialer Prozess und Zivilisation: Grundbegriffe der Soziologie. In: Norbert Elias: *Aufsätze und andere Schriften III*. Frankfurt am Main: Suhrkamp. S. 100-117.
Elias, Norbert / Scotson, John L. (2002): *Etablierte und Außenseiter*. Frankfurt am Main: Suhrkamp.
Fröhlich, Gerhard (1994): Kapital, Habitus, Feld, Symbol. Grundbegriffe der Kulturtheorie bei Pierre Bourdieu. In: Ingo Mörth / Gerhard Fröhlich (Hg.): *Das symbolische Kapital der Lebensstile. Zur Kultursoziologie der Moderne nach Pierre Bourdieu*. Frankfurt am Main: Campus. S. 31-54.
Fröhlich, Gerhard (2000): *Die Einverleibung der Schätze und Zwänge. (Elias, Bourdieu)*. Linz. S. 1-53. Online verfügbar unter http://www.iwp.jku.at/lxe/wt2k/pdf/ FrohlichEINVERLEIBUNG-%281%29.pdf, zuletzt geprüft am 05.06.2012.
Fröhlich, Gerhard (2007a): "Denn jenen, die haben, denen wird gegeben". Kapitalsorten, "Matthäus-Effekte". In: Elisabeth J. Nöstlinger / Ulrike Schmitzer (Hg.): *Bourdieus Erben. Gesellschaftliche Elitenbildung in Deutschland und Österreich*. Wien: Mandelbaum. S. 55-67.
Fröhlich, Gerhard (2007b): Die Einverleibung sozialer Ungleichheit. (Habitus, Hexis). In: Elisabeth J. Nöstlinger / Ulrike Schmitzer (Hg.): *Bourdieus Erben. Gesellschaftliche Elitenbildung in Deutschland und Österreich*. Wien: Mandelbaum. S. 41-54.
Fröhlich, Gerhard (2009): Norbert Elias. In: Gerhard Fröhlich / Boike Rehbein (Hg.): *Bourdieu-Handbuch. Leben - Werk - Wirkung*. Stuttgart / Weimar: Metzler. S. 36-43.
Fuchs-Heinritz, Werner / König, Alexandra (2011): *Pierre Bourdieu. Eine Einführung*. 2. Auflage. Konstanz: UVK.
Girtler, Roland (1991): Höfische Lebenswelten heute. Beobachtungen über Formen und Bedeutung sozialer Distanzierung. In: Helmut Kuzmics / Ingo Mörth (Hg.): *Der Unendliche Prozess der Zivilisation. Zur Kultursoziologie der Moderne nach Norbert Elias*. Frankfurt am Main / New York: Campus. S. 127-140.
Heim, Christof / Lenger, Alexander / Schumacher, Florian (2009): Bildungssoziologie. In: Gerhard Fröhlich / Boike Rehbein (Hg.): *Bourdieu-Handbuch. Leben – Werk – Wirkung*. Stuttgart / Weimar: Metzler. S. 254-263.
Jurt, Joseph (1995): *Das literarische Feld. Das Konzept Pierre Bourdieus in Theorie und Praxis*. Darmstadt: Wissenschaftliche Buchgesellschaft.
Jurt, Joseph (2008): *Bourdieu*. Stuttgart: Reclam.
Jurt, Joseph (2010): Die Habitus-Theorie von Pierre Bourdieu. In: *LiTheS* (1 (Dezember). S. 5-17. Online verfügbar unter http://lithes.uni-graz.at/lithes/08_01.html.
Krais, Beate / Gebauer, Gunter (2002): *Habitus*. Bielefeld: Transcript.
Leuw, Peter de / Zimmermann, Hans-Dieter (1983): *Die feinen Unterschiede und wie sie entstehen. Pierre Bourdieu erforscht den Alltag*. TV-Film. Hessischer Rundfunk, 25.02.1983.
Mauss, Marcel (1989 [1935]): Die Techniken des Körpers. In: Marcel Mauss: *Soziologie und Anthropologie. Gabentausch. Soziologie und Psychologie. Todesvorstellungen. Körpertechniken. Begriff der Person*. Hg. v. Wolf Lepenies / Henning Ritter. Frankfurt am Main: Ullstein. S. 197-220.
Papilloud, Christian (2003): *Bourdieu lesen. Einführung in eine Soziologie des Unterschieds*. Bielefeld: Transcript.
Paulle, Bowen / van Heerikhuizen, Bart / Emirbayer, Mustafa (2012): Elias and Bourdieu. In: *Journal of Classical Sociology* (12), 1: S. 69-93.
Quilley, Stephen / Loyal, Steven (2005): Eliasian Sociology as a "Central Theory" for the Human Sciences. In: *Current Sociology* (53), 5: S. 807-828.
Rehbein, Boike (2006): *Die Soziologie Pierre Bourdieus*. Konstanz: UVK.
Rousseau, Jean-Jacques (1998 [1755]): *Abhandlung über den Ursprung und die Grundlagen der Ungleichheit unter den Menschen*. Stuttgart: Reclam.
Schumacher, Florian (2011): *Bourdieus Kunstsoziologie*. Konstanz: UVK.

Schwingel, Markus (1995): *Bourdieu zur Einführung.* Hamburg: Junius.
Smudits, Alfred (1991): Öffentlichkeit und der Prozess der Zivilisation. In: Helmut Kuzmics / Ingo Mörth (Hg.): *Der Unendliche Prozess der Zivilisation. Zur Kultursoziologie der Moderne nach Norbert Elias.* Frankfurt am Main / New York: Campus. S. 113-126.
Treibel, Annette (2008): *Die Soziologie von Norbert Elias. Eine Einführung in ihre Geschichte, Systematik und Perspektiven.* Wiesbaden: VS / GWV.
Völker, Susanne / Trinkaus, Stephan (2009): Klassifikation. In: Gerhard Fröhlich / Boike Rehbein (Hg.): *Bourdieu-Handbuch. Leben – Werk – Wirkung.* Stuttgart / Weimar: Metzler. S. 148-153.
Willems, Herbert (2012): *Synthetische Soziologie. Idee, Entwurf und Programm.* Wiesbaden: VS / Springer.

Teil II
Methoden der empirischen Habitusanalyse

Teil II

Das Konzept der Habitushermeneutik in der Milieuforschung

Andrea Lange-Vester und Christel Teiwes-Kügler

„»Nicht bemitleiden, nicht auslachen, nicht verabscheuen, sondern verstehen«: Diese Anweisung Spinozas sich zu eigen zu machen, wäre für den Soziologen nutzlos, könnte er nicht auch die Mittel an die Hand geben, um sie zu befolgen. Wie aber lassen sich die Mittel des Verstehens, die es ermöglichen, die Menschen so zu nehmen, wie sie sind, anders weitergeben als dadurch, daß er die Instrumente anbietet, die *notwendig* sind, um sie als *notwendige* zu erfassen, um sie notwendig zu machen, indem er sie methodisch auf die Ursachen und Gründe zurückführt, derentwegen sie sind, was sie sind?" (Bourdieu 1997a: 13; Hervorhebungen im Original)

Bourdieu hat mit seinem Begriff des Habitus die Gesamtheit und den Zusammenhang der dauerhaft inkorporierten Haltungen und Praxisformen in den Mittelpunkt der Aufmerksamkeit gerückt (Bourdieu 1987: 97-121, 1992a). Habitus in diesem Sinne entsteht von Kindesbeinen an in aktiver Auseinandersetzung mit den in der Familie und im sozialen Umfeld vorgefundenen Ressourcen, die zu Handlungsvoraussetzungen im Prozess der Aneignung der eigenen Möglichkeiten und Grenzen werden. Diese Aneignung bringt der „»eigene« Stil" zum Ausdruck, der zugleich Variante und „immer nur eine *Abwandlung*" eines „Klassenhabitus" (Bourdieu 1987: 113, Hervorhebung im Original) mit einem „System verinnerlichter Strukturen, gemeinsamer Wahrnehmungs-, Denk- und Handlungsschemata" (Bourdieu 1987: 112) ist, die die Angehörigen einer sozialen Klasse im Zuge ähnlicher Erfahrungen und Konditionierungen gleichermaßen entwickeln.

Bourdieu hat umfangreiche Habitusanalysen vorgelegt, die den *modus operandi* und damit die Art und das Erzeugungsprinzip des Handelns decodieren, das die unterschiedlichen Praktiken und Wertorientierungen der Angehörigen einer sozialen Klasse eint. Insbesondere *Die feinen Unterschiede* (Bourdieu 1982) enthalten sowohl anschauliche Darstellungen der klassenspezifischen Lebensführungen und ihrer Fraktionen am Einzelfall als auch einen gesamtgesellschaftlichen Überblick über die in Frankreich vorherrschenden Habitusmuster.

Eine systematische Ausarbeitung der Methode, auf deren Weg Habitusmuster herausgearbeitet, identifiziert und begrifflich voneinander abgegrenzt werden können, hat Bourdieu indes nicht hinterlassen. Die seit den 1990er Jahren entwickelte Habitushermeneutik schließt diese Lücke. Auf der Grundlage zahlreicher empirischer Forschungen in unterschiedlichen gesellschaftlichen Feldern bietet die Habitushermeneutik ein heuristisches Gerüst verschiedener Dispositionen, deren jeweils spezifisches Zusammenwirken Aufschluss über Habitusmuster und ihren sozialen Ort gibt (vgl. Bremer / Teiwes-Kügler 2013).

Die Habitushermeneutik bezeichnet ein Verfahren zur Analyse gesellschaftlicher Gruppen sowie auch von Lebens- und Sichtweisen einzelner Personen. Entwickelt wurde die Habitushermeneutik im Rahmen der nachfolgend näher erläuterten Milieuforschung (vgl. Vester u. a. 2001), auf die sie theoretisch und begrifflich abgestimmt ist. Der Milieuansatz von Vester u. a. knüpft an Bourdieus Theorie an und hat durch zahlreiche und umfangreiche Untersuchungen eine neue Perspektive auf die Sozialstruktur Deutschlands eröffnet. Der mit dieser Perspektive ermöglichte Überblick über die deutsche Milieulandschaft berücksichtigt Entwicklungen der jüngeren Vergangenheit und ist damit aktueller als die auf Daten aus den 1960er Jahren zurückgehende Analyse der französischen Gesellschaft bei Bourdieu (1982). Zudem hat der Milieuansatz die Theorie des sozialen Raums und der sozialen Klassen weiter entwickeln können.

Nachfolgend skizzieren wir das Konzept der Habitushermeneutik in der Milieuforschung. Wir geben zunächst einen Überblick über die Milieulandschaft und Habitustraditionen in Deutschland (Abschnitte 1 und 2). Anschließend werden die theoretisch-methodologischen Grundlagen vorgestellt, denen die Habitushermeneutik folgt (Abschnitt 3), und Einblicke in das empirische Vorgehen gegeben (Abschnitt 4). Der Beitrag endet mit einem kurzen Fazit (Abschnitt 5).

1. Gesellschaftliche Teilungen nach Habitus und Milieu

Analysen zum Habitus und zu den sozialen Milieus hängen unmittelbar zusammen. Soziale Milieus, verstanden als gesellschaftliche Großgruppen, sind über gemeinsame (und von anderen Milieus abgegrenzte) Lebensweisen und Haltungen ihrer Angehörigen verbunden, die häufig auch in ähnlichen Berufsfeldern tätig sind und über ein gemeinsames Berufsethos verfügen (vgl. Vester u. a. 2001, 2007). Das Milieu ist gewissermaßen der Ort, an dem der Habitus angeeignet wird. In der Auseinandersetzung mit den im Milieu vorherrschenden und beständig neu ausgehandelten Auffassungen in der Frage, was „richtig" und was „falsch" im Leben ist, was erstrebenswert und was als unwichtig vernachlässigt werden kann, bilden sich Positionen und Lebenspläne und mit ihnen der Habitus heraus. Dies geschieht in einer „Kategorisierungs-", einer „Explizierungs- und Klassifizierungsarbeit", die sich „unausgesetzt (vollzieht), in jedem Augenblick der Alltagsexistenz, wann immer die sozialen Akteure untereinander um den Sinn der sozialen Welt, ihre Stellung in ihr und um ihre gesellschaftliche Identität ringen – vermittels der unterschiedlichen Weisen, positive oder negative Urteile zu fällen, Lob und Tadel, Segen und Fluch zu verteilen durch Belobigung, Glückwunsch, Kompliment oder aber Beleidigung, Beschimpfung, Kritik, Anklage, Verleumdung, usw." (Bourdieu 1985: 19).

Diese Positionskämpfe und Stellungnahmen scheinen unvermeidlich zu sein. Sie sind nicht nur Resultat des individuellen oder persönlichen Geschmacks von Akteuren, sondern dieser Geschmack vereint die Vorlieben der eigenen sozialen Klasse und die Abneigungen gegen Praxisformen und Auffassungen anderer sozialer Klassen. Über den Habitus wird die soziale Ordnung verinnerlicht, ein Prozess, in dem die gesellschaftlichen Teilungen maßgeblich für das eigene Denken und Handeln werden: „Die von den sozialen Akteuren im praktischen Erkennen eingesetzten kognitiven Strukturen sind inkorporierte soziale Strukturen." (Bourdieu 1982: 730; vgl. auch Wacquant 1996: 30-34)

Die gesellschaftlichen Teilungen sind Resultate der genannten unablässigen Klassifizierungsarbeit und damit gewissermaßen allgegenwärtig. Bourdieu hat einige der alltäglich wirksamen Schemata in den Gegensatzpaaren von Adjektiven umrissen (Bourdieu 1982:

730f.; vgl. Abschnitt 4). Die nachfolgend erläuterte Milieulandkarte (vgl. Abbildung 1) verdeutlicht neben den vertikalen auch die horizontalen gesellschaftlichen Teilungen, die in voneinander abgegrenzten Traditionslinien (s. u.) der sozialen Milieus zum Tragen kommen. Dazu gehören beispielsweise Unterschiede in den Auffassungen darüber, ob eher egalitär oder eher hierarchisch strukturierte soziale Beziehungen bevorzugt werden, ob eher der soziale Status oder die Verwirklichung des Selbst ausschlaggebend für die eigenen Handlungsmaxime ist usw. Diese Unterscheidungen lassen sich vor allem auf der horizontalen Dimension des sozialen Raums anzeigen, die zu den folgenreichsten Innovationen der Soziologie Bourdieus gehört. Während Bourdieu auf ihr nur das Verhältnis von kulturellem und ökonomischem Kapital und die Zunahme des kulturellen Kapitals abbildet (vgl. Bourdieu 1982), hat die neuere Habitusforschung im Anschluss an Bourdieu aufgedeckt, dass in der horizontalen Dimension auch der Wandel des Habitus abgebildet werden muss (vgl. Vester u. a. 2001; Bremer / Lange-Vester / Vester 2009: 305-311). So unterscheiden sich Milieutraditionen, deren Reproduktionsstrategien eher am Erwerb von sozialem Kapital orientiert sind und die stärker hierarchiegebundenen Habitusmustern folgen, von solchen, bei denen der zunehmende Erwerb kulturellen Kapitals einhergeht mit wachsenden Autonomieansprüchen, die u. a. auf eben diese, durch kulturelles Kapital erworbenen, Kompetenzen gründen. Diese Unterscheidung und Entwicklung wird in der Milieulandkarte (vgl. Abbildung 1) auf der horizontalen Dimension abgetragen.

Mit den angesprochenen Traditionslinien der sozialen Milieus entwickelt der Milieuansatz die Theorie Bourdieus insofern auch weiter, als sozialer Wandel und Veränderungen sozialer Klassen und ihrer Fraktionen oder Milieus systematischer berücksichtigt werden. Auf empirischer Grundlage konnte die Milieuforschung zeigen, dass sich Veränderungen im Habitus sozialer Akteure vor allem im Generationenwechsel vollziehen (vgl. Vester u. a. 2001). Diese „Habitusmetamorphosen" sind nicht beliebig, sondern schließen an das Herkunftsmilieu an, dessen Leitlinien variiert und teilweise erneuert, in wesentlichen Zügen aber auch beibehalten werden. Beispielsweise haben die höher positionierten und zugleich jüngeren Milieus in der Traditionslinie der Facharbeit und auch in der ständisch-kleinbürgerlichen Traditionslinie (vgl. Abbildung 1) häufig höhere Bildung erworben als ihre Vorfahren, verfügen in der Regel über erweiterte Handlungsspielräume und sind oft in moderneren Berufen tätig. Diese Veränderungen gehen mit Unterschieden in der Lebensführung von älteren und jüngeren Generationen bzw. Milieus innerhalb der Traditionslinien einher, die aber zugleich durch ähnliche Handlungsmaxime verbunden bleiben. So gilt in der Traditionslinie der Facharbeit in allen Milieus unter anderem das Primat von Kompetenz und Qualifikation. In der ständisch-kleinbürgerlichen Tradition ist den Milieus die Einordnung in Hierarchien und die Orientierung an Statusfragen gemeinsam.

Mit der Analyse der deutschen Milieus und ihrer Habitusmuster war schließlich eine methodologische Weiterentwicklung verbunden, die sich vor allem auf die Differenzierung der sozialen Klassen bezieht. Bourdieus Skizze der unteren Klasse enthält keine systematische Unterscheidung nach Fraktionen, wenngleich seine vergleichsweise kurze Analyse zum Habitus der „Notwendigkeit" (Bourdieu 1982: 585-619) verschiedene Muster von Facharbeitern und weniger qualifizierten Arbeitern benennt. Zwar betont er, dass die bildungsorientierte Fraktion der Arbeiter im sozialen Aufstieg nicht die Habitusmuster kleinbürgerlicher Angestellter übernimmt (vgl. Bourdieu 1982: 606), entsprechende Befunde haben allerdings keine Auswirkungen auf Bourdieus hierarchische Anordnung der Klassen im sozialen Raum, die das Kleinbürgertum oberhalb der Arbeiterklasse positioniert (zusammenfassend vgl. Bremer / Lange-Vester / Vester 2009, kritisch insbes. Vester 2013).

Der Milieuansatz hat sich in seinen Habitusstudien unter anderem auf die Teilung der unteren und mittleren Klassen konzentriert und dabei auch sozialhistorische Forschungen einbezogen (vgl. dazu die Hinweise bei Bremer / Lange-Vester / Vester 2009: 309-311). Diese sozialhistorischen Untersuchungen belegen eine frühe Unterscheidung von prekären Armen und arbeitenden Klassen in geordneten Verhältnissen (vgl. dazu Lange-Vester 2007), die sich bis heute in der Abgrenzung von geringqualifizierten und unterprivilegierten Gruppen von qualifizierten Facharbeitern zeigt. Die neueren Habitusstudien bestätigen auch die Analyse Bourdieus, wonach die „Arbeiteraristokratie" nicht mit den unteren „Schichten des Kleinbürgertums zusammenwächst" (Bourdieu 1982: 606). In unserer Milieulandkarte finden sich deshalb in der gesellschaftlichen Mitte zwei Traditionslinien nebeneinander, die facharbeiterische und kleinbürgerliche Milieus voneinander abgrenzt. Von beiden unterscheiden sich die unterprivilegierten Gruppen.

Die Habitushermeneutik und ihre Begriffe sind auf die Weiterentwicklungen der Bourdieu'schen Theorie im Milieuansatz abgestimmt. Die konkreten Milieus sind deshalb auch in die Deutung spezifischer Habitusmuster jeweils mit einzubeziehen. Anderenfalls kann zwar ein schlüssiger Zusammenhang zwischen verschiedenen Habituszügen analysiert und begrifflich bezeichnet werden; bleibt der Zusammenhang zum Gefüge sozialer Milieus und damit zur Sozialstruktur aber unberücksichtigt, wird das Potential dieser hermeneutischen Arbeit für die Analyse von sozialer Ungleichheit und Herrschaft in erheblichem Maß verschenkt.

2. Die Landkarte sozialer Milieus

Der Milieuansatz arbeitet mit den in der klassischen Soziologie bereits theoretisch anspruchsvoll formulierten Konzepten des „sozialen Milieus" (Durkheim 1988 [1893]), der „sozialen Klassen" (Weber 1972 [1921]) oder der „sozialen Schicht" (Geiger 1932) (vgl. Vester u. a. 2001: insbes. 167-179; Vester 2013; Bremer / Lange-Vester 2013). Das wesentliche dieser Konzepte ist die Betonung der relativen Autonomie von Mentalitäts- oder Habitusmustern gegenüber der ökonomisch-beruflichen Position. Zudem analysieren sie die beobachteten Entwicklungen der Handlungsdispositionen als Ausdruck einer Modernisierung, in der die Milieus verstärkt Partizipation und Emanzipation beanspruchen.

Der Milieuansatz in dieser Tradition der klassischen Soziologie arbeitet strikt explorativ, d. h. mit strukturentdeckenden Methoden einer vom Einzelfall ausgehenden Hermeneutik des Habitus, mit der die komplexen Muster der individuellen Habituszüge herausgearbeitet werden (vgl. Bremer / Teiwes-Kügler 2013). In einem anschließenden Schritt werden Fälle mit ähnlichen Mustern zu Habitustypen zusammengefasst (vgl. Bremer / Teiwes-Kügler 2010), die dann mosaikartig in den sozialen Raum Bourdieus eingeordnet werden (vgl. Abschnitt 4).

Das Konzept der Habitushermeneutik in der Milieuforschung

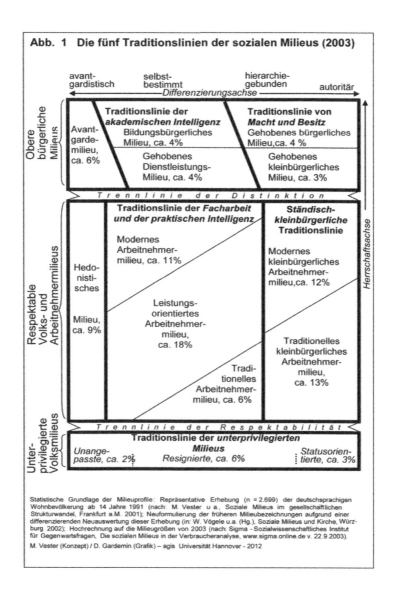

In einer Reihe von Forschungsprojekten[1] wurden mittlerweile mehr als 900 umfangreiche qualitative Interviews geführt und typologisch ausgewertet. Ergänzt wurde dies mit multi-

---

[1] Zu nennen sind insbesondere die Studien über den Sozialstrukturwandel und die Entstehung neuer sozialer Milieus in Westdeutschland (Vester u.a. 2001), den Wandel der Sozialstruktur und die Transformation von Arbeitnehmermilieus in den neuen Bundesländern (Vester / Hofmann / Zierke 1994), die Weiterbildungsbeteiligung sozialer Milieus (Bremer 1999, 2007), die Beziehungen der sozialen Milieus zur Kirche (Vögele / Bremer / Vester 2002), die Studierendenmilieus (Lange-Vester / Teiwes-Kügler 2004, 2006), die Beziehungen der sozialen Milieus zur Gewerkschaft (Vester / Teiwes-Kügler / Lange-Vester 2007, 2011), über Habitusmuster von Lehrkräften

variaten statistischen Auswertungen großer repräsentativer Datensätze, mit denen qualitative Typen exploriert und quantifiziert werden können. Das Ergebnis war das pluralistische, in sich noch weiter unterteilbare Milieugefüge der *Landkarte* (vgl. Abbildung 1).[2]

Dabei haben die Untersuchungen gezeigt, dass es zwar keine Übereinstimmung, aber doch eine Strukturähnlichkeit (Homologie) gibt zwischen den Soziallagen und Berufen der Menschen und der Lebensführung, dem Habitus, mit dem die Milieus ihre Lage gestalten. Sie bestätigen damit die empirischen Befunde Bourdieus zur französischen Gesellschaft (Bourdieu 1982). Auch neuere Untersuchungen (Geißler / Weber-Menges 2006; Pape / Rössel / Solga 2008) widerlegen die „Entkopplungsthese" (Beck 1983), der zufolge die soziale Lage ihre Bedeutung für die individuell gestaltete Lebensführung verloren habe.

Auf der Landkarte (Abbildung 1) sind die Milieus nach zwei Dimensionen gegliedert: in drei vertikale Schichtungsstufen und in deren jeweilige horizontale Auffächerung. Unterscheiden lassen sich *fünf Traditionslinien* oder genealogische Linien, in denen frühere Klassenstrukturen weiterhin erkennbar sind. Diese Einteilungen der Gesellschaft sind historisch langfristig gewachsen, sie sind sehr konstant und in ihren Untergliederungen hartnäckig. Gleichzeitig gibt es *innerhalb* der fünf genealogischen Linien ausgeprägte Dynamiken, Pluralisierungen und Ausdifferenzierungen, in denen sich moderne Gruppen ausbilden. Nachfolgend sind die an anderer Stelle (vgl. insbes. Vester u. a. 2001: 503-525; Vögele / Bremer / Vester 2002) ausführlich beschriebenen Traditionslinien und Milieus kurz zusammengefasst.

Den *oberen bürgerlichen Milieus* ist ihre im Blick auf Bildung, Eigentum und Berufsstellung privilegierte soziale Position gemeinsam. Sie bilden zudem die Gruppen institutioneller Herrschaft und folgen über die damit verbundene Sicherung der eigenen sozialen Chancen einer Politik der Schließung nach unten. Die herrschenden gesellschaftlichen Milieus verfügen über einen distinktiven Habitus und praktizieren einen entsprechend „feinen" und individuellen Lebensstil, mit dem sie auf Distanz zum „gewöhnlichen" Geschmack der „breiten Masse" gehen.

Innerhalb der oberen bürgerlichen Milieus lassen sich eine Traditionslinie der institutionellen Macht (1) und eine Traditionslinie der Bildung (2) unterscheiden. Im „Avantgardemilieu", das in der Landkarte ganz links oben positioniert ist, finden sich Muster aus beiden Traditionslinien.

1. Die Angehörigen der *Milieus von Macht und Besitz*, die sich im abgebildeten Sozialraum rechts oben positioniert finden, halten zumeist seit Generationen die Führungspositionen im privaten und öffentlichen Management sowie die prestigereichen freie Berufe im Feld der Justiz, der Medizin o. ä. besetzt. Sie legen besonderen Wert auf Disziplin und Ordnung, auf Autorität und Einordnung in Hierarchien. Praktiziert wird in diesen Milieus ein repräsentativer Lebensstil.
2. In den benachbarten *Milieus der akademischen Intelligenz* weiter links im abgebildeten Sozialraum werden Berufe im Bereich höherer Dienstleistungen ausgeübt. Die Ange-

---

(Lange-Vester 2012; Lange-Vester / Teiwes-Kügler 2013a) sowie von wissenschaftlichen Mitarbeiterinnen und Mitarbeitern (Lange-Vester / Teiwes-Kügler 2013b). Eine weitere Studie differenziert Migrantinnen und Migranten nach Habitus und Milieu (Geiling / Gardemin / Meise / König 2011).
[2] Ausführlich dargestellt sind die Forschungsmethoden und -ergebnisse bei Vester u.a. (2001) und Vögele / Bremer / Vester (2002).

hörigen sind hauptsächlich in Expertenberufen der Bildung und Kultur, der Kommunikation, der Gesundheit und des Sozialwesens sowie der Technologie tätig. Ihr Habitus folgt stärker idealistischen Zielen und grenzt sich vom Konkurrenz- und Machtstreben in den rechts oben angesiedelten Milieus ab, wobei auch die Milieus der akademischen Intelligenz über symbolische Formen Herrschaft ausüben (können).

Eine entsprechende horizontale Fraktionierung findet sich auch in den ‚respektablen' Volks- und Arbeitnehmermilieus, die die große Mitte der Gesellschaft bilden. Hier finden sich vor allem Arbeitnehmer, der Anteil der kleinen Selbstständigen ist in den vergangenen Jahrzehnten stark geschrumpft. Den Angehörigen dieser mittleren Milieus kommt es vor allem darauf an, in ihrem Beruf fachlich gute Arbeit zu leisten, um auf dieser Grundlage sozial abgesichert und anerkannt ihre Vorstellungen von einem „guten Leben" umsetzen zu können. Karriere und ausgeprägte Aufstiegsambitionen bilden kein Leitmotiv in diesen Milieus, in denen eher schrittweise Strategien praktiziert werden, um sich in Bildung und Beruf weiter zu entwickeln.

Die Milieus der respektablen Volks- und Arbeitnehmermilieus werden aus zwei Traditionslinien sowie dem „Hedonistischen Milieu" ganz links in Abbildung 1 gebildet, in dem sich Kinder von Angehörigen der beiden Traditionslinien gegen die Leistungs- und Pflichtmoral ihrer Elterngeneration abgrenzen.

3. In der *ständisch-kleinbürgerlichen Traditionslinie* auf der rechten Seite des abgebildeten Sozialraums finden sich vor allem kleine Beschäftigte und Selbständige in traditionellen Berufen mit materiell und kulturell eher geringen Ressourcen. Sie sind häufiger unter den Verlierern ökonomischer Modernisierung zu finden. Die Angehörigen dieser Milieus suchen Sicherheit in Hierarchien sowohl der Familie, der Arbeit wie der Politik. Mit ihrem Habitus folgen sie eher konventionellen und oft auch autoritären Mustern, die in der jüngeren Generation im „Modernen kleinbürgerlichen Arbeitnehmermilieu" abnehmen zugunsten einer begrenzten Befürwortung von Mitspracherechten, Gleichstellung usw.

4. Für die Angehörigen der *Traditionslinie der Facharbeit und der praktischen Intelligenz* sind eine gute berufliche Qualifikation und Facharbeit zentrale Voraussetzungen für die angestrebte Unabhängigkeit von Autoritäten und äußeren Zwängen. Leistung, kontinuierliche Weiterbildung und Solidarität in Familie, Nachbarschaft und Kollegenkreis sind über die Generationen und Modernisierungen der Traditionslinie hinweg wichtige Prinzipien der Lebensführung geblieben. Zu ihnen gehört auch, dass für die mit dem asketischen Arbeitsethos verbundene hohe Leistungsbereitschaft im Gegenzug soziale Teilhabe verlangt wird. Während die älteste Generation, das „Traditionelle Arbeitermilieu", noch einem bescheidenen Habitus folgt, haben die „Leistungsorientierten Arbeitnehmer" in Bildung, Autonomie und Teilhabechancen bereits erheblich gewonnen. Sie sind in modernisierten mittleren Berufen als Facharbeiter bzw. Fachangestellte und als moderne kleinere Selbstständige tätig. Die Angehörigen des „Modernen Arbeitnehmermilieus" verfügen mit anspruchsvollen Qualifikationen und akademischen oder halbakademischen Berufen über noch größere Autonomiespielräume.

Eine weitere Traditionslinie bilden die *Unterprivilegierten Volksmilieus* mit den *Traditionslosen Arbeitnehmermilieus*. Die Angehörigen dieser Traditionslinie verfügen über geringe Sicherheits- und Bildungsstandards und sind häufig als An- und Ungelernte tätig. Ihre Strategien zielen darauf, mit den Standards der ‚respektablen Mitte' mitzuhalten und ein Stück soziale Anerkennung zu erwerben. Dafür folgen sie einem Habitus, der Gelegenheiten flexibel nutzt, sich an Stärkere anlehnt und in hilfreiche persönliche Beziehungen investiert.

5. Zu den *Traditionslosen Arbeitnehmermilieus* gehören drei Untergruppen: Die konservativen *Statusorientierten* suchen Schutz in Hierarchien, die arbeitnehmerischen *Resignierten* setzen vor allem auf gewerkschaftliche Schutzmacht, die *Unangepassten* orientieren sich stärker an modernen Lebensstilen, an Selbstverwirklichung und teilweise auch an Bildung.

Die Landkarte sozialer Milieus dient in der qualitativen Untersuchung bestimmter Zielgruppen als Hintergrund, auf dessen Folie der Einzelfall interpretiert und gesellschaftlich verortet werden kann. So können die von den Akteuren eingenommenen Positionen lokalisiert und zueinander ins Verhältnis gesetzt werden. Die folgenden Abschnitte geben Aufschluss darüber, wie diese habitushermeneutische Arbeit am Einzelfall schrittweise vollzogen wird.

Habitushermeneutik zielt auf die typologische Differenzierung von Wahrnehmungs-, Denk- und Handlungsmustern sozialer Milieus und Klassen im Hinblick auf bestimmte gesellschaftliche Handlungs- bzw. Praxisfelder (etwa Bildung und Weiterbildung, Kirche und Religion, Arbeit und Beruf). Der Begriff soll diese spezifische Entschlüsselungs- und Deutungsarbeit zum Ausdruck bringen. Das hier dargestellte methodische Vorgehen bezieht sich vor allem auf die Analyse von empirischem Material aus qualitativen Einzelinterviews und sog. Gruppenwerkstätten (vgl. Bremer / Teiwes-Kügler 2003; Bremer 2004).

Bourdieu hat in verschiedenen Schriften (vgl. z. B. Bourdieu 1982; Bourdieu u. a. 1991, 1997) Hinweise auf sein methodisches Vorgehen gegeben und wissenschaftstheoretische Positionen formuliert, die in den empirischen Zugang der Habitushermeneutik eingegangen sind. Danach ist *Methode* eine besondere Form der wissenschaftlichen Reflexivität, die in Rechnung stellt, dass Forschung nicht frei von der Wirksamkeit gesellschaftlicher Strukturen ist (vgl. Bourdieu 1997b: 780f.). Diese Art von Reflexivität versuchen wir durch die Habitushermeneutik einzuholen.

3. Theoretisch-methodologische Grundlagen der Habitushermeneutik

Nach unserem Verständnis lässt sich der Habitus nicht aus der gesellschaftlichen Stellung oder aus der Kapitalkonfiguration ableiten, etwa aus Bildungs- und Berufsabschlüssen, Einkommen und beruflicher Stellung, sondern er muss interpretativ aus der sozialen Praxis der Akteure erschlossen werden. Als handlungsleitendes Prinzip organisiert der Habitus die Praxis nach einem bestimmten Modus (modus operandi), der in den Praktiken der sozialen Akteure eine bestimmte Handschrift hinterlässt, die interpretativ entschlüsselt werden kann. Bevor genauer auf das empirische Vorgehen eingegangen wird, soll in diesem Teil des Beitrags zunächst auf die theoretisch-methodologischen Grundlagen eingegangen werden, an die die Habitushermeneutik anschließt.

3.1 Sinnschichten sozialer Praxis und ihre Rekonstruktion

Hermeneutik verweist darauf, dass die Dinge nicht für sich sprechen, sondern ausgelegt werden müssen. Die Arbeit mit Bourdieus Ansatz zielt darauf, das Klassenspezifische aus der sozialen Praxis der Akteure herauszulesen. Die über den Habitus verinnerlichten gesellschaftlichen Teilungen zeigen sich in alltäglichen Klassifizierungen und Bewertungen der sozialen Akteure. In ihnen verbergen sich Hinweise auf die Art und Weise, wie die soziale Welt wahrgenommen, geordnet und erklärt, kurz: sozial konstruiert wird. Die habitushermeneutische Interpretationsarbeit setzt an diesen alltäglichen Klassifizierungen und Konstruktionen der Akteure an, mit denen sie sich in der sozialen Welt orientieren. Sie wurden durch Erfahrungen an einem bestimmten sozialen Ort und in Auseinandersetzung mit bestimmten Lebensbedingungen erworben und verinnerlicht und sagen daher etwas über Ort und Bedingungen ihrer Genese aus. Die Habitushermeneutik rekonstruiert diese Klassifizierungen und „Konstruktionen erster Ordnung" (Schütz 1971: 51) und überführt sie in wissenschaftliche „Konstruktionen zweiter Ordnung" (Soeffner / Hitzler 1994: 33).

Bourdieu unterscheidet verschiedene Sinnschichten sozialer Praxis: Eine „primäre Sinnschicht" (Bourdieu 1970: 127), die in hermeneutischen Verfahren häufig auch als manifester oder offenkundiger Sinn gefasst wird und eine „sekundäre Sinnschicht" (Bourdieu 1970: 128), die in anderen Verfahren auch als objektive oder latente Sinnstruktur bezeichnet wird (vgl. Oevermann 1979; Reichertz 1997). Dabei entspricht die primäre Sinnschicht der direkt zugänglichen Ebene der Erfahrungen und Erscheinungen, während sich nach Bourdieu in der sekundären Sinnschicht die Wirksamkeit latenter gesellschaftlicher Strukturen verbirgt, die zur Ausbildung der Schemata des Habitus geführt haben. Der Sinn, den die Handlungen und Sichtweisen der sozialen Akteure beinhalten, erschließt sich daher erst vollständig, wenn sie in den Kontext von gesellschaftlichen Bedingungen eingeordnet werden, die das Handeln und Denken der Akteure rahmen, ohne dass ihnen dies gegenwärtig ist.

3.2 Verstehen als Methode: Alltagsverstehen und wissenschaftliches Verstehen

Wir betrachten die Habitushermeneutik unter Bezugnahme auf Max Weber (1988 [1904]) und Pierre Bourdieu (1997b) als Methode, bei der *Verstehen* und *Erklären* eine Einheit bilden und bei der es vor allem auf eine besondere Haltung und Sichtweise ankommt, die im Umgang mit dem empirischen Material eingenommen wird. ‚Verstehen' bedeutet hier nicht nur, den sozialen Akteuren mit Empathie, Respekt und Verständnis zu begegnen, sondern meint eine reflektierte Methode, die sich einerseits rückhaltlos auf die Perspektive der Befragungspersonen einlässt und andererseits mit dieser Perspektive wieder bricht. Bourdieu fordert „ein generelles und genetisches Verständnis der Existenz des anderen anzustreben, das auf der praktischen und theoretischen Einsicht in die sozialen Bedingungen basiert, deren Produkt er ist" (Bourdieu 1997b: 786).

‚Deuten und Verstehen' sind Kompetenzen, die die sozialen Akteure im Alltag ständig leisten, um sich dort zu orientieren. Es ist ein „unmittelbares Verstehen" (Bourdieu 1987: 50), das auf praktische Erfahrung und „Einverleibung" der vertrauten Welt zurückgeht. Sozialwissenschaftliches ‚Deuten und Verstehen' unterscheidet sich von dieser Praxis darin, dass es anderen Erkenntniszielen dient und unter privilegierten Bedingungen erfolgt.

Zwischen beiden besteht ein „epistemologischer Bruch" (Bourdieu 1987: 52) bzw. eine „erkenntnislogische Differenz" (Bohnsack 2007: 58). Wissenschaftliches Verstehen zielt auf theoretische Erkenntnisse. Es erfolgt ohne Zeit- und Handlungsdruck und ohne unmittelbares Involviert-Sein in das Alltagsgeschehen (vgl. Bourdieu 1987: 148f.). Dadurch kann eine Ebene der Erkenntnis zugänglich gemacht werden, die den Akteuren aufgrund ihres Eingebunden-Seins in die Praxis meist nicht zur Verfügung steht. Sie nehmen die soziale Welt so wahr, wie sie es gewohnt sind, sie wahrzunehmen. Die alltäglichen Selbstverständlichkeiten, Beschränkungen und Möglichkeiten werden nicht ständig hinterfragt. Die gesellschaftlichen Bedingungen und deren Herrschaftsstrukturen sind quasi zur zweiten Natur geworden. Es ist deshalb Aufgabe der WissenschaftlerInnen, zu fragen, welche anderen Sicht- und Handlungsweisen auch möglich (gewesen) wären.

3.3 Zweifacher erkenntnistheoretischer Bruch

Bourdieu führt eine Methode ein, die er als „doppelten Bruch" bezeichnet (vgl. Bourdieu 1987: 49-53; Rehbein 2006: 51-56). Gemeint ist damit einerseits, die subjektive Perspektive der sozialen Akteure zu rekonstruieren und gleichzeitig diese alltäglichen Sichtweisen und Selbstverständlichkeiten zu hinterfragen. Die Perspektive der Akteure ist an einen bestimmten sozialen Ort und an die Verinnerlichung bestimmter Erfahrungen gebunden, wodurch diese Perspektive immer auch eingeschränkt und perspektivisch verzerrt ist. Die soziale Welt wird von einer gehobenen sozialen Stellung aus anders wahrgenommen als aus einer unterprivilegierten sozialen Position. Die Analyse kann deshalb nach Bourdieu nicht bei der Rekonstruktion der subjektiven Sichtweisen stehen bleiben. Sie muss diese mit den gesellschaftlichen Bedingungen ihrer Genese in Beziehung bringen und dadurch „objektivieren" (Bourdieu 1987: 57).

Ebenso haben auch (Sozial-)Wissenschaftlerinnen und (Sozial-)Wissenschaftler, so Bourdieu, ihr Vorverständnis und ihre eigenen Wahrnehmungs- und Denkgewohnheiten selbstkritisch zu reflektieren. Sie müssen Distanz herstellen zu einer sozialen Welt, der sie selbst angehören. Bourdieu knüpft damit an Durkheims Forderung an, „alle Vorbegriffe systematisch auszuschalten" (Durkheim 1984: 115), d. h., verinnerlichte Vorstellungen und Begriffe zu hinterfragen, die der Alltagspraxis, auch der der wissenschaftlichen Praxis, geschuldet sind. Ein *zweiter* Bruch besteht deshalb darin, mit der Illusion zu brechen, durch wissenschaftliches Verstehen ein objektives Wissen über die soziale Welt erlangen zu können. Es gilt einzuholen, dass wissenschaftliches Denken und Handeln ebenfalls einen sozialen Standort besitzt. Bourdieu hat auf die Notwendigkeit der „Objektivierung des Objektivierens" (Bourdieu 1987: 57) hingewiesen, was nichts anderes bedeutet als die sozialen Voraussetzungen soziologischer Erkenntnis zu reflektieren. In seiner wissenschaftstheoretischen Reflexion (vgl. Bourdieu u. a. 1991) stellt er heraus, dass es sich beim gesamten Forschungsprozess um Konstruktionsakte handelt, die von gesellschaftlich bedingten Denk- und Erkenntnisweisen des Wissenschaftlers und der Wissenschaftlerin abhängen. Was der (sozial-)wissenschaftlichen Forschung in den Blick gerät, ist ein konstruiertes Objekt. Der wissenschaftliche Standort beeinflusst die Entwicklung von Forschungsfragen, die Auswahl der Methoden und ebenso die Hypothesen- und Theoriebildung. Nur wenn diese gesellschaftliche Bedingtheit mit einbezogen und reflektiert wird, kann eine „epistemologische Wachsamkeit" (vgl. Bourdieu u. a. 1991: 85) erreicht werden, die notwendig ist, um andere soziale Sichtweisen angemessen analysieren und verstehen zu können (vgl. auch Vester u. a. 2001: 26).

Die Distanz zum Alltagsgeschehen kann dazu verleiten, einen „Denkmodus" auf die Akteure zu übertragen, „der für den Wissenschaftler konstitutiv ist" (Bourdieu 1989: 401), nicht aber für die Akteure selbst. Dies führt mitunter dazu, dass die sozialen Akteure aus einer defizitären Perspektive betrachtet und als „unkritisch", „unreflektiert", „minimalistisch", „unpolitisch" usw. klassifiziert werden. Was aus der wissenschaftlichen Außenperspektive unverständlich erscheinen kann, folgt einer subjektiven Logik, die durchaus Sinn macht, wenn die sozialen Bedingungen ihrer Entstehung mit einbezogen werden. Um die Sicht der Akteure zu rekonstruieren und die darin enthaltenen Konstruktionsprinzipien zu erschließen, ist daher ein Perspektivwechsel notwendig. Bourdieu spricht hier von einer „geistigen Übung" (Bourdieu 1997b: 785), durch die sich die Forschenden gedanklich an den sozialen Standort der Befragungspersonen begeben müssen, um von dort aus deren Äußerungen zu verstehen. Diese dialektische Beziehung (Bewegung) zwischen subjektiver und objektivierender Perspektive sowie zwischen alltagspraktischer und wissenschaftstheoretischer Erkenntnis führt zu einem umfassenderen Verstehen der sozialen Welt.

3.4 Habitus und Feld

Die Habitushermeneutik zielt, wie bereits angemerkt, auf eine typologische Differenzierung von Wahrnehmungs- Denk- und Handlungsmuster sozialer Milieus im Hinblick auf die Praxis in bestimmten gesellschaftlichen Federn. Der Habitus zeigt sich in der Auseinandersetzung mit den konkreten Bedingungen und Anforderungen in diesen Praxisfeldern. Aus dem bereits vorgestellten Makromodell der sozialen Milieus, das wir als Grundmodell von Habitus- und Mentalitätstypen und als Projektionsfläche für die Einzelfallanalysen verwenden, kann nicht direkt erschlossen oder unmittelbar abgeleitet werden, wie sich die sozialen Milieus in einem bestimmten Handlungsfeld verhalten, die Anforderungen des Feldes bewältigen und auf welche Weise der Habitus dort zur Geltung kommt. Dies muss für jedes Praxisfeld empirisch ermittelt werden. Bourdieu hat verschiedene gesellschaftliche Felder, die sich im Zuge gesellschaftlicher Arbeitsteilung entwickelt haben, untersucht (vgl. bspw. Bourdieu 1999, 2000, 2001). In jedem dieser Handlungsfelder, so auch in bestimmten Berufsfeldern, in Institutionen des Bildungs- und Erziehungssystems, bestehen eigene Gesetzmäßigkeiten, Regeln, historisch gewachsene Strukturen und Kräfteverhältnisse und diese sind umkämpft. In den Kämpfen geht es beispielsweise um Fragen der ‚legitimen' Bildung, des ‚legitimen' Wissens oder der ‚legitimen' politischen wie religiösen Praxis. Bei der Deutung der Stellungnahmen von Untersuchungspersonen muss daher u. E. immer mit berücksichtigt werden, dass sich diese damit in einem bestimmten Feld positionieren und durch ihre Äußerungen und Bewertungen zu anderen sozialen Gruppen dort in Beziehung setzen. Auch hier korrespondieren eingenommene Standpunkte mit sozialen Standorten. Um die volle Bedeutung der Stellungnahmen entschlüsseln und verstehen zu können, müssen deshalb vorher Kenntnisse zum Feld eingeholt werden und die Dynamiken, Beziehungen und möglichen Konflikte im Feld in die Interpretation mit einbezogen werden.

4. Empirisches Vorgehen

Für die Analyse des Habitus kommt es nicht in erster Linie auf ein bestimmtes Verfahren an; im Mittelpunkt steht vielmehr die Sensibilisierung für die Klassifikationsschemata und symbolischen Zeichen der Unterscheidung. Da der Habitus die gesamte innere und äußere Haltung einschließt, sind praktisch in allen Lebensäußerungen der Akteure Spuren des Habitus enthalten, die für die Habitusanalyse genutzt werden können.[3] Wir nähern uns dem Habitus meist über den Weg der empirischen Befragung an. In den Erzählungen und Beschreibungen der sozialen Praxis sind die Klassifikationsschemata des Habitus zugänglich. Ausgangspunkt der hermeneutischen Analysen sind für uns in der Regel wörtliche Verschriftungen der Tonband- und Videoaufzeichnungen von Interviews und Gruppenerhebungen. Zusätzlich beziehen wir symbolisch-bildhaftes Material in Form von Collagen in die Analyse mit ein, die im Rahmen von Gruppenwerkstätten entstanden sind (vgl. ausführlich Bremer / Teiwes-Kügler 2007). Denkbar sind aber ebenfalls andere Materialien. So werden beispielsweise auch Fotografien von Lernorten, Lieblingsplätzen und Familienfotos für die Habitusanalyse genutzt.[4]

4.1 Habitushermeneutische Entschlüsselung der sozialen Praxis

Die Habitusanalyse erfolgt als mehrstufiges Verfahren. Sie zielt darauf, aus den manifesten Äußerungen, die in verschriftlichter oder bildhaft-symbolischer Form vorliegen, latente Spuren des Habitus freizulegen. Wir unterstellen mit Bourdieu, dass „die Handelnden nie ganz genau wissen, was sie tun", so dass „ihr Tun mehr Sinn hat, als sie selber wissen" (Bourdieu 1987: 127). In der Analyse geht es darum, „dieses ‚Mehr' an Sinn, das den Akteuren nicht unmittelbar zugänglich ist" (Schwingel 1995: 40), schrittweise offen zu legen, und, in den Worten Bourdieus (1970: 127-128), die „primäre" und „sekundäre Sinnschicht"[5] (siehe auch Bohnsack in diesem Band) miteinander in Beziehung zu setzen.

In einem *ersten Interpretationsschritt* wird am Einzelfall die subjektive Perspektive nachvollzogen und rekonstruiert. Dabei ist es wichtig, einen möglichst umfassenden und auf Zusammenhänge zielenden Blick auf die Denk- und Handlungsweisen der Akteure zu richten und nicht auf einzelne Praxisformen oder Einstellungen. In einem *zweiten Schritt* werden dann diese subjektiven Konstruktionsakte mit den sozialen Kontexten ihrer Genese in Beziehung gebracht. Dabei geht es darum, dem Prozess auf die Spur zu kommen, durch den „objektive" Lebensbedingungen zur Praxis von Subjekten werden. Indem die Bedingungen und Möglichkeiten mit in den Blick genommen werden, die zum Erwerb bestimmter Sicht- und Handlungsweisen geführt haben, kommt, wie Max Weber (1972: 1) sagt, zur verstehenden Position eine erklärende hinzu. Um sich diesem Ziel anzunähern, haben wir empirische Handwerkzeuge entwickelt. Dazu zählen eine spezifische, d. h. habitus-

---

[3] Vgl. etwa Geiling (1997) zur habitusanalytischen Auswertung von Comics; vgl. außerdem Hild (2011).
[4] Habitusanalysen in ethnographischen Forschungskontexten setzen bspw. auch bei Beobachtungen körperlicher Praktiken an (exemplarisch Alkemeyer 2009; Schmidt 2004). Brake/Büchner (2006) arbeiten mit Fotografien. Vgl. außerdem Brake (2013).
[5] In der dokumentarischen Methode finden sich ähnliche Unterscheidungen, wenn in Anlehnung an Mannheim vom „unmittelbaren Verstehen" bzw. vom „interpretativen Verstehen" die Rede ist (Bohnsack 1997: 94f.).

hermeneutische Variante der Sequenzanalyse und ein System von heuristischen Kategorien der Habitusanalyse.

4.2 Elementarkategorien der Habitusanalyse

Damit die Aussagen und Handlungsweisen der sozialen Akteure in Richtung Habitus gedeutet werden können, ist theoretisches Wissen dazu notwendig, wie sich soziale Unterschiede konkret im Alltag zeigen. Meist geschieht dies über verschlüsselte symbolische Formen. In der Art und Weise, wie Sachverhalte, Erfahrungen, Personen und ihr Verhalten beschrieben, gedeutet oder erklärt werden, sind zusätzliche Bedeutungen und Zeichen der Unterscheidung enthalten, durch die sich die sozialen Akteure von anderen (sozialen Gruppen) abgrenzen und zugleich ihre Zugehörigkeit ausdrücken. Dies geschieht meist unreflektiert. Nach Bourdieu (1982: 730f.) manifestieren sich soziale Unterschiede u. a. sprachlich in der Verwendung von klassifizierenden Gegensatzpaaren von Adjektiven. Solche begrifflichen Gegensatzpaare sind etwa: hoch (erhaben, rein, sublim) versus niedrig (schlicht, platt, vulgär), fein (raffiniert, elegant, zierlich) versus grob (derb, roh, brutal, ungeschliffen), leicht (beweglich, lebendig, gewandt) versus schwer (schwerfällig, plump, langsam, mühsam), einzig(artig) (außergewöhnlich, exklusiv, einzigartig, beispiellos) versus gewöhnlich (gemein, banal, trivial, beliebig). Mittels dieser Adjektive werden „Menschen wie Dinge der verschiedenen Bereiche der Praxis klassifiziert wie qualifiziert". Sie stehen als „geschichtlich ausgebildete Wahrnehmungs- und Bewertungsschemata" für die „objektive[n] Trennung von ‚Klassen'", etwa von „Alters-, Geschlechts- und Gesellschaftsklassen" (Bourdieu 1982: 730).

Wir haben in Anlehnung an Bourdieus Theorie und aus dem empirischen Material verschiedener Untersuchungen induktiv ein System von Kategorien entwickelt, bei denen dieses Prinzip der Gegensatzpaare zum Tragen kommt und das ein semantisches Feld der Hermeneutik sozialer Ungleichheit aufspannt. Bei diesen in Abbildung 2 dargelegten Kategorien handelt es sich um abstrahierende und teilweise auch um idealtypisch gebildete Begriffe im Sinne Max Webers (1988 [1904]). Es sind heuristische Kategorien, die als Hilfsinstrumente herangezogen werden, um einzelne Habituszüge begrifflich fassen und benennen zu können. Wir nennen diese Kategorien „analytische Elementarkategorien" (vgl. Vester u. a. 2001: 217), da sie für uns so etwas wie grundlegende Formen sozialen Handelns oder auch elementare Dimensionen des Habitus bezeichnen. Diese Kategorien haben sich im Verlauf der Forschungsarbeit als hilfreich erwiesen, um vertikale und horizontale sozialräumliche Differenzierungen vorzunehmen.

Die kategorialen Gegensatzpaare (asketisch – hedonistisch oder ideell – materiell usw.) bilden jeweils das ab, was wir eine Dimension des Habitus nennen, letztlich ein Denk- oder Handlungsmuster, das in der sozialen Praxis der Befragten sichtbar wird. Wir sprechen auch von einem „Zug" des Habitus, ein Begriff, den wir der Terminologie Adornos u. a. (1973) zur Typenbildung entlehnt haben und der zum Ausdruck bringen soll, dass ein Typus (in unserem Fall ein Typus des Habitus) aus verschiedenen Dimensionen besteht, die aufeinander bezogen sind. Adorno hat diese Struktur als *Syndrom* (Adorno u. a. 1973: 308) bezeichnet; entsprechend sehen wir den Habitus als Ensemble verschiedener Züge, die zusammen gehören und eine spezifische Figur oder, anders gesagt, einen spezifischen Sinnzusammenhang bilden.

Abbildung 2

Analytische Elementarkategorien zur Habitus-Hermeneutik (heuristische Synopse aus den Projekten „Soziale Milieus im gesellschaftlichen Strukturwandel", „Kirche und Milieu", „Studierendenmilieus in den Sozialwissenschaften")	
asketisch	hedonistisch
ideell	materiell
hierarchisch	egalitär
individuell	gemeinschaftlich
ästhetisch	funktional
aufstiegsorientiert	sicherheitsorientiert
herrschend	ohnmächtig
selbstsicher	unsicher

Benannt sind mit den Gegensatzpaaren Extrempole, die in der Realität so kaum vorkommen. Vielmehr tendieren die Züge zu einem der beiden Pole (vergleichbar mit einer Wippe, die sich in eine Richtung neigt). Jede Kategorie steht für ein semantisches Feld, das zusätzliche ‚Unterbegriffe' enthält, die den Habituszug in seinen möglichen Ausdrucksphänomenen weiter konkretisieren helfen. Beispiele für einige Kategorien sind in Abbildung 3 dargestellt.

Wichtig ist es bei der Habitusanalyse, die Kategorien nicht schematisch auf das Material anzuwenden, sondern vom Material ausgehend zu entwickeln. Sie haben einen heuristischen Charakter und müssen für jeden Einzelfall und jedes Untersuchungsfeld immer wieder neu herausgearbeitet, überprüft und gegebenenfalls erweitert werden. Ebenso muss beachtet werden, dass nicht einzelne Züge den Habitus ausmachen oder allein milieurelevant sind: ein asketischer Habituszug kann beispielsweise mit ideellen oder aber mit materiellen Orientierungen verbunden sein, mit hierarchischen oder mit egalitär-partnerschaftlichen Handlungsmustern einhergehen. Zudem ist für jedes Feld neu zu entschlüsseln, wie sich z. B. Individualismus, Herrschaft oder Askese usw. symbolisch ausdrücken und welche Bedeutungen hinter den sichtbaren Praxisformen stehen. Askese kann Distinktionsmittel bestimmter Milieus der oberen sozialen Stufe sein, um sich vom vermeintlichen ‚Materialismus' der Volksklassen abzugrenzen. Askese kann aber auch bei sozialräumlich weiter unten stehenden Milieus eine Strategie sein, um gesellschaftlich Anschluss zu halten oder um sozial aufzusteigen. Die jeweiligen Bedeutungen, die mit der Praxisform verbunden sind, erschließen sich erst aus dem Kontext, in der Beziehung von Habitus und Feld und über die Einbindung in die Gesamtstruktur des Habitus.

Abbildung 3

Beispiele für die Unterbegriffe der Elementarkategorien	
asketisch methodisch; planend; Pflicht; (Trieb-) Verzicht steht vor Lust und Genuss; diszipliniert; Selbstbeherrschung	**hedonistisch** spontan; ungeplant; ungeregelt; lustbetont; Spaß; Lust und Genuss statt Pflicht und Verzicht; Erlebnisorientierung
ideell spirituell; metaphysisch; Neigung zur Abstrahierung von der dinglichen Realität; vergeistigt; intellektuell; idealistisch; Betonen des Anspruchs auf 'Authentizität'	**materiell** körperbetont; 'weltlich'; praktisch; Orientierung am konkret Fassbaren; verdinglicht; realistisch; Pragmatismus: Orientierung an Machbarkeit und Notwendigkeit
hierarchisch autoritätsorientiert bis autoritär; Statusdenken; positive Bewertung von Ordnung und Unterordnung; häufig: Ressentiments	**egalitär** partnerschaftlich; demokratisch; gleichberechtigt; Anspruch auf Partizipation und Mitgestaltung; integrativ; „leben und leben lassen"
individuell Vorrang des Selbst vor der Gemeinschaft; Autonomie; Anspruch auf Unabhängigkeit und Selbstbestimmung ('jeder ist für sich selbst verantwortlich'); häufig Streben nach Selbstverwirklichung und Persönlichkeitsentfaltung; Neigung zu Egozentrik; abgrenzen von der 'Masse', Betonung von 'Einzigartigkeit' und Unkonventionalität	**gemeinschaftlich** Gemeinschaft steht vor individuellen Ansprüchen; Rücksichtnahme auf Konventionen; Bereitschaft zu Kompromissen; teilweise Anpassung und Konformismus; Geselligkeit, Sicherheit, und Geborgenheit; bisweilen Anlehnung an bzw. Entlastung durch die Gemeinschaft

Die Arbeit mit theoretischen Kategorien entlastet also nicht davon, die Logik jeweils aus dem Fall heraus zu rekonstruieren; sie hilft aber, sich dem sozialen Ort des jeweiligen Falls anzunähern und die Bedingungen und Möglichkeiten auszuloten, die für diesen bestehen und ihn dadurch verständlicher machen. Die Interpretationsarbeit findet daher als Bewegung vom Material zu Kategorien und Theorie und wieder zurück zum Material statt (als hermeneutische Spirale). Auf diese Weise wird schrittweise eine Figur entwickelt, die die einzelnen Äußerungen und Handlungen in einen Zusammenhang bringt. Ziel ist es, das handlungsleitende Prinzip zu finden, das die Praxis strukturiert. Dies kann durchaus spannungsreich bzw. auch widersprüchlich sein (vgl. Krais / Gebauer 2002: 71f.). Beispiele für solche handlungsleitenden Prinzipien waren in unseren bisherigen Untersuchungen u. a. das individuelle Konkurrenzprinzip, das Prinzip Aufstieg durch Leistung oder Leistung gegen Teilhabe, das fürsorgliche oder das patriarchale Prinzip.

Um zu verdeutlichen, dass sich aus einigen Sätzen Originalton bereits Hinweise auf bestimmte Habitusmuster finden lassen, haben wir vier Beispiele aus einer Untersuchung zu Studierendenmilieus in den Sozialwissenschaften ausgewählt.[6] Es handelt sich um Antworten der Studierenden auf eine Frage, die in lebensgeschichtlichen Interviews der Studie gestellt wurde. Die Frage lautete: „Worauf kommt es mir an im Leben?" Auf diese Frage antworteten die vier ausgewählten Personen wie folgt:

1. Martin:
„"... was mir glaube ich wichtig ist, ist Ehrlichkeit sich selbst gegenüber und damit auch Ehrlichkeit anderen gegenüber [...], dann auch zu sich zu stehen in gewisser Weise, auch zu seinen Fehlern [...], das akzeptieren zu können und das dann auch beim andern zu akzeptieren. ... Ich glaube, das ist mir wichtig im Leben, alles andere ist mir, glaube ich, relativ unwichtig. Also ich glaube in meinem Leben nicht viel Geld, ähm.. Hauptsache, sag ich mal, ich bin so mit dem, was ich tue, zufrieden."
(25 J., 5. Sem. Dipl. Sowi.)

2. Axel:
„Im Leben kommt es darauf an, seinem Leben selber einen Sinn zu geben. Und wenn man selber seinem Leben einen Sinn geben kann, darauf kommt es an und das kann unterschiedlich sein, [...] früher hätte ich den hedonistischen Standpunkt bezogen, hätte gesagt: Frauen. Vielleicht oder so ne, aber so würde ich es allgemeiner sagen. Also ich finde, worauf es zum Beispiel nicht drauf ankommt ist, viel Geld zu verdienen, Karriere zu machen [...] schnell zu studieren und so weiter [...]."
(34 J., 19. Sem. Dipl. Sowi.)

3. Sabine:
„Mit dem Menschen, den man liebt alles teilen zu können. [...] für mich ist es ganz wichtig den privaten Ausgleich zu haben mit dem Freund, oder mit dem Fahrrad zu fahren und glücklich zu sein und das zu trennen halt [...]. Also es geht nicht nur Schreibtisch oder nur privat, ich möchte so eine Mischung, das ist so mein Ziel [...]. Früher kam es mir darauf an, irgendwann mal viel Geld zu verdienen und eine geile Wohnung und ein geiles Auto zu haben, so oberflächlich denke ich nicht mehr. Ich finde zwar viel Geld immer noch genauso schön, aber mir kommt es halt in erster Linie darauf an, mit jemandem glücklich zu sein [...]. Was habe ich davon, wenn ich nur hinter dem Schreibtisch sitze und werde morgen überfahren, das ist doch Scheiße, wenn ich nicht gelebt habe so."
(28 J., 3. Sem. Jura, vorher 2. Sem. Dipl. Sowi. u. 2. Sem. Medizin)

4. Bernhard:
„[...] ich will später ein gesichertes Leben haben, [...] man geht ja eigentlich davon aus, Abitur, Studium und irgendwann fährt man seinen Mercedes, äh, es muss kein Mercedes sein, aber dass man einen etwas gehobeneren Lebensstandard hat, der sich doch äh.. abhebt, von dem was ein Handwerker hat, [...] und dass ich im Alter nicht geistig verarme [...], dass ich nicht einfach nur noch dazu in der Lage bin äh, irgendwelche

---

[6] Zur Untersuchung „Studierendenmilieus in den Sozialwissenschaften" vgl. Lange-Vester / Teiwes-Kügler (2004, 2006).

Champions-League-Spiele zu sehen. [...] auch von meinem kulturellen Umgang .. also darauf leg ich Wert und ich habe dann immer auch meine Probleme [...], wenn ich dann auf Wahlkampftour bin[7] und wenn ich dann mit den Atzes der Welt hier unterwegs bin [...], wie die denken, was die machen. [...], da weiß ich auch, das willst du nicht".

(25 J., 7. Sem. MA Pol/Soz/Geschichte)

Durch eine vergleichende Interpretation dieser Textauszüge, die die Elementarkategorien zur Habitusanalyse mit einbeziehen und die Aussagen auf einer analytischen Ebene begrifflich verdichtet, ergeben sich folgende erste Hinweise zu vorhandenen Habitusmustern:

1. *Martin* verkörpert einen Anspruch auf Authentizität („Ehrlichkeit"), sucht Akzeptanz und Toleranz (im Umgang mit „Fehlern"), tritt eher genügsam und bescheiden („zufrieden sein") auf und wirkt eher realistisch als idealistisch (begrenzter Idealismus); materielle Orientierungen scheinen nachrangig zu sein. Wichtig ist ihm eigenverantwortliches Handeln.
2. Für *Axel* stehen individuelle Sinnsuche und ideelle Orientierungen im Vordergrund, er grenzt sich von Materialismus und Karrierestreben ab und lebt eher hedonistisch-ungeplant. Implizit ist darin eine Abgrenzung von etablierten ökonomischen Fraktionen der Besitzklasse bzw. aufstiegsorientierten Milieus enthalten, gleichzeitig zeigt er ein Denken in (Geschlechter-)Hierarchien.
3. *Sabine* agiert ebenfalls mehr lustbetont und ungeplant als diszipliniert und methodisch, sie scheint noch auf der Suche zu sein, ist materiell orientiert im Sinne der Zielsetzung, existenziell abgesichert sein zu wollen und sucht nach einer Balance zwischen Berufs- und Privatleben. Sichtbar wird ein gewisses Harmoniestreben, die Suche nach dem privaten Glück. Auch sie grenzt sich von Karrierestreben ab, argumentiert dabei aber lebenspraktisch und weniger intellektualisiert als Axel. Möglicherweise impliziert dies eine Selbstbegrenzung auf einen ihr (geschlechts- und klassenspezifisch) zugewiesenen sozialen Ort.
4. Für *Bernhard* sind Sicherheit und ein „gewisser Lebensstandard" wichtig, er gibt sich materiell orientiert und statusbetont („Mercedes"), grenzt sich von mittleren Milieus der handwerklichen und körperlichen Arbeit ab, ebenso von der ‚ungebildeten Masse' (gewisser „kultureller Umgang" jenseits der „Champions-League"), bevorzugt klare Strukturen und ein methodisch geplantes Leben. Sichtbar wird bei ihm ein Denken in hierarchischen Ordnungsvorstellungen.

Nimmt man eine zweite Frage hinzu, die in den Interviews gestellt wurde: „Worauf kommt es mir an im Studium?", dann bestätigen sich einige Hypothesen zu den Habitusmustern der hier vorgestellten Studierenden, neue Dimensionen kommen hinzu und einiges erscheint auch in etwas anderem Licht.

---

[7] Die Befragungsperson ist kommunalpolitisch aktiv.

1. Martin:
„[...] schon eigentlich mit dem Anspruch reingegangen, was zu lernen [...], schon leistungsorientiert, .. was heißt leistungsorientiert. Ich bin nicht der Streber gewesen, aber schon mit Zielorientierung, also schon: ich möchte damit hinterher auch mal Geld verdienen. [...] Ich hab mein Studium halt nicht selber finanziert, das heißt, wenn meine Eltern mir mein Studium finanzieren, dann würd' ich schon gerne was studieren, was hinterher verwertbar ist, damit ich mir mein Leben selber finanzieren kann. Was mir halt relativ wichtig ist. Und ähm.... ich könnt' ewig studieren, wenn ich wüsste, ich könnte es finanzieren."

(25 J., 5. Sem. Dipl. Sowi.)

2. Axel:
„ ...mmh. Das ist mir zu allgemein, die Frage. (Lachen) Auf alles... Also mir ist eigentlich immer wichtig gewesen, dass es ne interessante Debatte gibt, ja. Soll ich jetzt sagen wissenschaftliche Wahrheit? Das wäre ja grauenhaft, das geht nicht. Also darauf kommt es mir eigentlich nicht drauf an. Ja, aber schon irgendwie auch trotzdem geht es auch um Wahrheit [...]. [Frage der Interviewer nach der Bedeutung des Diploms] Ach so. Ja nee, das hat mich nie interessiert ne. Nee hat mich, also ich weiß jetzt nicht warum irgendwie so [...] also einen Abschluss zu haben, es wär schon gut nen Abschluss zu haben."

(34 J., 19. Sem. Dipl. Sowi.)

3. Sabine:
„Ah, das ist echt schwer [...] zu sagen [...], also ich wollte einfach mehr gefordert werden, ich wollte einfach nen interessanten Stoff da vermittelt kriegen, der mich dazu bringt, dass ich halt auch nach dem Studium [...] mich weiter informieren will, mehr wissen will und mich konnte dazu keiner motivieren, weil halt alles irgendwie nur bla, bla, bla [...] monoton da runter gelabert wurde, w.enn man überhaupt mal was Greifbares hatte. Es gab auch Ringvorlesungen in Psychologie, da war ich bestimmt zehn fünfzehn Mal und wusste nie, worüber wir eigentlich geredet hatten. Ich hatte dann eine Überschrift und jedes Mal meinen Zettel vorbereitet zum Mitschreiben. Es war mir überhaupt nicht möglich da mitzuschreiben. Und das ging mir halt in den meisten Vorlesungen so."

(28 J., 3. Sem. Jura, vorher 2. Sem. Dipl. Sowi. u. 2. Sem. Medizin)

4. Bernhard:
„... also was stärker noch gemacht werden muss, der Student muss, äh, stärker noch vom Dozenten begleitet werden und auf der anderen Seite muss, wenn es nicht geschieht, der Student auch in der Lage sein, selber das einzufordern. [...] Das Berufspraktische muss weiter gestärkt werden, dass also auch von der Uni genau gesagt wird, das und das sind die Bereiche, wo ihr was machen könnt und nich' so Larifari, es wär schön, wenn ihr im Ablauf eures Studiums irgendwann mal 'nen Praktikum macht .. das reicht nicht aus, da muss also auch was Verbindliches festgeschrieben werden, finde ich."

(25 J., 7. Sem. MA Pol/Soz/Geschichte)

Bei *Martin* bestätigt sich der Anspruch auf Eigenverantwortlichkeit, der durch ein Streben nach materieller Unabhängigkeit und Autonomie unterstrichen wird. Zugleich zeigen sich ein nüchterner Realismus und ein praktisches Weltverhältnis, das aber durch immaterielle Bildungsmotive gebrochen ist. Bei *Axel* bestätigt sich die ideell-intellektuelle und sinnsuchende Haltung. Das Studium dient der Wahrheits- und nicht der Berufsfindung. *Sabine* zeigt vor allem Unsicherheiten und Überforderung im Umgang mit den Studienanforderungen, die sie aber nicht sich selbst, sondern den Studienbedingungen zuschreibt (nicht motiviert werden können). Bei *Bernhard* bestätigt sich die methodisch-strukturierte Haltung, er fordert verbindliche Regeln und eindeutige Vorgaben ein. Zudem wird bei ihm eine (berufs-)praktische Studienhaltung erkennbar.

4.3 Das Verfahren der Sequenzanalyse

Die vorgeführten Interpretationsbeispiele deuten den Analyseweg an, den wir hermeneutisch gehen, um uns dem Habitus der Untersuchungspersonen anzunähern. Die Habitushermeneutik ist ein regelgeleitetes Auswertungsverfahren. Um die unterschiedlichen Sinnschichten und die darin eingelagerten Schemata des Habitus aufdecken zu können, greifen wir auf eine die Auswertung systematisierende Methode zurück, auf das Verfahren der Sequenzanalyse. Die Auswertung beginnt mit einer kleinschrittigen, sequentiellen Bearbeitung des empirischen Materials. Diese anfängliche Sequenzanalyse dient vor allem dazu, den „Einstieg" in den Fall zu finden. Das Verfahren der Sequenzanalyse, ursprünglich durch Oevermann (1979) und seine Forschungsgruppe eingeführt, zählt inzwischen zu den gängigen Verfahren der interpretativen Textanalyse, die auch von anderen qualitativen Forschungsansätzen aufgegriffen wurde (vgl. z. B. Soeffner / Hitzler 1994). Häufig werden dabei jedoch die mit der „Objektiven Hermeneutik" verbundenen theoretischen Implikationen, insbesondere die Strukturtheorie, nicht übernommen. Das gilt auch für die Habitushermeneutik; uns geht es nicht um das sequentielle Herausarbeiten einer Strukturlogik (Oevermann u. a. 1979: 369), sondern um die Entschlüsselung der im empirischen Material enthaltenen Klassifizierungsschemata und symbolischen Zeichen.

Bei der Sequenzanalyse kommt ein Set von Regeln zur Anwendung, an denen orientiert wir die wörtlich verschrifteten Äußerungen der sozialen Akteure aus Interviews oder Gruppendiskussionen bearbeiten (vgl. hierzu ausführlich Bremer / Teiwes-Kügler 2013). Der Text wird in kleine Abschnitte von etwa 5-10 Zeilen unterteilt, die nacheinander gedeutet werden, ohne dass zunächst nachfolgende Sequenzen oder Kontextwissen aus dem Gesamtmaterial bei der Interpretation mit einbezogen werden. Für jede Sequenz werden denkbar mögliche Lesarten zu den subjektiven und gesellschaftlichen Konstruktionen entwickelt. Diese Lesarten werden in einem Diskussionsprozess gegeneinander verteidigt, bis entweder ein unter Plausibilitätsgesichtspunkten begründbarer Konsens hergestellt werden kann oder, wenn dies nicht möglich ist, verschiedene Lesarten zunächst nebeneinander bestehen bleiben. Durch die Bearbeitung der nächstfolgenden Sequenz können dann die bisherigen Lesarten überprüft, verifiziert oder verworfen werden, ggfs. kommen auch neue hinzu. Um die Deutungsmöglichkeiten nicht vorschnell einzuschränken, werden Kontextwissen und theoretisches Wissen erst zu einem späteren Zeitpunkt einbezogen. Wann dies geschieht oder geschehen sollte, muss am Material und in der Interpretationsgruppe entschieden werden. In sinnvollen Abständen werden zusammenfassende und vom konkreten Material abstrahierende „analytische" Deutungen vorgenommen. Bei diesem Schritt werden sich erhärtende Hypothesen in Habitusschemata überführt. Dabei kommt, soweit möglich, das bereits erläuterte Kategoriensystem zur Habitushermeneutik zur Anwendung.

Die Sequenzanalyse bildet lediglich den Einstieg in die Deutungs- und Interpretationsarbeit. Sie soll erste Hinweise oder ‚Spuren' auf mögliche Habitusmuster liefern, die dann weiter verfolgt werden können. Im Verlauf der Auswertung wird dann das gesamte Transkript eines Falls (Interview oder Gruppendiskussion) kleinschrittig und chronologisch bearbeitet. Eine ausführliche Sequenzanalyse nach dem oben beschriebenen Vorgehen wird jedoch aus forschungsökonomischen Gründen nicht für das gesamte Transkript vorgenommen, sondern erfolgt zunächst lediglich für die Einstiegspasssagen der Interviews oder der Gruppenwerkstätten. Zusätzlich werden weitere Textstellen ausführlich sequenzanalytisch interpretiert. Welche dies sind, hängt von der Forschungsfrage, vom Forschungsgegenstand und vom Material ab. Meist sind es solche, die entweder zu bestimmten inhaltlichen Themen ausgewählt werden oder die besonders widersprüchlich erscheinen bzw. eine besonders ausgeprägte metaphorische Dichte besitzen. Für die bild-hermeneutische Interpretation des Materials aus den Collagen haben wir ein eigenes Auswertungskonzept entwickelt, auf das wir hier nicht weiter eingehen. Es ist ausführlich dargelegt bei Bremer / Teiwes-Kügler (2007 sowie 2013).

Das gesamte interpretative Vorgehen entspricht dem kriminalistischen Sammeln von Indizien, die am Ende der Auswertung zu einem plausiblen, aber nicht unbedingt widerspruchsfreien Gesamtbild – dem bereits angesprochenen *Habitussyndrom* – der befragten Personen zusammengefügt werden.

4.4 Empirische Typenbildung

Im Verlauf der Auswertung werden alle Fälle der Stichprobe auf diese Weise interpretiert, in Relation zu einander gesetzt und schließlich zu Typen gebündelt. Ziel der empirischen Typenbildung ist es, über die Beschreibung von Einzelfällen hinauszukommen und Strukturen zu erarbeiten, oder, wie Max Weber sagt, nach „generellen Regeln des Geschehens" (Weber 1972: 9) zu suchen. Durch die Typenbildung wird die Vielfalt der Erscheinungen sortiert, reduziert und geordnet. Dabei kann keine statistische Repräsentativität erreicht werden, wohl aber können gesellschaftliche Strukturzusammenhänge aufgedeckt werden. Für uns bedeutet das, dass die Typologien auf die soziale Ordnung als Ganzes und auf deren Herrschafts- und Teilungsprinzipien bezogen werden. Insbesondere Adorno hat betont, dass es für die Konstruktion von Typen nicht ausreicht, Individuen einfach nach Merkmalen zu gruppieren. Erforderlich ist vielmehr, die Vielfalt der Erscheinungen von ihrer Struktur her zu erfassen und den darin liegenden Sinnzusammenhang zu erschließen (vgl. Adorno u. a. 1973: 307f.).

> „Wir wollen menschliche Wesen weder nach Gruppen sortieren, die sie wie eine Statistik sauber aufteilen, noch nach den üblichen Idealtypen, die durch ‚Mischungen' ergänzt werden müssen. Gerechtfertigt sind unsere Typen nur, wenn es gelingt, unter jeder Typusbezeichnung eine Anzahl von Zügen und Dispositionen zu ordnen und diese in einen Zusammenhang zu bringen, der sie ihrem Sinn nach als mögliche Einheit zeigt." (Adorno u. a. 1973: 309)

Die Typenbildung erfolgt durch Fallvergleiche nach Ähnlichkeiten und Unterschieden der Habitussyndrome. Die einzelnen Fälle werden miteinander verglichen, zu einander in Beziehung gesetzt und in den sozialen Raum der Milieus eingeordnet. Dabei kristallisieren sich zunehmend die bereits vorgestellten Elementarkategorien der Habitusanalyse heraus, die sich als differenzierend für die Typenbildung im Untersuchungsfeld erweisen. Gleichzeitig müssen auch neue Kategorien und Begriffe für dieses Feld gefunden werden, um die Fälle beschreiben und abgrenzen zu können. In der fallübergreifenden komparativen Analyse werden schließlich die Fälle zu einem Typus zusammengefasst, die im Habitussyndrom große Ähnlichkeiten aufweisen (*interne Homogenität*) und sich gleichzeitig in dieser Praxis von anderen Fällen und Typen des Samples deutlich unterscheiden (*externe Heterogenität*) (vgl. Kluge 1999; Kelle / Kluge 1999). Welches die Muster und Habituszüge sind, die sich als besonders relevant und differenzierend für die Typenbildung des Feldes erweisen und schließlich das Charakteristische oder ‚Typische' für einen Typus ausmachen, ist nicht vorab festgelegt, sondern ergibt sich erst während der Interpretationsarbeit aus dem empirischen Material. Jedes Feld hat, wie gesagt, seine eigene Logik und seine eigenen Kräfteverhältnisse, innerhalb derer sich die Akteure (Milieus) positionieren.

Die Typenbildung ist ein Prozess, in dem sich langsam die Konturen der einzelnen Typen entwickeln und immer wieder auch Änderungen und Verschiebungen vorgenommen werden. Die schließlich gebildeten empirischen Typen sind idealtypische Konstrukte im Sinne Max Webers. Bei der Konstruktion des Typus wird von den Besonderheiten jedes einzelnen Falls abstrahiert und die Gemeinsamkeiten der Fälle werden „durch einseitige Steigerung" (Weber 1988 [1904]: 191) besonders hervorgehoben. Insofern unterscheidet sich der Typus auch immer etwas von den Habitussyndromen der Einzelfälle. Mit der entstehenden Typologie wird dann auch die Eigenlogik des Feldes sichtbar, werden die dominierenden Gruppen erkennbar, die die ‚Spielregeln' beherrschen und bestimmte Leitbilder der ‚legitimen' Praxis für das jeweilige Feld vorgeben, ebenso zeigen sich die Konfliktlinien, die dadurch zu anderen sozialen Gruppen des Feldes bestehen. Die Bildung der Habitustypen ist daher auch theoriegenerierend, die Habitus- und Milieutheorie muss für jedes Feld immer wieder ein stückweit neu entwickelt werden.[8]

Die vier im vorangegangenen Kapitel vorgestellten Einzelfälle sind schließlich in eine Typologie zu Studierendenmilieus in den Sozialwissenschaften eingegangen. In Abbildung 4 haben wir ihre typologische Zuordnung festgehalten.[9]

---

[8] Vgl. zur Typenbildung ausführlich Bremer / Teiwes-Kügler (2010).
[9] Der Typus „Kritische Intellektuelle" ist gekennzeichnet durch einen theoretisch-abstrakten Studienzugang, Distinktion über Intellektualismus, Kompetenz im Umgang mit wissenschaftlichen Diskursen und vermeintliche „Zweckfreiheit" des Studiums. Der Typus „Exklusive" zeichnet sich aus durch eine berufspraktische Studienhaltung, Denken in Statushierarchien durch Herrschaftsansprüche, Distinktion über Exklusivität und offenes Eintreten für Selektion und Exklusion. Beim Typus „Ganzheitliche" sind ideelle Bildungs- und Studienmotive mit berufspraktischen Motiven verbunden, das Studium dient auch der Horizonterweiterung u. Persönlichkeitsentwicklung, es überwiegt eine solidarisch-egalitäre Studienpraxis. Der Typus „Bildungsunsichere" ist mit offenen Studienstrukturen überfordert, das Studium ist eine fremde Welt, wissenschaftliche Arbeitstechniken müssen erst noch angeeignet werden, daraus folgt Verunsicherung und Einschüchterung, die Gefahr der Selbsteliminierung ist groß. Die ausführlichen Typenbeschreibungen finden sich bei Lange-Vester / Teiwes-Kügler (2004, 2006).

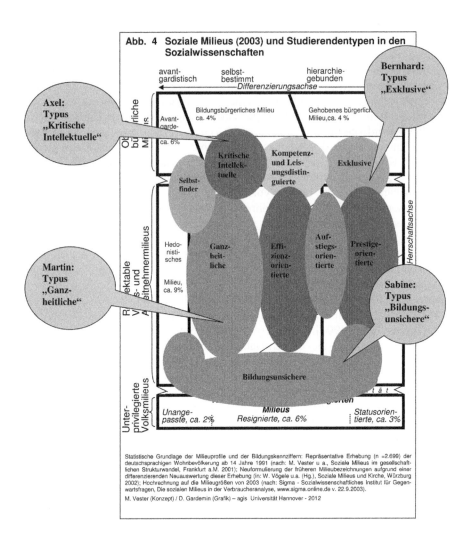

5. Fazit

Die Habitushermeneutik ermöglicht es, die Habitusmuster sozialer Akteure zusammenhängend herauszuarbeiten und zu plausibilisieren. Das in diesem Beitrag dargelegte Konzept hat lange Entwicklungszeiten beansprucht und wir verstehen es auch weiterhin als nicht abgeschlossen in dem Sinne, dass die Handwerkszeuge zur Analyse prinzipiell erweiterbar sind. Nicht verhandelbar sind hingegen die grundlegende, hier ebenfalls diskutierte Denkweise und die Haltung des Forschers und der Forscherin zum Gegenstand der Analyse. Diese verstehende Haltung zu erwerben, beansprucht ebenfalls Zeit und Arbeit am eigenen

Selbstverständnis in einem beständigen, prinzipiell nicht abzuschließenden Prozess der Reflexion und des „radikalen Zweifels": „Eine wissenschaftliche Praxis, die es unterläßt, sich selbst in Frage zu stellen, weiß im eigentlichen Sinne nicht, was sie tut." (Bourdieu / Wacquant 1996: 270)

Habitushermeneutik bedeutet „Konstruktionsarbeit" und leistet einen Beitrag zur Analyse sozialer Felder. Über eine „Serie von Annäherungsversuchen", so Bourdieu und Wacquant (1996: 264), werden „nach und nach" soziale Räume erschlossen. In diesem Prozess ermöglicht das Konzept der Habitushermeneutik, soziale Verortungen der Akteure nach ihrem Habitus vorzunehmen, die den von ihnen in spezifischer Weise verinnerlichten gesellschaftlichen Teilungen folgt, die ihre Sichtweisen bestimmt. Mit der Positionierung in der Landkarte sozialer Milieus erhält diese Sichtweise auch visuell einen Ort und es wird erkennbar, dass sich die Akteure nicht im luftleeren Raum bewegen, sondern in Beziehungen von Herrschaft und Unterordnung, von Legitimität und Illegitimität usw. Darüber hinaus befördern entsprechende Untersuchungen die Symbole, Praktiken und Begriffe zu Tage, in denen diese Beziehungen alltäglich und allgegenwärtig zum Tragen kommen. Mit der Analyse von Habitusmustern und Milieuzusammenhängen werden so auch soziale Räume ein stückweit konkret, „die sich eigentlich nur in Gestalt von ganz abstrakten objektiven Relationen zu erkennen geben, die man nicht anfassen und auf die man nicht mit dem Finger zeigen kann und die dennoch die ganze Realität der sozialen Welt ausmachen" (Bourdieu / Wacquant 1996: 264f.).

Literatur

Adorno, Theodor W. / Frenkel-Brunswick, Else / Levinson, Daniel J. / Sanford, R. Nevitt (1973 [1950]): *Studien zum autoritären Charakter*. Frankfurt am Main: Suhrkamp.

Alkemeyer, Thomas (2009): Lernen und seine Körper. Habitusformungen und -umformungen in Bildungspraktiken. In: Barbara Friebertshäuser / Markus Rieger-Ladichs / Lothar Wigger (Hg.): *Reflexive Erziehungswissenschaft*. Wiesbaden: VS. S. 119-141.

Beck, Ulrich (1983): Jenseits von Klasse und Stand? Soziale Ungleichheiten, gesellschaftliche Individualisierungsprozesse und die Entstehung neuer sozialer Formationen und Identitäten. In: Reinhard Kreckel (Hg.): *Soziale Ungleichheiten*. Soziale Welt. Sonderband 2. Göttingen: Schwartz & Co. S. 35-74.

Beck, Ulrich (1986): *Risikogesellschaft*. Frankfurt am Main: Suhrkamp.

Bohnsack, Ralf (1997): Dokumentarische Methode. In: Ronald Hitzler / Anne Honer (Hg.): *Sozialwissenschaftliche Hermeneutik*. Opladen: Leske+Budrich. S. 191-212.

Bohnsack, Ralf (2007): *Rekonstruktive Sozialforschung. Einführung*. Opladen: Barbara Budrich.

Bourdieu, Pierre (1970): *Zur Soziologie der symbolischen Formen*. Frankfurt am Main: Suhrkamp.

Bourdieu, Pierre (1982): *Die feinen Unterschiede. Kritik der gesellschaftlichen Urteilskraft*. Frankfurt am Main: Suhrkamp.

Bourdieu, Pierre (1985): *Sozialer Raum und Klassen. Leçon sur la leçon*. Frankfurt am Main: Suhrkamp.

Bourdieu, Pierre (1987): *Sozialer Sinn. Kritik der theoretischen Vernunft*. Frankfurt am Main: Suhrkamp.

Bourdieu, Pierre (1989): Antworten auf einige Einwände. In: Klaus Eder (Hg.): *Klassenlage, Lebensstil und kulturelle Praxis*. Frankfurt am Main: Suhrkamp. S. 395-410.

Bourdieu, Pierre (1999): *Die Regeln der Kunst. Genese und Struktur des literarischen Feldes*. Frankfurt am Main: Suhrkamp.

Bourdieu, Pierre (1992a): Die feinen Unterschiede. In: Pierre Bourdieu: *Die verborgenen Mechanismen der Macht.* Hamburg: VSA. S. 31-48.
Bourdieu, Pierre (1997a): An den Leser. In: Pierre Bourdieu et. al.: *Das Elend der Welt.* Konstanz: UVK. S. 13-14.
Bourdieu, Pierre (1997b): Verstehen. In: Pierre Bourdieu et. al.: *Das Elend der Welt.* Konstanz: UVK. S. 779-802.
Bourdieu, Pierre (2000): *Das religiöse Feld. Texte zur Ökonomie des Heilsgeschehens.* Konstanz: UVK.
Bourdieu, Pierre (2000): *Das politische Feld. Zur Kritik der politischen Vernunft.* Konstanz: UVK.
Bourdieu, Pierre / Wacquant, Loïc J.D. (1996): *Reflexive Anthropologie.* Frankfurt am Main: Suhrkamp.
Bourdieu, Pierre / Chamboredon, Jean-Claude / Passeron, Jean-Claude (1991): *Soziologie als Beruf. Wissenschaftstheoretische Voraussetzungen soziologischer Erkenntnis.* Berlin: De Gruyter.
Büchner, Peter / Brake, Anna (Hg.) (2006): *Bildungsort Familie. Transmission von Bildung und Kultur im Alltag von Mehrgenerationenfamilien.* Wiesbaden: VS.
Brake, Anna (2013): Bourdieu und die Photographie: Übungen zur Konversion des Blicks. In: Anna Brake / Helmut Bremer / Andrea Lange-Vester (Hg.): *Empirisch Arbeiten mit Bourdieu.* Weinheim / München: Beltz Juventa. S. 61-94.
Bremer, Helmut (1999): *Soziale Milieus im Bildungsurlaub.* Hannover: Agis.
Bremer, Helmut (2004): *Von der Gruppendiskussion zur Gruppenwerkstatt. Ein Beitrag zur Methodenentwicklung in der typenbildenden Mentalitäts-, Habitus- und Milieuanalyse.* Münster: LIT.
Bremer, Helmut (2007): *Soziale Milieus, Habitus und Lernen.* Weinheim: Juventa.
Bremer, Helmut / Teiwes-Kügler, Christel (2003): Die Gruppenwerkstatt. Ein mehrstufiges Verfahren zur vertiefenden Exploration von Mentalitäten und Milieus. In: Heiko Geiling (Hg.): *Probleme sozialer Integration.* Münster: LIT. S. 207-236.
Bremer, Helmut / Lange-Vester, Andrea (2013): Einleitung: Zur Entwicklung des Konzeptes sozialer Milieus und Mentalitäten. In: Helmut Bremer / Andrea Lange-Vester (Hg.): *Soziale Milieus und Wandel der Sozialstruktur.* Wiesbaden: VS. (2. Aufl., i. E.).
Bremer, Helmut / Teiwes-Kügler, Christel (2007): Die Muster des Habitus und ihre Entschlüsselung. Mit Transkripten und Collagen zur vertiefenden Analyse von Habitus und sozialen Milieus. In: Barbara Friebertshäuser / Heide von Felden / Burkhardt Schäffer (Hg.): *Bild und Text – Methoden und Methodologien visueller Sozialforschung in der Erziehungswissenschaft.* Leverkusen-Opladen: Barbara Budrich. S. 81-104.
Bremer, Helmut / Lange-Vester, Andrea / Vester, Michael (2009): Die feinen Unterschiede. In: Gerd Fröhlich / Boike Rehbein (Hg.), *Bourdieu-Handbuch: Leben – Werk – Wirkung.* Stuttgart / Weimar: Metzler. S. 289-312.
Bremer, Helmut / Teiwes-Kügler, Christel (2010): Typenbildung in der Habitus- und Milieuforschung: Das soziale Spiel durchschaubarer machen. In: Jutta Ecarius / Burkhard Schäffer (Hg.): *Typenbildung und Theoriegenerierung. Methoden und Methodologien qualitativer Biographie- und Bildungsforschung.* Leverkusen-Opladen: Barbara Budrich. S. 251-276.
Bremer, Helmut / Teiwes-Kügler, Christel (2013): Zur Theorie und Praxis der Habitus-Hermeneutik. In: Anna Brake / Helmut Bremer / Andrea Lange-Vester (Hg.): *Empirisch Arbeiten mit Bourdieu.* Weinheim / München: Beltz Juventa. S. 95-130.
Durkheim, Émile (1984 [1895]): *Die Regeln der soziologischen Methode.* Frankfurt am Main: Suhrkamp.
Durkheim, Émile (1988 [1893]): *Über soziale Arbeitsteilung.* Frankfurt am Main: Suhrkamp.
Geiger, Theodor (1932): *Die soziale Schichtung des deutschen Volkes.* Stuttgart: Enke.
Geiling, Heiko (1997): „Werner, oder was?" Zur politischen Soziologie des Geschmacks am Beispiel eines Comics. In: Heiko Geiling (Hg.): *Integration und Ausgrenzung.* Hannoversche Forschungen zum gesellschaftlichen Strukturwandel. Hannover: Offizin. S. 237-257.
Geiling, Heiko / Gardemin, Daniel / Meise, Stephan / König, Andrea (2011): *Migration – Teilhabe – Milieus. Spätaussiedler und türkeistämmige Deutsche im sozialen Raum.* Wiesbaden: VS.

Geißler, Rainer / Weber-Menges, Sonja (2006): „Natürlich gibt es heute noch Schichten!". In: Helmut Bremer / Andrea Lange-Vester (Hg.): *Soziale Milieus und Wandel der Sozialstruktur.* Wiesbaden: VS. S. 102-127.
Hild, Petra (2011): Plakatpräsentation *"Aneignungspraktiken angehender Lehrpersonen"* an der Universität Zürich anlässlich des Networking Days für qualitative Sozialforschung vom 11. Mai.
Hitzler, Ronald / Honer, Anne (1997): *Sozialwissenschaftliche Hermeneutik.* Opladen: Leske + Budrich.
Krais, Beate / Gebauer, Gunter (2002): *Habitus.* Bielefeld: Transcript.
Kluge, Susann (1999): *Empirisch begründete Typenbildung. Zur Konstruktion von Typen und Typologien in der qualitativen Sozialforschung.* Opladen: Leske + Budrich.
Kelle, Udo / Kluge, Susann (1999): *Vom Einzelfall zum Typus. Fallvergleich und Fallkontrastierung in der qualitativen Sozialforschung.* Opladen: Leske + Budrich.
Lange-Vester, Andrea (2007): *Habitus der Volksklassen. Kontinuität und Wandel seit dem 18. Jahrhundert in einer thüringischen Familie.* Münster: LIT.
Lange-Vester, Andrea (2012): Teachers and Habitus: The Contribution of Teachers' Action to the Reproduction of Social Inequality in School Education. In: *Revista de la Asociación de Sociología de la Educación.* (5), 3: S. 455-476.
Lange-Vester, Andrea / Teiwes-Kügler, Christel (2004): Soziale Ungleichheiten und Konfliktlinien im studentischen Feld. In: Steffani Engler / Beate Krais (Hg.): *Das kulturelle Kapital und die Macht der Klassenstrukturen.* Weinheim: Juventa. S. 159-187.
Lange-Vester, Andrea / Teiwes-Kügler, Christel (2006): Die symbolische Gewalt der legitimen Kultur. In: Werner Georg (Hg.): *Soziale Ungleichheit im Bildungssystem.* Konstanz: UVK. S. 55-92.
Lange-Vester, Andrea / Teiwes-Kügler, Christel (2013a): Habitusmuster und Handlungsstrategien von Lehrerinnen und Lehrern: Akteure und Komplizen im Feld der Bildung. In: Hans-Georg Soeffner, (Hg.): *Transnationale Vergesellschaftungen. Verhandlungen des 35. Kongresses der Deutschen Gesellschaft für Soziologie in Frankfurt am Main 2010.* Wiesbaden: Springer VS, CD-ROM.
Lange-Vester, Andrea / Teiwes-Kügler, Christel (2013b): *Zwischen W3 und Hartz IV – Arbeitssituation und Zukunft des Wissenschaftlichen Nachwuchses.* Leverkusen: Budrich.
Oevermann, Ulrich / Allert, Tilman / Konau, Elisabeth / Krambeck, Jürgen (1979): Die Methodologie einer „objektiven Hermeneutik" und ihre allgemeine forschungslogische Bedeutung in den Sozialwissenschaften. In: Hans-Georg Soeffner (Hg.): *Interpretative Verfahren in den Sozial- und Textwissenschaften.* Stuttgart: Metzler. S. 352-434.
Pape, Simone / Rössel, Jörg / Solga, Heike (2008): Die visuelle Wahrnehmbarkeit sozialer Ungleichheit – Eine alternative Methode zur Untersuchung der Entkopplungsthese. In: *Zeitschrift für Soziologie.* (37), 1: S. 25-41.
Rehbein, Boike (2006): *Die Soziologie Pierre Bourdieus.* Konstanz: UVK.
Reichertz, Jo (1997): Objektive Hermeneutik. In: Ronald Hitzler / Anne Honer (Hg.): *Sozialwissenschaftliche Hermeneutik.* Opladen: Leske+Budrich. S. 31-55.
Schmidt, Robert (2004): Habitus und Performanz. Empirisch motivierte Fragen an Bourdieus Konzept der Körperlichkeit des Habitus. In: Steffani Engler / Beate Krais (Hg.): *Das kulturelle Kapital und die Macht der Klassenstrukturen.* Weinheim: Juventa. S. 55-70.
Schwingel, Markus (1995): *Pierre Bourdieu zur Einführung.* Hamburg: Junius.
Soeffner, Hans-Georg / Hitzler, Ronald (1994): Hermeneutik als Haltung und Handlung. In: Norbert Schroer (Hg.): *Interpretative Sozialforschung.* Opladen: Westdeutscher Verlag. S. 28-55.
Vester, Michael (2013): Zwischen Marx und Weber: Praxeologische Klassenanalyse mit Bourdieu. In: Anna Brake / Helmut Bremer / Andrea Lange-Vester (Hg.): *Empirisch Arbeiten mit Bourdieu.* Weinheim / München: Beltz Juventa. S. 133-198.
Vester, Michael / Hofmann, Michael / Zierke, Irene (1994): *Soziale Milieus in Ostdeutschland.* Köln: Bund.

Vester, Michael / von Oertzen, Peter / Geiling, Heiko / Hermann, Thomas / Müller, Dagmar (2001): *Soziale Milieus im gesellschaftlichen Strukturwandel.* Frankfurt am Main: Suhrkamp.

Vester, Michael / Teiwes-Kügler, Christel / Lange-Vester, Andrea (2007): *Die neuen Arbeitnehmer. Zunehmende Kompetenzen – wachsende Unsicherheiten.* Hamburg: VSA.

Vester, Michael / Teiwes-Kügler, Christel / Lange-Vester, Andrea (2011): „Und diese Mitbestimmung fehlt mir total...". Mentalitäten und interessenpolitische Haltungen junger Arbeitnehmermilieus im Wandel. In: Berthold Huber / Detlef Wetzel (Hg.): *Junge Generation. Studien und Befunde zur Lebenslage und den Perspektiven der bis 35-Jährigen.* Marburg: Schüren.

Vögele, Wolfgang / Bremer, Helmut / Vester, Michael (Hg.) (2002): *Soziale Milieus und Kirche.* Würzburg: Ergon.

Wacquant, Loic D. J. (1996): Auf dem Weg zu einer Sozialpraxeologie. Struktur und Logik der Soziologie Pierre Bourdieus. In: Pierre Bourdieu / Loic J. D. Wacquant: *Reflexive Anthropologie.* Frankfurt am Main: Suhrkamp. S. 17-93.

Weber, Max (1972 [1921]): *Wirtschaft und Gesellschaft.* Tübingen: Mohr.

Weber, Max (1988 [1904]): Die Objektivität sozialwissenschaftlicher und sozialpolitischer Erkenntnis. In: Max Weber: *Gesammelte Aufsätze zur Wirtschaftslehre.* Tübingen: Mohr. S. 146-214.

Dokumentarische Methode und die Logik der Praxis

Ralf Bohnsack

1. Einleitung

Zunächst möchte ich auf die Wurzeln und Entwicklungslinien der Dokumentarischen Methode und auf einige methodologisch-theoretische Grenzziehungen gegenüber anderen Traditionen, insbesondere der Sozialphänomenologie, eingehen. Im Zuge der Darlegung der für die Dokumentarische Methode zentralen Grundbegriffe und ihrer Analyseeinstellung werden Schritt für Schritt Gemeinsamkeiten mit der Kultursoziologie von Bourdieu herausgearbeitet – insbesondere mit Bezug auf das Habitus-Konzept. Vorab sei gesagt, dass Übereinstimmungen mit der Kultursoziologie von Bourdieu sich insbesondere dort finden, wo es um den Habitus als (die Praxis) „strukturierende Struktur" und um den methodisch-theoretischen Zugang zu dieser Struktur geht, den wir als sinngenetische Interpretation bezeichnen. In diesem Bereich können die empirisch-methodischen Arbeitsschritte und methodologischen Reflexionen der Dokumentarischen Methode für die Habitusanalyse in der Tradition von Bourdieu unmittelbar fruchtbar gemacht werden und umgekehrt. Die empirisch-methodischen Arbeitsschritte der Dokumentarischen Methode und ihre methodologische Begründung werden dann in den letzten Abschnitten genauer beleuchtet und exemplarisch dargestellt.

2. Entwicklungslinien: 1921-2012

Als ein Verfahren der empirischen Sozialforschung ist die Dokumentarische Methode zuerst in den 1980er Jahren (Bohnsack 1983, 1989) ausgearbeitet worden – theoretisch und methodologisch inspiriert durch Karl Mannheim, die Ethnomethodologie und später auch die Kultursoziologie von Pierre Bourdieu sowie die Ikonologie von Erwin Panofsky. Karl Mannheim hatte in den zwanziger Jahren des vergangenen Jahrhunderts mit seinem Entwurf der „Dokumentarischen Methode der Interpretation" (Mannheim 1964a [1921/22]) die erste umfassende Begründung für eine Beobachterhaltung in den Sozialwissenschaften vorgelegt, welche auch den heutigen erkenntnistheoretischen Ansprüchen noch gerecht zu werden vermag. Als Zeitgenosse Mannheims hatte Erwin Panofsky (1932: 115) im Zuge der Ausarbeitung seiner (nicht nur für die Kunstgeschichte) bahnbrechenden Ikonologie damals an entscheidender Stelle auf die Dokumentarische Methode Bezug genommen. Die Ikonologie ist zugleich als eine methodologische Fundierung jener Beobachterhaltung zu verstehen, wie sie für die Analyse des Habitus konstitutiv ist. Bekanntlich ist Pierre Bourdieu (1974) sowohl durch die Konzeptionierung des Habitus bei Panofsky wie auch durch dessen Ikonologie wesentlich beeinflusst. (vgl. den Beitrag von Schumacher in diesem Band).

In den 1950er und 1960er Jahren konnte Harold Garfinkel der Dokumentarischen Methode nach einer Phase des Vergessens wieder eine gewisse Geltung innerhalb des sozialwissenschaftlichen Diskurses verschaffen – als einem der zentralen Konzepte der von ihm begründeten Ethnomethodologie. Für Garfinkel wie auch für Mannheim hat die Dokumentarische Methode ihre Bedeutung allerdings ausschließlich als methodologisches Konzept in Rahmen der epistemologischen Fundierung der Sozialwissenschaften gewonnen. Garfinkel (1961: 58, Anm. 10) hat in diesem Zusammenhang betont: „Whether its widespread use is necessary to sociological inquiry is an open question."

Während es für Garfinkel also noch eine offene Frage war, ob die Dokumentarische Methode sich zur Methodisierung empirischer Forschungspraxis eignet, haben wir in den 1980er Jahren begonnen, die Dokumentarische Methode sowohl als methodologisch-erkenntnistheoretisches Konzept wie auch als forschungspraktische Methodik auszuarbeiten (Bohnsack 1983, 1989). In Abgrenzung von der sozialphänomenologischen Komponente, welche Harold Garfinkel in der Tradition von Alfred Schütz in das Verständnis der Dokumentarischen Methode eingebracht hatte, haben wir uns auf deren praxeologische Komponente in ihrem Ursprung bei Karl Mannheim zurück besonnen und zunehmend ins Zentrum gerückt – beeinflusst auch durch Pierre Bourdieu und die Praxisphilosophie von Martin Heidegger, zu der sich in Ansätzen bereits in den frühen Arbeiten von Karl Mannheim Bezüge finden lassen (u. a. Bohnsack 2010a: Kap. 11). Ich habe deshalb die von uns in der Tradition von Mannheim ausgearbeitete Grundlagentheorie der Dokumentarischen Methode in Anlehnung an die Terminologie von Bourdieu auch als *Praxeologische Wissenssoziologie* bezeichnet.

Die Dokumentarische Methode als forschungspraktisches Verfahren nahm ihren Anfang im Bereich der methodischen Fundierung des Gruppendiskussionsverfahrens und der Gesprächsanalyse, um dann bald für eine Vielfalt von Textinterpretationen Bedeutung zu gewinnen: für biografische ebenso wie für Leitfaden-Interviews, für die Interpretation von Beobachtungsprotokollen. Schließlich, mit Beginn des 21. Jahrhunderts, begann mit der Interpretation von Bildern, Videos und Filmen eine neue Etappe der Dokumentarischen Methode.

Ebenso wie die methodischen Zugänge weisen auch die Forschungsfelder eine große Spannbreite auf: Beginnend mit der Erforschung von Jugendkulturen resp. Jugendmilieus und der Jugendkriminalität sind es heute vor allem die Evaluationsforschung, die Bildungsprozesse im Bereich der Schule und im vorschulischen Feld, im Bereich der Medien und verschiedener Organisationen resp. Organisationsmilieus (u. a. der Sozialarbeit, der Medizin, der Polizei und der Kultur von Unternehmen), im Bereich der Migration, der Kindheit, der biografischen Entwicklung, der pädagogischen und soziologischen Aspekte von Religion.[1]

3. Sozialwissenschaftliche Beobachtung und genetische Analyseeinstellung

Die Beobachterhaltung, wie Karl Mannheim sie als erster in einer noch heute aktuellen Weise zu begründen vermochte, basiert wesentlich auf einer spezifischen Analyseeinstel-

---

[1] Ein Überblick zur Literatur findet sich unter dem link: www.dokumentarischemethode.de.

lung, die er als „genetische" oder „soziogenetische Einstellung" bezeichnet hat (u. a. Mannheim 1980: 85). In dieser Analyseeinstellung wird die Frage nach dem faktischen Wahrheitsgehalt und der normativen Richtigkeit kultureller und gesellschaftlicher Tatsachen „in Klammern gesetzt" (Mannheim 1980: 66). Eine derartige „Einklammerung des Geltungscharakters" (Mannheim 1980: 88) objektivistischer Vorannahmen ermöglicht den Wechsel von der Frage, *was* kulturelle oder gesellschaftliche Tatsachen sind, zur Frage danach, *wie* diese hergestellt werden, nach den sozialen Prozessen ihrer Herstellung: „Nicht das ‚Was' eines objektiven Sinnes, sondern das ‚Daß' und das ‚Wie' wird von dominierender Wichtigkeit" (Mannheim 1964a: 134).

Mit der *genetischen Analyseeinstellung* hat Mannheim das vorweg genommen und zum Teil auch mit beeinflusst, was heute zum Kern der konstruktivistischen Analyse gehört. Die ‚Welt selbst' oder ‚die Realität', also das ‚Was', bleiben unbeobachtet. Beobachtbar sind lediglich die Prozesse der Herstellung von Welt und Realität, also das ‚Wie'. Niklas Luhmann (1990: 95) formuliert dort, wo er die Analyseeinstellung des wissenschaftlichen Beobachters charakterisiert: „Die Was-Fragen verwandeln sich in Wie-Fragen."

4. Wissenssoziologie, Ethnomethodologie, Sozialphänomenologie und Dokumentarische Methode

Der sozialwissenschaftliche Konstruktivismus in jener Variante, wie er uns in der Ethnomethodologie begegnet, ist wesentlich durch Karl Mannheim und dessen Dokumentarische Methode beeinflusst worden. „The objective reality of social facts as an ongoing accomplishment of the concerted activities of daily life", also als ein fortlaufender Prozess der Herstellung gesellschaftlicher Realität, stellt für Harold Garfinkel (1967a: vii) den zentralen Gegenstand sozialwissenschaftlicher Analyse dar.

Neben der Wissenssoziologie Karl Mannheims ist es die Sozialphänomenologie von Alfred Schütz, welche als die andere Wurzel der Ethnomethodologie gelten kann. Das von ihm entworfene Handlungsmodell (Schütz 1974, 1971) stellt die avancierteste Fortentwicklung des Postulats des subjektiven Sinnverstehens von Max Weber (1964) dar. Die Handlungsfähigkeit der Subjekte ist darin begründet, dass sie zweckrationale Handlungsentwürfe („Um-zu-Motive") typenhaft konstruieren und ihr Handeln daran orientieren.

Das subjektive Sinnverstehen und somit die Attribuierung von Um-Zu-Motiven ist demzufolge die Grundlage unserer Konstruktionen und Typisierungen im Alltag, der „Konstruktionen ersten Grades" (Schütz 1971: 7). Alfred Schütz vermag uns hier wertvolle Einsichten in die Architektur unserer Common Sense-*Theorien* zu vermitteln, welche wir *über* unser Handeln, unsere Alltagspraxis halten, und in die in diesen Alltagstheorien implizierte Analyseeinstellung. Einen Zugang zur Praxis des Handelns *selbst* – sozusagen unterhalb dieser Theoriebildungen des Common Sense *über* die Praxis – eröffnet uns die Sozialphänomenologie nicht bzw. lediglich insoweit, als wir es mit rollenförmigem und institutionalisiertem Handeln zu tun haben.

Alfred Schütz selbst (1971: 30) schreibt: „Es gibt eine gewisse Chance (...), dass der Beobachter im Alltag den subjektiv gemeinten Sinn der Handlung des Handelnden erfassen kann. Diese Chance wächst mit dem Grad der Anonymisierung des beobachteten Handelns", also mit dem Grad der Institutionalisierung und der Rollenförmigkeit. Dort, wo dies nicht der Fall ist, bleibt der Interpret auf *Introspektion*, auf die „intentionale Einfühlung" angewiesen, wie Bourdieu (1976: 153; Original: 1972: 166) in kritischer Auseinandersetzung mit der (Sozial-) Phänomenologie formuliert: „Kurz, noch die ‚verständigste' Deutung begibt sich (…), verfügt sie über kein weiteres Hilfsmittel als die, einem Ausdrucks Husserls zufolge, ‚intentionale Einfühlung in den Anderen', in die Gefahr, nur eine besonders musterhafte Form des Ethnozentrismus abzugeben."

In diesem Fall vermag uns die subjektive Sinninterpretation mehr Aufschluss über den Relevanzrahmen der *Interpretierenden* zu vermitteln, als über die Relevanzen derjenigen, die Gegenstand der Interpretation sind. Während sich die Intentionen und Motive der Akteure einer methodisch kontrollierten Beobachtung entziehen, vermittelt uns die Rekonstruktion der Prozesse der Zuschreibung von Intentionen und Motive seitens der Beobachter Aufschlüsse über deren Relevanzen und deren ‚Definitionsmacht' (Bohnsack 1983: Kap. 2). Eine in diese Richtung zielende konstruktivistische Kritik ist vor allem auch von Seiten der Ethnomethodologie vorgebracht worden (siehe u. a. McHugh 1970). In diesem Sinne haben die Ethnomethodologen schon sehr früh die Prozesse der Motiv-, Biografie- und Milieukonstruktion in bürokratischen Organisationen und Instanzen sozialer Kontrolle im Bereich der Polizei (Cicourel 1968), der Justiz (Garfinkel 1967a und b; Emerson 1969) und der Sozialarbeit (Zimmermann 1969) untersucht.

Die Sozialphänomenologie von Alfred Schütz jedoch, wie sie von Peter Berger und Thomas Luckmann (1969) vor allem unter dem (missverständlichen) Begriff der „Wissenssoziologie" weitergeführt wurde, ist weitgehend unkritisch geblieben gegenüber den Theoriebildungen und Typisierungen des Common Sense, deren Architektur sie jedoch in präziser Weise nachzuzeichnen vermag. Die Sozialphänomenologie und insbesondere ihre Nachfolger im Bereich der qualitativen Forschung verstehen das Modell des subjektiven Sinnverstehens auf dem Wege der Konstruktion von Intentionen und Um-zu-Motiven nicht lediglich als Modell der Rekonstruktion der Architektur von Theoriebildungen des *Common Sense*, sondern in ihren Grundprinzipien (mit geringen Variationen) auch als methodologische Basis für *wissenschaftliches* Interpretieren und Theoretisieren. Die Frage, ob und inwieweit eine Differenz zwischen der Analyseeinstellung des Common Sense und derjenigen der Sozialwissenschaft gezogen werden kann, ist von Alfred Schütz und den Sozialwissenschaftlern und qualitativen Forschern in dieser Tradition in Deutschland (siehe u. a. Hitzler / Reichertz / Schröer 1999 sowie Soeffner 1991; zur Kritik auch: Bohnsack 2006) wie auch in den Vereinigten Staaten (zur Kritik: Bohnsack 2010c) letztlich nicht beantwortet worden. Dies führt zu tiefer gehenden methodologischen Problemen (dazu auch: Bohnsack 2010b und 2010c).

Demgegenüber konvergieren so unterschiedliche Positionen wie die Wissenssoziologie Karl Mannheims, die Kultursoziologie von Pierre Bourdieu und der Konstruktivismus im Verständnis der modernen Systemtheorie von Niklas Luhmann (dazu: Bohnsack 2010d sowie Vogd 2011) dahingehend, dass die sozialwissenschaftliche Beobachterhaltung sich nicht auf die deskriptive Rekonstruktion von Common Sense-Theorien beschränken kann. Vielmehr muss sie – wenn sie ihre eigene Wissenschaftlichkeit unter Beweis stellen will – methodologisch wie auch forschungspraktisch den „Bruch mit den Vorannahmen des *common sense*" (Bourdieu 1996: 278) vollziehen. Bei Niklas Luhmann (1990: 86) entspricht diese Beobachterhaltung der „Beobachtung zweiter Ordnung", die sich von den „Konstruktionen zweiten Grades" im Sinne von Alfred Schütz (1971: 7) deutlich unterscheidet.

Indem die Ethnomethodologie die Common Sense-Theorien und die *interpretative und definitorische Herstellung* von Realität insbesondere in Institutionen und Organisationen der sozialen Kontrolle auf dem Wege von Motivkonstruktionen zu de-konstruieren vermochte, hat sie einen derartigen Bruch mit dem Common Sense vollzogen. Allerdings ist sie, wie oben dargelegt, eine Methoden-*Kritik* geblieben. Ihr Schwerpunkt liegt bei der De-Konstruktion der Herstellung gesellschaftlicher Tatsachen auf dem Wege von Motiv-, Biografie- und Milieukonstruktionen. Eine positive Bestimmung von Methoden der Biografie-, Milieu- und Kulturanalyse hat die Ethnomethodologie nicht zu leisten vermocht. Demgegenüber ist es das zentrale Anliegen der Dokumentarischen Methode in ihrem ursprünglichen Verständnis bei Karl Mannheim, einen adäquaten Zugang zu den (unbekannten) kulturellen Kontexten und Milieus oder – wie Mannheim selbst (1980: 217 ff.) es nennt – zu den „konjunktiven Erfahrungsräumen" zu finden.

Dabei hat Mannheim uns nicht nur den methodologisch-theoretischen Zugang zu diesen Erfahrungsräumen mit ihren impliziten Wissensbeständen eröffnet. Vielmehr hat er uns in Ansätzen auch Hinweise gegeben, um jene Dimension sozialer Realität, über welche das theoretische Modell der Sozialphänomenologie von Alfred Schütz uns Auskunft zu geben vermag, in seine Wissenssoziologie zu integrieren. Jene Dimension sozialer Wirklichkeit, zu der die Sozialphänomenologie uns einen Zugang eröffnet, also insbesondere diejenige des institutionalisierten und rollenförmigen Handelns und der Common Sense-Theorien, lassen sich in der Terminologie von Mannheim (1980: 285ff.) als diejenige des „*kommunikativen*" Wissens fassen, welche er von derjenigen des „*konjunktiven*" Erfahrungs-Wissens unterscheidet. Diese beiden Dimensionen konstituieren „eine Doppeltheit der Verhaltensweisen in jedem einzelnen, sowohl gegenüber Begriffen als auch Realitäten" (Mannheim 1980: 296).

5. Kommunikatives und konjunktives Wissen

Wenn wir als ein Beispiel den Begriff bzw. die gesellschaftliche Realität der *Familie* nehmen, so ist uns einerseits – relativ unabhängig von unserer Milieu- und teilweise auch Kulturzugehörigkeit – die Realität der Familie als *Institution* bekannt, als Bereich institutionalisierten und rollenförmigen Handelns, welcher u. a. generalisierte Erwartungserwartungen hinsichtlich beispielsweise der Beziehungen zwischen Eltern und Kindern und deren sozialen Identitäten beinhaltet, ein Wissen um die rechtlichen und religiösen Traditionen der Institution Familie ebenso wie auch die Common Sense-Theorien *über* die Familie und ihre normative Legitimation. Dieses *kommunikative* Wissen entspricht den anonymisierten Wissensbeständen bei Alfred Schütz (1971: 30), wie er diese als „Konstruktionen ersten Grades" analysiert hat. Wir bezeichnen das kommunikative Wissen, das Wissen um Normen und Rollenbeziehungen, auch als *Orientierungsschemata*.

Das *kommunikative* Wissen als ein Wissen *über* die Familie können wir nun von unserem Wissen *innerhalb* der Familie unterscheiden. Hier verfügen wir über ein implizites oder stillschweigendes Wissen, welches wir mit den anderen Mitgliedern der Familie teilen aufgrund unserer biografischen Gemeinsamkeiten und unseres „kollektiven Gedächtnisses" (Halbwachs 1985) und welches uns innerhalb der Familie und mit Bezug auf diese handlungsfähig macht. In dieser Hinsicht ist die Familie ein „konjunktiver Erfahrungsraum" mit einem je spezifischen familialen Habitus. Das „konjunktive" Erfahrungs-Wissen, welches unsere Handlungspraxis mit Bezug auf die Familie orientiert, bezeichnen wir somit auch als *Habitus* oder *Orientierungsrahmen* (siehe dazu genauer Abschnitt 7).

6. Atheoretisches, implizites und inkorporiertes Wissen

Im Unterschied zur Sozialphänomenologie eröffnet Mannheims Wissenssoziologie uns also nicht nur einen Zugang zum kommunikativen, sondern auch zum konjunktiven Wissen, welches als implizites, stillschweigendes und teilweise inkorporiertes Wissen unsere Handlungspraxis orientiert. Mannheim (1964a) bezeichnet dieses in die Alltagspraxis eingelassene vorreflexive Wissen auch als *atheoretisches* Wissen – im Unterschied eben zum *theoretischen* Wissen, also zu den Alltags-Theorien oder Common Sense-Theorien. Das atheoretische Wissen lässt sich in mancher Hinsicht mit einem Begriff von Michael Polanyi (1966) auch als „tacit knowledge", als stillschweigendes oder *implizites* Wissen, bezeichnen. Auch das *inkorporierte* Wissen im Sinne von Bourdieu (u. a. 1976) gehört zum Bereich des atheoretischen Wissens.

Mannheim (1980: 73) erläutert den Charakter dieses Wissens am Beispiel (der Herstellung) eines Knotens. Das handlungsleitende Wissen, welches mir ermöglicht, einen Knoten zu knüpfen, ist ein atheoretisches Wissen. Diese Handlungspraxis vollzieht sich intuitiv und vorreflexiv. Das, was ein Knoten ist, *verstehe* ich, indem ich mir jenen Bewegungsablauf (von Fingerfertigkeiten) einschließlich der motorischen Empfindungen vergegenwärtige, „als dessen ‚Resultat' der Knoten vor uns liegt" (Mannheim 1980: 73). Es erscheint ausgesprochen kompliziert, wenn nicht sogar unmöglich, diesen Herstellungsprozess in adäquater Weise *begrifflich-theoretisch zu explizieren.* Wesentlich unkomplizierter ist es, den Knoten auf dem Wege der *Abbildung,* also der bildlichen Demonstration des Herstellungsprozesses zu vermitteln. Das Bild erscheint somit in besonderer Weise geeignet für eine Verständigung im Medium des atheoretischen Wissens. Die im Medium des Textes zu leistende begrifflich-theoretische Explikation dieses intuitiven Herstellungsprozesses, dieses impliziten Wissens, nennt Mannheim „Interpretieren" (1980: 272).

Zugleich bietet uns das Beispiel des Knotens aber auch – über Mannheim hinausgehend – die Möglichkeit der Differenzierung zwischen dem *impliziten* und dem *inkorporierten* Wissen:

Solange und soweit ich mir im Prozess des Knüpfens eines Knotens dessen Herstellungsprozess, also die Bewegungsabläufe des Knüpfens, bildhaft – d. h. in Form von materialen (äußeren) oder mentalen (inneren) Bildern – vergegenwärtigen muss, um in der Habitualisierung der Praxis erfolgreich zu sein, habe ich den Prozess des Knüpfens eines Knotens allerdings noch nicht vollständig *inkorporiert* und automatisiert. Der modus operandi ist im Falle der bildhaften, der imaginativen Vergegenwärtigung das Produkt *impliziter* Wissensbestände und *mentaler* Bilder, welche wir als *Orientierungsrahmen* oder Habitus bezeichnen. In diesem Falle führt die empirische Analyse über die Rekonstruktion von metaphorischen Darstellungen, von Erzählungen und Beschreibungen der Handlungspraktiken durch die Akteure, also über die Rekonstruktion der von ihnen verbal vermittelten inneren (mentalen) Bilder. Das atheoretische Wissen und der darin implizierte Orientierungsrahmen ist uns in diesem Falle also im Medium *mentaler Bilder* gegeben.

Der modus operandi kann aber auch das Produkt *inkorporierter* – gleichsam automatisierter – Praktiken sein. In diesem Falle ist der Orientierungsrahmen oder Habitus auf dem Wege der direkten Beobachtung der körpergebundenen Performanz von Interaktionen und Gesprächen und in der Vergegenwärtigung von körperlichen Gebärden im Medium *materialer* Bilder, wie u. a. Foto- und Videografien, in methodisch kontrollierter Weise zugänglich (dazu: Abschnitt 12 sowie Bohnsack 2011). Das atheoretische Wissen und der darin fundierte Orientierungsrahmen umfasst also sowohl das inkorporierte Wissen, welches in Form *materialer (Ab-)Bilder* empirisch-methodisch in valider Weise zugänglich ist, wie auch das implizite oder *metaphorische* Wissen im Medium des Textes, für welches *mentale* Bilder im Sinne von Metaphern, von zentraler Bedeutung sind. Diese Bindung an das Bild lässt es plausibel erscheinen, dass der Begriff des Habitus ursprünglich am Fall der Bildinterpretation resp. der Bildenden Kunst entwickelt worden ist (siehe Abschnitt 12).

7. Orientierungsrahmen, Orientierungsschemata und Habitus

Zwar verwenden wir den Begriff des Orientierungsrahmens in vieler Hinsicht synonym mit demjenigen des Habitus. Allerdings kommt dem Orientierungsrahmen noch eine andere und in gewisser Weise weiter greifende Bedeutung zu: Ausgehend von den fundamentalen Kategorien der Wissenssoziologie Mannheims, wie u. a. derjenigen des konjunktiven Erfahrungsraums und des atheoretischen handlungsleitenden Wissens mit ihren direkten Kongruenzen zum Begriff des Habitus vermag die Kategorie des Orientierungsrahmens auch zu den Kategorien der Sozialphänomenologie (Um-zu-Motive und institutionalisierte Verhaltenserwartungen resp. Normen und Rollen), der Ethnomethodologie (Indexikalität und der prekäre Charakter alltäglicher Verständigung) und partiell der Chicagoer Schule (soziale und persönliche Identität) theoretisch und in der empirischen Analyse Bezüge herzustellen (dazu auch: Bohnsack 2012b). Diese Traditionen werden oft auch unter dem Begriff des *Interpretativen Paradigmas* zusammengefasst. Mit den dort entwickelten Kategorien, denen innerhalb der Dokumentarischen Methode resp. der Praxeologischen Wissenssoziologie ein *relativierter* Stellenwert zuerkannt wird, lässt sich das theoretisch und empirisch in differenzierter Weise fassen, was wir mit dem Begriff der *Orientierungschemata* bezeichnen. Der Begriff des Orientierungs*rahmens* als zentraler Begriff der Praxeologischen Wissenssoziologie und Dokumentarischen Methode erweitert somit den Habitusbegriff um den – auch der empirischen Analyse zugänglichen – Aspekt, dass und wie der Habitus sich in der Auseinandersetzung mit den Orientierungsschemata, also u. a. den normativen resp. institutionellen Anforderungen und denjenigen der Fremd- und Selbstidentifzierung, immer wieder reproduziert und konturiert.

Somit bezeichnet der Begriff des Orientierungsrahmens im *engeren Sinne* – wie auch derjenige des Habitus – die Struktur der Handlungspraxis selbst und ist damit der Gegenbegriff zu demjenigen der *Orientierungsschemata*. Andererseits ist der Orientierungsrahmen im *weiteren Sinne* aber auch als übergeordneter Begriff zu demjenigen der Orientierungsschemata zu verstehen. Dies erscheint zunächst widersprüchlich. Begründet ist dies aber darin, dass aus praxeologischer Perspektive die Orientierungsschemata ihre eigentliche Bedeutung erst durch die *Rahmung*, d. h. die Integration und ‚Brechung' in und durch die fundamentale existentielle Dimension der Handlungspraxis erhalten, wie sie sich im modus operandi des *Habitus* oder eben *Orientierungsrahmens* vollzieht (s. dazu das Schaubild).

Abbildung 1

Darüber hinaus erscheint der Begriff des Habitus (im Unterschied zu demjenigen des Orientierungsrahmens) insbesondere dort eher angebracht, wo wir es nicht mit jener Variante des atheoretischen Wissens zu tun haben, welche als *implizites* Wissen u. a. in Form *mentaler Bilder* unser Handeln orientiert, sondern – wie dies auch der Definition von Bourdieu entspricht – dort, wo wir es mit einem atheoretischen Wissen zu tun haben, welches (vollständig) *inkorporiert* ist. In diesem Sinne ist die „Habitustheorie auch als eine Wissenssoziologie des Körpers" zu verstehen (Meuser 2007: 222).

Bei der Unterscheidung zwischen dem theoretischen und dem atheoretischen Wissen geht es grundlegend um diejenige zwischen einer *theoretischen* und einer *praktischen* Beziehung zur Welt, um das Verhältnis der „theoretischen Logik" zur „praktischen Logik", wie man mit Pierre Bourdieu (1976: 228) sagen könnte. Erst die genaue Kenntnis dieser praktischen Logik – der Logik des Handelns jenseits der *Theorien* und der begrifflichen Konstruktionen und Definitionen, welche die Akteure in Wissenschaft und Alltag *über* ihre eigene Praxis halten – schafft die Bedingungen der Möglichkeit für eine umfassende Erkenntnis des alltäglichen Handelns. In dieser Hinsicht haben wir der Kultursoziologie und insbesondere der Habitustheorie Bourdieus einiges zu verdanken. Da auch die Wissenssoziologie im Sinne von Mannheim uns den Zugang zur Praxis eröffnet, habe ich sie, wie bereits gesagt, als *Praxeologische Wissenssoziologie* bezeichnet.

Was das Verhältnis des Habitus zur Norm bzw. zur „Regel" oder – wie wir es allgemeiner formulieren würden – zu den Orientierungsschemata bei Pierre Bourdieu betrifft, so betont er (1992: 99), dass die Auseinandersetzung mit der Regel am Beginn seiner eigenen Arbeit stand, als Reaktion „gegen jene Tendenz unter den Ethnologen, die soziale Welt in der Sprache der Regel zu beschreiben und so zu tun, als habe man die sozialen Praktiken erklärt, wenn man die explizite Regel benannt hatte, nach der sie angeblich hervorgebracht werden". Im Zentrum stehen seine scharfsinnigen Überlegungen zur „Illusion der Regel" (Bourdieu 1976: 203) und eine dahingehende *Abgrenzung* der Konzeption des Habitus ihr gegenüber, wobei eine eher positive Bestimmung der Funktion der Regel bei ihm allerdings kaum zu finden ist. Der Begriff der „Illusion" verweist auf die Funktion der Regel für die Konstruktion von Common Sense-Theorien, für die „Rationalisierungen, die die Individuen zwangsläufig erzeugen, wenn sie aufgefordert sind, gegenüber ihrer Praxis eine Perspektive einzunehmen, die nicht mehr die der Aktion ist, ohne jedoch auch schon die der wissenschaftlichen Interpretation zu sein" (Bourdieu 1976: 208).

Dem ist nachdrücklich zuzustimmen: Die Architektur der Common Sense-Theorien ist, wie ich mit Bezug auf die Ethnomethodologie zu zeigen versucht habe (siehe genauer auch: Bohnsack 2010b), durch die „Illusion" einer zweckrationalen Regelhaftigkeit im Sinne der Unterstellung von Intentionen und (Um-zu-) Motiven geprägt. Gleichwohl möchte ich diese legitimatorisch-rationalisierende Bedeutung von Regeln und Normen noch einmal unterscheiden von jener Funktion, die ihnen im Kontext einer empirischen Analyse des Habitus resp. Orientierungsrahmens zukommt. Letztere konturieren sich in der empirischen Analyse häufig überhaupt erst in der Auseinandersetzung der Erforschten mit den von ihnen erfahrenen (exterioren) Erwartungen im Sinne von Normen und sozialen Identitäten (Fremdidentifizierungen) und ihren Common Sense-Theorien, also den Orientierungsschemata (dazu genauer: Bohnsack 2012b). In der rekonstruktiven empirischen Analyse tragen wir dieser Differenzierung in der Weise Rechnung, dass wir die erzählenden und beschreibenden Textsorten, in denen sich das konjunktive Wissen sowie der Habitus und Orientierungsrahmen dokumentieren, von den theoretisierenden resp. argumentativen Textsorten, in denen sich das kommunikative Wissen und die Orientierungsschemata dokumentieren, unterscheiden und ggf. das Spannungsverhältnis dieser beiden Dimensionen des Wissens rekonstruieren (als Beispiel siehe Abschnitt 13.1; genauer dazu auch: Bohnsack 2012b).

Eine derartige Relationierung des zu analysierenden Habitus im Kontext der empirischen Evidenz der von den Erforschten als exterior erfahrenen normativen Zwänge und sozialen (Fremd-) Identifizierungen verstehen wir in gewisser Weise als funktionales Äquivalent für den „Modus der Objektkonstruktion", wie er bei Bourdieu durch den Begriff des „*Feldes*" geleistet wird: „Er fungiert als Eselsbrücke: Ich muß mich vergewissern, ob nicht das Objekt, das ich mir vorgenommen habe, in ein Netz von Relationen eingebunden ist, und ob es seine Eigenschaften nicht zu wesentlichen Teilen diesem Relationennetz verdankt." (Bourdieu 1996: 262)

8. Verstehen und Interpretieren, konjunktive und kommunikative Verständigung

Der für die Dokumentarische Methode ebenso wie für die Kultursoziologie von Bourdieu zentralen Leitdifferenz von Regel (resp. Norm) und Habitus, von kommunikativem und konjunktivem Wissen, von Orientierungsschemata und Orientierungsrahmen, entsprechen zwei unterschiedliche Modi der Sozialität und der Verständigung. Diejenigen, die sich durch Gemeinsamkeiten des atheoretischen Wissens auszeichnen, sind durch jene elementare Form der Sozialität, durch eine *primordiale Sozialität*, miteinander verbunden, die wir als „konjunktives" Erfahrungswissen bezeichnen. Sie *verstehen* einander unmittelbar. Mannheim (1980: 272) unterscheidet ein derartiges „Verstehen" vom *„Interpretieren"*. Bei letzterem handelt es sich um eine das Verstehen „niemals erschöpfende theoretisch-reflexive Explikation des Verstandenen". Die Sozialphänomenologie und allgemein das Interpretative Paradigma vermögen uns eine Definition des (wechselseitigen) Interpretierens zu geben, ohne es vom (unmittelbaren) Verstehen unterscheiden zu können.

Die Sozialphänomenologie beginnt erst auf der Ebene des wechselseitigen Interpretierens von Individuen, welche einander fremd sind, sodass Sozialität in Form von „Intersubjektivität" in einem komplizierten Prozess der Perspektivenübernahme erst hergestellt werden muss – auf der Basis von idealisierenden Unterstellungen, den „Idealisierungen" der „Reziprozität der Perspektiven" und der „Reziprozität der Motive" (Schütz 1971: 12ff., 26). Diese *sekundäre Sozialität* stellt eine adäquate Rekonstruktion der *kommunikativen* Verständigung im Kontext des institutionalisierten und rollenförmigen Handelns dar – im Unterschied zur *konjunktiven* Verständigung, dem wechselseitigen *Verstehen*.

9. Konjunktive Erfahrungsräume und Milieus

Nicht allein gruppenhafte Phänomene wie Familien, Freundschaften, Nachbarschaften und Peer Groups konstituieren sich auf der Basis konjunktiver Erfahrung und Verständigung. Die Differenzierung der Erfahrungsräume von Gruppen von den konjunktiven Erfahrungsräumen im Sinne von Milieus als Phänomenen sozialer Lagerung hat Mannheim (1964b) in den 1920er Jahren am Beispiel der Generationenbildung exemplarisch gezeigt. Das theoretisch-methodologische Spannungsverhältnis, welches diesen Versuch begleitet, kommt u. a. darin zum Ausdruck, dass er Generationenbildung in demselben Aufsatz sowohl mit Hilfe der (an Wilhelm Dilthey anschließenden) Kategorie der „Erlebnisschichtung" (1964a: 536f.) wie auch mit dem (an Karl Marx angelehnten) Begriff der „Lagerung" (1964a: 524ff.) zu erschließen sucht (siehe auch Bohnsack / Schäffer 2002). Dass und wie die Integration dieser Perspektiven gelingt, wird erst erkennbar, wenn wir seine ebenfalls in den 1920er Jahren entstandenen Arbeiten zum „konjunktiven Erfahrungsraum" (Mannheim 1980: 215) heranziehen.[2]

Vor diesem Hintergrund lassen sich Phänomene der Generationenbildung analog auf solche der Milieukonstitution ganz allgemein übertragen. Das handlungspraktische – im Sinne von Heidegger: existentielle – Er-Leben, also die selbsterlebte Praxis, zeitgeschichtlicher Veränderungen und Umbrüche konstituiert (bei jenen, die sich in einer vergleichbaren Phase lebenszyklischer Entwicklung befinden) Gemeinsamkeiten oder Strukturidentitäten der „Erlebnisschichtung" und somit einen „Generations*zusammenhang*" (Mannheim 1964b: 547), einen konjunktiven Erfahrungsraum, welcher als „objektiv-geistiger Struktur-

---

[2] Im Aufsatz zur Generationenkonzeption (1964b), wie auch in demjenigen zur Weltanschauung (1964a), verwendet Mannheim allerdings den Begriff des konjunktiven Erfahrungsraums nicht, obschon diese Texte in einem Abstand von nur wenigen Jahren zu den *Strukturen des Denkens* (1980) entstanden sind.

zusammenhang" (1984: 94f.) auch jene verbindet, die nicht in Kommunikation miteinander stehen und die einander auch gar nicht zu kennen brauchen. Ihr Erleben ist somit nicht identisch, sondern *struktur*identisch. Während im Bereich von Generationenmilieus das strukturidentische Erleben *zeitgeschichtlicher* Veränderungen konstitutiv ist, lässt sich dies analog auf die erlebnismäßige Einbindung in Bildungsinstitutionen, die Stellung im Produktionsprozess und das sozialisatorische Erleben von Genderverhältnissen übertragen, also auf Bildungs-, Berufs- und Arbeits- sowie Gendermilieus.

Eine Milieuforschung, welche sich als *mehrdimensionale* in dem Sinne versteht, dass jegliche Analyse von Milieu-Phänomenen deren mehrdimensionalen Konstitutionsbedingungen und Variationen – nämlich unter anderem im Bereich der Bildung, des Geschlechts und der Generation – Rechnung zu tragen hat, erfordert eine grundbegrifflich-theoretische Fundierung, die abstrakt genug ist, die verschiedenen Dimensionen zu umgreifen und zu integrieren. Es ist dies die Kategorie des konjunktiven Erfahrungsraums von Karl Mannheim im Zusammenhang mit seinen Ausführungen zu den Generationszusammenhängen resp. Generationsmilieus. Auf dieser Grundlage haben wir in unseren empirischen Analysen ein Modell der Typenbildung entwickelt, welches an jedem Fall (bspw. einer Gruppendiskussion) auf dem Wege der komparativen Analyse unterschiedliche Erfahrungsräume, also Typen, auszudifferenzieren vermag (vgl. auch Abschnitt 13.2 sowie Bohnsack 2010d).

Eine derartige Milieukonzeption erscheint insbesondere dort unabdingbar, wo wir es mit Milieuphänomenen zu tun haben, die dem zeitgeschichtlichen Wandel unterworfen sind und die nicht (mehr) – unter relativ gleichbleibenden Bedingungen des Aufwachsens und der Sozialisation – *traditionsfest* über die Herkunftsfamilien vermittelt werden. Milieus bzw. Milieubildungen resultieren dann nicht aus sozialisationsgeschichtlicher Kontinuität, sondern aus dem strukturidentischen Er-Leben biografischer *Dis*kontinuitäten. Beides – die definitorische Loslösung bzw. Unterscheidung von Phänomenen der Gruppenhaftigkeit wie von einer einseitigen Bindung an traditionsfeste Bestände – zeichnet die Kategorie des „konjunktiven Erfahrungsraumes" bei Mannheim aus.

Während im Sinne der Dokumentarischen Methode die Genese des (kollektiven) Habitus also primär aus *Konjunktionen,* d. h. aus Gemeinsamkeiten resp. Strukturidentitäten der Erlebnisschichtung resp. Sozialisationsgeschichte und der Suche nach habitueller Übereinstimmung, resultiert, ist es bei Bourdieu primär die „Distinktion": „die Wahrnehmungs- und Beurteilungsschemata des Habitus (...) sind großenteils das Ergebnis eines unbewußten und nicht gewollten Meidungsverhaltens" (Bourdieu 1987: 114). In den empirischen Analysen auf der Grundlage der Dokumentarischen Methode finden Phänomene der Distinktion in Form der Rekonstruktion von impliziten, in Erzählungen und Beschreibungen eingelassenen, (negativen) Gegenhorizonten Berücksichtigung. Bei Bourdieu ebenso wie bei Mannheim und in der Dokumentarischen Methode stellt der *kollektive* Habitus resp. Orientierungsrahmen die *primordiale* Sinnebene und den zentralen Gegenstand der Analyse dar – im Unterschied zum *individuellen* Habitus oder Orientierungsrahmen.[3]

---

[3] Zur Konzeptionierung des individuellen Orientierungsrahmens und Habitus mit Bezug auf die empirische Rekonstruktion des Wandels von individuellen Habitusformationen bei Schüler/inne/n auf der Grundlage der Dokumentarischen Methode siehe Kramer (2011: insbes. Kap. 4) sowie Helsper et al. (2007).

10. Der empirische Zugang zur Sinnstruktur des Handelns über das „opus operatum" und die Überwindung des Gegensatzes von Objektivismus und Subjektivismus

Die Dokumentarische Methode resp. die Praxeologische Wissenssoziologie einerseits und die Kulturanalyse von Bourdieu andererseits sind sich ebenso grundlegend einig in ihrer Orientierung an der Überwindung des Gegensatzes von Subjektivismus (repräsentiert vor allem durch die Sozialphänomenologie von Alfred Schütz) und Objektivismus. So betont Bourdieu (1992: 137) in Bezug auf diesen Gegensatz, dass „die beständigste und, wie ich glaube, auch wichtigste Absicht meiner Arbeit darin besteht, ihn zu überschreiten". Die Abgrenzung vom Subjektivismus vollzieht sich methodologisch vor allem in der Unabhängigkeit der Analyse des Habitus resp. des dokumentarischen Sinngehalts vom Nachvollzug des subjektiv gemeinten Sinns und der Intentionen der Akteure und somit von der Introspektion. Dies wird dadurch möglich, dass der Zugang über die Objektivationen der Akteure, ihre „Kulturobjektivationen" (Mannheim 1964a: 101), also über die Werke oder *Dokumente* ihres Handelns, gesucht wird, wie dies im Begriff der Dokumentarischen Methode auch seinen Ausdruck gefunden hat. Analog dazu betont Bourdieu (1976: 209): „Im *opus operatum* und in ihm allein enthüllt sich der *modus operandi.*" Indem er hierin Erwin Panofsky gefolgt ist, hat Pierre Bourdieu (1974) den Begriff des Habitus und den darauf gerichteten methodischen Zugang in exemplarischer Weise am opus operatum des architektonischen Kunstwerks der gothischen Kathedrale entfaltet.

Die Interpretation vollzieht sich jenseits der Introspektion, aber nicht jenseits des *Wissens* der Akteure. In deren Werken und Kulturobjektivationen dokumentieren sich ihre atheoretischen, d. h. impliziten oder inkorporierten Wissensbestände. Die Sinnstruktur des Handelns ist bei den Akteuren selbst wissensmäßig repräsentiert, ohne aber Gegenstand ihrer begrifflich-theoretischen Reflexion zu sein. Im Bereich der Dokumentarischen Methode formulieren wir es so, dass die Beobachter nicht davon ausgehen, dass sie *mehr* wissen als die Akteure oder Akteurinnen, sondern davon, dass letztere selbst nicht wissen, was sie da eigentlich alles wissen. Dies im Unterschied zu den objektivistischen Ansätzen, wie etwa der Objektiven Hermeneutik, bei denen der Zugang zu den Strukturen des Handelns jenseits des (Erfahrungs-) Wissens der Akteure gesucht wird (zur Kritik u. a. Bohnsack 2003b). Die objektivistischen Ansätze geraten damit in erkenntnistheoretische Probleme, da sie einen privilegierten Zugang zur gesellschaftlichen Realität in Anspruch nehmen müssen, indem sie die Perspektive des Beobachters auf die objektiven Strukturmerkmale mehr oder weniger absolut setzen. Im Sinne von Luhmann (1990: 510) kann man hier von einer „Hierarchisierung des Besserwissens" sprechen.

Der Zugang zur Sinnstruktur des Handelns über das in den Objektivationen gespeicherte Wissen ist der Dokumentarischen Methode und der Kultursoziologie von Bourdieu dort gemeinsam, wo es um den Habitus als „*strukturierende* Struktur" geht (Bourdieu 1982: 279). Den Zugang zum Habitus als strukturierende Struktur bezeichnen wir als *sinngenetische* Interpretation (dazu: Abschnitt 13.2). Die Suche nach der Genese des Habitus selbst, also diejenige nach dem Habitus als „*strukturierte* Struktur", bezeichnen wir als *soziogenetische* Interpretation. In letzterer Hinsicht zeigen sich einige Unterschiede zwischen der Dokumentarischen Methode und Bourdieus Kultursoziologie (vgl. Abschnitt 13.2).

11. Die komparative Sequenzanalyse in der Textinterpretation

Das opus operatum bzw. das Dokument, an dem (allein) sich der modus operandi dokumentiert, liegt uns im Bereich sprachlicher Äußerungen immer schon als *Prozess* vor. So ist uns in den empirischen Analysen der rekonstruktiven Sozialforschung das opus operatum in valider Weise exemplarisch in Form des Transkriptes, also in Form der zum Text geronnenen sprachlichen Äußerungen, gegeben, sodass auf diese Weise die Abhebbarkeit von den subjektiven Intentionen der beteiligten Akteure möglich wird (vgl. dazu auch Ricoeur 1972).

Dabei erschließt sich die tiefer liegende Semantik einer einzelnen Äußerung oder Handlung, durch welche sie als Ausdruck eines Habitus identifizierbar wird, erst durch ihre Relation zu einem *Kontext* anderer auf sie bezogener Äußerungen oder Handlungen. Im Falle der Textinterpretation ist die Relation von Äußerung und Kontext eine *sequenzielle*, d. h. die Relation von Äußerung bzw. Geste und den ihr nachfolgenden und vorhergehenden. In diesem Sinne verleihen die Äußerungen oder Gesten einander wechselseitig ihre Signifikanz – durchaus im Sinne von George Herbert Mead (1968). Im Falle der Bildinterpretation ist diese Relation keine sequentielle, sondern eine *simultane* – eine Relation von Einzelelementen des Bildes und dem Kontext der Gesamtkomposition (dazu auch: Abschnitt 12 sowie Bohnsack 2011).

Eine derartige (wechselseitige) Relationierung von Einzeläußerung oder Einzelelement einerseits und Kontext andererseits haben die Ethnomethodologen als *reflexive* Beziehung bezeichnet (Garfinkel 1961, 1967a: 7f.). Das zirkelhafte Oszillieren zwischen den Einzelelementen und der Sinnstruktur des Gesamtkontextes begegnet uns auch bereits in Form des klassischen hermeneutischen Zirkels (so bei Dilthey 1924: 330). Durch diese Reflexivität konstituieren sich Texte und Bilder als selbst-referentielle Systeme, wie man dies im Sinne der modernen Systemtheorie (Luhmann 2005) bezeichnen könnte. Das *opus operatum*, an dem sich der Habitus resp. Orientierungsrahmen dokumentiert, also bspw. das Gespräch, die (biografische) Erzählung oder das Foto, lässt sich somit als ein selbstreferentielles System verstehen bzw. setzt der valide Zugang zum Habitus resp. Orientierungsrahmen voraus, dass wir das opus operatum als selbst-referentielles System erfassen.

Karl Mannheim ebenso wie Bourdieu nehmen auf diese selbstreferentielle Eigenart mit der Kategorie der „*Homologie*" Bezug. Das „Denken in Homologien" ist nach Mannheim (1964: 121) „etwas Eigentümliches, das (...) nicht mit bloßer Abstraktion gemeinsamer Merkmale verwechselt werden darf". Und im Sinne von Bourdieu (1996: 268) ermöglicht es die „vernunftgetragene Intuition der Homologien", zugleich den Zugang „zur Besonderheit des untersuchten Falles" zu gewinnen wie auch, „jener Verallgemeinerungsabsicht nachzukommen, die eben die Wissenschaft ausmacht".

Im Sinne des Interpretationsverfahrens der Dokumentarischen Methode erschließt sich die tiefer liegende Semantik einer Äußerung, ihr dokumentarischer Sinngehalt, also nicht durch die ihr attribuierte Intention, sondern durch die (Rekonstruktion der) Reaktionen bzw. genauer: der Sequenz der Reaktionen und Re-Reaktionen der anderen Beteiligten. Deren implizite Regelhaftigkeit wird rekonstruierbar, indem ich mögliche *alternative* Reaktionen und Re-Reaktionen dagegen halte, die gleichermaßen sinnvoll sind. Dadurch lassen sich diese funktional äquivalenten oder homologen Reaktionen als einer Klasse von Äußerungen zugehörig identifizieren, deren implizite Regelhaftigkeit erschlossen werden kann.[4] Auf diese Weise kann eine Regelhaftigkeit, welche den Erforschten als implizites Wissen verfügbar ist, dem Interpretierenden aber bisher unbekannt war, zur Explikation gebracht werden. Dieser Weg der Wissens- und Regelgenerierung entspricht der logischen Schlussform der „Abduktion" im Sinne von Charles S. Peirce (1967): Ausgehend von der Beobachtung eines (überraschenden) Phänomens (dem „Resultat") wird nach einer Regelhaftigkeit gefahndet, welche dieses zu interpretieren vermag.

Genauer betrachtet setzt die Identifikation von homologen oder funktional äquivalenten Reaktionen einen (Gegen-) Horizont von (nicht zur Klasse bzw. Regelhaftigkeit gehörigen) Reaktionen voraus, welcher in der jeweiligen Interpretation implizit oder latent bleibt. Im Sinne von Niklas Luhmann (1990: 85) ist dies der „blinde Fleck" der Interpretierenden. Mit Karl Mannheim (1952: 227) bezeichnen wir dies als die „Standortgebundenheit" oder „Seinsverbundenheit" der Interpretierenden und Forschenden, die „einen Standpunkt oberhalb der Standpunkte" (Bourdieu 1982: 277) der Akteure im Forschungsfeld einzunehmen haben.

Erkenntnistheoretisch resp. methodologisch resultiert die Selektivität der Interpretation, welche unsere „Seinsverbundenheit" ausmacht, aus der Selektivität der *intuitiven Vergleichshorizonte,* auf die ich im Interpretationsprozess aufgrund meines Alltagswissens zurück greife. Je mehr diese intuitiven Vergleichshorizonte durch *explizite,* also empirisch beobachtbare *Vergleichsfälle* ersetzt werden, desto mehr kann es – idealtypisch betrachtet – gelingen, meine Interpretationen und Typenbildungen methodisch zu kontrollieren. Die komparative Analyse stellt somit eine der zentralen Komponenten der Dokumentarischen Methode dar (vgl. u. a. Bohnsack 2010a: Kap. 12 u. 2010a). Eine derartige empirisch-methodisch kontrollierte komparative Analyse eröffnet zugleich gewisse Chancen der Selbstreflexion auf die eigene Seinsverbundenheit oder Standortgebundenheit der Forschenden, also Chancen der Reflexion auf ihren eigenen „blinden Fleck".

12. Die Bildinterpretation: Ikonologie, Ikonik und die Eigenlogik des Bildes

Wie in Abschnitt 5 dargelegt, sind es dort, wo wir es nicht nur mit dem *impliziten,* sondern mit dem *inkorporierten,* d. h. in die leiblichen Praktiken eingeschriebenen, Erfahrungswissen zu tun haben, weniger die Texte als vielmehr die Bilder, die uns einen validen Zugang zum Habitus vermitteln. Obschon Bourdieu wesentliche erkenntnistheoretisch-methodologische Grundlagen seiner Habitustheorie der Ikonologie von Panofsky verdankt, hat er zwar scharfsinnige Reflexionen entfaltet auf den fotografischen Schnappschuss und die selbst dort bereits vorfindbaren Gestaltungsmöglichkeiten, in denen sich gruppen- resp. milieuspezifische Habitus (bspw. von Familien) dokumentieren (Bourdieu 1983a und b; dazu auch: Bohnsack 2011: Kap. 3). Eigene Bildinterpretationen hat er allerdings nicht vorgelegt.

---

[4] Diese Art der Sequenzanalyse unterscheidet sich von derjenigen der Objektiven Hermeneutik. Dort entwerfen die Interpretierenden – ausgehend von einer empirisch beobachtbaren (ersten) Äußerung, aber unter systematischer Nichtbeachtung und idealerweise auch in Unkenntnis der empirisch gegeben nachfolgenden Reaktionen – „gedankenexperimentell" potentielle, von ihnen selbst für sinnvoll gehaltene Reaktionen (vgl. Oevermann et al. 1979). Sie müssen dabei also von einer ihnen (intuitiv) bereits bekannten und verallgemeinerbaren Regelhaftigkeit ausgehen.

Da Erwin Panofsky mit der für die Kunstgeschichte bahnbrechenden Transzendenz der Ikonografie hin zur Ikonologie sich von der Dokumentarischen Methode Karl Mannheims und somit von sozialwissenschaftlichen Analysen hat inspirieren lassen, erscheint es unmittelbar möglich, auf der Basis der Dokumentarischen Methode in Anknüpfung insbesondere an die Ikonologie von Panofsky und die (daran anschließende) Ikonik von Max Imdahl (u. a.: 1996), aber auch mit Bezug auf die Semiotik von Roland Barthes und Umberto Eco, den Schritt zur Entwicklung einer *sozialwissenschaftlichen Ikonik* zu vollziehen, welcher insbesondere im Bereich der qualitativen Methoden längst überfällig ist. Diesen Weg haben wir methodologisch und forschungspraktisch im Bereich der Bildinterpretation (u. a. Bohnsack 2011: Kap. 3 und 4, 2003a, 2007d, 2010a: Kap. 9 und 12.4; Wopfner 2012) wie auch der Video- und Filmanalyse ausgearbeitet (dazu u. a.: Bohnsack 2011: Kap. 5 und 6; Baltruschat 2010; Bohnsack / Baltruschat 2010; Wagner-Willi 2007).

Dabei folgen wir zunächst den Interpretationsschritten bei Erwin Panofsky (1975): der *vor-ikonografischen* und *ikonografischen* Interpretation, welche auf das *kommunikative* Wissen zielen und der Stufe der *formulierenden Interpretation* im Bereich der Textinterpretation entsprechen (dazu: Abschnitt 13.1), und dann der *ikonologischen* Interpretation, welche auf das konjunktive Wissen und den Habitus zielt und analog zur *reflektierenden Interpretation* in der Textinterpretation durchgeführt wird (vgl. Abschnitt 13.1). Allerdings erhält gegenüber der kunsthistorischen Analyse bei Panofsky das ikonografische Vor-Wissen als ein narratives (textliches) Vor-Wissen (bspw. das Wissen um Bibeltexte) in Anlehnung an Max Imdahl (1996) einen stark reduzierten Stellenwert zugunsten der Rekonstruktion der Formalstruktur des Bildes (seiner formalen Struktur in der Fläche und seiner Perspektivität), welche uns den Weg zu dessen Eigenlogik, also zum Bild als selbst-referentiellem System, weist. Im Bereich der Video- und Filmanalyse führt dies dazu, auch dort dem Bild selbst eine zentrale Bedeutung gegenüber Sprache und Text zu zuerkennen. Wir sprechen hier mit Imdahl (1996) von *ikonischer* oder ikonologisch-ikonischer Interpretation. Dies kann soweit gehen, dass (beispielsweise bei der Analyse einer Fernsehshow; vgl. Bohnsack 2011: Kap. 6) der visuellen Dimension, also den Einzelbildern einschließlich ihrer (durch die Montage strukturierten) Sequenzialität, in der Auswertung strikte Priorität vor der Auswertung der verbalen Dimension zukommt.

Die Frage nach dem ikonologischen (resp. dokumentarischen) Sinngehalt zielt auf den Habitus bzw. Orientierungsrahmen der Bildproduzent/inn/en. Im Unterschied zur Malerei und Grafik wird es im Bereich der Fotografie allerdings notwendig, grundsätzlich zwei Dimensionen oder Arten von Bildproduzent/inn/en zu unterscheiden: Auf der einen Seite haben wir den Habitus der (wie ich es genannt habe) abbildenden Bildproduzent/inn/en, also u. a. der Fotografierenden und / oder an der Bearbeitung des Fotos Beteiligten. Auf der anderen Seite haben wir den Habitus der abgebildeten Bildproduzent/inn/en, also der Personen, Wesen oder sozialen Szenerien, die zum Sujet des Bildes gehören bzw. vor der Kamera agieren. Dieser Differenz und komplexen Relation wurde in der sozialwissenschaftlich-empirischen Interpretation der Fotografie bisher nicht Rechnung getragen (dazu u. a. Bohnsack 2011: Kap. 3).

13. Die Arbeitsschritte der Dokumentarischen Methode

Die für die Dokumentarische Methode konstitutive Leitdifferenz von kommunikativem und konjunktivem Sinngehalt, von Orientierungsschemata und Orientierungsrahmen, welcher im Falle der Bildinterpretation diejenige von ikonografischem und ikonologischem Sinngehalt entspricht, bestimmt auch die methodische Verfahrensweise in der Forschungspraxis. Die Arbeitsschritte können in detaillierter Weise hier lediglich im Bereich der Textinterpretation erläutert und exemplifiziert werden.[5]

13.1 Formulierende und Reflektierende Interpretation

Im ersten Schritt der *formulierenden Interpretation* vergewissern wir uns auf der *kommunikativen* Ebene zunächst des wörtlichen und expliziten Sinngehalts im Sinne einer (Re-) Formulierung. Dies dient zum einen als Grundlage für weitergehende Interpretationen und zum anderen, um den Wechsel der Analyseeinstellung hin zur *reflektierenden Interpretation* klar identifizieren und kontrollieren zu können.

Der Übergang von der formulierenden (immanenten) zur reflektierenden (der eigentlichen dokumentarischen) Interpretation markiert den Übergang von den *Was-* zu den *Wie-*Fragen. Es gilt das, was thematisch wird und als solches Gegenstand der formulierenden Interpretation ist, von dem zu unterscheiden, *wie* ein Thema, d. h. in welchem *Rahmen* oder nach welchem modus operandi es bearbeitet wird und was sich darin über die Gruppe oder das Individuum dokumentiert. Dies ist die Aufgabe der *reflektierenden Interpretation*, die sich im Sinne der oben dargelegten komparativen Sequenzanalyse vollzieht. Grundgerüst der formulierenden Interpretation ist demgegenüber die Entschlüsselung der thematischen Struktur der Texte, die Differenzierung in Oberthemen (OT), Unterthemen (UT) und Unter-Unterthemen (UUT) etc. (siehe dazu das Beispiel unten). Grundgerüst der reflektierenden Interpretation ist die *Formalstruktur* der Texte. Denn der Orientierungsrahmen oder auch Habitus dokumentiert sich in der Handlungspraxis, in deren modus operandi, wie er vorzugsweise in detaillierten Darstellungen (Erzählungen und Beschreibungen), d. h. in dem darin vermittelten *atheoretischen* (handlungsleitenden) Erfahrungswissen seinen Ausdruck finden. Hiervon zu unterscheiden ist die *theoretische* Reflexion und Verständigung der Erforschten *über* ihre Handlungspraxis im Sinne der Common Sense-Theorien (vgl. auch Abschnitt 7 sowie das Beispiel der Textinterpretation weiter unten).

Bedeutsamer als die Rekonstruktion der Formalstruktur im Sinne einer Textsortenanalyse (vgl. auch Schütze 1987) ist für die Analyse von Gesprächen und Gruppendiskussionen die Frage nach dem *Wie* der *interaktiven Bezugnahme* der Beteiligten aufeinander: die Rekonstruktion der Formalstruktur der *Diskursorganisation*. In Gesprächen lassen sich unterschiedliche Arten der *interaktiven Bezugnahme* der Beteiligten aufeinander identifizieren, in denen jeweils andere Formen *fundamentaler Sozialität* ihren Ausdruck finden und es sich zeigt, ob und inwieweit den Beteiligten ein *Erfahrungsraum* gemeinsam ist oder nicht (dazu ursprünglich: Bohnsack 1989; siehe auch: Bohnsack / Przyborski 2006).

---

[5] Für weitere Beispiele siehe u. a.: Bohnsack et al. (1995: Kap. 8); Bohnsack / Schäffer (2007); Bohnsack (2010a: Kap. 12.2); Bohnsack / Pfaff (2010). Zu den Richtlinien der Transkription siehe Bohnsack (2010a: Kap. 12.3).

Dokumentarische Methode und die Logik der Praxis 191

Die formulierende und reflektierende Interpretation möchte ich nun an einer kurzen Sequenz aus einer Gruppendiskussion exemplarisch darstellen. Diese entstammt einem Projekt über Jugendliche türkischer Herkunft (siehe auch: Bohnsack / Nohl 1998 und 2001a; Nohl 2001):

Transkript

```
 1  Dm:    Ja stell mal paar Fragen; auch du ja,
 2  Y2:           ∟ Vielleicht was ihr so macht zu Hause, in
 3         der Familie,
 4  Hm:       ∟ Schlafen;
 5  Dm:         ∟ Wir sind also wir eh bei uns is so also ich kann
 6         jetzt auch für mich nur reden also; bei mir ist es so (.) zum Beispiel auch wenn
 7         ich nicht oft zu Hause bin so, (.) ich denk immer an die Familie so. Es is nicht
 8         so daß ich so sage (.) lan so Scheiß Familie oder dies das das geht mich
 9         nichts an oder so. So bei manchen Deutschen ist ja so weil die von andren
10         Kultur kom-men aber (.) bei mir ist so wenn ich von Arbeit komme dann geh
11         ich nach Hause essen, meine Mutter hat schon Essen gemacht und so, dann
12         guck ich bißchen Fernsehen, (1) dann redet sie und so und so und so; dann
13         hör ich zu, dann geh ich wieder raus auf die Straße so; rumhängen. Dann
14         komm ich so abends um zehn oder so wieder nach Hause, (.) dann redet sie
15         wieder so also da unterhalten wir uns so bißchen, und dann (.) geh ich wieder
16         schlafen so. (1) So aber man erledigt auch so Wochenende so einkaufen oder
17         wenn man irgendwelchen Amt hat und sowas so. (3) Man redet nich so über
18         Vergnügen und so Spaß und so, nur was so anfällt muß man bißchen
19         erledigen. (4)
20  Am:              ∟ Das is auch so ganz anders was zu Hause zum Beispiel abläuft
21         oder so; also (.) man ist zu Hause ganz anders als man draußen ist oder so.
22         Weil man muß
23  Dm:    ∟ Jaa
24  ?m:    ∟Mhm
25  Fm:       ∟ Draußen.
26  Dm:         ∟ Ja zu Hause die die haben von gar nichts ne Ahnung so;
27         die denken so mein Sohn geh jetz bißchen raus,       ∣
28  Am:                 ∟ Ja.
29  Dm:    schnappt sein frische Luft und kommt so (.) eh Reisessen
30  Am:          ∟ (Lachen)
31  Dm:    steht wieder vorm Tisch so, würklich jetz; die denken so
32  ?m:       ∟ (Lachen)
33  Dm:    die die ham noch so alte Denkweise so (.)
```

Formulierende Interpretation

01-04 <u>OT: Themenfindung</u>
01 <u>UT: Aufforderung zur Fragestellung durch Dm</u>
Dm bittet um Fragen und spricht dabei die Diskussionsleiterin (Y2) direkt an.
02-04 <u>UT: Aktivitäten zu Hause in der Familie</u>
Y2 wirft das Thema der häuslichen Tätigkeiten auf, welches Hm mit dem Hinweis auf das „Schlafen" konkretisiert.
05-10 <u>OT: Einstellung zur Familie</u>

05-08 UT: Die stetige geistige Präsenz der Familie
Für Dm ist die Familie stets präsent, wobei sich dies weniger auf die physische als die geistige Anwesenheit bezieht. Er beschränkt diese Aussage auf seine eigene Person.

09-10 UT: Die Missachtung der Familie bei „manchen Deutschen"
Diese Präsenz wird von einer Haltung abgegrenzt, bei der die Familie beschimpft und als irrelevant eingeschätzt wird, wie dies bei „manchen Deutschen" aufgrund ihrer „anderen Kultur" zu beobachten ist.

10-26 OT: Tätigkeiten in der Familie
10-17 UT: Der Tagesablauf in der Familie bei Dm
Nach der Arbeit kommt Dm nach Hause, nimmt das von seiner Mutter bereitete Essen ein und schaut Fernsehen. Die Mutter spricht, woraufhin Dm zuhört, um schließlich wieder hinaus zu gehen ohne zielgerichtete Aktivitäten („rumhängen"; 13). Nach einer kurzen Unterhaltung mit der Mutter geht er wieder zu Bett.

16-19 UT: Aufgaben und Gesprächsthemen in der Familie
Dm hat außerhäusliche Aufgaben für die Familie zu erledigen (Einkaufen und Behördengänge). Dies sind auch die Gesprächsthemen. Andere Themen wie „Vergnügen" und „Spaß" bleiben ausgeklammert.

20-25 UT: Die Unterschiedlichkeit der beiden Welten: „zu Hause" und „draußen"
Am, Dm und Fm erfahren sich selbst und die Geschehnisse zu Hause ganz anders als sie sich „draußen" erfahren.

26-33 OT: Die Unkenntnis der Familie über das Leben der Söhne
Hinsichtlich der Aktivitäten der Söhne ist die Familie zu Hause ahnungslos. Sie beschränkt sich auf die innerfamilialen Angelegenheiten der Versorgung. Dies ist ein Aspekt der „alten Denkweise" (33).

Reflektierende Interpretation

01-03 Gemeinsame Initiierung einer Frage durch Dm und Y2
Y2, die Diskussionsleiterin, reagiert auf die direktive Äußerung von Dm, indem sie sich diese dadurch in kooperativer Weise quasi zu eigen macht, dass sie seine Aufforderung und ihre eigene Äußerung syntaktisch zusammenzieht, sodass dadurch eine vollständige Frage entsteht: „Ich stelle mal die Frage, was ihr so zu Hause macht". Durch diese Art der Fragestellung (Bezug zur Handlungspraxis) werden Beschreibungen oder Erzählungen (der Handlungspraxis) initiiert.

04 Proposition durch Hm im Modus einer (generellen) Beschreibung:
In der Äußerung von Hm (bzw. in der Relation von Frage und Antwort) dokumentieren sich folgende Orientierungsmuster (deren Darstellung bezeichnen wir als „Propositionen"): Zum einen kommt hier zum Ausdruck, dass die Beziehung zur Familie eine wenig kommunikative und somit distanzierte ist. Wobei hier noch nicht geklärt werden kann, ob dies eher auf das Rekreationsbedürfnis von Hm oder eine soziale Grenzziehung zurückzuführen ist (denn funktional äquivalent zu „schlafen" können hier unterschiedliche Reihen oder Klassen von Äußerungen sein: einerseits Äußerungen wie ‚sich ausruhen', ‚sich erholen' und andererseits wie ‚sich zurückziehen', ‚ohne Kommunikation bleiben' etc.). Es bedarf also zur genaueren Klärung einer Interpretation des weiteren Diskursverlaufs. Zum anderen do-

kumentiert sich in dieser knappest möglichen Reaktion aber auch eine geringe Bereitschaft, den Forschenden Auskünfte über diese Sphäre zu geben und somit auch eine gewisse Grenzziehung ihnen, den Außenstehenden, gegenüber.

05-19 Differenzierung der Proposition (05-19) im Modus der theoretischen (argumentativen) Darstellung und Elaboration dieser Differenzierung im Modus der (detaillierten) Beschreibung (10-19) durch Dm:
In der Reaktion von Dm auf die Proposition von Hm erhält diese nun ihre genauere Bedeutung, deren konjunktive, also gruppen- und milieuspezifische, Bedeutung wird zunehmend präzisiert: In der detaillierten Beschreibung (10-19) von Dm dokumentiert sich zwar eine kommunikative Distanz und Grenzziehung gegenüber der Familie. Diese beruht aber nicht auf mangelndem Respekt („Scheiß Familie"; 08) und auch nicht auf Gleichgültigkeit oder Nachlässigkeit (Dm „denkt immer" daran; 07). Da dies „manchen Deutschen" (09) unterstellt wird, kommt zugleich auch ihnen bzw. ihrer Kultur gegenüber eine Grenzziehung und Distinktion zum Ausdruck. Sie werden als negativer Gegenhorizont konstruiert.
In der detaillierten Beschreibung (der Handlungspraxis) von Dm (10-19) wird das in den generellen Beschreibungen von Dm und von Hm sich dokumentierenden Spannungsverhältnis (Respekt gegenüber Familie versus Grenzziehung ihr gegenüber) nun mit Bezug auf die (habitualisierte) Handlungspraxis dargestellt und auf diese Weise präzisiert und gewissermaßen aufgelöst. Hierin dokumentiert sich folgender kollektiver Orientierungsrahmen oder Habitus:

- die Kommunikation bzw. Interaktion mit der Mutter ist eine einseitige, auf die Versorgung des Sohnes fokussierte
- weder die Redebeiträge noch die anderen Aktivitäten der Beteiligten sind (reziprok) aufeinander bezogen, stehen vielmehr beziehungslos nebeneinander (z.B: „dann redet sie ... dann hör ich zu"; 12-13)
- lediglich über die notwendigen pragmatischen Erledigungen (Behördengänge und Einkäufe), nicht aber über das, was zu den Kerninteressen von im Rahmen ihrer Freizeit gehört („Vergnügen und Spaß") wird mit den Eltern resp. der Mutter verhandelt.

20-33 Anschlusspropositionen durch Am und Dm im Modus einer (abstrahierenden) Beschreibung (20-31) und Theorie (31-33), Validierung durch Fm (25):
Die Unvermittelbarkeit und fehlende Reziprozität der Perspektiven von Eltern und Kindern (bzw. Söhnen) wird nun dahingehend präzisiert, dass sie mit einer strikten Trennung zweier Sphären in Verbindung gebracht wird: der inneren („zu Hause") und der äußeren („draußen"). Dieser Orientierungsrahmen oder Habitus der Sphärendifferenz (s. auch Abschnitt 11.2), welcher durch die Anschlussproposition von Am (20-22) und die Bestätigung durch Fm nun seinen kollektiv geteilten Charakter erhält, beruht auf zwei unterschiedlichen Seins- oder Existenzweisen („man ist zu Hause ganz anders"; 21). Die Jugendlichen theoretisieren dann über die Genese dieser Sphärendifferenz. Diese ist in der Differenz ihrer eigenen „Denkweise" (33) zu der „alten", also der Denkweise der älteren Generation, zu suchen. Die Jugendlichen konstruieren somit (im Bereich der Orientierungsschemata) generationsspezifische soziale Identitäten.

13.2 Typenbildung und Generalisierung

Sinngenetische Typenbildung

Die Typenbildung (siehe dazu u. a. auch Bohnsack 2007a und 2010b; Nentwig-Gesemann 2007) vollzieht sich im Fallvergleich, in der komparativen Analyse, in aufeinander aufbauenden Stufen der Abstraktion bzw. Abduktion – nach Art der Rekonstruktion von Gemeinsamkeiten im Kontrast und von Kontrasten in der Gemeinsamkeit. Das den (Fall-)Vergleich strukturierende Dritte, das tertium comparationis, ist zunächst ein gemeinsames oder vergleichbares Thema (in unserem Beispiel: das Verhalten in der Familie). Die erste Stufe der Typenbildung ist dann erreicht, wenn durch die Kontraste zwischen den Fällen hindurch ein ihnen allen gemeinsamer Habitus oder Orientierungsrahmen bzw. ein gemeinsames Orientierungsproblem in Ansätzen identifizierbar ist. Hier ist dies dasjenige der Sphärendifferenz, das Problem der von den Jugendlichen erfahrenen Differenz zwischen der Sphäre der Familie und Verwandtschaft einerseits und der gesellschaftlichen Öffentlichkeit andererseits. Dieser allen Fällen (hier: Gruppen von Jugendlichen türkischer Herkunft) gemeinsame Orientierungsrahmen oder Habitus kann als Basistypik bezeichnet werden.

Soziogenetische Typenbildung und die Mehrdimensionalität dokumentarischer Interpretation

Hier gehen wir der Frage nach, in welchem Erfahrungsraum die *Genese* des Habitus der Sphärendifferenz zu suchen ist, für welchen Erfahrungsraum er als typisch gelten kann. Wenn wir der Frage nachgehen, ob er typisch für einen *migrations*spezifischen Erfahrungsraum, für einen Migrationshintergrund ist, so lässt sich der rekonstruierte Habitus erst dann als ein migrationstypischer validieren und generalisieren, nachdem wir kontrolliert haben, ob es sich nicht etwa um Orientierungen handelt, die ganz allgemein typisch sind für die junge Generation (Generationstypisches) oder für die Adoleszenzphase (Alters- oder Entwicklungstypik), für bildungsferne Milieus (Milieutypik) oder für männliche Jugendliche (Genderypik).

Es ist also erst dann in valider Weise möglich, den beobachteten Habitus dem *migrationstypischen Erfahrungsraum* zuzuordnen und somit als einen *migrationstypischen* zu generalisieren, nachdem in *komparativer Analyse* (im Vergleich unterschiedlicher Gruppen) kontrolliert wurde, ob dieser Habitus durch milieu-, entwicklungs- und genderspezifische Variationen oder Modifikationen von Erfahrungsräumen hindurch bzw. in der Überlagerung durch andere Dimensionen oder Erfahrungsräume, auf einer abstrakten Ebene als Gemeinsamkeit identifizierbar bleibt. Mit der Dokumentarischen Methode eröffnet sich damit auch die Möglichkeit zur Bewältigung des Problems der *Generalisierung* in der qualitativen Sozialforschung (siehe dazu auch Bohnsack 2005). Das Niveau der Validität der einzelnen Typik und die Möglichkeit ihrer Generalisierung sind davon abhängig, inwieweit sie von anderen, auf der Grundlage der fallspezifischen Beobachtungen ebenfalls möglichen, Typiken unterscheidbar ist, also davon, wie vielfältig, d. h. multidimensional, der einzelne Fall innerhalb einer ganzen Typologie verortet werden kann. Mit Bezug auf unser Beispiel bedeutet dies, dass uns der migrationsspezifische Erfahrungsraum (die Migrations-

oder Basistypik) immer schon in der Überlagerung bzw. wechselseitigen Durchdringung mit anderen Erfahrungsräumen bzw. Dimensionen begegnet – beispielsweise bildungs-, gender- und generationstypischer, aber auch alterstypischer, d. h. lebenszyklischer Erfahrungsräume (vgl. dazu ursprünglich: Bohnsack 1989).

In ihrer Mehrdimensionalität unterscheidet sich die Dokumentarische Methode von der komparativen Analyse der Grounded Theory (Glaser / Straus 1967) und auch von anderen Bereichen qualitativer Forschung (dazu: Bohnsack / Nentwig-Gesemann 2006). Eine Ausnahme bildet die intensive Debatte um „Intersektionalität", wie sie im Bereich der Genderforschung ihren Ausgang genommen hat (vgl. dazu u. a.: Lutz et al. 2010) sowie das theoretische Konzept der „Polykontexturalität" in der Systemtheorie (u. a. Luhmann 1992: 84f.) – insbesondere in seiner Verbindung zur Dokumentarischen Methode (dazu: Vogd 2011: Kap. 3; auch: Vogd 2004).

Obschon Bourdieu (2001 sowie 2005) tiefer gehende Analysen auch zu den Gender- und Generationenklassen vorgelegt hat, bleiben seine empirischen Analyse im Wesentlichen auf jeweils eine dieser Dimensionen beschränkt (dazu genauer: Bohnsack 2010a: Kapitel 8.3). Zumindest werden mehrdimensionale Analysen als solche nicht empirisch-methodisch systematisiert. Es zeigen sich allerdings Tendenzen, eine Relationierung und Überlagerung unterschiedlicher Habitus mit dem Begriff des Feldes zu fassen.[6]

14. Zusammenfassung: Die Dokumentarische Methode und die Kultursoziologie Bourdieus

Im Folgenden möchte ich einige wesentliche Merkmale der Dokumentarischen Methode in ihren Bezügen und Differenzen zur Kultursoziologie von Bourdieu zusammenfassend skizzieren:

- Der Dokumentarischen Methode und der Kultursoziologie von Bourdieu ist der Anspruch bzw. die epistemologische Position einer Vermittlung zwischen dem Objektivismus und dem Subjektivismus in den Sozialwissenschaften gemeinsam.
- Diese Vermittlung gelingt in beiden Traditionen auf dem Wege, dass der analytische Zugang jenseits einer Unterstellung von subjektiven Intentionen und Motiven (Introspektion), nicht aber jenseits des Wissens der Erforschten, gesucht wird. Gegenstand der empirischen Analyse ist das in Dokumenten oder Produkten (Texten und Bildern) der Alltagspraxis (also im „opus operatum") gespeicherte implizite, inkorporierte Wissen.

---

[6] Bei Bourdieu (1989: 406) findet sich unter anderem folgendes Beispiel dafür, dass „ein und derselbe Habitus je nach Zustand des Feldes zu höchst unterschiedlichen Praktiken und Stellungnahmen führen kann": Die Bischöfe in Frankreich) zwischen den beiden Weltkriegen, die überwiegend adeliger Herkunft waren, unterscheiden sich zwar deutlich von denjenigen seit den 1970er Jahren mit überwiegender Herkunft aus der Mittelklasse, dennoch zeigen beide Generationen in ihrem Habitus Homologien, nämlich dahingehend, „sich gegenüber den gemeinen Praktiken abzusetzen oder Distanz zu wahren". Empirisch lässt sich dieses Phänomen als dasjenige der Überlagerung des Habitus einer religiös-kirchlich sozialisierten Elite mit je unterschiedlichen Milieu-Habitus verstehen: dem aristokratischen und demjenigen des Mittelstandes.

- Wesentlich für diese Analyseeinstellung oder Beobachterhaltung ist in beiden Traditionen der Bruch mit den Vorannahmen des Common Sense und der Illusion des zweckrationalen, normorientierten und in diesem Sinne deduktiven Handelns.
- In beiden Traditionen ist die *existentielle Struktur der Handlungspraxis* die primordiale und übergreifende Sinnebene, die wir in der Dokumentarischen Methode als diejenige des *Orientierungsrahmens* (bzw. des konjunktiven Erfahrungswissens) bezeichnen. Diese existentielle *Logik der Praxis* wird aber im Unterschied zur Habituskonzeption von Bourdieu empirisch systematisch in Relation resp. Abgrenzung zur Ebene der Orientierungsschemata (des kommunikativen Wissens) rekonstruiert, d. h. zu den Common Sense-Theorien (mit ihrer Illusion der Motivkonstruktionen), den normativen (resp. institutionalisierten) Erwartungen und der Auseinandersetzung mit Fremdidentifizierungen (sozialen Identitäten). Diese Relationierung lässt sich auch als Integration (und Relativierung) von Bereichen der Sozialphänomenologie und der Chicagoer Schule (des Symbolischen Interaktionismus) innerhalb des Rahmens der Praxeologischen Wissenssoziologie verstehen.
- Die Relationierung mit den Kategorien der Norm resp. Institution, der sozialen Identitäten und der Common Sense-Theorien in den rekonstruktiven und theoriegenerierenden empirischen Analysen der Dokumentarischen Methode (auf der Grundlage des Erfahrungswissens der Erforschten) lässt sich in gewisser Weise als funktionales Äquivalent zur Kategorie des Feldes (als eines „Relationennetzes") in den stärker gesellschaftstheoretisch angeleiteten Analysen von Bourdieu verstehen.
- Aus der Perspektive der Dokumentarischen Methode erscheint die empirische Analyse des Habitus bei Bourdieu insofern eindimensional, als es empirisch weitgehend ungeklärt bleibt, wie bspw. der klassenspezifische Habitus gender- und generationenspezifisch überlagert und modifiziert wird. Auch die mehrdimensionale empirische Analyse des Habitus in der Dokumentarischen Methode kann als funktionales Äquivalent zum „Relationennetz" des Feldes bei Bourdieu verstanden werden.
- Im Hinblick auf die Suche nach der *Genese* des Habitus, also der Frage nach dem Habitus als *„strukturierter* Struktur", die wir als *soziogenetische* Interpretation bezeichnen, zeigen sich weiter reichende Differenzen zur Kulturanalyse von Bourdieu. Letztere trägt aus unserer Perspektive Züge einer kausalgenetischen Interpretation.
- Demgegenüber führen die oben ansatzweise skizzierten Gemeinsamkeiten der beiden Traditionen dazu, dass der methodisch-theoretische Zugang zum Habitus als *„strukturierende"* Struktur, die wir als *sinngenetische* Interpretation bezeichnen, weitgehende Übereinstimmungen in den beiden Traditionen aufweist. In diesem Sinne können die empirisch-methodischen Arbeitsschritte und methodologischen Reflexionen der Dokumentarischen Methode für die Habitusanalyse in der Tradition von Bourdieu unmittelbar fruchtbar gemacht werden und umgekehrt.

Literatur

Baltruschat, Astrid (2010): *Die Dekoration der Institution Schule. Filminterpretationen nach der dokumentarischen Methode.* Wiesbaden: VS.
Berger, Peter L. / Luckmann, Thomas (1969): *Die gesellschaftliche Konstruktion der Wirklichkeit.* Frankfurt am Main: S. Fischer.
Bohnsack, Ralf (1983): *Alltagsinterpretation und soziologische Rekonstruktion.* Opladen: Westdeutscher Verlag.
Bohnsack, Ralf (1989): *Generation, Milieu und Geschlecht. Ergebnisse aus Gruppendiskussionen mit Jugendlichen.* Opladen: Leske + Budrich.
Bohnsack, Ralf (2003a): Qualitative Methoden der Bildinterpretation. In: *Zeitschrift für Erziehungswissenschaft.* (6), 2: S. 239-256.
Bohnsack, Ralf (2003b): Dokumentarische Methode und sozialwissenschaftliche Hermeneutik. In: *Zeitschrift für Erziehungswissenschaft.* (6), 4: S. 550-570.
Bohnsack, Ralf (2005): Standards nicht-standardisierter Forschung in den Erziehungs- und Sozialwissenschaften. In: *Zeitschrift für Erziehungswissenschaft.* (7), Beiheft 3: S. 65-83.
Bohnsack, Ralf (2006): Mannheims Wissenssoziologie als Methode. In: Dirk Tänzler / Hubert Knoblauch / Hans-Georg Soeffner (Hg.): *Neue Perspektiven der Wissenssoziologie.* Konstanz: UVK. S. 271-291.
Bohnsack, Ralf (2010a): *Rekonstruktive Sozialforschung. Einführung in qualitative Methoden.* 8. Auflage. Opladen / Farmington Hills: Barbara Budrich.
Bohnsack, Ralf (2010b): Die Mehrdimensionalität der Typenbildung und ihre Aspekthaftigkeit. In: Jutta Ecarius / Burkhard Schäffer (Hg.): *Typenbildung und Theoriegenerierung. Methoden und Methodologien qualitativer Bildungs- und Biographieforschung.* Opladen / Farmington Hills: Barbara Budrich. S. 47-72.
Bohnsack, Ralf (2010c): Qualitative Evaluationsforschung und dokumentarische Methode. In: Ralf Bohnsack / Iris Nentwig-Gesemann (Hg.): *Dokumentarische Evaluationsforschung. Theoretische Grundlagen und Beispiele aus der Praxis.* Opladen / Farmington Hills: Barbara Budrich. S. 23-62.
Bohnsack, Ralf (2010d): Dokumentarische Methode und Typenbildung – Bezüge zur Systemtheorie. In: René John / Anna Henkel / Jana Rückert-John (Hg.): *Die Methodologien des Systems. Wie kommt man zum Fall und wie dahinter?* Wiesbaden: VS. S. 121-291.
Bohnsack, Ralf (2011): *Qualitative Bild- und Videoanalyse. Die dokumentarische Methode.* 2. Auflage. Opladen / Farmington Hills: Budrich UTB.
Bohnsack, Ralf (2012a): Orientierungsschemata, Orientierungsrahmen und Habitus. Elementare Kategorien der dokumentarischen Methode mit Beispielen aus der Bildungsmilieuforschung. In: Karin Schittenhelm (Hg.): *Qualitative Bildungs- und Arbeitsmarktforschung. Theoretische Perspektiven und Methoden.* Wiesbaden: VS.
Bohnsack, Ralf (2012b): Habitus, Norm und Identität. In: Werner Helsper / Rolf-Torsten Kramer / Sven Thiersch (Hg.): *Schülerhabitus.* Wiesbaden: VS.
Bohnsack, Ralf / Baltruschat, Astrid (2010): Die dokumentarische Methode: Bild- und Videointerpretation. In: *Enzyklopädie Erziehungswissenschaft Online (EEO)*, Hg. von Sabine Mashke / Ludwig Stecher. Weinheim / München: Juventa (www.erzwissonline.de: DOI 10.3262/EEO07100072).
Bohnsack, Ralf / Nentwig-Gesemann, Iris (2006): Typenbildung. In: Ralf Bohnsack / Michael Meuser / Winfried Marotzki (Hg.): *Hauptbegriffe Qualitativer Sozialforschung.* Opladen / Farmington Hills: Barbara Budrich. S. 162-166.
Bohnsack, Ralf / Nentwig-Gesemann, Iris / Nohl, Arnd-Michael (Hg.) (2007): *Die dokumentarische Methode und ihre Forschungspraxis. Grundlagen qualitativer Sozialforschung.* 2. Auflage. Opladen / Farmington Hills: Barbara Budrich.

Bohnsack, Ralf / Nohl, Arnd-Michael (1998): Adoleszenz und Migration – Empirische Zugänge einer praxeologisch fundierten Wissenssoziologie. In: Bohnsack, Ralf / Marotzki, Winfried (Hg.): *Biographieforschung und Kulturanalyse. Transdisziplinäre Zugänge qualitativer Forschung.* Opladen: Leske + Budrich. S. 260-282.

Bohnsack, Ralf / Pfaff, Nicolle (2010): Die dokumentarische Methode: Interpretation von Gruppendiskussionen und Interviews. In: *Enzyklopädie Erziehungswissenschaft Online (EEO)*, Hg. von Sabine Maschke / Ludwig Stecher. Weinheim / München: Juventa (www. erzwissonline.de: DOI 10.3262/EEO07100073).

Bohnsack, Ralf / Przyborski, Aglaja (2010): Diskursorganisation, Gesprächsanalyse und die Methode der Gruppendiskussion. In: Ralf Bohnsack / Aglaja Przyborski / Burkhard Schäffer (Hg.): *Das Gruppendiskussionsverfahren in der Forschungspraxis.* 2. Auflage. Opladen / Farmington Hills: Barbara Budrich. S. 233-248.

Bohnsack, Ralf / Schäffer, Burkhard (2002): Generation als konjunktiver Erfahrungsraum. Eine empirische Analyse generationsspezifischer Medienpraxiskulturen. In: Günter Burkart / Jürgen Wolf (Hg.): *Lebenszeiten. Erkundungen zur Soziologie der Generationen (Martin Kohli zum 60. Geburtstag).* Opladen: Leske + Budrich. S. 249-273.

Bohnsack, Ralf / Schäffer, Burkhard (2007): Exemplarische Textinterpretation. Diskursorganisation und dokumentarische Methode. In: Ralf Bohnsack / Iris Nentwig-Gesemann / Arnd-Michael Nohl (Hg.): *Die dokumentarische Methode und ihre Forschungspraxis: Grundlagen qualitativer Sozialforschun.* Wiesbaden: VS. S. 309-321.

Bourdieu, Pierre (1974): Der Habitus als Vermittlung zwischen Struktur und Praxis. In: Pierre Bourdieu: *Zur Soziologie symbolischer Formen.* Frankfurt am Main: Suhrkamp. S. 125-158

Bourdieu, Pierre (1976): *Entwurf einer Theorie der Praxis.* Frankfurt am Main: Suhrkamp (im Original 1972: *Esquisse d'une Théorie de la Pratique précédé de Trois Études d'Ethnologie Kabyle.* Genève: Librairie Droiz).

Bourdieu, Pierre (1982*): Die feinen Unterschiede. Kritik der gesellschaftlichen Urteilskraft.* Frankfurt am Main: Suhrkamp.

Bourdieu, Pierre (1983a): Einleitung. In: Pierre Bourdieu / Luc Boltanski / Robert Castel / Jean Claude Chamboredon / Dominique Schnapper (Hg.): *Eine illegitime Kunst. Die sozialen Gebrauchsweisen der Photographie.* Frankfurt am Main: Suhrkamp. S. 11-21.

Bourdieu, Pierre (1983b): Die gesellschaftliche Definition der Photographie. In: Pierre Bourdieu / Luc Boltanski / Robert Castel / Jean Claude Chamboredon / Dominique Schnapper (Hg.): *Eine illegitime Kunst. Die sozialen Gebrauchsweisen der Photographie.* Frankfurt am Main: Suhrkamp. S. 85-110.

Bourdieu, Pierre (1987): *Sozialer Sinn. Kritik der theoretischen Vernunft.* Frankfurt am Main: Suhrkamp.

Bourdieu, Pierre (1989): Antworten auf einige Einwände. In: Klaus Eder (Hg.): *Klassenlage, Lebensstil und kulturelle Praxis. Theoretische und empirische Beiträge zur Auseinandersetzung mit Pierre Bourdieus Klassentheorie.* Frankfurt am Main: Suhrkamp. S. 395-410.

Bourdieu, Pierre (1992): *Rede und Antwort.* Frankfurt am Main: Suhrkamp.

Bourdieu, Pierre (1996): Die Praxis der reflexiven Anthropologie. In: Pierre Bourdieu / Loïc J.D. Wacquant (Hg.): *Reflexive Anthropologie.* Frankfurt am Main: Suhrkamp. S. 251-294.

Bourdieu, Pierre (2001): *Die Regeln der Kunst. Genese und Struktur des literarischen Feldes.* Frankfurt am Main: Suhrkamp.

Bourdieu, Pierre (2005): *Die männliche Herrschaft.* Frankfurt am Main: Suhrkamp.

Bourdieu, Pierre / Wacquant, Loïc J.D. (Hg.) (1996): Die Ziele der reflexiven Soziologie. In: Pierre Bourdieu / Loïc J.D. Wacquant (Hg.): *Reflexive Anthropologie.* Frankfurt am Main: Suhrkamp. S. 95-250.

Cicourel, Aaron Victor (1968): *The Social Organization of Juvenile Justice.* London et al.: Heinemann.

Dilthey, Wilhelm (1957): Die Entstehung der Hermeneutik. In: Wilhelm Dilthey: *Gesammelte Schriften. 5. Band: Die geistige Welt.* Stuttgart: Teubner. S. 317-338 (ursprünglich: 1900).

Douglas, J. D. (Hg.) (1970): *Deviance and Respectability.* New York / London: Basis Books.
Emerson, Robert M. (1969): *Judging Delinquents.* Chicago: University Press.
Garfinkel, Harold (1961): Aspects of Common Sense Knowledge of Social Structures. In: *Transactions of the Fourth World Congress of Sociology* (4): S. 51-65 (deutsch: 1973: *Das Alltagswissen über soziale und innerhalb sozialer Strukturen.* In: Arbeitsgruppe Bielefelder Soziologen (Hg.): *Alltagswissen, Interaktion und gesellschaftliche Wirklichkeit.* Reinbek bei Hamburg: Rowohlt. S. 189-260).
Garfinkel, Harold (1967a): *Studies in Ethnomethodology.* Englewood Cliffs / New Jersey: Prentice-Hall.
Garfinkel, Harold (1967b): Conditions of Successful Degradation Ceremonies. In: Jerome G. Manis / Bernard N. Meltzer (Hg.): *Symbolic Interaction. A Reader in Social Psychology.* Boston: Allyn & Bacon. S. 205-212.
Halbwachs, Maurice (1985): *Das kollektive Gedächtnis.* Frankfurt am Main: S. Fischer.
Heidegger, Martin (1986): *Sein und Zeit.* Tübingen: Mohr (ursprünglich:1927).
Helsper, Werner / Kramer, Rolf-Torsten / Brademann, Sven / Ziems, Carolin (2007): Der individuelle Orientierungsrahmen von Kindern und der Übergang in die Sekundarstufe. In: *Zeitschrift für Pädagogik* (53): 4: S. 477-490.
Hitzler, Ronald / Reichertz, Jo / Schroer, Norbert (Hg.) (1999): *Hermeneutische Wissenssoziologie. Standpunkte zur Theorie der Interpretation.* Konstanz: UVK.
Imdahl, Max (1996): *Giotto – Arenafresken. Ikonographie – Ikonologie – Ikonik.* München: Fink.
Kramer, Rolf-Torsten (2011): *Abschied von Bourdieu? Perspektiven ungleichheitsbezogener Bildungsforschung.* Wiesbaden: VS.
Luhmann, Niklas (1990): *Die Wissenschaft der Gesellschaft.* Frankfurt am Main: Suhrkamp.
Luhmann, Niklas (2005): Die operative Geschlossenheit psychischer und sozialer Systeme. In: Niklas Luhmann: *Soziologische Aufklärung 6. Die Soziologie und der Mensch.* 2. Auflage. Opladen: Westdeutscher Verlag. S. 26-37.
Lutz, Helma / Herrera Vivar, Maria Teresa / Supik, Linda (Hg.) (2010): *Fokus Intersektionalität. Bewegungen und Verortungen eines vielschichtigen Konzepts.* Wiesbaden: VS.
Mannheim, Karl (1952): Wissenssoziologie. In: Karl Mannheim: *Ideologie und Utopie.* Frankfurt am Main: Vittorio Klostermann. S. 227-267 (Original: 1931 In: Alfred Vierkandt (Hg.): *Handwörterbuch der Soziologie.* Stuttgart. S. 659-680).
Mannheim, Karl (1964a): Beiträge zur Theorie der Weltanschauungsinterpretation. In: Karl Mannheim: *Wissenssoziologie.* Neuwied: Luchterhand. S. 91-154 (Erstserschienen: 1921-1922. In: *Jahrbuch für Kunstgeschichte XV*, 4).
Mannheim, Karl (1964b): Das Problem der Generationen. In: Karl Mannheim: *Wissenssoziologie.* Neuwied, S. 509–565 (Erstserschienen 1928 in: *Kölner Vierteljahreshefte für Soziologie.* (7), 2).
Mannheim, Karl (1980): *Strukturen des Denkens.* Frankfurt am Main: Suhrkamp
Mannheim, Karl (1984): *Konservatismus. Ein Beitrag zur Soziologie des Wissen.* Frankfurt am Main: Suhrkamp (veröffentl. Fassung der Habilitationsschrift von 1925).
McHugh, Peter (1970): A Common Sense Conception of Deviance. In: Douglas, Jack D. (Hg.): *Deviance and Respectability. The Social Construction of Social Meaning.* New York / London: Basic Books. S. 61-88.
Mead, George Herbert (1968): *Geist, Identität und Gesellschaft.* Frankfurt am Main: Suhrkamp (Original 1934: *Mind, Self and Society.* Chicago).
Meuser, Michael (2007): Repräsentationen sozialer Strukturen im Wissen. Dokumentarische Methode und Habitusrekonstruktion. In: Ralf Bohnsack / Iris Nentwig-Gesemann / Arnd-Michael Nohl (Hg.): *Die dokumentarische Methode und ihre Forschungspraxis. Grundlagen qualitativer Sozialforschung.* 2. Auflage. Opladen / Farmington Hills: Barbara Budrich. S. 209-224.
Nohl, Arnd-Michael (2001): *Migrationslagerung und Differenzerfahrung. Junge Einheimische und Migranten im Milieuvergleich.* Opladen: Leske + Budrich.
Oevermann, Ulrich / Allert, Tilmann / Konau, Elisabeth / Krambeck, Jürgen (1979): Die Methodologie einer „objektiven Hermeneutik" und ihre allgemeine forschungslogische Bedeutung in den

Sozialwissenschaften. In: Hans-Georg Soeffner (Hg.): *Interpretative Verfahren in den Sozial- und Textwissenschaften.* Stuttgart: Fink. S. 352-433.

Panofsky, Erwin (1932): Zum Problem der Beschreibung und Inhaltsdeutung von Werken der Bildenden Kunst. In: *Logos. XXI.* S. 103-119 (wieder abgedruckt in: Ders. 1964: *Aufsätze zu Grundfragen der Kunstwissenschaft.* Berlin: Volker Spiess. S. 85-97).

Panofsky, Erwin (1975): Ikonographie und Ikonologie. Eine Einführung in die Kunst der Renaissance. In: Panofsky, Erwin (1975): *Sinn und Deutung in der bildenden Kunst.* Köln: Dumont. S. 36-67 (Original: Erwin Panofsky (1955). *Iconography and Iconology: An introduction to the study of Renaissance art.* In: Panofsky, Erwin: *Meaning in the visual arts.* Chicago: University of Chicago Press).

Panofsky, Erwin (1989): *Gotische Architektur und Scholastik. Zur Analogie von Kunst, Philosophie und Theologie im Mittelalter.* Köln: DuMont.

Polanyi, Michael (1966): *The Tacit Dimension.* Garden City / New York: Doubleday.

Ricoeur, Paul (1972): Der Text als Modell: hermeneutisches Verstehen. In: Walter L. Brühl (Hg.): *Verstehende Soziologie. Grundzüge und Entwicklungstendenzen.* München: Nymphenburger. S. 252-283.

Schütz, Alfred (1971): *Gesammelte Aufsätze, Bd. 1: Das Problem der sozialen Wirklichkeit.* Den Haag: Nijhoff (Original: Schutz, Alfred (1962): *Collected Papers. Vol. 1: The Problem of Social Reality.* Den Haag: Nijhoff).

Schütz, Alfred (1974): *Der sinnhafte Aufbau der sozialen Welt. Eine Einleitung in die verstehende Soziologie.* Frankfurt am Main: Suhrkamp (zuerst: 1932: Wien).

Schütze, Fritz (1987): *Das narrative Interview in Interaktionsfeldstudien: erzähltheoretische Grundlagen.* Studienbrief der Fernuniversität Hagen. Teil 1: Merkmale von Alltagserzählungen und was wir mit ihrer Hilfe erkennen können. Hagen 1987. Darin vor allem: S. 145-186.

Soeffner, Hans-Georg (1991): Verstehende Soziologie und sozialwissenschaftliche Hermeneutik. Die Rekonstruktion der gesellschaftlichen Wirklichkeit. In: *Berliner Journal für Soziologie* (2): S. 263-269.

Vogd, Werner (2004): *Ärztliche Entscheidungsprozesse des Krankenhauses im Spannungsfeld von System- und Zweckrationalität. Eine qualitativ-rekonstruktive Studie.* Berlin.

Vogd, Werner (2011): *Systemtheorie und rekonstruktive Sozialforschung. Eine empirische Versöhnung unterschiedlicher theoretischer Perspektiven.* 2. Auflage. Opladen / Farmington Hills: Barbara Budrich.

Wagner-Willi, Monika (2007): Videoanalysen des Schulalltags. Die dokumentarische Interpretation schulischer Übergangsrituale. In: Ralf Bohnsack / Iris Nentwig-Gesemann / Arnd-Michael Nohl (Hg.): *Die dokumentarische Methode und ihre Forschungspraxis: Grundlagen qualitativer Sozialforschung,* Wiesbaden: VS. S. 121-140.

Weber, Max (1964): *Wirtschaft und Gesellschaft. Grundriss der verstehenden Soziologie.* Erster Halbband. Köln / Berlin: Kiepenheuer und Witsch.

Wopfner, Gabriele (2012): *Kindliche Vorstellungen von Geschlecht. Dokumentarische Interpretation von Kinderzeichnungen und Gruppendiskussionen.* Opladen / Berlin / Toronto: Barbara Budrich.

Zimmermann; Don H. (1969): Recordkeeping and the Intake Process in a Public Welfare Agency. In: Stanton Wheeler (Hg.): *On Record: Files and Dossiers in American Life.* New York: Russell Sage Foundation. S. 319-354.

Sozialraum- und Habituskonstruktion
Die Korrespondenzanalyse in Pierre Bourdieus Forschungsprogramm

Jörg Blasius und Andreas Schmitz

1. Einleitung

In Bourdieus Soziologie werden Akteure und deren Praktiken über ihre je spezifische Stellung in Relation zu anderen Akteuren in einem gemeinsamen System von Existenz- und Möglichkeitsbedingungen beschrieben. Für die empirische Beschreibung derartiger Zusammenhänge führte Bourdieu den Begriff des „sozialen Raums" ein, wobei es sich hierbei im Wesentlichen um die grafische Darstellung und Interpretation der Ergebnisse der (multiplen) Korrespondenzanalyse handelt. Einen derartigen sozialen Raum konstruierte Bourdieu z. B. für die französische Gesellschaft der 1970er Jahre als Raum von Unterschieden, die auf der Verfügbarkeit von ökonomischem, sozialem und kulturellem Kapital sowie deren symbolischer Komponente beruhen. Mit Hilfe des gewichteten Gesamtumfanges dieser Kapitalien (Kapitalvolumen) und deren Zusammensetzung beschrieb Bourdieu die Position von Individuen bzw. Gruppen in diesem Raum. Soziale Felder entwarf er als (gesellschaftliche) Untereinheiten des sozialen Raums, die eine ihnen eigene, mit spezifischen Interessen korrespondierende Struktur und damit eine relative Autonomie gegenüber der Gesamtgesellschaft aufweisen. Beispiele hierfür sind das universitäre Feld (Bourdieu 1988), das politische Feld (Bourdieu 2000), das künstlerische Feld (Bourdieu 1999) und das religiöse Feld (Bourdieu 2001).

Soziale Räume und soziale Felder sind in Bourdieus Untersuchungen die „Arenen" sozialer Praxis, sozialer Konflikte, sozialer Reproduktion und sozialen Wandels. Sie erzeugen im Zusammenspiel mit einem Habitus die Praxis. Bei dem Habitus handelt es sich um inkorporierte, kohärente Wahrnehmungs-, Beurteilungs- und Handlungsschemata, die der alltäglichen Praxis zugrunde liegen und sich in ihrer Gesamtheit als (Dis-)Positionen gegenüber dem, was in einem jeweiligen Feld „auf dem Spiel steht", verstehen lassen (Bourdieu 1993a). Die Habitus korrespondieren nicht nur mit Kapitalausstattungen und damit verbundenen internalisierten Opportunitäts- und Restriktionsstrukturen, sondern auch bezüglich der sozialen Laufbahnen mit dem Alter, der Bildung und dem Geschlecht.

Bezüglich seiner empirischen Vorgehensweise zeichnet sich Bourdieus Arbeit mit der Habitus-Feld-Theorie durch einen strikten methodischen Relationismus sowohl hinsichtlich der Datenerhebung, als auch der Datenanalyse aus (vgl. Bourdieu / Wacquant 1996: 34ff.). Schon seine frühen, für die theoretische Entwicklung seines Habituskonzepts wegweisenden Feldarbeiten in Algerien sind durch den Versuch der relationalen Erhebung und Kodierung unterschiedlichster Daten sowie durch die Suche nach übergeordneten Gegensatzbeziehungen und deren Visualisierung gekennzeichnet. In *Travail et travailleurs en Algérie* (1963) diskutiert er bereits die Notwendigkeit des komplementären Gebrauchs der objektivierenden, statistischen Datenanalyse und von ethnographischen Fallstudien (vgl. Robbins 2006). Die von Bourdieu seit Mitte der siebziger Jahre bis zuletzt favorisierte Methode zur Objektivierung seiner relationalen Vorstellung des Sozialen ist die geometrische Datenanalyse, eine Familie statistischer Verfahren zu der u. a. die Korrespondenzanalyse gehört (vgl. Le Roux / Rouanet 2010). Mit diesen Verfahren werden Daten und Merkmalsträger in einen mehrdimensionalen Raum überführt und in grafischer Form abgebildet. Die durch die Korrespondenzanalyse bestimmten, metrisch skalierten Strukturachsen ermöglichen eine theoriegeleitete Interpretation von Nähe und Distanz zwischen den Kategorien (Merkmalsausprägungen) und zwischen den Merkmalsträgern (z. B. den Befragten oder den Institutionen) sowie eine Zuordnung von Merkmalen und Merkmalsträgern in einem gemeinsamen Projektionsraum. Die geometrische Datenanalyse leistet damit über das Aufzeigen des gemeinsamen Auftretens von Merkmalsausprägungen im sozialen Raum einen zentralen Beitrag für die empirische Konstruktion der Habitus. Deren quantitative Prävalenz, etwa zur Analyse von Klassenhabitus, wird über die systematische Häufung von Akteuren mit ähnlicher räumlicher Position weiteren Analysen und weitergehenden Interpretationen zugänglich.

Im vorliegenden Beitrag wird die „Wahlverwandtschaft" der Habitus-Feld-Theorie mit der geometrischen Datenanalyse aufgezeigt und verdeutlicht, dass die Wahl dieses multivariaten Verfahrens Bourdieus relationalem Denkansatz entspricht (vgl. Le Roux / Rouanet 2010: 11). Im Rahmen eines empirischen Beispiels zu medialen Konsumpraktiken wird darauf aufbauend illustriert, wie ein derartiger „sozialer Raum" konstruiert und im Hinblick auf das Habituskonzept fruchtbar gemacht werden kann.

2. Zur Objektkonstruktion in Pierre Bourdieus Methodologie

Bourdieus Arbeiten basieren auf einer integrierten Verwendung der Konzepte des sozialen Raums (beziehungsweise des sozialen Feldes) und des Konzeptes des Habitus (vgl. Bourdieu 1982), wie es sich bereits am Begriff der „Habitus-Feld-Theorie" zeigt. Erst im engen Zusammenspiel dieser beiden Konzepte wird Bourdieu zufolge soziale Praxis einer soziologischen Analyse zugänglich. In der Habitus-Feld-Theorie wird ein Habitus über seine relationale Position im Sozialraum, die sich im Zusammenwirken mit anderen Positionen und damit anderen Habitus ergibt, konzeptualisiert und konstruiert. Ein zentrales Element in Bourdieus Forschungsprogramm ist dabei die *empirische* Konstruktion sozialer Felder und der in ihnen identifizierbaren Habitus, also das Aufzeigen ihrer materiellen und symbolischen Grundprinzipien basierend auf der Erhebung und Analyse von empirischen Daten. Das grundlegende Prinzip dieses methodologischen Relationismus besteht darin, diese „Daten so in einen Zusammenhang zu bringen, dass sie als ein Forschungsprogramm funktionieren, das systematische Fragen stellt, die sich systematisch beantworten lassen, kurz, ein kohärentes Relationensystem zu konstruieren" (vgl. Bourdieu / Wacquant 1996: 267). Bourdieus relationale Methodologie zeichnet sich dadurch aus, dass Objekte, Merkmale und Kategorien, wie z. B. die Habitus, zu Beginn eines Forschungsvorhabens nicht a priori angenommen werden, sondern erst als soziale Felder bzw. als sozialer Raum, also relational konstruiert werden müssen. Bourdieus reflexive soziologische Perspektive ordnet diesen Konstruktionsprozess nach "three necessary and internally connected moments": a) der

Analyse des Verhältnisses zum Feld der Macht, b) der Darstellung der objektiven Struktur des Feldes und c) der Analyse der im Feld auftretenden Habitus (Bourdieu 1992: 104).

Er definierte die Strukturachsen eines sozialen Raums bzw. die zugrundeliegenden Kapitalformen nicht apriorisch (etwa als „Humankapital" vs. „Sozialkapital"), um sie dann in Regressionsmodellen als „abhängige" oder „unabhängige" Variablen zu verwenden. Ebenso wenig postulierte er auf rein theoretischem Weg Kapitalformen oder konstruierte daraus „soziale Felder" und „soziale Räume". Bourdieu zufolge ist es die elementare Aufgabe der Empirie, den gemeinsamen Raum der Merkmale und Merkmalsträger empirisch zu konstruieren, so dass diese räumlich lokalisierbar sind und dass sie als übergeordnete Strukturdimensionen und Gegensatzbeziehungen, wie die in ihnen auftretenden Habitus, interpretiert werden können. Für Bourdieu diente diese quantitative Arbeit der relationalen Datenerhebung und -analyse sowohl dem Vorbeugen von (spontanen) Induktionsschlüssen des Forschers, als auch dem Bruch mit der phänomenologischen Sicht der Akteure in einem sozialen Feld. Die empirische Konstruktionsarbeit ist somit eine notwendige Bedingung für die Konstruktion der sozialen Felder und ihrer Elemente (wie Akteure und deren Merkmale), denn „Statistical analysis (…) is the only means of manifesting the structure of the social space" (Bourdieu 1985: 725).

3. Bourdieu und die geometrische Datenanalyse

Obwohl Bourdieu die statistische Objektivierung der Daten bereits 1963 als notwendige Konstruktionstechnik von "general social patterns" (vgl. Robbins 2006: 14) auffasste, musste er sich zunächst mit den Verfahren und Methoden begnügen, die ihm zur Verfügung standen. So konnte er damals nur die zu dieser Zeit in den Sozialwissenschaften üblichen Auswertungstechniken verwenden, also einfache Tabellenanalysen, Diagramme und lineare Regressionsanalysen.

In der algerischen Frühphase seiner akademischen Tätigkeit griff Bourdieu auf umfangreiche Daten in Form von Lochkarten zurück, die er „entsprechend einem einfachen Code zum Rand hin" markierte, um alle „jeweils zugleich vorkommenden oder sich gegenseitig ausschließenden Angaben und damit [...] (das) Netz von Gegensatz- und Äquivalenzbeziehungen" herauszuarbeiten (vgl. Bourdieu 1993b: 23). Er versuchte auch durch Diagramme „Homologie- oder Gegensatzbeziehungen" zu visualisieren, durch solche „Gruppierung des Faktenmaterials" die „Gesamtheit des Beziehungssystems" zu beschreiben und so zu vermeiden „Beziehungen vereinzelt" und „nach den Zufälligkeiten der Intuition" zu behandeln (vgl. Bourdieu 1993b: 24). Eine Schwierigkeit war dabei, „mehr als eine bestimmte Anzahl von Grundgegensätzen gleich welcher Art gleichzeitig" zu „fixieren" und zu „überlagern" (vgl. Bourdieu 1993b: 25). Aber auch mit Hilfe von grafischen Visualisierungstechniken und einer kreativen Arbeit mit Lochkarten konnte Bourdieu keine zufriedenstellende Darstellung dimensional strukturierter Relationen (latenter Strukturachsen) realisieren.

In seinen frühen Studien arbeitete er (und die mit ihm kooperierenden Statistiker der INSEE) mit Kreuztabellen und Chi-Quadrat-Statistiken, stieß dort aber schnell an die Grenzen dieser Verfahren (vgl. Lebaron 2009; Le Roux / Rouanet 2004, 2010). So können z. B. mit Kreuztabellen nur die Assoziationen von wenigen Variablen parallel analysiert werden. Des Weiteren birgt die gleichzeitige Betrachtung mehrerer Kreuztabellen, wie sie Bourdieu anfangs vornahm, die Gefahr von Fehlschlüssen, da nicht alle relevanten Drittvariablen kontrolliert werden können ohne auf erhebliche Probleme mit zu geringen Zellenbesetzungen zu stoßen. Auch die Dimensionalität der Daten kann über die klassischen Chi-Quadrat-Analysen nicht ermittelt werden. Die damals ebenfalls oft verwendeten linearen Regressionsanalysen entsprachen auch nicht den methodologischen Erfordernissen Bourdieus, da eine lineare Modellierung die vorhandenen nicht-linearen Relationen nicht aufzeigen kann. Entsprechend kritisierte Bourdieu explizit die Verwendung von Regressionsanalysen, z. B. in *Die feinen Unterschiede*:

> „Die jeweiligen einzelnen Relationen zwischen einer abhängigen Variablen (z. B. politische Meinung) und sogenannten unabhängigen Variablen wie Geschlecht, Alter und Religion, ja selbst Ausbildungsniveau, Einkommen und Beruf verschleiern tendenziell das umfassende System der Beziehungen, auf denen in Wirklichkeit Stärke und Ausprägung der innerhalb einer solchen Korrelation registrierten Effekte beruhen." (Bourdieu 1982: 178)

In traditionellen multivariaten Modellen (wie der OLS-Regression) gibt es zudem in der überwiegenden Mehrzahl der Anwendungen nur eine abhängige Variable, die mit den als unabhängig spezifizierten Merkmalen linear verknüpft ist. Diese Annahme der Linearität verdeckt jedoch das Relationssystem, welches eine objektivierende Analyse im Sinne Bourdieus eigentlich aufzeigen soll (vgl. Lebaron 2009). Ein weiteres Charakteristikum der Regressionsmodelle ist, dass sowohl die untersuchten Akteure, als auch die sie beschreibenden Variablen mit dem gleichen Gewicht in die Analyse eingehen. Bourdieu schrieb den Akteuren und Merkmalen jedoch nicht apriorisch ein identisches Gewicht zu, sondern betrachtete Merkmale und deren Träger als Punkte „in einem Raum objektiver Relationen [...]" deren „Gewicht in der Struktur überhaupt erst zu bestimmen (ist)" (vgl. Boudieu / Wacquant 1996: 266). Gemäß der Bourdieu'schen „Logik der Relation" (Blasius / Schmitz 2012) ist es zudem notwendig, das gesamte System der Beziehungen und nicht die (lineare) Beziehung von isolierten unabhängigen Variablen auf eine abhängige offenzulegen: „Guided by a sociological frame-model, the sociologist does not presuppose any strong relation between two or three variables but tries to explore the entire system of interrelations among many variables and, simultaneously, to reveal the distances between agents (which can be individuals, enterprises in a market etc.)." (Lebaron 2002: 8)

Um diesen o. g. Ansprüchen entsprechen zu können, also um seine relationale Raumvorstellung des Sozialen und damit der empirischen „Objektkonstruktion" umsetzen zu können, wählte Bourdieu ab Mitte der siebziger Jahre Verfahren der geometrischen Datenanalyse (vgl. Lebaron 2009). Dabei handelt es sich um eine Familie von multivariaten Verfahren, mit denen latente Beziehungen aus kategorialen Daten extrahiert und Relationssysteme konstruiert werden können. So nutzte Bourdieu die (multiple) Korrespondenzanalyse z. B. zur Analyse der französischen Gesellschaft, des Häusermarktes und des universitären Feldes, wobei er verschiedentlich explizit auf die Verwandtschaft seines Denkansatzes mit der Philosophie dieses Verfahrens verwies: „Und wenn ich im allgemeinen lieber mit der Korrespondenzanalyse arbeite als zum Beispiel mit der multiplen Regressionsanalyse, dann eben auch deshalb, weil sie eine relationale Technik der Datenanalyse darstellt, deren Philosophie genau dem entspricht, was in meinen Augen die Realität der sozialen Welt ausmacht. Es ist eine Technik, die in Relationen denkt, genau wie ich das mit dem Begriff Feld versuche." (Bourdieu / Wacquant 1996: 125f.) Die Nähe der (multiplen) Korrespondenzanalyse zu Bourdieus Denkweise ist insbesondere darin zu sehen, dass der „Kategorienstatus" von Merkmalsausprägungen empirisch geprüft werden kann, indem durch die Überführung der Variablen in den sozialen Raum sichtbar wird, welche Merkmale zu welchen anderen in räumlicher Nähe liegen und welche Merkmalsausprägungen relativ weit voneinander entfernt sind. Erst über diese relational bestimmten Distanzen können Untersuchungsobjekte wie spezifische Habitus und deren Erscheinungsformen konstruiert und in ihren Erscheinungsweisen und Wirkungen analysiert werden. Die Korrespondenzanalyse kann dabei auch helfen, den von Bourdieu geforderten Bruch mit der Alltagserfahrung des Wissenschaftlers vorzunehmen.

4. Korrespondenzanalyse

Nach Jean-Paul Benzécri, dem Erfinder der Korrespondenzanalyse, der ein enger Freund von Bourdieu war, besteht die zugrundeliegende Philosophie der Korrespondenzanalyse darin, dass das (statistische) Modell den Daten folgen soll und nicht umgekehrt (vgl. Blasius / Greenacre 2006: 6). Damit wird eine Art von Statistik gewählt, die der Praxis der tradierten klassischen Inferenzstatistik fundamental entgegensteht, da das Testen von Signifikanzen allenfalls eine nachrangige Bedeutung hat. Zentral ist vielmehr die Identifikation und Beschreibung von Strukturen in den Daten. Statt zu prüfen, ob die Daten mit einer durch ein statistisches Modell vorgegebenen formalen Struktur übereinstimmen, wird die Struktur der vorliegenden Daten derart abgebildet, dass sie geometrisch interpretierbar ist.

Die von Bourdieu verwendete Technik der geometrischen Datenanalyse ist die (multiple) Korrespondenzanalyse. Sie wurde in den sechziger Jahren in Frankreich entwickelt und ist dort, zusammen mit anderen Verfahren zur Visualisierung von Daten, wichtigster Bestandteil der Analyse des Donneés, der geometrischen Datenanalyse (Benzécri et al. 1973; Le Roux / Rouanet 2004, 2010). Im einfachsten Beispiel wird eine einfache Kreuztabelle analysiert, in deren Spalten die Ausprägungen einer Frage (z. B. Berufspositionen) und in deren Zeilen die Ausprägungen einer anderen Frage (z. B. Einkommensgruppen) stehen. Mit Hilfe der Korrespondenzanalyse kann der Zusammenhang zwischen diesen beiden Merkmalen grafisch und numerisch dargestellt werden. Statt einer einzelnen Tabelle kann auch eine zusammengesetzte Tabelle betrachtet werden. In diesem Fall wird eine (oder auch mehrere) Variable(n) mit einer (letztlich beliebigen) Anzahl von anderen Variablen kreuztabelliert. In *die feinen Unterschiede* kreuztabelliert Bourdieu (1982, vgl. insbesondere S. 409) beispielsweise die berufliche Position (im Fall der „herrschenden Klassen" gehören dazu u. a. die „Handelsunternehmer", „Hochschullehrer", „Kunstproduzenten" und „Ingenieure") mit einer Vielzahl von Merkmalen des Lebensstils, so z. B. den unterschiedlichen Arten der Bewirtung von Gästen, den unterschiedlichen Quellen des Möbelerwerbs und der (gruppierten) Anzahl der bekannten Komponisten.

Anstelle einer einfachen oder einer zusammengesetzten Kreuztabelle kann auch eine Burt-Matrix bzw. eine Indikatormatrix als Eingabeinformation verwendet werden. Bei letzterer handelt es sich um eine Matrix, in deren Spalten die Variablenausprägungen und in deren Zeilen die Objekte (z. B. die Befragten) stehen. Die Elemente einer Indikatormatrix bestehen nur aus Nullen und Einsen, wobei „Eins" für „genannt" und „Null" für „nicht genannt" steht. Wird z. B. die Variable „Familienstand" betrachtet und werden für diese Variable fünf Ausprägungen berücksichtigt („ledig", „zusammenlebend", „verheiratet / getrennt lebend", „geschieden" und „verwitwet"), so hat diese Variable bei jeder Person genau eine Eins und vier Nullen (von fehlenden Werten abgesehen, die aber ebenfalls berücksichtigt werden können). Bei der Burt-Matrix wird jede Variable mit jeder anderen kreuztabelliert werden, also z. B. verschiedene sozio-demografische Merkmale wie Alter (in Gruppen), Bildung, Familienstand und Einkommen (in Gruppen). Anschließend werden die so gewonnen Kreuztabellen, genauer die Häufigkeiten in diesen Tabellen, zeilen- und spaltenweise so verknüpft, dass eine symmetrische Matrix entsteht, wobei Zeilen und Spalten identisch sind (vgl. Greenacre 2007: 141; Blasius 2001: 184). Werden die gleichen Variablen verwendet, so sind die Ergebnisse der Burt-Matrix und die der Indikatormatrix statistisch ineinander überführbar (Greenacre 2007: 144; Blasius 2001: 189ff.). Wird als Eingabeinformation die Burt-Matrix oder die Indikatormatrix verwendet, so wird von multipler Korrespondenzanalyse gesprochen oder in der niederländischen Tradition von der Homogenitätsanalyse. Als Beispiel für eine Anwendung der multiplen Korrespondenzanalyse kann der *Homo Academicus* (Bourdieu 1988) genannt werden. In den Zeilen stehen dort die Hochschullehrer (vgl. insbesondere S. 350f.), in den Spalten die sie beschreibenden Variablen, so z. B. die Institutszugehörigkeit und der Beruf des Vaters (vgl. insbesondere S. 140f.).

Die multiple Korrespondenzanalyse ähnelt stark der in der empirischen Sozialforschung häufig verwendeten Faktoren- bzw. Hauptkomponentenanalyse. Sowohl im Rahmen der Hauptkomponentenanalyse als auch der Korrespondenzanalyse können Faktorwerte der Objekte und der Variablenausprägungen auf den einzelnen Dimensionen berechnet werden. Des Weiteren können mit beiden Verfahren Eigenwerte, erklärte Varianzen der Eigenwerte, Faktorladungen und Kommunalitäten bestimmt werden, anhand derer die Ergebnisse numerisch beschrieben werden können. Im Gegensatz zur Hauptkomponentenanalyse basiert bei der Korrespondenzanalyse die Interpretation überwiegend auf der grafischen Darstellung der Ergebnisse. Die Dimension (der Faktor oder die Trägheitsachse), welche die meiste Varianz erklärt, wird dabei meistens als horizontale Achse, die Dimension, welche von der verbleibenden Variation das meiste erklärt, als vertikale Achse dargestellt. Auf der Basis ihrer Faktorladungen (der mit der Trägheitsachse hoch korrelierenden Merkmalsausprägungen) werden die Dimensionen bezeichnet, so z. B. als „Zusammensetzung von ökonomischem und kulturellem Kapital" und als Kapitalvolumen bzw. als „Dauer der Zugehörigkeit zur Bourgeoisie" (Bourdieu 1982: 409).

Des Weiteren kann bei der Korrespondenzanalyse berechnet werden, wie stark die einzelnen Variablenausprägungen die geometrische Ausrichtung der Achsen im Raum bestimmen. In der deutschen Übersetzung von *Die feinen Unterschiede* werden diese Werte als Trägheiten bezeichnet (die Berechnung dieser Werte ist aus der Physik übernommen, eine angemessenere Übersetzung wäre „Trägheitsmomente", ggf. auch „Trägheitsgewichte"; sowohl die französische Bezeichnung „inertie" als auch die englische Übersetzung „inertia" sind korrekt). Die Korrespondenzanalyse kann daher als Hauptkomponentenanalyse mit kategorialen Daten bezeichnet werden. Während bei der Hauptkomponentenanalyse ein metrisches Datenniveau vorausgesetzt und auf der Basis der Korrelations- oder der Kovarianzmatrix eine kanonische Zerlegung durchgeführt wird, wird bei der Korrespondenzanalyse eine verallgemeinerte kanonische Zerlegung auf der Basis der Matrix der standardisierten Residuen durchgeführt. Diese enthält gemäß der Chi-Quadrat-Statistik die gewichteten Abweichungen von beobachteten und erwarteten Werten (vgl. Greenacre 1984; 2007; Blasius 2001). Der wohl wichtigste Vorteil der Korrespondenzanalyse gegenüber anderen Skalierungsverfahren ist, dass als Eingabedaten kategoriale Variablen verwendet werden können, wie sie u. a. in sozialwissenschaftlichen Umfragen üblicherweise erhoben werden.

Die Abbildungen der Korrespondenzanalyse können wie eine geometrische Karte interpretiert werden, wobei die Achsen ein wichtiges Element für die Beschreibung des sozialen Raums sind. Diese (latenten) Achsen können als die wesentlichen Oppositions- und Äquivalenzbeziehungen bzw. Kapitalachsen eines Raumes oder Feldes interpretiert werden. Das Zentrum der grafischen Darstellung der Korrespondenzanalyse wird durch das Achsenkreuz symbolisiert, was dem Durchschnitt aller Befragten entspricht. Je näher ein Merkmal (eine Person) am Achsenkreuz lokalisiert ist, desto eher wurde es von allen Befragten gleichmäßig anstelle einer spezifischen Gruppe von Befragten gewählt (desto eher entspricht die Person dem Durchschnitt aller Befragten). Merkmale (Variablenausprägungen), die einander ähnlich sind, d. h. die von den gleichen Personen genannt wurden, liegen nah beieinander. Merkmale, die einander unähnlich sind, also jene, die von unterschiedlichen Personen genannt wurden, liegen weit voneinander entfernt. Des Weiteren liegen Personen, die einander ähnlich sind, die also relativ oft die gleichen Variablenausprägungen gewählt haben, in der grafischen Darstellung nah beieinander, während Personen, die einander unähnlich sind, die also relativ oft unterschiedliche Variablenausprägungen gewählt haben, weit voneinander entfernt liegen. Dabei können auch Klassen von Akteuren im Raum identifiziert werden, die sich über gemeinsame Merkmalskombinationen beschreiben lassen.

> Denn „die Korrespondenzanalyse macht es möglich, durch sukzessive Unterteilungen verschiedene kohärente Komplexe von Präferenzen zu isolieren, die ihren Ursprung im System unterschiedener und Unterschiede setzender Dispositionen haben, – in Systemen, die ihrerseits bestimmt sind sowohl durch ihre Wechselbeziehungen wie auch durch ihren Zusammenhang mit den sozialen Verhältnissen, aus denen sie hervorgehen." (Bourdieu 1982: 407)

Ein weiteres wichtiges Konzept der Korrespondenzanalyse, welches auch Bourdieu verwendete, sind die sogenannten passiven Merkmale. Dabei handelt es sich um Variablenausprägungen, die nachträglich in einen bereits konstruierten sozialen Raum projiziert werden und die auch gemeinsam mit den anderen Merkmalen, den aktiven Variablenausprägungen, interpretiert werden können, die aber keinen Einfluss auf die geometrische Ausrichtung der Achsen haben, also auf die geometrische Struktur des sozialen Raums. Bourdieu bezeichnete diese Merkmale als "illustrierend". Für die Beschreibung der herrschenden Klassen verwendete er als illustrierende Variablen u. a. das Alter, den Beruf des Vaters, die Schul- oder Hochschulabschlüsse und das Einkommen (Bourdieu 1982: 407). Ob passive Variablen als Funktion des sozialen Raums zu interpretieren sind oder ob umgekehrt die geometrische Ausrichtung des sozialen Raums die Merkmalsausprägung erklärt, ist je nach Forschungskontext zu beantworten (vgl. Rouanet 2006).

5. Ein empirisches Beispiel

Im Folgenden wird ein empirisches Beispiel der Sozialraum- und Habituskonstruktion anhand einer Befragung zu Lebensstilen und medialen Konsumgewohnheiten vorgestellt. Der Datensatz wurde 2003 von Studierenden der Universität Bonn im Rahmen einer Lehrforschung im Köln-Bonner Raum erhoben (vgl. Mühlichen / Blasius 2008; Blasius / Mühlichen 2010). Die Befragung wurde face-to-face mit einem standardisierten Fragebogen durchgeführt, als Auswahlverfahren wurde die Quotenstichprobe gewählt, befragt wurden insgesamt 872 Personen. Bezogen auf die Repräsentativität der Daten ist das Geschlecht mit 49% männlichen und 51% weiblichen Befragten sehr gleichmäßig verteilt, während Höhergebildete, Besserverdienende und Jüngere leicht überrepräsentiert sind (ausführlich, Mühlichen / Blasius 2008). Als Lebensstilmerkmale wurden u. a. Fragen aus *Die feinen Unterschiede* (Bourdieu 1982) übernommen, wobei einige Variablenausprägungen leicht modifiziert und an deutsche Verhältnisse angepasst wurden. So wurde z. B. bei der Frage nach der „Art von Speisen, die Gästen serviert werden" die „französische Küche" gegen ihr funktionales Äquivalent „deutsche Küche" ersetzt. Für die hier vorliegende Studie wurden insgesamt vier Multi-Response-Fragen verwendet, in denen die Befragten jeweils maximal drei Antworten auswählen sollten. Für die nachfolgende Korrespondenzanalyse werden zum Zwecke der Illustrierung berücksichtigt: die „Quellen des Möbelerwerbs" (12 Ausprägungen), die „Eigenschaften der Wohnungseinrichtung" (14 Ausprägungen), die „Arten von Speisen, die Gästen serviert werden" (11 Ausprägungen) sowie verschiedene „Kriterien beim Kauf von Kleidung" (11 Ausprägungen).

In Anschluss an Bourdieus Ideal, die phänomenologische Perspektive der Akteure in die Konstruktion des Raumes einzubeziehen, sei betont, dass die meisten Ausprägungen keine eindeutige Interpretation haben. Jede(r) Befragte kann unter den jeweiligen Merkmalen eine andere Vorstellung haben. Dies ist keine Einschränkung der Aussagekraft, da es nicht so wichtig ist, was der / die Befragte z. B. mit „deutscher Küche", „exotischen Gerichten", einer „warmen" bzw. „sauberen" Wohnungseinrichtung genau verbindet, sondern von Bedeutung sind lediglich die „Label", welche die Befragten sich selbst zuordnen. So lässt sich einerseits aus der Angabe, dass die Wohnung „sauber" sei, genauer aus dem sich selbst zugeordneten Label „meine Wohnung ist sauber", keinesfalls schließen, dass die Wohnung auch tatsächlich sauber im Sinn der Definition ist, und andererseits bedeutet die fehlende Nennung dieses Labels zu Gunsten eines anderen (es sind maximal drei erlaubt, der / die Befragte muss sich festlegen was ihm / ihr am Wichtigsten ist), nicht, dass die Wohnung nicht sauber ist. Bei allen Nennungen handelt es sich um Label, um Merkmale des Lebensstils, welche der Befragte sich selbst zuschreibt. Ein anderes Beispiel sind „exotische Speisen". Auch hier ist keinesfalls klar, was sich in der Realität dahinter verbirgt. Aber ältere Personen mit relativ niedriger Bildung verwenden ein derartiges Label nur sehr selten, sie kochen nicht „exotisch", sondern nach „guter deutscher Küche". Jüngere Personen mit höherer Bildung verwenden dieses Label dagegen relativ oft, denn „exotisch" passt besser zum eigenen Lebensstil als „deutsche Küche". Während die Älteren selbst gemachte Frikadellen demzufolge vermutlich mit dem Etikett „deutsche Küche" versehen würden, denken die Jüngeren bei exakt derselben Speise eher an „Kebab" (wobei es hier auch noch einen Bildungsaspekt gibt), an die türkische Küche und damit an „exotisches" Essen, oder sie bezeichnen die Frikadelle als „improvisiert" (ältere Leute „improvisieren" nur sehr selten, das ist dann eher „reichhaltig und gut"). Obwohl nicht direkt in den Fragen enthalten, sind Alter, Bildung und Einkommen und z. T. auch das Geschlecht indirekte Bestandteile dieser Lebensstilmerkmale.

Die Häufigkeiten der Nennungen in den für die nachfolgende multiple Korrespondenzanalyse genannten Ausprägungen der Lebensstile sind in Tabelle 1 aufgeführt. Ersichtlich wird dort, dass die Anzahl der Nennungen sehr unterschiedlich ist: sie reicht von 1,3 %

(Quelle des Möbelerwerbs: Versteigerung) bis 76,8 % (Quelle des Möbelerwerbs: Möbelhaus). Aufgrund der Metrik der Korrespondenzanalyse liegen Merkmale, die sehr oft genannt wurden, meistens in der Nähe des Achsenkreuzes. Sie können aufgrund der häufigen Nennung nicht stark vom Durchschnitt abweichen. Im Gegensatz dazu können Merkmale, die nur sehr selten genannt wurden, u. U. einer sehr spezifischen Gruppe von Befragten zugeordnet werden. Sie würden damit stark vom Durchschnitt (dem „durchschnittlichen Befragten") abweichen und demzufolge womöglich als Ausdruck eines sehr spezifischen Habitus sehr weit vom Achsenkreuz entfernt sein.

Tabelle 1: Ausprägungen der Lebensstilmerkmale, Angaben in Prozent (N=872).

Orte des Möbelkaufs	in %	Eigenschaften der Einrichtung	in %	Speisen bei der Bewirtung von Gästen	in %	Arten der Kleidung	in %
Kaufhaus	16,2	sauber, ordentlich	32,0	einfach, aber hübsch angerichtet	38,8	klassisch	19,8
Antiquitätenhändler	14,0	komfortabel	17,2			qualitätsbewusst	41,1
Fachgeschäft	33,3	stilvoll	19,7	fein und erlesen	13,9	modisch	33,5
selbst gebaut	16,2	nüchtern, diskret	3,6	reichhaltig und gut	37,6	unauffällig, korrekt	13,4
Handwerker	5,3	warm	26,4	improvisiert	29,6	gewagt	4,6
Flohmarkt	11,1	pflegeleicht	19,4	nahrhaft und ergiebig	14,3	bequem	55,4
Versteigerung	1,3	modern	12,7	originell	26,5	schick und elegant	21,4
Möbelhaus	76,8	rustikal	4,4	exotisch	12,2	sportlich	31,1
Designer	7,3	harmonisch	21,8	gute deutsche Küche	16,4	preiswert	36,0
geerbt	21,0	gepflegt	10,2			markenbewusst	8,8
Sperrmüll	8,1	phantasievoll	11,2	gesund	25,9	selbst geschneidert	2,4
Versandhaus	7,2	praktisch, funktional	28,4	lade niemanden ein	4,1		
		gemütlich	53,2	lade ins Restaurant	2,8		
		hell	24,2				

5.1 Der Raum der Lebensstile

Die in Tabelle 1 aufgeführten Merkmale werden für die multiple Korrespondenzanalyse als Eingabeinformationen verwendet. Die (Indikator-)Matrix der Eingabedaten besteht damit aus 872 Zeilen (= Anzahl der Befragten) und 96 Spalten (= Anzahl aller Merkmale), in den Zellen stehen nur Nullen (für „nicht genannt") und Einsen (für „genannt"). Die grafische Darstellung der Merkmale ist in Abbildung 1 wiedergegeben. Obwohl bei jedem Merkmal die Lokalisation für „genannt" als auch für „nicht genannt" berechnet wird, berücksichtigen wir für die grafische Darstellung aus Gründen der Übersichtlichkeit lediglich die 48 Lokalisationen für „genannt". Zudem gilt, dass für jedes dichotome Merkmal die Ausprägung „genannt" mit der korrespondierenden Ausprägung „nicht genannt" perfekt negativ korreliert ist. Daher können die entsprechenden Lokalisationen leicht bestimmt werden – in allen Dimensionen liegen die jeweils korrespondierenden Ausprägungen auf einer (imaginären) Linie auf der gegenüberliegenden Seite des Achsenkreuzes (die Entfernung zum Achsenkreuz ist eine Funktion der Häufigkeit der Nennungen der beiden Ausprägungen).

Abbildung 1

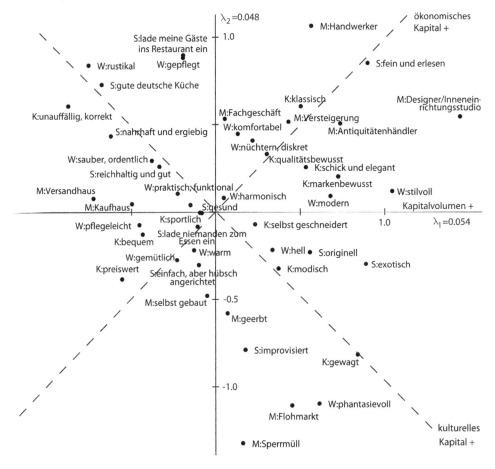

Wird mit der Interpretation im rechten oberen Quadranten begonnen, so liegen hier die Merkmale „Möbelkauf beim Handwerker", „feine und erlesene Speisen für Gäste", „Möbelkauf beim Designer" sowie „Möbelkauf beim Antiquitätenhändler" und eine „klassische Wohnungseinrichtung" in unmittelbarer räumlicher Nähe zueinander. Dem gegenüber, also im linken unteren Quadranten und damit maximal von den oben genannten Merkmalen entfernt, stehen die Ausprägungen „einfach, aber hübsch angerichtete Speisen", „preiswerte Kleidung" sowie „gemütliche" und „warme" Wohnungseinrichtung. Alle genannten Merkmale sind Ausdruck der Höhe des ökonomischen Kapitals: Während der Möbelkauf beim Handwerker, Designer und Antiquitätenhändler in der Regel relativ kostspielig sein dürfte – und dies gilt auch für feine und erlesene Speisen – sollte preiswerte Kleidung genau das sein, was das Label suggeriert, nämlich preiswert. Ähnliches gilt für eine gemütliche Wohnungseinrichtung; „gemütlich" kann es auch in einer sehr ärmlich ausgestatteten Wohnung sein und „hübsch angerichtet" werden können auch sehr „einfache Speisen". Mit anderen Worten: Die Diagonale, die in einem 45-Grad-Winkel zu den beiden Hauptachsen steht (in Abbildung 1 als gestrichelte Linie eingezeichnet), symbolisiert die Höhe des ökonomischen Kapitals.

Im rechten unteren Quadranten stehen die Merkmale „phantasievolle Wohnungseinrichtung", „Möbelkauf auf dem Flohmarkt", „gewagte Kleidung" und „improvisierte Speisen für Gäste". Dem gegenüber, also im linken oberen Quadranten sind die Merkmale „rustikale Wohnungseinrichtung", „gute deutsche Küche" sowie „unauffällige, korrekte Kleidung" lokalisiert; die dazugehörige Achse, ebenfalls in einem 45-Grad-Winkel zu den beiden Hauptachsen eingezeichnet, entspricht der Höhe des kulturellen Kapitals.

Mit diesen Bezeichnungen der Nebendiagonalen sind auch die Bezeichnungen der Hauptachsen festgelegt: die erste, die horizontale Achse, illustriert das Kapitalvolumen – je höher kulturelles und ökonomisches Kapital sind, desto höher ist das Kapitalvolumen. Als Merkmale für ein hohes Kapitalvolumen können insbesondere der Möbelkauf beim Designer, eine stilvolle Wohnungseinrichtung sowie exotische als auch feine und erlesene Speisen genannt werden (diese Zuordnung ergibt sich durch orthogonale Projektion der Merkmale auf die Achsen). Merkmale für ein niedriges Kapitalvolumen sind hier insbesondere der „Möbelkauf im Versandhaus", „unauffällige" und „korrekte" Kleidung, „nahrhafte" und „ergiebige" Speisen und dass niemand zum Essen eingeladen wird.

Die zweite Achse, die vertikale Dimension, kann dementsprechend als Zusammensetzung von kulturellem und ökonomischem Kapital interpretiert werden. Dabei wird im positiven Bereich ein (relativ) hohes ökonomisches und ein (relativ) niedriges kulturelles Kapital abgetragen, im negativen Bereich ist es ein (relativ) hohes kulturelles und ein (relativ) niedriges ökonomisches Kapital. Der negative Bereich der vertikalen Achse ist gekennzeichnet durch die Merkmale „Möbelkauf auf dem Flohmarkt", „Quelle des Möbelerwerbs: Sperrmüll" und durch eine „phantasievolle Wohnungseinrichtung", im positiven Bereich stehen „lade meine Gäste ins Restaurant ein" und eine „gepflegte" und „komfortable" Wohnungseinrichtung.

Mit der Konstruktion dieses Raums der Lebensstile ist ein erster Schritt in Richtung der Analyse des im Raum analysierbaren Habitus getan. Die objektivierte Klassifizierung der Beziehung zwischen „klassifizierbaren Praxisformen und Werken" und form- wie inhaltsbezogenem Geschmack ermöglicht die Konstruktion der Habitus im Sinne des Aufdeckens systematischer und systematisch abgrenzbarer Erzeugungsprinzipien von Praxisformen (vgl. Bourdieu 1982: 277f.). So kann mit der Theorie von Bourdieu das Wirken eines

Habitus beschrieben werden, der durch die Unterschiedlichkeit in der Verfügung über kulturelles (hoch) und ökonomisches Kapital (relativ niedrig) charakterisiert wird. Die idealtypischen Vertreter dieser gesellschaftlichen Position sind z. B. Lehrer und Universitätsangehörige, die innerhalb der herrschenden Klassen „zu den preiswertesten und genügsamsten Freizeitbeschäftigungen" tendieren (vgl. Bourdieu 1982: 447). Im Unterschied zu diesen „beherrschten Herrschenden" lässt sich im rechten Teil der Abbildung, wo im oberen Bereich das ökonomische, im unteren Bereich das kulturelle Kapital überwiegt, ein Geschmack der herrschenden Klassen verorten, der sich an gesellschaftlich als wertvoll anerkannten Werken orientiert (vgl. Bourdieu 1982). Das generative Prinzip des Notwendigkeitsgeschmacks (Bourdieu 1982: 585ff.) kann im linken Bereich der ersten Achse verortet werden. Hier werden insbesondere preiswerte sowie bequeme Kleidung bevorzugt, Möbel werden überdurchschnittlich oft im Versandhaus bzw. im Kaufhaus erworben, den Gästen werden nahrhafte und ergiebige Speisen serviert und die Wohnung wird als sauber und ordentlich bezeichnet. Gleichzeitig gehen einige Praxisformen in dieser Region des Raumes mit dem von Bourdieu als kleinbürgerlich beschriebenem Habitus einher, dessen generative Praxis sich insbesondere als konventionell-traditional beschreiben lässt (vgl. Bourdieu 1982: 531ff.).

Während die Kapitalachsen des Raumes mit den gewählten Lebensstilvariablen also gut interpretierbar sind, bedarf es zur weiteren Interpretation und Identifikation der Habitus weiterer Konstruktionsarbeiten, die mit Hilfe der Korrespondenzanalyse möglich sind. So können weitere, z. B. geschmacksbezogene Variablen, aber auch objektive Informationen zur besseren Identifikation des bis dato nur grob umrissenen Habitus herangezogen werden.

5.2 Passive Merkmale und der Raum der Individuen

Die bisherige Analyse führte zu einer Beschreibung der Kapitalachsen im sozialen Raum, basierend auf den Informationen zu den Lebensstilen und zu ersten Überlegungen hinsichtlich im Raum analysierbarer Habitus. An dieser Stelle könnten je nach inhaltlicher Fragestellung (etwa für die Analyse spezifischer Felder) weitere spezifische Alltagspraktiken und Dispositionen, aber auch objektive Informationen, wie das Einkommen, der Wohnort etc., herangezogen werden. Im Einklang mit Bourdieus Verwendung der Korrespondenzanalyse projizieren wir im Folgenden zusätzliche Informationen als passive Ausprägungen in den durch die Lebensstilmerkmale aufgespannten sozialen Raum, um die habituellen Positionen weiter herauszuarbeiten. Wir verwenden zu illustrativen Zwecken mediale Informationsgewohnheiten und soziodemographische Merkmale. Dafür wurden im Rahmen der Untersuchung die Zielpersonen u. a. danach gefragt, welche von zehn vorgegebenen Wochenzeitschriften sie regelmäßig lesen. Die Annahme, die dieser Frage zugrunde liegt, ist, dass das Lesen einer spezifischen Zeitschrift als Ausdruck eines Habitus, als Zugang zur sozialen Welt von der eigenen Position aus interpretiert werden kann. Von den 872 Befragten gaben 408 an, gar keine von den genannten Zeitschriften zu lesen; von den 464 Lesern wurde mindestens eine der genannten Zeitschriften genannt. Es ergibt sich folgende Verteilung auf die vorgegebenen Zeitschriften: 109 sind Leser der ZEIT, 215 des Spiegels, 78 des Sterns, 82 des Focus, 13 der Neuen Revue, 42 der Bunten, 23 der Gala, 27 von „Readers Digest – Das Beste", 71 von „Bild am Sonntag" und 47 von „Welt am Sonntag". Des Weiteren projizieren wir in den bereits aufgespannten sozialen Raum Merkmale der beruflichen Tätigkeit und des Bildungsabschlusses sowie das Geschlecht. Um die Grafik lesbar zu halten werden die Merkmale des Lebensstils ausgeblendet, die in der Nähe des Achsenkreuzes lokalisiert sind (sie bleiben aber weiterhin Bestandteil der Berechnung und der Interpretation). Die grafische Darstellung dieser Analyse ist in Abbildung 2 wiedergegeben.

Abbildung 2

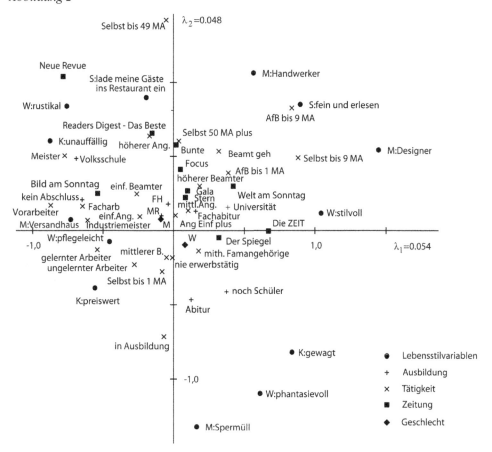

Werden die Positionen der zehn Zeitschriften im sozialen Raum betrachtet, so fällt auf, dass sie mit Ausnahme des Spiegels alle im positiven Bereich der zweiten Achse lokalisiert sind, also alle durch eine Kapitalzusammensetzung gekennzeichnet sind, bei der das ökonomische Kapital größer als das kulturelle Kapital ist. Das insgesamt höchste Kapitalvolumen haben die Leser der ZEIT, gefolgt von den Lesern der „Welt am Sonntag" und des Spiegels. Bei allen drei Gruppen ist sowohl das ökonomische als auch das kulturelle Kapital überdurchschnittlich hoch (dies wird sichtbar bei orthogonaler Projektion der beiden Merkmalsausprägungen auf die genannten Achsen). Das mit Abstand niedrigste kulturelle Kapital haben die Leser der „Neuen Revue", wobei einschränkend anzumerken ist, dass es sich hierbei um lediglich 13 Personen handelt. Ein ebenfalls sehr niedriges kulturelles Kapital und ein insgesamt relativ geringes Kapitalvolumen haben die Leser von „Bild am Sonntag" und von „Das Beste". Am Beispiel der untersuchten Population kann mit der Analyse des Zeitschriftenkonsums im Hinblick auf Habitus festgehalten werden, dass es eher zum Habitus der oberen und mittleren Klassen gehört, die (hier erhobenen) Zeitschriften zu lesen. Insbesondere der Konsum der Zeitschriften „Neue Revue" und „Bild am Sonntag" lässt sich als differenzierende Alltagspraxis konstruieren und im Hinblick auf die Beschreibung entsprechender Habitus gut verwenden.

Die Kategorienausprägungen zu Bildung und Berufstätigkeit variieren relativ deutlich im sozialen Raum und können für eine Interpretation der materiellen Bedingungen der Habitus herangezogen werden. Bezogen auf die Berufstätigkeit haben Selbständige mit bis zu 49 Mitarbeitern ein deutlich höheres ökonomisches als kulturelles Kapital, während es bei Befragten, die sich noch in Ausbildung befanden, genau umgedreht ist. Das höchste Kapitalvolumen haben Selbständige sowie Angestellte und Beamte mit bis zu neun Mitarbeitern, das niedrigste Kapitalvolumen haben Vorarbeiter, Meister und gelernte Arbeiter. Während Schüler und Personen mit Abitur (viele Studierende) ein relativ hohes kulturelles Kapital haben, ist es bei den Personen, die als höchsten Schulabschluss die Volksschule angaben, relativ niedrig. Beim Geschlecht gibt es keine lebensstilbezogenen Unterschiede, die beiden Merkmale liegen in unmittelbarer Nähe des Achsenkreuzes. Bei der Interpretation dieser Ergebnisse muss bedacht werden, dass die zugrunde liegenden Daten von Studierenden im Rahmen einer Lehrveranstaltung auf der Basis einer Quotenstichprobe erhoben wurden (Mühlichen / Blasius 2008).

Ein Habitus ist aber nicht nur als Merkmal eines Individuums, sondern auch kollektiv, also im Sinn einer Konstruktion des ein jeweiliges Individuum umfassenden „Klassenhabitus" zu verstehen. Die Korrespondenzanalyse ermöglicht es für diese „Konstruktion der objektiven Klasse, jenes Ensemble von Akteuren, die homogenen", inkorporierten Lebensbedingungen unterworfen sind (Bourdieu 1982: 175) die notwendige objektivierende Grundlage zu schaffen. Denn zusätzlich zum sozialen Raum der (aktiv und passiv gesetzten) Merkmale kann auch die Lokalisation jedes einzelnen Individuums bestimmt werden, die entsprechende grafische Darstellung kann als „Raum der Individuen" bezeichnet werden. Es handelt sich dabei um eine Vorgehensweise, die von den meisten Anhängern der Bourdieu'schen Methodologie standardmäßig mit der Konstruktion des sozialen Raums verbunden wird (Bourdieu 1988, Le Roux / Rouanet 2004, 2010; Blasius / Mühlichen 2010). Mit dieser Technik ist es möglich, Angaben über die Prävalenz und Trennschärfe einzelner bzw. systematisch gemeinsam auftretender Merkmalsausprägungen zu machen. Insbesondere bei der Analyse sozialer Felder, deren Akteure teilweise oder vollständig bekannt sind, bietet die Lokalisation der Individuen Möglichkeiten einen (Gruppen)-Habitus zu konstruieren. So kann der soziale Raum in Untergruppen („subclouds") unterteilt werden, um damit typische Klassenfraktionen und entsprechende Habitusformationen identifizieren zu können (Blasius / Mühlichen 2010). Diese Technik der „structured data analysis" (Le Roux 2010) ermöglicht die Untersuchung der Variation einer Merkmalsausprägung und ist damit das Pendant zum Signifikanztest der Inferenzstatistik. In Abbildung 2 wurden die mittleren Werte der Ausprägungen der gelesenen Zeitschriften wiedergegeben, aber es haben keinesfalls alle Leser von „Bild am Sonntag" bzw. der ZEIT ein identisches kulturelles oder ökonomisches Kapital und sie sind auch nicht alle an der derselben Stelle lokalisiert. Die Personen streuen innerhalb des sozialen Raums, und zwar um die (mittlere) Lokalisation der jeweiligen Ausprägung. Dort, wo die höchste Konzentration einer Personengruppe ist, seien es bei den herrschenden Klassen die Hochschullehrer oder die Handelsunternehmer (Bourdieu 1982), seien es Konsumentengruppen eines bestimmten Produktes (Blasius / Mühlichen 2010) oder seien es die Leser von „Bild am Sonntag" oder jene der ZEIT, kann ein entsprechendes Milieu vermutet werden, hier beschränkt auf das Lesen einer bestimmten Zeitschrift. In den Abbildungen 3 und 4 wurden solche Räume der Individuen angefertigt, wobei in Abbildung 3 die Leser von „Bild am Sonntag" grafisch abgehoben wurden (ausgefüllte Punkte) und in Abbildung 4 die Leser der ZEIT.

Abbildung 3

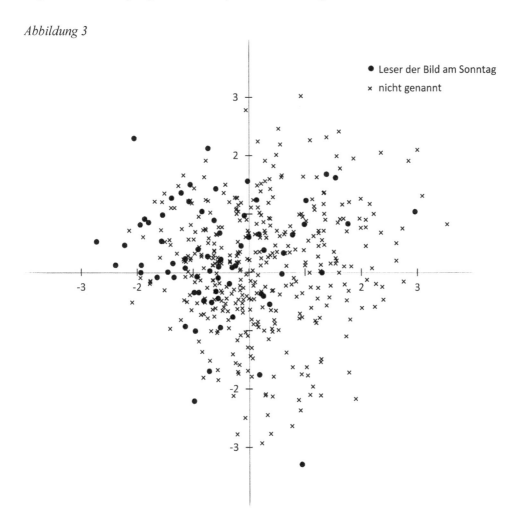

Abbildung 4

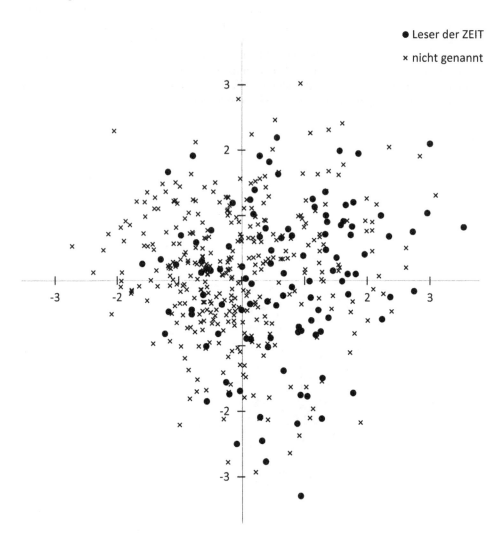

Vergleicht man die Abbildungen 3 und 4 miteinander, so wird ersichtlich, dass die Leser der ZEIT (Abbildung 4) weit stärker im sozialen Raum streuen als jene der „Bild am Sonntag", die Verteilung ZEIT-Leser ist – räumlich gesehen – größer und dabei zur Mitte hin ausgerichtet, wobei der Schwerpunkt in einem überdurchschnittlich hohen Kapitalvolumen verankert ist. Die Ausreißer dieser Gruppe liegen insbesondere im Bereich des relativ hohen ökonomischen und des relativ hohen kulturellen Kapitals. Anhand von Abbildung 3 wird ersichtlich, dass die überwiegende Mehrzahl der Leser von „Bild am Sonntag" ein relativ geringes Kapitalvolumen hat, wobei insbesondere das kulturelle Kapital sehr niedrig ist. Dennoch gibt es auch einzelne Leser dieser Zeitschrift, die außerhalb des Bereichs der „Bild am Sonntag" liegen.

6. Fazit

Im Rahmen dieses Beitrags wurde die geometrische Konstruktion des sozialen Raums in Anschluss an Bourdieus Forschungspraxis diskutiert. Es konnte gezeigt werden, dass mit Hilfe der (multiplen) Korrespondenzanalyse Nähen und Distanzen zwischen den Akteuren und ihren korrespondierenden Dispositionen in einem gemeinsamen „sozialen Raum" konstruiert werden können. Parallel zum hier gezeigten Vorgehen der Konstruktion eines sozialen Raums und der in ihm in Erscheinung tretenden Habitus können auch soziale Felder über die Erhebung von Daten, deren Objektivierung und einer damit einhergehenden theoretischen Reflexion konstruiert werden. Durch eine solchermaßen quantifizierte Abbildung der Struktur ist es dann auch möglich, feldspezifische oder gesellschaftliche Habitus zu konstruieren. Gleichwohl ist es nicht ausreichend, beliebige Daten geometrisch auszuwerten um eine Feldanalyse „á la Bourdieu" vorzunehmen (Rouanet et al. 2000, Le Roux / Rouanet 2010), da bereits die Erhebung der Daten die feldanalytische Perspektive und eine konzeptionelle Konstruktionsleistung voraussetzt. Die vorgestellte Objektivierung ist damit eine notwendige, nicht aber hinreichende Operation im Rahmen von Bourdieus Forschungsprogramm. In diesem Zusammenhang ist eine enge Verknüpfung mit qualitativen Verfahren der empirischen Sozialwissenschaften (vgl. Bohnsack und Lange-Vester / Teiwes-Kügler in diesem Band) wünschenswert. Eine hermeneutische Erarbeitung des Feldes und der darin wirksamen Habitus kann ebenso hilfreich sein wie ein triangulativer Gebrauch des konstruierten sozialen Raums, z. B. als Ausgangspunkt qualitativer Interviews. In jedem Fall aber ist es unerlässlich einen sozialen Raum bzw. ein soziales Feld empirisch zu konstruieren und die subjektiven Sichtweisen der Akteure damit zu objektivieren. Die (multiple) Korrespondenzanalyse ist dafür ein hilfreiches Werkzeug, dessen sich Bourdieu nicht zufällig bediente.

Literatur

Benzécri, Jean-Paul et al. (1973): *L'analyse des données.* Band 2: *L'analyse des correspondances.* Paris: Dunod.
Benzécri, Jean-Paul (2006): In memoriam: Pierre Bourdieu. In: *Revue MODULAD* (35) : S. 1-5.
Blasius, Jörg (2001): *Korrespondenzanalyse.* München: Oldenburg.
Blasius, Jörg / Greenacre, Michael (1994): Computation of Correspondence Analysis. In: Michael Greenacre /Jörg Blasius (Hg.): *Correspondence Analysis in the Social Sciences. Recent Developments and Applications.* London: Academic Press. S. 53-78.
Blasius, Jörg / Greenacre, Michael (2006): Multiple Correspondence Analysis and Related Methods in Practice. In: Michael Greenacre / Jörg Blasius (Hg.): *Multiple Correspondence Analysis and Related Methods.* Boca Raton, Florida: Chapman & Hall. S. 3-40.
Blasius, Jörg / Mühlichen, Andreas (2010): Identifying Audience Segments Applying the "Social Space" Approach. In: *Poetics* (38): S. 69-89.
Blasius, Jörg / Schmitz, Andreas (2012): Die Logik der Relation in Pierre Bourdieus Methodologie. In: Hans-Georg Soeffner (Hg.): *Transnationale Vergesellschaftungen: Verhandlungen des 35. Kongresses der Deutschen Gesellschaft für Soziologie in Frankfurt am Main 2010.* Wiesbaden: VS.
Bourdieu, Pierre (1982): *Die feinen Unterschiede. Kritik der gesellschaftlichen Urteilskraft.* Frankfurt am Main: Suhrkamp.

Bourdieu, Pierre (1985): The Social Space and the Genesis of Groups. In: *Theory and Society* (14), 6: S. 723-744.
Bourdieu, Pierre (1988): *Homo Academicus*. Frankfurt am Main: Suhrkamp.
Bourdieu, Pierre (1992): The Purpose of Reflexive Sociology. (The Chicago Workshop). In: Pierre Bourdieu / Loïc J. D. Wacquant: *An Invitation to Reflexive Sociology*. Cambridge: Polity Press.
Bourdieu, Pierre (1993a): Über einige Eigenschaften von Feldern. In: Pierre Bourdieu: *Soziologische Fragen*. Frankfurt am Main: Suhrkamp. S. 107- 130.
Bourdieu, Pierre (1993b): *Sozialer Sinn-Kritik der theoretischen Vernunft*. Frankfurt am Main: Suhrkamp.
Bourdieu, Pierre (1999): *Die Regeln der Kunst. Genese und Struktur des literarischen Feldes*. Frankfurt am Main: Suhrkamp.
Bourdieu, Pierre (2000): *Das politische Feld: Zur Kritik der politischen Vernunft*. Frankfurt am Main: Suhrkamp.
Bourdieu, Pierre (2001): *Das religiöse Feld: Texte zur Ökonomie des Heilsgeschehens*. Frankfurt am Main: Suhrkamp.
Bourdieu, Pierre / Darbel, Alain / Rivet, Jean-Paul / Seibel, Claude (1963): *Travail et travailleurs en Algérie, Recherches méditerranées*. Documents Nr. 1. Paris / Den Haag: Mouton.
Bourdieu, Pierre / Wacquant, Loïc J. D. (1996): *Reflexive Anthropologie*. Frankfurt am Main: Suhrkamp.
Greenacre, Michael (1984): *Theory and Application of Correspondence Analysis*. London: Academic Press.
Greenacre, Michael (2007): *Correspondence Analysis in Practice*. Boca Raton, Florida: Chapman & Hall.
Lebaron, Frédéric (2002): *Pierre Bourdieu: Economic Models against Economism*. Unter: http://olivier.godechot.free.fr/hopfichiers/lebaron-second-draft-edited.pdf.
Lebaron, Frédéric (2009): How Bourdieu "Quantified" Bourdieu: The Geometric Modelling of Data. In: Karen Robson / Chris Sanders (2009): *Quantifying Theory: Pierre Bourdieu*. Berlin: Springer. S. 11-30.
Le Roux, Brigitte / Rouanet, Henry (2004): *Geometric Data Analysis*. Amsterdam: North Holland.
Le Roux, Brigitte / Rouanet, Henry (2010): *Multiple Correspondence Analysis*. London: Sage.
Mühlichen, Andreas / Blasius, Jörg (2008): Der „soziale Raum" der Lebensstile und Prominenten. In: Dominik Schrage / Markus Friederici (Hg.): *Zwischen Methodenpluralismus und Datenhandel. Zur Soziologie der kommerziellen Konsumforschung*. Wiesbaden: VS. S. 113-139.
Robbins, Derek (2006): *On Bourdieu, Education and Society*. Oxford: The Bardwell Press.
Rouanet, Henry / Ackermann, Werner / Le Roux, Brigitte (2000): The Geometric Analysis of Questionnaires: The Lesson of Bourdieu's La Distinction. In: *Bulletin de Méthodologie Sociologique* (65): S. 5-18.
Rouanet, Henry (2006): The Geometric Analysis of Structured Individuals x Variable Tables. In: Michael Greenacre / Jörg Blasius (Hg.): *Multiple Correspondence Analysis and Related Methods*. Boca Raton, Florida: Chapman & Hall. S. 137-159.

Teil III
Konzeptionelle Erweiterungen und interdisziplinäre Anwendung

Ökonomie der Praxis, ökonomische Anthropologie und ökonomisches Feld:
Bedeutung und Potenziale des Habituskonzepts in den Wirtschaftswissenschaften

Alexander Lenger

„Die Diskrepanz zwischen den in einer vorkapitalistischen Ökonomie geformten Haltungen und dem inkorporierten und oft auf brutale Weise durch die Kolonialisierung aufgezwungenen ökonomischen Kosmos führte unabweislich zu [sic] Bewusstsein, dass der Zugang zu den elementaren ökonomischen Verhaltensweisen (Sparen, Kredit, Familienplanung etc.) sich keineswegs von selbst versteht und dass der »rational« genannte ökonomische Akteur das Produkt ganz besonderer historischer Umstände ist. Genau dies aber ignoriert die ökonomische Theorie wie auch die sogenannte »neue Wirtschaftssoziologie«. Erstere übersieht diesen Zusammenhang, weil sie unter dem Label »Theorie des rationalen Handelns« einen spezifischen historisch verorteten und datierten ökonomischen Habitus einfach registriert und bestätigt, ohne im Entferntesten die Frage zu stellen, welche ökonomischen und gesellschaftlichen Voraussetzungen diesen überhaupt ermöglichen. Er wird schlicht als selbstverständlich angesehen. Die neue Wirtschaftssoziologie hingegen übersieht diesen Zusammenhang, weil sie mangels einer echten Theorie des ökonomischen Akteurs die rational action theory einfach übernimmt und darauf verzichtet, die ökonomischen Verhaltensdispositionen, die ja ebenso wie das ökonomische Feld eine soziale Genese aufweisen, zu historisieren." (Bourdieu 2000a: 7f.)

1. Einleitung

Bourdieu hat mit dem Habituskonzept ein Instrumentarium vorgelegt, mit dem ökonomische Prozesse als soziale Phänomene analysiert und neue Erkenntnisse über Marktprozesse aus konflikttheoretischer Perspektive generiert werden können.[1] Hierbei muss grundlegend darauf hingewiesen werden, dass Bourdieu den Begriff „Ökonomie" in zweifacher Weise verwendet: zum einen als Ökonomie bzw. Regelhaftigkeit der Praxis in gesellschaftlichen Feldern und im sozialen Raum, zum anderen zur Beschreibung der spezifischen Praxisformen im Feld der Wirtschaft (Hillebrandt 2009a: 186).[2] So betont Bourdieu ausdrücklich:

„Die Theorie der eigentlich ökonomischen Praktiken ist ein Sonderfall einer allgemeinen Theorie der Ökonomie der Praktiken. Auch dann, wenn sich diese allen Anschein von Uneigennüt-

---

[1] Für wertvolle Hinweise danke ich Salvatore Calabrese und Nils Goldschmidt.
[2] Zur Adaption wirtschaftlicher Begriffe (z. B. Güter, Ökonomie, Markt, Kapital, Konkurrenz, Investition, Interessen, Akkumulation, Profit, Preis, Reproduktion, Mehrwert, Gewinn etc.) und ihrer Verwendung in Bourdieus Theoriekonstruktion siehe Kieserling (2000); Lebaron (2003); Hillebrand (2009a); Holder (2009); Kumoll (2009); Rehbein / Saalmann (2009). Eine hilfreiche Erläuterung der Bourdieuschen Terminologie ist bei Fröhlich / Rehbein (2009: 409-416) im Glossar zu finden.

zigkeit geben, weil sie sich der Logik des (im engeren Sinne) ‚ökonomischen' Eigennutzes entziehen und auf immaterielle und schwer quantifizierbare Gewinne ausgerichtet sind, wie in ‚vorkapitalistischen' Gesellschaften oder im Kulturbereich der kapitalistischen, gehorchen diese Praktiken nichtsdestoweniger einer ökonomischen Logik." (Bourdieu 1987 [1980]: 222)

Entsprechend bietet das Habituskonzept eine Möglichkeit, die symbolische, d. h. sozial konstruierte Wirtschaftsordnung in den Blick zu nehmen, womit zusätzlich zu formellen Marktzutrittsbarrieren auch informelle Marktzutrittsbarrieren sowie Exklusionsmechanismen berücksichtigt werden können.

Hierfür sind drei zentrale Erkenntnisse des Bourdieu'schen Forschungsprogrammes maßgeblich: Erstens zeigt er auf, dass das Vermögen von Menschen nicht nur aus ökonomischem, sondern auch aus sozialem, kulturellem und symbolischem Kapital besteht (Bourdieu 1987 [1980]: 222f., siehe insbesondere auch 1983). Zweitens weist er das Verhaltensmodell des *homo oeconomicus* (vgl. hierzu Kirchgässner 2008 [1991]; Homann / Suchanek 2005) im Sinne eines in jeder Entscheidungssituation rational kalkulierenden, Eigennutz maximierenden Individuums zurück und verwirft es als unbrauchbar für die Analyse realen wirtschaftlichen Handelns (Bourdieu 2000 [1977], 1998 [1990 und 1997], 2002 [1990 und 1997]). Drittens hat er mit der Verbindung von Habitus und Feldkonzept – letzteres verstanden als Macht- und Konfliktfiguration (Elias 1983) – eine theoretische Konzeption vorgelegt, wie sich gesellschaftliche Strukturen in spezifische Feldlogiken übertragen lassen und wie menschliches Verhalten in bestimmten Feldern als Resultat objektiver Macht- und Ungleichheitsstrukturen erklärt werden kann (Bourdieu 1998 [1997]).

Um zu zeigen, in welcher Weise das Habituskonzept zur ökonomischen Analyse beitragen kann, sind jedoch zunächst die grundlegenden Annahmen des Fachs Wirtschaftswissenschaften zu klären. So wird in der Literatur auf zwei komplementäre, jedoch grundlegend verschiedene Definitionen zurückgegriffen. Einerseits wird Wirtschaftswissenschaft als die Lehre von der Wirtschaft (bzw. Ökonomie) definiert, die den *rationalen Umgang mit knappen Gütern* analysiert, andererseits wird unter Wirtschaftswissenschaft aber auch die Wissenschaft verstanden, die sich mit *wirtschaftlichen Phänomenen und wirtschaftlichem Wandel* beschäftigt.[3]

So weist zum Beispiel Gebhard Kirchgässner darauf hin, dass Ökonomik der explizite Versuch ist, „menschliches Verhalten dadurch zu erklären, dass man unterstellt, dass sich die einzelnen Individuen ‚rational' verhalten" und zwar „unabhängig vom Gegenstandsbereich" (Kirchgässner 2008 [1991]: 2):

> „Individuen *handeln* dadurch, dass sie aus den ihnen zur Verfügung stehenden Möglichkeiten eine *rationale Auswahl* treffen, wobei sie sich in ihrer Entscheidung an den (erwarteten) Konsequenzen ihres Handelns orientieren." (Kirchgässner 2008 [1991]: 2; Hervorhebungen im Original)

Dahinter steht die Vorstellung, dass Menschen sich in verschiedenen gesellschaftlichen Kontexten prinzipiell immer ähnlich verhalten und nicht grundsätzlich andere Verhaltens-

---

[3] Es sei bereits an dieser Stelle darauf hingewiesen, dass auch die moderne Ökonomik das klassische Modell eines perfekt-rationalen *homo oeconomicus* relativiert und entsprechend modifiziert hat (vgl. zum Überblick Homann / Suchanek 2005: 363-383). Trotzdem gilt es hervorzuheben, dass das Verhaltensmodell des *homo oeconomicus* auch weiterhin das theoretische Grundkonstrukt hinter den gängigen ökonomischen Erweiterungen darstellt (vgl. exemplarisch Jehle / Reny 2011).

weisen anwenden, wenn sie anstelle wirtschaftlicher Probleme versuchen, soziale, rechtliche oder gesellschaftliche Fragen zu lösen.

Für das weitere Vorgehen ist es daher essenziell, systematisch zwischen Fragestellungen, die die Methodik der Ökonomik (Rational-Choice-Paradigma) betreffen, und solchen, die den Gegenstandsbereich der Ökonomie (wirtschaftliche Phänomene) betreffen, zu unterscheiden. Während also für sämtliche ökonomischen Erklärungsansätze eine rationale Verhaltensannahme unterstellt wird, zeichnen sich nicht-ökonomische Erklärungsansätze (wie z. B. die Wirtschaftssoziologie) überwiegend dadurch aus, dass auch alternative Verhaltensmodelle zur Erklärung wirtschaftlichen Verhaltens herangezogen werden (vgl. Kirchgässner 2008 [1991]: 2). Entlang dieser Differenzierung ist das Habituskonzept geeignet, eine Brücke zwischen ökonomischen und nicht-ökonomischen Verhaltensannahmen zu liefern, da es gleichermaßen ein strategisches Kalkül der handelnden Akteure wie auch die Befolgung gesellschaftlicher Strukturen unterstellt. Damit erlaubt die Verwendung des Habituskonzeptes einen Wechsel von einer methodenbasierten Rational-Choice-Wissenschaft hin zu einer gegenstandbezogenen praxeologischen Wirtschaftswissenschaft, ohne die zentrale Frage der Ökonomik nach der optimalen Verwendung knapper Ressourcen fallen lassen zu müssen.[4]

Vor diesem Hintergrund ist jedoch zunächst festzuhalten, dass Bourdieus Habituskonzept für die Analyse wirtschaftlichen Verhaltens weder in den orthodoxen noch in den heterodoxen Wirtschaftswissenschaften[5] eine signifikante Rolle spielt.[6] Aber auch in der wirtschaftssoziologischen Analyse ist sein Einfluss bisher marginal.[7] Eine systematische Rezeption und weiterführende Integration von Bourdieus Beitrag zur Wirtschaftswissenschaft und zur Wirtschaftssoziologie steht noch aus.[8] Ursächlich hierfür sind drei Faktoren. Erstens befasst sich Bourdieus Gesamtwerk *inhaltlich* lediglich am Rande mit originär wirtschaftlichen Phänomenen. Zwar kann das Habituskonzept durchaus als sinnvolle Ergänzung zur Untersuchung wirtschaftlicher Phänomene herangezogen werden, eine unmittelba-

---

[4] Praxeologie wird im vorliegenden Text ausschließlich im Bourdieuschen Sinne einer Theorie der Praxis verwendet und nicht im Sinne von Ludwig von Mises (vgl. hierzu Rothbard 1997 [1973], 1997 [1976]).
[5] Die Begriffe orthodoxe und heterodoxe Ökonomik werden im vorliegenden Beitrag synonym zu den Begriffen traditionelle und neue Ökonomik verwendet. Heterodoxe Ökonomik umfasst sämtliche Ansätze, die außerhalb des ökonomischen Mainstreams liegen, der durch den neoklassischen Ansatz der Mikroökonomik gekennzeichnet ist (vgl. Abschnitt 2). Hierzu zählen institutionenökonomische, postkeynesianische, sozialistische, marxistische, feministische, österreichische, ökologische, soziologische und sozioökonomische Ansätze (vgl. Lawson 2006; Davis 2006; Becker et al. 2009).
[6] Wenn überhaupt wird Bourdieu im Zusammenhang mit der Entwicklungs- und Transformationsökonomik, der Sozialkapitalforschung, der Konsumökonomik sowie dem Veblen-Effekt rezipiert, wobei die ersten drei Themenbereiche auf Bourdieus Kapitalbegriff rekurrieren, während der Veblen-Effekt dem Begriff der Distinktion zuzuordnen wäre (vgl. den Beitrag von Lenger / Priebe in diesem Band sowie Holt 1998; Himmelweit / Simonetti / Trigg 2001; Trigg 2001, 2010; Svendsen / Svendsen 2003, 2009; Calhoun 2006).
[7] Vielmehr befasst sich die neuere Wirtschaftssoziologie – in Analogie zur traditionellen Ökonomik – primär ebenfalls mit dem Ungewissheits- und Koordinationsproblem (Lenger 2012; vgl. auch Beckert / Deutschmann 2009: 14).
[8] Vgl. für erste Zusammenhänge aber Kieserling (2000); Lebaron (2003); Svendsen / Svendsen (2003); Swedberg (2003b: 46-49, 127f., 241-249, 2003a, 2011); Tanner (2004); Florian (2006); Wacquant (2006); Diaz-Bone (2007); Fley (2008); Hillebrandt (2009a, 2009b, 2009c); Lenger (2012); Kraemer (2012) sowie den Sammelband von Florian / Hillebrand (2006). Für eine erste dogmenhistorische Annäherung siehe Trigg (2001) und Swedberg (2011). Insbesondere scheint in der Bourdieu-Rezeption die „ökonomische Anthropologie" eine steigende Bedeutung zu erfahren (vgl. Wacquant 2006; Swedberg 2011).

re Analyse von Wirtschaftsprozessen hat Bourdieu jedoch nicht vorgelegt.[9] Zweitens hat Bourdieu mit seinem Habituskonzept und im Anschluss daran mit seiner Ökonomie der Praxis und seiner ökonomischen Anthropologie *konzeptionell* einen expliziten Gegenentwurf zum neoklassischen Verhaltensmodell vorgelegt, mit dem er insbesondere die Annahme und zentrale These perfekt rationalen Handelns verwirft, weswegen er – zumal als Soziologe – nicht anschlussfähig an den Mainstream der traditionellen Wirtschaftswissenschaften ist. Drittens hat er mit seinen politischen Spätwerken *Das Elend der Welt* (Bourdieu 2005 [1997/1993]) und *Gegenfeuer* (Bourdieu 1998, 2001; vgl. auch 2002 [2000]) kapitalismuskritische Schriften verfasst, die seinen Status in den Wirtschaftswissenschaften weiter marginalisierten und sein Werk gewissermaßen aus dem ökonomischen Diskurs ausschlossen.[10]

Entgegen den angeführten Vorbehalten werden die weiteren Überlegungen von der These getragen, dass Bourdieus Habitustheorie einen substanziellen Beitrag zur Theorie der Wirtschaft leisten kann, indem sie die individuellen Dispositionen bzw. die Habitus der wirtschaftlichen Akteure als ‚Träger' gesellschaftlicher Strukturen in den Mittelpunkt des Forschungsinteresses rückt und somit eine Möglichkeit aufgezeigt wird, wirtschaftliche Phänomene als zielgerichtetes bzw. situationsadäquates Verhalten zu analysieren, ohne notwendigerweise einen konstruierten perfekt-rationalen *homo oeconomicus* vorauszusetzen.

Die verfolgte Unterscheidung in Methodik und Gegenstand liefert dabei zugleich die Argumentationsfolie für den vorliegenden Beitrag. So wird zunächst kurz das ökonomische Forschungsprogramm mit seinem Verhaltensmodell eines streng rationalen Nutzenmaximierers skizziert (Abschnitt 2). Daran anknüpfend wird Bourdieus Entwurf einer Ökonomie der Praxis diskutiert, der in expliziter Abgrenzung zur traditionellen Ökonomik das Verhaltensmodell eines streng rationalen *homo oeconomicus* verwirft und auf die Logik der Praxis als Handlungsgrundlage verweist (Abschnitt 3). Anknüpfend an diese methodische Erweiterung wird die damit einhergehende gegenstandsbezogene Weiterentwicklung der Bourdieu'schen Soziologie hin zu einer ökonomischen Anthropologie bzw. Wirtschaftssoziologie vorgestellt (Abschnitt 4), die sich explizit der Analyse wirtschaftlicher Phänomene mittels einer Ökonomie der Praxis widmet. Abschließend werden die prinzipielle Anschlussfähigkeit (Abschnitt 5) sowie die Anwendungspotenziale (Abschnitt 6) für wirtschaftswissenschaftliche Überlegungen diskutiert und konkrete Potenziale von Bourdieus Habituskonzept für die moderne Wirtschaftsforschung dargestellt (Abschnitt 7). Der Beitrag schließt mit einem kurzen Fazit (Abschnitt 8).

---

[9] Vgl. aber Bourdieus frühe Arbeiten zur Transformation der traditionellen algerischen Gesellschaften hin zu einer kapitalistischen Gesellschaft und dem damit einhergehenden Prozess einer Rationalisierung des ökonomischen Ethos (Bourdieu 1958, 2000 [1977]; Bourdieu et al. 1963), die Arbeiten zu den Reproduktionsstrategien im Strukturwandel der Wirtschaft und zum Verhältnis von Bildung und Beschäftigung (Bourdieu et al. 1981 [1971 bis 1974]), seine Arbeiten zum Eigenheimmarkt und zum ökonomischen Feld in den 1980er Jahren, die in verschiedenen Fassungen in deutscher (vgl. Bourdieu et al. 1998 [1990 und 1997], 2002 [1990 und 1997]) und englischer Sprache (2005 [2000]) publiziert wurden, sowie seine ökonomischen Analysen zum Staatsadel (Bourdieu 2004 [1989]). Vgl. hierzu auch die Auflistung von Lebaron (2003: 552-555). Zudem existiert eine frühe, nicht publizierte Studie zur Kreditvergabe (Bourdieu / Boltanski / Chamboredon 1963), die in Swedberg (2011: 71-73) vorgestellt wird.

[10] So versteht sich Ökonomik üblicherweise – in der Tradition von Max Weber und Karl Popper – als werturteilsfreie Wissenschaft (vgl. hierzu Lenger 2012), weswegen eine solche Haltung von Bourdieu eine Integration ins wirtschaftswissenschaftliche Feld be- bzw. verhinderte.

2. Neoklassische Ökonomik: Rationale Optimierung unter bekannten Nebenbedingungen

Um zu verstehen, weshalb das Werk Bourdieus keinen Einfluss in den Wirtschaftswissenschaften entwickeln konnte, gilt es seine Theorie der Praxis zu rekonstruieren und aufzuzeigen, dass er die Ökonomie der Praxis in expliziter Abgrenzung zum Kernprogramm der Wirtschaftswissenschaften entwickelt hat (siehe auch Lebaron 2003; Lenger / Schneickert 2009; Hillebrandt 2009a).

Die Neoklassik ist insbesondere durch das Prinzip der *Optimierung unter Nebenbedingungen* gekennzeichnet (siehe einführend Söllner 2001: 50-54; Feess 2004: Kapitel 8 und 9).[11] Es geht also darum, eine Zielfunktion (z. B. Nutzen, Gewinn, Glück, Kosten etc.) unter Beachtung von bestimmten Nebenbedingungen (z. B. Einkommen, Budgetrestriktionen, Faktorausstattung, Produktionsmenge etc.) zu optimieren, d. h. entweder den Gewinn zu maximieren oder die Kosten zu minimieren. Ein solches Vorgehen erfordert eine sogenannte „Grenzwertbetrachtung", d. h. „eine Analyse der Veränderungen der Zielgröße bei infinitesimaler Variation der zur Verfügung stehenden Aktionsparameter" (Söllner 2001: 52). Untrennbar ist mit diesem Prinzip das Verhaltensmodell des neoklassischen Paradigmas verbunden. Das Modell des *homo oeconomicus* versteht den Menschen als Optimierer unter Nebenbedingungen und setzt diese Verhaltensweise mit Rationalität gleich (Söllner 2001: 52; Priddat 2005: 62), d. h. nutzenmaximierendes Verhalten wird per definitionem als rationales Verhalten unterstellt.[12]

Mit anderen Worten: Das Modell menschlichen Verhaltens, das in den „mainstream economics" zugrunde gelegt wird, besteht im Kern aus zwei zentralen Annahmen, die einer genaueren Betrachtung bedürfen: zum einen die Annahme *vollständig* rational agierender Individuen (vgl. von Neumann / Morgenstern 2007 [1944]) und zum anderen die Annahme *selbstinteressiert* agierender Individuen. Daraus lassen sich zwei einfache Verhaltensmuster ableiten: Erstens versuchen Menschen, sich bei der Realisierung ihrer Ziele möglichst rational zu verhalten, d. h. sie wählen stets die Alternative aus dem Set möglicher Handlungen mit der relativ höchsten subjektiven Nutzenerwartung. Zweitens kann davon ausgegangen werden, dass Menschen ihre eigenen Interessen in den Vordergrund stellen und versuchen werden, ihren individuellen Nutzen zu maximieren. Übersetzt in eine mathematische Nutzenfunktion wird davon ausgegangen, dass rationale und selbstinteressierte Menschen unter gegebenen Beschränkungen versuchen werden, ihre individuelle Nutzenfunktion zu maximieren. Technisch wird ein solches Maximierungsparadigma mittels der Rationalitätsannahme und der Annahme stets selbstinteressierter Individuen in eine Nutzenfunktion übertragen und somit modelltheoretisch abbildbar (so treffend zusammengefasst von Vanberg 2008: 241). Damit mittels einer solchen Modellierung menschliches Verhalten berechenbar wird, werden zudem starre und nicht wandelbare Präferenzen unterstellt, d. h. Präferenzen und Geschmack unterliegen keinem Wandel und können endogen nicht von den Individuen beeinflusst werden (vgl. hierzu Stigler / Becker 1977; „De gustibus non est disputandum").

---

[11] Weitere zentrale Elemente der neoklassischen Analyse sind das Denken in Gleichgewichten sowie der methodologische Individualismus. Das Denken in Gleichgewichten ist für die vorliegende Untersuchung jedoch nicht von Relevanz. Dass der methodologische Individualismus wiederum mit dem Habituskonzept kompatibel ist wird weiter unten ausführlicher behandelt.

[12] Ergänzend sei angemerkt, dass hiermit jedoch keine unmittelbare Aussage über die Maximierung des eigenen Nutzens getroffen wurde. Theoretisch wäre auch die Maximierung der allgemeinen Wohlfahrt denkbar, wie in der Theorie sozialer Präferenzen (Fehr / Schmidt 1999; Fehr / Fischbacher 2002) angelegt. In diesem Fall stellen die Präferenzen anderer Menschen eine Nebenbedingung dar.

In der neoklassischen Modellierung wird den Individuen zudem eine unbeschränkte Informationsverarbeitungskapazität zugeschrieben, d. h. Menschen würden über alle relevanten Informationen verfügen, um die Optimierungsentscheidung auch tatsächlich realisieren zu können. Diese Annahme wurde zwar inzwischen zu Gunsten realitätsnäherer Entscheidungskosten aufgegeben (vgl. z. B. Simon 1955, 1956, 1992; Akerlof 1970), eine Abkehr von der Optimierungsregel hat jedoch nicht stattgefunden. Vielmehr werden ökonomische Aktivitäten, die in die Zukunft gerichtet sind und auf Entscheidungen unter Unsicherheit beruhen, in der Theorie zunehmend mit Hilfe stochastischer Methoden als exogene Variablen modelliert und durch Erwartungswerte, Wahrscheinlichkeitsmaße etc. spezifiziert (vgl. hierzu Heinemann 1995; Rommelfanger 2006). Das Verfahren der Optimierung unter Nebenbedingungen stellt somit weiterhin die zentrale Entscheidungslogik in der Ökonomik dar und wurde verschiedentlich auch auf andere nicht-ökonomische Lebensbereiche übertragen (Becker 1993, 1996).

3. Ökonomie der Praxis: Wirtschaftliches Handeln als strukturgeleiteter Utilitarismus

Gegen diese neoklassische Vorstellung wendet sich Bourdieu mit seiner Ökonomie der Praxis. Insbesondere in *Entwurf einer Theorie der Praxis* (1976 [1972]) und *Sozialer Sinn* (1987 [1980]) entwirft Bourdieu eine allgemeine Handlungstheorie von Menschen als ‚rationalen Regelbefolgern', die in expliziter Abgrenzung zum neoklassischen Modell der Wohlfahrtsökonomik den einzelnen Akteur nicht als strikt *bewusst* kalkulierendes Individuum versteht. Anstatt sämtliche Einzelentscheidungen aus einem Kosten-Nutzen-Kalkül oder einer formalen Regel abzuleiten, wird die Regelhaftigkeit der sozialen Praxis in den Vordergrund gestellt (vgl. hierzu und zum Folgenden Lenger / Schneickert 2009, siehe auch Lebaron 2003 und Maurer 2006).[13]

Bourdieus Kritik bezieht sich dabei neben dem wirtschaftswissenschaftlichen Paradigma freiwilliger Tauschakte, das seiner Meinung nach die asymmetrischen Kräfteverhältnisse im wirtschaftlichen System verdeckt (vgl. Bourdieu 1987 [1980]: 224-228), besonders kritisch gegen die Annahme, dass Menschen stets *bewusst* und *kalkuliert* ihren Nutzen maximieren (Bourdieu 1987 [1980]: 157f.).[14] „Mit der Theorie der Dispositionen (des Habitus) lässt sich begründen, dass *vernünftige* Antizipationen auch ohne jeden rationalen Kalkül zustandekommen." (Bourdieu et al. 1998 [1997]: 171, Fn. 13) Demnach versuchen Menschen nicht bewusst-rational – wie in der Neoklassik unterstellt wird – ökonomisches Kapital unter gegebenen Nebenbedingungen zu maximieren, sondern folgen vielmehr inkorporierten Denk- und Verhaltensschemata, welche den Akteuren eine Anleitung für eine unbewusste, jedoch regelhafte bzw. situationsadäquate Praxis liefern, die scheinbar genau

---

[13] Ergänzend sei angemerkt, dass Bourdieu zu Beginn seiner wissenschaftlichen Laufbahn in den Jahren 1958-1966 eng mit neoklassisch ausgebildeten Ökonomen vom National Institute of Statistic and Economic Studies (INSEE) zusammenarbeitete und sich entsprechend ausführlich mit dem Rational-Choice-Programm der Mainstreamökonomik auseinandersetzte. Aus dieser Phase stammt auch die Kritik an der ökonomischen Methodik (Lebaron 2003: 555-557; Diaz-Bone 2006: 53-58).
[14] „Das *Habitus-Konzept* ist im weiteren Sinne der praxistheoretischen Tradition zuzurechnen. Es basiert auf der Annahme, dass die Akteure *gute Gründe* für ihr Handeln aus der kollektiven und individuellen Geschichte beziehen und dass sich die Strukturen in den Dispositionen der Akteure niederschlagen und deren Tun daher rational im Sinne von situationsangemessen verläuft, auch ohne dass es von ihnen reflektiert wird." (Maurer 2006: 132; Hervorhebungen im Original)

auf die Bewältigung der am häufigsten auftretenden Probleme abgestimmt ist (vgl. Janning 1991: 101):

> „Das ökonomische Handeln orientiert sich an einem »Kommenden«, welches direkt durch die Erfahrung erfasst oder durch alle durch die Tradition akkumulierten Erfahrungen gegeben ist." (Bourdieu 2000 [1977]: 33)

Mit dieser *Ökonomie der Praxis* entwirft Bourdieu somit die Position eines „strukturgeleiteten Utilitarismus" (Janning 1991: 132), der das *bewusste* Nutzenkalkül als alleiniges Entscheidungsmerkmal ausschließt und alle Motivationen zur Verbesserung oder Stabilisierung der sozialen Position aus einer dispositionellen Konditionierung ableitet.[15] Eine Sichtweise, die insbesondere von der modernen Ordnungsökonomik anerkannt wird, die den Menschen nicht als rationalen „Fall-zu-Fall-Maximierer", sondern als einen „Regelbefolger mit inkorporierten Verhaltensprogrammen" betrachtet (vgl. hierzu Vanberg 2002, 2004, 2008).[16]

In diesem Sinne vertritt auch Bourdieu die Ansicht, dass Menschen prinzipiell strategisch handeln. So betont er mehrfach, dass den *Strategien* beim Errichten und Fortleben dauerhafter Herrschaftsbeziehungen eine zentrale Bedeutung zukommt (etwa Bourdieu 1976 [1972]: 352, 1987 [1980]: 197-204, 1992 [1987]: 79-98, 1998 [1997]: 167, 2005 [2000]: 126-147, 2006 [1990]: 22). In Abgrenzung zur Ökonomik ist eine solche Handlung jedoch weder bewusst rational, noch ermöglicht das Konkurrenz- bzw. Wettbewerbsprinzip eine objektiv effiziente Allokation knapper Ressourcen. Vielmehr geht es in der Ökonomie der Praxis um die Verteilung und Akkumulation von Kapital sowie die daraus resultierenden Macht- und Statusunterschiede der beteiligten Akteure (Fley 2008: 165).

Die konkreten Praktiken, welche die Akteure letztlich ausführen, sind somit nicht vollständig durch die zugrunde liegenden (objektiven) Regeln vorherbestimmt, sondern unterliegen gleichermaßen dem strategischen Ermessen der Individuen. Dieses strategische Ermessen wird zu einem Großteil durch den zugrunde liegenden Habitus geprägt:

> „Der Habitus setzt den Gestaltungsrahmen für mögliche Praxisformen, bestimmt aber nicht bis in die expressiven Details hinein die einzelnen Strategien selbst, sondern schreibt die Relevanzstrukturen vor, mit deren Hilfe die Individuen Wahrnehmungen kategorisieren und Situationen

---

[15] Bourdieus Konzeption liegt somit in einer Linie mit verschiedenen heterodoxen ökonomischen Erklärungsansätzen, die wirtschaftliches Verhalten nicht mehr „bewusst rational", sondern „beschränkt rational" erklären (Simon 1955; Selten 1990; für neuere Befunde zum Konzept der „bounded rationality" siehe Rubinstein 1998 und Gigerenzer / Selten 2002; vgl. explizit hierzu auch Bourdieu 1998 [1997]: 197). Eine solche Beschränkung entsteht durch Emotionen, Gefühle und Gewohnheiten (z. B. Sen 1977) sowie durch Faustregeln, heuristische Abkürzungen und situative Vereinfachungen (z. B. Kahnemann / Slovik / Tversky 1982). Für weitere Forschungen wäre daher zu klären, inwieweit Bourdieus Konzept eines „strukturgeleiteten Utilitarismus" komplementär ist zu neueren verhaltensökonomischen Ansätzen.

[16] Die Regelhaftigkeit des Habituskonzepts fasst auch Maurer treffend zusammen: „Auf der anderen Seite begreift es [das Habituskonzept; A. L.] individuelle Handlungsweisen als gerahmtes Tun, das nur in gewissen Grenzen zu variieren ist und im Regelfall halbautomatisch oder unbewusst an Schemata orientiert verläuft, die entlang objektiver Strukturen entstanden sind. Im Unterschied zu Erklärungsmodellen auf der Basis einer rationalen Handlungstheorie, die eine explizite Verbindung von Handlungs- zur Strukturebene in Form der ‚Badewanne' anlegen und soziale Handlungssituationen aus Sicht der Akteure in mögliche Handlungen übersetzen und von einer bewussten Handlungswahl ausgehen, die auf Zwecke und Werte bezogen sind, sieht das Erklärungsmodell von Bourdieu einen solchen Schritt nicht vor, sondern will Habitus rekonstruieren und davon ausgehend das klassen- und feldspezifische Handeln erkennen." (Maurer 2006: 134)

mit bisherigen Problemstellungen in ihren Lebenserfahrungen vergleichen und altbekannte Lösungsmodelle auf eine neue nichtdefinierte Situation applizieren." (Janning 1991: 102)

Mit anderen Worten: Auch in Bourdieus Konzeption verfolgen Menschen individuelle Interessen bzw. ‚subjektiv-rationale' Strategien, wenn sie fortwährend versuchen, ihre soziale Position zu verbessern (vgl. zum grundsätzlichen Konkurrenzverhältnis zwischen Einzelakteuren und Klassenformationen Bourdieu 1982 [1979]: 221-237 und 261-276). Bourdieu aber wendet sich explizit gegen die Vorstellung einer objektiven Rationalität, wie sie der Annahme von perfekt informierten, nutzenmaximierenden Individuen zugrunde liegt. Gerade die Tatsache, dass Bourdieu monetäres Eigeninteresse als alleiniges Handlungsmotiv ablehnt, aber gleichermaßen subjektiv-rationale bzw. strategische Handlungen im Bezug auf eine allgemeine Kapitalakkumulation zulässt, macht seine theoretischen Ansätze interessant für neuere Entwicklungen in den Wirtschaftswissenschaften, die zunehmend die kulturelle Gebundenheit sozialer Akteure anerkennen (vgl. hierzu ausführlich Lenger 2009, 2012 sowie Abschnitt 6).

Es ist Bourdieu zu verdanken, mit seiner *Theorie der Praxis* aufgezeigt zu haben, dass praktische Erkenntnisse von Individuen nicht an den strengen Kriterien formaler Logik und vollkommen rationaler Wissenschaftlichkeit gemessen werden können, da für die realen Zwecke der Menschen die Logik der Praxis ausreichend ist. Bourdieus Werk ist somit als Versuch zu sehen, die vorherrschenden Theoriestränge einer subjektivistischen Theorie des bewusst rationalen, strategischen Kalküls mit der objektivistischen Alternative einer strikten Regelbefolgung zu verknüpfen. Ergebnis war die Habitustheorie – verstanden als Theorie der alltagspraktischen Erkenntnis bzw. als Theorie der strategischen Praxis –, die diese Differenz auflöst (vgl. Schwingel 1995: 57, 82; Schultheis 2007: 43-45).[17]

Bourdieus *Theorie der Praxis* – verstanden als strukturgeleiteter Utilitarismus bzw. programm-basiertes Verhalten, die das bewusste Nutzenkalkül für die Analyse menschlichen Verhaltens kritisch hinterfragt, – erlaubt somit eine wesentlich realitätsnähere Abbildung wirtschaftlicher Prozesse. Ein solches Theorieverständnis ist deswegen heute von so großer Bedeutung, weil eine realitätsferne Wirtschaftswissenschaft, die nicht die tatsächlichen Handlungsmotive der Menschen berücksichtigt und so das Spannungsverhältnis zwischen bewusst-rationalen Handlungen und gesellschaftlichen Dispositionen auflöst, letztlich ungeeignet ist, gesellschaftspolitische Empfehlungen zu formulieren. Entsprechend bietet das Habituskonzept von Bourdieu vielfältige Potenziale zur theoretischen Weiterentwicklung der Ökonomik, die in den Abschnitten 5 und 6 skizziert werden sollen.

4. Das ökonomische Feld und der ökonomische Habitus: Wirtschaftliches Handeln und die Perspektive einer ökonomischen Anthropologie

Die Überlegungen zur Ökonomie der Praktiken überträgt Bourdieu mit Rückgriff auf seine zwanzig Jahre alten Befunde in Algerien unter anderem auf die Analyse wirtschaftlicher

---

[17] So wird Bourdieu in der Literatur zum Teil fälschlicherweise als Utilitarist interpretiert (so etwa Honneth 1990; vgl. hierzu Kieserling 2000: 375; Lebaron 2003: 552; Fley 2008: 162). Vielmehr weist das praxeologische Forschungsprogramm von Bourdieu eindeutig auf eine vermittelnde Position zwischen Struktur und Handeln hin (vgl. hierzu sowie zur Notwendigkeit einer Vermittlung von Struktur und Handeln insbesondere Bourdieu 1970 [1967] sowie Reckwitz 2000).

Phänomene und entwirft Ende der 1970er Jahre eine erste Feldanalyse des ökonomischen Feldes bzw. das Forschungsprogramm einer ökonomische Anthropologie (Bourdieu et al. 1998 [1990 und 1997], 2002 [1990 und 1997], 2005; vgl. hierzu auch Swedberg 2011: 73-75).[18] Er selbst formuliert dieses Anliegen folgendermaßen:

> „Hierbei verfolgte ich das explizite Vorhaben, die Aneignungsprozesse all jener Verhaltensdispositionen zu beobachten, die den kleinen Schülern aus Lowestoft mit ihrem spontanen »Stuartmillismus« wie in die Wiege gelegt schienen: Kosten- und Gewinnberechnung, Sparen, Kredit, Investition, oder gar Arbeit. Des Weiteren ging es mir bei diesem Projekt darum, auf dem Wege der Statistik die ökonomischen und kulturellen Bedingungen des Zuganges zu einem rational genannten ökonomischen Verhalten systematisch zu erfassen." (Bourdieu 2000a: 17; vgl. auch ergänzend Bourdieu 2000 [1977]: 28)[19]

Ausgangpunkt seiner Überlegungen bildet die Transformation der algerischen Gesellschaft, die sich zeitgleich mit einem traditionellen und einem kapitalistischen Wirtschaftssystem mit „völlig konträren Anforderungen zur Koexistenz" konfrontiert sah, „die gewöhnlich durch einen Zeitraum von mehreren hundert Jahren voneinander getrennt sind" (Bourdieu 2000a: 7; vgl. auch Fuchs-Heinritz / König 2005: 13-31; Rehbein 2006: 230-238). Sein zentrales Argument lautet, dass eine Anpassung der in einer vorkapitalistischen Ökonomie geprägten Haltungen und Dispositionen nicht friktionslos an die importierten marktwirtschaftlichen Funktionsprinzipien, wie das Prinzip rationaler Gewinnmaximierung, möglich ist. Auf diese Tatsache stützt Bourdieu seine Kritik am wirtschaftswissenschaftlichen Ansatz, wenn er feststellt, dass die Einstellungen von ökonomischen Akteuren nicht einer „ahistorischen Universalität" unterliegen, sondern „in Wirklichkeit als das Produkt einer langfristigen kollektiven Geschichte" anzusehen sind, die „im Rahmen der Ontogenese, d. h. der Individualgeschichte, immer wieder aufs Neue über und durch eine zu leistende Konversionsarbeit angeeignet werden muss, welche nur unter bestimmten [historischen, A. L.] Bedingungen Erfolg hat." (Bourdieu 2000a: 17) Entsprechend heißt es bei ihm weiter:

> „Solange die Ökonomie des Auf-Treu-und-Glaubens intakt ist, legt sie der ganzen Gruppe Ehrenpflichten auf, die mit dem kalten Gesetz des eigennützigen Kalküls völlig unvereinbar sind." (Bourdieu 2000a: 18)

Ausgehend von seinen Überlegungen zur *Ökonomie der Praxis* analysiert Bourdieu in verschiedenen Spätschriften das ökonomische Feld als „ökonomische Ökonomie" (Hillebrandt 2009a: 188). Sein Ziel war es,

> „zeigen zu können [...], daß die Theorie des ökonomischen Feldes, weit davon entfernt, das Grundmodell abzugeben, eher einen Sonderfall der allgemeinen Theorie der Felder darstellt, die im Begriff ist, über eine Art empirisch validierte theoretische Induktion nach und nach aufgebaut zu werden und einerseits Fruchtbarkeit und Grenzen von Übertragungen wie der Weber-

---

[18] Bourdieu selber verwendete für die englische Ausgabe des 1997 erschienen Beitrags „The Economic Field" die Bezeichnung „Principles of an Economic Anthropology" (Bourdieu 2005). In den deutschen Übersetzungen wird jedoch weiterhin vom „Ökonomischen Feld" gesprochen (Bourdieu et al. 1998 [1997], 2002 [1997]).
[19] An anderer Stelle schreibt Bourdieu: „Damals war ich stark weberianisch orientiert. Meine ganze Problematik war: »Was sind die ökonomischen und gesellschaftlichen Bedingungen des Zugangs zur Rationalität...?« Es war eine Webersche Frage, die ich allerdings in marxschen Begriffen stellte..." (zitiert nach Schultheis 2000: 166)

schen einzuschätzen erlaubt, andererseits dazu zwingt, die Voraussetzungen der ökonomischen Theorie namentlich im Lichte der aus der Untersuchung der Felder der Kulturproduktion hervorgegangenen Erkenntnisse zu überdenken" (Bourdieu 2001 [1992]: 292f.).

Bourdieu ging es folglich um den Nachweis, dass die Rationalität der Neoklassik selbst nur ein Teil der allgemeinen Ökonomie der Praxis westlicher Gesellschaften ist und ökonomische Felder eine bestimmte Macht- und Kapitalverteilung darstellen. Mit der Übertragung der „Ökonomie der symbolischen Güter" von den Kabylen in Algerien auf seine Heimatregion Béarn in Südfrankreich belegt er deren Gültigkeit auch in modernen kapitalistischen Gesellschaften. Auch im ökonomischen Feld wird demnach nicht nur um ökonomische, sondern auch um symbolische Güter konkurriert (Bourdieu 1958, 2000 [1977], 2008 [2002]; vgl. hierzu ausführlich Hillebrandt 2006, 2007, 2009b). Eine solche „Soziologie der ökonomischen Praxis" (Hillebrandt 2009a: 189) erweitert eine wirtschaftssoziologische Perspektive signifikant, indem sie über den Gegenstandsbereichs wirtschaftlicher Praktiken hinausgeht und sich zusätzlich der Methodik der Wirtschaftswissenschaften widmet, indem die praktischen Wirkungen auf die Reproduktion der Praxis im Feld der Wirtschaft zum Gegenstand des Forschungsinteresses werden.[20]

Konkret lässt sich diese Entwicklung an Bourdieus Studien zum Eigenheim (1998 [1990 und 1997], 2002 [1990 und 1997]) und zur Bauwirtschaft (2006 [1990]) demonstrieren (vgl. Hillebrandt 2009a: 190): So zeigt Bourdieu am Beispiel des Eigenheims, dass die Nachfrage nach Immobilien in Frankreich der 1980er Jahre keiner Marktlogik folgt, sondern einer praktischen Logik, ohne die die Bereitschaft, Eigenheime trotz geringen Einkommens und fehlenden Vermögens zu erwerben, sich nicht hätte flächendeckend ausbreiten können (Bourdieu et al. 1998 [1990]). Auch gelingt es Bourdieu und MitarbeiterInnen zu zeigen, dass die Praxis der Vergabe von Baugenehmigungen sich nicht primär an den bestehenden Rechtsnormen orientiert, sondern einer Logik der Praxis folgten, die sich durch persönliche Kontakte, Gefälligkeiten und impliziten Gabentausch charakterisieren lässt (Bourdieu 2006 [1990]).

Die algerische Analyse der Ökonomie symbolischer Güter als Kontrastfolie nutzend beschreibt Bourdieu die komplexen sozialen Prozesse, die die Genese und Modifikationen des ökonomischen Feldes in modernen Gesellschaften bestimmt haben. Eine solche ökonomische Anthropologie trägt zur Analyse moderner kapitalistischer Wirtschaftssysteme bei, indem sie aufzeigt, dass die moderne ökonomische Rationalität (Geschäft ist Geschäft; Kosten-Nutzen-Abwägung etc.) das Resultat eines historischen Transformationsprozesses ist. Eine Abkehr von der traditionellen Ökonomie der Kabylen – so sein zentrales Argument – ist nur möglich, wenn die Funktionserfordernisse des modernen Kapitalismus von den sozialen Akteuren habitualisiert und inkorporiert werden, d. h. ein ökonomischer Habi-

---

[20] Kieserling hingegen argumentiert, dass Bourdieu diese Übertragung nicht gelingt. Denn – so sein Argument – „bisher hatte Bourdieu stets den Eindruck erweckt, dass in der Wirtschaft die Orientierung am partikularen Interesse legitim sei, während sie in allen anderen und speziell in den kulturell finalisierten Feldern illegitim sei. Die Abwesenheit einer sozial generalisierten Orientierung sollte das auszeichnende Merkmal der Wirtschaft sein. Von hier aus gesehen hätte man eigentlich eine Darstellung der Wirtschaft erwartet, die jener vorsoziologischen Auffassung entgegenkommt, die heute vor allem in den Massenmedien reproduziert wird: Die Wirtschaft als real existierender Utilitarismus, als Triumph der strategischen Rationalität, als Paradies für Egoisten usw. Stattdessen liest man ein Buch, aus dem deutlich hervorgeht, dass es auch in der Wirtschaft keineswegs ohne eine soziale Generalisierung der Orientierungen abgeht. […]. Wer allzu offenkundig auf eigene Rechnung handelt, der macht sich in der Wirtschaft nicht weniger unbeliebt als irgendwo sonst in der Gesellschaft." (Kieserling 2000: 384)

tus erzeugt wurde (Bourdieu 2000 [1977], 2000b; zur Entstehung und Wirkung des ökonomischen Habitus siehe auch Bourdieu / Saint Martin 1998 [1990]):

> „Durch diese sozialhistorische Rekonstruktion der Genese von inkorporierten Dispositionen und objektivierten Schemata, die an den Praxisprinzipen der von Bourdieu sogenannten ökonomischen Ökonomie orientiert sind, erscheint das ökonomische Feld »als Kosmos, der seinen eigenen Gesetzen folgt und damit der radikalen Verselbstständigung durch die reine Theorie, die den ökonomischen Bereich zum separaten Universum erhebt, eine gewisse (begrenzte) Gültigkeit verleiht«." (Hillebrandt 2009a: 190 sowie Bourdieu et al. 2002 [1990 und 1997]: 25)

Hinter der Rekonstruktion von Habitus-Dispositionen steht eine unmittelbare Kritik an der neoklassischen Annahme extern gegebener bzw. universeller Präferenzen. Indem Bourdieu den historisch-gesellschaftlichen Kontext der Habitus betont und auf die soziale Differenziertheit von Handlungsmustern hinweist, gelingt es ihm zu zeigen, dass das zweckrationale, eigennützige und materialistische Handeln nur ein regelmäßiges Verhalten in kapitalistischen Wirtschaftssystemen darstellt, in traditionalen und nicht-kapitalistischen Gesellschaftsformen hingegen andere Verhaltensweisen vorherrschen (vgl. hierzu auch Maurer 2006: 141).

5. Anschlussfähigkeit von Bourdieus Habituskonzept für wirtschaftswissenschaftliche Überlegungen

Anknüpfend an diese Überlegungen ist zunächst darauf hinzuweisen, dass in der modernen ökonomischen Theoriebildung zwei konfligierende Vorstellungen über Wirtschaftsprozesse existieren. So kann Ökonomik einerseits als eine Lehre von Kooperationsgewinnen betrieben werden, d. h. der *Wirtschaftsprozess* steht im Mittelpunkt der Analyse und es werden funktionalistische Aussagen über die technischen Abläufe getroffen. Andererseits kann Wirtschaftswissenschaft aber auch als Konfliktwissenschaft betrieben werden, d. h. die ungleichen *Resultate wirtschaftlichen Handelns* rücken – unter angemessener Berücksichtigung der dahinter stehenden Wirtschaftsprozesse – in den Mittelpunkt des Forschungsinteresses. Dabei können beispielsweise ungleiche Startbedingungen und Verteilungsergebnisse, symbolische Ordnungen, Macht- und Informationsasymmetrien oder Inklusions- und Exklusionsphänomene behandelt werden (vgl. hierzu ausführlich Lenger 2012: 17-24).

Hier kann Bourdieus Habituskonzept sinnvoll herangezogen werden, um neue Erkenntnisse über Marktprozesse aus konflikttheoretischer Perspektive zu generieren. Nach Bourdieu sind Preise nicht einfach nur das Ergebnis von Angebots- und Nachfrageknappheiten, vielmehr kommen in ihnen die bestehenden gesellschaftlichen Machtstrukturen zur Geltung (Bourdieu et al. 1998 [1997]: 179).[21] Dabei ergänzt die Ökonomie der Praxis ökonomische Überlegungen um die Einsicht, dass Menschen bereits *vor Eintritt* in ein wirtschaftliches Interaktions- bzw. Tauschverhältnis in einem relationalen Geflecht objektiver Machtpositionen in einer Beziehung zueinander stehen (z. B. als HochschulprofessorIn oder als Hartz-IV-EmpfängerIn), die eine unmittelbare Auswirkung auf den Verlauf wirt-

---

[21] Vgl. zu dieser Überlegung auch Weber (1990 [1922]) und Swedberg (1987) sowie Rothschilds inzwischen klassisch gewordenen Beitrag „Macht: Die Lücke in der Preistheorie" (Rothschild 1973).

schaftlicher Prozesse hat.[22] Bourdieus Vorstellung von Konkurrenz als grundlegende Ursache für die Entstehung, Verfestigung und Modifikation regelmäßiger und regelhafter Verhaltensweisen beruht somit wesentlich auf einem „*konflikttheoretisch* angelegten Verständnis sozialer Ordnungsbildung bzw. auf dem Problem, wie Ungleichheit bzw. Über- und Unterordnungsverhältnisse dauerhaft etabliert werden können, wenn doch alle Akteure gleichzeitig um höhere Macht- und Statuspositionen konkurrieren und nach Unterscheidung – nach ‚*Distinktion*' – streben" (Fley 2008: 164; Hervorhebungen im Original).[23] Im Mittelpunkt von Bourdieus Überlegungen stehen dabei zwei durch Konflikte strukturierte Ebenen: Zum einen die Konflikte um die *soziale Konstruktion* kollektiv anerkannter ‚Werte', d. h. darum, welchen Gütern und Praktiken von Menschen welcher Wert symbolisch beigemessen wird (siehe Bourdieu 1992 [1987]: 135-150, 1998 [1994]: 160-200; vgl. auch Kraemer 1997: 246-305); zum anderen die Konflikte um die relationale *Verteilung von Ressourcen* innerhalb einer Gesellschaft, d. h. die Frage nach der strukturellen Entstehung und Reproduktion von sozialer Ungleichheit. Fley weist in diesem Zusammenhang treffend darauf hin, dass es Bourdieu mit seinem Konzept der Ökonomie der Praxis nicht um die effiziente Allokation knapper Ressourcen ging, sondern um die „Produktion, Verteilung und Akkumulation von Kapital sowie daraus resultierende differenzielle Unterschiede hinsichtlich der Macht und Statuspositionen der Akteure" (Fley 2008: 165). Eine solche Forschungsperspektive rückt explizit das Konkurrenzverhältnis von Menschen bzw. die symbolischen Machtprozesse in den Mittelpunkt des Forschungsinteresses, indem sie berücksichtigt, dass Menschen ihre Erwartung bezüglich ihrer zukünftigen sozialen Position sowohl ex ante[24] wie auch ex post[25] sozial konstruieren und damit ihre gesellschaftliche Stellung selbstständig reproduzieren.[26]

---

[22] So widerlegt Bourdieu zum Beispiel die Annahme eines freiwilligen ökonomischen Tauschverhältnisses in der Praxis sowohl für den Immobilienmarkt (vgl. Bourdieu et al. 1998 [1990]) als auch für den Arbeitsmarkt (Bourdieu et al. 1981 [1971 bis 1974]).
[23] Die Setzung von Praxis als Kampf um knappe materielle und symbolische Güter bzw. Praxis als Kampf um soziale Vorteile wurde von verschiedenen Seiten kritisiert (Hillebrandt 2009a: 191f.; vgl. exemplarisch die entsprechenden Ausführungen von Honneth 1990). So unterstellt Bourdieu sozialen Akteuren, sie würden in jeder Praxis bzw. auf jedem Feld um soziale Vorteile konkurrieren (vgl. hierzu ausführlich Schwingel 1993; Kieserling 2000).
[24] Verschiedene Studien belegen die Reproduktion sozialer Ungleichheit im Bildungswesen (vgl. exemplarisch die Sammelbände von Georg 2006; Becker / Lauterbach 2008; Krüger et al. 2010). Dabei zeigt sich der Effekt der Herkunftsschicht bereits bei Kindern im Grundschulalter, wenn nach dem von ihnen gewünschten Schulabschluss gefragt wird. So benennen nur ca. 20 Prozent der 6-jährigen Kinder aus der Unterschicht, jedoch 76 Prozent der Kinder aus der Oberschicht das Gymnasium oder das Abitur als Bildungsziel (Hurrelmann / Andresen 2010).
[25] Befunde der Glücksforschung belegen, dass mit steigenden Erwartungen an den materiellen Wohlstand die Zufriedenheit mit dem jeweils tatsächlich erreichten Ergebnis über die Zeit gewissermaßen ‚aufgesaugt' wird („aspiration theory") und dass umgekehrt eine Gewöhnung an ein bestimmtes Maß von Wohlstand die Effekte der Zufriedenheit mit einem gegebenen Einkommensniveau verringert („adaption theory") (vgl. exemplarisch Frey 2008).
[26] Bourdieu beschreibt ausführlich die Neigung von Individuen aus unteren Schichten, ihren aus strukturellen bzw. ökonomischen Zwang resultierenden einfachen Lebensstil als frei gewählt zu interpretieren („amor fati") und auf diese Weise – häufig mittels ‚freiwilliger' Selbstselektion – zur Reproduktion bestehender Ungleichheiten aktiv beizutragen (vgl. Bourdieu 1982 [1979]). In gleicher Weise argumentiert auch der Ökonom Sen (2010: 281f.), wenn er feststellt: „It is through 'coming to terms' with one's hopeless predicament that life is made somewhat bearable by the traditional underdogs [...]. The practical merit of such adjustments for people in chronically adverse positions is easy to understand: this is one way of being able to live peacefully with persistent deprivation. But the adjustments also have the consequential effect of distorting the scale of utilities in the form of happiness or desire-fulfillment. In terms of pleasure or desire-fulfillment, the disadvantages of the hopeless underdog may thus

6. Anwendungspotentiale von Bourdieus Habituskonzept für wirtschaftswissenschaftliche Überlegungen

Die bisherigen Ausführungen ergänzend liegt ein großes, bisher ungenutztes Potenzial in der unmittelbaren Anschlussfähigkeit des Habituskonzeptes an die Neue Institutionenökonomik und Kulturelle Ökonomik.[27] Ausgangspunkt einer solchen institutionenökonomischen Perspektive ist die Unterscheidung in *formelle* Regeln und *informelle* Beschränkungen (North 1992 [1990]; vgl. ergänzend Hodgson 2006). Diese Unterscheidung spiegelt analytisch wider, dass gesellschaftliche Ordnungen in der Realität gleichermaßen aus legalen / nicht legalen, expliziten / impliziten sowie geplanten / ungeplanten Regeln bestehen und dass die Entstehung von Institutionen maßgeblich durch – in der Terminologie der neuen Institutionenökonomik – „Shared Mental Models" (Ideologien, Religionen etc.) beeinflusst wird (Denzau / North 1995; vgl. auch Streit / Mummert / Kiwit 2000). Zunehmend wird dabei anerkannt, dass die formellen und informellen Institutionen nicht unabhängig voneinander existieren, sondern dass sie in ihrem Zusammenspiel menschliches Verhalten kanalisieren (Kingston / Caballero 2009: 170-172; vgl. auch Goldschmidt 2006 sowie Lenger 2012).

Die Unterscheidung in formelle Regeln und informelle Beschränkungen entspricht der Einsicht, dass Menschen in der Realität sowohl mit *geplanten* wie auch *ungeplanten*, d. h. *spontaner* Ordnungen konfrontiert sind (siehe hierzu grundlegend Hayek 2003 [1973-1979]). Dabei sind *formelle Institutionen* – also geplante Ordnungen – auf der Ebene des politischen Prozesses anzusiedeln. *Informelle Beschränkungen* hingegen stellen ungeschriebene Verhaltensregeln („codes of conduct") bzw. normative Konventionen dar, die nicht unmittelbar auf bewusste menschliche Planung zurückzuführen sind, sondern vielmehr das Ergebnis eines evolutionären Prozesses darstellen.

Ausgehend von dieser Unterscheidung wird in der Transformationsforschung zunehmend darauf hingewiesen, dass eine Modernisierung bzw. Transformation von ökonomischen Systemen nur erfolgreich gelingen kann, wenn die formellen (z. B. Wettbewerbsgesetze) und informellen Regeln (z. B. habituelle Dispositionsmuster) aneinander anschließen (Roland 2002, 2004). Aus diesem Grund erscheint es für weitere Forschungen vielversprechend, das Forschungsprogramm der kulturellen Ökonomik um die Theorie von Pierre Bourdieu zu erweitern, der mit dem Habituskonzept ein ausgearbeitetes Forschungsprogramm vorgelegt hat, um die Einbettung wirtschaftlicher Prozesse in soziale Machtstrukturen sowie kulturelle und soziale Unterschiede im wirtschaftlichen Handeln zu berücksichtigen, d. h. gewissermaßen das fehlende Bindeglied in der Übertragung zwischen formellen und informellen Institutionen zu bilden.[28]

---

appear to be much smaller than what would emerge on the basis of a more objective analysis of the extent of their deprivation and unfreedom."

[27] Kulturelle Ökonomik versteht sich als ein integratives sozialwissenschaftliches Forschungsprogramm, das sich mit der systematischen Analyse sozialer Regeln, deren Entstehung sowie der Frage nach den Möglichkeiten zur Gestaltung gesellschaftlicher Rahmenbedingungen beschäftigt. Einen guten Einblick in das Forschungsfeld einer kulturellen Ökonomik bietet der von Blümle et al. (2004) herausgegebene Sammelband zu den Perspektiven einer kulturellen Ökonomik sowie der Überblicksartikel von Goldschmidt (2006). Einen Überblick zur „kulturellen Wende" in der ökonomischen Handlungstheorie hat Tanner (2004) vorgelegt.

[28] Für eine ausführliche Darstellung von Bourdieus Transformationsforschung siehe Schmeiser (1984) oder Calhoun (2006). Eine ausführliche Erörterung von Bourdieus Institutionen- und Regelbegriff hat Florian (2006) vorgelegt.

Wie bereits dargelegt, hat Bourdieu eine Theorie entwickelt, die den Menschen zwar nicht als vollständig determiniert begreift, jedoch zur Kenntnis nimmt, dass materielle, kulturelle und soziale Existenzbedingungen die individuellen Handlungsschemata auf bestimmte Handlungspraxen begrenzen. Vor diesem Hintergrund erscheinen insbesondere Bourdieus frühe Arbeiten zur Transformation der algerischen Gesellschaft von besonderer Relevanz für die Reform- und Transformationsökonomik, da er sich dort dezidiert mit dem Problem der Transformation traditionaler Gesellschaften hin zu modernen Marktgesellschaften auseinandergesetzt hat (vgl. auch Schmeiser 1984).

Bourdieus Beitrag für eine kulturökonomische Analyse könnte darin liegen, die analytische Trennung in formelle und informelle Regeln um die symbolische Ordnungsdimension zu erweitern, die überwiegend habituell determiniert ist. Damit ließen sich individuelle Positionen – ganz im Sinne einer kritischen Auseinandersetzung mit dem methodologischen Individualismus[29] – innerhalb der Genese von Strukturen verorten und bezüglich der Rückwirkung zwischen formellen und informellen Institutionen analysieren. Die beteiligten Individuen könnten so mittels ihres inkorporierten Habitus quasi als ‚Träger' bzw. ‚Transmitter' der jeweiligen institutionellen Ordnung verstanden werden.

Während die Neue Institutionenökonomik informelle Institutionen im Transformationsprozess als exogene Residualkategorie, d. h. als unabhängige Variable gebraucht (Bahadir 2000; Klump 2002; Lenger / Goldschmidt 2012), wird eine solche Perspektive in der kulturellen Ökonomik durch die explizite Berücksichtigung der Rückbindung der formellen Regelsysteme auf die informellen Regelsysteme strukturell überwunden (Goldschmidt / Lenger / Zweynert 2006; Zweynert / Goldschmidt 2006; Goldschmidt 2006). Wird aber die Wechselwirkung zwischen formellen und informellen Regeln in den Mittelpunkt des Forschungsinteresses gerückt, sind Sozialisations- und Modernisierungstheorien notwendig, die Aussagen darüber zulassen, wie ein solcher Vermittlungsprozess in der Praxis konkret abläuft (Goldschmidt / Remmele 2005). Zur Vermittlung zwischen Struktur und Praxis hat Bourdieu mit seinem Habituskonzept ein anschlussfähiges Theoriekonzept vorgelegt, das sowohl die strukturelle Gebundenheit des Menschen betont als auch Raum für individuelle Wahlhandlungen unter begrenztem Wissen lässt.[30] Damit steht ein ausgearbeitetes Analyseinstrumentarium zur Analyse der Vermittlung der kulturellen Praxis über die beteiligten Individuen in einer symbolischen Marktordnung zur Verfügung.

7. Konkrete Handlungs- und Forschungsfelder für Bourdieus Habituskonzept

Befassen sich Wirtschaftswissenschaftler mit der Frage nach dem Verhalten von Wirtschaftssubjekten, werden sämtliche Fälle nicht rationalen Verhaltens in der Regel von Ökonomen schlichtweg ausgeblendet (Kirchgässner 2008 [1991]: 3). Entsprechend kann es per definitionem in den Wirtschaftswissenschaften nur das theoretische Konstrukt eines eigen-

---

[29] Methodologischer Individualismus beschreibt soziale Phänomene ausschließlich aus der Perspektive einzelner Individuen, d. h. soziale Prozesse und Institutionen müssen grundlegend aus individuellen Handlungen erklärt werden (siehe grundlegend Schumpeter 1998 [1908] sowie ergänzend Sturn 1997). Die ‚schwache' Variante des methodologischen Individualismus lässt allerdings durchaus auch kollektive Problemlagen bzw. gesellschaftliche Strukturen als das zu erklärende Phänomen zu (siehe Udehn 2001, 2002; Tanner 2004: 79).

[30] Hierbei folgt Bourdieu eher dem Strukturalismus als dem Funktionalismus, wenn er – mit Verweis auf Leibniz – feststellt, dass der Mensch „in Dreiviertel seiner Handlungen Automat ist" (Bourdieu 1982 [1979]: 740).

interessierten, rationalen, wohlinformierten Nutzenmaximierers geben, da es sich ansonsten nicht um eine ökonomische Analyse wirtschaftlicher und nicht-wirtschaftlicher Beziehungen handelt. Entsprechend kann Bourdieu nicht in die orthodoxe ökonomische Analyse integriert werden, da diese sonst ihrem eigenen Selbstverständnis zuwiderliefe. Versteht man jedoch unter Wirtschaftswissenschaft die Analyse wirtschaftlicher Phänomene und wirtschaftlichen Wandels, so rücken realitätsnähere Verhaltensmodelle in den Mittelpunkt des Forschungsinteresses (vgl. z. B. Blümle et al. 2004; Goldschmidt / Nutzinger 2009) und die Ökonomie der Praxis bzw. Bourdieus ökonomische Anthropologie gewinnt für zukünftige Forschungsbemühungen an Relevanz.

Anhand neuerer Entwicklungen in den Wirtschaftswissenschaften kann gezeigt werden, dass das traditionelle Verhaltensmodell eines *homo oeconomicus* zu kurz greift, um adäquate Wirtschaftstheorie und -politik zu betreiben (z. B. Blümle et al. 2004). Damit ist zugleich der zentrale Anknüpfungspunkt für die wirtschaftswissenschaftliche Forschung benannt. Denn auch Bourdieu geht davon aus, dass Konkurrenz sowie das Streben nach Verbesserung der sozialen Position eine Konstante menschlicher Existenz darstellt (Fley 2008: 163), dessen konkrete Ausprägung jedoch sozial rekonstruiert werden muss (Bourdieu 1998 [1994]: 142f.). Bereits an dieser Stelle wird die Ablehnung des für die Ökonomik strengen methodologischen Individualismus deutlich (Bourdieu et al. 1998 [1997]: 168-173). Bourdieu bezeichnet seine Sozialtheorie als Ökonomie der Praxisform, weil er die Konkurrenz der Akteure um knappe Güter und Ressourcen als grundlegende Ursache für die Entstehung, Verfestigung und den Wandel regelmäßiger und regelhafter Verhaltensweisen ansieht (Bourdieu 1982 [1979]: 380; Bourdieu / Wacquant 1996 [1992]: 127-130; Kieserling 2000: 372f.; Fley 2008: 164).

Im Gegensatz zur herkömmlichen Konzeption unterstellt Bourdieu jedoch ein gänzlich anderes Konkurrenzverständnis. Denn während in der Ökonomik Konkurrenz als ein Koordinations- bzw. Kooperationsproblem analysiert wird, geht Bourdieu von einem konflikttheoretisch bedingten Konkurrenzverhältnis aus (Fley 2008: 164; Lenger 2012: 229-238), – eine Position, die auch zunehmend im wirtschaftswissenschaftlichen Feld Anerkennung findet (vgl. z. B. Neumärker 2011; Lenger 2012). Hieraus lässt sich m. E. unmittelbar eine Reihe von konkreten Anwendungsfeldern für die ökonomische Analyse ableiten, die es umzusetzen gälte:

(1) Erstens bietet das Habituskonzept vielversprechende Möglichkeiten, Informationsprobleme zu lösen und bestehende Unsicherheiten für die ökonomische Analyse zu berücksichtigen.[31] Denn Unsicherheit, Risiko und Ungewissheit spielen in der modernen Volkswirtschaftslehre zentrale Rollen, da in der Realität Entscheidungen in der Regel – bewusst oder unbewusst – unter Unsicherheit getroffen werden (grundlegend Knight 2009 [1921]).

---

[31] So schreibt Bourdieu (1998 [1997]: 202): „Daher produziert der Habitus zwar nicht »rationale«, wohl aber vernünftige Antizipationen. Sie entstehen aufgrund von Dispositionen, die aus der unmerklich einverleibten Erfahrung von konstanten oder wiederkehrenden Situationen hervorgingen, und sind deshalb unmittelbar passend für neue, aber nicht radikal neuartige Situationen. Als Handlungsdisposition, die selbst das Produkt früherer Erfahrungen mit gleichartigen Situationen ist, sichert der Habitus eine praktische Beherrschung von Ungewissheitssituationen und begründet ein Verhältnis zur Zukunft, das nicht dasjenige des Projekts ist, des Abzielens auf Möglichkeiten, die ebenso kommen wie auch nicht kommen können, sondern dasjenige der praktischen Antizipation, die in der Objektivität der Welt selbst das entdeckt, was sich als das einzig Machbare darbietet, und dieses »zu Kommende« als quasi Gegenwärtiges (und nicht als kontingent Zukünftiges) in den Griff nimmt – was nichts gemein hat mit der rein spekulativen Logik eines Risikokalküls, der imstande ist, den verschiedenen Möglichkeiten Werte zuzuordnen."

In der neoklassischen Entscheidungstheorie – auf welcher ökonometrische Modelle basieren – wird hingegen vollständige Rationalität unterstellt. Vollständige Rationalität wäre aber nur dann gegeben, wenn Individuen über vollständiges Wissen verfügen. Herbert A. Simon (1955, 1956, 1992) hat jedoch eindrücklich herausgearbeitet, dass wirtschaftliche Akteure in der Realität mit „begrenztem Wissen" konfrontiert sind, d. h. dass den am Wirtschaftsprozess beteiligten Akteuren nicht alle Informationen bekannt sind und die Akkumulation von Informationen nicht unendlich schnell und kostenlos erfolgen kann. In der Forschungspraxis werden die zu analysierenden Variablen jedoch häufig ex ante anhand modelltheoretischer Überlegungen gesetzt und nicht aus tatsächlichen Beobachtungen abgeleitet. Der *homo oeconomicus* ist somit konzeptionell auf die Zukunft ausgerichtet und dementsprechend schlecht geeignet, die bestehenden Erfahrungen und Handlungsspielräume angemessen zu berücksichtigen. Hier kann das Habituskonzept ein brauchbares Instrument liefern, um marktliche Tauschprozesse in Abhängigkeit zur sozialen Lage zu analysieren und die Rolle sozialer Macht für wirtschaftliche Phänomene herauszuarbeiten. Denn die Annahme eines strikt rational-agierenden *homo oeconomicus* ist relativ ungeeignet, ökonomisches Verhalten in konkreten Situationen tatsächlich zu erklären. Vielmehr gilt es anzuerkennen, dass Menschen in verschiedenen Kontexten verschiedenen Handlungsmustern folgen (Etzioni 1994; Ostrom 2005; Vatn 2005). So kann menschliches Verhalten aufgrund von Unsicherheiten und fehlenden Informationen besser als regel-anwendendes denn als nutzen-maximierendes Verhalten beschrieben werden (Vanberg 2002). Dabei hängt die Kontextspezifikation jedoch maßgeblich von der subjektiven Situationsklassifizierung ab und kann zu mitunter extrem unterschiedlichen Reaktionen führen.

In welchen Situationen Menschen nun aber welche Kategorien anwenden, ist eine Frage, die ausschließlich vor dem Hintergrund der bisherigen subjektiven Erfahrungen beantwortet werden kann, da es sich ausschließlich um subjektive Sinnzusammenhänge handelt. Entsprechend muss die wirtschaftswissenschaftliche Theorie um Konzepte wie dem des Habitus erweitert werden, die dieser sozialen Eingebundenheit gerecht werden, indem sie ein auf die Zukunft ausgerichtetes strategisches Verhalten zulassen, jedoch gleichzeitig die bisherigen, historischen Erfahrungen als inkorporierte Verhaltensweisen für die Analyse berücksichtigen und auf diese Weise den tatsächlichen Handlungsspielraum bestimmen können.

(2) Der Rückgriff auf das Habituskonzept ist zudem geeignet, weiterführende empirische Befunde bezüglich der Frage nach der Präferenzbildung und den Konsumpraktiken von Individuen zu ermöglichen. So widerlegen verschiedene quantitative Erhebungen die in ökonomischen Mainstream-Analysen unterstellte Annahme, dass Präferenzen starr und nicht wandelbar sind (Stigler / Becker 1977). Vielmehr konnte in neueren Publikationen gezeigt werden, dass Sozialisationsprozesse (Bisin / Verdier 2011), Märkte und wirtschaftliche Institutionen (Bowles 1998) sowie politische Institutionen (Alesina / Fuchs-Schündeln 2007) einen präferenzgestaltenden Einfluss haben.

Diesbezüglich stellt das Habituskonzept meines Erachtens eine angemessene Methode dar, diesen Präferenzwandel zu dokumentieren und analytisch zu spezifizieren. Gerade wenn man an mögliche fehlende Einstellungsänderungen und Präferenzverschiebungen aufgrund von Wirtschaftskrisen oder Umwelt- bzw. Naturkatastrophen denkt, sind die dahinter stehenden Repräsentationsmuster völlig unbekannt. Gleichermaßen betrifft dies jedoch auch die Analyse bezüglich der antizipierten Entwicklung der Finanzsysteme, des zukünftigen Wirtschaftswachstums, möglicher Krisen und Rezessionen, des Geschäftsklimaindexes, zukünftiges Vertrauen in Währungen, Fragen die Altersvorsorge betreffend etc. Alle diese wirtschaftlichen Phänomene werden maßgeblich von den subjektiven Wahrnehmungsschemata und Repräsentationsmustern von Individuen beeinflusst, variieren jedoch signifikant unabhängig von dem zur Verfügung stehenden Einkommen und Vermögen. Entsprechend notwendig ist es, die Bedeutung der Lebensstile für die Konsumforschung und Nachfrageorientierung der Wirtschaftswissenschaften in Abhängigkeit zur sozialen Stellung analytisch zu berücksichtigen.

(3) Drittens ist hinreichend belegt, dass sich Präferenzen und ökonomische Verteilungsvorstellungen der Menschen in Abhängigkeit von ihrer sozialen Lage und kulturellen Prägung unterscheiden (Lenger 2009, 2012; vgl. auch Kluegel / Mason / Wegener 1995; Mikula 2002; Wegener / Liebig 1995). Betrachtet man beispielsweise die Verteilung von Einkommen und Vermögen, lässt sich für Deutschland feststellen, dass sozial bessergestellte Personen häufiger das Prinzip der individuellen Leistung für gerecht erachten, wohingegen eine solche Regel bei Personen am unteren Ende der gesellschaftlichen Schichtung weniger Zustimmung findet (Mikula 2002: 263). Solche subjektiven Gerechtigkeits- und Ungerechtigkeitsurteile basieren jedoch zu einem wesentlichen Teil auf sozialen Vergleichen und sind mitunter sehr schwierig zu erheben. Zudem zeigen international vergleichende Studien, dass die Zugehörigkeit zu einem bestimmten Kulturkreis signifikante Auswirkungen auf die Gerechtigkeitsüberzeugungen von Menschen hat (Kluegel / Mason / Wegener 1995; Henrich et al. 2005). Während z. B. in Deutschland mehrheitlich der Standpunkt vertreten wird, dass soziale Gerechtigkeit durch die Sicherung eines minimalen Lebensstandards, medizinische Grundversorgung und eine angemessene Altersversorgung gekennzeichnet ist, plädieren Menschen in den USA deutlich weniger für staatliche Umverteilung, sondern bevorzugen möglichst viel individuelle Freiheit bei der Verfolgung ihrer Lebenspläne und akzeptieren hierfür auch eine größere soziale Ungleichheit (Wegener / Liebig 1995).

Dass Kultur eine Auswirkung auf ökonomisches Verhalten hat, erscheint somit hinreichend belegt (siehe z. B. auch Weber 2010 [1920]; Denzau / North 1995; Goldschmidt / Nutzinger 2009). Entsprechend wird zunehmend die Berücksichtigung kultureller und institutioneller Kontexte in wirtschaftswissenschaftliche Analysen gefordert und durchgeführt (Henrich 2000). Knight führt hierzu treffend aus:

> „To the extent that we accept the arguments that cognitive activity is dependent in a fundamental way on the cultural and institutional context, research on cognition must move beyond the walls of experimentation and pay greater attention to the mechanisms of everyday cognition in social life." (Knight 1997: 696)

Dies lässt hoffen, dass das Habituskonzept als Verhaltensmodell in diesem Kontext tatsächlich die Chance erhält, im wirtschaftswissenschaftlichen Diskurs aufgegriffen zu werden, da es geeignet erscheint, die kulturellen Muster, denen ein Akteur sich zugehörig fühlt, zu spezifizieren und weiterführend in die Analyse zu integrieren (vgl. Lenger / Priebe in diesem Band).

(4) Viertens kann das Habituskonzept zu einem besseren Verständnis der Preis- und Konsumtheorie beitragen. So weist Kraemer zu Recht darauf hin, dass der Beitrag von Bourdieus anthropologischer Ökonomik für die Analyse wirtschaftlicher Phänomene nicht in der Ergänzung um neue Kapitalsorten liegt, sondern aus der Rekonstruktion symbolischer Macht folgt (Kraemer 2012). Für Bourdieu sind Märkte keine Märkte im neoklassi-

schen Sinn, da weder die Koordination über die Preise abläuft, noch Märkte machtfreie Arenen darstellen, in denen vermeintlich gleichberechtigte Individuen freiwillig tauschen (vgl. hierzu auch Holder 2009). Folgt man einer solchen konfliktökonomischen Argumentation, so stellt das Habituskonzept eine notwendige Erweiterung wirtschaftswissenschaftlicher Theoriebildung dar, die die Märkte als Felder konzeptualisiert, um Machtbeziehungen und Kräfteverhältnisse in die Analyse integrieren zu können (Kraemer 2012). Auf diesen Feldern ergibt sich die Konstruktion von Preisen nicht über ein anonymes Zusammentreffen von Angebot und Nachfrage. Vielmehr sind Preise (aber auch Marktmachtstellungen) Ausdruck von Machtchancen aufgrund ungleicher Kapitalausstattungen beteiligter Individuen. In diesem Sinne agieren Wirtschaftsakteure in polypolistischen Märkten auch nicht einfach als Preisnehmer, sondern ebenso als Preissetzer (sofern sie über bestimmte Macht verfügen). Insofern geht das Habituskonzept über die neoklassische Annahme einer nachfragegesteuerten Wirtschaft heraus und bietet eine Möglichkeit, auch angebotsgesteuerte Wirtschaftsprozesse analysieren zu können (Bourdieu et al. 1998 [1997]: 162). Der innovative Charakter der Habitustheorie liegt darin begründet, dass Bourdieu explizit anerkennt, dass mit unterschiedlichen Ressourcen ausgestattete Wirtschaftssubjekte in wirtschaftlichen Zusammenhängen um Einkommen und Gewinne konkurrieren. Im Gegensatz zu den orthodoxen und institutionenökonomischen Wirtschaftswissenschaften werden diese unterschiedlichen Statuspositionen aber nicht als objektives Ergebnis von marktwirtschaftlichen Prozessen interpretiert, von denen die subjektiven Wahrnehmungen determiniert werden. Vielmehr hat Bourdieu mit dem Habituskonzept eine Erklärung vorgelegt, wie die kognitiven Wahrnehmungen auf Märkten durch soziale Ungleichheit erzeugt werden, weshalb ein Markt das Ergebnis einer doppelten sozialen Konstruktion darstellt, welche sich zugleich auf die Angebots- und Nachfrageseite bezieht (Holder 2009: 180). Eine solche sozialkonstruktivistische Modellierung wirtschaftlicher Prozesse ist m. E. tragfähig für eine moderne Wirtschaftswissenschaft, weil sie die betroffenen Individuen in den Mittelpunkt rückt, auf die Zukunft ausgerichtetes strategisches Handeln und den Wandel von Wirtschaftsordnungen erklärt sowie strukturelle Ungleichheiten in die ökonomische Analyse integriert.

8. Fazit

Der vorliegende Beitrag hat gezeigt, dass mit dem Habituskonzept zwei potenzielle Weiterentwicklungen für die Analyse wirtschaftlicher Phänomene vorliegen. So hat Bourdieu zum einen mit der *Ökonomie der Praxis* ein Handlungskonzept entworfen, das – in expliziter Abgrenzung zur neoklassischen Modellierung der Wohlfahrtsökonomik – ein Wirtschaftssubjekt nicht länger als ein strikt *bewusst* kalkulierendes Individuum versteht, das sämtliche Einzelentscheidungen aus einem Kosten-Nutzen-Kalkül oder einer formalen Regel ableitet, sondern die Praxis der Regel- und Sinnhaftigkeit in den Vordergrund stellt. Zum anderen hat er mit der *ökonomischen Anthropologie* eine Methode vorgelegt, wie sich objektive reale Strukturen in spezifische Feldlogiken übertragen lassen und wie menschliches Verhalten im ökonomischen Feld als Resultat objektiver Macht- und Ungleichheitsstrukturen analysiert werden kann.

Bisher findet das Habituskonzept in den Wirtschaftswissenschaften allerdings kaum Beachtung. In der Mainstream-Ökonomik spielt es keine Rolle, weil Bourdieu mit dem Habituskonzept eine – aus neoklassischer Sichtweise – nicht ökonomische Verhaltenstheorie entwickelt hat, der folgerichtig keine Bedeutung zur Erklärung wirtschaftlicher Phänomene zukäme. Auch in der neueren Wirtschaftssoziologie spielt das Habituskonzept eine untergeordnete Rolle, weil Bourdieu, entgegen der Ausrichtung auf Koordinations- und Kooperationsprobleme, ein konflikttheoretisches Konkurrenzverhältnis unterstellt und die Reproduktion sozialer Ungleichheit in den Mittelpunkt seiner Analyse stellt.

Entgegen dieser Entwicklung wurden die Anschlussfähigkeit, die Anwendungspotenziale sowie konkrete Anwendungsfelder benannt, die für eine Integration des Habituskonzeptes zur Erklärung wirtschaftlicher Phänomene und wirtschaftlichen Wandels sprechen. Hierbei zeigte sich, dass die Wirtschaftswissenschaften insbesondere von den folgenden vier Punkten profitieren könnten. Erstens bietet das Habituskonzept vielversprechende Möglichkeiten, Informationsprobleme zu lösen und subjektive Unsicherheiten in wirtschaftswissenschaftlichen Analysen zu berücksichtigen. Zweitens erlaubt das Habituskonzept weiterführende Erklärungen zur Frage der Genese endogener Präferenzen und Konsumpraktiken von Individuen. Drittens kann mit dem Habituskonzept die soziale Einbettung der Individuen umfassend analysiert werden, indem Präferenzen und Handlungsräume in Abhängigkeit zur sozialen Lage und kulturellen Prägung verstanden werden. Schließlich kann viertens das Habituskonzept zu einem umfassenderen Verständnis der Angebots- und Nachfrage- bzw. Preis- und Konsumtheorie beitragen, indem systematisch die Erzeugung und Reproduktion (symbolischer) Machtstrukturen untersucht wird.

Literatur

Akerlof, Georg A. (1970): The Market for "Lemons": Quality Uncertainty and the Market Mechanism. In: *Quarterly Journal of Economics* (84), 3: S. 488-500.
Alesina, Alberto / Fuchs-Schündeln, Nicola (2007): Good-Bye Lenin (or Not?): The Effect of Communism on People's Preferences. In: *American Economic Review* (97), 4: S. 1507-1528.
Bahadir, Sefik A. (2000): Kultur und Wirtschaftswachstum im interregionalen Vergleich. In: Sefik A. Bahadir (Hg.): *Kultur und Region im Zeichen der Globalisierung. Wohin treiben die Regionalkulturen?* Neustadt an der Aisch: Verlag Degener. S. 41-68.
Becker, Gary S. (1993): *Der ökonomische Ansatz zur Erklärung menschlichen Verhaltens.* 2. Auflage. Tübingen: Mohr.
Becker, Gary S. (1996): *Familie, Gesellschaft und Politik.* Tübingen: Mohr Siebeck.
Becker, Joachim / Grisold, Andrea / Mikl-Horke, Gertraude / Pirker, Reinhard / Rauchenschwandtner, Hermann / Schwank, Oliver (Hg.) (2009): *Heterodoxe Ökonomie.* Marburg: Metropolis.
Becker, Rolf / Lauterbach, Wolfgang (Hg.) (2008): *Bildung als Privileg. Erklärungen und Befunde zu den Ursachen der Bildungsungleichheit.* 3. Auflage. Wiesbaden: VS.
Beckert, Jens / Deutschmann, Christoph (2009): Neue Herausforderungen der Wirtschaftssoziologie. In: Jens Beckert / Christoph Deutschmann (Hg.): *Wirtschaftssoziologie. Kölner Zeitschrift für Soziologie und Sozialpsychologie.* Sonderheft 49. Wiesbaden: VS.
Bisin, Alberto / Verdier, Thierry (2011): The Economics of Cultural Transmission and Socialization. In: Jess Benhabib / Alberto Bisin / Matthew O. Jackson (Hg.): *Handbook of Social Economics.* Amsterdam: Elsevier. S. 339-416.
Blümle, Gerold / Goldschmidt, Nils / Klump, Rainer / Schauenberg, Bernd / Senger, Harro von (Hg.) (2004): *Perspektiven einer kulturellen Ökonomik.* Münster: LIT.
Bourdieu, Pierre (1958): *Sociologie de l'Algerie.* Paris: PUF.

Bourdieu, Pierre (1970 [1967]): Der Habitus als Vermittlung zwischen Struktur und Praxis. In: Pierre Bourdieu (Hg.): *Zur Soziologie der symbolischen Formen.* Frankfurt am Main: Suhrkamp. S. 125-158.
Bourdieu, Pierre (1976 [1972]): *Entwurf einer Theorie der Praxis auf der ethnologischen Grundlage der kabylischen Gesellschaft.* Frankfurt am Main: Suhrkamp.
Bourdieu, Pierre (1982 [1979]): *Die feinen Unterschiede. Kritik der gesellschaftlichen Urteilskraft.* Frankfurt am Main: Suhrkamp.
Bourdieu, Pierre (1983): Ökonomisches Kapital, kulturelles Kapital, soziales Kapital. In: Reinhard Kreckel (Hg.): *Soziale Ungleichheiten.* Soziale Welt Sonderband 2. Göttingen: Schwartz. S. 183-198.
Bourdieu, Pierre (1987 [1980]): *Sozialer Sinn. Kritik der theoretischen Vernunft.* Frankfurt am Main: Suhrkamp.
Bourdieu, Pierre (1992 [1987]): *Rede und Antwort.* Frankfurt am Main: Suhrkamp.
Bourdieu, Pierre et al. (1998 [1990 und 1997]): *Der Einzige und sein Eigenheim.* Hamburg: VSA.
Bourdieu, Pierre (1998 [1994]): *Praktische Vernunft. Zur Theorie des Handelns.* Frankfurt am Main: Suhrkamp.
Bourdieu, Pierre (1998 [1997]): Das ökonomische Feld. In: Pierre Bourdieu et al.: *Der Einzige und sein Eigenheim.* Hamburg: VSA. S. 162-204.
Bourdieu, Pierre (1998): *Gegenfeuer. Wortmeldungen im Dienste des Widerstands gegen die neoliberale Invasion.* Konstanz: UVK.
Bourdieu, Pierre (2000 [1977]): *Die zwei Gesichter der Arbeit. Interdependenzen von Zeit- und Wirtschaftsstrukturen am Beispiel einer Ethnologie der algerischen Übergangsgesellschaft.* Konstanz: UVK.
Bourdieu, Pierre (2000a): Die Erzeugung des ökonomischen Habitus. Vorwort zur deutschsprachigen Ausgabe. In: Pierre Bourdieu: *Die zwei Gesichter der Arbeit. Interdependenzen von Zeit- und Wirtschaftsstrukturen am Beispiel einer Ethnologie der algerischen Übergangsgesellschaft.* Konstanz: UVK. S. 7-20.
Bourdieu, Pierre (2000b): Making the Economic Habitus. Algerian Workers Revisited. In: *Ethnography* (1): S. 17-41.
Bourdieu, Pierre (2001 [1992]): *Die Regeln der Kunst. Genese und Struktur des literarischen Feldes.* Frankfurt am Main: Suhrkamp.
Bourdieu, Pierre (2001): *Gegenfeuer 2. Für eine europäische soziale Bewegung.* Konstanz: UVK.
Bourdieu, Pierre et al. (2002 [1990 und 1997]): *Der Einzige und sein Eigenheim.* Erweiterte Neuausgabe. Hamburg: VSA.
Bourdieu, Pierre (2002 [2000]): Einigen und herrschen – vom nationalen zum internationalen Feld. In: Pierre Bourdieu et al.: *Der Einzige und sein Eigenheim.* Erweiterte Neuausgabe. Hamburg: VSA. S. 227-238.
Bourdieu, Pierre (2004 [1989]): *Der Staatsadel.* Konstanz: UVK.
Bourdieu, Pierre et al. (Hg.) (2005 [1997/1993]): *Das Elend der Welt.* Gekürzte Studienausgabe. Konstanz: UVK.
Bourdieu, Pierre (2005 [2000]): *The Social Structures of the Economy.* Cambridge: Polity Press.
Bourdieu, Pierre (2005): Principles of Economic Anthropology. In: Neil J. Smelser / Richard Swedberg (Hg.): *The Handbook of Economic Sociology.* 2. Auflage. Princeton: Princeton University Press. S. 75-89.
Bourdieu, Pierre (2006 [1990]): Das Recht und die Umgehung des Rechts. In: Michael Florian / Frank Hillebrandt (Hg.): *Pierre Bourdieu. Neue Perspektiven für die Soziologie der Wirtschaft.* Wiesbaden: VS. S. 19-41.
Bourdieu, Pierre (2008 [2002]): *Junggesellenball. Studien zum Niedergang der bäuerlichen Gesellschaft.* Konstanz: UVK.
Bourdieu, Pierre / Boltanski, Luc / Chamboredon, Jean-Claude (1963): *La banque et sa clientèle: Eléments d'une sociologie du crédit. Etude réalisée sous la direction de Pierre Bourdieu par*

Luc Boltanski et Jean-Claude Chamboredon. Unveröffentlichtes Manuskript. Paris: Centre de Sociologie Européenne.
Bourdieu, Pierre / Boltanski, Luc / Saint-Martin, Monique de / Maldidier, Pascale (Hg.) (1981) [1971 bis 1974]: *Titel und Stelle. Über die Reproduktion sozialer Macht*. Frankfurt am Main: Europäische Verlagsanstalt.
Bourdieu, Pierre / Darbel, Alain / Rivet, Jean-Paul / Seibel, Claude (1963): *Travail et Travailleurs en Algérie*. Paris: Mouton.
Bourdieu, Pierre / Saint-Martin, Monique de (1998 [1990]): Der Eigentumssinn. Die soziale Genese von Präferenzsystemen. In: Pierre Bourdieu et al.: *Der Einzige und sein Eigenheim*. Hamburg: VSA. S. 130-161.
Bourdieu, Pierre / Wacquant, Loïc J. D. (1996 [1992]): *Reflexive Anthropologie*, Frankfurt am Main: Suhrkamp.
Bowles, Samuel (1998): Endogenous Preferences: The Cultural Consequences of Markets and Other Economic Institutions. In: *Journal of Economic Literature* (36), 1: S. 75-111.
Calhoun, Craig (2006): Pierre Bourdieu and Social Transformation: Lessons from Algeria. In: *Development and Change* (37), 6: S. 1403-1415.
Davis, John B. (2006): The Nature of Heterodox Economics. In: *Post-Autistic Economic Review* (40), 1: S. 23-30.
Denzau, Arthur T. / North, Douglass C. (1995): Shared Mental Models: Ideologies and Institutions. In: *Kyklos* (47), 1: S. 3-31.
Diaz-Bone, Rainer (2006): Wirtschaftssoziologische Perspektiven nach Bourdieu in Frankreich. In: Michael Florian / Frank Hillebrandt (Hg.): *Pierre Bourdieu. Neue Perspektiven für die Soziologie der Wirtschaft*. Wiesbaden: VS. S. 43-72.
Diaz-Bone, Rainer (2007): Qualitätskonventionen in ökonomischen Feldern. Perspektiven für die Soziologie des Marktes nach Bourdieu. In: *Berliner Journal für Soziologie* (17), 4: S. 489-509.
Elias, Norbert (1983*)*: *Die höfische Gesellschaft. Untersuchungen zur Soziologie des Königstums und der höfischen Aristokratie*. Frankfurt am Main: Suhrkamp.
Etzioni, Amitai (1994): *Jenseits des Egoismus-Prinzips. Ein neues Bild von Wirtschaft, Politik und Gesellschaft*. Stuttgart: Schäffer-Poeschel.
Feess, Eberhard (2004): *Mikroökonomie. Eine spieltheoretisch- und anwendungsorientierte Einführung*. 3. Auflage. Marburg: Metropolis.
Fehr, Ernst / Fischbacher, Urs (2002): Why Social Preferences Matter. The Impact of Non-Selfish Motives on Competition, Cooperation and Incentives. In: *The Economic Journal* (112), 478: C1-C33.
Fehr, Ernst / Schmidt, Klaus M. (1999): A Theory of Fairness, Competition and Cooperation. In: *Quarterly Journal of Economics* (114), 3: S. 817-868.
Fley, Bettina (2008): Wirtschaft und wirtschaftliches Handeln als Ökonomie der Praxis. In: Andrea Maurer (Hg.): *Handbuch der Wirtschaftssoziologie*. Wiesbaden: VS. S. 161-184.
Florian, Michael (2006): Ökonomie als soziale Praxis. Zur wirtschaftssoziologischen Anschlussfähigkeit von Pierre Bourdieu. In: Michael Florian / Frank Hillebrandt (Hg.): *Pierre Bourdieu. Neue Perspektiven für die Soziologie der Wirtschaft*. Wiesbaden: VS. S. 73-108.
Florian, Michael / Hillebrandt, Frank (Hg.) (2006*)*: *Pierre Bourdieu. Neue Perspektiven für die Soziologie der Wirtschaft*. Wiesbaden: VS.
Frey, Bruno S. (2008): *Happiness. A Revolution in Economics*. Cambridge: MIT Press.
Fröhlich, Gerhard / Rehbein, Boike (Hg.) (2009): *Bourdieu-Handbuch. Leben – Werk – Wirkung*. Stuttgart / Weimar: Metzler.
Fuchs-Heinritz, Werner / König, Alexandra (2005): *Pierre Bourdieu. Eine Einführung*. Konstanz: UVK.
Georg, Werner (2006): Einleitung. In: Werner Georg (Hg.): *Soziale Ungleichheit im Bildungssystem. Eine empirisch-theoretische Bestandsaufnahme*. Konstanz: UVK. S. 7-12.
Gigerenzer, Gerd / Selten, Reinhard (Hg.) (2002): *Bounded Rationality. The Adaptive Toolbox*. Cambridge: MIT.

Goldschmidt, Nils (2006): A Cultural Approach to Economics. In: *Intereconomics* 41 (4): 176-182.

Goldschmidt, Nils / Nutzinger, Hans G. (Hg.) (2009): *Vom homo oeconomicus zum homo culturalis. Handlung und Verhalten in der Ökonomie.* Berlin: LIT.

Goldschmidt, Nils / Lenger, Alexander (2012): Justice by Agreement. Constitutional Economics and its Cultural Challenge. In: Elisabeth Kals / Jürgen Maes (Hg.): *Justice and Conflicts: Theoretical and Empirical Contributions.* Berlin / New York: Springer. S. 299-314.

Goldschmidt, Nils / Lenger, Alexander / Zweynert, Joachim (2006): Wirtschaftliche Transformation als kulturökonomisches Phänomen. In: *Optimum. Studia Ekonomiczne* (31), 3: S. 3-15.

Goldschmidt, Nils / Remmele, Bernd (2005): Anthropology as the Basic Science of Economic Theory. Towards a Cultural Theory of Economics. In: *Journal of Economic Methodology* (12), 3: S. 455-469.

Hayek, Friedrich August von (2003) [1973-1979]: *Recht, Gesetz und Freiheit. Eine Neufassung der liberalen Grundsätze der Gerechtigkeit und der politischen Ökonomie.* Tübingen: Mohr Siebeck.

Heinemann, Frank (1995): *Rationalisierbare Erwartungen. Eine entscheidungstheoretische Fundierung ökonomischer und spieltheoretischer Gleichgewichtskonzepte.* Heidelberg: Physica.

Henrich, Joseph (2000): Does Culture Matter in Economic Behavior? Ultimatum Game Bargaining among the Machiguenga of the Peruvian Amazon. In: *American Economic Review* (90), 4: S. 973-979.

Henrich, Joseph et al. (2005): 'Economic Man' in Cross-Cultural Perspective: Behavioral Experiments in 15 Small-Scale Societies. In: *Behavioral and Brain Sciences* (28), 6: S. 1-61.

Hillebrandt, Frank (2006): Der Tausch als strukturbildende Praxisform. Zur symbolischen Dimension eines sozialen Mechanismus' moderner Ökonomie. In: Michael Florian / Frank Hillebrandt (Hg.): *Pierre Bourdieu. Neue Perspektiven für die Soziologie der Wirtschaft.* Wiesbaden: VS. S. 147-168.

Hillebrandt, Frank (2007): Kaufen, Verkaufen, Schenken: Die Simultanität von Tauschpraktiken. In: Jens Beckert / Rainer Diaz-Bone / Heiner Ganssmann (Hg.): *Märkte als soziale Strukturen.* Frankfurt am Main: Campus. S. 281-295.

Hillebrandt, Frank (2009a): Ökonomie (économie). In: Gerhard Fröhlich / Boike Rehbein (Hg.): *Bourdieu-Handbuch. Leben – Werk – Wirkung.* Stuttgart / Weimar: Metzler. S. 186-193.

Hillebrandt, Frank (2009b): *Praktiken des Tauschens. Zur Soziologie symbolischer Formen der Reziprozität.* Wiesbaden: VS.

Hillebrandt, Frank (2009c): Wirtschaft. In: Gerhard Fröhlich / Boike Rehbein (Hg.): *Bourdieu-Handbuch. Leben – Werk – Wirkung.* Stuttgart / Weimar: Metzler. S. 338-342.

Himmelweit, Susan / Simonetti, Roberto / Trigg, Andrew B. (2001): *Microeconomics. Neoclassical and Institutionalist Perspectives on Economic Behaviour.* London: Thomson Learning.

Hodgson, Geoffrey M. (2006): What are Institutions? In: *Journal of Economic Issues* 40 (1): 1-25.

Holder, Patricia (2009): Markt (marché). In: Gerhard Fröhlich / Boike Rehbein (Hg.): *Bourdieu-Handbuch. Leben – Werk – Wirkung.* Stuttgart / Weimar: Metzler. S. 179-185.

Holt, Douglas B. (1998): Does Cultural Capital Structure American Consumption? In: *Journal of Consumer Research* (25), 1: S. 1-25.

Homann, Karl / Suchanek, Andreas (2005): *Ökonomik. Eine Einführung.* 2., überarbeitete Auflage. Tübingen: Mohr Siebeck.

Honneth, Axel (1990): Die zerrissene Welt der symbolischen Formen. Zum kultursoziologischen Werk Pierre Bourdieus. In: Axel Honneth: *Die zerrissene Welt des Sozialen. Sozialphilosophische Aufsätze.* Frankfurt am Main: Suhrkamp. S. 156-181.

Hurrelmann, Klaus / Andresen, Sabine (2010): *Kinder in Deutschland 2010. 2. World Vision Kinderstudie.* Frankfurt am Main: Fischer Taschenbuch.

Janning, Frank (1991): *Pierre Bourdieus Theorie der Praxis. Analyse und Kritik der konzeptionellen Grundlegung einer praxeologischen Soziologie.* Opladen: Westdeutscher Verlag.

Jehle, Geoffrey Alexander / Reny, Philip J. (2011): *Advanced Microeconomic Theory.* 3. Auflage. Harlow: Pearson.

Kahneman, Daniel / Slovic, Paul / Tversky, Amos (Hg.) (1982): *Judgment under Uncertainty. Heuristics and Biases*. Cambridge / New York: Cambridge University Press.
Kieserling, André (2000): Zwischen Wirtschaft und Kultur. Zum siebzigsten Geburtstag von Pierre Bourdieu. In: *Soziale Systeme* (6), 2: S. 369-387.
Kingston, Christopher / Caballero, Gonzalo (2009): Comparing Theories of Institutional Change. In: *Journal of Institutional Economics* (5), 2: S. 151-180.
Kirchgässner, Gebhard (2008 [1991]): *Homo Oeconomicus. Das ökonomische Modell individuellen Verhaltens und seine Anwendung in den Wirtschafts- und Sozialwissenschaften*. 3., erg. und erw. Auflage. Tübingen: Mohr Siebeck.
Kluegel, James R. / Mason, David S. / Wegener, Bernd (Hg.) (1995): *Social Justice and Political Change. Public Opinion in Capitalist and Post-Communist States*. Berlin / New York: De Gruyter.
Klump, Rainer (2002): The Role of Culture in Economic Theorizing and Empirical Economic Research. In: Heino H. Nau / Bertram Schefold (Hg.): *The Historicity of Economics. Continuities and Discontinuities of Historical Thought in 19th and 20th Century Economics*. Berlin: Springer. S. 207-224.
Knight, Frank H. (2009 [1921]): *Risk, Uncertainty, and Profit*. Kissimmee: Signalman Publishing.
Knight, Jack (1997): Social Institutions and Human Cognition: Thinking About Old Questions in New Ways. In: *Journal of Institutional and Theoretical Economics* (153), 4: S. 693-699.
Kraemer, Klaus (2012): Who Gets What and Why? Märkte und Unternehmen als Arenen sozialer Ungleichheit. Unveröffentlichtes Manuskript.
Kraemer, Klaus (1997): *Der Markt der Gesellschaft. Zu einer soziologischen Theorie der Marktvergesellschaftung*. Opladen: Westdeutscher Verlag.
Krüger, Heinz-Hermann / Rabe-Kleberg, Ursula / Kramer, Rolf-Torsten / Budde, Jürgen (Hg.) (2010): *Bildungsungleichheit revisited. Bildung und soziale Ungleichheit vom Kindergarten bis zur Hochschule*. Wiesbaden: VS.
Kumoll, Karsten (2009): Strategie (stratégie). In: Gerhard Fröhlich / Boike Rehbein (Hg.): *Bourdieu-Handbuch. Leben – Werk – Wirkung*. Stuttgart / Weimar: Metzler. S. 225-227.
Lawson, Tony (2006): The nature of heterodox economics. In: *Cambridge Journal of Economics* (30), 4: S. 483-505.
Lebaron, Frédéric (2003): Pierre Bourdieu: Economic Models against Economism. In: *Theory and Society* (32), 5-6: S. 551-565.
Lenger, Alexander (2009): Gerechtigkeit und das Konzept des homo culturalis. In: Nils Goldschmidt / Hans G. Nutzinger (Hg.): *Vom homo oeconomicus zum homo culturalis. Handlung und Verhalten in der Ökonomie*. Berlin: LIT. S. 197-224.
Lenger, Alexander (2012): *Gerechtigkeitsvorstellungen, Ordnungspolitik und Inklusion. Beiträge aus konflikttheoretischer und kulturökonomischer Perspektive*. Dissertation. Albert-Ludwigs-Universität, Freiburg im Breisgau. Wirtschafts- und Verhaltenswissenschaftliche Fakultät.
Lenger, Alexander / Schneickert, Christian (2009): Sozialer Sinn. In: Gerhard Fröhlich / Boike Rehbein (Hg.): *Bourdieu-Handbuch. Leben – Werk – Wirkung*. Stuttgart / Weimar: Metzler. S. 279-288.
Maurer, Andrea (2006): Wirtschaftssoziologie als soziologische Analyse ökonomischer Felder? Bourdieus Beitrag zur Wirtschaftssoziologie. In: Michael Florian / Frank Hillebrandt (Hg.): *Pierre Bourdieu. Neue Perspektiven für die Soziologie der Wirtschaft*. Wiesbaden: VS. S. 127-146.
Mikula, Gerold (2002): Gerecht und ungerecht: Eine Skizze der sozialpsychologischen Gerechtigkeitsforschung. In: Martin Held / Gisela Kubon-Gilke / Richard Sturn (Hg.): *Gerechtigkeit als Voraussetzung für effizientes Wirtschaften*. Marburg: Metropolis. S. 257-278.
Neumann, John von / Morgenstern, Oskar (2007 [1944]): *Theory of Games and Economic Behavior*. 60. Auflage. Princeton: Princeton University Press.
Neumärker, Karl Justus Bernhard (Hg.) (2011): *Konflikt, Macht und Gewalt aus politökonomischer Perspektive*. Marburg: Metropolis.

North, Douglass C. (1990 [1992]): *Institutionen, institutioneller Wandel und Wirtschaftsleistung.* Tübingen: Mohr Siebeck.
Ostrom, Elinor (2005): *Understanding Institutional Diversity.* Princeton: Princeton University Press.
Priddat, Birger P. (2005): *Strukturierter Individualismus. Institutionen als ökonomische Theorie.* Marburg: Metropolis.
Reckwitz, Andreas (2000): *Die Transformation der Kulturtheorien. Zur Entwicklung eines Theorieprogramms.* Weilerswist: Velbrück.
Rehbein, Boike (2006): *Die Soziologie Pierre Bourdieus.* Konstanz: UVK.
Rehbein, Boike / Saalmann, Gernot (2009): Kapital (capital). In: Gerhard Fröhlich / Boike Rehbein (Hg.): *Bourdieu-Handbuch. Leben – Werk – Wirkung.* Stuttgart / Weimar: Metzler. S. 134-140.
Roland, Gérard (2002): The Political Economy of Transition. In: *Journal of Economic Perspectives* (16), 1: S. 29-50.
Roland, Gérard (2004): Understanding Institutional Change: Fast-Moving and Slow-Moving Institutions. In: *Studies in Comparative International Development* (38), 4: S. 109-131.
Rommelfanger, Heinrich (2006): *Mathematik für Wirtschaftswissenschaftler. Band 3: Differenzengleichungen, Differentialgleichungen, Wahrscheinlichkeitstheorie, stochastische Prozesse.* München: Elsevier.
Rothbard, Murray N. (1997) [1973]: Praxeology as the Method of the Social Sciences. In: Murray N. Rothbard: *The Logic of Action One. Method, Money, and the Austrian School.* Cheltenham: Edward Elgar. S. 29-57.
Rothbard, Murray N. (1997) [1976]: Praxeology: The Methodology of Austrian Economics. In: Murray N. Rothbard: *The Logic of Action One. Method, Money, and the Austrian School.* Cheltenham: Edward Elgar. S. 58-77.
Rothschild, Kurt W. (1973): Macht und ökonomisches Gesetz. In: Hans-K. Schneider / Christian Watrin (Hg.): *Macht und ökonomisches Gesetz. Verhandlungen auf der Jubiläumstagung des Vereins für Socialpolitik in Bonn vom 4. - 7. Sept. 1972 aus Anlaß des Eisenacher Kongresses von 1872.* Berlin: Duncker & Humblot. S. 1097-1111.
Rubinstein, Ariel (1998): *Modeling Bounded Rationality.* Cambridge: MIT Press.
Schmeiser, Martin (1984): Pierre Bourdieu – Von der Sozio-Ethnologie Algeriens zur Ethno-Soziologie der französischen Gegenwartsgesellschaft. Eine bio-bibliographische Einführung. In: *Ästhetik und Kommunikation* (16), 61/62: S. 167-183.
Schultheis, Franz (2000): Initiation und Initiative. Entstehungskontext und Entstehungsmotive der Bourdieu'schen Theorie der sozialen Welt. In: Pierre Bourdieu: *Die zwei Gesichter der Arbeit. Interdependenzen von Zeit- und Wirtschaftsstrukturen am Beispiel einer Ethnologie der algerischen Übergangsgesellschaft.* Konstanz: UVK. S. 165-184.
Schultheis, Franz (2007): *Bourdieus Wege in die Soziologie. Genese und Dynamik einer reflexiven Sozialwissenschaft.* Konstanz: UVK.
Schumpeter, Joseph A. (1998 [1908]): *Das Wesen und der Hauptinhalt der theoretischen Nationalökonomie.* 3. Auflage. Berlin: Duncker & Humblot.
Schwingel, Markus (1993): *Analytik der Kämpfe. Macht und Herrschaft in der Soziologie Bourdieus.* Hamburg: Argument.
Schwingel, Markus (1995): *Pierre Bourdieu zur Einführung.* Hamburg: Junius.
Selten, Reinhard (1990): Bounded Rationality. In: *Journal of Institutional and Theoretical Economics* (146): S. 649-658.
Sen, Amartya K. (1977): Rational Fools: A Critique of the Behavioral Foundations of Economic Theory. In: *Philosophy and Public Affairs* (6), 4: S. 317-344.
Sen, Amartya K. (2010): *The Idea of Justice.* London: Allen Lane.
Simon, Herbert A. (1955): A Behavioral Model of Rational Choice. In: *Quarterly Journal of Economics* (69), 1: S. 99-118.
Simon, Herbert A. (1956): Rational Choice and the Structure of Environments. In: *Psychological Review* (63), 1: S. 129-138.

Simon, Herbert A. (1992): What is an "Explanation" of Behavior? In: *Psychological Science* (3), 3: S. 150-161.
Söllner, Fritz (2001): *Die Geschichte des ökonomischen Denkens*. 2. Auflage. Berlin: Springer.
Stigler, George J. / Becker, Gary S. (1977): De Gustibus Non Est Disputandum. In: *American Economic Review* (67), 2: S. 76-90.
Streit, Manfred E. / Mummert, Uwe / Kiwit, Daniel (Hg.) (2000): *Cognition, Rationality, and Institutions*. Berlin / New York: Springer.
Sturn, Richard (1997): *Individualismus und Ökonomik. Modelle, Grenzen, ideengeschichtliche Rückblenden*. Marburg: Metropolis.
Svendsen, Gunnar Lind Haase / Svendsen, Gert Tinggaard (2003): On the Wealth of Nations: Bourdieuconomics and Social Capital. In: David L. Swartz (Hg.): *Special Issue on The Sociology of Symbolic Power. A Special Issue in Memory of Pierre Bourdieu*. In: *Theory and Society* (32), 5/6: S. 607-631.
Svendsen, Gert Tinggaard / Svendsen, Gunnar Lind Haase (Hg.) (2009): *Handbook of Social Capital. The Troika of Sociology, Political Science, and Economics*. Cheltenham: Edward Elgar.
Swedberg, Richard (1987): Ökonomische Macht und wirtschaftliches Handeln. In: Klaus Heinemann (Hg.): *Soziologie wirtschaftlichen Handelns. Kölner Zeitschrift für Soziologie und Sozialpsychologie*. Sonderheft 28. Opladen: VS. S. 150-163.
Swedberg, Richard (2003a): Bourdieu's Advocacy of the Concept of Interest and Its Role in Economic Sociology. In: *Economic Sociology Newsletter* (4), 2: S. 2-6. Online verfügbar unter http://econsoc.mpifg.de/archive/esmar03.pdf, zuletzt geprüft am 22.12.2011.
Swedberg, Richard (2003b): *Principles of Economic Sociology*. Princeton / Oxford: Princeton University Press.
Swedberg, Richard (2011): The Economic Sociologies of Pierre Bourdieu. In: *Cultural Sociology* (5), 1: S. 67-82.
Tanner, Jacob (2004): Die ökonomische Handlungstheorie vor der »kulturalistischen Wende«? Perspektiven und Probleme einer interdisziplinären Diskussion. In: Hartmut Berghoff / Jakob Vogel (Hg.): *Wirtschaftsgeschichte als Kulturgeschichte. Dimensionen eines Perspektivenwechsels*. Frankfurt am Main: Campus. S. 69-98.
Trigg, Andrew B. (2001): Veblen, Bourdieu, and Conspicuous Consumption. In: *Journal of Economic Issues* (35), 1: S. 99-115.
Trigg, Andrew B. (2010): Towards a Bourdieusian Economics of Leisure. In: Samuel Cameron (Hg.): *Handbook on the Economics of Leisure*. Cheltenham: Edward Elgar. S. 38-51.
Udehn, Lars (2001): *Methodological Individualism. Background, History, and Meaning*. London / New York: Routledge.
Udehn, Lars (2002): The Changing Face of Methodological Individualism. In: *Annual Review of Sociology* (28), 1: S. 479-507.
Vanberg, Viktor J. (2002): Rational Choice vs. Program-Based Behavior. Alternative Theoretical Approaches and their Relevance for the Study of Institutions. In: *Rationality & Society* (14), 1: S. 7-53.
Vanberg, Viktor J. (2004): The Rationality Postulate in Economics: Its Ambiguity, its Deficiency and its Evolutionary Alternative. In: *Journal of Economic Methodology* (11), 1: S. 1-29.
Vanberg, Viktor J. (2008): Rationalität, Regelbefolgung und Emotionen: Zur Ökonomik moralischer Präferenzen. In: Viktor J. Vanberg: *Wettbewerb und Regelordnung*. Hg. v. Nils Goldschmidt und Michael Wohlgemuth. Tübingen: Mohr Siebeck. S. 241-267.
Vatn, Arild (2005): *Institutions and the Environment*. Cheltenham: Edward Elgar.
Wacquant, Loïc J. D. (2006): Habitus. In: Jens Beckert / Milan Zafirovski (Hg.): *International Encyclopedia of Economic Sociology*. London: Routledge. S. 315-319.
Weber, Max (2010 [1920]): *Die protestantische Ethik und der Geist des Kapitalismus*. München: C.H. Beck.
Weber, Max (1990 [1922]): *Wirtschaft und Gesellschaft. Grundriss der verstehenden Soziologie*. 5., rev. Auflage. Tübingen: Mohr Siebeck.

Wegener, Bernd / Liebig, Stefan (1995): Dominant Ideologies and the Variation of Distributive Justice Norms: A Comparison of East and West Germany, and the United States. In: James R. Kluegel / David S. Mason / Bernd Wegener (Hg.): *Social Justice and Political Change. Public Opinion in Capitalist and Post-Communist States.* Berlin / New York: De Gruyter. S. 239-259.

Zweynert, Joachim / Goldschmidt, Nils (2006): The Two Transitions in Central and Eastern Europe as Processes of Institutional Transplantation. In: *Journal of Economic Issues* (40), 4: S. 895-918.

Habitus und sozialer Raum:
Zur Nutzung der Konzepte Pierre Bourdieus in der Frauen- und Geschlechterforschung[1]

Steffani Engler

1. Einleitung

Pierre Bourdieu hat den Sozialwissenschaften eine aus Denkwerkzeugen bestehende Theorie von der sozialen Welt hinterlassen, die er in forschungspraktischen Arbeiten entwickelt und modifiziert hat. Der mit diesen Denkwerkzeugen verbundene Zugang zur sozialen Welt beinhaltet allerdings einen Paradigmenwechsel im sozialwissenschaftlichen Denken. So liefert Bourdieu Denkwerkzeuge, um die soziale Praxis von AkteurInnen mit einem reflexiven Blick zu analysieren, der weder implizit noch explizit durch Normativität gekennzeichnet ist, sondern durch eine relationale Betrachtungsweise; diese ermöglicht es, das Wirken und die Funktionsweise von Macht- und Herrschaftsverhältnissen in der sozialen Praxis offenzulegen. Beim Habituskonzept und dem Konzept der symbolischen Gewalt, der Konstruktion des sozialen Raumes und der Vorstellung von sozialen Feldern handelt es sich um zentrale Denkwerkzeuge, die von Bourdieu im Laufe seiner Forschungsarbeiten entwickelt wurden. Diese dienen dazu, die soziale Praxis mit ihrer eigenen, praktischen Logik und ihrem praktischen Sinn zu verstehen. Damit ist eine Abkehr von der Vorstellung verbunden, dass soziales Handeln als durchgängig rationales zu fassen ist. Die Kohärenz der Theorie der sozialen Welt erschließt sich hierbei durch das soziologische Denken Bourdieus, das allerdings hierzulande immer noch wenig vertraut ist. So werden die Arbeiten Bourdieus wahrgenommen und bewertet mit jenem sozialwissenschaftlichem Denken, gegen das Bourdieu seine Konzepte entwickelt hat. Das heißt auf die Arbeiten und Konzepte wird ein Denkstil angewendet, den Bourdieu mit seinen Konzepten aufzubrechen sucht. Darin liegt ein Kardinalfehler in der Rezeption der Arbeiten Bourdieus (vgl. dazu Engler / Zimmermann 2002), denn es erschwert den Gebrauch und die Nutzung seiner Konzepte in den Sozialwissenschaften, auch in der Frauen- und Geschlechterforschung.

In der deutschsprachigen Frauen- und Geschlechterforschung werden von einigen Autorinnen seit Mitte der 1980er Jahre in unterschiedlichen Arbeiten Versuche unternommen, Konzepte von Bourdieu zur Analyse des Geschlechterverhältnisses einzuführen, vorzustellen oder zu nutzen (Schlüter 1986; Janshen / Rudolph 1987; Engler 1988; Bock-Rosenthal 1990; Engler / Friebertshäuser 1992). In den 1990er Jahren setzt sich das fort (Dölling 1993; Engler 1993; Frerichs / Steinrücke 1993; Krais 1993; Hasenjürgen 1996; Dölling / Krais

---

[1] Wiederabdruck aus Becker, Ruth; Kortendiek, Beate (Hg.) (2010): Handbuch Frauen- und Geschlechterforschung. Theorie, Methoden, Empirie, 3. Auflage, Wiesbaden: VS Verlag für Sozialwissenschaften, S. 257-268. Für die Genehmigung zum Abdruck möchten wir uns herzlich bei den Herausgeberinnen Frau Becker und Frau Kortendiek sowie Herrn Meimberg, dem Nachlassverwalter von Steffani Engler, bedanken. Zudem danken wir Sandra Beaufaÿs, welche eine kurze Ergänzung zu wichtigen neuen Beiträgen zum Thema recherchiert hat.

1997; Frerichs 1997; Rohleder 1997; Haas 1999; Schlüter 1999), ebenso wie am Anfang des 21. Jahrhunderts (Frerichs 2000; Krais 2001; Zimmermann 2000; Vester / Gardemin 2001; Engler 2001; Rademacher 2002; Beaufaÿs 2003). Dennoch spielt im Mainstream der Frauen- und Geschlechterforschung die Theorie der sozialen Welt von Bourdieu eine marginale Rolle. Allenfalls werden hier einzelne Begriffe wie Habitus oder Kapital herausgegriffen, um auf Bourdieu zu verweisen oder um ‚kritisch' festzustellen, dass einer seiner Begriffe zu statisch ist bzw. zu kurz greift. Diese Umgangsweise teilt die Frauen- und Geschlechterforschung mit dem Mainstream in den Sozialwissenschaften. Dabei bieten sich die Denkwerkzeuge Bourdieus an, um sie zur Analyse von Dominanz- und Herrschaftsverhältnissen zu nutzen, die die Geschlechterordnung in modernen Gesellschaften durchziehen. Darüber hinaus ist Bourdieu einer der wenigen Soziologen, der sich mit dem Beitrag *Die männliche Herrschaft* (1990a, dt. 1997a) in die Geschlechterdiskussion eingeschaltet hat.

Um die Konzepte zu gebrauchen und fruchtbar weiterzuentwickeln, ist es vorab notwendig, die Denkweise zu verstehen und die Konzepte zur Kenntnis zu nehmen. Im Folgenden wird daher zunächst in den Denkstil Bourdieus eingeführt (Abschnitt 2), dann das Habituskonzept (Abschnitt 3) und die Theorie der sozialen Felder (Abschnitt 4) sowie die Konstruktion des sozialen Raumes (Abschnitt 5) vorgestellt und darauf hingewiesen, wie diese Konzepte bisher in der Frauen- und Geschlechterforschung genutzt werden (Abschnitt 6 und 7).

2. Wissenschaftliche Reflexivität als Kennzeichen des Denkstils Bourdieus

Wer an die Arbeiten Bourdieus herangeht und nach eindeutigen Definitionen von Begriffen sucht, nach schematischen, formalen Festlegungen, der wird enttäuscht. Eine solche Suche ist vergeblich. Das hängt damit zusammen, dass Bourdieu die soziale Praxis von Akteurinnen und Akteuren zum Gegenstand macht und die AkteurInnen als Konstrukteure ihrer Realität in unterschiedlichen sozialen Feldern ins Zentrum rückt. Diese AkteurInnen sind in ihrem jeweiligen sozialen Gefüge kreativ und erfinderisch, so dass man der Logik ihres Handelns mit vorgeformten Klassifikationsrastern nicht beikommen kann. Klassifikationsraster sind aber Selbstverständlichkeiten des alltäglichen ebenso wie des wissenschaftlichen Denkens. Und damit ist ein Denken in Dualismen und Substanzen verbunden. In dieser klassifikatorischen Denkweise verbleibend ‚gibt' es Subjekt und Objekt, Individuum und Gesellschaft, Mikro- und Makrotheorien, und es ‚gibt' Frauen und Männer, denen man Eigenschaften zu- und absprechen kann. Die wissenschaftliche Reflexivität, die die Arbeiten Bourdieus durchzieht und seine Denkweise kennzeichnet, beinhaltet einen Bruch mit einem Denken in solchen Dualismen, das mit einem Substanzdenken verbunden ist und voraussetzt, dass es soziale Dinge ‚gibt'.

In der Frauen- und Geschlechterforschung hat die Diskussion um ‚doing gender' thematisiert, dass Geschlecht nicht etwas ist, was man hat, sondern was man tut. So wird der Sachverhalt, dass es Frauen und Männer gibt, als sozial produzierter Unterschied gefasst. Bei Bourdieu geht das Aufbrechen von dualistischem Denken über die Kategorie Geschlecht hinaus. Im Verständnis von Bourdieu bilden nicht Frauen und Männer als Einzelwesen den Ausgangspunkt von Untersuchungen, sondern „Relationen" als „Realisierungen des historischen Handelns" (Bourdieu 1996a: 160). Dieses relationale Denken kommt ohne einen Rückbezug auf soziale Felder nicht aus. Hier gibt es kein von der sozialen Praxis der AkteurInnen losgelöstes Konstruieren und Dekonstruieren von Geschlecht. Aber es gibt auch keine abstrakten und allgemeingültigen Wahrnehmungs- und Bewertungsschemata, die losgelöst von der sozialen Praxis universell und allgemeingültig sind. Bourdieu reflektiert – wie kein anderer Wissenschaftler – die mit dem eigenen Standpunkt als Wissenschaftler verbundenen Wahrnehmungs- und Bewertungsschemata und bricht mit der illusio, mit dem Glauben, dass es allgemeingültige Schemata gibt und WissenschaftlerInnen darüber verfügen. Es sind die genannten Besonderheiten des sozialwissenschaftlichen Denkens – der Bruch mit dem Denken in Dualismen und Substanzen, das relationale Denken und die Einführung des besonderen Standpunktes des Wissenschaftlers –, die den analytischen Blick Bourdieus kennzeichnen und für seine Arbeiten grundlegend sind (vgl. ausführlich dazu Bourdieu 1995; Bourdieu / Wacquant 1996a; Engler / Zimmermann 2002). Es ist dieser kurz skizzierte Denkstil, der den „eigentlichen Kern" (Bourdieu 1998a: 7) des analytischen Blicks Bourdieus ausmacht. Er liegt den in vielfältigen Forschungsarbeiten entwickelten und modifizierten Konzepten zugrunde. Und diese Konzepte sind nicht isoliert zu verstehen, sondern bilden aufeinander bezogene Denkwerkzeuge.

3. Das Konzept des Habitus

Der Habitus-Begriff findet sich bei unterschiedlichen Wissenschaftlern wie Émile Durkheim, Marcel Mauss, Norbert Elias und Erwin Panofsky. Erst Bourdieu verwendet den Habitus als soziologisches Interpretationskonstrukt bzw. als ein Analysekonzept. Dieses Habituskonzept setzt den oben genannten Bruch mit dem dualistischen Denken voraus. Leider wird das Konzept jedoch im dualistischen Substanzdenken verbleibend rezipiert, als sei damit der Anspruch verbunden, zwischen Handeln und Struktur, Objektivismus und Subjektivismus, Individuum und Gesellschaft zu vermitteln, eine Brücke zu schlagen etc. Das Individuum wird als Entgegensetzung zur Gesellschaft verstanden und zwischen diesen beiden wird der Habitus positioniert. Das Habituskonzept Bourdieus operiert aber nicht mit dieser „wissenschaftlich absurden Gegenüberstellung von Individuum und Gesellschaft" (Bourdieu 1986: 160; vgl. auch Bourdieu 1987: 49), daher ist der Habitus auch nicht als verknüpfende Schnittstelle zwischen Individuum und sozialen Strukturen zu verstehen. Die angewandten Gegenüberstellungen müssen sich jedoch nicht auf Individuum und Gesellschaft beziehen, sondern können auch anders ausgerichtet sein. Ein Beispiel dafür ist die sozialpsychologisch orientierte Gegenüberstellung von „Habituskonsistenz" (als berufliches Selbstbild bei Männern) und als „Habitusambivalenz" insbesondere von Ingenieurinnen (Janshen / Rudolph 1987: 28 ff.). Bourdieu bricht mit dem Habituskonzept solche Dichotomien auf (vgl. Bourdieu 2001: 177). Doch stellt sich die Frage, wie der Habitus jenseits vertrauter dualistischer Gegenüberstellungen zu verstehen ist; denn dies ist die Grundlage, um zu verstehen, wie Bourdieu „die eigentümliche Wirkungsweise des vergeschlechtlichten und vergeschlechtlichenden Habitus" (Bourdieu 1997a: 167) fasst. Bourdieu erläutert dies so:

> „Die menschliche Existenz, der Habitus als das Körper gewordene Soziale, ist jene Sache der Welt, für die es eine Welt gibt; Pascal hat das so ausgedrückt: Le monde me comprend, mais je le comprends – also etwa: Ich bin in der Welt enthalten, aber die Welt ist auch in mir enthalten.

> Die soziale Realität existiert sozusagen zweimal, in den Sachen und in den Köpfen, in den Feldern und in den Habitus, innerhalb und außerhalb der Akteure. [...] Ich könnte, um mich verständlich zu machen, Pascals Ausspruch so fortführen: Ich bin in der Welt enthalten, aber sie ist auch in mir enthalten, weil ich in ihr enthalten bin; weil sie mich produziert hat und weil sie die Kategorien produziert hat, die ich auf sie anwende, scheint sie mir selbstverständlich, evident. Im Verhältnis zwischen Habitus und Feld geht die Geschichte ein Verhältnis mit sich selbst ein: Der Akteur [...] und die soziale Welt [...] sind [...] in einem regelrechten ontologischen Einverständnis vereint. Dieses Verhältnis der praktischen Erkenntnis entsteht nicht zwischen einem Subjekt und einem als solchem konstituierten und ihm als Problem aufgegebenen Objekt." (Bourdieu 1996a: 161)

Der Habitus als das Körper gewordene Soziale enthält demnach diese doppelte soziale Realität. Der sozialisierte Körper (das, was man Individuum nennt) ist nicht das Gegenteil von Gesellschaft, sondern eine ihrer Existenzformen (Bourdieu 1987). Auf dieser doppelten Realität oder „doppelsinnigen Relation" (Bourdieu 1998a: 7) beruht die gesamte Theorie der sozialen Welt.

Um das neue und völlig andere Verständnis des Verhältnisses von Individuum und Gesellschaft zu verstehen, bietet sich ein Blick in Sozialisationstheorien an. Für Theorien der Sozialisation ist eine Gegenüberstellung von Individuum und Gesellschaft grundlegend, in der das Individuum mit Subjektivität (und Freiheit) ausgestattet wird und die Gesellschaft als Negativum, als diese Subjektivität in Zwänge verweisend und einbindend, gefasst wird. Das Hineinentwickeln eines Individuums in die Gesellschaft wird dann verstanden als ein mehr oder minder gelungenes Hineintragen von eigener Subjektivität in die Gesellschaft, der äußere Grenzen gesetzt werden.

Beim Habituskonzept Bourdieus gibt es keine vorsoziale Subjektivität. Individuen sind durch ihre körperliche Existenz, durch ihre Bewegungen, Blicke und Gesten, immer schon Mitglieder der Gesellschaft – wenn auch als Kleinkind mit einem niedrigen Entwicklungsstand. Individuen und Welt stellen sich in der sozialen Praxis gegenseitig her. Das bedeutet allerdings auch, dass die Macht- und Herrschaftsverhältnisse den Akteuren (den ‚Herrschenden' wie den ‚Beherrschten') nicht äußerlich sind, sondern die symbolische Ordnung der sozialen Welt ist in Form von Klassifikationssystemen in den Sachen und in den Köpfen präsent. Auch das Klassifikationsschema Geschlecht, das weiblich und männlich als bipolaren Gegensatz konstruiert, ist in unsere Sicht der Welt eingelagert. Das bedeutet aber auch, die Herstellung von Geschlecht in der sozialen Praxis, das ‚doing gender' ist nicht voraussetzungslos, es ist nicht beliebig, sondern immer zugleich vorstrukturierte soziale Praxis. Diese doppelte soziale Realität beschreibt Bourdieu in seinen Formulierungen des Habitus. Als ein „System dauerhafter und übertragbarer Dispositionen" ist der Habitus strukturierte Struktur, die wie geschaffen ist, als strukturierende Struktur zu fungieren, als Erzeugungs- und Ordnungsgrundlage für Praktiken und Vorstellungen (Bourdieu 1987: 98, 2001: 177). In den Habitus gehen die Wahrnehmungs- und Bewertungsschemata ein, die Prinzipien des Denkens, Fühlens und Handelns, die in einer Gesellschaft wirken. Mit anderen Worten: Wir bringen unsere je eigene und besondere Sichtweise der sozialen Welt hervor, aber wir tun dies mit Schemata, die wir nicht selbst erfunden haben, mit Schemata, die in uns und *„in der Welt enthalten"* sind.

„Als ein Produkt der Geschichte ist er (der Habitus, d.V.) ein offenes Dispositionssystem, das ständig mit neuen Erfahrungen konfrontiert und damit unentwegt von ihnen beeinflusst wird." (Bourdieu 1996a: 167) Dabei ist der Habitus nicht einfach gesellschaftlich bedingt, sondern er ist durch ‚Mitspielen', durch Handeln in der sozialen Praxis, erworben und wird in der sozialen Praxis auch verändert und umgebildet. So ist der Habitus zu verstehen als verinnerlichte, auch in den Körper eingeschriebene, inkorporierte Geschichte und als ein Dispositionssystem, das vielfältige Praktiken hervorbringt, als ein Konzept, das es dem Wissenschaftler oder der Wissenschaftlerin ermöglicht zu zeigen, dass es einen Zusammenhang zwischen „höchst disparaten Dingen" gibt: „wie einer spricht, tanzt, lacht, liest, was er liest, was er mag, [...] All das ist eng miteinander verknüpft" (Bourdieu 1989: 25). Diese Verknüpfung, die soziale Logik der Praktiken, kommt jedoch ohne einen Rückbezug auf ein soziales Feld oder einen sozialen Kosmos nicht aus. Wird der Habitus als isoliertes, aus der Theorie der sozialen Welt herausgerissenes Konzept eingesetzt, verliert er einen Großteil seiner analytischen Kraft auch deshalb, weil die sozialen Voraussetzungen, die Macht- und Herrschaftsverhältnisse dann nicht expliziert werden, die in den Habitus eingehen. Das Habituskonzept zur Analyse differenzierter Gesellschaften zu benutzen, macht nur Sinn, wenn es auf ein spezifisches soziales Feld oder auf einen sozialen Kosmos bezogen wird; denn nur so ist es möglich, die soziale Logik der Praxis an die Oberfläche zu bringen.

4. Habitus und Geschlecht – Die männliche Herrschaft

Die Bezugnahmen auf das Habituskonzept mit dem expliziten Anspruch, es in die Frauen- und Geschlechterforschung einzuführen oder zur Analyse zu nutzen, sind unterschiedlich. Hierbei wird der Habitus gefasst als „weiblicher Habitus" (Bock-Rosenthal 1990), „geschlechtsspezifischer Habitus" (Schlüter 1986; Krais 1993), „Geschlechterhabitus" und als „habitualisierte Geschlechtlichkeit" (Engler / Friebertshäuser 1992). Bourdieu verwendet den Habitus in der oben genannten doppelsinnigen Realität, als einen Operator, in den die zweigeschlechtliche Weltsicht eingeht und der zur zweigeschlechtlichen Ein- und Aufteilung der sozialen Welt führt. Er bezeichnet ihn daher auch als „vergeschlechtlichten und vergeschlechtlichenden Habitus" (Bourdieu 1997a: 167).

In seiner Arbeit *Die männliche Herrschaft*, die zunächst als Artikel (1990a, dt. 1997a), dann überarbeitet als Buch (1998b, dt. 2005) erschienen ist, fragt Bourdieu, wieso die etablierte Ordnung mit ihren Herrschaftsverhältnissen so reibungslos funktioniert (von ein paar Zwischenfällen abgesehen) und immer wieder reproduziert wird und diese Herrschaftsverhältnisse als naturgegeben und natürlich erscheinen. Bourdieu argumentiert, dass in unserer Sicht der Welt die männliche Herrschaft so selbstverständlich präsent ist, dass wir bei einer Analyse dieser Herrschaft immer Gefahr laufen, Schemata zur Analyse anzuwenden, die selbst Produkt von Jahrtausenden männlicher Herrschaft sind und zum Analysegegenstand gemacht werden müssten.

Deshalb bedient er sich eines „methodischen Kunstgriffs" zur Aufdeckung der in unseren Habitus eingehenden vergeschlechtlichten Strukturen (Bourdieu 1997b: 90). Er führt eine anthropologische Analyse anhand eines besonderen historischen Falles durch: der kabylischen Gesellschaft. Die gesamte Ordnung dieser Gesellschaft ist ausgerichtet an einer grundlegenden Ein- und Aufteilung aller Praktiken und Gegenstände entlang des Gegensatzes weiblich und männlich. Das Klassifikationsschema basiert auf der Arbeitsteilung zwischen den Geschlechtern. An diesem Beispiel macht Bourdieu deutlich, dass die männliche Herrschaft als alltägliche Sicht der Welt funktioniert, als eine Herrschaft, die selbstverständlich in unsere Schemata des Habitus eingelagert ist als vergeschlechtlichte Sicht der Welt. Das Klassifikationsschema, in dem männlich und weiblich als binäre Opposition konstruiert ist, geht in den Habitus ein und wird angewendet, um unsere Sicht der Welt hervorzubringen. Als Oppositionsschema ist es in ein unerschöpfliches System homologer Oppositionen verstrickt, die „einander wechselseitig verstärken". Um dies zu verifizieren, schlägt Bourdieu ein kleines Experiment vor: „Bitten Sie einen Kellner im Restaurant, Ihnen Käse und Desserts zu bringen. Sie werden beobachten, dass er in fast allen Fällen spontan die salzigen Speisen den Männern und die Süßen den Frauen serviert." (Bourdieu 1997b: 92) Neben dem Sachverhalt, dass so unterschiedliche soziale Klassifikationsschemata verknüpft auftreten, zeigt sich auch hier, dass es die dualistische Sichtweise ist (salzig/süß oder auch hart/weich), die man aufbrechen muss, um die mit den Klassifikationsschemata verbundenen Herrschaftsverhältnisse zu analysieren.

Geschlecht wird hier verstanden als eine Dimension des Sozialen, als eine Dimension der Hervorbringung sozialer Wirklichkeit durch die Ein- und Aufteilung der sozialen Welt, wie sie von AkteurInnen vorgenommen wird (vgl. Krais 2001). Als vergeschlechtlichte, in den Habitus eingelagerte Sicht der Welt ist Geschlecht nicht als Strukturkategorie zu konzeptualisieren, die man mit anderen soziologischen Kategorien kombinieren kann. Als Dimension des Sozialen ist das Klassifikationsschema Geschlecht Bestandteil der sozialen Ordnung und der von uns verwendeten Ordnungsschemata.

Als in den Habitus eingelagertes Klassifikationsschema, *„als das Körper gewordene Soziale"*, das als solches von den AkteurInnen nicht erkannt wird, realisiert sich die Herrschaftsausübung in der symbolischen Gewalt, die in die alltäglichen Beziehungen ganz selbstverständlich eingeht. Die männliche Herrschaft setzt voraus, dass die praktischen Ordnungsschemata im Habitus der Beherrschten (Frauen) und der Herrschenden (Männer) verankert sind. Die Ausübung symbolischer Gewalt setzt „ein gewisses Einverständnis voraus" (Bourdieu 1990b: 27) bei denen, die sie ausüben, ebenso wie bei denen, die sie erleiden. Aber sie „(kann) nur auf Menschen wirken, die (von ihrem Habitus her) für sie empfänglich sind, während andere sie gar nicht bemerken" (Bourdieu 1990b: 28). Dabei nimmt „der Beherrschte den Herrschenden mittels Kategorien wahr, die von der Herrschaftsbeziehung hervorgebracht wurden und von daher im Interesse des Herrschenden liegen" (Bourdieu 1998a: 197). Mit dem Konzept der symbolischen Gewalt wird das Problem der Anerkennung symbolischer Ordnung durch die AkteurInnen aufgegriffen, so dass ihr „Einverständnis" mit der jeweils herrschenden Ordnung analysiert werden kann. Das „Einverständnis" ist dabei nicht zu verstehen als ein rationales Einverständnis, sondern vielmehr als ein praktisches Einverständnis, das eingelassen ist in alltägliche Selbstverständlichkeiten von AkteurInnen und anhand dieser auch analysiert werden kann (vgl. Engler 2003).

Man kann die Ausführungen zur „männlichen Herrschaft" auch als eine Demonstration lesen, in der Bourdieu vorführt, wie das Habituskonzept und das Konzept der symbolischen Gewalt zur Analyse von Herrschaftsverhältnissen fruchtbar gemacht werden können und dass es sich dabei um offene Konzepte handelt, die jeweils auf einen bestimmten Gegenstand bezogen und angewendet werden müssen. Das Habituskonzept wird nicht als isoliertes Konzept für theoriegeleitete empirische Forschung genutzt, sondern vielmehr im Zusammenhang mit dem Feld-Konzept.

5. Das soziale Feld – Theorie der sozialen Felder

Auch beim Begriff des sozialen Feldes handelt es sich um ein offenes Konzept, das ausgehend von und für systematische empirische Anwendungen entwickelt wurde (vgl. Bourdieu 1996a, 1998c), um zeitlich und räumlich bestimmbare Realitäten zu erforschen. Bourdieu verwendet das Konzept des sozialen Feldes in konkreten Forschungszusammenhängen zur Beschreibung des Analysegegenstandes. „Der Begriff des Feldes ist dazu da, daran zu erinnern, dass das eigentliche Objekt einer Sozialwissenschaft nicht das Individuum [...] ist, auch wenn man ein Feld nur von den Individuen aus konstruieren kann. Das Feld muss im Mittelpunkt der Forschungsoperation stehen." (Bourdieu 1996a: 139) Ein soziales Feld ist zu verstehen „als ein Netz oder eine Konfiguration von objektiven Relationen zwischen Positionen" (Bourdieu 1996a: 127), die von AkteurInnen eingenommen werden. Diese sind verschieden, wobei diese Heterogenität Bestandteil des Konzepts ist. Dabei werden soziale Felder als Kräftefelder vorgestellt, deren Dynamik in den Beziehungen der AkteurInnen zueinander liegt.

Die Theorie der sozialen Felder bezieht sich auf Forschungsarbeiten zum künstlerischen und literarischen Feld (Bourdieu 1999), dem wissenschaftlichen und religiösen Feld, dem Feld des Rechts und der Bürokratie (vgl. Bourdieu 1996a: 124). Grundlegend ist hierbei, dass es sich bei der modernen Gesellschaft um eine ausdifferenzierte handelt und dass die arbeitsteilige Organisation in sozialen Feldern nach je spezifischen Prinzipien funktioniert, deren soziale Logik sich nicht auf ein einheitliches, universelles Grundprinzip reduzieren lässt. Das, was im wissenschaftlichen Feld zählt und im sozialen Handeln der AkteurInnen zu entdecken ist, ist nicht identisch mit dem, was im wirtschaftlichen Feld die AkteurInnen umtreibt und miteinander konkurrieren lässt. In den verschiedenen sozialen Feldern sind unterschiedliche Dinge relevant, die wiederum bestimmte Praktiken und praktische Wahrnehmungs- und Bewertungsschemata erzeugen und somit eine spezifische Logik bewirken, welche das Besondere des Funktionierens eines Feldes jeweils ausmacht. Für die Analyse von männlicher Herrschaft bedeutet dies, dass Geschlecht als Dimension des Sozialen durch die Vermittlung der Felder zum Tragen kommt und dass die Mechanismen, die in unterschiedlichen sozialen Feldern wirken und Geschlechtseffekte produzieren, je spezifisch sind.

In der Frauen- und Geschlechterforschung wird das Feld-Konzept von einigen Autorinnen als theoretischer Zugang für empirische Forschung genutzt. Hierbei wurde wiederholt die Hochschule als relativ autonomes Feld gefasst und AkteurInnen, die unterschiedliche Positionen einnehmen, ins Zentrum gerückt. Wurden zunächst Studentinnen und Studenten unterschiedlicher Fächer im Feld der Hochschule untersucht, um herauszufinden, wie sich in ganz alltäglichen Dingen soziale Ungleichheiten zwischen den Geschlechtern äußern (Engler 1988, 1993), rückten dann NachwuchswissenschaftlerInnen ins Blickfeld mit dem Anspruch, die „Spielfähigkeit" von promovierenden Frauen und Männern auszuloten und zu analysieren, welche Bedeutung dabei dem Geschlecht und der sozialen Herkunft zukommen (Hasenjürgen 1996). Schlüter (1999) wiederum nutzt die Konzepte Bourdieus als Folie, um studierende, promovierende und habilitierte Arbeitertöchter und -söhne und deren Bildungswege bzw. deren soziale Bedingungen des Aufstiegs zu untersuchen.

Kernfrage bei den neueren Untersuchungen ist, wie es gelingt, Frauen aus der Wissenschaft herauszuhalten bzw. hinauszudrängen. Hierbei geht es um die Mechanismen und Funktionsweisen des wissenschaftlichen Feldes, das als vergeschlechtlichtes gefasst wird, und darum, wie Konstruktionen von Leistung und Begabung in Prozessen von Zuschreibungen und Anerkennung dazu führen, dass Frauen aus der Wissenschaft hinausgedrängt werden. Zimmermann (2000) rückt das soziale Geschehen von Berufungsverhandlungen im Feld der Wissenschaft ins Zentrum. Sie lenkt die Aufmerksamkeit auf das komplexe Geflecht von universitären Aushandlungs- und Entscheidungsprozessen, deren Ergebnis wir in dem Sachverhalt vorfinden, dass es immer noch wesentlich weniger Professorinnen als Professoren gibt. Engler (2001) analysiert die Konstruktion der wissenschaftlichen Persönlichkeit, wie sie von Professorinnen und Professoren vorgenommen wird, und zeigt, wie über Anerkennungs- und Zuschreibungsprozesse große und kleine wissenschaftliche Persönlichkeiten zustande kommen. Beaufaÿs (2003) wiederum untersucht mit dem Feld-Konzept, wie wissenschaftlicher Nachwuchs rekrutiert wird, und bezieht sowohl NachwuchswissenschaftlerInnen als auch ProfessorInnen in ihre Untersuchung ein. Dabei wird insbesondere in den jüngeren Arbeiten deutlich, dass nicht der oder die Einzelnen den Ausgangspunkt der Untersuchung bilden, sondern dass das wissenschaftliche Feld konstruiert wird als eines, in dem AkteurInnen unterschiedliche Positionen einnehmen.

Bourdieu situiert Frauen allerdings ganz allgemein außerhalb der sozialen Spiele in Feldern, in denen es um Macht und Einfluss geht. Er bestimmt eine Geschlechtsdifferenzierung in der Sozialisation, „die Männer dazu bestimmt, die Machtspiele zu lieben, und die Frauen dazu, die Männer, die sie spielen, zu lieben" (Bourdieu 1997a: 201). Dieser männliche Blick, der an Resultaten, nicht an Prozessen orientiert ist, schließt nicht nur Frauen allgemein von den Männerspielen aus; er blendet auch jene Frauen aus, die nicht die Männer lieben, die Machtspiele lieben, sondern vielmehr selbst eine Position des Erfolgs anstreben. An diesem Beispiel zeigt sich, dass man die Konzepte Bourdieus nutzen kann, ohne den von ihm vorgegebenen Interpretationen zu folgen, denn es handelt sich nicht um vorgeformte fertige Konzepte, die man auf die Praxis applizieren kann, sondern um offene Konzepte, die in Auseinandersetzung mit der Konstruktion des Gegenstandes zuzuschneiden und weiter zu entwickeln sind. Dies hat den Vorzug, dass Geschlecht nicht als ein Merkmal oder eine Eigenschaft von Personen konzipiert wird, sondern dass es darum geht, welche besonderen sozialen Praktiken in einem Feld zu Geschlechtseffekten führen, deren Resultat wir beispielsweise im Ausschluss von Frauen aus Spitzenpositionen kennen.

Da in der Theorie der sozialen Felder AkteurInnen konzeptualisiert werden als Personen, die in einem spezifischen Feld um Ansehen, Macht und Einfluss konkurrieren, wird deutlich, dass hierbei bestimmte Sozialfiguren und bestimmte Aspekte des sozialen Handelns ins Blickfeld geraten und andere nicht. Es werden Dimensionen sozialen Handelns beleuchtet, die sich auf Konkurrenz und Wettkampf beziehen. So rücken im Feld der Wissenschaft ProfessorInnen und NachwuchswissenschaftlerInnen in den Blick, um die *illusio* herauszuarbeiten, das, woran alle glauben, die in diesem Spiel um Macht und Einfluss befangen sind. Aber was ist mit den Hausmeistern und Sekretärinnen, die auch zum wissenschaftlichen Feld als Mikrokosmos gehören, aber nicht an den Kämpfen um Anerkennung und Einfluss beteiligt sind. Wo sind diese Sozialfiguren zu positionieren?

Es stellt sich auch die Frage, wie die Theorie der sozialen Felder zur Analyse der Familie, die sich nicht hauptsächlich unter den Aspekten von Wettkampf und Konkurrenz einfangen lässt, genutzt werden kann. Zwar kann man Bourdieu nicht vorwerfen, er habe die Familie nicht berücksichtigt, dennoch rückt diese bisher lediglich als Ort des Austauschs und der Weitergabe von Ressourcen und Besitz ins Blickfeld (Bourdieu 1996b). Aspekte wie Liebe und Sexualität, Emotionen wie Zuneigung, aber auch Verzweiflung etc.

bleiben unterbelichtet. Ich denke hier an Dimensionen des sozialen Lebens, wie sie von Arlie Russell Hochschild (1990, 2002) eingefangen werden. Zukünftige Arbeiten müssen zeigen, ob und wie die Theorie der sozialen Felder und das Habituskonzept zur Analyse dieser Dimensionen des sozialen Handelns nutzbar gemacht werden können, die in unserer sozialen Welt ausgesprochen wichtig sind, um die Reproduktion und Transformation von Geschlechterverhältnissen zu fassen.

6. Die Konstruktion des sozialen Raums

Bourdieu hat in seiner Arbeit *Die feinen Unterschiede* ein Modell des sozialen Raums vorgelegt (Bourdieu 1982: 212f.), in dem anhand von Berufspositionen Verhältnisse und Beziehungen in einer Gesellschaft relational dargestellt werden. Die üblichen Trennungen von sozialen Strukturen einer Gesellschaft und sozialem Handeln von AkteurInnen wird aufgebrochen und das Soziale in seiner doppelten Existenzweise abgebildet: als Raum der sozialen Positionen und als Raum der Lebensstile. Dieses Modell ermöglicht es, soziale Felder als Kräftefelder im Raum zu verorten und sie als Mikrokosmen zu beschreiben. So kann die jeweilige soziale Welt aus der Nähe betrachtet werden, ohne dass die dort wirkenden Mechanismen losgelöst vom Makrokosmos analysiert werden (vgl. Bourdieu et al. 1997).

In *Die feinen Unterschiede* wird Geschmack als etwas Soziales, nicht als etwas Natürliches analysiert. Die unterschiedlichen kulturellen Praktiken und Vorlieben werden rückgebunden in soziale Bezüge bzw. an eine soziale Position im Raum. Hierbei hat Bourdieu eine Kapitaltheorie entwickelt, entlang derer er das dynamische Gefüge von unterschiedlichen Positionen in diesem Modell relational beschreibt. Neben dem ökonomischen Kapital, das nur ungenügend geeignet war, die vielfältigen analysierten Geschmacksdifferenzen und damit verbundenen symbolischen Auseinandersetzungen einzufangen, führt Bourdieu das kulturelle (gemessen u. a. anhand von Bildungstiteln) und soziale Kapital (das sich in Beziehungen und Netzwerken realisiert) ein, um die Konstruktion des sozialen Raums zu entwickeln (vgl. Bourdieu 1983). Der Habitus als inkorporierte Sozialstruktur bezeichnet hier die Körper gewordenen sozialen Unterschiede, die sich im Geschmack zu einem gegebenen Zeitpunkt zeigen.

In diesem Modell des sozialen Raums werden Akteure vermittelt über (männliche) Berufsgruppen konzeptualisiert bzw. soziale Klassen konstruiert. Dennoch spielt die Kategorie Geschlecht eine wichtige Rolle:

> „Die geschlechtsspezifischen Merkmals sind ebenso wenig von den klassenspezifischen zu isolieren wie das Gelbe der Zitrone von ihrem sauren Geschmack: eine Klasse definiert sich wesentlich durch Stellung und Wert, welche sie den beiden Geschlechtern [...] einräumt. Darin liegt begründet, warum es ebenso viele Spielarten der Verwirklichung von Weiblichkeit gibt wie Klassen und Klassenfraktionen, und warum die Arbeitsteilung zwischen den Geschlechtern auf der Ebene der Praxis wie der Vorstellungen innerhalb der verschiedenen Gesellschaftsklassen höchst unterschiedliche Ausprägungen annimmt." (Bourdieu 1982: 185)

Doch wie sind Frauen in diesem sozialen Raum, der entlang von Berufspositionen aufgespannt ist, zu positionieren? Zur Konstruktion des sozialen Raums wurden Variablen herangezogen, die dazu führen, dass es sich „um einen öffentlichen Raum, d. h. männlichen

Raum handelt. Man weiß dann nicht, wo man die Frauen sozial plazieren soll, die im Haus arbeiten. Nach allgemeiner Konvention werden Frauen den sozialen Positionen zugeordnet, die ihre Ehemänner einnehmen" (Bourdieu im Gespräch 1997: 222; vgl. Engler 1988: 48f.).

Die Frage, wie die mit den Kategorien „Klasse" und „Geschlecht" verbundenen Ungleichheiten miteinander verschränkt sind, wurde von Frerichs und Steinrücke empirisch gewendet. Dabei wurde zunächst ein vergeschlechtlichter Raum der Erwerbsarbeit modelliert, in welchem die Verschränkung von Klasse und Geschlecht abgebildet wurde. In einem Forschungsprojekt wurden „die Lebenschancen, Lebenszusammenhänge und Habitusformen von Männern und Frauen aus verschiedenen Klassen im Vergleich zum Gegenstand" gemacht, um zu analysieren, welche der beiden Hypothesen zutreffend ist (Frerichs / Steinrücke 1997: 232; Frerichs 1997, 2000) bzw. um zu prüfen, ob Klasse oder Geschlecht als dominantes Klassifikationssystem zu fassen ist. Auch Vester und Gardemin (2001) knüpfen an den sozialen Raum und die von Frerichs und Steinrücke entwickelte „Klassengeschlechtshypothese" an und rücken das leistungsorientierte Arbeitnehmermilieu ins Zentrum, um zu klären, „wie ökonomische Ungleichheit von Frauen und Männern mit ihrer gesellschaftspolitischen Einstellung zusammenhängt" (Vester / Gardemin 2001: 454). Diese Untersuchung lässt erahnen, wie fruchtbar es ist, den sozialen Raum für heuristische Zwecke zu nutzen, um z. B. die durch die im Zuge der Bildungsexpansion gestiegenen Bildungsbeteiligungen von Frauen und die damit verbundenen Erwartungen bezogen auf Berufspositionen im Zusammenhang mit sozialem Wandel bzw. Verschiebungen im sozialen Raum zu analysieren.

Diese wenigen Untersuchungen zeigen, wie die Vorstellung des sozialen Raums zur Generierung von Fragen genutzt werden kann, die empirisch zu beantworten sind (vgl. auch Koppetsch / Burkart 1999). Allerdings zeigen sie auch, dass es mühsam ist, der Frage nachzugehen, ob Geschlecht oder Klasse als dominantes Ungleichheitsmerkmal anzusehen ist. Als Klassifikationssysteme, die als Dimensionen des Sozialen in den Habitus eingehen, sind sie verschieden: Geschlecht ist bipolar und mit einem körperlichen Bezugspunkt konstruiert und erscheint als natürliche Ordnung. Soziale Klassenunterschiede werden angezeigt durch Klassifikationssysteme und Unterscheidungsprinzipien, die vielfältige Fassetten und Abstufungen kennen, die in die Hervorbringung sozialer Wirklichkeit eingehen. In Untersuchungen deutet sich an, dass „Klasse" und „Geschlecht" als Dimensionen des Sozialen, die vermittelt über den Habitus in die Hervorbringung der Sicht der Welt und in das Handeln eingehen, in unterschiedlichen Zusammenhängen von unterschiedlicher Relevanz sein (Engler 1997; auch Vester / Gardemin 2001) bzw. als Modi der Generierung von sozialen Unterschieden mal in den Vordergrund und mal in den Hintergrund treten können.

Dass Geschlecht in verschiedenen sozialen Feldern mit unterschiedlichen Relevanzstrukturen versehen werden kann, macht es notwendig, die Mechanismen und Funktionsweisen von Ordnungssystemen in den jeweiligen Feldern aufzuzeigen. Bourdieu stellt die Mittel bereit, nicht nur die Verschiedenheit der Bedeutung von Geschlecht und damit verbundene Ungleichheiten festzustellen, sondern die Funktionsweise von Mechanismen in den jeweils unterschiedlichen sozialen Gefügen aufzuzeigen und somit zu analysieren, wie diese Unterschiede zustande kommen. Hierzu dient die Konstruktion des sozialen Raums als Hintergrund der Generierung von Fragestellungen. Die relationale Betrachtungsweise führt dazu, dass nicht Frauen oder Männer zum Ausgangspunkt der Untersuchung gemacht werden, sondern das soziale Gefüge, in dem Frauen und Männer agieren.

7. Ausblick: „Prinzipien des Komponierens"

Mit der von Bourdieu entwickelten soziologischen Sicht der Welt verlässt man das Alltagsdenken und die damit verbundenen Gewissheiten, die besagen, dass es soziale Dinge gibt, aber auch die Gewissheit, dass es universelle Schemata gibt, die in der sozialen Praxis auf immer gleiche Weise wirken und denen eine allgemeingültige Bedeutung zukommt. So ist das Ordnungsschema Geschlecht zwar in unsere Köpfe und Körper ebenso wie in unsere Handlungen eingelassen, entfaltet seine Herrschaft in den sozialen Feldern und Mikrokosmen jedoch auf vielfältige und immer wieder neue Arten und Weisen. Die AkteurInnen in sozialen Feldern handeln kreativ und erfinderisch, allerdings nicht beliebig. Dieser sozialen Praxis kann man nicht mit großen Theorien beikommen, die zwar in sich theoretisch logisch sind, aber die praktische Logik vielfach verfehlen. Die von Bourdieu entwickelten Konzepte zur Analyse der sozialen Welt setzen an der sozialen Praxis an.

Bei den vorgestellten Konzepten handelt es sich weder um Patentideen noch um Rezeptbücher, sondern vielmehr um Erkenntniswerkzeuge, denen ein soziologisches Denken zu Grunde liegt, das einen Umbau des weit verbreiteten Denkens in Dualismen und Substanzen voraussetzt und daher eine Herausforderung für Sozialwissenschaftlerinnen und Sozialwissenschaftler darstellt. Bourdieu wählt eine Analogie zur Musik, um zu veranschaulichen, wie er mit wissenschaftlichen Werken umgegangen ist, aber auch um darzulegen, wie die von ihm entwickelten Erkenntniswerkzeuge zu gebrauchen sind. Die mit seiner soziologischen Denkweise verbundenen Erkenntnisinstrumente gleichen „einer Musik, die nicht für mehr oder minder passives Hören oder selbst Spielen geschaffen würde, sondern dafür, Prinzipien des Komponierens zu liefern." Die Erkenntniswerkzeuge bzw. Konzepte zu verstehen heißt, „dass man von der Denkweise, die in ihnen zum Ausdruck kommt, an einem anderen Gegenstand praktischen Gebrauch macht, sie in einem neuen Produktionsakt reaktiviert, der ebenso inventiv und originär ist wie der ursprüngliche ..." (Bourdieu 1997c: 65). Dabei „ist die aktive Aneignung einer wissenschaftlichen Denkweise [...] ebenso schwierig und selten [...] wie ihre ursprüngliche Ausarbeitung" (Bourdieu 1997c: 66).

Bourdieu erspart jenen Wissenschaftlerinnen und Wissenschaftlern, die sich bei der Analyse männlicher Herrschaft[2] oder anderer Dimensionen des Sozialen auf die von ihm entwickelte Denkweise und die damit verbundenen Denkwerkzeuge beziehen, eine Auseinandersetzung mit diesen Konzepten ebenso wenig wie eine Auseinandersetzung mit dem Forschungsgegenstand. Die Erforschung der männlichen Herrschaft ist dabei mit der Absicht verbunden, die Mechanismen und Funktionsweisen ihres Wirkens aufzuzeigen. Denn was in der Sozialwelt hervorgebracht wurde, kann auch in der sozialen Welt verändert werden.

---

[2] Nach Erscheinen des Buches *Die Männliche Herrschaft* (Bourdieu 2005) setzte im deutschsprachigen Raum eine interessierte Rezeption Bourdieus in der Geschlechterforschung ein (vgl. u.a. Bock 2005; Scholz 2006; König et al. im Erscheinen). Die Studie von Michael Meuser, die erstmals 1998 erschien und der Konstruktion von Männlichkeit auch empirisch und unter anderem mit dem Habituskonzept nachspürte, wurde seither zweimal neu aufgelegt (2003 und 2010). Johanna Hofbauer, die bereits seit den 1990er Jahren empirisch mit Bourdieu arbeitet, untersucht die hegemoniale Dimension organisationaler Prozesse aus dem Blickwinkel männlicher Herrschaft (bspw. Hofbauer 2010, 2012). Beate Krais, die seit vielen Jahren das soziale Feld der Wissenschaft als männlich vergeschlechtlichtes Feld analysiert, greift in einem neueren Artikel (Krais 2011) die männliche Herrschaft explizit auf. (Nachtrag von Sandra Beaufaÿs)

Literatur

Beaufaÿs, Sandra (2003): *Wie werden Wissenschaftler gemacht? Der Glaube und das Geschlecht des Feldes Wissenschaft.* Dissertation. Darmstadt: Technische Universität.

Bock, Ulla (2005): Gegen eine Mystifizierung von Herrschaftsverhältnissen. In: *querelles-net* (16); abrufbar unter http://www.querelles-net.de/index.php/qn/article/view/351.

Bock-Rosenthal, Erika (1990): Strukturelle Diskriminierung – nur ein statistisches Phänomen? In: Erika Bock-Rosenthal (Hg.): *Frauenförderung in der Praxis. Frauenbeauftragte berichten.* Frankfurt am Main / New York: Campus. S. 11-54.

Bourdieu, Pierre (2005): *Die männliche Herrschaft.* Frankfurt am Main: Suhrkamp.

Bourdieu, Pierre (2001): *Meditationen. Zur Kritik der scholastischen Vernunft.* Frankfurt am Main: Suhrkamp.

Bourdieu, Pierre (1999): *Die Regeln der Kunst. Genese und Struktur des literarischen Feldes.* Frankfurt am Main: Suhrkamp.

Bourdieu, Pierre (1998a): *Praktische Vernunft. Zur Theorie des Handelns.* Frankfurt am Main: Suhrkamp

Bourdieu, Pierre (1998b): *La domination masculine.* Paris: Seuil.

Bourdieu, Pierre (1998c): *Vom Gebrauch der Wissenschaft. Für eine klinische Soziologie des wissenschaftlichen Feldes.* Konstanz: UVK.

Bourdieu, Pierre (1997a): Die männliche Herrschaft. In: Irene Dölling / Beate Krais (Hg.): *Ein alltägliches Spiel. Geschlechterkonstruktion in der sozialen Praxis.* Frankfurt am Main: Suhrkamp. S. 153-217.

Bourdieu, Pierre (1997b): Männliche Herrschaft revisited. In: *Feministische Studien.* Heft 2/1997. S. 88-99.

Bourdieu, Pierre (1997c): Zur Genese der Begriffe Habitus und Feld. In: Pierre Bourdieu: *Der Tote packt den Lebenden.* Hg. von Margarete Steinrücke. Hamburg: VSA. S. 59-78.

Bourdieu, Pierre (1996a): Die Ziele der reflexiven Soziologie. In: Pierre Bourdieu / Loïc J. D. Wacquant: *Reflexive Anthropologie.* Frankfurt am Main: Suhrkamp. S. 95-249.

Bourdieu, Pierre (1996b): On the Family as a Realized Category. In: *Theory, Culture & Society* (13), 3: S. 19-26.

Bourdieu, Pierre (1995): Narzißtische Reflexivität und wissenschaftliche Reflexivität. In: Eberhard Berg / Martin Fuchs (Hg.): *Kultur, soziale Praxis, Text.* Frankfurt am Main: Suhrkamp. S. 365-374

Bourdieu, Pierre (1990a): „La domination masculine". In: *Actes de la recherche en sciences sociales* (84): S. 2-31.

Bourdieu, Pierre (1990b): *Was heißt Sprechen? Die Ökonomie des sprachlichen Tausches.* Wien: Braunmüller.

Bourdieu, Pierre (1989): *Satz und Gegensatz. Über die Verantwortung des Intellektuellen.* Berlin: Wagenbach.

Bourdieu, Pierre (1987): *Sozialer Sinn. Kritik der theoretischen Vernunft.* Frankfurt am Main: Suhrkamp.

Bourdieu, Pierre (1986): Der Kampf um die symbolische Ordnung. Pierre Bourdieu im Gespräch mit Axel Honneth, Hermann Kocyba und Bernd Schwibs. In: *Ästhetik und Kommunikation* (16), 61/62: S. 142-165.

Bourdieu, Pierre (1983): Ökonomisches Kapital, kulturelles Kapital, soziales Kapital. In: Reinhard Kreckel (Hg.): *Soziale Ungleichheiten.* Soziale Welt Sonderband 2. Göttingen: Schwartz & Co. S. 183-198.

Bourdieu, Pierre (1982): *Die feinen Unterschiede. Kritik der gesellschaftlichen Urteilskraft.* Frankfurt am Main: Suhrkamp.

Bourdieu, Pierre (1997): Eine sanfte Gewalt. Pierre Bourdieu im Gespräch mit Irene Dölling und Margareta Steinrücke In: Dölling, Irene / Beate Krais (Hg.): *Ein alltägliches Spiel. Geschlechterkonstruktion in der sozialen Praxis.* Frankfurt am Main: Suhrkamp. S. 218-230.
Bourdieu, Pierre et al. (1997): *Das Elend der Welt. Zeugnisse und Diagnosen alltäglichen Leidens an der Gesellschaft.* Konstanz: UVK.
Bourdieu, Pierre / Wacquant, Loïc J. D. (1996): *Reflexive Anthropologie.* Frankfurt am Main: Suhrkamp.
Dölling, Irene (1993): Weibliche Wendeerfahrungen „oben" und „unten". In: Petra Frerichs / Margareta Steinrücke (Hg.): *Soziale Ungleichheit und Geschlechterverhältnisse.* Opladen: Leske + Budrich. S. 101-116.
Dölling, Irene / Krais, Beate (Hg.) (1997): *Ein alltägliches Spiel. Geschlechterkonstruktion in der sozialen Praxis.* Frankfurt am Main: Suhrkamp.
Engler, Steffani (2003): Aufsteigen oder Aussteigen? Soziale Bedingungen von Karrieren in der Wissenschaft. In: Ronald Hitzler / Michaela Pfadenhauer (Hg.): *Karrierepolitik.* Opladen: Leske + Budrich.
Engler, Steffani (2001): *„In Einsamkeit und Freiheit"? Zur Konstruktion der wissenschaftlichen Persönlichkeit auf dem Weg zur Professur.* Konstanz: UVK.
Engler, Steffani (1997): Studentische Lebensstile und Geschlecht. In: Irene Dölling / Beate Krais (Hg.): *Ein alltägliches Spiel. Geschlechterkonstruktion in der sozialen Praxis.* Frankfurt am Main: Suhrkamp. S. 309-329.
Engler, Steffani (1993): *Fachkultur, Geschlecht und soziale Reproduktion. Eine Untersuchung über Studentinnen und Studenten der Erziehungswissenschaft, Rechtswissenschaft, Elektrotechnik und des Maschinenbaus.* Weinheim: Deutscher Studien Verlag.
Engler, Steffani (1988): *Die Reproduktionstheorie Pierre Bourdieus. Der Raum studentischer Fachkulturen und Beziehungsschwierigkeiten: „Männliche" Reproduktionstheorie und feministische Wissenschaft.* Siegen: Universität-Gesamthochschule.
Engler, Steffani / Friebertshäuser, Barbara (1992): Die Macht des Dominanten. In: Angelika Wetterer (Hg.): *Profession und Geschlecht. Über die Marginalität von Frauen in hochqualifizierten Berufen.* Frankfurt am Main / New York: Campus. S. 101-120.
Engler, Steffani / Zimmermann, Karin (2002): Das soziologische Denken Pierre Bourdieus – Reflexivität in kritischer Absicht. In: Uwe H. Bittlingmayer / Jens Kastner / Claudia Rademacher (Hg.): *Theorie als Kampf? Zur Politischen Soziologie Pierre Bourdieus.* Opladen: Leske + Budrich. S. 35-47.
Frerichs, Petra (2000): Klasse und Geschlecht als Kategorien sozialer Ungleichheit. In: *Kölner Zeitschrift für Soziologie und Sozialpsychologie.* Heft 52/2000. S. 36-59.
Frerichs, Petra (1997): *Klasse und Geschlecht 1. Arbeit. Macht. Anerkennung. Interessen.* Opladen: Leske + Budrich.
Frerichs, Petra / Steinrücke, Margareta (1997): Kochen – ein männliches Spiel? Die Küche als geschlechts- und klassenstrukturierter Raum. In: Irene Dölling / Beate Krais (Hg.): *Ein alltägliches Spiel. Geschlechterkonstruktion in der sozialen Praxis.* Frankfurt am Main: Suhrkamp. S. 231-255.
Frerichs, Petra / Steinrücke, Margareta (1993): Frauen im sozialen Raum. Offene Forschungsprobleme bei der Bestimmung ihrer Klassenposition. In: Petra Frerichs / Margareta Steinrücke: *Soziale Ungleichheit und Geschlechterverhältnisse.* Opladen: Leske + Budrich. S. 191-205.
Haas, Erika (1999): *Arbeiterkinder und Akademikerkinder an der Universität. Eine geschlechtsspezifische und schichtspezifische Analyse.* Frankfurt am Main: Campus.
Hasenjürgen, Brigitte (1996): *Soziale Macht im Wissenschaftsspiel. SozialwissenschaftlerInnen und Frauenforscherinnen an der Hochschule.* Münster: Westfälisches Dampfboot.
Hochschild, Arlie Russell (2002): *Work-Life-Balance. Keine Zeit. Wenn die Arbeit zum Zuhause wird und zu Hause nur Arbeit wartet.* Opladen: Leske + Budrich.
Hochschild, Arlie Russell (1990): *Das gekaufte Herz. Zur Kommerzialisierung der Gefühle.* Frankfurt am Main: Campus.

Hofbauer, Johanna (2012): Neue Geschlechterordnungen an Hochschulen? Zur theoretischen Fundierung einer empirischen Untersuchung im Sinne der Bourdieu'schen Feldtheorie. In: Stefan Bernhard / Christian Schmidt-Wellenburg (Hg.): *Feldanalyse als Forschungsprogramm.* Berlin: Springer. S. 427-451.
Hofbauer, Johanna (2010): Soziale Homogenität und kulturelle Hegemonie. Ausschließung und Organisation aus Bourdieuscher Perspektive. In: *Feministische Studien* (28), 1: S. 25-39.
Janshen, Doris / Rudolph, Hedwig u. a. (1987): *Ingenieurinnen. Frauen für die Zukunft.* Berlin / New York: De Gruyter.
Koppetsch, Cornelia / Burkart, Günter (1999): *Die Illusion der Emanzipation. Zur Wirksamkeit latenter Geschlechtsnormen im Milieuvergleich.* Konstanz: UVK
Krais, Beate (2011): Die männliche Herrschaft: Ein somatisiertes Herrschaftsverhältnis. In: *Österreichische Zeitschrift für Soziologie* (36), 4: S. 33–50.
Krais, Beate (2001): Die feministische Debatte und die Soziologie Pierre Bourdieus: Eine Wahlverwandtschaft. In: Gudrun-Axeli Knapp / Angelika Wetterer (Hg.): *Gesellschaftstheorie und feministische Kritik.* Münster: Westfälisches Dampfboot. S. 317-338.
Krais, Beate (1993): Geschlechterverhältnis und symbolische Gewalt. In: Gunther Gebauer / Christoph Wulf (Hg.): *Praxis und Ästhetik: neue Perspektiven im Denken Pierre Bourdieus.* Frankfurt am Main: Suhrkamp. S. 208-250.
König, Tomke / Jäger, Ulle / Maihofer, Andrea (im Erscheinen): Pierre Bourdieu: Die Theorie männlicher Herrschaft als Schlussstein einer Gesellschaftstheorie. In: Heike Kahlert / Christine Weinbach (Hg.): *Zeitgenössische Gesellschaftstheorien und Genderforschung. Einladung zum Dialog.* Wiesbaden: VS.
Meuser, Michael (2010): *Geschlecht und Männlichkeit. Soziologische Theorie und kulturelle Deutungsmuster.* 3. Auflage. Wiesbaden: VS.
Meuser, Michael (2006): *Geschlecht und Männlichkeit. Soziologische Theorie und kulturelle Deutungsmuster.* 2. aktualisierte und überarbeitete Auflage. Wiesbaden: VS.
Meuser, Michael (1998): *Geschlecht und Männlichkeit. Soziologische Theorie und kulturelle Deutungsmuster.* Opladen: Leske + Budrich.
Rademacher, Claudia (2002): Jenseits männlicher Herrschaft. Pierre Bourdieus Konzept einer Geschlechterpolitik. In: Jörg Ebrecht / Frank Hillebrandt (Hg.): *Bourdieus Theorie der Praxis.* Wiesbaden: Westdeutscher Verlag. S. 127-138.
Rohleder, Christiane (1997): *Zwischen Integration und Heimatlosigkeit. Arbeitertöchter in Lehramt und Arztberuf.* Münster: Westfälisches Dampfboot.
Schlüter, Anne (1999): *Bildungserfolge. Eine Analyse der Wahrnehmungs- und Deutungsmuster und der Mechanismen für Mobilität in Bildungsbiographien.* Opladen: Leske + Budrich.
Schlüter, Anne (1986): „Wenn zwei das Gleiche tun, ist das noch lange nicht dasselbe" – Diskriminierungen von Frauen in der Wissenschaft. In: Anne Schlüter / Annette Kuhn (Hg): *Lila Schwarzbuch. Zur Diskriminierung von Frauen in der Wissenschaft.* Düsseldorf: Schwann. S. 10-33.
Scholz, Sylka (2006): Männliche Herrschaft. In: *Berliner Journal für Soziologie* (16), 2: S. 265-274.
Vester, Michael / Gardemin, Daniel (2001): Milieu, Klasse und Geschlecht. Das Feld der Geschlechterungleichheit und die „protestantische Alltagsethik". In: Bettina Heintz (Hg.): *Geschlechtersoziologie. Kölner Zeitschrift für Soziologie und Sozialpsychologie* Sonderheft 41/2001. S. 454-486.
Zimmermann, Karin (2000): *Spiele mit der Macht in der Wissenschaft. Passfähigkeit und Geschlecht als Kriterium für Berufungen.* Berlin: Edition sigma.

Der Habitusbegriff in Erziehungswissenschaft und Bildungsforschung

Thomas Höhne

1. Einleitung

1.1 Habitus und relationale Perspektive

Für die Erforschung sozialer Strukturen und Prozesse von Bildung spielt der Habitus im Werk Pierre Bourdieus eine zentrale Rolle. Bildung ist hierbei für Bourdieu immer ein wichtiges Forschungsfeld seit den 1960er Jahren gewesen, bei dem der Habitusbegriff sich in den Worten Bourdieus durch eine besondere Affinität zum Bildungsbegriff auszeichnet:

> „Liefe dieser überbestimmte Begriff nicht Gefahr, falsch verstanden zu werden (...), so wäre ‚Bildung' (culture) ein Begriff, der sich sowohl auf das Prinzip der objektiven Regelmäßigkeiten wie das Vermögen der Handelnden als System verinnerlichter Modelle anwenden lässt, dem Begriff des ‚Habitus' vorzuziehen" (1974: 41, Fn. 23).

Jenseits der Annahme einer „konzeptionellen Nähe von Habitus und Bildung" (Brake / Büchner 2006: 64) lässt sich aus dieser Stelle auch eine begriffsstrategische Funktion des Habituskonzepts herauslesen. Denn die angedeuten ‚Überbestimmungen' des Bildungsbegriffs beziehen sich auf substanzialistische Implikationen eines Subjekt- oder Identitätskonzepts, die seinem Programm einer relationalen Soziologie entgegenstehen (vgl. Bourdieu 1970: 11). Hierbei sollten weder Subjekt und Objekt noch „Individualität und Kollektivität" zu Gegensätzen gemacht werden, nur um den „Rechtsanspruch des schöpferischen Individuums und das Mysterium des Einzelwerks wahren zu können" (Bourdieu 1970: 132). Dadurch beraube man sich der Möglichkeit, „im Zentrum des Individuellen selber Kollektives zu entdecken" (Bourdieu 1970: 132).

Dieser wichtige Impuls Bourdieu'scher Theoriebildung, die komplexen Relationen zwischen individuellen Wahrnehmungen, Sinngebungen und Handlungen und ihren sozialen Bedingungen aufzuzeigen, ist auch für das Habituskonzept charakteristisch. Dies hat in der Erziehungswissenschaft wie in der Bildungsforschung zu einer weit verzweigten Debatte geführt und grundlegende Fragen nach dem Verhältnis von Subjekt, Bildung und Gesellschaft aufgeworfen. Insofern liegt mit dem Habitusbegriff, der auch als „tragende Säule" von Bourdieus Theoriegerüst bezeichnet wurde (Liebau 1984: 248), ein Konzept vor, das zwischen Individuellem und Sozialen vermittelt und die strukturelle Verknüpfung beider Dimensionen hervorhebt.

1.2 Importprobleme

Die Aufnahme von Bourdieus Theorieangebot in Erziehungswissenschaft und Bildungsforschung[1] ist durch Spannungen und Reibungen gekennzeichnet. Während mittlerweile die kritische Frage nach der Verabschiedung von Bourdieu aus der Bildungsforschung gestellt wird, da in der Folge der PISA-Ergebnisse die Bourdieu'schen Thesen zur Reproduktion von Ungleichheit im Bildungssystem als widerlegt erachtet werden (Kramer 2011: 7), wird an anderer Stelle hervorgehoben, dass die erziehungswissenschaftliche Bourdieurezeption insgesamt als „verhalten" einzustufen sei (Liebau 2006: 41). Das Spektrum der Positionierungen gegenüber Bourdieu reicht von „fasziniert-kritisch" und „produktiv-erweiternd" bis hin zu „bruchstückhaft-verkürzt" und „grundlegend missverstehend", so Rolf-Torsten Kramer in seiner Einschätzung erziehungswissenschaftlicher Rezeptionsmuster (2011: 30f.).

Oft genug ist es der Habitusbegriff gewesen, der Anlass zu Auseinandersetzungen bot, an dem sich auch und gerade aufgrund seiner Affinität – oder Konkurrenz – zum Bildungsbegriff die ‚Geister geschieden' haben. Während in der Erziehungswissenschaft der Import Bourdieu'scher Begriffe nach wie vor primär auf das Subjekt und ‚seine Bildung' bezogen bleibt (Liebau 2006: 43), bildet der Habitusbegriff in der bildungssoziologischen Ungleichheitsforschung seit den 1970er Jahre einen wichtigen Schlüssel zum Verständnis der Reproduktion sozialer Ungleichheit. Doch in dieser Hinsicht scheint sich vor allem mit Blick auf die Entwicklung der Bildungs(ungleichheits)forschung nach PISA eine Richtungsänderung anzudeuten, die im Folgenden thematisiert wird (Abschnitt 4). Dennoch liegt der Schwerpunkt der Darstellung auf der erziehungswissenschaftlichen Rezeption des Habituskonzepts (Abschnitte 2 und 3). Die folgenden Überlegungen verfolgen zudem das Ziel einer problematisierenden Darstellung und einer kritisch-dekonstruierenden Analyse der Deutungen und Umdeutungen des Habitusbegriffs, wodurch sich zukünftige Forschungsfelder skizzieren lassen (Abschnitt 5).

2. Adaption des Habituskonzepts in der Erziehungswissenschaft

2.1 Rezeption zwischen Annäherung und Widerstand

Die be- und verfremdenden Interpretationen und Umdeutungen, die der Habitusbegriff in erziehungswissenschaftlichen Konzepten erfahren hat (vgl. Friebertshäuser / Rieger-Ladich / Wigger 2006), hängen nicht nur mit der relationalen Perspektive des Bourdieu'schen Begriffskosmos zusammen, durch den in gewisser Weise das ‚große Ganze' – vom sozialen Raum über die Felder und die Kapitalien bis hin zur symbolischen Gewalt – in den Blick genommen wird, sondern auch mit Bourdieus grundsätzlichen Vorbehalten gegen einen methodologischen Individualismus oder Subjektivismus, wie eingangs angedeutet. Für eine Disziplin wie die deutschsprachige Erziehungswissenschaft, in der traditionell ein emphatischer Subjektbegriff dominiert, ist mit dem Bour-

---

[1] Die Bildungsforschung ist ein weites interdisziplinäres Feld aus Erziehungswissenschaft, Psychologie und Bildungssoziologie, das hier nicht in Gänze thematisiert werden kann (vgl. Tippelt / Schmidt 2010). Vielmehr sollen hier spezifisch die Verschiebungen beleuchtet werden, welche die Bildungs- bzw. die Ungleichheitsforschung durch PISA erfahren hat.

dieu'schen Programm gewissermaßen per se schon eine Rezeptionshürde, wenn nicht gar strukturelle Schranke gegeben. So konstatiert Jürgen Wittpoth Mitte der 1990er Jahre, dass sich eine Mehrheit in der Erziehungswissenschaft wieder dem Subjekt als zentrale Größe pädagogischer Zielsetzungen und Gestaltung zugewendet habe und spricht in diesem Zusammenhang vom „überforderten Subjekt", das sich durch hyperthrophe Autonomievorstellungen auszeichne (Wittpoth 1995: 24) und weist mit Bourdieu und G. H. Mead auf die sozialen Konstitutionsbedingungen von Subjektivität hin (Wittpoth 1995: 26).

Seit geraumer Zeit gibt es in der Erziehungswissenschaft eine Diskussion um den theoretischen Status des Habitusbegriffs bzw. seine Bedeutung für die Erforschung von Bildungsprozessen. Der Stellenwert des Habituskonzepts wird u. a. in seiner „Bedeutung von Sozialisationsprozessen für die soziale Reproduktion" gesehen sowie für den „Subjekt/Objekts-Status des Individuums und damit für das „Verhältnis von Produktivität und Rezeptivität in Bildungsprozessen" (Liebau 2006: 43-44). Dabei wird auf das Habituskonzept zurückgegriffen, um die Möglichkeiten und Grenzen der *Bildung des Subjekts im doppelten Sinne* aufzuzeigen: Bildung im Sinne von individueller Entwicklung und Bildung als gesellschaftlich organisiertes, institutionalisiertes Lernen (Wigger 2006: 105). Diese Doppeldeutigkeit findet ihren disziplinären Ausdruck in zwei verschiedenen theoretischen Perspektiven: Während vor allem die bildungstheoretisch orientierte Biographieforschung in der Erziehungswissenschaft die Veränderungen des Selbst- und Weltverhältnisses auf der Subjektebene untersucht, liegt der bildungssoziologische Fokus auf den sozialen und institutionellen Bedingungen von Bildung und Subjektivität sowie auf der Untersuchung von Ungleichheit und Macht in Bildungsprozessen.[2] Damit stellt sich die Frage, inwieweit der Habitusbegriff dazu beitragen könnte, die Konstitutionsbedingungen von Subjektivität theoretisch genauer zu begründen und damit eine Brücke zwischen den beiden angesprochenen Ebenen der Subjektbildung zu schlagen – etwa im Sinne von Reckwitz' „Subjektanalyse (...) als Habitusanalyse" (2010: 39).

Auf der einen Seite wird in den erziehungswissenschaftlichen Debatten auf den Habitusbegriff mit der Absicht rekurriert, die sozialen Bedingungen von Subjektivität deutlicher zu akzentuieren. Auf der anderen Seite wird aber gleichzeitig das Risiko eines Determinismus von Handeln, Denken und Wahrnehmung im Bourdieu'schen Habituskonzept hervorgehoben (z. B. Liebau 1987; kritisch dazu Rieger-Ladich 2005), wodurch sich die Ambivalenz der Rezeption Bourdieu'scher Begriffe in der Erziehungswissenschaft erklären lässt.

2.2 Breite und Tiefe der Rezeption

Der Habitusbegriff hat in der Erziehungswissenschaft eine breite Wirkung insofern entfaltet, als er in den einzelnen erziehungswissenschaftlichen Subdisziplinen rezipiert wurde. Dies steht in gewissem Kontrast zur (möglichen) Tiefenwirkung, wenn man damit Reflexion und Irritationspotential für das Erziehungswissenschaftliche Feld assoziiert. Denn erst neuere Publikationen loten die Möglichkeiten einer „reflexiven Erziehungswissenschaft" in Anschluss an Bourdieu und jenseits reflexhafter Abwehrreaktionen und verfremdender

---

[2] Die Trennung von Mikro- und Makroebene ist analytischer Art, denn sie bilden die beiden Seiten der Reproduktionsperspektive, die von Bourdieu auf Bildungsprozesse eingenommen wird.

Anverwandlungen aus (Friebertshäuser / Rieger-Ladich / Wigger 2006), die sich zudem auf den gesamten Umfang des Bourdieu'schen Begriffsangebots stützen (Kramer 2011) und somit Verkürzungen entgegenwirken.

Wenn man davon ausgeht, dass sich die erziehungswissenschaftliche Rezeption des Bourdieu'schen Habituskonzepts innerhalb des Vierecks aus den klassischen pädagogischen Begriffen Lernen, Sozialisation, Erziehung und Bildung bewegt, so lässt sich die Rezeption mit einer Reihe von Fragen eingrenzen: Ist das Habituskonzept eine Sozialisationstheorie? Impliziert der Habitusbegriff eine Lerntheorie bzw. bedarf er einer Lerntheorie oder trägt er zum Verständnis von Lernen bei? Oder beinhaltet das Konzept des Habitus einen Erziehungsbegriff, wenn man etwa an die Diskussion über klassenspezifische Erziehungsstile denkt? Und in welchem Verhältnis stehen Habitusform(ierung)en und soziale Bildungsprozesse? Daran anschließend sind spezifische Lesarten der erziehungswissenschaftlichen Subdisziplinen erkennbar, welche die angesprochene Breite der Rezeption deutlich machen:

- Sozialisationtheoretisch wird dem Habitus in der Allgemeinen Erziehungswissenschaft der Status einer impliziten Sozialisationstheorie zugeschrieben (Liebau 1987)
- Mit Blick auf Lernen werden vor allem in der Erwachsenenbildung je nach sozialen Milieus unterschiedliche Lernhabitus und milieuspezifische (Weiter-) Bildungsbedürfnisse unterschieden (Bremer 2007; Herzberg 2004)
- In der Schulpädagogik wird mithilfe des Habituskonzepts das institutionelle Passungsverhältnis zwischen Schule und Familie erklärt (Helsper / Kramer 2010; Kramer 2011)
- In der Bildungstheorie wird an das Habituskonzept im Rahmen einer transformatorischen Bildungstheorie rekurriert (Koller 2010; von Rosenberg 2011)
- In einzelnen Analysen wird etwa in machttheoretischer Hinsicht der Zusammenhang von Habitus und Habitat am Beispiel von Schularchitekturen untersucht (Rieger-Ladich / Ricken 2009) oder die reflexive Dimension des Habitus und ihre pädagogische Nutzung für Vermittlungspraktiken genutzt (Alkemeyer 2006)
- In Erforschung familialer Reproduktion von Kapital und Ausbildung von Bildungsstrategien wird auf Bourdieu's Habituskonzept zurückgegriffen (Brake/ Büchner 2006)
- Zur Erforschung institutioneller Lern- und Bildungsprozesse wird in der Übergangsforschung auf Bourdieus Habitusansatz abgehoben (Höhne 2012a, 2012b)
- In der erziehungswissenschaftlichen Geschlechterforschung wird auf das Bourdieu'sche Habituskonzept rekurriert (Schlüter / Faulstich-Wieland 2006)

2.3 Habitus zwischen Kritik, Desillusionierung und Reflexion

Ein grundlegender Einwand gegen das Habituskonzept Bourdieus lautet, dass es statisch und deterministisch sei (vgl. Kramer 2011: 21; Liebau 2006: 44; Rieger-Ladich 2005). Weder die Kreativität individuellen Handelns noch die Möglichkeit einer Überschreitung habitueller Grenzen würden berücksichtigt – sei es in der spielerisch-performative Überschreitung körperlicher Praktiken (z. B. Schmidt 2004: 68) oder im Bewältigungshandeln, durch welches das vermeintlich „starre Dispositionssystem" des Habitus überwunden werden könnte (Böhnisch / Lenz / Schröer 2009: 45).

Neuere erziehungswissenschaftliche Forschungen wenden sich daher der Frage der Transformation habitueller Strukturen im Allgemeinen und durch Bildungsprozesse im Speziellen zu (z. B. Koller 2010; von Rosenberg 2011). Im Rahmen des Ansatzes transformatorischer Bildungsprozesse wird hierbei versucht, den Gedanken der habituellen Limitierungen von Handeln mit subjekttheoretischen Überlegungen zur Überschreitung der Habitusgrenzen zu synthetisieren. Dabei wird differenziert, dass mit dem Habituskonzept nicht die Determination von Handeln, sondern dessen „Begrenzung" hervorgehoben werde, denn der Habitus lege „das Handeln der Individuen nicht in allen Einzelheiten fest, sondern schließt nur bestimmte, mit den objektiven Existenzbedingungen unvereinbare Handlungsweisen aus" (Koller 2010: 292). Die Transformation habitueller Strukturen wird subjekttheoretisch erklärt, denn Selbst- und Weltverhältnisse könnten grundlegend durch diskrepante Erfahrungen verändert werden. So etwa aufgrund „technologischer Veränderungen (...) oder gesellschaftliche Umbrüche" (Koller 2010: 294) wie auch durch „individuelle Krisenerfahrungen" in der Adoleszenz oder anderer Statuspassagen (Koller 2010: 293). Zur theoretischen Begründung dieser grundlegenden Habitustransformation wird auf einen phänomenologischen Erfahrungsbegriff, genauer: die Fremderfahrung zurückgegriffen, wodurch die „etablierte Ordnung an ihre Grenzen gerät" (Koller 2010: 295-296). Diese phänomenologiche Umdeutung des Habitusbegriffs lässt offen, wie der Zusammenhang von Sinnordnung und sozialer Ordnung zu bestimmen ist – ein Kernproblem erziehungswissenschaftlicher Rezeption, wie sich noch zeigen wird. Eine ähnliche theoretische Begründung für mögliche habituelle Transformationen findet sich im Bewältigungsansatz, in dem subjekttheoretisch auf den Aneignungsbegriff zurückgegriffen wird (Böhnisch / Lenz / Schröer 2009). Hierbei geht es um die Veränderungen in Phasen biographischer Übergänge und die Frage, in welchem Ausmaß vor allem in Krisen individuelle Bewältigungsressourcen mobilisiert werden können (vgl. Abschnitt 3.2). Schließlich repräsentiert der Passungsbegriff einen weiteren Ansatz im erziehungswissenschaftlichen Diskurs, um die Passförmigkeit von Subjekt und Bildungsinstitution, von Biographie und institutionellen Anforderungen und Limitationen aufzuzeigen (Helsper / Kramer 2010).

Für Eckhart Liebau geht die aufklärende Wirkung Bourdieus auf mehrere, für die Pädagogik desillusionierende Momente zurück. Auf Grundlage einer habitustheoretischen Sicht von Bildungs- und Erziehungsprozessen zeige sich die idealistische „Illusion der geistigen Bildung" (Liebau 2006: 46), denn der Habitus kehre die „physischen, psychischen und sozialen Bedingungen von Bildung" (Liebau 2006: 46) hervor – ebenso wie die Körpergebundenheit aller sozialen Praktiken, die vorbewussten sozialen Einschreibungen und damit die vermeintliche Rationalität von Bildungs- und Sozialisationsprozessen. Damit steht das Bourdieu'sche Habituskonzept zunächst einmal antagonistisch zu idealistischen, hermeneutischen und rationalistischen Konzepten von Subjektivität. Bei aller Differenz in den theoretischen Zuschnitten liegt die Gemeinsamkeit dieser Positionen in der Verwendung eines starken Subjektbegriffs, sei es in der Vervollkommnung(sfähigkeit) des Selbst- und Weltverhältnisses durch Bildung und Selbstentwicklung (Bildungstheorie), im Primat eines ursprünglichen Lebensweltbezugs des sinnverarbeitenden Subjekts (Phänomenologie, Wissenssoziologie, siehe Schneickert in diesem Band) oder in der rationalistischen Variante des eigennützigen, rational kalkulierenden und Kosten-Nutzen abwägenden Entscheidungsträgers (rational choice, siehe Lenger in diesem Band). Diese Subjektfiguren implizieren ein hohes Maß an Selbst-Transparenz, Kontroll- und Steuerungshoheit, Entscheidungswillen und Handlungsfähigkeit – und damit eine Reihe normativ vorausgesetzter

Fähigkeiten, die in den Theorien selbst nicht mehr weiter reflektiert werden. Vor dem Hintergrund eines solch starken Subjektbegriffs muss der Habitusbegriff also wie *Depotentierung des Subjekts* wirken. Denn all diese präsupponierten Fähigkeiten sind nach Bourdieu nicht nur sozial konstituiert und damit klassenspezifisch formiert und differenziert, sondern sie verlaufen zum großen Teil auch vorbewusst und bleiben damit der bewussten Kontrolle der Einzelnen entzogen. In der Entthronung des souveränen Subjekts liegt für Bourdieu der Anlass für eine mehrfache Kränkung:

> „Den drei ‚narzistischen Kränkungen', von denen Freud gesprochen hat, denjenigen also, die der Menschheit von Kopernikus, Darwin und Freud selber zugefügt wurden, wäre noch die hinzuzufügen, die uns die Soziologie antut, insbesondere wenn sie auf den ‚schöpferisch tätigen Menschen' angewendet wird" (Bourdieu / Wacquant 1996: 167).

An dieser Stelle vermutet Bourdieu also die zentrale Irritation, die vom Habituskonzept ausgeht. Das Unbehagen am Habitusbegriff sei die „genetisch-generische Denkweise (...), die eine Bedrohung für die Vorstellung darstellt, die die ‚Schöpfer' von sich selber haben, von ihrer Identität, ihrer ‚Einzigartigkeit'" (Bourdieu / Wacquant 1996: 167). Bourdieu hat in dem Zusammenhang den Vorwürfen von „Determinismus und Fatalismus" (Rieger-Ladich 2005: 281-296) in mehreren Texten und Interviews entgegenzuwirken versucht (z. B. 1989) und deutlich gemacht, dass der Habitus zwar „dauerhaft, aber nicht unveränderlich" (Bourdieu / Wacquant 1996: 168) sei. Insofern beruht der Habitus auf einem praktischen Wissen der Akteure jenseits „intentionaler Sinnverfolgung, rationalem Kalkül oder objektivistischer Mechanik" (Kramer 2011: 27).

Die Antwortversuche Bourdieus bewahrten ihn aber nicht vor Fehllektüren (vgl. Rieger-Ladich 2005: 289; Wigger 2006: 107), die als Reaktion auf die erwähnte desillusionierenden Wirkung gewertet werden kann. Dazu gehört auch seine provokante These der „biographischen Illusion" (Bourdieu 1998: 75-83), die letztlich eine „Illusion der Identität" impliziert (Liebau 2006: 49). Hinzu kommt die von Bourdieu und Passeron aufgezeigte „Illusion der Chancengleichheit" im Bildungssystem, die eine grundlegende Kritik am Bildungssystem aus reproduktionstheoretischer Perspektive darstellt. Dies läuft nicht nur jeder bildungspolitischen und pädagogischen Hoffnung auf eine *pädagogische Kompensation sozialer Ungleichheit* zuwider, sondern es wird im Gegenteil behauptet, dass die Aufrechterhaltung sozialer Macht- und Herrschaftsverhältnisse nach 1945 direkt und genuin an das Bildungssystem gebunden sei (Bourdieu / Passeron 1971). So lässt sich als erstes kurzes Zwischenresümee festhalten, dass es zwar die angeführten grundlegenden Irritationen sind, die bis heute für die erziehungswissenschaftliche Rezeption von Bourdieu charakteristisch sind, aber dass es in jüngerer Zeit auch theoretische Bemühungen gibt, sein Gesamtwerk stärker als bisher bei der Erforschung von Bildungs- und Ungleichheitsprozessen zu berücksichtigen.

3. Modifikation des Habituskonzeptes in der Erziehungswissenschaft

Ich möchte in diesem Abschnitt an zwei Beispielen die (Um-)Deutungen bzw. Integrationsstrategien gegenüber dem Habitusbegriff im erziehungswissenschaftlichen Feld verdeutlichen. Dies ist zum einen die kulturalistisch-wissenssoziologische Reformulierung des Milieubegriffs (3.1), zum anderen die aneignungstheoretische Reinterpretation des Habitus im Bewältigungsansatz (3.2).

3.1 Milieubegriff

Eine feldspezifische erziehungswissenschaftliche Adaption des Habitusbegriffs zeigt sich exemplarisch in der biographietheoretisch ausgerichteten Bildungs- und Sozialisationsforschung. So wird der Klassenbegriff als unscharf kritisiert und der Milieubegriff in Anknüpfung an die Wissenssoziologie und den symbolischen Interaktionismus neu definiert (Bohnsack 2010: 212ff.). Gegenüber der Theorien sozialer Milieus wird „Sozialität als ‚Inter-Subjektivität' auf dem Wege wechselseitig einander interpretierender Subjekte" begriffen (Bohnsack 2010: 210). Gesellschaft wird auf diese Weise primär durch die Brille der Subjekte und ihrer gemeinsamen Sinnkonstrukte rekonstruiert. Mit dem Milieubegriff sollen „Lebensformen jenseits von Schichten und Klassen" identifiziert werden, „die zunächst durch ‚subjektive' Interpretationen ‚objektiver' Lebensbedingungen geprägt seien" (Bohnsack 2010: 211). Kritisiert wird an Klassentheorien die „Abspaltung einer subjektiven Erfahrung von einer objektiven Realität" (Bohnsack 2010: 211). Dabei wird nicht klar (gemacht), welchen Einfluss diese ‚objektive Realität' oder die ‚objektiven Lebensbedingungen' auf die subjektiven Interpretationen haben – außer, dass sie in den subjektiven Beschreibungen selbst auftauchen. So bleibt ungeklärt, wie die subjektiven Erfahrungen bzw. Beschreibungen an ihre soziale Form(ierung) rückgebunden werden und wie sich Objektives und Subjektives dabei vermitteln – oder mit Bourdieu, wie die „Objektivität der Subjektivität" (Bourdieu: 1970: 40f.) ermittelt werden soll.

3.1.1 Die soziale Überdeterminiertheit des Habitus

Mit Bourdieus Perspektive einer relationalen (Sozial-)Wissenschaft und seiner Kritik am „Objektivismus und Subjektivismus" (Bourdieu 1992: 136) ist die Möglichkeit gegeben, gerade die soziale Vermitteltheit jeder (vermeintlich) unmittelbaren Erfahrung zu analysieren. Denn es gelte, so Bourdieu, gerade in der wissenschaftlichen Analyse einen „Bruch mit der (...) substantialistischen Denkweise" herbeizuführen, „die dazu verleitet, keine andere Realität anzuerkennen als die der unmittelbaren Anschauung der Alltagserfahrung sich darbietende" (Bourdieu 1992: 138). In strukturalistischer Weise plädiert er für ein „relationales Denken", nach dem „Reales nicht mit Substanzen, sondern mit Relationen" identifiziert werden solle (Bourdieu 1992: 138). Daher kann auch nicht von der Realität einer Interpretation oder eines Subjekts an sich gesprochen werden, sondern nur in Bezug auf die sozialen und institutionellen Strukturen, die gerade *nicht* in den subjektiven Interpretationen aufgehen. Nach dem Motto, das relationale Ganze ist mehr als die Summe der explizit artikulierten Sinnelemente muss daher die Rekonstruktion über die Selbstbeschreibung von Subjekten wie auch über die Selbstreferenz von Diskursen hinaus die stummen, stillen, aber gleichwohl sinnkonstituierenden sozialen Machtverhältnisse erfassen. Sinnartikulationen sind auch als Effekte vorgängiger Strukturen zu erforschen, die erst mit Kategorien wie Feld, Kapital oder sozialer Raum analytisch greifbar werden – etwa in Form von Sinnselektionen, nicht gelebter Möglichkeiten oder (Un-)wahrscheinlichkeiten von Zugängen. Die Vielzahl der differenten Habitus verweist auf die grundlegende soziale Überdeterminierung des Habitus. Diese Sichtweise steht der Annahme eines „universellen Subjekts" (Bourdieu 1992: 143) grundsätzlich entgegen, von dem (Sozial)Phänomenologie und Ethnomethodologie ausgehen. Bourdieu leugnet nicht, dass Akteure eine „aktive Apprehension der Welt" hätten, die sich jedoch – so die entscheidende Einschränkung – „unter strukturellen Zwängen" vollziehe (Bourdieu 1992: 143 f.). Ein Ansatz, der die Mehrfach- und Überdeterminierung der Subjekte theoretisch und empirisch in den Blick nimmt, ist die Intersektionalitätsforschung (z. B. Winker / Degele 2009). Hierbei wird betont, dass es sinnlos sei,

> „auf die sich überlagernden oder durchkreuzenden Aspekte von Klasse, Rasse und Geschlecht in den individuellen Erfahrungswelten hinzuweisen, ohne angeben zu können, wie und wodurch Klasse, Rasse und Geschlecht als gesellschaftliche Kategorien konstituiert sind." (Klinger 2003: 25)

Weder der Rekurs auf ein universelles (Sinn)Subjekt noch die Trennung von kulturellen Konstruktionen und sozialer Ordnung – in Bourdieu'schen Begriffen von Distinktion und sozialem Raum – berücksichtigt die für Subjektivität konstitutiven Macht- und Herrschaftsverhältnisse. Diesem sozialen Apriori ist auch jede individuelle Sinnäußerung insofern ausgesetzt, als sie Teil einer kulturellen *und* gesellschaftlichen Ordnung, auf die sie zurück bezogen werden muss. Bourdieu hat in dem Zusammenhang etwa mit seinem Distinktionsbegriff auf das Ineinander von kultureller und sozialer Ordnung hingewiesen, durch die Subjekte je nach Kapitalausstattung vereint *und* getrennt werden und in Hierarchien eingebunden sind. Konkret wird der soziale Distinktionswert von Differenzen dann, wenn diese auf Felder, Praktiken oder soziale Räume bezogen werden. Hierbei werden „Strukturkategorien" wie Klasse, Rasse und Geschlecht relevant (Winker / Degele 2009: 39), da sie feld- und sozialraumübergreifend ein „Grundmuster von gesellschaftlich-politisch relevanter Ungleichheit" bilden (Klinger 2003: 26).[3]
Eine Entkoppelung der Milieus vom Kapitalbegriff im Rahmen eines wissenssoziologischen Milieukonzepts (so etwa Krüger u. a. 2012: 15) birgt zudem die Gefahr einer Subjektivierung des Sozialen, die sich in der Fallspezifik einer biographischen Entwicklung erschöpft. Dadurch beraubt sich die Bildungsforschung der Möglichkeit, die Relationen, Korrespondenzen und Homologien zwischen verschiedenen Feldern (z. B. der Zusammenhang von familiärem Feld schulischem Feld und beruflichem Feld) zu erfassen und die Funktion von Bildung für die gesellschaftliche Reproduktion, nicht zuletzt von Macht und Ungleichheit zu untersuchen.[4] Methodisch-systematisch wird hierbei also eine (mögliche) Ebene ausgeblendet, wenn die subjektiven Wahrnehmungen nicht mehr an die objektiven Ressourcen der Subjekte rückgebunden werden, die nicht nur auf die individuellen Selbstbeschreibungen reduziert werden können. Rekonstruktive Forschung hat dort ihre Grenzen, wo sie individuellen Sinngebungen von den strukturellen Positionen der Akteure im sozialen Raum abgelöst und theoretisch nicht mehr als sozial vermittelt deutlich gemacht werden (können). Damit geht auch die soziale Vielschichtigkeit des Habitus selbst verloren:

> „Wenn soziale Milieus die Vielschichtigkeit sozialer Zusammenhänge zeigen, so kann dies in der Person auch nur durch einen *vielschichtigen* Habitus zusammengehalten werden. Es gibt al-

---

[3] Abstrakta wie ‚Identität', ‚Individuum' oder ‚Gruppe' bilden den Effekt von Relationen, die in der Analyse rekonstruiert und konkretisiert werden müssen. Diese strukturalistische Dimension sozial distinktiver Kategorien lässt sich beispielhaft am Gebrauch von Personalpronomen oder Namen verdeutlichen. Die Verwendung des Personalpronomens ‚Ich' ergibt buchstäblich erst im Rahmen des Pronomensystems Sinn, wie auch der (vermeintlich) eigene Name als Teil des sozialen Namenssystems einen Sinneffekt hervorruft, innerhalb dessen er seine relative Bedeutung erhält – im Unterschied zum Subjekt als Referent in der Funktion des Namensträgers.
[4] Im Unterschied dazu Bremer, dessen Analysen von Bildungsvorstellungen im Bereich der Weiterbildung dezidiert die Anschlüsse des Habituskonzepts an die Theorie sozialer Milieus deutlich macht (Bremer 2007: 118-168).

so nicht einen ‚Spaßhabitus', einen ‚Disziplinhabitus' oder einen ‚Lernhabitus'. Vielmehr sind Spaß, Disziplin und Lernzugänge in jedem Habitus vorhanden bzw. als Dispositionen angelegt, aber immer in bestimmter Weise miteinander kombiniert und deshalb verschieden gewichtet." (Bremer 2007: 129)

3.2 Bewältigung

Mit dem Konzept der Bewältigung von Lothar Böhnisch, Karl Lenz und Wolfgang Schröer wird nicht nur auf ein Milieukonzept ‚jenseits von Stand und Klasse' zurückgegriffen, sondern auch die Statik des Habituskonzepts individualisierungstheoretisch kritisiert. Der Bewältigungsansatz gehört zu einem interdisziplinären Forschungsfeld von ressourcenorientierten Ansätzen, zu denen Konzepte der Kompetenz und Resilienz in der Pädagogik, der Bewältigung in Soziologie und sozialer Arbeit oder des Empowerment und des Coping in der Psychologie gezählt werden. Dabei wird der Fokus auf spezifische Fähigkeiten und Fertigkeiten des Individuums gerichtet, die normativ als nützlich definiert, als erlernbar oder entwickelbar deklariert werden. Das Ziel ist ein angemessener Umgang mit Belastungen und Krisen und die Schaffung von (neuen) Handlungsmöglichkeiten.

Mit dem Anspruch, eine Sozialisationstheorie der Zweiten Moderne zu begründen, greifen Böhnisch / Lenz / Schröer auf den Habitus zurück, weil er zwischen Subjekt und Gesellschaft vermittle und sich zeigen lasse, „wie sich gesellschaftliche Bedingungen in der Persönlichkeit bis in ihre Körperlichkeit hinein abbilden" (2009: 34). Auf der „Persönlichkeit" beruhe im Wesentlichen die individuelle Handlungsfähigkeit (Böhnisch / Lenz / Schröer 2009: 30), an die im Anschluss der Aneignungsbegriff eingeführt wird. Damit soll die aktiv-konstruierende Dimension „kultureller Praktiken" hervorgehoben werden (Böhnisch / Lenz / Schröer 2009: 51). Milieus werden hierbei als „Aneignungskulturen" begriffen, in denen Jugendliche Ethnizität oder Geschlecht aktivieren würden (Böhnisch / Lenz / Schröer 2009: 54). Diese aneignungstheoretische Umformulierung des Milieukonzepts wird noch durch die gesellschaftlichen Veränderungen im Kontext der sogenannten Zweiten Moderne gerahmt. Das Bourdieu'sche Habituskonzept wird hierbei der Ersten Moderne zugeordnet und sein „statischer Charakter" hervorgehoben, den es zu relativieren gelte (Böhnisch / Lenz / Schröer 2009: 31). Habitusbildung würde „stabile gesellschaftliche Kontexte und darin eingebettete Lebensläufe" sowie „verlässliche soziale Milieus und institutionelle Arrangements der Arbeitsgesellschaft" (Böhnisch / Lenz / Schröer 2009: 32) voraussetzen, was sich den risikogesellschaftlichen „Ambivalenzen und Brüchen der Gesellschaft der Zweiten Moderne gegenüber als zu starr" erweise (Böhnisch / Lenz / Schröer 2009: 32). Das Habituskonzept erfasse darüber hinaus nicht die „tiefenpsychischen Bewältigungsantriebe" des Subjekts, bei denen es zu „habituellen Verkehrungen" in kritischen Lebenssituationen komme (Böhnisch / Lenz / Schröer 2009: 36). Der Habitus sei aber kein „starres Dispositionssystem", sondern ein „Aneignungsmodus", wodurch das Subjekt im „Streben nach biographischer Handlungssicherheit das habituelle Korsett immer wieder sprengen kann" (Böhnisch / Lenz / Schröer 2009: 45). Dieses vermeintlich risikogesellschaftlich dynamisierte Habituskonzept reizt gewissermaßen die bekannte Determinismuskritik bis zum Ende aus. Der Habitus wird geradezu in ein kulturelles Aktivierungsmuster umgedeutet, wodurch sich die Subjekte auch in widrigen Verhältnissen und schwierigen Phasen die soziale Welt mehr oder minder flexibel aneignen können. Gesellschaftliche Machtverhältnisse und institutionelle Einschränkungen werden zwar nicht geleugnet, aber in ihrer Bedeutung gegenüber den individuellen Bewältigungsressourcen nachhaltig relativiert. Mit dieser Schwerpunktsetzung wird der kritische Impetus des Habitusbegriffs in sein Gegenteil verkehrt, weil die sozialen Grenzen und Zwänge selbst nicht mehr als soziale Konstitutionsbedingung von Subjektivität thematisiert werden, sondern als Anlass und Herausforderung für deren Überschreitung bzw. Bewältigung funktionalisiert werden. Zudem wird mit den „tiefenpsychischen Bewältigungantrieben" in anthropologisierender Weise eine den individuellen Habitus überschreitende Dynamik behauptet, die etwa bei individuellen Krisen höchst kontingent und – wenn überhaupt – pädagogisch kaum steuerbar, sondern allenfalls therapeutisch bearbeitbar ist. Wodurch eine solche eventuelle Überschreitung bewirkt wird und wohin sie führt, kann weder antizipiert noch pädagogisch genutzt werden (vgl. Höhne 2012a).

4. Habitus, Reproduktion und Ungleichheit

Die Bedeutung des Habituskonzepts in der Ungleichheitsforschung liegt darin, dass es eine plausible Erklärung für die Persistenz sozialer Ungleichheiten in einem Bildungssystem liefert, das sich seit den 1960er Jahren die Chancengleichheit auf die Fahnen geschrieben hat. Bourdieu und Passeron konnten für das moderne Bildungssystem zeigen, dass es wesentlich zur Reproduktion sozialer Ungleichheit beiträgt, indem es sie legitimiert und soziale Unterschiede in vermeintliche Unterschiede von Begabung und Leistung übersetzt (Bourdieu / Passeron 1971). Mit der Reproduktionsthese, welche die Autoren in den Mittelpunkt ihrer Betrachtungen rücken, ist daher sowohl eine grundlegende Kritik an den Bildungsinstitutionen wie Schule und Universität (Elitereproduktion, Schule als Mittel- und Oberschichtinstitution) als auch an den Leistungs- und Gleichheitsvorstellungen verbunden, die sich als „Illusion der Chancengleichheit" erwiesen haben. Die Radikalität der Kritik (Schule als klassenspezifische Mittel- und Oberschichtinstitution, die pädagogische Legititmation von Ungleichheit) sowie die pointiert relationale Betrachtung von Bildung(ssystem) und Gesellschaft sind für den reproduktionstheoretischen Ansatz charakteristisch.

Im Kontext dieser reproduktionstheoretischen Annahmen ist der Wandel der Rezeption Bourdieus und seines begrifflichen Instrumentariums in der deutschsprachigen Bildungsforschung durch und nach PISA bemerkenswert. Denn der veränderte Blick auf Ungleichheit, der damit einhergeht, ist als Indiz für eine neue Sichtweise auf Bildung insgesamt zu werten. In dieser Hinsicht ist der Umstand, dass Bourdieu im Wesentlichen aus der Ungleichheitsforschung im Kontext von PISA mehr oder minder „verabschiedet" worden ist (Kramer 2011: 129), als ein direkter PISA-Effekt zu deuten. Denn mit dieser (und anderen) Bildungsvergleichsstudie(n) ist eine grundlegende funktionalistische Umstellung der Bildungforschung verbunden, die mit der Reproduktionsperspektive Bourdieus nicht vereinbar ist. Bilanziert man mit Blick auf die PISA-Studien die Rezeption Bourdieus,

> „dann ist für die erste Studie eine zunächst viel versprechende Grundlegung von Bildungsungleichheiten mit der Theorie Bourdieus festzuhalten, die jedoch in der methodischen Umsetzung der Studie und in der Erklärung der statistischen Befunde sukzessive reduziert und gleichzeitig immer stärker negiert wird. Diese Tendenz steigert sich in den Folgestudien bis zu einem

,vollständigen Abschied von Bourdieu'. Damit bleibt nicht nur das Erklärungspotenzial der bourdieuschen Überlegungen unausgeschöpft, sondern die vorhandenen Bezüge sind zusätzlich gegenüber Bourdieu deformiert. Somit muss den PISA-Studien eine bruchstückhafte und verkürzte Bezugnahme auf Bourdieu attestiert werden, die ausschließlich das Konzept des kulturellen Kapitals – durch die Operationalisierung zusätzlich auf einen Torso reduziert – einsetzt, ohne die theoretische Gesamtkomposition von sozialem Raum, symbolischen Kämpfen und Habitusformationen aufzugreifen (...) Durch den Verzicht auf die bei Bourdieu komplex angelegte Konzeption einer kulturellen Passung zwischen den Haltungen des familialen Herkunftsmilieus (der sozialen Schicht) und den schulischen Anforderungen und Anerkennungsstrukturen zur Erklärung einer ungleichen Bildungsbeteiligung und eines unterschiedlichen Bildungserfolgs gelingt die Aufklärung der Herstellung der Bildungsungleichheiten nicht." (Kramer/ Helsper 2010: 105)

Mit der Veränderung bildungspolitischer Kontexte und wissenschaftlicher Diskurse wandeln sich auch die Erklärungen und Legitimationsmuster sozialer (Un-)Gleichheit. Im Kontext von PISA wird in der Bildungsforschung zur Erklärung von Bildungsungleichheit vor allem auf rational-choice-Theorien zurückgegriffen. Daher ist zu vermuten, dass es im Kern um die Durchsetzung eines neuen Erklärungsparadigmas in der Bildungsforschung und damit um einen „Paradigmenstreit zwischen Boudon und Bourdieu" geht (Kramer / Helsper 2010: 103). Im Zentrum steht dabei – gegenüber der reproduktionstheoretischen Erklärung – die rationalistisch-funktionalistische (Um-)Deutung von Ungleichheit. Ungleichheit wird also nicht geleugnet oder als Problem marginalisiert, sondern in einen neuen Begründungszusammenhang gestellt.

Raymond Boudon entwickelte Mitte der 1970er Jahre ein Modell rationaler Bildungsentscheidungen, in dem er die primären Effekte von Ungleichheit, die direkt durch den familiären Kontext entstehen, von den sekundären Ungleichheitseffekten unterschied, die auf den Bildungsentscheidungen der Eltern beruhten (ausführlich Hopf 2010: 140ff.). Das Modell beruht auf der Prämisse eines rationalen Bildungsentscheiders, dessen Handeln vor allem durch ein Kosten-Nutzen-Kalkül geleitet wird. Habituelle Faktoren wie bestimmte Dispositionen und Kompetenzen (Primäreffekte) treten nach dieser Auffassung mit Eintritt in die Schule in ihrer Relevanz für die Reproduktion sozialer Ungleichheit zurück, und sind bei den zukünftigen Bildungsentscheidungen (Sekundäreffekte) von untergeordneter Bedeutung – vor allem bei der Entscheidung für weiterführende Schulen im mehrgliedrigen Schulsystem. Weiter wird davon ausgegangen, dass die Schule selbst eine rationale Organisation ist, die analog zu den rationalen Kosten-Nutzen- Erwägungen der Eltern (Bildungsrenditen, Zukunftsinvestition) objektive Entscheidungen trifft (Übergang, Leistungsdifferenzierung). Insgesamt werden folglich die habituellen Anteile an der individuellen Entwicklung sowie das soziale und kulturelle Kapital der Akteure im Rahmen dieses rationalistischen Modells zu einer vernachlässigbaren Größe gegenüber den rationalen Bildungsentscheidungen der Eltern. So äußern Breen und Goldthorpe, auf die sich PISA Autoren stützen (Baumert / Schümer 2001: 354), explizit als Ziel ihres Modells, alle Annahmen auszuschließen,

„that these actors will also be subject to systematic influences of a (sub)cultural kind, whether operating through class differences in values, norms or beliefs regarding education or through more obscure 'subintentional' processes." (nach Hopf 2010: 142)

Obwohl die Bedeutung des kulturellen und sozialen Kapitals und damit habitueller Faktoren in der PISA-Studie von 2000 noch erwähnt wird (Deutsches PISA-Konsortium 2001: 329), spielt sie bei den Erklärung von Ungleichheit kaum noch eine Rolle – mit der Ausnahme, dass vor allem die Funktion der negativen Verstärkung schlechter Leistungen hervorgehoben wird, die durch den *Mangel* an kulturellem Kapital entstehen (vgl. Deutsches PISA-Konsortium 2001: 353). Infolgedessen werden bei PISA SchülerInnen mit schwacher Lesekompetenz aus sozial benachteiligten Milieus als „Risikoschülerinnen und -schülern" etikettiert (Deutsches PISA-Konsortium 2001: 116ff.) bzw. als „Risikogruppen" definiert (Deutsches PISA-Konsortium 2001: 398). Der langfristige Einfluss sozialer Faktoren auf Bildungserfolg wird dabei bis zur Unkenntlichkeit relativiert. So wird darauf verwiesen, dass „Merkmale der sozialen Herkunft nach Kontrolle des Vorwissens und der kognitiven Grundfähigkeiten praktisch keinen Einfluss auf die Leistungsentwicklung von der 7. bis zur 10. Jahrgangsstufe hatten" (Deutsches PISA-Konsortium 2001: 353). Die Botschaft dieser Argumentation lautet, dass jedes Individuum potentiell über ein ‚natürliches' und damit sozial unabhängiges Leistungsvermögen (Intelligenz, Begabung, Talent) verfüge, das in der leistungsgerechten Institution Schule optimiert werden könne. Die Aussage, dass soziale Merkmale in der Sekundarstufe für die Leistungsentwicklung unbedeutend seien, kann aber aufgrund der Leistungstests, die den empirischen Befunden zugrunde lagen (Vorwissen, kognitive Grundfähigkeiten), auf die sich die Autoren beziehen, aber gar nicht in dieser Eindeutigkeit getroffen werden:

> „Nahezu alles, was an quantitativen Beziehungen zwischen den Variablen von PISA 2000 gefunden wurde, ist in Kategorien sozialen Handelns unterschiedlich interpretierbar. Ob z. B. hinter den sekundären Effekten beim Übergang von der Grundschule in die Sekundarschulen rationale Entscheidungskalküle von Eltern im Sinne der Rational-Choice-Theorie stecken oder schichtspezifische Wertpräferenzen der Eltern oder mehr oder weniger unbewußte Diskriminierungen durch Lehrer – das ist auf dieser Ebene der Analyse nicht eindeutig zu klären. Diese Grenzen der standardisierten Leistungsstudien zeigen sich auch bei der Aufschlüsselung der Schulformen als ‚differenzielle Entwicklungsmilieus.'" (Hopf 2010: 157)

Auch die Einschätzung „dass es an Gymnasien selbst keine Benachteiligung von Arbeiterkindern gab, bei den Anschlussentscheidungen Merkmale der sozialen Herkunft aber wieder relevant wurden" (Hopf 2010: 353), ist nur unter Zugrundelegung impliziter habitustheoretischer Annahmen plausibel. Denn ganz offensichtlich hat nach dieser Interpretation das ‚leistungsgerechte' Gymnasium *gerade nicht zu einer habituellen Veränderung* und zu entsprechenden Bildungsentscheidungen auf Seiten der Arbeiterkinder (z. B. für ein Studium) geführt, sondern die milieu- und klassenspezifischen Distinktionen konserviert. Dies wird deutlich, wenn man sich die Bildungsentscheidungen im tertiären Sektor ansieht: „Die relativen Chancen von Arbeiterkindern, ein Studium aufzunehmen, sind weiterhin deutlich am schlechtesten", resümieren Allmendinger, Ebner und Nicolai (2010: 55) und weisen auf den sich stark nach oben verengenden „Bildungstrichter" hin, wie das folgende Schaubild verdeutlicht:

Abbildung 1

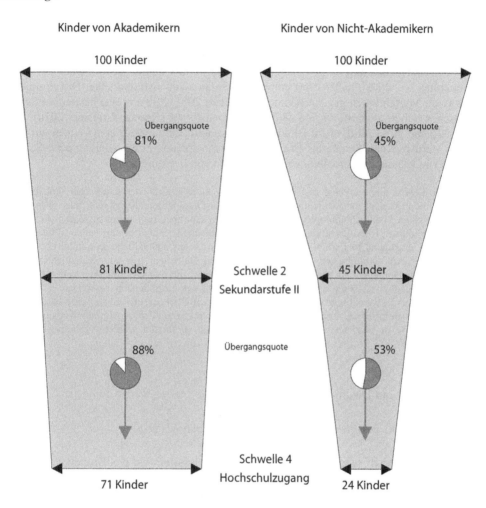

Quelle: BMBF (2010: 104).

Am trichterförmig unterschiedlichen Verlauf wird die langfristige ‚Durchschlagskraft' habitueller Dispositionen und ihrer Wirksamkeit an den Gelenkstellen des Bildungssystems deutlich, die trotz des vermeintlichen Bildungserfolgs durch den Gymnasialbesuch erhalten bleibt. Dass sich der Anteil der Arbeiterkinder seit den 1980er Jahren bis 2005 im Vergleich zu Beamtenkindern (ca. 50 %) und Kindern von Selbstständigen (ca. 35 %) kaum erhöht hat (auf ca. 10 %) (Allmendinger / Ebner / Nicolai 2010: 55), deutet auf eine nach wie vor existierende Reproduktion von Ungleichheit im Bildungssystem, die habitustheoretisch zu erklären ist.

Hinzu kommt ein weiterer Punkt: Schulen werden im Kontext von PISA institutionell nicht bzw. nicht ausreichend erfasst, da sie lediglich als „pädagogisch-didaktische Organisationsform" (z. B. Stundentafeln, Lehrpläne) wahrgenommen werden (Hopf 2010: 162). Dieser verengte funktionale Blick auf Schulen als didaktischen und nicht sozialen Organisationen verkennt die strukturellen Zusammenhänge von Selektion, Leistungsbewertung und sozialen Merkmalen, MigrantInnenstatus oder Geschlecht. In welch hohem Maße Schulen und LehrerInnen mit Leistungsbewertung und Übergangsentscheidungen Diskriminierung verstärken, haben etwa empirische Studien zur institutionellen Diskriminierung etwa von MigrantInnen gezeigt (Gomolla / Radtke 2001), die auf eine bestimmte Passung zwischen Schule, Schulform und Milieu schließen lassen (Kramer / Helsper 2010). Diese Passung und ihre Einflüsse auf Bildungsprozesse und Bildungskarrieren können nur untersucht werden, wenn Schule als Institution erfasst wird und nicht lediglich nach Schulart, Quote von Klassenwiederholern oder Ergebnissen von Leistungstests:

„In diesem Sinne erzeugt erst das Zusammenspiel je spezifischer schulischer und familiärer Räume in Gestalt unterschiedlicher Schule-Milieu-Passungen und entsprechender primärer und sekundärer Habitushomologien oder -divergenzen das Spektrum von transformatorischen und reproduktiven Bildungsoptionen. Schulen unterschiedlicher Schulformen stellen somit nicht nur (...) unterschiedliche Lernmilieus dar. Sie bilden auch unterschiedliche schulkulturelle Institutionen-Milieu-Verbindungen, die Kindern und Jugendlichen aus unterschiedlichen Milieus selbstverständliche und leichte Zugänge eröffnen bzw. diese erschweren oder verhindern sowie unterschiedliche Räume der Selbstbehauptung und der individuellen Passungen eröffnen (...) Diese Perspektive kommt allerdings nur dann in den Blick, wenn verschiedene soziale Felder und Ebenen in ihrem Zusammenspiel für die reproduktiven oder transformatorischen Möglichkeitsräume in Beziehung gesetzt und miteinander verbunden werden." (Kramer / Helsper 2010: 115)

5. Anschlüsse und Dekonstruktionen

5.1 ‚Passung' als Beispiel für die Anwendung des Habitusbegriffs

Der Passungsbegriff markiert eine mögliche Anschlussstelle an das Bourdieu'sche Habituskonzept, ohne individualistische Verkürzungen oder Umdeutungen. Neben den Untersuchungen von Grundmann u. a. zur milieuspezifischen Handlungsbefähigung von Jugendlichen (Grundmann / Dravenau / Bittlingmayer / Edelstein 2006), der Studie von Herbert Kalthoff zu Internatsschulen (Kalthoff 1997) und der Erforschung der Habitusgenese in familiären Milieukontexten von Peter Büchner und Anne Brake, (Büchner / Brake 2006) sind es die qualitativen Untersuchungen von Helsper und Kramer u. a. zu Schulkulturen und deren Passungen mit sozialen Milieus, auf die hier näher eingegangen werden soll. Im Rahmen der Studie wurde in offiziellen Verlautbarungen, Reden und Aussagen einer Schule zum normativen Schülerideal der „ideale Schülerhabitus" (Kramer / Helsper 2010: 111) der jeweiligen Einzelschule analysiert und in Anlehnung an die Milieutypologie von Vester u. a. (2001) mit sozialen Milieus verglichen. So zeigte etwa der in der Rede eines Schulleiters artikulierte Schülerhabitus eine Affinität zum liberal-intellektuellen und Alternativmilieu, in dem eine Lebensführung nach Art oppositioneller, alternativer und gegenkultureller Milieus praktiziert wird (Kramer / Helsper 2010: 111). In anderen Schulen wurde eine habituelle Nähe des normativen Schülerhabitus zu „konservativ technokratischen oder kleinbürgerlichen und traditionalen Arbeitermilieus (Kramer / Helsper 2010: 111) festgestellt. Natürlich liegen zwischen Schule(n) und Milieu(s) keine 1:1 Korrespondenzverhältnisse vor, denn Schulkulturen können auch „offener und milieuunspezifischer gestaltet sein" (Kramer / Helsper 2010: 110). Interessant werden diese habitustheoretischen Zuordnungen auch mit Blick auf die Spielräume für mögliche Habitustransformationen – z. B. der Befund, dass sich die

> „deutlichsten transformatorischen Gewinne bei jenen Schülern (finden), die aus aufstiegsorientierten, aber tendenziell bereits an kritisch-alternativen Haltungen orientierten Familienmilieus stammen, die die Gesamtschule als erweiterten Raum für transformatorische Besonderung erfahren." (Kramer / Helsper 2010: 114)

Mittels Schülerinterviews und der wissenssoziologischen dokumentarischen Methode wurde eine Typologie von Bildungshabitus ermittelt. Diese Bildungshabitustypologie beschreibt die „grundlegenden Haltungen mit deutlich unterschiedlichen Bezügen auf schulische Bildung, auf optionale Schulkarrieren und auf verschiedene Schulabschlüsse" (Kramer / Helsper 2010: 116). Es sind dies: 1. Der Habitus der Bildungsexzellenz und -distinktion, 2. Der Habitus des Bildungsstrebens – mit den drei Unterformen des exklusiv, moderat und leidvoll-auferlegten Strebens, 3. Der Habitus der Bildungskonformität und -notwendigkeit und schließlich 4. der Habitus der Bildungsfremdheit mit den drei Unterformen der Spannung, Opposition und Hilflosigkeit (Kramer / Helsper 2010: 116-120). Mit dieser theoretischen Folie lassen sich nun unterschiedliche Passungsverhältnisse zwischen Familie / Milieu und Schule beschreiben – etwa, bei einem Wechsel in eine neue Schule:

> „Entscheidend für den vollzogenen Übergang ist dann, ob mit Blick auf den Bildungshabitus an der neuen Schule eine kontinuierliche oder gebrochene Passung vorliegt. Während bei einer ‚idealen' beziehungsweise ‚harmonischen Platzierung' im Übergang eine Kontinuität des Habitus anzunehmen ist (...) resultiert aus einer ‚Fehlplatzierung' ein Transformationsdruck auf den Habitus. In einem solchen Fall heißt das, dass diese Kinder sich nicht einfach mit ihren bisher erworbenen Habitus störungsfrei in der neuen Schule bewegen können. Eventuell vorhandene Befähigungen und Kompetenzen müssen zurückgedrängt und kontrolliert, der Sinn für das neue schulische Spiel erst entwickelt werden." (Kramer 2011a: 67)

Was das Ausmaß der Veränderungen betrifft, so seien „Transformationen prinzipiell möglich. Sie sind jedoch im Sinne der These der kulturellen Passung quasi von zwei Seiten her limitiert" (Kramer 2011a: 69). Insofern entsteht die Frage, ob es ausreicht, lediglich Indizien für einen bestimmten Habitus(typus) in Interviews ‚abzufragen' – gerade auch mit Blick auf die Transformationsspielräume, die, wie erwähnt, von beiden Seiten her limitiert sind. Daran schließen eine Reihe forschungstheoretischer und -praktischer Fragen zur Erforschung von Habitus an: Wie lässt sich der Habitusbegriff kategorial begründen? Worin liegt die Spezifik einer Habitusforschung (z. B. gegenüber der Untersuchung von Einstellungen, Haltungen, Persönlichkeiten) bzw. einer „Habitusanalyse" (Reckwitz 2010: 39)? Wie lassen sich Habitus im Bourdieu'schen Sinne empirisch erforschen?

5.2 Konstruktionen, Dekonstruktionen und Forschungsperspektiven

Ich möchte abschließend die verschiedenen dargestellten Ansätze, Rezeptionsweisen und Kritiken zum Habitusbegriff zu Problemfeldern bündeln und einer kritischen Dekonstruktion unterziehen sowie weiterführende Forschungsperspektiven skizzieren.

5.2.1 Determinismus und Dynamik

Ein erster Problembereich kann in der zeitlichen und sozialräumlichen Dynamik des Habitus als soziales generatives Strukturierungsprinzip *und* Konstitutionsbedingung für Subjekte identifiziert werden. Damit sind eine Reihe grundlegender theoretischer Fragen berührt: Von welchem Subjektbegriff ist auszugehen? Welche Handlungsrationalität kann auf Seiten der Akteure angenommen werden? Welche zeitliche Struktur und welche Modi der Entstehung und Transformation zeichnen den Habitus aus? Wie ist das Verhältnis von implizitem und explizitem Wissen und Können theoretisch zu fassen und empirisch zu rekonstruieren? Welche Bedeutung kommt pädagogischen Praktiken aus habitustheoretischer Perspektive zu?

Die skizzierte Diskussion um die rationalen Strategien von Bildungsentscheidungen im Kontext der Bildungsforschung (Abschnitt 4) und wie auch die individualisierungstheoretische Begründung eines kompetenten Handlungssubjekts im Bewältigungsansatz (Abschnitt 3.2) haben verdeutlicht, dass die Bedeutung, die dem Habitus beigemessen wird, von den Subjektvorstellungen des jeweiligen Entwurfs abhängt. Ansätze mit Vorstellungen eines starken Subjekts („Herr im eigenen Hause', selbsttransparent, handlungskompetent, entscheidungssicher, transformationsfähig usw.) tendieren zu einer Relativierung der Bedeutung, reduzierenden Umdeutung oder kritischen Zurückweisung des Habitusbegriffs. Hinter dem Determinismus- oder Statikvorwurf, der normalerweise in dem Zusammenhang geäußert wird, steckt die Befürchtung der eingangs erwähnten Depotentierung des Subjekts und seiner Handlungsmächtigkeit, was unmittelbare Folgen für die Bestimmung der Transformationsfähigkeit des Habitus hat. Denn Subjekt und Gesellschaft bleiben mit der Akzentuierung der Forschungsperspektive auf das Subjekt unvermittelt und ‚Gesellschaft' wird verengt auf einen diffusen sozialphänomenologischen Weltbegriff oder einen wissenssoziologischen Milieubegriff. Zurecht wird daher kritisch auf den gesellschaftstheoretischen Mangel biographischer Studien verwiesen (Wigger 2004). Dieser äußert sich nicht nur im Defizit einer unzureichenden gesellschaftstheoretischen Einbettung der analysierten Sinnkonstruktionen, sondern auch deren interpretatorische Überdehnung, wenn Biographien nur noch als Muster für bestimmte Gesellschaftskonzepte identifiziert werden:

> „Die gesellschaftstheoretische Relevanz erziehungswissenschaftlicher Bildungsprozessanalysen ist nicht ausgeschöpft, wenn die aufwendigen Einzelfallstudien nur eine generelle Bestätigung des Individualisierungstheorems von U. Beck ergeben und im Resultat nur als jeweils ‚typische Biographie der Moderne' verstanden werden." (Wigger 2004: 486)

5.2.2 Implizite Pädagogik und Körper(lichkeit)

Mit dem Begriff der „impliziten Pädagogik" (Bourdieu 1976: 200) sind die unscheinbaren und subtilen Praktiken der Habitusgenese, -vermittlung und -transformation in sozialisatorischen und erzieherischen Kontexten angesprochen. Diese Dimension jeder Form sozialer Reproduktion stellt insofern eine zentrale theoretische Herausforderung dar, als ihre Rekonstruktion – eben als Habitusstrukturen – notwendig die Relationierung des Habitus mit Feldern, Milieus oder sozialem Raum beinhaltet. Damit ist die Frage der Explizitheit und des empirischen Zugangs zum Habitus für dessen Rekonstruktion angesprochen. Ein Problem stellt hierbei die in der Literatur oft anzutreffende metaphorische Ausweitung des Habitusbegriffs dar wie z. B. Lernhabitus, Bildungshabitus, Sprachhabitus usw. Hier wäre eine begriffliche Präzisierung vonnöten, welche Dispositionen und Handlungsformen sich habitustheoretisch typisieren und differenzieren lassen. Ein weiteres, methodisches Problem stellt sich mit den Artikulationsformen des Habitus (sprachlich, körperlich, Wahrnehmungsformen, Dispositionen usw.) und deren methodisch-systematischer Rekonstruktion, wofür die formgebende Differenz von ‚implizit' und ‚explizit' entscheidend ist. Denn die „feinen Unterschiede", die subtilen Distinktionsformen, die stillschweigende Weitergabe und unscheinbare Vererbung sozialer Merkmale, die implizite Pädagogik und die vorbewussten Einschreibungen in die Materialität des sozial bedeutungsvoll gemachten Körpers sind konstitutive und für die Rekonstruktion des Habitus zentrale Elemente, die nur über entsprechende Beobachtungsverfahren (z. B. Ethnographie) zugänglich sind.

Das Habituskonzept beinhaltet daher notwendig grundlegende methodische Überlegungen, wenn der Anspruch in der Rekonstruktion der impliziten Dimension habitueller Strukturen besteht. Dies umfasst ein Spektrum, das von „Bildungsstrategien in Mehrgenerationenfamilien" über „verdeckte Formen der Reproduktion sozialer Ungleichheit" und „Prozesse der Sinnbildung und der Bedeutungsstiftung" bis zur „die Materialität von Lernprozessen (...) und deren Verkörperungen" reicht (Rieger-Ladich / Friebertshäuser / Wigger 2006: 15). So scheint die Stärke des Habituskonzepts gerade in der ihm oftmals unterstellten ‚Schwäche' zu liegen, nämlich zur Reflexion der Konstitutionsbedingungen von Subjektivität auch dort zu nötigen, wo diese als widrig und schwierig erachtet werden, die dem theoretischen Gesichtsfeld anderer Theorien bereits entzogen sind. Bourdieu hat in dem Zusammenhang immer wieder auf die zentrale Bedeutung einverleibter Strukturen „jenseits des Bewusstseinsprozesses" für die Habitusbildung hingewiesen (Bourdieu 1976: 200), denn er begreift den Habitus als „das inkorporierte Soziale" (1996: 168). Der Dispositionsbegriff umfasst hier die vorbewussten körperlichen Einschreibungen, „Was der Leib gelernt hat", schreibt Bourdieu, „das besitzt man nicht wie ein wieder betrachtbares Wissen, sondern das ist man" – und weiter:

> „Das derart Einverleibte findet sich jenseits des Bewusstseinsprozesses angesiedelt, also geschützt vor absichtlichen und überlegten Transformationen, geschützt selbst noch davor, explizit gemacht zu werden: Nichts erscheint unaussprechlicher, unkommunizierbarer, unersetzlicher, unnachahmlicher und dadurch kostbarer als die einverleibten, zu Körper gemachten Werte." (Bourdieu 1976: 200)

In diesem Sinne wäre für eine Transformationstheorie sowohl theoretisch der Zusammenhang von Inkorporierung sozialer Strukturen und Vermittlung genauer zu klären als auch methodologisch darzulegen, wie die habituellen Strukturen rekonstruktiv zu erfassen sind.

Aus dieser Sicht stellt die wissenssoziologische Gleichsetzung von Habitusformen und Orientierungsrahmen (z. B. Kramer / Helsper 2010: 113) eine begriffliche Engführung dar, da kognitive Schemata und der konjunktive Erfahrungsraum sozialer Gruppen sicherlich eine wichtige Dimension für die Habitusrekonstruktion bilden, jedoch deren Analyse nicht darauf beschränkt werden kann. Denn die Aufgabe bestände darin, soziale Konstituenten von Subjektivität, wie sie in Begriffen wie Klasse, Milieu, Feld oder Habitus ausgearbeitet worden sind, auf die individuellen Sinnproduktionen zu beziehen und sie nicht wissenssoziologisch als „kausalgenetische Interpretationen" und damit als sinnfremd auszuschließen (z. B. Bohnsack 1997: 208). Neben den Bedingungen für eine Erzeugung und Vererbung von Habitus ist die analytische Bestimmung der Möglichkeiten, besser: der *Wahrscheinlichkeiten* und des Ausmaßes habitueller Transformationen von entscheidender Bedeutung.[5] Hierbei spielen die kleinen Klassenunterschiede eine zentrale Rolle und nur ein rationalistischer Fehlschluss verleitet dazu, deren Beharrungskraft gegenüber individueller Vernunftsteuerung zu unterschätzen. Von Bourdieu könne man lernen, so Wittpoth, „daß wir dann, wenn wir uns besonders reflektiert und originell wähnen, den Vorgaben unseres Milieus in hohem Maße angepaßt sind" (Wittpoth 1995: 25).[6]

5.2.3 Reproduktionsperspektive

Der Habitus ist insofern ein komplexer relationaler Begriff auf der Makroebene gesellschaftlicher Reproduktion, als mit ihm Akteure mit Feldern, Kapitalkonfigurationen und dem sozialem Raum konzeptionell verknüpft werden. Zudem liefert er eine theoretische Erklärung für die Reproduktion von Subjektivität in sozialen Praktiken auf der Mikroebene wie Erziehung, Sozialisation, Interaktion usw. Beide Ebenen der Reproduktion gehen mit der funktionalistischen Perspektive auf Bildung verloren, was – wie dargestellt – für die Bildungs(ungleichheits)forschung im Kontext von PISA[7] charakteristisch ist.

Dieser Verlust hat entscheidende Auswirkungen auf die Erklärungen sozialer Ungleichheit. Denn sie wird hierbei zu einer abhängigen Variablen von Leistung und Schule gemacht mit dem Effekt, dass das ‚leistungsgerechte Schulsystem' vom Reproduktionszusammenhang sozialer Ungleichheit abgekoppelt wird. Ungleichheit erscheint daher vor allem als dysfunktionaler Effekt eines an sich funktionierenden meritokratischen Bildungssystems. Soziale Macht und Hierarchieverhältnisse spielen nur insoweit eine Rolle, als sie leistungseinschränkend wirken und durch Schule ausgeglichen werden können. Ein Effekt des funktionalistischen Bildungsverständnisses liegt darin, dass durch den Bezug auf institutionelle Bildung, genauer: auf deren Output, andere Formen lebensweltlichen Wissens abgewertet werden bzw. der Wert lebensweltlichen Wissens ausschließlich an „schulisch verwertbarem Wissen" gemessen wird (Grundmann 2008: 48).

---

[5] Vgl. dazu die theoretisch instruktiven Vorschläge von Rosenberg, eine Transformationstheorie mit den Konzepten ‚Mehrdimensionalität', ‚Iterabilität' und ‚Inkongruenz' zu formulieren, die zwischen Habitus und Feld begrifflich vermitteln (von Rosenberg 2011: 76-83).
[6] In der Erziehungswissenschaft hat vor allem die Performativitätforschung Aspekte der Mimesis und des Rituals als zentrale Elemente der körperlichen Aneignung sozialer Ordnungen untersucht und dabei auf Bourdieus Habituskonzept zurückgegriffen (vgl. Audehm 2001).
[7] Die funktionalistische Orientierung ist wird in der deutschen PISA-Studie explizit als programmatisches Ziel benannt (Deutsches PISA-Konsortium 2001: 19).

PISA enthält in Form der sozialen Herkunftseffekte habitustheoretische und milieuspezifische Implikationen,[8] wie die Argumentation in Abschnitt vier deutlich gemacht hat. So wird Schule eine milieuübergreifende, ungleichheitskompensierende Funktion auf die „Leistungsentwicklung von Kindern unterschiedlicher Sozialschichten" zugeschrieben, die nur im vermeintlichen Sommerloch (Ferien) absacke, wenn die „Kinder unterer sozialer Schichten im Leistungsniveau zurückfallen" (Deutsches PISA-Konsortium 2001: 352). Damit wird auf der einen Seite eine, bezogen auf die Leistung, negative Kontinuität habitueller Strukturen unterer sozialer Milieus unterstellt, deren Ungleichheit verstärkende Funktion für die Schule aber auf der anderen Seite relativiert bzw. geleugnet wird. Der Gedanke, dass ein solcher vermeintlicher Leistungsabfall auf grundlegende Passungsprobleme zwischen sozialem Milieu und Schule bzw. den „Mittelschichtbias" (Grundmann u. a. 2008: 50) zurückzuführen sein könnte, muss infolgedessen theorielogisch schon außen vor bleiben: Leistung und Habitus bzw. Milieu werden gleichermaßen getrennt und das ‚bare' individuelle kognitive Vermögen, das sich in schulisch gemessener Leistung ausdrückt, als klassen- und habitusunabhängig unterstellt. Dies bedeutet, dass in „theoretische Messkonstrukte selbst einen akademischen Bias eingelassen ist, der auch lebensweltliche Bildungsprozesse vorab den normativen Maßstäben institutionalisierter Bildungsnormen unterwirft" (Grundmann u. a. 2008: 52).

Gegen eine solch funktionalistisch-reduzierte Bildungsforschung lassen sich aus habitustheoretischer Sicht einige Bedenken geltend machen, wie an dem funktionalen Leistungsverständnis von PISA deutlich wird. Leistung ist nicht lediglich eine unabhängige Outputvariable, die in standardisierten Tests ermittelt wird, sondern von vielen sozialen und institutionellen Variablen abhängig – etwa dann, wenn man davon ausgeht, dass für die Erbringung von Leistungen in der Schule bestimmte psychische Dispositionen wie etwa Wirksamkeitserfahrungen oder Kontrollüberzeugungen vonnöten sind. In diesem Zusammenhang wird etwa in der Sozialisationsforschung darauf verwiesen, dass sich „milieuspezifische Differenzen für die Kontrollüberzeugung schon kurz nach Schuleintritt feststellen" lassen, die sich während der Schulzeit verstärken und „Kinder aus bildungsfernen Milieus (...) eine höhere Tendenz zu ängstlichem und zurückgezogenem Verhalten in der Schulklasse" aufweisen würden (Grundmann u. a. 2008: 56).

Gegenüber einer solchen Sichtweise ist die psychologisch orientierte Bildungsforschung, deren individualistisches Leistungsverständnis gerade die sozialen Konstituenten von Leistung außen vor lässt, in hohem Maße an die funktionalistische Orientierung von PISA anschlussfähig. Der Fokus liegt auf den proximalen und weniger an den distalen Faktoren von Leistungserbringung und -verbesserung, um dadurch „den unabhängigen Effekt ‚kognitiver Grundfähigkeiten' auf Schulleistungen abzuschätzen" (Hopf 2010: 203). In der Psychologie von den „familialen und sozialen Determinanten der Schulleistung" (Hopf 2010: 203) zu abstrahieren, sei auf der einen Seite „Ausdruck ihrer eigenen Forschungstradition", entspreche auf der anderen Seite den „staatlich geforderten normativen Orientierungen von Lehrern und Lehrerinnen, ihre Schüler und Schülerinnen ganz neutral ‚ohne Ansehen der Person' und ‚vorurteilsfrei' – das heißt aber auch: losgelöst von ihren sozialen Wurzeln – wahrzunehmen und zu behandeln" (Hopf 2010: 203). Demgegenüber würde mit dem Bourdieu'schen Habitusbegriff die Reproduktionsperspektive entfaltet, durch die gerade die soziale Dimension von Leistung und damit die Funktion etwa von

---

[8] Hier wird auf die Konzepte sozialen und kulturellen Kapitals zurückgegriffen (Deutsches PISA-Konsortium 2001: 329 ff.) und der Habitusbegriff nur beiläufig erwähnt (Hopf 2010: 329).

Schule für die Reproduktion sozialer (Un-)Gleichheit deutlich werden könnte einschließlich deren legitimatorischer Funktion.

5.2.4 Habitustransformationen

Wie schon oben angedeutet, beginnt sich mit der Erforschung der Transformation von Habitusstrukturen ein wichtiges theoretisches und empirisches Forschungsfeld der Erziehungswissenschaften herauszubilden (z. B. Koller u. a. 2007). In diesem Rahmen wurde etwa das Verhältnis von „Bildung und Habitustransformation" mit dem Anspruch erforscht, die gesellschaftliche Dimension mit der Habitusanalyse einzuholen und über die „Perspektive der habituskonstituierenden und habituskonstituierten Aneignung" (von Rosenberg 2011: 61) hinauszugehen. Dazu greift Rosenberg auf Bourdieus Feldbegriff zurück, der die Möglichkeit eröffne, sich aus der „inkorporierten habitualisierten Geschichte von Selbst- und Fremdverhältnissen" zu lösen und sie auf eine „Geschichte von sozialen Eigenlogiken (zu) beziehen, die sich mit Bourdieu, bezogen auf das Feld, auch ‚außerhalb der Akteursperspektive vollzieht" (von Rosenberg 2011: 65). In Anlehnung an eine Bemerkung Bourdieus zur Doppelstruktur sozialer Realität, nach der diese „in den Sachen und in den Köpfen, in den Feldern und in dem Habitus, innerhalb und außerhalb der Akteure" (Bourdieu nach von Rosenberg 2011: 56) existiere, geht es um die analytische Verknüpfung beider Dimensionen oder Ebenen. In der mittels narrativer Interviews und der dokumentarischen Methode extrapolierten „Phasentypik von Bildungsprozessen als Habitustransformationen" (Rosenberg 2011: 279ff.) taucht jedoch die Relationierung von Feld und Habitus lediglich wieder in den Reinterpretationen der Veränderungen von Selbst- und Weltverhältnissen der befragten Personen auf. Felder werden auf typisierte Praktiken reduziert und nur noch als „Praxisform der Nonkonformität" (Rosenberg 2011: 193ff.) analysiert.[9] Damit bleibt die Analyse einmal mehr auf die Selbstbeschreibungen der Akteure beschränkt und das vielversprechende Ziel, die subjektiven Beschreibungen mit objektiven (Feld)Strukturen zu relationieren, wird auf diese Weise nicht erreicht.

Eine weitere Variante der Habitustransformation wurde mit dem Krisenbegriff im Rahmen des Bewältigungsansatzes vorgestellt. Wenn der Krisenbegriff von seinen anthropologischen Prämissen befreit wird, so kann sich im Bourdieu'schen Hysteresiskonzept ein möglicher fruchtbarer Anschluss finden. Von *Hysteresis* spricht Bourdieu im Fall der zeitlichen Nicht-Anpassung von Habitus, Dispositionen und Feld. Es könne geschehen, dass die „Dispositionen mit dem Feld und den für seinen Normalzustand konstitutiven ‚kollektiven Erwartungen' in Missklang geraten" (Bourdieu 2001: 206). Eine spontane und die Widerständigkeit des eigenen Habitus gänzlich konterkarierende Anpassung ist aufgrund der „Trägheit (Hysteresis) des Habitus" (Bourdieu 2001: 206) nicht möglich, so dass es zu grundlegenden Dissonanzen, Desynchronisierungen und damit zu einer Reihe „verpasster Gelegenheiten" (Bourdieu 1993: 111) komme. Bourdieu weist auf die grundlegenden habituellen Schwierigkeiten hin, die „in Krisen oder bei einem plötzlichen Wandel" wie etwa

---

[9] Eine spezifische Feldlogik über die Institutionalisierung von Normalisierungspraktiken und dazu gegenläufig nonkonformistischer Praktiken der Subjekt zu rekonstruieren, wie der Autor das unternimmt (von Rosenberg 2011: 193-216), ist an sich ein spannendes Unterfangen. In den Interpretationen der Narrationen der befragten Personen führt dies aber zu einer Überdehnung und metaphorischen Verwendung des Feldbegriffs, da jede Praktik als Feld begriffen werden kann, insofern eine ‚Eigenlogik' konstatiert wird.

einer „sehr raschen Deplazierung im sozialen Raum" entstehen können (Bourdieu 2001: 207). Hierbei hätten die „Akteure oft Mühe, die mit unterschiedlichen Zuständen oder Etappen verbundenen Dispositionen zu vereinen" (Bourdieu 2001: 207).

Der Habitus- und der Hysteresis-Begriff bilden den theoretischen Rahmen für ein Konzept *wahrscheinlichen* sozialen Handelns, mit dem der abstrakte Risikobegriff konkretisiert werden kann. Der Akteur handelt in einem sozialen Raum von Möglichkeiten nach der „Kausalität des Wahrscheinlichen" (Krais / Gebauer 2002: 46). Gegenüber einem Begriff von Kontingenz als potentiell immer möglichen Grenzüberschreitung – nach Luhmann das, „was weder notwendig ist noch unmöglich ist" (1984: 152) – wird mit dem probabilistischen Konzept der Raum der Möglichkeiten von vornherein so eingeschränkt, dass *nicht alle alles erreichen können*:

> „Die ökonomische und soziale Welt – Positionen, die man einnehmen, Bildungswege, die man einschlagen, Güter, die man konsumieren, Besitztümer, die man kaufen, und Frauen, die man heiraten kann usw. – nimmt niemals (...) die Gestalt eines Universums von Möglichkeiten an, die jedem beliebigen Subjekt gleichermaßen offen stehen." (Bourdieu nach Krais / Gebauer 2002: 46)

Empirisch wäre es für die Bildungsforschung nun wichtig, die feinen Abstufungen zwischen der Wahrscheinlichkeit und der Unwahrscheinlichkeit und damit die Bandbreite im Handeln der Subjekte vor allem mit Blick auf Lernen und Bildung zu bestimmen. Der Begriff der Handlungsmöglichkeiten macht für die Analyse von Lebensläufen und lebenslangem Lernen dann Sinn, wenn er in einem sozialen (Handlungs-)Raum von Wahrscheinlichkeiten situiert wird. Daraus ergeben sich Fragen für die Bildungsforschung wie: Worin liegen die ‚feinen Unterschiede' im Lernverhalten, welche Korrespondenzen lassen sich zwischen habituellen Rahmungen und dem individuellen Handeln als „Aktualisierung der Potentialität" (Bourdieu 2001: 192) feststellen, welche „verpassten Gelegenheiten" und Bildungschancen individueller Bildungsbiographien lassen sich rekonstruieren und wo haben sich Brüche eingestellt, ob als Krisen, Passungsproblemen oder Hysteresis-Effekte.

Literatur

Alkemeyer, Thomas (2006): Lernen und seine Körper. Habitusformungen und -umformungen in Bildungspraktiken. In: Barbara Friebertshäuser / Markus Rieger-Ladich / Lothar Wigger (Hg.): *Reflexive Erziehungswissenschaft. Forschungsperspektive im Anschluss an Pierre Bourdieu.* Wiesbaden: VS. S. 119-143.

Allmendinger, Jutta / Ebner, Christian / Nicolai, Rita (2010): Soziologische Bildungsforschung. In: Rudolf Tippelt / Bernhard Schmidt (Hg.): *Handbuch Bildungsforschung.* Wiesbaden: VS. S. 47-70.

Audehm, Kathrin (2001): Die Macht der Sprache. Performative Magie bei Pierre Bourdieu. In: Christoph Wulf / Michael Göhlich / Jörg Zirfas (Hg.): *Grundlagen des Performativen.* Weinheim / München: Juventa. S. 101-129.

Baumert, Jürgen / Schümer, Gundel (2001): Familiäre Lebensverhältnisse, Bildungsbeteiligung und Kompetenzerwerb. In: Jürgen Baumert et al. (Hg.): *PISA 2000. Basiskompetenzen von Schülerinnen und Schülern im internationalen Vergleich.* Opladen: Leske + Budrich. S. 323-407.

BMBF (Hg.) (2010): *Die wirtschaftliche und soziale Lage der Studierenden in der Bundesrepublik Deutschland 2009. 19. Sozialerhebung des Deutschen Studentenwerks durchgeführt durch HIS Hochschul-Informations-System.* Bonn / Berlin: Bundesministerium für Bildung und Forschung.

Böhnisch, Lothar / Lenz, Karl / Schröer, Wolfgang (2009): *Sozialisation und Bewältigung. Eine Einführung in die Sozialisationstheorie der zweiten Moderne.* Weinheim / München: Juventa.

Bohnsack, Ralf (1997): Dokumentarische Methode. In: Ronald Hitzler / Anne Honer (Hg.): *Sozialwissenschaftliche Hermeneutik.* Opladen: Leske + Budrich. S. 191-212.

Bohnsack, Ralf (2010): Gruppendiskussionsverfahren und dokumentarische Methode. In: Barbara Friebertshäuser / Antje Langer / Annedore Prengel (Hg.): *Handbuch Qualitative Forschungsmethoden in der Erziehungswissenschaft.* Weinheim / München: Juventa. S. 205-218.

Bourdieu, Pierre (1974): *Zur Soziologie der symbolischen Formen.* Frankfurt am Main: Suhrkamp.

Bourdieu, Pierre (1976): *Entwurf einer Theorie der Praxis auf der ethnologischen Grundlage der kabylischen Gesellschaft.* Frankfurt am Main: Suhrkamp

Bourdieu, Pierre (1989): Antworten auf einige Einwände. In: Klaus Eder (Hg.): *Klassenlage, Lebensstil und kulturelle Praxis.* Frankfurt am Main: Suhrkamp. S. 395-410.

Bourdieu, Pierre (1992): *Rede und Antwort.* Frankfurt am Main: Suhrkamp.

Bourdieu, Pierre (1993): *Sozialer Sinn.* Frankfurt am Main: Suhrkamp.

Bourdieu, Pierre (2001): *Meditationen.* Frankfurt am Main: Suhrkamp.

Bourdieu, Pierre (1998): *Praktische Vernunft. Zur Theorie des Handelns.* Frankfurt am Main: Suhrkamp.

Bourdieu, Pierre / Passeron, Jean C. (1971): *Die Illusion der Chancengleichheit.* Stuttgart: Klett.

Bourdieu, Pierre / Wacquant, J. D. Loic (1996): *Reflexive Anthropologie.* Frankfurt am Main: Suhrkamp.

Brake, Anne / Büchner, Peter (2006): Dem familialen Habitus auf der der Spur. Bildungsstrategien in Mehrgenerationenfamilien. In: Barbara Friebertshäuser / Markus Rieger-Ladich / Lothar Wigger (Hg.): *Reflexive Erziehungswissenschaft. Forschungsperspektive im Anschluss an Pierre Bourdieu.* Wiesbaden: VS. S. 59-80.

Bremer, Helmut (2007): *Soziale Milieus, Habitus und Lernen.* Weinheim / München: Juventa.

Büchner, Peter / Brake, Anne (Hg.) (2006): *Bildungsort Familie. Transmission von Bildung und Kultur im Alltag von Mehrgenerationenfamilien.* Wiesbaden: VS.

Deutsches PISA-Konsortium (Hg.) (2001): *PISA 2000.* Opladen: Leske + Budrich.

Friebertshäuser, Barbara / Rieger-Ladich, Markus / Wigger, Lothar (Hg.) (2006): *Reflexive Erziehungswissenschaft. Forschungsperspektive im Anschluss an Pierre Bourdieu.* Wiesbaden: VS.

Gomolla, Mechtild / Radtke, Frank-Olaf (2001): *Institutionelle Diskrimierung. Die Herstellung ethnischer Differenz in der Schule.* Opladen: Leske+Budrich.

Grundmann, Matthias / Dravenau, Daniel / Bittlingmayer, Uwe H. / Edelstein, Wolfgang (2006): *Handlungsbefähigung und Milieu. Zur Analyse milieuspezifscher Alltagspraktiken und ihrer Ungleichheitsrelevanz.* Münster: LIT.

Herzberg, Heidrun (2004): *Biographie und Lernhabitus. Eine Studie im Rostocker Werftarbeitermilieu.* Frankfurt am Main: Campus.

Hochschulinformationssystem (HIS) (2005): *Die Ausbildungsleistung der Hochschule Hannover.* (www.his.de/pdf/pub_kia/kia200505.pdf, 18.10.2012).

Höhne, Thomas (2012a): Der Einfluss des Habitus in transitorischen Prozessen am Beispiel Lebenslangen Lernens. In: Lothar Böhnisch / Karl Lenz / Wolfgang Schröer / Barbara Stauber / Andreas Walther (Hg.): *Handbuch Übergänge.* Weinheim / München: Juventa.

Höhne, Thomas (2012b): Die Krise als Chance? Eine habitustheoretische Dekonstruktion des Bewältigungsbegriffs. In: *Österreichische Zeitschrift für Soziologie* (37): S. 403-420.

Hopf, Wulf (2010): *Freiheit – Leistung – Ungleichheit. Bildung und soziale Herkunft in Deutschland.* Weinheim / München: Juventa.

Kalthoff, Herbert (1997): *Wohlerzogenheit: Eine Ethnographie deutscher Internatsschulen.* Frankfurt am Main: Campus.

Klinger, Cornelia (2003): Ungleichheit in den Verhältnissen von Klasse, Rasse und Geschlecht. In: Gudrun-Axeli Knapp / Angelika Wetterer (Hg.): *Achsen der Differenz*. Münster: Westfälisches Dampfboot. S 14-48.

Koller, Hans-Christoph (2010): Grundzüge einer Theorie transformatorischer Bildungsprozesse. In: Andrea Liesner / Ingrid Lohmann (Hg.): *Gesellschaftliche Bedingungen von Bildung und Erziehung. Eine Einführung*. Stuttgart: Kohlhammer. S. 288-300.

Koller, Hans C. / Marotzki, Winfried / Sanders, Olaf (Hg.) (2007): *Bildungsprozesse und Fremdheitserfahrungen. Beiträge zu einer Theorie transformativer Bildungsprozesse*. Bielefeld: Transcript.

Krais, Beate / Gebauer, Gunter (2002): *Habitus*. Bielefeld: Transcript.

Kramer, Rolf-Torsten (2011a): Habitus und Schule – Illusion der Chancengleichheit oder Transformationsperspektiven? In: *Transmission 04*. Unter: http://www.vodafone-stiftung.de/publikationmodul/detail/23.html Helsper/Kramer 2010, 18.10.2012.

Kramer, Rolf-Torsten (2011): *Abschied von Bourdieu? Perspektiven ungleichheitsbezogener Bildungsforschung*. Wiesbaden: VS.

Kramer, Rolf-Torsten / Helsper, Werner (2010): Kulturelle Passung und Bildungsungleichheit – Potenziale einer an Bourdieu orientierten Analyse der Bildungsungleichheit. In: Heinz-Hermann Krüger et al. (Hg.): *Bildungsungleichheit revisited*. Wiesbaden: VS. S. 103-125.

Krüger, Heinz-Hermann / Deinert, Aline / Zschach, Maren (2012): *Jugendliche und ihre Peers*. Opladen / Berlin / Toronto: Babara Budrich.

Liebau, Eckart (1984): Gesellschaftlichkeit und Bildsamkeit des Menschen. Nachdenken über Routine, Geschmack und das Selbstverständliche mit Pierre Bourdieu. In: *Neue Sammlung* (24), 3: S. 245-261.

Liebau, Eckart (1987): *Gesellschaftliches Subjekt und Erziehung. Zur pädagogischen Bedeutung der Sozialisationstheorien von Pierre Bourdieu und Ulrich Oevermann*. Weinheim / München: Juventa.

Liebau, Eckart (2006): Der Störenfried. Warum Pädagogen Bourdieu nicht mögen. In: Barbara Friebertshäuser / Markus Rieger-Ladich / Lothar Wigger (Hg.): *Reflexive Erziehungswissenschaft. Forschungsperspektive im Anschluss an Pierre Bourdieu*. Wiesbaden: VS. S. 41-58.

Luhmann, Niklas (1984): *Soziale Systeme*. Frankfurt am Main: Suhrkamp.

Reckwitz, Andreas (2010): *Subjekt*. Bielefeld: Transcript.

Rieger-Ladich, Markus (2005): Weder Determinismus und Fatalismus: Pierre Bourdieus Habitustheorie im Lichte neuerer Arbeiten. In: *Zeitschrift für Soziologie der Erziehung und Sozialisation* (3): S. 281-296.

Rieger-Ladich, Markus / Friebertshäuser, Barbara / Wigger, Lothar (2006): Reflexive Erziehungswissenschaft: Stichwort zu einem Programm. In: Barbara Friebertshäuser / Markus Rieger-Ladich / Lothar Wigger (Hg.): *Reflexive Erziehungswissenschaft. Forschungsperspektive im Anschluss an Pierre Bourdieu*. Wiesbaden: VS. S. 9-21.

Rieger-Ladich, Markus / Ricken, Norbert (2009): Macht und Raum: Eine programmatische Skizze zur Erforschung von Schularchitekturen. In: Jeanette Böhme (Hg.): *Schularchitektur im interdisziplinären Diskurs*. Wiesbaden: VS. S. 186-203.

Rosenberg, Florian von (2011): *Bildung und Habitustransformation*. Bielefeld: Transcript.

Schlüter, Anne / Faulstich-Wieland, Hannelore (2006): Geschlechterforschung in der Erziehungswissenschaft. Inspirationen und Modifikationen durch Bourdieu. In: Barbara Friebertshäuser / Markus Rieger-Ladich / Lothar Wigger (Hg.): *Reflexive Erziehungswissenschaft. Forschungsperspektive im Anschluss an Pierre Bourdieu*. Wiesbaden: VS. S. 213-230.

Schmidt, Robert (2004): Habitus und Performanz. In: Steffani Engler / Beate Krais (Hg.): *Das kulturelle Kapital und die Macht der Klassenstrukturen*. Weinheim / München: Juventa. S. 55-70.

Tippelt, Rudolf / Schmidt, Bernhard (Hg.) (2010): *Handbuch Bildungsforchung*. Wiesbaden: VS.

Wigger, Lothar: (2004): Bildungstheorie und Bildungsforschung in der Gegenwart. In: *Vierteljahresschrift für wissenschaftliche Pädagogik* (4): S. 478-493.

Wigger, Lothar (2006): Habitus und Bildung. In: Barbara Friebertshäuser / Markus Rieger-Ladich / Lothar Wigger (Hg.): *Reflexive Erziehungswissenschaft. Forschungsperspektive im Anschluss an Pierre Bourdieu.* Wiesbaden: VS. S. 101-118.

Winker, Gabriele / Degele, Nina (2009): *Intersektionalität.* Bielefeld: Transcript.

Wittpoth, Jürgen (1995): Das überforderte Subjekt. In: *Report 35, Literatur- und Forschungsreport Weiterbildung.* Online verfügbar unter: http://www.report-online.net/recherche/einzelhefte_inhalt.asp?id=175 (9.10.2012).

Habitus und Kultur: Das Habituskonzept in den empirischen Kulturwissenschaften
Ethnologie – Volkskunde – Cultural Studies

Jochen Bonz und Jens Wietschorke

1. Einleitung

Der vorliegende Beitrag thematisiert Bourdieus Habitusbegriff im Kontext der empirischen Kulturwissenschaften. Unter dieser Bezeichnung, die im Singular und im engeren Sinne seit den frühen 1970er Jahren für die theoretische und methodische Neuorientierung der Volkskunde steht, subsumieren wir hier provisorisch die zwar verwandten, aber doch sehr verschiedenen Fachtraditionen der Volkskunde / Europäischen Ethnologie, der Ethnologie / Kulturanthropologie sowie der britischen Cultural Studies. Eine solche Zusammenführung erscheint uns sinnvoll, da sich die verschiedenen Fächer, bei aller Differenz, in wesentlichen Punkten treffen. Auf der epistemologischen Ebene handelt es sich hierbei um die Zentralität des Kulturbegriffs. Im Bereich der Methodik verbindet sie das Vorhandensein eines jeweils langjährig erprobten, reflektierten, ständig weiterentwickelten, ausdifferenzierten qualitativen empirischen Instrumentariums, dessen Kern die ethnografische Feldforschung bildet.[1]

Bezüglich der Ethnologie wird es uns vor allem darum gehen, nachzuzeichnen, dass und inwiefern Bourdieu nicht nur seine ethnografische Erfahrung, sondern darüber hinaus auch wesentliche Momente des ethnologischen Kulturbegriffs seiner Zeit in den Habitusbegriff einfließen lässt (Abschnitt 1). Hinsichtlich der Volkskunde / Europäischen Ethnologie sowie der Cultural Studies beschreiben wir zum einen Analogien, die sich in der dortigen Forschungstradition jeweils zu Bourdieus Konzeption des Habitus finden. Zum anderen geben wir Beispiele für Anwendungen, die nachvollziehbar machen sollen, welche enorme Produktivität Bourdieus Habitusbegriff besonders in der Volkskunde und den Cultural Studies entwickeln konnte (Abschnitt 2). Daran anschließend präsentieren wir Modifikationen, die in der Volkskunde / Europäischen Ethnologie, den Cultural Studies und in der Ethnologie am Habituskonzept vorgenommen wurden, sowie die an diesem Konzept geübte Kritik (Abschnitt 3). Der Schluss greift zentrale Aspekte auf und skizziert Forschungsdesiderate, die sich vor dem Hintergrund unserer Ausführungen abzeichnen (Abschnitt 4).[2]

---

[1] Zur Relevanz der ethnografischen Feldforschung in der Ethnologie vgl. Malinowski (1984: 1-26) und die Beiträge in Atkinson (2009); in der Volkskunde vgl. die Beiträge in Löffler (2001), in Nixdorf/Hauschild (1982) sowie Schmidt-Lauber (2007); in den Cultural Studies vgl. exemplarisch Willis (1981).
[2] Der Text entstand im Austausch zwischen den Autoren, dennoch sind die Verantwortlichkeiten klar verteilt: Jens Wietschorke autorisiert die Beiträge zur Volkskunde / Europäischen Ethnologie, Jochen Bonz die Beiträge zur Ethnologie und den Cultural Studies.

2. Der ethnologische Kulturbegriff und das Habituskonzept

Auf eine simple Formulierung gebracht, besteht die Leistung von Bourdieus Habitusbegriff darin, wesentliche Aspekte des ethnologischen Kulturbegriffs in eine begriffliche Form zu gießen, die sich als Instrument zur Analyse der komplexen soziokulturellen Verhältnisse moderner westlicher Gesellschaften eignet. So einfach sich das in dieser Formulierung liest, so groß ist die Leistung dieses Transfers, vollzieht er doch einen großen Schritt vom »Fremden« zum »Eigenen«, vom »Archaischen« oder »Primitiven« zum »Zivilisierten« und »Komplexen« – um starke Formulierungen zu gebrauchen, die uns heute despektierlich erscheinen, die in den 1950er, 1960er und 1970er Jahren aber gang und gäbe waren. Diese starken Gegensätze vermögen jedoch lediglich die Weite des von Bourdieu unternommenen Schrittes anzudeuten. Im Folgenden soll es deshalb darum gehen, den Transfer exemplarisch nachzuzeichnen und den mit ihm vollzogenen Schritt mit Bezug auf Bourdieus Studien inhaltlich zu füllen.

Inhärent ist unserer Argumentation dabei ein Widerspruch zur gängigen Lehrmeinung, die besagt, die originär Bourdieu'sche Soziologie sei erst entstanden, *nachdem* er die „zur damaligen Zeit dominierenden Theorien (Kulturalismus, Strukturalismus)" (Yacine 2010: 22) überwunden habe. Diese Aussage mag möglicherweise auf die vor allem in den Studien der 1980er Jahre zentrale Begrifflichkeit »Feld« und auf Bourdieus Vorstellung von einer Mehrzahl der »Kapitalsorten« zutreffen. Sie stimmt sicher nicht für den Habitusbegriff, dessen Erarbeitung nicht nur aus der kritischen Auseinandersetzung mit, sondern auch aus der Übernahme von wesentlichen Aspekten gerade der strukturalen Anthropologie Claude Lévi-Strauss' möglich wird.[3]

Bourdieu selbst hat keinen Hehl daraus gemacht, dass sein Wandel vom Philosophen zum Soziologen – ein biografischer Umbruch, dem mittelbar der Habitusbegriff und in der Folge alle weiteren Konzeptionen Bourdieus entspringen – mit seiner ethnografischen Erfahrung einhergeht, die er als „Lehrjahre" und „Initiation" bezeichnet (Bourdieu 2002: 67). Hiermit sind die während des Algerienkrieges im Zusammenhang mit den Studien zur Kabylei gemachten Erfahrungen gemeint, begegnet der 25-jährige Philosoph doch in dieser Situation 1955 einer fremden Kultur. Sowohl zeitlich betrachtet als auch in Bourdieus eigener Darstellung (vgl. Bourdieu 2002: 67) bildet aber auch die Rückkehr in seine pyrenäische Heimat, den Béarn, in der er das „soziale Rätsel" zu lösen versucht, „welches die Ehelosigkeit der Erstgeborenen in einer Gesellschaft aufgibt, die doch für ihr verbissenes Festhalten am Erstgeburtsrecht bekannt ist" (Bourdieu 2008: 10), einen weiteren Bestandteil dieser Erfahrung. Schließlich ist als nicht zu unterschätzendes weiteres Erfahrungsmoment Bourdieus Untersuchung des französischen Bildungssystems zu verstehen. Diese beginnt als »wissenschaftliche« Beschäftigung in den frühen 1960er Jahren, nimmt 1964 u. a. in der Publikation von *Les Héritiers* Gestalt an und führt Bourdieu zu seinen in den folgenden Jahrzehnten realisierten Studien *Homo Academicus* (Bourdieu 2010) und *Der Staatsadel* (Bourdieu 2004). Dass der wissenschaftlichen Auseinandersetzung mit dem Bildungssystem jedoch eine Beschäftigung anderer Art vorausgeht und implizit ist, eine Erfahrung autoethnografischer Natur, steht außer Frage: ein Sich-fremd-Fühlen im eigenen Dasein als Schüler und Student (vgl. hierzu auch Schmeiser 1984 sowie Schultheis 2007).

---

[3] Insofern ist im Habitusbegriff und der mit ihm verbundenen »Theorie der Praxis« weniger ein absoluter Bruch mit dem strukturalistischen Denken zu sehen als vielmehr ein Transfer, der Bourdieu als Poststrukturalisten qualifiziert – zumindest den Bourdieu der Ausarbeitung des Habitusbegriffs.

Neben den ethnografischen Beobachtungen, deren spezifische Inhalte im Folgenden noch zu erörtern sein werden, ist es der ethnologische Kulturbegriff selbst, der Bourdieu in der Reflexion seiner ethnografischen Erfahrungen begegnet und der dann in den Habitusbegriff einfließt. Allerdings kann auch im ethnologischen Sinne »Kultur« alles Mögliche bedeuten. Gemeint ist hier an erster Stelle derjenige Aspekt des Habitus, den Bourdieu als »Disposition« begreift, als »modus operandi«, als »praktischer Sinn«, und den er in einer Definition des Habitus im *Entwurf einer Theorie der Praxis* als „*Handlungs-, Wahrnehmungs- und Denkmatrix*" (Bourdieu 2009: 169, vgl. 2005: 101) aufruft. Diese Disposition bildet im Subjekt eine Welt aus, in der Handlung möglich und sinnvoll erscheint. Bourdieu spricht diesbezüglich z. B. davon, dass die „Praxiswelt, die sich im Verhältnis zum Habitus als System kognitiver und motivierender Strukturen [im Individuum] bildet, [...] eine Welt von bereits realisierten Zwecken, Gebrauchsanleitungen oder Wegweisungen" (Bourdieu 2005: 100) sei.[4] Die Wahrnehmung der Wirklichkeit durch die Brille des Habitus impliziert, dass die einer „willkürlichen Bedingung innewohnenden Regelmäßigkeiten" als objektiv und quasi natürlich erscheinen, „weil sie den Wahrnehmungs- und Beurteilungsschemata zugrunde liegen, mit denen sie erfasst werden" (Bourdieu 2005: 100). Dieser zentrale Aspekt des Habitusbegriffs, das Individuum als Subjekt einer spezifischen Gerichtetheit des Wahrnehmens zu begreifen, einer kollektiven Wahrnehmungskonstruktion, in der das Subjekt situiert ist und die ihm die Wirklichkeit zur Welt ordnet (vgl. Reckwitz 2011: 44), kann Bourdieu unter der Hand von Lévi-Strauss übernehmen, bei dem er nach seiner Rückkehr aus Algerien Seminare belegt und mit dem er im Austausch steht (vgl. Bourdieu 2002: 52; Jurt 2003: 66). Beschäftigt sich Lévi-Strauss zu dieser Zeit doch mit kollektiven Kategorien der Wirklichkeitswahrnehmung in Stammesgesellschaften, die er 1962 in *Das wilde Denken* als die „klassifizierenden Schemata", die „das natürliche und soziale Universum [...] erfassen" (Lévi-Strauss 1997: 159) charakterisiert.[5]

In seinen umfassenden empirischen Studien komme zum Ausdruck, was er mit der Konzeption Habitus meine, äußert Bourdieu im Gespräch mit Wacquant (vgl. Bourdieu / Wacquant 2009: 175). In den genannten frühen Studien zur Kabylei, zum Bildungswesen und zur Heiratspraxis im Béarn zeichnet sich neben dem beschriebenen Aspekt der Situiertheit und Gerichtetheit des Wahrnehmens und Handelns besonders ein zweiter Aspekt ab, den Bourdieu aus dem ethnologischen Kulturbegriff entlehnt – die subjektive *Bindung* an kollektive Schemata der Klassifikation. Dass die Menschen an – in diesem Fall: kulturspezifische – Wirklichkeitswahrnehmungsweisen gebunden sind, bildet für die klassische Ethnologie des frühen und mittleren 20. Jahrhunderts ein nie infrage stehendes Axiom. In diesem Sinne begreift Bourdieu die habituellen Dispositionen als vom Subjekt internalisiert und unbewusst wirksam (vgl. Bourdieu 2005: 167, 197).

In der Studie zur Kabylei bildet die Ehre ein wesentliches Moment, um das Bourdieus Darstellung kreist (vgl. Bourdieu 2009: 11-47). Bourdieu erkennt in ihr eine eigene habituelle Form, wenn er schreibt: „Das Wertsystem der Ehre wird eher ‚praktiziert' als gedacht, und die Grammatik der Ehre kann den Handlungen Form geben, ohne selbst formuliert werden zu müssen." (Bourdieu 2009: 43) Explizit heißt es an anderer Stelle: „Was man das

---

[4] In der zeitgenössischen soziologischen Bourdieurezeption wird Bourdieus Interesse an »Welt« im genannten Sinne mit Begriffen wie »kulturelle Praktiken« und »Alltagskultur« gefasst (vgl. z. B. Hillebrandt 2011: 136ff.).
[5] Mit der Betonung der Nähe dieses Aspektes des Habitusbegriffs zu Lévi-Strauss' Überlegungen sollen Differenzen im Detail sowie andere Differenzen grundsätzlicher Art keinesfalls geleugnet werden (vgl. hierzu auch Schultheis 2011).

Ehrgefühl nennt, ist nichts anderes als die kultivierte Disposition, der *Habitus*, der jedes Individuum in die Lage versetzt, von einer kleinen Anzahl implizit vorhandener Prinzipien aus alle die Verhaltensformen, und nur diese, zu erzeugen, die den Regel der Logik von Herausforderung und Erwiderung der Herausforderung entsprechen." (Bourdieu 2009: 31) Bourdieu füllt diese abstrakte Darstellung aus, indem er „Ehrenspiele" (Bourdieu 2009: 20) skizziert, den symbolischen Gabentausch, die Rache, die Rivalität zwischen Dörfern etc. (vgl. Bourdieu 2009: 22). Deutlich wird auch, dass im Habitus der Ehre der Einzelne und die Gruppe (Familie, Dorf, Stamm) in gewisser Weise dasselbe sind: Das Subjekt ist in den Augen der Anderen wesentlich das, was es an Ehre besitzt, und seine Ehre besitzt es als Angehöriger einer Gruppe, die sich ihre Ehre teilt. Dies kommt etwa in Bourdieus Formulierung zum Ausdruck, dass „der Einzelne sich immer unter dem Blick der anderen begreift [und] die anderen braucht, um zu existieren, weil das Bild, das er sich von sich selbst macht, ununterscheidbar ist von dem Bild von sich, das ihm von den anderen zurückgeworfen wird" (Bourdieu 2009: 28). Die Bindung des Einzelnen an seine habituelle Identifikation wird hier greifbar. Sie zeigt sich auch in Sätzen wie: „[D]ie Herausforderung gereicht dem Herausgeforderten zur Ehre" (Bourdieu 2009: 16) – denn das Herausgefordertsein ermöglicht dem Subjekt, seine Identifikation mit der Gruppe, die zugleich eine Identifikation mit dem Habitus der Ehre ist, zu vertreten und „seine Existenz als Mann voll zu erleben" (Bourdieu 2009: 16).[6]

In der bäuerlichen Kultur des Béarn findet Bourdieu einen ähnlichen Habitus und auch einen vergleichbaren Mechanismus der Bindung des Einzelnen an seinen Habitus. Auch in diesem Fall sind die Subjektivität des Einzelnen und die Familie in gewisser Weise eins. Das zeigt sich etwa an der Heiratspraxis, über die Bourdieu sagt: „Es war die Familie, die heiratete, und man vermählte sich mit einer Familie." (Bourdieu 2008: 19) Die Familie bildet den identifikatorischen Kern des Habitus und die im Habitus begründete Handlungsmotivation richtet sich darauf, den Erhalt des ökonomischen und symbolischen Kapitals der Familie, das gleichbedeutend ist mit dem Namen der Familie bzw. dem „Haus" sicherzustellen (vgl. Bourdieu 2008: 22f.). Mit ihm geht prinzipiell das Erstgeburtsrecht einher, das allerdings „weniger ein Besitzrecht als vielmehr das Recht, oder besser die Pflicht [ist], als Eigentümer zu handeln" (Bourdieu 2008: 23). Die Bindung des Subjekts an das Haus ist damit greifbar geworden. Sie mündet erstaunlicher Weise unter Umständen in die Ehelosigkeit des Erstgeborenen[7] und kann als Bindungskraft auch in der Variation des Erstgeburtsrechtes Gestalt annehmen:

> „[W]eil alle diese Strategien, die alle darauf zielen, die Weitergabe des ungeteilten Erbes und den Fortbestand der Familie in der gesellschaftlichen und ökonomischen Hierarchie zu sichern [...], weit davon entfernt sind, zwangsläufig miteinander vereinbar zu sein, [...] kann nur der Habitus als System von Schemata, die alle Entscheidungen lenken, ohne jemals zu einer gesamten und systematischen Erklärung zu führen, die unerlässliche Kasuistik begründen, um in jedem einzelnen Fall das Wesentliche zu bewahren." (Bourdieu 2008: 167, Hervorhebung im Original)

---

[6] Dass Subjekt-Sein und Mann-Sein in diesem Fall gleichgesetzt ist, wird von Fowler (2003) in instruktiver Weise thematisiert.
[7] Zur Ehelosigkeit der Erstgeborenen vgl. Bourdieu (2008: 42-52). Ein besonders plausibler Fall ergibt sich daraus, dass „die ökonomischen Imperative für den Ältesten mit ganz besonderer Unerbittlichkeit geboten [sind], weil er bei seiner Heirat eine ausreichende Mitgift bekommen muss, um die Mitgift der jüngeren Geschwister bezahlen zu können, ohne auf eine Aufteilung zuzugreifen und ohne den Besitz beschneiden zu müssen" (Bourdieu 2008: 28).

Schließlich macht sich auch in Bourdieus Studien zum Bildungssystem das Bindungsmoment des Habitus an der Familie fest, die hier in der Funktion als Vergabeinstanz eines kulturellen Erbes bzw. kulturellen Kapitals erscheint. Die Bindungskraft dieses Erbes zeigt sich in seiner Internalisierung durch die Erben, die nach Bourdieu deshalb eine erfolgreiche Schullaufbahn bestreiten, weil ihr Erbe, mit anderen Worten: ihr Habitus, der hier noch nicht als Begriff auftaucht, sondern als „ein System impliziter und tief verinnerlichter Werte" (Bourdieu 2003: 80f.) firmiert, sich kongruent zur kulturellen Ordnung verhält (vgl. Bourdieu / Passeron 2007: 9-41). Bourdieu führt dies u. a. aus am Beispiel des Kunstgeschmacks, der Vertrautheit im Umgang mit Kunstwerken:

> „Manifest wird das kulturelle Privileg, sobald es um die Vertrautheit mit den Werken geht, die nur aus dem regelmäßigen (und nicht bloß sporadischen oder von der Schule organisierten) Theater-, Museums- oder Konzertbesuch entsteht. Auf allen Gebieten der Kultur, dem Theater, der Musik, der Malerei, dem Jazz, dem Film, haben die Studenten umso reichere und umfassendere Kenntnisse, je höher ihre soziale Herkunft ist." (Bourdieu 2003: 84)

Mit dem Aspekt der kollektiven Kategorien der Wirklichkeitswahrnehmung wie auch mit dem Aspekt einer fundamentalen Bindung des Subjekts an ein kulturelles Erbe übernimmt Bourdieu zwei wesentliche Aspekte des ethnologischen Kulturbegriffs. Erstaunlicherweise hat er damit kaum Spuren in der Ethnologie hinterlassen (vgl. Abschnitt 3.2). Ein naheliegender Grund hierfür könnte gerade in Bourdieus Übertragung ethnologischen Wissens auf die moderne Gesellschaft bestehen, interessiert sich die Ethnologie klassischen Zuschnitts lediglich zweit- oder gar drittrangig für die Kultur moderner westlicher Gesellschaften. Ein anderer Grund erscheint uns jedoch noch stichhaltiger. Die Ethnologie tut sich bis heute schwer damit, historische Prozessualität in ihr kulturalistisches Denken zu integrieren; ihre originäre Analyseebene ist nun einmal nicht die Diachronie, sondern die Synchronie (vgl. Atkinson 2009; Malinowski 1984). Des Weiteren kommt hinzu, dass die internationale Wahrnehmbarkeit von Bourdieus Habitusbegriff Mitte der 1970er Jahre zu einem Zeitpunkt erfolgte, an dem sich die Ethnologie selbst zunehmend vom Kulturbegriff im Allgemeinen, insbesondere aber auch von den beiden hier heraus gearbeiteten Aspekten verabschiedete. Dies wird etwa in einer für die Ethnologie seltenen direkten Kritik am Habitusbegriff deutlich, die bemängelt, dieser erlaube es nicht, eine wirklich individuelle Subjektivität zu denken (vgl. Nadig 1987: 404). Der Abstand zwischen Bourdieus Habitusdenken und der jüngeren kulturanthropologischen Diskussion tritt vor allem aber an einem ethnologischen Denken zutage, das sich selbst als antiessentialistisch begreift und das im Zuge der »Writing Culture«-Debatte (vgl. Berg / Fuchs 1993) der 1980er und 1990er Jahre hegemonial wurde.[8] Zugespitzt ausgedrückt, ist die zeitgenössische Ethnologie in der Folge dadurch gekennzeichnet, die sowohl dem klassischen ethnologischen Kulturbegriff als auch Bourdieus Habitusbegriff inhärente, in der Dimension der Intersubjektivität verankerte Funktion der Subjektkonstitutivität des Kulturellen in Vergessenheit geraten zu lassen.

---

[8] In und seit der »Writing Culture«-Debatte werden ethnografische Darstellungen fremder Kulturen als diskursive Repräsentationen und damit als Konstruktionen des Anderen diskutiert. Stellvertretend für die damit einhergehende antiessentialistische Selbstkritik der Kulturanthropologie mag hier Lila Abu-Lughods einflussreicher Artikel „Writing against Culture" (Abu-Lughod 1991) stehen.

3. Das Habituskonzept in den empirischen Kulturwissenschaften

3.1 Das Habituskonzept in der Volkskunde/Europäischen Ethnologie

Mehr als in der klassischen Ethnologie ist der Habitusbegriff in der deutschsprachigen Volkskunde / Europäischen Ethnologie[9] zu einem unverzichtbaren Referenzpunkt geworden. In dieser kleinen kulturwissenschaftlichen Schnittstellendisziplin bezog man sich seit den frühen 1980er Jahren – also seit dem Erscheinen der deutschen Übersetzung von *La distinction* – intensiv auf den Kulturtheoretiker Bourdieu, der zu einem der meistzitierten Autoren im Fach aufstieg (vgl. Warneken 2010: 11). Heute gehören die Grundbegriffe der Bourdieu'schen Kultursoziologie – Feld, Habitus und Kapital – zu den zentralen analytischen Instrumenten der Europäischen Ethnologie als einer empirisch orientierten Alltagskulturwissenschaft. Im folgenden Abschnitt wird die These entwickelt, dass insbesondere das Habituskonzept dazu beigetragen hat, genuine Zugänge und Denkweisen des Faches auf ein neues kultur- und gesellschaftstheoretisches Reflexionsniveau zu heben – eine Entwicklung, die aber nur deshalb möglich wurde, weil es in diesen volkskundlichen Zugängen bereits so etwas wie einen Habitusbegriff avant la lettre gab. Während also die spätmoderne Ethnologie mit dem Habituskonzept gewisse Schwierigkeiten hatte, tat sich die Volkskunde / Europäische Ethnologie damit erheblich leichter – mehr noch: sie machte den Habitus zu einem ihrer heimlichen Schlüsselkonzepte. Die unterschiedliche Bourdieu-Rezeption kann so nebenbei auch ein Licht auf disziplinäre Differenzen zwischen diesen beiden Fächern werfen.

Weshalb also liegt das Habituskonzept den Zugangsweisen der Europäischen Ethnologie so nahe, dass er dort zu einem Schlüsselkonzept werden konnte? Grundsätzlich ist hier ausschlaggebend, dass der Habitusbegriff auf die selbstverständlichen und teils unbewussten Praktiken und Routinen des alltäglichen Lebens zielt – und damit auf einen genuinen Forschungsgegenstand des Fachs. Die Anschlussfähigkeit dieses Konzepts erklärt sich also ganz wesentlich aus der Thematisierung der Frage, wie kulturelle Muster in alltägliches körperliches Handeln übersetzt werden. Des Weiteren aber spielt eine überaus wichtige Rolle, dass der Habitus nicht nur eine Kategorie der Vermittlung zwischen Struktur und Praxis, sondern auch zwischen Vergangenheit und Gegenwart ist: Als *opus operatum*, Produkt von Geschichte als einer Summe vergangener Praktiken, ist der Habitus zugleich *modus operandi*, Erzeugungsprinzip von Praktiken in der Gegenwart. Diese Praktiken lassen sich nach Bourdieu weder allein aus den vergangenen, noch allein aus den gegenwärtigen Bedingungen herleiten, sondern

> „sie lassen sich [...] nur erklären, wenn man die gesellschaftlichen Bedingungen, unter denen der Habitus, der sie erzeugt hat, geschaffen wurde, und die gesellschaftlichen Bedingungen, unter denen er angewandt wird, zueinander ins Verhältnis setzt, d. h. wenn man durch die wissenschaftliche Arbeit jenes Inbeziehungsetzen dieser beiden Zustände der Sozialwelt vornimmt, das

---

[9] Aus dem Fach Volkskunde ist im Zuge der Reformen in den 1960er und 1970er Jahren ein „Vielnamenfach" geworden, das an seinen verschiedenen Standorten im deutschsprachigen Raum und darüber hinaus unter sehr verschiedenen Bezeichnungen anzutreffen ist. Das Spektrum reicht heute von der klassischen Volkskunde bzw. den Folklore Studies über Kulturanthropologie, Empirische Kulturwissenschaft und Vergleichende Kulturwissenschaft bis hin zur Europäischen Ethnologie bzw. European Ethnology. Letztere Bezeichnung hat sich aktuell an den meisten Standorten durchgesetzt. Vgl. zur Namensdebatte Bendix / Eggeling (2004). Als Einführung ins Fach empfiehlt sich noch immer Kaschuba (2003).

der Habitus, indem er es verschleiert, in der Praxis und durch die Praxis bewerkstelligt" (Bourdieu 1987: 104f.).

Geschichte und Gegenwart müssen also zusammengedacht werden, um soziales Handeln verstehen zu können – und zwar im Hinblick auf das, was Bourdieu die „doppelte Geschichtlichkeit der mentalen Strukturen" nennt. Während nämlich die Inkorporierung von sozialen Strukturen ontogenetisch im Individuum stattfindet, haben sich die Strukturen „ihrerseits in der historischen Arbeit vieler Generationen – also phylogenetisch – gebildet" (Bourdieu / Wacquant 2009: 173). Die kollektive Geschichte bleibt im individuellen Handeln präsent.

Diese Hinweise zur immanenten Historizität des sozialen Handelns bei Bourdieu machen deutlich, dass sich das Habituskonzept vor allem eignet, um Phänomene der „longue durée" und der kulturellen Reproduktion sozialer Verhältnisse zu beschreiben. Bourdieu selbst benutzt es im Kontext seiner frühen Arbeiten über die kabylische Gesellschaft, um „das Fortbestehen alter Handlungsmuster in neuen sozialen Verhältnissen" zu erklären (Rehbein / Saalmann 2009: 112). Im Habitus artikuliert sich mithin vor allem das Moment der Kontinuität statt des Wandels, was auch seine spezifische analytische Leistung ausmacht:

> „Einer der Gründe, warum man auf den Begriff Habitus nicht verzichten kann, ist in der Tat, dass man mit ihm jene Konstanz der Dispositionen, des Geschmacks, der Präferenzen erfassen und erklären kann, die der neo-marginalistischen Ökonomie so viel Kopfzerbrechen bereitet." (Bourdieu / Wacquant 2009: 165)

Es ist somit wenig erstaunlich, dass dieser Begriff gerade für das stark historisch orientierte Fach Volkskunde besonders attraktiv war: Die Denkfiguren von Habitus und Habitualisierung passten bestens ins theoretische Repertoire einer Wissenschaft, die sich lange Zeit vor allem mit dem Nachleben traditionaler Volkskultur und den Kontinuitäten populärer Kulturmuster befasste. In diesem Sinne hat Bernd Jürgen Warneken darauf hingewiesen, dass „die Bourdieu'sche Habitus- und Distinktionstheorie zahlreiche Korrespondenzen zum volkskundlichen style of reasoning aufweist" (Warneken 2010: 11). Warneken geht bei seiner Herleitung dieses Denkstils ins 19. Jahrhundert zurück und nennt neben den Gründerfiguren der »Völkerpsychologie« Moritz Lazarus und Heymann Steinthal mit ihrer Annahme eines „Volks-, Familien- und Standes-Geist[es]" auch Eduard Hoffmann-Krayers 1897 erhobene Forderung nach einer Erforschung des „Gewohnheitsmässigen, Stagnierenden im Volksgeiste" (vgl. Warneken 2010: 12). Was also später als ein zentraler Kritikpunkt am Habituskonzept formuliert wurde – nämlich, dass sich Transformationsprozesse und historische Umbrüche von ihm aus kaum denken lassen (vgl. etwa Saalmann 2003: 53-57) –, das war aus Sicht der gerade am „Gewohnheitsmässigen" interessierten Volkskunde kein allzu gewichtiges Problem. Das gilt auch im Hinblick auf die neuere Auslegung des Fachs als kritische Alltagskulturwissenschaft, in der die Analyse von Habitualisierungsprozessen wesentlich zum Verständnis der kulturellen Selbstverständlichkeiten und Routinen des Alltags beiträgt. Zwar stellte man im Zuge der disziplinären Neuorientierung Ende der 1960er Jahre insbesondere das alte volkskundliche Paradigma der »Kontinuität« nachhaltig in Frage (vgl. z. B. Bausinger / Brückner 1969), dennoch blieb das Interesse an der Verklammerung von Geschichte und Gegenwart – auch und gerade über habituelle Muster – ungebrochen. Dabei griff man auch auf Norbert Elias' Theorie des Zivilisationsprozesses zurück, in dem die habituellen »Automatismen« und »Gewohnheitsapparaturen« ein zentrales Thema sind (vgl. auch Schumacher in diesem Band). Heute gibt es wohl keine gegenwartsorientierte sozial- und kulturwissenschaftliche Disziplin, die so sehr die historische Perspektive mitdenkt und sich daneben auch explizit historischen Forschungsfeldern zuwendet wie die Volkskunde (vgl. Wietschorke 2012). Wenn Bourdieu schreibt, die Analyse des sozialen Raums sei letztlich „eine auf die Gegenwart angewandte vergleichende Geschichtswissenschaft" (Bourdieu 1998: 14), dann bringt er en passant einen epistemologischen Grundzug dieses Faches als einer „historisch ‚denkende[n]' Kulturwissenschaft" (Kaschuba 1997: 5) bzw. „historisch argumentierende[n] Gegenwartswissenschaft" (Kaschuba 2003: 85) auf den Punkt.

Betrachtet man nun die deutschsprachige volkskundlich-kulturwissenschaftliche Forschung der 1970er und 1980er Jahre im Hinblick auf die Untersuchung von Habitualisierungsprozessen und Habitusformen – mit oder ohne explizite Referenz auf Bourdieu –, dann rücken vor allem einige Untersuchungen in den Blick, die am Tübinger Ludwig Uhland-Institut für Empirische Kulturwissenschaft entstanden sind. Exemplarisch sei hier ein Aufsatz von Martin Scharfe aus dem Jahr 1986 genannt, der sich unter dem vielsagenden Titel „Die groben Unterschiede" mit der „historisch-gesellschaftlichen Relativität des Genießens beim Essen" auseinandersetzt. Scharfe nennt Bourdieu zwar, stützt sich bei seinen Ausführungen zum »Klassenhabitus« bei der Nahrungsaufnahme allerdings mehr auf Luc Boltanski und dessen Konzept der »somatischen Kultur« (Scharfe 1986: 21). Bereits 1977 ist Utz Jeggle in seiner historisch-ethnografischen Studie über das württembergische Dorf Kiebingen den Spuren historischer Verhaltensprägungen im Leben der Dorfbewohner nachgegangen und dabei einem impliziten Habituskonzept gefolgt. Einen seiner Kerngedanken formuliert er folgendermaßen:

> „Wir gingen von einer kryptischen Gegenwärtigkeit der Vergangenheit aus, die sich durch Sozialisation unmerklich, unterhalb des Bewußt-Seins im Bewußtsein einnistet, so daß es durchaus und nicht nur metaphorisch möglich ist, daß die Menschen heute noch und ohne es zu wissen am Hunger ihrer Vorfahren leiden." (Jeggle 1977: 280)

Wohlgemerkt: Dieser Satz wurde formuliert, lange bevor eine nennenswerte Bourdieu-Rezeption in Deutschland begann, und doch fasst Jeggle den generationsübergreifenden Hysteresis-Effekt des „Hungers der Vorfahren" ganz im Sinne von Bourdieus Analysen in *La distinction* auf. Wenn der Habitus grundsätzlich „als einverleibte, zur Natur gewordene und damit als solche vergessene Geschichte" (Bourdieu 1987: 105) zu verstehen ist, dann trifft Jeggles Idee von der „kryptischen Gegenwärtigkeit der Vergangenheit" diesen Punkt sehr genau. Gleiches gilt von der Tatsache, dass der Habitus bei Bourdieu immer eine kollektive Dimension hat, im Kern also als Klassenhabitus gedacht wird. Mittels dieser Denkfigur wird die kulturelle Trägheit von Gruppen und »sozialen Gebilden« erklärbar gemacht. So heißt es bei Bourdieu:

> „Jedermann weiß zum Beispiel, daß soziale Gebilde Routinen haben, immanente Tendenzen, in ihrem Sosein zu verharren; daß sie etwas haben, was wie Erinnerung aussieht oder wie Treue, und in Wirklichkeit nur die »Summe« aller Verhaltensweisen der Akteure darstellt, die [...] Verhaltensweisen hervorbringen, die der Situation [...] angepaßt und also darauf zugeschnitten sind [...], die Struktur, deren Notwendigkeit sie inkorporiert haben, zu reproduzieren" (Bourdieu / Wacquant 2009: 173f.).

Von der Fachgeschichte her gewöhnt an die Nachzeichnung traditionaler und damit »beharrender« Lebensformen, fand die reformierte und sozialwissenschaftlich gewendete Volkskunde der 1970er und 1980er Jahre im Habituskonzept also ein hochwillkommenes theoretisches Instrument, das es ihr erlaubte, mit der Reproduktion kultureller Praxismuster auch die Reproduktion sozialer Ungleichheit zu thematisieren. Andrea Hauser hat in ihrer 1994 erschienenen Studie *Dinge des Alltags* den Habitusbegriff in anregender Weise auch für das klassisch volkskundliche Feld der materiellen Kultur adaptiert und ebenfalls am Beispiel eines schwäbischen Dorfes zwischen 1720 und 1900 gezeigt, dass sich die Objekte der untersuchten Wohnungsinterieurs als „vergegenständlichte (Klassen-)Beziehungen" lesen lassen (Hauser 1994: 28). Habitus und Lebensstil erweisen sich im Kontext von Hausers Untersuchung als integrierende Konzepte, die es erst möglich machen, „das Geflecht von Ökonomie, Sozialstruktur und Politik in einer diachronen und synchronen Entwicklung" zu berücksichtigen.[10] Elisabeth Timm bezieht sich in ihrer Arbeit über den heutigen Umgang mit Benimmregeln auf Bourdieu, um der von ihm angemahnten „vergessene[n] Dimension der Klassenkämpfe" nachzugehen (zit. nach Timm 2001: 12). Gegen die These von einem Rückgang der sozialen Ungleichheit und der damit verbundenen objektiven Zwänge setzt sie Bourdieus Diagnose einer Persistenz und kulturellen Reproduktion von Ungleichheitsstrukturen und verweist darauf, dass die neuerdings immer beliebter werdenden Benimmkurse und -schulen letztlich der Einübung von Praktiken des sozialen Taxierens und Klassifikation – kurz: der Distinktion – dienen. Und 2003 erschien ein von Elisabeth Katschnig-Fasch edierter Sammelband unter dem Titel *Das ganz alltägliche Elend*, mit dem Bourdieus *Elend der Welt* gleichsam sein bescheideneres, volkskundlich-kulturwissenschaftliches Gegenstück erhielt: auch das ein deutlicher Verweis auf die lebhafte Rezeption der politischen Perspektive, aus der sich Bourdieu den alltagskulturellen Verhältnissen und Praktiken zugewandt hat (Katschnig-Fasch 2003).

Das Moment der Inkorporation des Sozialen in Prozessen einer longue durée, wie wir es in Jeggles Kiebingen-Studie finden, ist auch in anderen Tübinger Studien präsent. So befasste sich etwa Bernd Jürgen Warneken am Beispiel der bürgerlichen und proletarischen »Gehkultur« mit Fragen von Körpersprache und Körperpolitik (Warneken 1990, 1993, 1994; dazu auch König 1996). Auch diese Untersuchungen kommen ohne theoretische Referenz auf Bourdieu aus, verfolgen aber insofern einen ähnlichen Ansatz, als hier die soziale und sozialstrukturelle Dimension scheinbar banaler und teilweise unbewusster körperlicher Praktiken ausgelotet wird. Auch wenn Warneken gegenüber der Zählebigkeit habitueller Muster stets das Moment von politisch motivierter Veränderung betont, bleibt doch der Körper ein Kommunikationsmedium sozialer Positionierung.

Damit kommen wir zu einem dritten Theoriebaustein, der Bourdieus Kultursoziologie und den Denkstil der Tübinger Empirischen Kulturwissenschaft eng miteinander verbindet: Nicht nur die Historizität aller gegenwartskulturellen Phänomene und der Körper als Medium der Einschreibung des Sozialen, sondern ganz generell die Verklammerung von Kultur und sozialen Strukturen kennzeichnet auch die reformierte Volkskunde. So ist dieses Fach als eine „Sozialwissenschaft der Kultur" bezeichnet worden,[11] in der „Kultur als die andere Seite von Gesellschaft" – so der Wortlaut des Tübinger Studienplans seit den frühen 1970er

---

[10] Hauser (1994: 31). Vgl. auch weitere Tübinger Arbeiten zum Lebensstil in ländlichen Gemeinden, z. B. Fliege (1998) und Hager (1999).
[11] So von Gisela Welz und Bernd Jürgen Warneken in einer Berliner Diskussion aus dem Jahr 2001. Vgl. Beck / Scholze-Irrlitz (2001: 168-169).

Jahren – zu verstehen und zu interpretieren ist. Der Bourdieu'sche Ansatz, „kulturale Systeme, Interaktionsformen, Habitusprägungen usw. immer strikt auf soziale Rahmenbedingungen" zu beziehen (Warneken 2010: 14), war für die Empirische Kulturwissenschaft – vor allem in der Phase ihrer starken sozialwissenschaftlichen Orientierung – eine Selbstverständlichkeit. So zeigen sich in der spezifischen Rezeptionsgeschichte Bourdieus in der deutschsprachigen Empirischen Kulturwissenschaft zwei Tendenzen: zum einen wurde seine Kultursoziologie eher beiläufig zur Kenntnis genommen, weil man – von der eigenen Epistemologie her – ohnehin mit deren Denkstil vertraut war, zum anderen aber wurde Bourdieu zur wichtigen Referenz, um diesen Denkstil theoretisch fundieren zu können.

3.2 Zum Habitusbegriff analoge Konzeptionen und Anwendungen in den Cultural Studies

Auch zwischen den am Centre for Contemporary Cultural Studies (CCCS) in Birmingham entstandenen Kulturforschungsansätzen und Bourdieus Habitusbegriff besteht ein hohes Maß an Entsprechung.[12] Dieses zeigt sich in direkten Übernahmen und Anwendungen des Begriffs und weiterer Konzeptionen, die bei Bourdieu den Habitusbegriff flankieren (»kulturelles Kapital«, »Distinktion«). Es zeigt sich insbesondere aber auch in sowohl thematischen als auch begrifflichen Parallelen, die sich in den Cultural Studies der frühen 1970er Jahre auftun – also zum Zeitpunkt der Ausformulierung der Habituskonzeption durch Bourdieu.

In ihrer Einführung in die Cultural Studies setzt sich Angela McRobbie mit Bourdieu als einem von sechs Autoren[13] maßgeblicher kulturtheoretischer Konzeptionen auseinander. Den Habitusbegriff charakterisiert sie dabei als „the flesh and bones to his model of social organisation" (McRobbie 2005: 133). McRobbie hebt die Produktivität der Konzeption hervor, die darauf basiere, dass „mental structures, cognitive patterns" (hier und im Folgenden McRobbie 2005: 133) mit „bodily or corporeal responses" in eins fielen und dadurch den praktischen Sinn ausbildeten. Ihn trägt das Subjekt als einen „sense of the past, a memory of the distinctiveness of that specific milieu which is particular to that habitus" in sich. Das kulturelle Erbe des Herkunftsmilieus umschreibt sie auch als „terrain into which individuals are born and through which they acquire, at a pre-conscious level, a whole set of dispositions." Diese existenzielle Bindung an das Herkunftsmilieu, das in der Gegenwart des Subjekts produktiv wird, sowie der prinzipiell kollektive Charakter dieses Mechanismus, bilden auch zentrale Aspekte der einflussreichen Subkulturstudien der britischen Cultural Studies der 1970er Jahre. Sie verbinden sich hier mit einer weiteren fundamentalen Gemeinsamkeit zwischen Bourdieus Ansatz und den Cultural Studies, die darin besteht, die Untersuchung gesellschaftlicher Verhältnisse und die Entwicklung einer diesen Verhältnissen adäquaten analytischen Begrifflichkeit mit Empathie für die und gewissermaßen auch aus der Perspektive der Unterprivilegierten zu betreiben.

---

[12] Zu Gemeinsamkeiten zwischen Bourdieus Ansatz und den britischen Cultural Studies vgl. auch Hillebrandt (2011).
[13] McRobbie stellt in diesem Zusammenhang außerdem die zentralen Überlegungen und kulturtheoretischen Begriffe von Stuart Hall, Paul Gilroy, Judith Butler, Homi Bhabha und Fredric Jameson vor.

In einem eindrücklichen Dokument der Birminghamer Subkulturstudien, dem Sammelband *Resistance through Rituals* (Hall / Jefferson 1983), wird dies bereits im Ansatz deutlich, der darin besteht, „the class basis of youth-subcultures" (Clarke et al. 1983: 29) zu betonen. Clarke, Hall, Jefferson und Roberts führen aus:

> „What we would argue, in general terms, is that the young inherit a cultural orientation from their parents towards a 'problematic' common to the class as a whole, which is likely to weight, shape and signify the meanings they then attach to different areas of their social life." (Clarke et al. 1983: 29)

Clarke et al. stützen sich hier auf Cohens Überlegungen zu den Konsequenzen des ökonomischen und soziokulturellen Wandels in der Arbeiterschicht des Londoner East End in den 1950er und 1960er Jahren. Zu diesen zählen Automatisierungen im Bereich industrieller Produktion, die eine Entwertung des Wissens, der Kompetenzen und Fertigkeiten der Arbeiter mit sich bringt. Deren traditionell asketisches Wertgefüge wird parallel hierzu von der neu aufgekommenen Konsumorientierung infrage gestellt. Einher gehen hiermit die Auflösung der Großfamilie und proletarischer Nachbarschaften als soziale Netzwerke durch Umsiedlungsmaßnahmen in Vorstädte. Cohen begreift die Funktion der Jugendsubkulturen darin, diese Probleme »magisch« zu lösen (vgl. Cohen 1997: 94).[14]

Dagegen abstrahieren Clarke et al. von den konkreten Phänomenen und fassen die Problematik der britischen Arbeiterklasse als Unterdrückung in einem weitestgehenden Sinne. Diese werde auf dem Wege kultureller »Hegemonie« erzeugt, was zunächst heißt, eine vorherrschende Ideologie macht als symbolische Ordnung, die die Wirklichkeit artikuliert, das Unterdrücktsein sowohl unsichtbar als auch unartikulierbar. Darüber hinaus perpetuiert sich die hegemoniale symbolische Ordnung, indem sie das Staatswesen in all seinen Funktionen durchdringe. Auf diese Weise wird nicht zuletzt die schulische Bildung in den Dienst der herrschenden Ideologie gestellt (vgl. Clarke et al.: 35-45) – eine weitere deutliche Parallele zu Bourdieu.

Die Auffassung von den Subkulturen als Lösungsversuche, die von Erben dieser Problematik unternommen werden, und damit: der Aspekt der Bindung des Erbenden an sein Erbe, artikuliert sich in diesem theoretischen Referenzrahmen besonders drastisch. Denn das Problem findet in Form der Subkulturen lediglich »magische« Lösungen: „The problematic of a subordinate class experience can be 'lived through', negotiated or resisted; but it cannot be resolved at that level or by those means." (Clarke et al.: 47) Ungefähr zeitgleich zu Bourdieus Ausarbeitung des Habituskonzeptes findet sich in den Birminghamer Cultural Studies somit eine Parallele, die neben wesentlichen Gemeinsamkeiten auch signifikante Unterschiede umfasst. In beiden Fällen ist das Subjekt wesentlich durch sein soziales Herkunftsmilieu bestimmt. Sozialisation heißt hier Bindung an ein kulturelles Erbe. Im Unterschied zu Bourdieu durchzieht diese diachrone Dimension in den Cultural Studies

---

[14] „It seems to me that the latent function of subculture is this: to express and resolve, albeit 'magically', the contradictions which remain hidden or unresolved in the parent culture. The succession of subcultures which this parent culture generated can thus all be considered so many variations on a central theme – the contradiction, at an ideological level, between traditional working-class puritanism and the new hedonism of consumption; at an economic level, between a future as part of the socially mobile elite or as part of the new lumpen proletariat. Mods, parkas, skinheads, crombies all represent, in their different ways, an attempt to retrieve some of the socially cohesive elements destroyed in their parent culture, and to combine these with elements selected from other class fractions, symbolizing one or other of the options confronting it." (Cohen 1997: 94)

allerdings ein Bruch zwischen den Generationen: Was vererbt wird, nimmt eine andere Form an.

Während der Habitus diachronisch betrachtet ein kulturelles Erbe bedeutet, ist er, synchronisch betrachtet, im Subjekt als „Erzeugungsprinzip aller Formen von Praxis" (Bourdieu 1997: 277) produktiv. Als praktischer Sinn bildet er im Subjekt eine „sinnstiftende Wahrnehmung" (Bourdieu 1997: 278) aus, oder anders gesagt: Geschmack. Dessen Grundlagen sind die oben beschriebenen, vom Subjekt internalisierten Klassifikationsverfahren. Sie bewirken im Subjekt den für den Habitus als Medium des Wahrnehmens kennzeichnenden, tautologischen Effekt, „dass es sich beim primären Erkennen um Verkennen wie Anerkennen einer auch in den Köpfen festsitzenden Ordnung handelt" (Bourdieu 1997: 281). Die Bezeichnung »Ordnung« trifft hier in der besonderen Weise zu, dass, indem die Dinge zusammen passen, sich für das Subjekt eine in sich kongruente Welt ergibt. In diesem Sinne handelt es sich beim Habitus auch um das „einheitsstiftende Erzeugungsprinzip aller Formen von Praxis" (Bourdieu 1997: 283), wie es bei Bourdieu heißt. Es sei der „Sinn für Homologie" (Bourdieu 1997: 366), der den Geschmack bestimme. „Handle es sich um Filme oder Theaterstücke, Comic strips oder Romane, Möbel oder Kleidung: Seinem Geschmack folgen heißt, die Güter *orten*, die der eigenen sozialen Position objektiv zugeordnet sind, und die miteinander harmonieren." (Bourdieu 1997: 366) Bourdieu bezeichnet die Homologie als „Übereinstimmung [...] zwischen Klassen von Produkten und Klassen von Konsumenten" (Bourdieu 1997: 366) am Beispiel der Art und Weise des Essens, der Kleidung und sportlicher Vorlieben (vgl. Bourdieu 1997: 286-354). In den Cultural Studies definiert Paul Willis einen nahezu identischen Begriff von Homologie wie Bourdieu bezüglich des Geschmacks als Entsprechung zwischen „Gegenstände(n) in ihrer Struktur und ihrem Gehalt (und) der Struktur, dem Stil, den typischen Anliegen, Einstellungen und Gefühlen der sozialen Gruppe" (Willis 1981: 238).[15] In Willis' ethnografischer Untersuchung einer Gruppe von Hippies zeichnet sich zum Beispiel ein „Zustand der ontologischen Unsicherheit" (Willis 1981: 114) als homologes Moment ab, welches die gesamte Subkultur wie ein roter Faden durchzieht. „Im Grunde konnten sie nie glauben, dass die Welt real war; doch dazu waren sie keineswegs verdammt, sie begrüßten es als eine profunde Einsicht", schreibt Willis. Eine Homologie hierzu findet sich bei den Hippies in einer Reihe weiterer Phänomene: in sozialer Unverbindlichkeit, in der Vermeidung kommunikativer Eindeutigkeit, in einem spezifischen, die Gegenwart gegenüber zeitlichen Rhythmen und Konventionen privilegierenden Zeitverständnis, im Konsum bewusstseinserweiternder Drogen, in der Wahrnehmung der Alltagsrealität der »straights« als „kosmische[m] Scherz" (Willis 1981: 131), in popmusikalischen Hörgewohnheiten, die rhythmisches „Pulsieren" (Willis 1981: 209) und Klangeffektreichtum gegenüber konventioneller Rhythmik, Melodiosität und Harmonik bevorzugen etc.

Auch wenn sich weder bei Bourdieu noch bei Willis ein ausdrücklicher Hinweis findet, ist die Referenz hier offensichtlich: Sie beide übertragen den Homologiebegriff von Lévi-Strauss' strukturalistischer Anthropologie im Allgemeinen und besonders seiner Analyse der Klassifikationsschemata des »wilden Denkens« auf Aspekte westeuropäischer

---

[15] „Das Artefakt [...] muss der Gruppe [...] ständig Bedeutungsinhalte, besondere Einstellungen, Orientierungen und Sicherheiten vermitteln. Es muss dazu beitragen, eine jeweils besondere Art von gesellschaftlicher Identität und die Praxis und Anwendung einer jeweils besonderen Art von Sensibilität – bewusst und unbewusst, freiwillig und automatisch – zu reflektieren und zu verstärken." (Willis 1981: 238f.)

Kultur im späten 20. Jahrhundert.[16] Dies ist wenig erstaunlich, denn wie etwa aus Stuart Halls Überlegungen in *Hinterland of Science* (Hall 1977) hervorgeht, stellt neben den bereits genannten Theoretikern das strukturalistische Denken einen starken Einfluss auf die Cultural Studies der 1970er Jahre dar. Neben Barthes semiologischer Analysen konkretisiert sich dieser Einfluss in Bourdieu (vgl. Hall 1977) und besonders in Lévi-Strauss. Gestalt nimmt diese Bezugnahme vor allem in Dick Hebdiges Anwendung des Lévi-Strauss'schen Konzeption »Bricolage« in *Subculture – The Meaning of Style* (Hebdige 1997) an. In großer Nähe zur Differenz von Enconding / Decoding im Sinne einer aneignenden Rezeptionshaltung bei Hall (2004) steht im Zentrum des semiotischen Subkulturverständnisses durch Hebdige der Mechanismus der »Bricolage«, verstanden als ein Verfahren der Aneignung bzw. Resignifizierung, welches die Subkulturen an Gegenständen der hegemonialen Kultur betreiben. Prominent ist hier das Beispiel der die Popkultur des London der frühen 1960er Jahre prägenden Mods, die Psychopharmaka als Partydrogen resignifizierten, den Motorroller von einem „ultra respectable means of transport" in ein „menacing symbol of group solidarity" (Hebdige 1997: 104) verwandelten und maßgeschneiderte Anzüge trugen – zum damaligen Zeitpunkt mit leitender Angestelltentätigkeit konnotiert –, unabhängig von ihrer realen Zugehörigkeit zur Arbeiterklasse und den einfachen Arbeiter- und Angestelltentätigkeiten, denen sie nachgingen. Hebdige leitete aus dem Schillern der Bedeutung dieser Gegenstände, wie es sich am Schnittpunkt verschiedener symbolischer Ordnungen ergibt, das subversive, weil die scheinbare Natürlichkeit der hegemonialen symbolischen Ordnung irritierende Moment der Subkulturen ab (vgl. Hebdige 1997: 117-127). Abgelöst von Hebdiges Semiologie und stattdessen mit ausdrücklichem Bezug auf Bourdieu findet sich die Idee der Subversivität der Populärkultur auch bei John Fiske, der von „the meanings and pleasures available to the subordinate to express and promote their interests" als „popular cultural capital" (Fiske 1987: 314) spricht. Dieses besitzt nach Fiske eine Stoßrichtung, die darin besteht, dass „Bourdieu's institutionally validated cultural capital of the bourgeoisie is constantly being opposed, interrogated, marginalized, scandalized, and evaded" (Fiske 1987: 314). Ähnlich argumentiert Lawrence Grossberg, der Bourdieus Verständnis von habituell geprägtem Geschmack als eine Kraft begreift, die hegemonialen Diskursen entgegenzuwirken vermag (vgl. Grossberg 1998: 209f.).

In den genannten Subversionsvorstellungen münden habituelle Differenzen in »semiotic guerilla warfare« und andere Formen des Kampfes um kulturelle Hegemonie. Wie auch Matt Hills konstatiert, der etwa Fiskes Lesart von Bourdieu schlicht für ein Missverständnis hält (vgl. Hills 2002: 51), fasst Bourdieu die Funktion der Differenzen bekanntlich in anderer Weise. Vor dem Hintergrund eines »relationalen« Verständnisses vom Sozialen als Raum von Positionierungen dienen sie zur „Manifestierung von Unterschieden" (Bourdieu 1997: 365), die eine »Distinktion« ermöglichen, der sich in Status niederschlägt. Dieser ist im sozialen Raum präsent und damit vergleichbar. Der Vergleich ist mit der Relationalität ebenfalls präsent, also für die gesellschaftlichen Subjekte selbst spürbar. Anders in den Cultural Studies: Die Homologie ist hier mit der Ausbildung von Subkulturen verbunden, die als eigene Welten verschiedene gesellschaftliche Gruppen füreinander unsichtbar wer-

---

[16] Während Hebdige in seiner Zusammenfassung von Willis' Homologiebegriff Lévi-Strauss als Referenz benennt (vgl. Hebdige 1997: 113), schreibt Willis in einem Text aus jüngerer Zeit, er könne sich nicht an eine Bezugnahme auf Lévi-Strauss erinnern. Wenn er den Begriff entlehnt habe, dann bei Lucien Goldmann (vgl. Willis 2000: 127f.).

den lässt und zugleich eine Streuung der Subkulturen ins Allgemeine denkt, deren Auswirkung sie als subversiv begreift.[17]

Allerdings löst sich auch in den Cultural Studies die Plausibilität der Subversionsvorstellungen im Zuge des kulturellen Wandels der 1980er Jahre[18] auf und wird durch ein deutlich näher bei Bourdieu angesiedeltes Kulturverständnis abgelöst. Paradigmatisch steht hierfür Sarah Thorntons Studie *Club Cultures: Music, Media and Subcultural Capital* (Thornton 1997). Auf der Grundlage teilnehmender Beobachtungen in der zeitgenössischen „Dance Culture" kommt sie zu dem Schluss, dass diese durch ein Bemühen um „Hipness" gekennzeichnet sei, mit dem die Abwertung eines imaginären Mainstreams einhergehe. „The social logic of these distinctions is such that it makes sense to discuss them as forms of *subcultural capital* or means by which young people negotiate and accumulate status within their own social worlds." (Thornton 1997: 163; Hervorhebung im Original) Darüber hinaus kennzeichnet die Bezugnahme auf Bourdieus Distinktionslogik auch die gesamte sogenannte zweite Welle der Fankulturforschung (vgl. Gray et al. 2007: 6; Harris 1998; Jancovich 2010).[19]

Während die genannten Fankulturstudien Bourdieus Habitusbegriff in Richtung der Wirkmächtigkeit von Differenzen auflösen, hat Geraldine Bloustien (2003) mit *Girl Making* eine Jugendkulturstudie vorgelegt, welche die Habituskonzeption in erschöpfender Weise aufgreift und auch der empathischen Tradition der Cultural Studies der 1970er Jahre gerecht wird. Bloustien befasste sich die 1990er Jahre über mit einer Forschung, in deren Zentrum zehn Mädchen respektive junge Frauen standen, für deren Identitätsbildungsprozesse sie sich interessierte (vgl. Bloustien 2003: 12f., 51). Die Praxis dieses Prozesses konzeptualisiert sie als »serious play« und Spiel präziser als eine »Strategie«, nicht im Sinne von Widerstand, „but rather to indicate attempts to work with perceived or internalized structural constraints, which are used 'to designate the objectively oriented lines of action which social agents continually construct in and through practice'" (Bloustien 2003: 12f.), wie sie, Bourdieu zitierend, formuliert. Als Grenze des Spiels wird hierbei in vielfacher Form das soziokulturelle Milieu der Elternhäuser kenntlich. Bloustien spricht von einem „continuous link between youth behavior, styles, and values and their parent cultures" (Bloustien 2003: 211) – in Bourdieus Worten: von kulturellem Erbe.

---

[17] Hillebrandt erkennt eine hierzu quer verlaufende Gemeinsamkeit zwischen Bourdieu und den Cultural Studies darin, dass beide an einer progressiven Re-Artikulation kultureller Praxis interessiert seien (vgl. Hillebrandt 2011: 140, 149).

[18] Dieser Wandel umfasst u.a. die Ablösung der Homogenität des Sozialen durch gesellschaftliche Fragmentierung und Individualisierung (vgl. Thornton 1997: 166) und die postmoderne Ästhetisierung und Ironisierung (vgl. Diederichsen 2002).

[19] „This second wave of work on fan audiences [...] highlighted the replication of social and cultural hierarchies within fan- and subcultures, as the choice of fan objects and practices of fan consumption are structured through our habitus as a reflection and further manifestation of our social, cultural, and economic capital" (Gray et al. 2007: 6).

4. Weiterentwicklungen, Modifikationen, Kritik

4.1 Weiterentwicklungen, Modifikationen und Kritik in der Europäischen Ethnologie / Volkskunde

Wie oben gezeigt, war die Entdeckung von Bourdieus kultursoziologischen Arbeiten für die Empirische Kulturwissenschaft und Europäische Ethnologie in mehrfacher Hinsicht ein Glücksfall. Und so folgte der eher späten Rezeption bald ein regelrechter Boom: Andreas Hartmann sprach 1996 mit polemischem Unterton von den „durch die volkskundliche Bourdieueuphorie der achtziger Jahre breitgetretenen Habitus- und Distinktionskonzepte" (Hartmann 1996: 47), Gottfried Korff nannte das Habituskonzept 2003 den „kulturwissenschaftlichen Theorierenner der letzten Jahre" (Korff 2003: 172). Allerdings hat Elisabeth Timm etwa zur gleichen Zeit eingewandt, dass sich die volkskundliche Bourdieu-Rezeption nicht selten als eine „auf wenige Schlagworte [...] reduzierte Zurkenntnisnahme" darstellte (Timm 2002: 55). So sind in der Tat nicht immer die sozialtheoretischen Implikationen von Bourdieus Theoriebausteinen voll berücksichtigt worden. Nicht immer, wenn vom Habitus die Rede war, wurde auch konsequent in der Logik des sozialen Raums gedacht oder die Dynamik der Felder berücksichtigt. Wendet man diesen Befund ins Positive, so lässt sich sagen, dass es in der Empirischen Kulturwissenschaft und Europäischen Ethnologie vielfach zu einer relativ freien und unorthodoxen Aneignung des Habituskonzepts gekommen ist. Ein besonders exponiertes Beispiel dafür ist der von Rolf Lindner ins Spiel gebrachte Begriff des „Habitus der Stadt" (vgl. Lindner 2003, 2008); ein weiteres Beispiel bieten die Überlegungen Monique Scheers zur praxistheoretischen Interpretation von Emotionen und Emotionalität (Scheer 2012), in denen Emotionen als eine spezifische Form des praktischen Umgangs mit der sozialen Welt bestimmt und im Sinne einer Vermittlung von Körper, Praxis und sozialen Strukturen interpretiert werden.

In ihrem knappen Resümee zur Rezeption von Bourdieus Kulturtheorie im Rahmen der Volkskunde hat Elisabeth Timm einige Kritikpunkte zusammengestellt, die sich aus der kulturwissenschaftlichen Arbeit mit den Kategorien Habitus, Feld und Kapital sowie mit Bourdieus Idee von wissenschaftlicher Reflexivität ergeben. Ein zentraler Einwand bezieht sich auf methodologische Fragen: Hinterfragt wird insbesondere Bourdieus Annahme, „dass der Einfluss der Beobachtungsposition auf das Forschungsobjekt neutralisiert werden kann und muss, um Erkenntnisse zu gewinnen" (Timm 2002: 60). In einer Disziplin, in der seit der »Writing Culture«-Debatte eine enorme Sensibilität für die Involviertheit der Forscherin/des Forschers ins Feld sowie die Effekte der eigenen Sprechposition entwickelt wurde, musste ein solches, letztlich auktoriales Verständnis von Forschung in die Kritik geraten. Gemessen an dem volkskundlich-ethnologischen Grundsatz, „die Beziehung zwischen Forschenden und Erforschten selbst als Datum des Untersuchungsgegenstandes zu begreifen" (Timm 2002: 62), wirkt Bourdieu mit seiner auf die Objektivierung der Forscherposition ausgerichteten Reflexivität methodologisch überholt. Während Bourdieu lediglich versucht, die „Verzerrungen" zu kontrollieren, die sich aus der spezifischen Struktur beispielsweise einer Interviewsituation ergeben, wird die spezifische Interaktion der am Interview beteiligten Akteure aus Sicht volkskundlicher qualitativer Forschung als ein wichtiger Ausgangspunkt der Analyse genutzt (vgl. Timm 2002: 62). Des Weiteren ist Bourdieu vielfach sein laxer bis nachlässiger Umgang mit empirischem Datenmaterial vorgeworfen worden (vgl. exemplarisch Hradil 1989), was insbesondere im Widerspruch zu der stark an der Empirie orientierten Argumentationsweise volkskundlicher Arbeiten steht. Was aber seinen Beitrag zur sozial- und kulturwissenschaftlichen Epistemologie angeht, so hatte Bourdieus klassentheoretisch eingestellter Blick auf alltägliche Praktiken der Aushandlung sozialer Ordnung immer wieder Vorbildcharakter für Arbeiten aus der Volkskunde / Europäischen Ethnologie:

> „Von Bourdieu kann man gerade lernen, welche intellektuelle Arbeit und welcher Wissensbestand notwendig sind, um von einer oberflächlichen Privatmeinung über Gesellschaft und Kultur zu einer wissenschaftlichen Darstellung ihrer Dynamiken zu gelangen." (Timm 2002: 66)

4.2 Weiterentwicklungen und Modifikationen in der Ethnologie / Kulturanthropologie und in den Cultural Studies

In der Ethnologie / Kulturanthropologie und in den Cultural Studies gerät der Habitusbegriff seit den mittleren 1980er Jahren in wesentlichen Aspekten in Vergessenheit. Wie unter 2.2 im Hinblick auf die „Fan Studies" benannt, äußert sich dies in den Cultural Studies in einer Herauslösung der Feldtheorie und Distinktionslogik aus dem begrifflichen Gesamtkomplex »Habitus«. Betont werden Exklusivitätsbestrebungen hinsichtlich kulturellen Kapitals, unterstrichen werden Distinktionsbemühungen gegenüber Anderen, und aus dem Blick gerät dabei der Habitus als ein das Subjekt verpflichtendes Erbe, das – vom Subjekt angenommen – in diesem zuvorderst eine Perspektive auf die Wirklichkeit erzeugt. Diese lediglich Distinktionsbemühungen konstatierende Anwendung Bourdieus wird zu Recht kritisiert (Gray et al. 2007: 6; Hills 2002: 46-64). Im Vergleich erscheinen deshalb andere Formen, den Habitus zu »vergessen«, vielversprechender. Diese sind sämtlich darum bemüht, in Anlehnung an Bourdieus eigenes Verständnis von der Leiblichkeit des Habitus (vgl. Bourdieu 2005: 124-146) das Verhältnis von Habitus und Körperlichkeit vertieft und differenziert auszuloten. Eine hierbei den Erbe- bzw. Sozialisationsaspekt beibehaltende Position wird beispielsweise von dem Musikethnologen Steven Feld eingenommen. Vor dem Hintergrund langjähriger Klangkulturforschungen bei den Kaluli im tropischen Regenwald Papua-Neuguineas und mit Bezug auf die von ihm entwickelte Konzeption der »Acoustemology« (vgl. Feld 1996) fordert Feld eine Stärkung der körperlich-sensuellen und insbesondere der auditiven Dimension des Habitusbegriffs: „[T]he concept of »habitus« must include a history of listening" (Feld 2004: 462).

Die dänische Kulturanthropologin Kirsten Hastrup hat mit *A Passage to Anthropology: Between Experience and Theory* (Hastrup 1995) einen Versuch präsentiert, eine neue epistemologische Grundlegung der Ethnologie nach der »Writing Culture«-Debatte zu denken. Ein zentrales Moment ihres Ansatzes stellt ein Verständnis von körperlicher Erfahrung dar, das sie als „the bodily locus of agency" (Hastrup 1995: 77) bezeichnet. Diese Form der Agency sieht sie durch Motivationen gekennzeichnet, die aus körperlichen Erfahrungen resultieren, die das Subjekt an den gegebenen kulturellen Verhältnissen macht. Mit ausdrücklichem Bezug auf Bourdieu entwickelt Hastrup hier einen Begriff von körperlicher Wahrnehmung und körperlichem Handeln, der mit der Verbindung von Dispositionen des Erkennens und Handelns wesentliche Aspekte des Habituskonzeptes beinhaltet. Gemäß der eingangs erläuterten postessentialistischen Ausrichtung, welche die Ethnologie seit den 1980er Jahren bestimmt, erkennt Hastrup zwar den Wahrnehmungs- und Handlungsaspekt des Habitus als Resultat eines körperlichen Sozialisationsprozesses an, »vergisst« aber die Grundlegung dieses Prozesses in der Verpflichtung des Subjekts gegenüber einem kulturellen Erbe.[20] Dasselbe gilt z. B. auch für Stefanie Menraths ethnografische Studie über die Heidelberger HipHop-Subkultur der späten 1990er Jahre. Als deren Wesen beschreibt Menrath einen »Habitus der Innovation« (vgl. Menrath 2001: 71-78). Bei diesem handelt es sich allerdings nicht um eine Disposition, die das Subjekt in die Subkultur hinein führt, sondern um eine extrem handlungsaktive und mit »skills« ausgestattete Erscheinungsform der Subjektivität, die sich erst innerhalb der Subkultur ausbildet und dort auch ein Identitätsideal markiert. Orientiert ist dieser Habitus an Wissensgegenständen, Handlungen und Fertigkeiten des HipHop, wie »DJ-ing« und »Breakdancing«, deren aktuellen Stand es permanent weiter zu entwickeln gilt. „Dabei wiederholen [die Subjekte] bestimmte Techniken nicht einfach, sondern liefern ihre eigene Interpretation, eine neue, subjektive Version, die *im Körper sitzt*. Der Körper des einzelnen Künstlers vollzieht diese Innovation, er ist der soziale Agent, der sich durch diese subjektive Version positioniert." (Menrath 2001: 74, Hervorhebung im Original) Mit Verweis auf Judith Butler spricht Menrath bezüglich der Variation bestehender subkultureller Wissensvorräte auch von einer „Performativität des Habitus" (Menrath 2001: 74).

Auch Garry Robson (2004) beschreibt in seiner Ethnografie der Fußballfans des Südlondoner FC Millwall die performative Dimension des Habitus, der im affektiv aufgeladenen Erleben im Stadion »lebendig« werde (vgl. Robson 2004: 183). Und auch in Robsons Analyse wird die Körperlichkeit des Habitus betont (vgl. Robson 2004: 69-99). Allerdings vermag er diese aufgrund der sozialen Spezifika seines Feldes zumindest implizit eng mit dem Aspekt des kulturellen Erbes zu verknüpfen: Beschreibt Robson den »Millwallism« doch als eine „celebration of intensely male working-class values" (2004: 3), deren Zentrum eine männliche Körperlichkeit bilde. An sie ist die Ehre des Einzelnen gebunden (vgl. Robson 2004: 76)

Wie die ausschließliche Fokussierung der Distinktion erscheint auch die anhand der genannten Studien skizzierte Akzentuierung der Körperlichkeit wie ein Ersatz für das Zurücktreten oder gar Verschwinden des Aspektes des kulturellen Erbes als einer Verpflichtung gegenüber der Herkunftsfamilie. In besonderer Weise deutlich wird dies in Nobles und Watkins' (2003) Ärger über Bourdieus vermeintliches Desinteresse an den von ihnen fokussierten Prozessen körperlicher Habitualisierung: Wie ironisch sei es doch, dass er die Körperlichkeit des Habitus betone, aber, anstatt dessen Zustandekommen im Subjekt zu thematisieren, lediglich von „transmission, internalization, inculcation and conditioning" (Noble / Watkins 2003: 525) spreche. Die Tatsache, dass in Bourdieus Ansatz ein Erbe einen Körper des Wahrnehmens und Fühlens und Tuns ausbildet, befindet sich gar nicht im Horizont der Ausführungen von Noble und Watkins.[21]

---

[20] Die Abwesenheit der Verpflichtung in Hastrups Subjektbegriff wird auch in einem aktuellen Text greifbar, der Subjektivität in einem konkret landschaftlich-räumlichen Sinne topografisch als »sense of place« fasst (vgl. Hastrup 2010).
[21] So verwundert es auch nicht, dass es ihnen auch an einem Verständnis für die notwendige Unbewusstheit des Habitus mangelt (vgl. Hastrup 2010).

5. Desiderate

Im Unterschied zur Ethnologie, von deren Kulturbegriff sich Bourdieu die wesentlichen Aspekte seiner Habituskonzeption borgt, besteht in der Volkskunde und in den Cultural Studies ein großes Interesse an den diachronen Prozessen, die mit dem Habitusbegriff an komplexen Gesellschaften beschreibbar werden. Anstatt scheinbar objektive Entitäten wie »Tradition« oder »Klasse« in relativer Unverbundenheit mit Individuen denken zu müssen, erlaubt die Habituskonzeption das Objektivierbare im Subjekt respektive die subjektive Lebendigkeit des Objektiven zu bezeichnen. Beim Objektivierbaren handelt es sich um eine Wahrnehmungs-, Denk- und Handlungsmatrix, deren Internalisierung das Individuum zum Subjekt der gesellschaftlichen Verhältnisse seiner Zeit macht. Darüber hinaus handelt es sich aber auch um eine Gabe, die das Subjekt aus der Vergangenheit erhält.

Wie unseren Ausführungen zu entnehmen ist, konnte diese raffinierte Denkfigur in der Volkskunde und den Cultural Studies große Produktivität entfalten. Darüber hinaus sind Verschiebungen innerhalb des Begriffsgefüges deutlich geworden, in deren Konsequenz Forschungsdesiderate erkennbar werden. Zu diesen zählt an erster Stelle sicherlich die Überprüfung der konstatierten Verschiebung. In einer Begrifflichkeit gefasst, die die dieser Verschiebung innewohnende Differenz zu benennen erlaubt, wandelt sich in ihr der »Habitus« von einer Position, die nicht nur die Wirklichkeit in spezifischer Weise für das Subjekt artikuliert, sondern darüber hinaus fundamental das bezeichnet, was das Subjekt in seinem Selbst ist, zur Bezeichnung einer Identifikation, die dem Subjekt fundamental fremd bleibt und entsprechend durch die Identifikation mit anderen Positionen abgelöst werden kann.

Diese Verschiebung gilt es sowohl im Werk Bourdieus selbst als auch in dessen Anwendungen nachzuvollziehen, zu überprüfen und noch differenziertere Begriffe zu ihrer Bezeichnung zu finden. Diese Aufgabe stellt sicherlich einen Kraftakt dar, aber zugleich erscheint sie uns auch als ein interessantes und lohnenswertes Vorhaben für die interdisziplinäre Bourdieuforschung.

Eine noch umfangreichere Forschungsaufgabe ergibt sich für die empirischen Kulturwissenschaften selbst, stellt sich vor dem Hintergrund unserer Ausführungen doch die Frage nach der Tradierung von Kultur in der zeitgenössischen, spätmodernen Gesellschaft in neuer Form und Dringlichkeit. Diese Fragestellung präzise zu fassen, ist nicht leicht. Man könnte sie provisorisch wie folgt formulieren: Was bleibt von der Tradition, wenn sie nicht von Subjekten gelebt wird, die sie als kulturelles Erbe im Sozialisationsprozess als eine Verpflichtung internalisiert haben? Ist es in einer solchen Situation die Technik, die Jonathan Sterne als aus den Subjekten in Gegenstände etc. ausgelagerte Habitus begreift (vgl. Sterne 2003: 383f.), welche Gesellschaft »dauerhaft« macht, um Latours Formulierung aufzugreifen (vgl. Latour 2006)? Sind es, wie Daniel Miller (2011: 217) vorschlägt, die individuellen Beziehungen des Subjekts zu einzelnen Dingen, die für das Subjekt die Welt artikulieren und zusammenhalten und die damit an die Stelle eines Habitus getreten sind, der im Wesentlichen mittels kollektiv gültiger Kategorien die Wirklichkeit für das Subjekt ordnete? Oder müssen wir gar anerkennen, dass die spätmoderne Kultur grundlegend nicht länger eine Kultur der Habitus, sondern eine Kultur der Abwesenheit von Habitus und stattdessen eine Kultur der Depression ist, um einen begrifflichen Gegensatz aufzugreifen, den Bourdieu gebrauchte (vgl. Bourdieu 2001: 309; vgl. Bonz 2011)?

Literatur

Das Jahr der originalsprachlichen Erstveröffentlichung wird in eckigen Klammern angegeben, wenn es signifikant von der zitierten Ausgabe abweicht.

Atkinson, Paul (Hg.) (2009): *Handbook of Ethnography*. Los Angeles: Sage.
Bausinger, Hermann / Brückner, Wolfgang (Hg.) (1969): *Kontinuität? Geschichtlichkeit und Dauer als volkskundliches Problem. Festschrift für Hans Moser*. Berlin: Erich Schmidt.
Beck, Stefan / Scholze-Irrlitz, Leonore (2001): Berliner Diskussion: Perspektiven Europäischer Ethnologie – Versuch einer Zwischenbilanz. Gespräch zwischen Wolfgang Kaschuba, Peter Niedermüller, Bernd Jürgen Warneken und Gisela Welz. In: Thomas Scholze / Leonore Scholze-Irrlitz (Hg.): *Zehn Jahre Gesellschaft für Ethnographie – Europäische Ethnologie in Berlin*. Berliner Blätter (23): S. 167-190.
Bendix, Regina / Eggeling, Tatjana (Hg.) (2004): *Namen und was sie bedeuten. Zur Namensdebatte im Fach Volkskunde*. Beiträge zur Volkskunde in Niedersachsen Band 19. Göttingen: Volkskundliche Kommission für Niedersachsen.
Berking, Helmuth / Löw, Martina (Hg.) (2008): *Die Eigenlogik der Städte. Neue Wege für die Stadtforschung*. Frankfurt am Main: Campus.
Bloustien, Gerry (2003): *Girl Making. A Cross-Cultural Ethnography on the Processes of Growing up Female*. New York / Oxford: Berghahn.
Bockrath, Franz (2008): Städtischer Habitus – Habitus der Stadt. In: Helmuth Berking / Martina Löw (Hg.): *Die Eigenlogik der Städte. Neue Wege für die Stadtforschung*. Frankfurt am Main: Campus. S. 55-82.
Bonz, Jochen (2011): *Das Kulturelle*. München / Paderborn: Fink.
Bourdieu, Pierre (1987): *Sozialer Sinn. Kritik der theoretischen Vernunft*, Frankfurt am Main: Suhrkamp.
Bourdieu, Pierre (1997) [1979]: *Die feinen Unterschiede. Kritik der gesellschaftlichen Urteilskraft*. Frankfurt am Main: Suhrkamp.
Bourdieu, Pierre (1998): *Praktische Vernunft. Zur Theorie des Handelns*. Frankfurt am Main: Suhrkamp.
Bourdieu, Pierre (2002): *Ein soziologischer Selbstversuch*. Frankfurt am Main: Suhrkamp.
Bourdieu, Pierre (2003) [1966]: Die konservative Schule. In: Joseph Jurt (Hg.): *Absolute Pierre Bourdieu*. Freiburg: orange-press. S. 80-93.
Bourdieu, Pierre (2004) [1989]: *Der Staatsadel*. Konstanz: UVK.
Bourdieu, Pierre (2005) [1980]: *Sozialer Sinn. Kritik der theoretischen Vernunft*. Frankfurt am Main: Suhrkamp.
Bourdieu, Pierre (2008) [1962 bzw. 1972]: *Junggesellenball. Studien zum Niedergang der bäuerlichen Gesellschaft*. Konstanz: UVK.
Bourdieu, Pierre (2009) [1972]: *Entwurf einer Theorie der Praxis*. Frankfurt am Main: Suhrkamp.
Bourdieu, Pierre (2010) [1984]: *Homo Academicus*. Frankfurt am Main: Suhrkamp.
Bourdieu, Pierre / Passeron, Jean-Claude (2007) [1964]: *Die Erben. Studenten, Bildung und Kultur*. Konstanz: UVK.
Bourdieu, Pierre / Wacquant, Loïc J. D. (2009) [1992]: *Reflexive Anthropologie*. Frankfurt am Main: Suhrkamp.
Clarke, John / Hall, Stuart / Jefferson, Tony / Roberts, Brian (1983) [1976]: Subcultures, Cultures and Class. A Theoretical Overview. In: Stuart Hall / Tony Jefferson (Hg.): *Resistance through Rituals. Youth Subcultures in Post-War Britain*. London: Hutchinson. S. 9-74.
Cohen, Phil (1997) [1972]: Subcultural Conflict and Working-Class Community. In: Ken Gelder / Sarah Thornton (Hg.): *The Subcultures Reader*. London / New York: Routledge. S. 90-99.
Diederichsen, Diedrich (2002) [1985]: *Sexbeat*. Köln: Kiepenheuer & Witsch.

Feld, Steven (1996): Waterfalls of Song. An Acoustemology of Place Resounding in Bosavi, Papua New Guinea. In: Steven Feld / Keith H. Basso (Hg.): *Senses of Place*. Santa Fe: School of American Research Press. S. 91-135.

Feld, Steven (2004): Doing Anthropology in Sound (im Interview mit Donald Brenneis). In: *American Anthropologist* (31), 4: S. 461-474.

Fiske, John (1993) [1987]: *Television Culture*. London / New York: Routledge.

Fliege, Thomas (1998): *Bauernfamilien zwischen Tradition und Moderne. Eine Ethnographie bäuerlicher Lebensstile*. Frankfurt am Main: Campus.

Fowler, Bridget (2003): Reading Pierre Bourdieu's Masculine Domination. Notes towards an Intersectional Analysis of Gender, Culture and Class. In: *Cultural Studies* (17), 3-4: S. 468-494.

Gray, Jonathan / Sandvoss, Cornel / Harrington, C. Lee (2007): Introduction. Why Study Fans? In: Jonathan Gray / Cornel Sandvoss / Lee C. Harrington (Hg.): *Fandom. Identities and Communities in a Mediated World*. New York / London: New York University Press. S. 1-16.

Grossberg, Lawrence (1998): Re-Placing Popular Culture. In: Steve Redhead / Derek Wynne / Justine O'Connor (Hg.): *The Clubcultures Reader. Readings in Popular Cultural Studies*. Oxford / Malden: Blackwell. S. 199-219.

Hager, Helga (1999): *Hochzeitskleidung – Biographie, Körper und Geschlecht. Eine kulturwissenschaftliche Studie in drei württembergischen Dörfern*. Tübingen: Tübinger Vereinigung für Volkskunde.

Hall, Stuart (1977): The Hinterland of Science. Ideology and the »Sociology of Knowledge«. In: *Working Papers in Cultural Studies* 10: On Ideology.). Birmingham: Centre for Contemporary Cultural Studies. S. 9-32.

Hall, Stuart (2004) [1977]: Kodieren/Dekodieren. In: Ders.: *Ideologie, Identität, Repräsentation* Ausgewählte Schriften, Band 4. Hamburg: Argument. S. 66-80.

Hastrup, Kirsten (1995): *A Passage to Anthropology. Between Experience and Theory*. London / New York: Routledge.

Hastrup, Kirsten (2010): Emotional Topographies. The Sense of Place in the Far North. In: James Davies / Dimitrina Spencer (Hg.): *Emotions in the Field. The Psychology and Anthropology of Fieldwork Experience*. Stanford: Stanford University Press. S. 191-211.

Harris, Cheryl (1998): A Sociology of Television Fandom. In: Ceryl Harris / Alison Alexander (Hg): *Theorizing Fandom. Fans, Subculture and Identity*. Cresskill: Hampton Press. S. 41-54.

Hartmann, Andreas (1996): Der kulinarische Zirkel. Über den Sinn des Schmeckens. In: Michael Simon / Hildegard Frieß-Reimann (Hg.): V*olkskunde als Programm. Updates zur Jahrtausendwende*. Münster / New York: Waxmann. S. 39-48.

Hauser, Andrea (1994): *Dinge des Alltags. Studien zur historischen Sachkultur eines schwäbischen Dorfes*. Tübingen: Tübinger Vereinigung für Volkskunde.

Hebdige, Dick (1997) [1979]: *Subculture. The Meaning of Style*. London / New York: Routledge.

Hillebrandt, Frank (2011): Cultural Studies und Bourdieus Soziologie der Praxis. Versuch einer überfälligen Vermittlung. In: Daniel Šuber / Hilmar Schäfer / Sophia Prinz (Hg.) (2011): *Pierre Bourdieu und die Kulturwissenschaften*. Konstanz: UVK. S. 133-154.

Hills, Matt (2002): *Fan Cultures*. London / New York: Routledge.

Hradil, Stefan (1989) System und Akteur. Eine empirische Kritik der soziologischen Kulturtheorie Pierre Bourdieus. In: Klaus Eder (Hg.): *Klassenlage, Lebensstil und kulturelle Praxis. Theoretische und empirische Beiträge zur Auseinandersetzung mit Pierre Bourdieus Klassentheorie*, Frankfurt am Main: Suhrkamp. S. 111-141.

Jancovich, Mark (2010): Cult Fictions. Cult Movies, Subcultural Capital and the Production of Cultural Distinctions. In: *Cultural Studies* (16), 2: S. 306-322.

Jeggle, Utz (1977): *Kiebingen – Eine Heimatgeschichte. Zum Prozeß der Zivilisation in einem schwäbischen Dorf*. Tübingen: Tübinger Vereinigung für Volkskunde.

Jurt, Joseph (Hg.) (2003): *Absolute Pierre Bourdieu*. Freiburg: orange-press.

Kaschuba, Wolfgang (1997): Europäische Ethnologie und der Raum der Geschichte. In: *Berliner Blätter* 13/14: S. 4-22.

Kaschuba, Wolfgang (2003): *Einführung in die Europäische Ethnologie.* 2. Auflage. München: C.H. Beck.
Katschnig-Fasch, Elisabeth (Hg.) (2003): *Das ganz alltägliche Elend. Begegnungen im Schatten des Neoliberalismus.* Wien: Löcker.
König, Gudrun (1996): *Eine Kulturgeschichte des Spazierganges. Spuren einer bürgerlichen Praktik 1780-1850.* Wien / Köln / Weimar: Böhlau.
Korff, Gottfried (2003): Kulturforschung im Souterrain. Aby Warburg und die Volkskunde. In: Kaspar Maase / Bernd J. Warneken (Hg.): *Unterwelten der Kultur. Themen und Theorien der volkskundlichen Kulturwissenschaft.* Köln: Böhlau. S. 143-177.
Latour, Bruno (2006) [1991]: Technik ist stabilisierte Gesellschaft. In: Andréa Belliger / David J. Krieger (Hg.): *ANThology. Ein einführendes Handbuch zur Akteur-Netzwerk-Theorie.* Bielefeld: Transcript. S. 369-397.
Lee, Martyn (1997): Relocating location: Cultural Geography, the Specificity of Place and the City Habitus. In: Jim McGuigan (Hg.): *Cultural Methodologies.* Thousand Oaks / New Delhi: Sage. S. 126-141.
Lévi-Strauss, Claude (1997) [1962]: *Das wilde Denken.* Frankfurt am Main: Suhrkamp.
Lindner, Rolf (2003): Der Habitus der Stadt – ein kulturgeographischer Versuch. In: *Petermanns Geographische Mitteilungen* (147): S. 46-53.
Lindner, Rolf (2008): Textur, imaginaire, Habitus – Schlüsselbegriffe der kulturanalytischen Stadtforschung. In: Helmuth Berking / Martina Löw (Hg.): *Die Eigenlogik der Städte. Neue Wege für die Stadtforschung.* Frankfurt am Main: Campus. S. 83-94.
Löffler, Klara (Hg.) (2001): *Dazwischen. Zur Spezifik der Empirien der Volkskunde.* Wien: Instituts für Europäische Ethnologie Wien.
Löw, Martina (2009): *Soziologie der Städte.* Frankfurt am Main: Suhrkamp.
Löw, Martina / Terizakis, Georgios (Hg.) (2011): *Städte und ihre Eigenlogik. Ein Handbuch für Stadtplanung und Stadtentwicklung.* Frankfurt am Main: Campus.
Malinowski, Bronislaw (1984) [1922]: *Argonauts of the Western Pacific. An Account of Native Enterprise and Adventure in the Archipelagos of Melanesian New Guinea.* Long Grove: Waveland Press.
McRobbie, Angela (2005): *The Uses of Cultural Studies.* London / Thousand Oaks / New Delhi: Sage.
Menrath, Stefanie (2001): *Represent What... Performativität von Identitäten im HipHop.* Hamburg: Argument.
Miller, Daniel (2010): *Der Trost der Dinge.* Berlin: Suhrkamp.
Musner, Lutz (2009): *Der Geschmack von Wien. Kultur und Habitus einer Stadt.* Frankfurt am Main: Campus.
Nadig, Maya (1987): *Die verborgene Kultur der Frau. Ethnopsychoanalytische Gespräche mit Bäuerinnen in Mexiko.* Frankfurt am Main: Fischer.
Nixdorf, Heide / Hauschild, Thomas (Hg.) (1982): *Europäische Ethnologie.* Berlin: Reimer.
Noble, Greg / Watkins, Megan (2003): So, How Did Bourdieu Learn to Play Tennis? Habitus, Consciousness and Habituation. In: *Cultural Studies* (17), 3-4: S. 520-539.
Reckwitz, Andreas (2011): Habitus oder Subjektivierung. Subjektanalyse nach Bourdieu und Foucault. In: Daniel Šuber et al. (Hg.): *Pierre Bourdieu und die Kulturwissenschaften.* Konstanz: UVK. S. 42-61.
Rehbein, Boike / Saalmann, Gernot (2009): Habitus (habitus). In: Gerhard Fröhlich / Boike Rehbein (Hg.): *Bourdieu Handbuch. Leben – Werk – Wirkung.* Stuttgart / Weimar: Metzler. S. 110-118.
Robson, Garry (2004): *»No One Likes Us, We Don't Care«. The Myth and Reality of Millwall Fandom.* Oxford / New York: Berg.
Saalmann, Gernot (2003): Die Positionierung von Bourdieu im soziologischen Feld. In: Boike Rehbein / Gernot Saalmann / Hermann Schwengel (Hg.): *Pierre Bourdieus Theorie des Sozialen.* Konstanz: UVK. S. 41-57.

Scharfe, Martin (1986): Die groben Unterschiede. Not- und Sinnesorganisation: Zur historisch-gesellschaftlichen Relativität des Genießens beim Essen. In: Utz Jeggle et al. (Hg.): *Tübinger Beiträge zur Volkskultur.* Tübingen: Tübinger Vereinigung für Volkskunde. S. 13-28.

Scheer, Monique (2012): Are Emotions a Kind of Practice (and Is that What Makes them Have a History)? A Bourdieuian Approach to Undestanding Emotion. In: *History and Theory* (51): S. 193-220.

Schmeiser, Martin (1984): Pierre Bourdieu – Von der Sozio-Ethnologie Algeriens zur Ethno-Soziologie der französischen Gegenwartsgesellschaft. Eine bio-bibliographische Einführung. In: *Ästhetik und Kommunikation* (16), 61/62: S. 167–183.

Schmidt-Lauber, Brigitta (2007): Feldforschung. Kulturanalyse durch teilnehmende Beobachtung. In: Silke Göttsch / Albrecht Lehmann (Hg.): *Methoden der Volkskunde. Positionen, Quellen, Arbeitsweisen der Europäischen Ethnologie.* Berlin: Reimer. S. 219-248.

Schultheis, Franz (2007): *Bourdieus Wege in die Soziologie. Genese und Dynamik einer reflexiven Sozialwissenschaft.* Konstanz: UVK.

Schultheis, Franz (2011): Ambivalente Wahlverwandtschaften. Pierre Bourdieu und Claude Lévi-Strauss. In: Daniel Šuber / Hilmar Schäfer / Sophia Prinz (Hg.) (2011): *Pierre Bourdieu und die Kulturwissenschaften.* Konstanz: UVK. S. 27-40.

Sterne, Jonathan (2003): Bourdieu, Technique and Technology. In: *Cultural Studies* (17), 3-4: S. 367-389.

Šuber, Daniel / Schäfer, Hilmar / Prinz, Sophia (Hg.) (2011): *Pierre Bourdieu und die Kulturwissenschaften.* Konstanz: UVK.

Thornton, Sarah (1997): *Club Cultures. Music, Media and Subcultural Capital.* Cambridge / Oxford. Polity Press.

Timm, Elisabeth (2001): *Ausgrenzung mit Stil. Über den heutigen Umgang mit Benimmregeln.* Münster: Westfälisches Dampfboot.

Timm, Elisabeth (2002): Mehr Bourdieu! In: *Tübinger Korrespondenzblatt* (53): S. 55-67.

Waltz, Matthias (2008): Das Reale in der zeitgenössischen Kultur. In: Jochen Bonz / Gisela Febel / Insa Härtel (Hg.): *Verschränkungen von Symbolischem und Realem. Zur Aktualität von Lacans Denken in den Kulturwissenschaften.* Berlin: Kadmos. S. 29-55.

Warneken, Bernd J. (1990): Biegsame Hofkunst und aufrechter Gang. Körpersprache und bürgerliche Emanzipation um 1800. In: Bernd J. Warneken (Hg.): *Der aufrechte Gang. Zur Symbolik einer Körperhaltung.* Tübingen: Tübinger Vereinigung für Volkskunde. S. 11-23.

Warneken, Bernd J. (1993): Fußschellen der Unmündigkeit. Weibliche Gehkultur in der späten Aufklärung. In: *Diskussion Deutsch* (131): S. 247-253.

Warneken, Bernd J. (1994): Kleine Schritte der sozialen Emanzipation. Ein Versuch über den unterschichtlichen Spaziergang um 1900. In: *Historische Anthropologie* (2): S. 423-441.

Warneken, Bernd J. (2010): Zum Kulturbegriff der Empirischen Kulturwissenschaft. In: Bernd J. Warneken: *Populare Kultur. Gehen – Protestieren – Erzählen – Imaginieren.* Köln / Weimar / Wien: Böhlau. S. 9-15.

Wietschorke, Jens (2012): Geschichte der Gegenwart, Gegenwart der Geschichte: Historische Anthropologie und Europäische Ethnologie. In: *Historische Anthropologie* (2): S. 249-252.

Willis, Paul (1981) [1978]: *»Profane Culture«. Rocker, Hippies. Subversive Stile der Jugendkultur.* Frankfurt am Main: Syndikat.

Willis, Paul (2000): *The Ethnographic Imagination.* Cambridge / Malden: Polity.

Yacine, Tassadit (2010): Bourdieu und Algerien, Bourdieu in Algerien. In: Pierre Bourdieu: *Algerische Skizzen.* Frankfurt am Main: Suhrkamp. S. 9-68.

Bourdieus Habituskonzept in den Geschichtswissenschaften

Sven Reichardt

1. Einleitung

Die 1980er Jahre waren in der französischen, amerikanischen und deutschen Geschichtswissenschaft von einer hitzigen Debatte bestimmt. In Frankreich stand die strukturgeschichtliche Schule der Annales in einer heftigen Auseinandersetzung mit der Mikrogeschichte, während sich zu dieser Zeit die deutsche Alltagsgeschichte gegen die Sozialgeschichte positionierte. Die bereits in den 1970er Jahren einsetzende Bourdieu-Rezeption drohte durch diese scharfe Konfrontation abzubrechen. Denn der französische Kultursoziologe hatte sich in der durchaus lähmenden Dichotomie zwischen „structure" oder „agency" gewissermaßen zwischen die Stühle gesetzt. Stets hat er den seinerzeit oft beschworenen Gegensatz – wie auch den zwischen Strukturalismus und Konstruktivismus, zwischen Gesellschaft und Individuum – zu überwinden versucht. Erst seitdem sich in den 1990er Jahren das Paradigma der „historischen Kulturwissenschaft" international breit durchgesetzt hat, gewann die Bourdieu-Rezeption unter den Historikern wieder an Raum. Die Aufnahme von Theorieangeboten aus der Kultursoziologie, Ethnologie und Sprachwissenschaft gehörte jetzt ebenso zum Standard geschichtswissenschaftlichen Arbeitens, wie auch der Bezug auf Pierre Bourdieus vermittelndes Theorieangebot. Seine Aufnahme in den Geschichtswissenschaften nahm vor allem in den Arbeiten eine herausgehobene Stellung ein, die kulturelle mit sozialen Machtverhältnissen zu verknüpfen suchten.

In Frankreich haben zuerst die Kultur- und Sozialhistoriker Roger Chartier (1982, 1985, 1989, 1992; Bourdieu / Chartier 2011) und Christophe Charle (1990, 1991, 1993, 1994; Schriewer / Keiner / Charle 1993) in ihren Arbeiten zu den Intellektuellen, zum Bildungssystem oder zum modernen Bürgertum umfassend mit den Begriffen Bourdieus gearbeitet. Seit den 1990er Jahren wurde sein Instrumentarium dann für unterschiedlichste historische Arbeiten, etwa über Staat und Verbrechen im Mittelalter (Gauvard 1991) und über Familienstrategien und Namengebungen im Spätmittelalter (Klapitsch-Zuber 1990), aber auch für Wahl- und Umfrageforschungen seit dem 19. Jahrhundert (Garrigou 1992) oder für Untersuchungen zum Kolonialismus auf Java eingesetzt (Bertrand 2005). Allerdings existiert in Frankreich bis heute keine sich selbst so verstehende Schule Bourdieuistischer Historiker, wenngleich Bourdieu häufiger mit Historikern der vierten Annales-Generation in Verbindung gebracht wird (vgl. Bourdieu / Chartier 2011: 14-16; Vincent 2004; Encrevé / Lagrave 2003; Noiriel 2003; Steinmetz 2011: 47-51 sowie die kritische Sicht bei Lepetit 1995).

In Deutschland fand Bourdieus praxeologischer Ansatz während der 1980er Jahre ersten Widerhall in der frühneuzeitlichen wie zeithistorischen Alltagsgeschichte, wie sie vom Göttinger Max-Planck-Institut und hier insbesondere von Hans Medick und Alf Lüdtke befördert wurde. Auch die historische Bildungsforschung begann in den 1980er Jahren mit seinen Begriffen zu arbeiten. Der Verweis auf Bourdieu war aus der deutschen Geschichtswissenschaft endgültig nicht mehr wegzudenken, als die Bielefelder Bürgertumsforschung dieses kultursoziologische Angebot im Laufe der 1990er Jahre für sich entdeckte und ihre Klassenanalysen entsprechend kulturhistorisch erweiterte und umbaute. In den letzten Jahren schließlich wurden Bourdieus Überlegungen zur Soziologie der Intellektuellen und der Wissenschaft für die historische Analyse der zeremoniellen und prestigebehafteten Gelehrtenkultur der Frühen Neuzeit fruchtbar gemacht. In der deutschen Geschichtswissenschaft nach der Jahrtausendwende finden sich Bezüge auf Bourdieu in der Sozialgeschichte des Bildungs- und Wirtschaftsbürgertums, der Handwerker und des Adels seit der Frühen Neuzeit, in der Körpergeschichte aller Epochen von der Antike bis zur Zeitgeschichte, in der Militärgeschichtsforschung und der Analyse nationaler Symbole und Rituale des 19. und 20. Jahrhunderts, in der Geschlechtergeschichte der Moderne und mit den Arbeiten des Rostocker Althistorikers Egon Flaig auch in der Untersuchung von vermachteten antiken Zeremonien und Verhaltensformen römischer Politiker.[1]

Nach dieser Etablierung Bourdieus in den 1990er Jahren haben die Historiker in den letzten zehn Jahren mit der Durchsetzung der transnationalen Global- und Weltgeschichtsschreibung aber auch andere theoretische Ankerplätze gefunden: bei Edward Said, Homo K. Bhabha, Gayatri Chakravorty Spivak, Dipesh Chakrabarty oder Arjun Appadurai. Die *subaltern studies,* postkoloniale Ansätze als auch kulturhistorische Studien zu Migration, Vermischung und Hybridität knüpfen eher selten an Bourdieus Arbeiten an, wie auch umgekehrt Bourdieu kaum mit solchen Ansätzen gearbeitet hat.[2]

2. Zur Aufnahme in der deutschen Historiographie

Traditionell verstehen sich Historiker als empirisch arbeitende Geisteswissenschaftler, die theoretische Aussagen vor allem induktiv hervorbringen. Dieses Vorgehen passt zu Bourdieus Theoriebildung, da er sein gesamtes Theoriegebäude auf der Grundlage eigener empirischer Untersuchungen und Feldforschungen entwickelt hat. Für ihn bestand kein Gegensatz zwischen Theorie und Empirie. Sein Ziel war eine möglichst umfassende empirische Analyse, aus der heraus wiederum allgemeingültige Fragen diskutiert werden konnten. Dieses Verfahren hat er mehrfach vorgeführt, etwa in seinen ethnologischen Studien zur algerischen Gesellschaft, in seinen Untersuchungen über das französische Bildungssystem, über das Verhalten der ländlichen Bevölkerung Südfrankreichs oder über die Klassenstruktur in Frankreich. Da die Erfahrungen der untersuchten Akteure und ihre praktischen Erkenntnisse für ihn konstitutiver Bestandteil sowohl der sozialen Welt als auch der wissenschaftlichen Theoriebildung waren, dürfte er, wie er selbst einmal schrieb „für die Theoretiker [...] zu empirisch, für die Empiriker zu theoretisch" gewesen sein.[3]

---

[1] Vgl. für die Verwendungen nach der Jahrtausendwende nur Lange-Vester (2000); Haubrich (2002); Flaig (2004a); Lässig (2004); Jürgen Kniep (2006); Blaschke / Raphael (2007); Groppe (2007); von Rummel (2007); Hasselmann (2009); Janz (2009); Mourey (2010); Guckes (2011).
[2] Zu den wenigen Bezugnahmen auf Bourdieu in der Postkolonialismus-Diskussion siehe Steinmetz (2011: 57, 59); Füssel (2007: 30); Bertrand (2005).
[3] Zitat nach Daniel (2001: 180). Vgl. hierzu auch Bourdieu (1976, 1987). Eine umfangreiche Bibliographie der Schriften Bourdieus findet sich im Internet als „HyperBourdieu" unter der URL: http://hyperbourdieu.jku.at/hyperbourdieustart.html.

Bei der Verwendung seiner Begriffe und Modelle hat er stets die „Bedingungen ihrer Gültigkeit" mit einbezogen und diejenigen Historiker explizit kritisiert, die diese Zeitgebundenheit seiner Theoriebildung ignoriert haben. Es kommt nach Bourdieu darauf an, ein „eingegrenztes Forschungsobjekt so zu konstruieren, dass es sehr allgemeine Probleme zu entwickeln erlaubt" (Bourdieu / Raphael 1996: 82). Durch dieses Verfahren soll dem „Enthistorisierungseffekt" (Bourdieu / Raphael 1996: 63) vieler allgemeingültig formulierter Gesellschaftstheorien entgegengewirkt werden. Bourdieus Theoriebildung befindet sich somit auf einem mittleren Abstraktions- und Generalisierungsniveau.

Rekapituliert man die Geschichte der Bourdieurezeption in der deutschen als auch in der französischen Geschichtswissenschaft, so kann man zunächst im Grundsatz festhalten, dass seine Theorieangebote von den Historikern nur selten modifiziert oder gar reformuliert wurden. Eher testete man die Übertragbarkeit seiner Begriffe und Analyseinstrumente in historischen Fallstudien, ohne bei dieser anwendungsorientierten Arbeitsweise nach theoretischen Weiterentwicklungen zu suchen oder systematisch nach Historisierungen seiner Analysebegriffe zu fahnden.

In der deutschen Geschichtswissenschaft wurde Bourdieu oft nur sehr selektiv gelesen. Der Konstanzer Historiker Dieter Groh hatte in einem Text aus dem Jahr 1980, der 1992 in einer Aufsatzsammlung veröffentlicht wurde, Bourdieu ausschließlich als einen Theoretiker des symbolischen Interaktionismus gedeutet und dabei nur Teile seiner ethnologischen Studien über die Kabylen in Algerien zur Kenntnis genommen (Groh 1992: 15). Groh erkannte indes früh, dass in Bourdieus Studien zu den Kabylen ein Habitus-Begriff entwickelt wurde, der die „subjektivistischen wie objektivistischen Reduktionismen" vieler Sozialtheorien vermeide. Auch die relative Autonomie des Begriffs der „sozialen Felder" für eine kulturwissenschaftlich informierte Klassentheorie wurde von Groh bereits sehr früh treffend umrissen (Groh 1992: 17-22; Zitat ebd. S. 19). Andreas Grießinger hatte in einer bei Groh abgelegten und 1981 publizierten Promotion die Kategorie des „symbolischen Kapitals" für seine Untersuchung über die handwerkliche Produktionsweise des 18. und 19. Jahrhunderts erstmals umfassend benutzt. Dabei übernahm Grießinger Bourdieus Überlegungen zur Ehre in der kabylischen Gesellschaft und benutzte diese Konzeptionalisierung, um Handlungslogiken der protoindustriellen Gesellschaft zu erfassen (Grießinger 1981). Groh gehörte, darauf hat Ingrid Gilcher-Holtey in einem instruktiven Aufsatz hingewiesen, einer 1974 gegründeten Gruppe an der Maison des Science de l'Homme an, der auch Edward P. Thompson, Eric Hobsbawm, Charles Tilly, Michelle Perrot und Clemens Heller angehörten – über die Bourdieu-Rezeption des „Multiplikators" Thompson soll Bourdieu dann unter den jungen deutschen Sozialhistorikern wie Dieter Groh, aber auch Adelheid von Saldern und Heinz-Gerhard Haupt aufgegriffen worden sein (Gilcher-Holtey 1995: 184-186; Füssel 2007: 30, Anm. 24). Durch den engen Bezug zwischen Soziologie und Geschichtswissenschaft, der mit dem Aufstieg der Sozialgeschichte in den 1960er Jahren einher ging, war jedenfalls insbesondere unter den linken Historikern, welche die marxistische Klassentheorie weiterentwickeln wollten, die Suche nach kultursoziologischen Erweiterungen, wie sie Bourdieu anbot, nur folgerichtig.

Im Zuge der Kritik an der strukturgeschichtlichen Sozialgeschichte hatte sich in der Bundesrepublik der 1980er Jahre eine politisch linksalternativ orientierte Alltagsgeschichte entwickelt, welche den subjektiven Erfahrungen zunächst der Arbeiter, dann auch der Frauen und Bauern, mehr Aufmerksamkeit schenkte. Bourdieus Überlegungen zur Klassenkultur wurden hier, wie in dem Band von Robert M. Berdahl, Alf Lüdtke und Hans Medick aus dem Jahr 1982 gut dokumentiert ist, breit aufgegriffen. Hier wurden insbesondere Bourdieus ethnologische Arbeiten gewürdigt und dabei Begriffe wie „Habitus", „Praxis" und „Strategie" für eine theoretisch informierte Alltagsgeschichte fruchtbar gemacht. Vor allem das Interesse an den soziokulturellen Dimensionen von politischer Herrschaft stärkte den Bezug auf Bourdieus Arbeiten. In der Absicht die Zweipoligkeit aus Herrscher und Beherrschtem zu differenzieren, wurden Verhaltenszumutungen „von oben" und die Eigensinnigkeit „von unten" als Aushandlungsprozess zusammen gedacht. Das widerspenstige Fügen in Unterdrückungszusammenhänge wurde in seinen subjektiven Handlungsstrategien als Hinnahme, Distanzierung und Ausweichen gedeutet (vgl. Medick 1984, 2006; Lüdtke 1989, 1991, 2003; Landwehr 2000).

Noch bevor Bourdieu von der Bielefelder Bürgertumsforschung wahrgenommen worden war, war die Anwendbarkeit Bourdieu'scher Kategorien für die Bildungsinstitutionen der Familie, Schule und Universität von Außenseitern der Zunft erprobt worden. Nachdem 1994 und 1996 zwei Artikel in dem Flaggschiff der deutschen Sozialgeschichte, der Zeitschrift „Geschichte und Gesellschaft" veröffentlicht worden waren, hatte besonders der in Bielefeld gehaltene Vortrag Hans-Ulrich Wehlers, dem seinerzeit unumstrittenen Doyen der deutschen Sozialgeschichte, für seine Kanonisierung innerhalb der deutschen Sozialgeschichte gesorgt. Der Vortrag erschien 1998 und öffnete zusammen mit einem viel beachteten und nachdenklichen Artikel Wehlers in der „Zeit" von 1996 weitere Teile der Zunft für die Bourdieu-Rezeption (Sieder 1994; Bourdieu / Raphael 1996; Wehler 1996, 1998). In den 1990er Jahren hatte dieser vor allem unter den jüngeren Bielefelder Historikern der Bürgertumsforschung einen starken Aufschwung erlebt – teilweise schon vor Wehlers lobendem Bekenntnis zur „imponierenden intellektuellen Architektonik" des französischen Soziologen (Wehler 1998: 38). Hier finden sich Studien über die Habitusformen der Turner oder die Bankiersfamilien aus der Hochfinanz des 19. Jahrhunderts, über nationale Symbole oder kulturwissenschaftlich reformulierte Klassentheorien.[4] Für Wehler erweiterte Bourdieu sowohl Theorien sozialer Ungleichheit als auch Theorien zur Klassenstruktur in einer kulturwissenschaftlich überzeugenden Manier – hin zu einer sozialkulturell ausgearbeiteten Machtanalyse. Bourdieus ethnologische Studien und seine erkenntnistheoretischen Arbeiten wurden von Wehler hingegen nur am Rande gewürdigt. Bourdieu bündelte, aus der Sicht Wehlers, vor allem Überlegungen zur Handlungstheorie und Lebensführung bei Max Weber mit Èmile Durkheims Theorie der symbolischen Formen, Karl Marx' Klassentheorie und Claude Lèvi-Strauss' Strukturalismus. Anders als Medick stellte Wehler nicht die handlungsbezogenen Konzepte der „Praxis" oder der „sozialen Felder", sondern die stärker strukturbezogenen Begriffe „Habitus", „Klasse" und die verschiedenen „Kapitalsorten" in das Zentrum seiner Bourdieurezeption. Weniger umstritten war jedoch, worin Wehler den größten Vorzug von Bourdieus Theoriebildung für die Historiker entdeckte. Es handelte sich, so Wehler, „um den immens produktiven, anregenden, Historiker und Historikerinnen verlockenden Versuch, analytische Schärfe mit der Erfassung der konkreten Vielfalt der sozialen Welt in einer strengen systematischen Ordnung schlüssig zu verbinden" (Wehler 1998: 39).[5] Gerade dies dürfte in der Tat zu der breiten Rezeption und Übernahme seiner

---

[4] Vgl. für solche Studien: Mergel (1994); Tacke (1995); Gilcher-Holtey (1995); Tanner (1995); Klimo (1997); Goltermann (1998); Reitmeyer (1999).
[5] Die Wehler nicht gerade wohl gesonnene Historikerin Ute Daniel vertritt in diesem Punkt die gleiche Meinung wie Wehler (Daniel 2001: 180-183).

Begrifflichkeiten in der Sozial- und Kulturgeschichte der 1990er und frühen 2000er Jahre geführt haben.

In eben diesen Jahren nach der Jahrtausendwende hat der Frühneuzeitler Marian Füssel Bourdieus Überlegungen zum wissenschaftlichen Feld gewinnbringend für seine Analyse von Ritualen und Reputationskämpfen in der deutschen Gelehrtenkultur des 17. und 18. Jahrhunderts verwandt.[6] Nicht nur die Suche nach Wahrheit und der intellektuelle Streit um Ideen, sondern auch das soziale Spiel um Kapital und Reputation, um Anerkennung und Positionen bestimmten die Wissenschaft. Systematisch werden durch Füssel der Wettstreit um soziale Anerkennung und die Regeln des wissenschaftlichen Kampfes miteinander verbunden. Er thematisiert nicht nur die institutionellen Strukturen, Methoden und Standards wissenschaftlichen Arbeitens, sondern auch die produktive Kraft ihrer öffentlichen Zeremonien und sozialen Rituale. Kleiderordnung in den Universitätsstatuten, der Adel des Doktortitels, Inaugurationszeremonien, Disputations- und Promotionsrituale, der Streit der Fakultäten, Rangkonflikte von Theologen, Juristen, Philosophen, Sprachmeistern und Studenten, Prozessionen und Kirchenstuhlstreitigkeiten, Gelehrtenkritik und Antiritualismus werden zum Thema einer Wissenschaftsgeschichte, die systematisch überdenkt, wie sich soziale Bedingungen und soziale Beziehungen auf die Produktion wissenschaftlicher Erkenntnisse auswirken. Der frühneuzeitliche Gelehrte, so die These, hatte den Adligen als sein Maßstab setzendes Gegenüber empfunden. Der Kampf um die Gleichrangigkeit mit dem Adelsstand bestimmte sein Tun. Diese Auseinandersetzungen werden von Marian Füssel, der Bourdieu für die deutschen Historiker als „kulturalistischen Ständeanalytiker" (2011: 31) entdeckt hat, in die übergreifende Entwicklung der neuzeitlichen Staatsbildung eingeordnet, da die Universität während der Frühen Neuzeit zunehmend aus dem klerikalen in den staatlichen Bereich rückte.[7]

Eben diese Verknüpfungen von Bildung und Staat hat Bourdieu selbst ausführlich, nicht nur in seiner Schrift zum französischen „Staatsadel", thematisiert. Gerade die zeitgeschichtliche Bildungsforschung hat seit den 1980er Jahren oft auf Bourdieu Bezug genommen, um den sozialkulturell begrenzten Zugang in die wissenschaftliche Welt, den feldspezifischen Habitus des Wissenschaftlers, die Grundregeln des wissenschaftlichen Spiels oder die Verbindung von Bildungsinstitutionen und staatlichen Verwaltungseinheiten zu analysieren. Diverse soziologische und sozialhistorische Arbeiten über Schulen und Universitäten, über Bürokratie und Adelsverbände, über Rechtsordnungen und Verwandtschaftssysteme haben die Bedeutung des kulturellen Kapitals für gesellschaftliche In- und Exklusionsvorgänge herausgestellt.[8]

Auch die Körper- und Geschlechtergeschichte hat sich auf Bourdieu berufen, um Körper und Körpersprache als Medien gesellschaftlichen Handelns – mit jeweils wechselnden Codierungen und Repräsentationstechnologien – sichtbar zu machen (vgl. Alkemeyer 1996, 2003, 2006, 2010; Goltermann 1998; Canning 1999; Reichardt 2005; Bock / Dölling / Krais 2007). Bourdieu selbst hat die soziale Dimension der „körperlichen Hexis" als eine „einver-

---

[6] Siehe etwa Füssel (2006, 2007, 2011). Bourdieu selbst hat in einen historischen Aufsatz zu einem verwandten Thema publiziert (Bourdieu 2004a).
[7] Weitere Werke zur frühneuzeitlichen Universitäts-, Gelehrten- und Intellektuellengeschichte, die sich an Bourdieu orientieren, werden bei Füssel (2011: 35) zitiert, u.a. Studien von Gadi Algazi, Andreas Pečar, Heiko Droste, Albert Schirrmeister, Axel Rüdiger, Christopher S. Celenza, Manfred Beetz und Herbert Jaumann.
[8] Siehe dazu den Aufsatz von Thomas Höhne in diesem Band. Hier seien nur erwähnt: Eggers (1985); Müller-Rolli (1985); Portele / Huber (1981); Lange-Vester (2000); Blaschke / Raphael (2007); Janz (2009). Aus den Studien Bourdieus in diesem Bereich seinen nur erwähnt: *Homo academicus* (1992a) und *Staatsadel* (2004b).

leibte, zur dauerhaften Disposition" geronnene „Art und Weise der Körperhaltung, des Redens, Gehens" oder des Benehmens bestimmt (Bourdieu 1987: 129), wobei das „Verhältnis zum Leib [...] stets geschlechtlich überdeterminiert" sei (Bourdieu 1987: 133). Der über Praktiken hergestellte Habitus schlägt sich im Gehäuse der „stets sozial geprägten" körperlichen Hexis nieder – von den Umgangsformen und der Haltung über Korpulenz, Gesichtsfarbe und -schnitt bis hin zur Kleidung und Kosmetik ist die körperliche Hexis der „hauptsächliche Träger eines Klassenurteils" (Bourdieu 1982: 666). Die körperliche Hexis spiegelt auch in entsprechenden historischen Arbeiten diejenigen Erfahrungen wider, die sich aus dem Zusammenspiel von Normierungs- und Disziplinierungsprozessen und den sozialkulturell unterschiedlichen körperlichen Aneignungsformen des Ästhetisierens, Vermessens, Pflegens, Gebrauchens ergaben (Bourdieu 1988: 363; vgl. auch 2005). Den technischen Prozeduren der Körperzurichtung hat sich nicht zuletzt auch eine praxeologisch ausgerichtete Militärgeschichtsschreibung gewidmet (Kniep 2006; Kehrt 2010).

Milieutheoretische Studien schließlich haben, wie in der wichtigen Studie von Michael Vester, nach der Bedeutung der verschiedenen Kapitalarten für die Konstitution und die Stabilität von Milieus gefragt. Die Bielefelder Historikerin Ingrid Gilcher-Holtey hat die 68er Bewegung, ganz im Sinne von Bourdieus Deutung im *Homo academicus*, über den krisenhaften gesellschaftlichen Moment bestimmt: Gerade der Umbau des Bildungssystems und die Generationsveränderungen waren es, die zu einem gesellschaftlichen Wandel der Wahrnehmungs- und Beurteilungs-, der Denk- und Handlungsschemata geführt haben (Vester et al. 2001; Gilcher-Holtey 1995). Jüngst werden unterschiedliche Subjektbildungsprozesse, insbesondere in der Geschichte des späten 20. Jahrhunderts, praxeologisch ausgedeutet. Dabei gerät das spannungsvolle Ineinander von „doing subject" und „doing culture" in den Blick (Hörning/Reuter 2004; Alkemeyer / Budde / Freist 2013; Reichardt 2013).

In all diesen Varianten von empirisch gesättigter historischer Forschung werden die „leibhaftigen Akteure" weder als voraussetzungslose und unabhängige Individuen noch als strukturell determinierte Charaktere begriffen, sondern als habituell geprägte historische Akteure, die auf spezifischen sozialen Feldern agieren und durch ihre Praktiken untereinander in distinktive, symbolisch aufgeladene Beziehungen treten, durch die sie Machtverhältnisse ebenso herstellen wie reproduzieren.

3. Zur Sozialgeschichte der Klassen

Trotz seiner vielfältigen Studien zu den Logiken der Praxis, zur Ethnologie und Philosophie, zur Kunst und Sprache, zum Unternehmertum, zu Meinungsumfragen, Heiratsstrategien oder dem Bildungssystem ist für viele Historiker in Deutschland Bourdieu der Mann vor allem eines Buches – *La distinction* (vgl. Bourdieu / Chartier 2011: 9-12, 48). In diesem 1979 auf Französisch und 1982 auf Deutsch als *Die feinen Unterschiede* erschienenem Werk konkretisierte Bourdieu seine Aussagen zum Habitusbegriff, indem er die Distinktionsbemühungen sozialer Gruppen mit ihren wechselseitig voneinander abgegrenzten Lebensstilen anhand einer eigenen Klassentheorie untersuchte. Damit hat er vor allem das Interesse der Sozial- und Bürgertumshistoriker aus der Bielefelder Schule, aber auch anderer, wie etwa dem Berner Historiker Albert Tanner, dem Wiener Sozialhistoriker Reinhard

Sieder oder der Braunschweiger Neuzeithistorikerin Simone Lässig auf sich gezogen (vgl. Siedler 1994; Tanner 1995; Lässig 2004; Groppe 2007; Guckes 2011).

Für diese Historiker und Historikerinnen war Bourdieus Theorieangebot seit den 1990er Jahren wichtig geworden, um sich von älteren, meist simplifizierenden Klassentheorien abzugrenzen, die die kulturellen Sinndeutungen der historischen Akteure aus ihrer Stellung innerhalb der Sozialstruktur heraus „abzuleiten" trachteten. Soziale Strukturen determinieren keine Handlungsvollzüge, die historischen Akteure waren keine Marionetten ihrer Klassenlage. Durch Bourdieu konnte die „soziale Lage" von Klassen primär als relationale Position zur Lage und Stellung der Referenzklassen begriffen werden. Die Trennung zwischen der Bürgertums- und Arbeitergeschichte wurde durch den Bezug auf Bourdieu aufgebrochen, da Klassen nicht nur durch ihre Verfügung über Kapital existieren, sondern auch durch ihre gegenseitigen Distinktionsbemühungen, die sich auf alle Bereiche menschlichen Handelns erstrecken: vom Konsum- und Kleidungsstil bis zur Vereins- und Parteibildung. Handlungstheoretisch liegt die Erweiterung darin, den Kampf um „symbolisches Kapital" als wesentlichen Bestandteil des interaktiven Machtverhältnisses zwischen mobilisierten Klassen zu sehen (siehe dazu auch den Beitrag von Klaus Eder in diesem Band).[9] Wer versucht, wie und mit welchen Mitteln, „legitime Werte" (politisch) durchzusetzen, wie werden diese zu verteidigen versucht, welche Gegen- und Fehlinterpretationen werden dagegengehalten? Ein solchermaßen stärker handlungstheoretisch orientiertes Klassenmodell erweiterte und veränderte den Klassenbegriff und rückte die Historiographien zur Arbeiter- und Bürgertumsgeschichte näher aneinander. Angestoßen wurde dieses Interesse der Bielefelder Historiker von den Veränderungen der Gegenwart in den 1980er Jahren und der Durchsetzung von neuen Lebensstilmilieus, deren Geschmackspräferenzen jedoch keineswegs klassenentbunden waren.

Die symbolische Dimension, ohne die eine Orientierung in der Gesellschaft und das Verstehen gesellschaftlicher Prozesse unmöglich ist, verknüpfte sich, so verstand man die Anregungen Bourdieus, auf dreifache Weise mit dem Sozialen: Mit der symbolischen Ebene des Sinnbezugs, die sich zu einem kulturellen System verdichten kann; durch die prozessuale Ebene der Sozialisation und sozialen Kontrolle; schließlich durch die Ebene der sozialen Praktiken, die das kulturbezogene Handeln umfasst und im Einklang oder Widerspruch zu dem vorherrschenden kulturellen System erfolgen kann. Die Produktion von Kulturgütern, ihre materielle Verteilung und institutionelle Vermittlung sowie ihre Konsumption und die gruppenspezifischen Aneignungs- und Gebrauchsweisen wurden als kulturelle Praxisformen verstanden, die die Gesellschaft strukturierten (vgl. Sieder 1994: 453-458).

Neben der beziehungshistorischen und symbolischen Konstitution von Klassen wurde durch den Bezug auf Bourdieu deutlich, dass die Arbeiterklasse nicht bloß durch das Maß, in dem sie in (Lohn-) Arbeitsverhältnissen steht, begründet wird. Ihr Klassenstatus wird, wie bei den anderen Klassen auch, in ihrem Kern durch mehrere Kapitalsorten verschiedener Art und unterschiedlicher Größe konstituiert.[10] Die kulturelle Dimension ist dabei keine aus der Sozialstruktur ableitbare Kategorie, sondern integraler Bestandteil der Klassendefinition. So kann man etwa das Bürgertum als Klasse fassen, wenn man seine habituellen Dispositionen als klassenkonstituierend begreift. Bourdieu ermittelt in seiner Klassentheo-

---

[9] Zur Unterscheidung zwischen wahrscheinlichen und mobilisierten Klassen siehe Bourdieu (1982: 175 inklusive der dortigen Anm. 6). Vgl. auch Tanner (1995: 10, 16f.); Grießinger (1981: 451-453, 455).
[10] Für eine moderne Klassendefinition siehe Welskopp (1994).

rie die Verfügungsgewalt der Akteure über spezifische Ressourcen, die er „Kapital" nennt. Er unterscheidet hierbei zunächst drei verschiedene Kapitalsorten (Bourdieu 1983): Das „soziale Kapital" meint das dauerhafte Netz von Beziehungen, innerhalb dessen sich Individuen befinden, um ihre soziale Position zu festigen. Es bezeichnet die Ressource der Zugehörigkeit zu einer Gruppe – das durch die Familie oder Adelszugehörigkeit vererbte soziale Kapital ebenso wie die durch die Mitgliedschaft in einem Verein erworbenen sozialen Kontakte. Dadurch, dass sich Individuen in einem Netzwerk von Beziehungen befinden, werden ihnen, so sie diese zu nutzen verstehen, innerhalb ihres Netzwerkes immer ein bestimmtes Maß an Vertrauensvorschuss und emotionalem Entgegenkommen (Heiratschancen etc.) gewährt. Das weithin bekannte „kulturelle Kapital" könnte man als konvertierbares Humankapital bezeichnen. Sichtbar und operationalisierbar über die Sozialisationsinstanzen der Familie und Schule, kann man es als „Bildungskapital" im weitesten Sinne begreifen. Dazu gehört das an Personen gebundene Bildungsniveau ebenso wie die Manieren eines Menschen. Es handelt sich erstens um verinnerlichtes Distinktionsvermögen, das sich als Kompetenz im kognitiven Sinne und als Geschmack im ästhetischen Sinne ausdrückt. Wird dieses „kulturelle Kapital" dauerhaft inkorporiert, ist es als eine wesentliche Habitusform zu verstehen. „Kulturelles Kapital" im objektivierten Sinn sind, zweitens, Kulturgüter, die insbesondere seit der Verschriftlichung der Kultur akkumuliert werden können. Im Gegensatz zur symbolischen Genussfähigkeit ist „kulturelles Kapital" in diesem Zustand materiell übertragbar. Drittens schließlich findet sich „kulturelles Kapital" in institutionalisierter Form in den Bildungsinstitutionen der Wissensvermittlung. Diese sorgen sowohl für die technische Reproduktion (durch Qualifikation) als auch soziale Reproduktion des „kulturellen Kapitals", d. h. die Übertragung von rechtlichen Bildungstiteln, die für Kompetenz bürgen. Das „ökonomische Kapital" schließlich nimmt eine große Bedeutung in Bourdieus Theorie ein. Bei dieser Kapitalart greifen die Marktkriterien am reinsten. Auf „ökonomisches Kapital" sind die anderen Kapitalarten angewiesen, denn die Voraussetzungen für die Auswahl der Schulen, dem Maß der Bildungsanstrengung, der Verweildauer im Bildungssystem oder in einem exklusiven Club wird nicht zuletzt durch das Substrat des ökonomischen Kapitals, das Geld, bestimmt. Das „ökonomische Kapital" öffnet den Zugang zu erfolgreichen Berufskarrieren. Gleichwohl ist damit kein Ökonomismus Bourdieus verbunden, da Klassen bei ihm nicht allein durch wirtschaftliche Sachverhalte definiert werden.

Der gemeinsame Nenner der drei Kapitalsorten besteht darin, dass zu ihrem Erwerb Zeit benötigt wird; sie ist die den Kapitalarten gemeinsame „Währung". Kapital meint bei Bourdieu nichts anderes als akkumulierte Arbeit, entweder in Form von Materie oder in verinnerlichter, inkorporierter Form. Deshalb ist ihr gemeinsamer Maßstab die Arbeitszeit, die zur Entstehung und Entwicklung der Kapitalsorten nötig ist.[11] Die drei Kapitalarten unterliegen den gleichen Kriterien, sie sind kategorial gleichwertig und prinzipiell untereinander konvertierbar. Grenzen der praktischen Konvertierbarkeit der Kapitalsorten werden, wie Hans-Ulrich Wehler (1998: 40f.) moniert, von Bourdieu vergleichsweise wenig thematisiert – außer allgemeinen Bemerkungen zu historisch schwankenden Wechselkursen hat er diesen Punkt nur wenig ausgearbeitet. Die Akkumulation der Kapitalsorten folgt, insgesamt gesehen, dem Streben nach symbolischer Macht, wobei der Begriff des „Kapitals" das

---

[11] Dazu heißt es bei Bourdieu (1982: 440, Anm. 21): „Obwohl man sich Zeit aneignen mag, indem man sich von anderen vertreten läßt, oder auch durch alle möglichen Rationalisierungsstrategien [...] bleibt Zeit gewiss eine der zwingendsten anthropologischen Grenzen." Vgl. auch Bourdieu (1983: 183, 196, 1992: 49).

"Nutzenmaximierungskalkül" ausdrückt und in nicht unproblematischer Weise Marktprinzipien auf die ganze Gesellschaft überträgt. Insofern lassen sich Restelemente eines rational-choice Handlungsbegriffs an dieser Stelle identifizieren, wie der Historiker Dieter Groh (1992: 24) als auch, über dreißig Jahre später, der Züricher Historiker Philipp Sarasin (2003: 17f.) bemängelt haben.[12]

Bourdieu untersucht ökonomisches, kulturelles und soziales Kapital nach den Kriterien ihres quantitativen Umfanges, ihrer qualitativen Zusammensetzung und dem zeitlichen Verlauf ihres Erwerbs innerhalb eines „sozialen Raumes" (Bourdieu 1983, 1982: 212f.). Das Kapitalvolumen ergibt sich aus der durch Addition der Kapitalsorten angehäuften Menge an Kapital schlechthin. Die Struktur des Kapitals benennt die Art der Zusammensetzung aus den einzelnen Kapitalsorten. Die zeitlich-biographische Dimension schließlich zeigt vor allem die Erwerbsgeschichte, d. h. die spezifische Verbindung aus vergangenen Erfahrungen und Zukunftshoffnungen in der „sozialen Flugbahn" der historischen Akteure: Im jeweiligen historischen Jetzt ist sowohl das abgesunkene Gewesene als auch das erwartete Kommende gegenwärtig. Wichtig für Bourdieus durchweg relational auf Beziehungsverhältnisse ausgerichtete Klassentheorie ist, dass die Klassen auf dieser Ebene der einfachen Kapitalausstattung zunächst nur vom Forscher theoretisch konstruierte und streng genommen lediglich wahrscheinliche Klassen sind, deren Chance zur realen Mobilisierung aufgrund der Nähe ihrer Akteure im „sozialen Raum", also ihrer relativen Beziehungsverhältnisse, höher ist als diejenige anderer Gruppenkonstellationen (Bourdieu 1982: 183, 1985: 12-15, 55; Daniel 2001: 187f.). Klassen sind erst dann gegeben, wenn sozioökonomische Unterschiede symbolisch in soziale Klassifikationen und prestigedifferenzierte Lebensstile übersetzt werden. Es ist die Bedeutung der unterschiedlichen Kapitalausstattung der Akteure, die die Klassen entstehen lässt. Erst der distinktive Lebensstil verwandelt Besitz in Status und Vermögen in Ansehen. Aus Haben wird bewertetes Sein, aus Verteilungsungleichheit Beziehungsungleichheit.

Mobilisierte Klassen handeln auf „sozialen Feldern", die, obwohl sie nur mittels der Praxis sozialer Akteure existieren, diese Zwängen aussetzen und ihre Handlungsmöglichkeiten sowohl regeln als auch begrenzen („Spielregeln"). Kapital meint insofern die „Verfügungsmacht im Rahmen eines Feldes" (Bourdieu 1985: 10). Dabei verfolgen die Akteure bestimmte „Strategien", je nach habitueller Disposition verschieden erzeugt, und engagieren sich in den Feldern, die sie affektiv oder motivational interessieren. Zwischen Habitus und Handlung liegt somit die intervenierende Variable des „sozialen Feldes", in dem der Habitus wirksam wird und sich realisiert. Die Felder sind durch Spielregeln, Einsätze, Profitmöglichkeiten und spezifische Akteursinteressen gekennzeichnet. Letztlich bestimmt der Kampf um „symbolisches Kapital" – der zentralen Ressource im Machtkampf um Anerkennung, Status und Prestige – die Klassenverhältnisse. Gekämpft wird auf den „sozialen Feldern" um die „richtigen" Werte, legitimen Standards und distinktiven Lebensstile. „Symbolisches Kapital" meint dabei die Summe an kultureller Anerkennung, die ein einzelnes Individuum oder eine soziale Gruppe durch die geschickte Verwendung seines akkumulierten Kapitals für sich gewinnen kann. Es ist die Bewertung der unterschiedlichen Kapitalausstattung, die den Klassen Bedeutung verleiht. Diese ständige Klassifikations-

---

[12] Intentional gesteuertes Handeln hingegen, wie Sarasin behauptet, kann man Bourdieu Praxeologie schwerlich unterstellen. Möglicherweise sind ihm der „Strategie"-Begriff und Bourdieus Ausführungen über das „implizite Wissen" der Akteure nicht vollauf geläufig. Dazu einschlägig Flaig (2004b: 362-365); Reichardt (2007: 47-52); Raphael (2004: 266f.).

und Repräsentationsarbeit der Klassenfraktionen wird zu einem Gradmesser des gesellschaftlichen Kräfteverhältnisses: „Mit der Durchsetzung einer symbolischen Macht konstituieren sich Sinn- und Bedeutungsverhältnisse, welche die objektiven Kräfte- und Machtverhältnisse reproduzieren oder, im Falle symbolischer Subversion, transformieren." (Schwingel 1995: 115)

Diese herrschaftssoziologischen Analysen gesellschaftlicher Machtverhältnisse stellen den Kern der Klassentheorie Bourdieus dar. Die Habitusformen, durch die die Akteure die soziale Welt als evident und selbstverständlich anerkennen, werden auf die zugrunde liegenden Macht- und Kapitalrelationen zurückgeführt und dadurch als historisch entwickelt und sozial strukturiert sichtbar gemacht. Bourdieu geht es vor allem um machtgeladene Relationen, nicht um Unterschiede (Differenzen), sondern vielmehr um Unterscheidungen (Distinktionen).

4. Bourdieu, die Historiker und die Rolle der Geschichte

Bourdieus Urteil über die Historiker ist keineswegs einheitlich. Einerseits finden sich in der von ihm gegründeten Zeitschrift *Actes de la recherche en science sociales* in den Jahren zwischen 1975 und 1993 nicht weniger als 70 Artikel von Historikern, unter anderem von Maurice Agulhon, Patrick Fridenson, Dominique Julia, Louis Marin, Jacques Gerner, David Sabean, Francis Haskell oder Svetlana Alpers. In den Jahren 1993 bis 1999 finden sich nochmals 69 Beiträge von Historikern, unter anderem von Jean-Yves Müller, Gadi Algazi, Robert Darnton, Laurence Fontaine oder Egon Flaig. Bourdieu selbst hat in seinen Werken zudem immer wieder Historiker zitiert, etwa Philippe Ariès, Francis Haskell, Johan Huizinga, Christiane Klapitsch-Zuber, Charles Tilly oder Edward P. Thompson. Seine Wertschätzung für letzteren als einem „großen Historiker" ist ebenso überliefert, wie sein großer Respekt vor den Arbeiten von Ernst Kantorowicz, Erwin Panofsky, Marc Bloch oder Fernand Braudel (Christin 2005: 197-199; Bourdieu / Raphael 1996: 71). Allein die schiere Fülle dieser Belege weist seine Wertschätzung gegenüber historischen Arbeiten, insbesondere gegenüber der Sozialgeschichte, aus. Andererseits warf er den Historikern unter anderem schlechte Philosophie, Ignoranz gegenüber den Klassikern der Sozialwissenschaften, fruchtlose Epistemologie und konfliktscheue politische Enthaltsamkeit vor: „Man käme nicht auf die Idee, Soziologie-Reihen als Weihnachtsgeschenke aufzubereiten; das ist völlig undenkbar" sagte er abschätzig im Dezember 1987 in einem Gespräch mit dem französischen Historiker Roger Chartier (Bourdieu / Chartier 1987: 18, 77). Er fühlte sich von den Historikern oft genug nur halb verstanden und verachtete ihre oberflächliche Begriffskenntnis (Bourdieu / Raphael 1996; Le séminaire de Paris 1995).

Zweifellos aber ist die Geschichte ein wichtiger Bestandteil in Bourdieus Theoriebildung, zumal er die Trennung der Fächer Geschichte, Ethnologie, Soziologie und Ökonomie zu überwinden suchte (Bourdieu / Raphael 1996: 63). Immer wieder hat er auf die Bedeutung der Genese und auf die Historisierung der Begriffe hingewiesen. Er insistierte, dass die intellektuelle „Vernunft [...] durch und durch geschichtlich" sei, also historisiert und sozial kontextualisiert werden müsse (Bourdieu 1993: 354; vgl. auch Bourdieu 1985: 49-81, 1991a: 42-64. Siehe dazu Steinmetz 2011: 47; Schwingel 1995: 124-128, 155-158; Daniel 2001: 184; Bourdieu / Raphael 1996: 79). Es komme darauf an, so Bourdieu, die Kategorien selbst zum „Objekt einer historischen Analyse" zu machen: „[A]ber bizarrerweise neigen die Historiker mit Sicherheit am meisten zum Anachronismus, weil sie, sei es, um sich modern zu geben, sei es, um ihre Arbeit interessanter wirken zu lassen, oder auch aus Nachlässigkeit, aktuell geläufige Wörter einsetzen, um über Realitäten zu sprechen, in denen diese Wörter nicht geläufig waren oder eine andere Bedeutung hatten." (Bourdieu / Chartier 1987: 35; Bourdieu / Raphael 1996: 79) Auch und gerade in Bezug auf den Begriff des Habitus, der in der Alltagssprache eine „versteinerte Philosophie" mit sich trägt und auf eine explizite Begriffsgeschichte von Aristoteles über Thomas von Aquin bis hin zu modernen Autoren wie Edmund Husserl, Marcel Mauss, Emil Durkheim, Max Weber und Norbert Elias zurückblicken kann, hat sich Bourdieu über die Bedeutung der Begriffsgeschichte geäußert (Bourdieu / Chartier 1987: 83-94; vgl. dazu auch Bourdieu / Raphael 1996: 67f.; Bourdieu 1991b: 24 sowie die entsprechenden Beiträge in diesem Band).

Um der systematischen Rolle der Geschichte in seinem Theorie- und Begriffsgebäude nachzugehen, kann man bei eben diesem Begriff des Habitus beginnen, der ja im Grunde nichts anderes als eine Art geronnene Geschichte bezeichnet: „Er ist wichtig, um daran zu erinnern, dass die Akteure eine Geschichte haben, dass sie Produkt einer individuellen Geschichte sind, einer an ein Milieu geknüpften Bildung, und dass sie auch Produkte einer kollektiven Geschichte sind." (Bourdieu / Chartier 1987: 84; ähnlich Bourdieu 1987: 101f.) Insofern spielt historische Entwicklung schon in diesem Grundbegriff eine zentrale Rolle, ohne dass der Begriff der Geschichte dabei verdinglicht worden wäre. Der Habitusbegriff, so wie ihn Bourdieu konzipiert hat, vermittelt also nicht nur zwischen der jeweils einseitigen Sicht vom Primat der Struktur (etwa im Marx'schen Begriff der „Charaktermaske") und dem Primat der Praxis (etwa im Reden der voluntaristischen Subjektivisten von der freien und moralischen Persönlichkeit), sondern verweist darauf, dass das Soziale „von Grund auf Geschichte" ist (Bourdieu 1993: 73). In seiner sozialtheoretischen Vermittlerrolle hingegen bezeichnet der Habitus dasjenige Dispositionssystem sozialer Akteure, das bestimmte Wahrnehmungs-, Denk- und Bewertungsschemata prägt. Der Habitus begründet, vermittels der Sozialisation, stabile Dispositionen und Praxisstrategien, die als ein Stück inkorporierter Gesellschaft verstanden werden können und die Akteure zu denjenigen Praxisstrategien anleitet, die in ihren vermeintlich eigenen Interessen liegen.[13]

Struktur wird bei Bourdieu nicht substantiell, sondern relational verstanden, insofern strukturelle Bedingungen sich in kollektiven Repräsentationsweisen und sozialen Klassifikationen ausdrücken. Das heißt, erst mit dem Vollzug gesellschaftlicher Praxis konstituieren sich soziale Strukturen. Umgekehrt aber prägen soziale Strukturen die Praxis der Akteure. Der Dialektik dieser „strukturierten Praxis" liegen „praktischer Sinn" und praktische Wertungen zugrunde, die die gesellschaftliche Konstruktion der Wirklichkeit in den individuellen wie auch kollektiven Strategien der Akteure steuern. Umgekehrt struktuieren aber auch die gesellschaftlichen Symbolsysteme Bedeutungen und haben Erkenntnis- und Kommunikationsfunktionen.

Der Bezug zwischen dem impliziten Wissen der historischen Akteure und ihrer habituellen Regelung führt nicht zu einer uniformen Praxis, sondern ermöglicht Spielräume für symbolische Auseinandersetzungen zwischen verschiedenen Individuen und Gruppen. Improvisationen sind, das hat jüngst noch einmal der amerikanische Kultursoziologe George Steinmetz überzeugend herausgearbeitet, im Möglichkeitsraum der „Ökonomie

---

[13] Hans-Peter Müller hat diesen Charakter des Habitus mit treffenden Begriffen als Inkorporationsannahme, Strategieannahme, Unbewusstseinsannahme und Stabilitätsannahme bezeichnet (Müller 1992: 258). Zum Habitusbegriff siehe vor allem die Grundlegung in Bourdieu (1976: 139-202).

praktischer Handlungen" systematisch eingebaut. Wie bei der Sprache reguliert der Habitus mögliche Praxen, ohne spezifische Praxen vorzugeben (Steinmetz 2011: 51). Der Habitus ist ein „generierendes Prinzip" zwischen Struktur und Praxis, in dem kollektive und individuelle Geschichte für die historischen Akteure zur „zweiten Natur" sedimentiert werden und den Charakter von Naturwüchsigkeit annehmen (Bourdieu 1987: 101).[14] Der verinnerlichte Habitus als praxisgenerierendes Prinzip determiniert eben keine *spezifischen* Handlungsvollzüge, ist keine mechanische Verhaltensproduktionsmaschine. Die Akteure sind nicht bloß „Träger" ihres Habitus, sondern verfolgen ihre Strategien innerhalb von gesetzten Regelkanons. Der Habitus legt also lediglich die Art und Weise der Ausführung und die Grenzen möglicher Praktiken fest. Die Habitustheorie ist somit eine „Theorie des Erzeugungs*modus* der Praxisformen" (Bourdieu 1976: 164; Hervorhebung von S.R. Weiterführend hierzu Schwingel 1995: 63-68; Steinmetz 2011: 51-54).

Insofern hat Hans-Ulrich Wehler nur eingeschränkt recht, wenn er meint, dass „bei Bourdieus Habituskonzept die Gefahr der Statik" besteht (Wehler 1998: 32). Die scharfe Entgegnung des Rostocker Althistorikers Egon Flaig, der nicht nur einen „situationell kreativen" Habitus beschreibt, sondern von einem durch Bourdieu gesetzten „unablässig und spontan" stattfindendem Wandel ausgeht, in der die Reproduktion eine erst zu erklärende Ausnahme sei, dürfte hingegen über das Ziel hinausschießen (Flaig 2000: 380). Dass Bourdieu die typisch soziologische Frage nach gesellschaftlichen Reproduktionsmodi thematisiert, bedeutet jedenfalls in der Tat nicht, dass er sich einem „Denken im Sinne einer stillstehenden Welt verpflichtet", wie der französische Historiker Olivier Christin (2005: 199) festgehalten hat. Zeitlichkeit und Wandel werden bei Bourdieu mit drei Zentralbegriffen, die sich teilweise überlappen, explizit thematisiert: Krise, soziales Feld und situativ geformte Akteursstrategien.

Die Offenheit des Habitus für bestimmte historisch-gesellschaftliche Situationen, die Bezogenheit der historischen Akteure auf soziale Felder und der Hysteresis-Effekt bilden drei zentrale Bezugspunkte für Bourdieus Analyse historischen Wandels.

So hat Bourdieu erstens gesellschaftliche Konstellationen untersucht, die zum Scheitern des Habitus als Produktionsprinzip der Praxis führen. Die „Deckungsgleichheit der objektiven Strukturen mit den einverleibten" kann ihm zufolge in gesellschaftlichen Krisen verloren gehen (Bourdieu 1987: 50).[15] So ist es vor allem die Ungleichzeitigkeit zwischen angeeigneten Habitusformen und einer gewandelten Umwelt, die zu gesellschaftlich krisenhaften Momenten und einer Destabilisierung des Habitus führen. Es sind „Krisensituationen, in denen die unmittelbare Angepasstheit von Habitus und Feld auseinander bricht" (Bourdieu 1987: 397), da die „habituellen Erwartungsstrukturen systematisch enttäuscht und die einverleibten und altbewährten Wahrnehmungs- und Denkschemata in Frage gestellt werden" (Schwingel 1995: 74). Mit dem Begriff des „Hysteresis-Effektes" (Bourdieu 1982: 238) werden Krise und Wandel sodann näher beschrieben. Die in ihren Hoffnungen und Aussichten definitiv Enttäuschten steigen aus dem Konkurrenzkampf eines Feldes aus, der die Anerkennung der feldspezifischen Spielregeln voraussetzte. Sie akzeptieren nicht mehr, worum es nach Setzung der Herrschenden gehen solle, und treten statt dessen in einen revolutionären Kampf ein, der darauf abzielt, neue Ziele und Einsätze, also neue Spielregeln, festzulegen. Zur allgemeinen Krise wird diese lokale Krise, wenn es zur „Ko-

---

[14] Zum Unbewussten des Habitus siehe etwa Bourdieu (1993: 79, 1982: 283, 601, 657, 1987: 128).
[15] Für Bourdieus Untersuchungen der Veränderungen im Heiratsverhalten des ländlichen Béarn siehe Steinmetz (2011: 52).

inzidenz zwischen den Dispositionen und Interessen von Akteuren mit homologen Positionen in unterschiedlichen Feldern" kommt (Bourdieu 1992a: 274). Das eigentliche „historische Ereignis" entsteht, wenn die Krisenverläufe der relativ autonomen Felder sich aufgrund von Positionshomologien ihrer Akteure kreuzen, sich synchronisieren und darauf Bündnisse gegründet werden: Unterschiedliche Zeitlichkeiten werden in der Krise plötzlich gleichgeschaltet (Bourdieu 1992a: 276-283).

Zweitens ist sein Begriff des „sozialen Feldes" durch und durch historisch und in sich dynamisch und konflikttheoretisch angelegt. In den jeweiligen sozialen Feldern kämpfen die beherrschenden etablierten Akteure und die beherrschten Häretiker um Erhaltung bzw. Veränderung der symbolischen Ordnung (Bourdieu 1993: 107-116; Steinmetz 2011: 54f.). Die Annahme eines konflikthaften Kampfes um „symbolisches Kapital" bildet das handlungstheoretische Gerüst, mit dem sozialer Wandel erklärbar wird. Die Spielregeln der sozialen Felder sind derart flexibel und umstritten, so dass das Handeln der relational aufeinander bezogenen Akteure nicht in dem bloß mechanischen Ausführen von Vorschriften aufgeht. Manche Felder wie Kunst und Mode sind derart umstritten, dass es sogar zu ständigen Wandlungen der Spielregeln kommt. Auch für eine moderne Politikgeschichte, die Macht- und Definitionskämpfe um Klassifikationsschemata analysiert, werden Bourdieus feldspezifische Überlegungen über die Auseinandersetzung um das „mit Autorität gesprochene Wort" zu einer wichtigen Anregung, denn Bourdieu untersucht die Produktions- und Rezeptionsbedingungen von legitimierten Sprechakten und Diskursen, den politischen Kampf um Worte und Bedeutungen, um Relevanzstrukturen und legitime Standards (Bourdieu 1992b: 73; Gilcher-Holtey 1995: 188-191; vgl. weiterführend Bourdieu 2001a; Frevert / Haupt 2005).

Drittens umschreibt der Habitus kein genau festgelegtes Verhaltensrepertoire, sondern Strategien der Akteure, mit denen diese in der Praxis um Anerkennung und Macht ringen. Dieses System von Dispositionen ist ständig neuen Erfahrungen unterworfen und wird durch diese immer wieder umgeformt. Zwar suchen die Akteure Erfahrungen, „die mit den Erfahrungen konform sind, die ihren Habitus geformt haben", aber der Habitus weist sich nur im Zusammenhang mit einer Situation aus: „Entgegen dem, was man mir in den Mund legt, bringt der Habitus gerade in der Relation mit einer bestimmten Situation etwas hervor." Der Habitus zeichnet sich durch eine situative „Unbestimmtheit, Offenheit und Unsicherheit" aus, die eine „schöpferische Spontaneität" der historischen Akteure erlaube (Bourdieu / Chartier 1987: 90; Bourdieu 1992b).

Literatur

Alkemeyer, Thomas (1996): *Körper, Kult und Politik. Von der „Muskelreligion" Pierre de Coubertins zur Inszenierung von Macht in den Olympischen Spielen von 1936.* Frankfurt am Main / New York: Campus.

Alkemeyer, Thomas u.a. (2003) (Hg.): *Aufs Spiel gesetzte Körper. Aufführungen des Sozialen in Sport und populärer Kultur.* Konstanz: UVK.

Alkemeyer, Thomas (2006): Lernen und seine Körper. Habitusformungen und -umformungen in Bildungspraktiken. In: Barbara Friebertshäuser / Markus Rieger-Ladich / Lothar Wigger (Hg.): *Reflexive Erziehungswissenschaft Forschungsperspektiven im Anschluss an Pierre Bourdieu.* Wiesbaden: VS. S. 119-142.

Alkemeyer, Thomas (2010): Somatischer Eigensinn? Kritische Anmerkungen zu Diskurs- und Gouvernementalitätsforschung aus subjektivationstheoretischer und praxeologischer Perspektive. In: Johannes Angermüller / Silke van Dyk (Hg.): *Diskursanalyse meets Gouvernementalitätsforschung. Perspektiven auf das Verhältnis von Sprache, Macht und Wissen.* Frankfurt am Main / New York: Campus. S. 315-335.
Alkemeyer, Thomas / Budde, Gunilla / Freist, Dagmar (2013) (Hg.): *Selbst-Bildungen. Soziale und kulturelle Praktiken der Subjektivierung.* Bielefeld: Transcript.
Berdahl, Robert M. / Lüdtke, Alf / Medick, Hans et al. (1982): *Klassen und Kultur. Sozialanthropologische Perspektiven in der Geschichtsschreibung.* Frankfurt: Syndikat.
Bertrand, Romain (2005): *Etat colonial, noblesse et nationalisme à Java. La Tradition parfaite.* Paris: Karthala.
Blaschke, Olaf / Raphael, Lutz (2007): Im Kampf um Positionen. Änderungen im Feld der französischen und deutschen Geschichtswissenschaft nach 1945. In: Jan Eckel / Thomas Etzemüller (Hg.): *Neue Zugänge zur Geschichte der Geschichtswissenschaft.* Göttingen: Wallstein. S. 69-109.
Bock, Ulla / Dölling, Irene / Krais, Beate (Hg.) (2007): *Pierre Bourdieus Soziologie der Praxis und ihre Herausforderungen für die Frauen- und Geschlechterforschung.* Göttingen: Wallstein.
Bourdieu, Pierre (1976): *Entwurf einer Theorie der Praxis auf der ethnologischen Grundlage der kabylischen Gesellschaft.* Frankfurt: Suhrkamp.
Bourdieu, Pierre (1982): *Die feinen Unterschiede. Kritik der gesellschaftlichen Urteilskraft.* Frankfurt: Suhrkamp.
Bourdieu, Pierre (1983): *Ökonomisches Kapital, kulturelles Kapital, soziales Kapital.* In: Reinhard Kreckel (Hg.): *Soziale Ungleichheiten.* Göttingen: Schwartz. S. 183-198.
Bourdieu, Pierre (1985): *Sozialer Raum und ‚Klassen'. Leçon sur la leçon. Zwei Vorlesungen.* Frankfurt: Suhrkamp.
Bourdieu, Pierre (1987): *Sozialer Sinn.* Frankfurt: Suhrkamp.
Bourdieu, Pierre (1991a): *Die Intellektuellen und die Macht.* Hamburg: VSA.
Bourdieu, Pierre (1991b): *Soziologie als Beruf. Wissenschaftstheoretische Voraussetzungen soziologischer Erkenntnis.* Berlin / New York: De Gruyter.
Bourdieu, Pierre (1992a): *Homo academicus.* Frankfurt: Suhrkamp.
Bourdieu, Pierre (1992b): *Rede und Antwort.* Frankfurt: Suhrkamp.
Bourdieu, Pierre (1993): *Soziologische Fragen.* Frankfurt: Suhrkamp.
Bourdieu, Pierre (1996) (im Gespräch mit Lutz Raphael): Über die Beziehungen zwischen Geschichte und Soziologie in Frankreich und Deutschland. In: *Geschichte und Gesellschaft* (22): S. 62-89.
Bourdieu, Pierre (2001a): *Das politische Feld. Zur Kritik der politischen Vernunft.* Konstanz: UVK.
Bourdieu, Pierre (2001b): *Meditationen. Zur Kritik der scholastischen Vernunft.* Frankfurt: Suhrkamp.
Bourdieu, Pierre (2004a): *Schwierige Interdisziplinarität. Zum Verhältnis von Soziologie und Geschichtswissenschaft.* Herausgegeben von Elke Ohnacker und Franz Schultheis. Münster: Westfälisches Dampfboot.
Bourdieu, Pierre (2004b): *Der Staatsadel.* Konstanz: UVK.
Bourdieu, Pierre (2005): *Die männliche Herrschaft.* Frankfurt: Suhrkamp.
Bourdieu, Pierre / Chartier, Roger (2011): *Der Soziologe und der Historiker.* Wien / Berlin: Turia + Kant.
Charle, Christophe (1990): *Naissance des «intellectuels», 1880-1900.* Paris: Editions de Minuit.
Charle, Christophe (1991): *Histoire sociale de la France au XIXe siècle.* Paris: Editions du Seuil.
Charle, Christophe (Hg.) (1993): *Histoire social, histoire globale? Actes du colloque des 27-28 janvier 1989.* Paris: Editions de la Maison des Sciences de l'Homme.
Charle, Christophe (1994): *La republique des universitaires.* 1870-1940. Paris: Seuil.
Chartier, Roger (1982): Espace social et imaginaire social: les intellectuels frustrés au XVIIe siècle. In: *Annales. Histoire, Sciences Sociales* (37), 2: S. 389-400.

Chartier, Roger (1985): Text, Symbols, and Frenchness. In: *Journal of Modern History* (57), 4: S. 682-695.
Chartier, Roger (1989): Le monde comme représentation. In: *Annales. Histoire, Sciences Sociales* (44), 6: S. 1505-1520.
Chartier, Roger (1992): *Die unvollendete Vergangenheit. Geschichte und die Macht der Weltauslegung.* Frankfurt: Fischer.
Christin, Olivier (2005): Geschichtswissenschaften und Bourdieu. In: Catherine Colliot-Thélène / Etienne François / Gunter Gebauer (Hg.): *Pierre Bourdieu: Deutsch-französische Perspektiven.* Frankfurt: Suhrkamp. S. 195-207.
Daniel, Ute (2001): *Kompendium Kulturgeschichte. Theorien, Praxis, Schlüsselwörter.* Frankfurt: Suhrkamp.
Eggers, Petra (1985): Geschmack und Geschmackswandel in der handwerklichen Trinkkultur im Übergang vom 18. zum 19. Jahrhundert. In: *Neue Sammlung* (25), 3: S. 359-375.
Encrevé, Pierre / Lagrave, Rose-Marie (2003) (Hg.): *Travailler avec Bourdieu.* Paris: Flammarion.
Flaig, Egon (2000): Pierre Bourdieus Entwurf einer Theorie der Praxis (1972). In: Walter Ehrhardt / Herbert Jaumann (Hg.): *Jahrhundertbücher. Große Theorien von Freud bis Luhmann.* München: Beck. S. 358-382.
Flaig, Egon (2004a): *Ritualisierte Politik. Zeichen, Gesten und Herrschaft im Alten Rom.* Göttingen: Vandenhoeck & Ruprecht.
Flaig, Egon (2004b): Habitus, Mentalitäten und die Frage des Subjekts: Kulturelle Orientierungen sozialen Handelns. In: Friedrich Jaeger / Jörn Rüsen (Hg.): *Handbuch der Kulturwissenschaften.* Bd. 3: Themen und Tendenzen. Stuttgart / Weimar: Metzler. S. 356-371.
Frevert, Ute / Haupt, Heinz-Gerhard (2005) (Hg.): *Neue Politikgeschichte. Perspektiven einer historischen Politikforschung.* Frankfurt: Campus.
Füssel, Marian (2006): *Gelehrtenkultur als symbolische Praxis. Rang, Ritual und Konflikt an der Universität der Frühen Neuzeit.* Darmstadt: Wissenschaftliche Buchgesellschaft.
Füssel, Marian (2007): Akademische Lebenswelt und gelehrter Habitus. Zur Alltagsgeschichte des deutschen Professors im 17. und 18. Jahrhundert. In: *Jahrbuch für Universitätsgeschichte* (10): S. 35-51.
Füssel, Marian (2011): Die feinen Unterschiede in der Ständegesellschaft. Der praxeologische Ansatz Pierre Bourdieus. In: Marian Füssel / Thomas Weller (Hg.): *Soziale Ungleichheit und ständische Gesellschaft. Theorien und Debatten in der Frühneuzeitforschung.* Frankfurt: Klostermann. S. 24-46.
Garrigou, Alain (1992): *Le vote et la vertu. Comment les Français sont devenus électeurs.* Paris: Presses de la Fondation Nationale des Sciences Politiques.
Gauvard, Claude (1991): *„De Grace especial". Crime, état et société en France à la fin du Moyen Age.* Paris: Publications de la Sorbonne.
Gilcher-Holthey, Ingrid (1995): *„Die Phantasie an die Macht". Mai 68 in Frankreich.* Frankfurt: Suhrkamp.
Goltermann, Svenja (1998): *Körper der Nation. Habitusformierung und die Politik des Turnens 1860-1890.* Göttingen: Vandenhoeck & Ruprecht.
Grießinger, Andreas (1981): *Das symbolische Kapital der Ehre. Streikbewegungen und kollektives Bewusstsein deutscher Handwerksgesellen im 18. Jahrhundert.* Berlin / Frankfurt / Wien: Ullstein.
Groh, Dieter (1992): *Anthropologische Dimensionen der Geschichte.* Frankfurt: Suhrkamp.
Groppe, Carola (2007): Bildung und Habitus in Bürgerfamilien um 1900. Ästhetische Praxis und soziale Distinktion: Wer liebt welche Kunst? In: *Historische Politikforschung* (10): S. 56-76.
Guckes, Jochen (2011): *Konstruktionen bürgerlicher Identität. Städtische Selbstbilder in Freiburg, Dresden und Dortmund 1900-1960.* Paderborn: Ferdinand Schöningh.
Hasselmann, Kristiane (2009): *Die Rituale der Freimaurer. Zur Konstitution eines bürgerlichen Habitus im England des 18. Jahrhunderts.* Bielefeld: Transcript.

Hörning, Karl H. / Reuter, Julia (2004) (Hg.): *Doing Culture. Neue Positionen zum Verhältnis von Kultur und sozialer Praxis.* Bielefeld: Transcript

Janz, Oliver (2009): *Das symbolische Kapital der Trauer. Nation, Religion und Familie im italienischen Gefallenenkult des Ersten Weltkriegs.* Tübingen: Max Niemeyer.

Kehrt, Christian (2010): Pilotenbilder und Technikerfahrung. Zum Habitus deutscher Militärpiloten im Zeitalter der Weltkriege. In: Jörg Echternkamp / Wolfgang Schmidt / Thomas Vogel (Hg.): *Perspektiven der Militärgeschichte. Raum, Gewalt und Repräsentation in historischer Forschung und Bildung.* München: Oldenbourg. S. 223-237.

Klapitsch-Zuber, Christiane (1990): *La maison et le nom. Stratégies et rituels dans l'Italie de la renaissance.* Paris: Éditions de l'Ecole des Hautes Études en Sciences Sociales.

Klimo, Arpad von (1997): *Staat und Klientel im 19. Jahrhundert. Administrative Eliten in Italien und Preußen im Vergleich (1860-1918).* Vierow bei Greifswald: SH.

Kniep, Jürgen (2006): „Education" und Habitus. Überlegungen zur Bildung frühneuzeitlicher Adliger am Beispiel der Ritterakademie in Wolfenbüttel. In: *Braunschweigisches Jahrbuch für Landesgeschichte* (87): S. 41-62.

Le séminaire de Paris (1995). In: *Actes de la recherche en sciences sociales* (106/107): S. 101-104.

Landwehr, Achim (2000): *Policey im Alltag. Die Implementation frühneuzeitlicher Policeyordnungen in Leonberg.* Frankfurt: Vittorio Klostermann

Lange-Vester, Andrea (2000): *Kontinuität und Wandel des Habitus. Handlungsspielräume und Handlungsstrategien in der Geschichte einer Familie.* Dissertation. Universität Hannover.

Lässig, Simone (2004): *Jüdische Wege ins Bürgertum. Kulturelles Kapital und sozialer Aufstieg im 19. Jahrhundert.* Göttingen: Vandenhoeck & Ruprecht.

Lepetit, Bernard (1995) (Hg.): *Les Formes de l'expérience. Une autre histoire sociale.* Paris: Albin Michel.

Lüdtke, Alf (1989): *Alltagsgeschichte. Zur Rekonstruktion historischer Erfahrungen und Lebensweisen.* Frankfurt: Campus.

Lüdtke, Alf (1991): *Herrschaft als soziale Praxis. Historische und sozialanthropologische Studien.* Göttingen: Vandenhoeck & Ruprecht.

Lüdtke, Alf (2003): Alltagsgeschichte – ein Bericht von unterwegs. In: *Historische Anthropologie* (11): S. 278-295.

Medick, Hans (1984): „Missionare im Ruderboot"? Ethnologische Erkenntnisweisen als Herausforderung an die Sozialgeschichte. In: *Geschichte und Gesellschaft* (3): S. 295-319.

Medick, Hans (2006): Historische Anthropologie auf dem Weg zur Selbstreflexion. In: *Historische Zeitschrift* (283): S. 124-130.

Mergel, Thomas (1994): *Zwischen Klasse und Konfession. Katholisches Bürgertum im Rheinland 1794-1914.* Göttingen: Vandenhoeck & Ruprecht.

Mourey, Marie-Thérèse (2010): Körperbilder und habitus corporis. Nationale und soziale Stereotype in der Frühen Neuzeit. In: Miroslawa Czarnecka / Thomas Borgstedt / Tomasz Jabłecki (Hg.): *Frühneuzeitliche Stereotype. Zur Produktivität und Restriktivität sozialer Vorstellungsmuster.* Bern / Berlin / Brüssel: Peter Lang. S. 243-257.

Müller-Rolli, Sebastian (1985): Familie und Schule im historischen Prozeß der sozialen und kulturellen Reproduktion. In: *Neue Sammlung* (25), 3: S. 340-358.

Müller, Hans-Peter (1992): *Sozialstruktur und Lebensstile. Der neuere theoretische Diskurs über soziale Ungleichheit.* Frankfurt: Suhrkamp.

Noiriel, Gerard (2003): Comprendre l'incomprénsion? Hommage à Pierre Bourdieu. In: Gerard Noiriel: *Penser avec, penser contre. Itinéraire d'un historien.* Paris: Belin. S. 127-170.

Portele, Gerhard / Huber, Ludwig (1981): Entwicklung des akademischen Habitus. Zum Problem der Konzeptbildung in der Hochschulsozialisationsforschung. In: Ingrid N. Sommerkorn (Hg.): *Identität und Hochschule. Probleme und Perspektiven studentischer Sozialisation.* Hamburg: Arbeitsgemeinschaft für Hochschuldidaktik. S. 185-197.

Raphael, Lutz (2004): Habitus und sozialer Sinn. Der Ansatz der Praxistheorie bei Pierre Bourdieu. In: Friedrich Jaeger / Jürgen Straub (Hg.): *Handbuch der Kulturwissenschaften*. Band 2: Paradigmen und Disziplinen. Stuttgart: Metzler. S. 266-276.

Reichardt, Sven (1997): Bourdieu für Historiker? Ein kultursoziologisches Angebot an die Sozialgeschichte. In: Thomas Mergel / Thomas Welskopp (Hg.): *Geschichte zwischen Kultur und Gesellschaft. Beiträge zur Theoriedebatte*. München: Beck. S. 71-93.

Reichardt, Sven (2005): Gewalt, Körper, Politik. Paradoxien in der deutschen Kulturgeschichte der Zwischenkriegszeit. In: Wolfgang Hardtwig (Hg.): *Politische Kulturgeschichte der Zwischenkriegszeit 1918-1939*. Göttingen: Vandenhoeck & Ruprecht. S. 205-239.

Reichardt, Sven (2007): Praxeologische Geschichtswissenschaft. Eine Diskussionsanregung. In: *Sozial.Geschichte* (22), 3: S. 43-65.

Reichardt, Sven (2013): *Authentizität und Gemeinschaft. Linksalternatives Leben in den siebziger und frühen achtziger Jahren*. Berlin: Suhrkamp.

Reitmeyer, Morten (1999): *Bankiers im Kaiserreich. Sozialprofil und Habitus der deutschen Hochfinanz*. Göttingen: Vandenhoeck & Ruprecht.

Rummel, Philipp von (2007): *Habitus barbarus. Kleidung und Repräsentation spätantiker Eliten im 4. und 5. Jahrhundert*. Berlin / New York: De Gruyter.

Sarasin, Philipp (2003): *Geschichtswissenschaft und Diskursanalyse*. Frankfurt: Suhrkamp.

Schwingel, Markus (1995): *Bourdieu zur Einführung*. Hamburg: Junius.

Schriewer, Jürgen / Keiner, Edwin / Charle, Christophe (1993) (Hg.): *Sozialer Raum und akademische Kulturen*. Frankfurt: Lang.

Sieder, Reinhard (1994): Geschichte auf dem Weg in eine historische Kulturwissenschaft? In: *Geschichte und Gesellschaft* (20): S, 445-468.

Steinmetz, George (2011): Bourdieu, Historicity, and Historical Sociology. In: *Cultural Sociology* (5): S. 45-66.

Tacke, Charlotte (1995): *Denkmal im sozialen Raum. Nationale Symbole in Deutschland und Frankreich im 19. Jahrhundert*. Göttingen: Vandenhoeck & Ruprecht.

Tanner, Albert (1995): *Arbeitsame Patrioten – wohlanständige Damen. Bürgertum und Bürgerlichkeit in der Schweiz 1830-1914*. Zürich: Orell Füssli.

Vester, Michael / Oertzen, Peter von / Geiling, Heiko et al. (2001): *Soziale Milieus im gesellschaftlichen Strukturwandel*. Frankfurt: Suhrkamp.

Vincent, Julien (2004): The Sociologist and the Republic. Pierre Bourdieu and the Virtues of Social History. In: *History Workshop Journal* (58): S. 128-148.

Wehler, Hans-Ulrich (1996): Von der Herrschaft zum Habitus. In: *Die Zeit* vom 25.10.1996.

Wehler, Hans-Ulrich (1998): Pierre Bourdieu. Das Zentrum seines Werks. In: Hans-Ulrich Wehler: *Die Herausforderung der Kulturgeschichte*. München: Beck. S. 15-44.

Welskopp, Thomas (1994): Ein modernes Klassenkonzept für die vergleichende Geschichte industrialisierender und industrieller Gesellschaften. In: Karl Lauschke / Thomas Welskopp (Hg.): *Mikropolitik im Unternehmen. Arbeitsbeziehungen und Machtstrukturen in industriellen Großbetrieben des 20. Jahrhunderts*. Essen: Klartext. S. 48-106.

Habitus und Literatur: Literarische Texte in Bourdieus Soziologie

Maja Suderland

1. Einleitung

Mit seinen Arbeiten zum literarischen Feld hat Pierre Bourdieu schon frühzeitig eine Forschungsproblematik abgesteckt, in deren Zentrum die Produktion von Literatur steht (vgl. Bourdieu 1974a [1966]; 1999 [1992]). Das hierfür entscheidende und tragende theoretische Konzept ist das der *sozialen Felder*, die sich stets als Macht- oder Kräftefelder darstellen, in denen mittels „Positionierungen" um Erhalt oder Erreichen von „Positionen" gekämpft wird (Bourdieu 1999: 365-371). Da Habitus und soziales Feld theoretisch zusammen gedacht werden müssen, spielt das *Habituskonzept* auch für die Analyse des Feldes der Literatur eine prominente Rolle. In erster Linie haben einschlägige Untersuchungen bislang im Habitus verankerte „Dispositionen" (Bourdieu 1999: 365-371), Sichtweisen, Klassifikationsschemata und Handlungsmodi der Literat/innen ins Blickfeld gerückt, die bei den Auseinandersetzungen im Feld der Literatur eingesetzt und als literarische „Positionierungen" zum Ausdruck gebracht werden.

Ein anderer, im Kontext der Thematik von „Habitus und Literatur" bedeutsamer Aspekt blieb in der Soziologie – aber auch in der Literaturwissenschaft – bislang noch weitgehend unterbelichtet. Bourdieu sieht in der *Sozioanalyse*[1] *eines literarischen Werkes* den für die Rekonstruktion der Position eines Autors bzw. einer Autorin im Feld der Literatur notwendigen ersten Analyseschritt. Dieser erste Schritt allerdings kann, wie in Bourdieus Arbeiten dokumentiert ist, auch zur Beantwortung von soziologischen Fragen genutzt werden, die sich jenseits des literarischen Felds auf soziale Relationen und Positionen wie auch Positionierungen im *sozialen Raum*[2] richten. Mit der Sozioanalyse literarischer Texte können also nicht nur Erkenntnisse über die Habitus der Literat/innen, sondern auch über die Habitus der in der Literatur dargestellten sozialen Akteure gewonnen werden. Und auch die theoretische Begründung für die Anwendbarkeit der Sozioanalyse bei literarischen Texten als Mittel, um Einblicke in die reale soziale Welt zu erlangen, hat ihren Ausgangspunkt in Bourdieus Habituskonzept. Das Potenzial des Themenspektrums „Habitus und Literatur" geht also weit über das des literarischen Feldes hinaus. Im Zentrum des vorliegenden Beitrags sollen daher sowohl der theoretisch-methodologische Hintergrund wie auch der mögliche Erkenntnisgewinn durch die Sozioanalyse literarischer Texte stehen. Anders als in den übrigen Abhandlungen dieses Buchabschnittes „Konzeptionelle Erweiterungen und interdisziplinäre Anwendung", wird also in diesem Beitrag nicht aus der Perspektive einer ande-

---

[1] Zur Sozioanalyse siehe bspw. Bourdieu (1987b) oder (1999).
[2] Zum Sozialen Raum siehe bspw. Bourdieu (1982), (1985) oder (1992a: 135-154); auch Suderland (2009b).

ren Disziplin – der Literaturwissenschaft – argumentiert, sondern in erster Linie für die soziologische Verwendung literarischer Texte in der Soziologie plädiert.

Zunächst jedoch soll zur Erläuterung des soziologischen Möglichkeitsraumes, den das Themenspektrum „Habitus und Literatur" aufspannt, ein kursorischer Überblick über das Konzept des literarischen Feldes gegeben werden (Abschnitt 2). Anschließend wird es um die theoretische Begründung für die Habitusanalyse im Medium der Literatur und ihren Nutzen für soziologische Fragestellungen jenseits des Feldes der literarischen Produktion gehen (Abschnitt 3). Zudem soll am Beispiel von „Die männliche Herrschaft" (Bourdieu 1997; 2005) gezeigt werden, wie Bourdieu in seinen eigenen Arbeiten literarische Texte zur Sozioanalyse nutzte (Abschnitt 4). Daran lassen sich auch die Voraussetzungen für die Anwendung dieser Methode erläutern (Abschnitt 5).

2. Habitus und literarisches Feld

Bourdieus Arbeiten zum Feld der Literatur sind zunächst einmal im Kontext seiner grundlegenden Überlegungen zu Mitteln und Möglichkeiten der soziologischen Analyse zu verorten, nämlich im theoretischen Zusammenhang seines allgemeinen Begriffs des sozialen Feldes und insbesondere der Felder der kulturellen Produktion. Der Kerngedanke dessen, was Bourdieu später systematischer mit dem Feldbegriff beschreibt, taucht bereits in seinen frühen Schriften zur Soziologie der Kunst (1974a [1966]) und zur Religionssoziologie Max Webers auf (2000 [1971]). Bourdieu selbst weist darauf hin, dass ihm die Grundidee für das theoretische Konzept strukturierter Felder bei der parallelen Bearbeitung beider Themen kam, als er sich der Homologie der Strukturen in beiden Bereichen bewusst wurde (vgl. Bourdieu 1992a: 36). Später verwandte er den Feldbegriff in vielfältigen Zusammenhängen; neben Kunst, Kultur und Religion u. a. für den Wissenschaftsbereich (Bourdieu 1988, 1998b) und die Intellektuellen (Bourdieu 1991a), die Politik (Bourdieu 2001a) oder die Ökonomie (Bourdieu 1998c).

Wie auch die anderen theoretischen Konzepte Bourdieus weist der Feldbegriff nicht auf etwas real Existierendes, das die jeweiligen sozialen Akteure als gegeben ansehen. Vielmehr ist das soziale Feld, ebenso wie der Habitus oder seine anderen Begriffsinstrumente, ein theoretisches Konstrukt, das die wissenschaftliche Praxis anleiten und strukturieren soll (Bourdieu / Wacquant 1996: 197). „Die Funktion der Begriffe, die ich [Bourdieu; M. S.] verwende, ist zuerst und vor allem die, gewissermaßen *stenographisch* eine *theoretische Positionsbestimmung*, ein [...] Prinzip der *methodologischen Wahl* zu bezeichnen." (Bourdieu in ebd.: 198; Hervorhebung M. S.).

Der Bourdieu'sche Feldbegriff dient dem Verstehen sozialer Verhältnisse in unterschiedlichen und von anderen Sphären relativ unabhängig erscheinenden Bereichen. Mit seiner Hilfe lassen sich die sozialen Aspekte dieser Handlungsräume beschreiben. Gemeinsam ist allen Feldern, dass in ihnen soziale Kämpfe stattfinden, die Bourdieu häufig mit Wettkämpfen und Spielen vergleicht, bei denen zwar jeweils durchaus Unterschiedliches auf dem Spiel steht, aber stets um mehr oder weniger einflussreiche und mit Macht ausgestattete Positionen gerungen wird. Bei den feldinternen Kämpfen wird ausgehandelt, wer überhaupt zum Feld gehört oder gehören darf und was als wegweisend für das spezifische Feld gelten soll – Bourdieu beschreibt Felder daher auch als „Kräftefelder" (Bourdieu 1974a), in denen der Besitz der Deutungshoheit Gegenstand der Kämpfe ist. Da alle Felder historisch entstanden sind, haben sie eine Geschichte, der die Bedeutungen und Sinnzuschreibungen entstammen, über deren Verbindlichkeit aber immer wieder neu verhandelt wird. Das heißt auch, dass die Maßstäbe innerhalb eines Feldes nicht ein für alle Mal gegeben sind, sondern sich im Laufe der Zeit verändern (vgl. Bourdieu 1993b: 107-114; Bourdieu / Wacquant 1996: 124-147).

Der *Habitus* der Feldakteure ist insofern von großer Bedeutung, als ein für das jeweilige Feld passender Habitus unabdingbare Voraussetzung für die Teilnahme am jeweiligen Spiel ist. Die Mitspieler müssen über einen *Praxis-Sinn* verfügen, der die Maßstäbe und Werte des jeweiligen Feldes soweit verinnerlicht hat, dass der Zweck des Spiels nicht in Frage gestellt wird. Allen Akteuren innerhalb eines Feldes ist daher der Glaube an den Sinn, das Ziel und den Wert des Spieles gemeinsam – Bourdieu verwendet hierfür auch den Begriff *Illusio*:

„*Illusio* bezeichnet die Tatsache, daß man vom Spiel erfasst, vom Spiel gefangen ist, daß man glaubt, daß das Spiel den Einsatz wert ist oder, um es einfach zu sagen, daß sich das Spielen lohnt. […] also die Tatsache, daß man einem sozialen Spiel zugesteht, daß es wichtig ist, daß, was in ihm geschieht, denen wichtig ist, die in ihm engagiert sind, mit von der Partie sind." (Bourdieu 1998a: 140f.; Hervorhebung i. O.)

Dieser gemeinsame und im Habitus tief verankerte Glaube ist nach Bourdieu auch Ursache für eine soziale *Libido*, von der die Akteur/innen in ihrem Ringen um Anerkennung innerhalb des Feldes angetrieben werden und die zugleich die Bereitschaft mit sich bringt, für das Spiel bestimmte Opfer zu bringen oder Leiden zu erdulden (vgl. Bourdieu 1998a: 137ff.; Suderland 2009a).

Die Habitus der Akteure eines Feldes hinterlassen immer Spuren in ihren jeweiligen „Positionierungen" – d. h. in den produzierten Werken –, da der Habitus stets sämtliches Agieren prägt. Bourdieu verwendet für diese Habitusprägung auch den Begriff *modus operandi* und für das Werk, das deren Spuren in sich trägt, *opus operatum* (vgl. z. B. Bourdieu 1974b: 151). Die Analyse der Produkte oder Werke eines Feldes lässt also nicht allein Rückschlüsse auf die Strukturen des Feldes, sondern immer auch auf die Habitus der in ihm handelnden Akteure zu (zusammenfassend zu Bourdieus Feldbegriff siehe bspw. Jurt 2008: 90-101; Krais / Gebauer 2002: 53-60).

In seinen Arbeiten zum *Feld der Literatur* – insbesondere in *Die Regeln der Kunst* (Bourdieu 1999) – analysiert Bourdieu die Literaturgeschichte als Feldgeschichte und zeigt, inwiefern die Strukturen des Feldes der literarischen Produktion zu bestimmten historischen Zeitpunkten – vermittelt über die jeweiligen Autor/innen – ihre unverkennbaren Spuren in den literarischen Werken selbst hinterlassen. Umgekehrt bedeutet dies, dass eine Sozioanalyse fiktionaler literarischer Texte, wie Bourdieu sie selbst an Gustave Flauberts *Die Erziehung des Herzens* (Flaubert 1869) durchgeführt hat (Bourdieu 1987b, 1999), Auskunft zum jeweiligen Stand der Strukturen des literarischen Feldes und den Entstehungsbedingungen eines Werkes geben kann.

In der Literaturwissenschaft selbst wurde Bourdieus soziologisches Analyseverfahren häufig und vehement als „Sakrileg der ‚Einmischung'" (Einfalt 2006: 177) empfunden, da er die Vorstellung, Kultur in allen ihren Formen stehe von vornherein außerhalb oder jenseits von Gesellschaft, in seinen Analysen der kulturellen Felder grundsätzlich in Frage stellt. Auch in seiner Untersuchung zum Feld der Literatur geht es ihm darum zu zeigen, in welchen, u. a. von Machtinteressen geprägten, *sozialen Entstehungszusammenhängen* –

jenseits der feldinternen Verhandlungen über die Genialität oder die mangelnden literarischen Qualitäten einzelner Schriftsteller – die Produktion literarischer Werke zu sehen ist. Bourdieu selbst äußerte die Vermutung, dass sein Vorgehen im Feld des Kulturellen einer „narzißtischen Kränkung" gleichkomme (Bourdieu 1993a: 7), da mit seinen Analysen jenes gemeinhin geltende künstlerische Selbstverständnis in Frage gestellt werde, das Künstler, so sie denn ‚wirklich' solche sind, als geistig und kreativ völlig autonom betrachtet. Dieses künstlerische Selbstverständnis ist – um es mit Bourdieus theoretischem Begriffsinstrumentarium zu beschreiben – durch die Illusio geprägt, d. h. durch den feldspezifischen Glauben an das „Spiel" als von anderen sozialen Bereichen (und „Spielen") völlig unabhängig (vgl. Bourdieu 1999: 9-16). Kurz: Mit seinen theoretischen Konzepten gibt Bourdieu nicht nur eine Erklärung dafür, warum dieser Glaube an die Autonomie der Kunst innerhalb des Feldes selbst unhinterfragbar ist, sondern liefert zugleich die Gründe für die Notwendigkeit der vehementen Kritik aus dem Feld an seinem Konzept mit.[3]

> „Die entrüsteten Stimmen, von denen Bourdieus Forschungen gerade im Bereich der ‚Kultur', immer wieder begleitet werden, sind ein beredtes Zeugnis für die ‚systematischen' Intuitionen dieser regelrechten ‚Aktionssoziologie'. Mit *Les régles de l'art* hat Bourdieu, der in seinem vielleicht schönsten Buch Genese und Struktur des literarischen Universums nachzeichnet, wohl mehr ‚heilige Kühe' zum Sprechen gebracht, als den meisten erträglich war. Der geradezu zwanghafte Einwand, Bourdieu ‚verstehe' nichts von Kunst, führt so schlagend den ‚Geschmacksvorbehalt' der zu ihrer Deutung ‚Ausersehenen' vor Augen, daß auch die langen Ausführungen zu den ‚Methodenfragen' unverständlich bleiben mußten [...]." (Egger / Pfeuffer / Schultheis 2000: 172, Fn. 46; Hervorhebung i. O.)

Der Erkenntnisgewinn durch diese Art Analyse besteht darin, dass sie einen „Vorschlag [darstellt; M. S.], die Geschichte der Werke auf die Geschichte der Auseinandersetzungen zwischen den Autoren zu beziehen, der ein neues Verständnis von Individualität, Intertextualität und sozialer Rückbindung literarischer Texte ermöglicht." (Joch / Wolf 2005b: 1) Bourdieu gelangt durch die Analyse der spezifischen sozialen Kontexte literarischer Produktion sowohl „zur Ablehnung des Ansatzes, der von einem direkten Zusammenhang zwischen Individualbiographie und Werk (oder sozialer Herkunftsklasse und Werk) ausgeht, als auch der immanenten Werkinterpretation und der ein Ensemble von Werken in Beziehung setzenden intertextuellen Analyse, denn das alles zusammen ist zu tun" (Bourdieu 1992a: 163).

Werden in der Soziologie Bourdieus Arbeiten zum literarischen Feld zumeist etwas unaufgeregter als in der Literaturwissenschaft diskutiert und im Gesamtzusammenhang seiner Untersuchungen zu sozialen Feldern gesehen – also etwa von den Gegnern der Bour-

---

[3] In der vor Selbstbewusstsein strotzenden Rede Bourdieus von der vierten „narzißtischen Kränkung" (neben den drei durch Kopernikus, Darwin und Freud zugefügten), die er an mehreren Stellen wiederholt hat (z. B. Bourdieu 1993a: 7; Bourdieu / Wacquant 1996: 167; Bourdieu 1999: 12), schwingt m. E. auch eine gewisse Genugtuung über diesen gelungenen ‚Schlag' mit. Einerseits holt diese Selbsteinschätzung Bourdieus ihn ein Stück weit von dem ‚Sockel' herunter, auf den er von manchen Soziolog/innen inzwischen gesetzt worden ist, zeigt sie doch, dass Bourdieu nicht außerhalb und schon gar nicht ‚über' der Gesellschaft steht, die er untersucht. Anderseits liefert diese Äußerung Hinweise auf zweierlei Kämpfe, an denen Bourdieu selbst beteiligt war – zum einen auf Kämpfe um Deutungsmacht innerhalb des soziologischen Feldes, in dem Bourdieu selbst ‚Mitspieler' war, z. B. zwischen Vertretern der Systemtheorie und Bourdieu (s.a. die folgende Fußnote); zum anderen auch auf Kämpfe um Deutungshoheit zwischen den verschiedenen wissenschaftlichen Feldern, insbesondere zwischen Soziologie und Literaturwissenschaft – und gibt damit einen Beleg dafür, dass seine Analyse in vielerlei Hinsicht tatsächlich zutreffend ist.

dieu'schen Soziologie mit samt seinem restlichen theoretischen Instrumentarium auch durchaus abgelehnt[4] –, so gibt es doch auch innerhalb der Literaturwissenschaft einige Vertreter/innen, die diese Rückbindung der literarischen Werke an ihre Entstehungsbedingungen im Wettbewerb und in Konkurrenz zu anderen Werken und Literaten für erhellend halten. Zu den frühesten literaturwissenschaftlichen Arbeiten dieser Art zählt ein Aufsatz Joseph Jurts (1981), aber auch maßgebliche germanistische Einführungen haben bereits Mitte der 1990er Jahre auf die anregende Forschungsperspektive der Analyse des literarischen Feldes hingewiesen (z. B. Dörner / Vogt 1994: insbes. 123-163; Jarchow / Winter 1993; vgl. dazu Joch / Wolf 2005b: 5). Literaturwissenschaftliche Arbeiten, die das Feldkonzept zur konkreten empirischen Analyse nutzen, finden sich – um nur wenige Beispiele zu nennen – in dem interessanten Sammelband von Markus Joch und Norbert Christian Wolf (2005a). Als Beispiele für größere literaturwissenschaftliche Monografien, die mit dem Bourdieu'schen Feldkonzept arbeiten, können die „biographische Collage" von Beatrix Müller-Kampel zu *Jakob Wassermann,* einem Erfolgsschriftsteller des frühen 20. Jahrhunderts (Müller-Kampel 2008), oder die Analyse von Musils *Mann ohne Eigenschaften* von Norbert Christian Wolf (Wolf 2011) angeführt werden.

3. Stichproben der wirklichen Welt?
Theoretische Implikationen der Sozioanalyse literarischer Texte

Im Folgenden soll es zunächst darum gehen, warum und inwieweit fiktionale Texte Erkenntnisse über Gesellschaft auch jenseits der Strukturen des literarischen Produktionsfeldes befördern können. Dass Soziolog/innen literarische Quellen nutzen, um ihre gesellschaftlichen Befunde darzulegen, ist nicht neu. Für die ältere Soziologie kann man hier auf Max Weber (passim) verweisen; in der neueren Soziologie hat beispielsweise Erving Goffman (passim) dies geradezu exzessiv betrieben. Auch Bourdieu hat oft Hinweise auf fiktionale Literatur eingestreut, um seine theoretischen Konzepte verständlich zu machen.[5] Die wissenschaftliche Zulässigkeit einer solchen Vorgehensweise ist allerdings in der Soziologie strittig (vgl. Kuzmics / Mozetič 2003). Im Vordergrund steht dabei die Frage, ob Literatur in der Lage ist, ‚wahre' Aussagen über gesellschaftliche Realität zu treffen, die ebenso valide sind wie durch statistische, kontrollierte Verfahren gewonnene Erkenntnisse. Diese Frage richtet sich gleichermaßen an fiktionale und autobiografische Literatur, denn bei letzterer wird die Fiktion durch biografische Konstruktion ersetzt.

Mit der Frage nach den ‚wahren' Aussagen stoßen wir meines Erachtens allerdings an ein grundsätzliches Problem der Darstellbarkeit von Wirklichkeit. Dies gilt für sprachliche Darstellungen und auch für andere Versuche der Dokumentation von Realität, z. B. in quantifizierender Form durch Zahlenverhältnisse, die auf kontrollierten Messungen beruhen, wie es heute in weiten Bereichen der Soziologie geschieht. In jedem Falle gilt, dass das, was die Soziologie zeigt, immer nur in einer bestimmten Perspektive gesehen wird,

---

[4] Als soziologisch konkurrierendes Konzept, das im Gegensatz zu Bourdieus Feldkonzept die Autonomie der Kunst hervorhebt, lässt sich etwa auf Luhmanns systemtheoretische Analysen der Kunst hinweisen (vgl. Luhmann 1995, 2008), die jedoch Aspekte von Macht und Agonalität ausblenden (vgl. auch Joch / Wolf 2005b: 12).
[5] So etwa in Bourdieu (2001b: 293-297) im Kontext von „Zeit und Macht" mit Hinweisen auf Franz Kafkas Roman „Der Prozess" (Kafka 1925); aber auch im Zusammenhang mit der männlichen Herrschaft (Bourdieu 1997, 2005), worauf ich im nächsten Abschnitt detaillierter eingehen werde.

dass immer bestimmte Ausschnitte der Realität erhellt werden, die durch theoretische Annahmen – seien diese nun expliziert oder auch nicht – strukturiert sind.[6] Die Darstellung der Wirklichkeit ist also niemals mit der ‚Wirklichkeit' selbst zu verwechseln – nicht bei fiktionaler Literatur, aber ebenso wenig bei wissenschaftlicher Literatur.[7] Im Gegensatz zu einigen anderen Disziplinen stellt die Soziologie die Frage nach der Wirklichkeit *hinter* den Daten immer mit Nachdruck, will sie doch Aussagen über reale gesellschaftliche Zusammenhänge treffen. Hinzu kommt, dass auch die Soziologie in höchstem Maße dort auf Sprache angewiesen ist, wo sie nicht mit Zahlen darstellen kann, was sie vermitteln möchte – das gilt für qualitative Sozialforschung, aber auch quantitative Forschung muss sprachlich erläutern, was errechnete Zusammenhänge tatsächlich bedeuten können. Kurz: Auch das Fach Soziologie ist von seinen Potenzialen sprachlicher Vermittlung abhängig und weist damit eine bemerkenswerte Parallele zur fiktionalen Literatur auf.

Helmut Kuzmics und Gerald Mozetič (2003) führen drei Gründe *für* die Verwendung literarischen Materials als ‚soziologische Daten' an:

Zum *Ersten* bietet sich Literatur als *Illustration* für bereits mit anderen Mitteln erlangte Erkenntnisse an, um die Konkretheit und Bildhaftigkeit dieser Texte zur Beschreibung dessen zu nutzen, was soziologisch schon als erwiesen gilt (Kuzmics / Mozetič 2003: 29ff.).

Literatur ist *zweitens* auch als *Quelle* dafür geeignet, zu entdecken, inwieweit und in welcher Weise das Gesellschaftliche in das Private eindringt (vgl. Kuzmics / Mozetič 2003: 29ff.). Gelangen wir durch historische Quellen also an detaillierte Auskünfte über konkrete Ereignisse, so kann deren literarische Verarbeitung tieferen Einblick in die persönliche Bewertung der Tatsachen und in individuelle oder gesellschaftlich verbreitete Haltungen und Sinndeutungen vermitteln. Um solche Aussagen soziologisch verwerten zu können, „versteht [es sich] von selbst, dass auch andere Quellen herangezogen werden müssen [...], die der romanhaften Fiktion faktisches Wissen gegenüberstellen" (Kuzmics / Mozetič 2003: 117). In der Literatur tritt die lebensweltliche Bedeutung der Ereignisse in einer Art und Weise in Erscheinung, die der Soziologie wichtige, andernorts nur schwer zu ermittelnde Perspektiven offenbart (Kuzmics / Mozetič 2003: 121) und daher ein synthetisierendes, soziologisches Erklären von Aspekten ermöglicht, die scheinbar disparat nebeneinander stehen (Kuzmics / Mozetič 2003: 298).

Drittens kann Literatur als *Kommentar*, als analytische Beschreibung und Interpretation des Sozialen mit literarischen Mitteln gelesen werden (Kuzmics / Mozetič 2003: 29ff.). Selbst wenn fiktionales literarisches Material gelegentlich überzeichnete oder idealtypische Modellierungen enthält, vermag es einen tiefen Einblick in Denkweisen und Gefühlslagen zu vermitteln, die durch die analytische Beschreibung plausibel werden (Kuzmics / Mozetič 2003: 288). Wenngleich es an der Soziologie ist, theoretische Begriffe zur Beschreibung und Analyse gesellschaftlicher Verhältnisse zu entwickeln, so können literarische Texte äußerst gehaltvolle Beschreibungen enthalten, die der „Kontextferne" (Kuzmics / Mozetič 2003: 290) und „akademischen Austrocknung der Wirklichkeit" (Elias 1994: 62) in der Mainstream-Soziologie etwas entgegenzusetzen vermögen.

---

[6] Theoretisch strukturiert sind die Darstellungen der Ergebnisse unabhängig davon, ob theoriegestützte Hypothesen mit quantitativen Methoden überprüft wurden oder ob mittels qualitativer Methoden gewonnene Erkenntnisse auf Basis der Empirie theoretisch gedeutet werden.

[7] Mit einer besonderen Form der Verwechslung von Wirklichkeit und wissenschaftlich systematisierter ‚Wirklichkeit' hat sich Bourdieu in seiner Kritik der „scholastischen Sicht" auseinander gesetzt: Mit diesem Terminus bezeichnet er die irrtümliche Gleichsetzung des Blicks der wissenschaftlichen Analyse mit dem Blick der handelnden Akteure in der aktuellen Situation des Handelns (vgl. Bourdieu 1998a: 203-218, 2001b: 64-107).

Alle drei von Kuzmics und Mozetič genannten Gründe lassen sich aus der Perspektive von Bourdieus Habituskonzept noch genauer bestimmen: Die *Illustrationsfunktion* nutzt die „erzählerisch-performativen" (Wolf 2011: 683) Eigenschaften der sprachlichen Mittel, die die Leser/innen das Dargestellte „*sehen* und *empfinden* läßt, in *Exemplifizierungen* oder besser, in *Evokationen* im Sinne von Beschwörungen, die [...] Wirkungen hervorrufen können durch die ‚beschwörende Magie' von Worten [...] *analog* zu jenen, die wir gewöhnlich der realen Welt zubilligen" (Bourdieu 1999: 66; Hervorhebungen i. O.). Der literarische Text kann nur deshalb Illustration sein, weil „der Glaubenseffekt, den [er] erzeugt [...] auf dem Zusammenklang zwischen den von ihm eingesetzten Vorannahmen und jenen, die wir in der Alltagserfahrung einsetzen [beruht]" (Bourdieu 1999: 66; Fn. 126). Kurz: Die Illustration durch literarische Texte veranschaulicht auf der Seite der sprachlichen Darstellung habituelle Aspekte erzählerisch-performativ und kann zudem die vom Autor oder der Autorin auf der Seite der Rezipient/innen hervorgerufenen, habituell bedingten Reaktionen wie beispielsweise Zustimmung und Empathie oder Abscheu, Protest und Kritik kenntlich machen.

Die Verwendung literarischer Texte als *Quellen* beruht auf der Voraussetzung, dass die Akteure – sowohl die in der realen sozialen Welt als auch die fiktionalen Akteure in der Literatur – das Soziale verinnerlicht haben und es als Habitus in ihre Körper „eingeschrieben" ist (Bourdieu 2001b: 219). Literatur kann dann als „kreative Gestaltung jeweils *individueller* Inkorporationen gesellschaftlicher Zwänge" (Wolf 2011: 125; Hervorhebung i. O.) verstanden werden. Oder anders gesagt: Der Quellencharakter fiktionaler Literatur kann dann angenommen werden, wenn wir mit Bourdieu und der Kernbedeutung des Habituskonzeptes von der zweifachen oder doppelten Existenz des Sozialen – innerhalb und außerhalb der Akteure – ausgehen (vgl. Bourdieu / Wacquant 1996: 161), wodurch unweigerlich durch den Autor oder die Autorin die wirkliche Welt in die Literatur hineingetragen wird. Zwar „versteht [es] sich von selbst, daß einem Verfasser die Mechanismen, über die er verfügt und die er, wie jeder gesellschaftliche Akteur, praktisch beherrscht, nicht explizit bewußt sein müssen" (Bourdieu 1999: 507, Fn. 4). Dennoch ist die oben genannte doppelte Existenz der sozialen Welt auch die Grundlage von Fiktionen, deren perspektivische Beschränkungen im sozialen Raum und in den Habitus selbst liegen. Die Möglichkeit eine soziale Welt ‚völlig frei zu erfinden' liegt also innerhalb der Grenzen dieser nachhaltigen Prägungen, die mit Bourdieus Konzept als Habitus beschrieben werden.

Die *Kommentarfunktion* knüpft in Bourdieus Sinne unmittelbar an die Quellenfunktion an, da sie von der Repräsentation positionsgebundener „Weltsichten" (Bourdieu 1992a: 143) sozialer Akteure ausgeht, die auf realen Erfahrungen im sozialen Raum oder in spezifischen sozialen Feldern beruhen. Bourdieu forderte, dass die Soziologie die „Perzeption der sozialen Welt" und damit die „Konstruktion der unterschiedlichen Weltsichten, die selbst zur Konstruktion dieser Welt beitragen", umfassen müsse (Bourdieu 1992a: 143). Diese Weltsichten der sozialen Akteure unterscheiden sich in Abhängigkeit von deren unterschiedlichen Positionen im *sozialen Raum*, d. h. sie entsprechen jeweils den objektiven Unterschieden des sozialen Raumes und finden ihren Niederschlag auf allen Ebenen sozialen Handelns und Lebensstils. Ebenso wie die sozialen Akteure in der realen Welt kommentieren die fiktionalen Akteure in der literarischen Welt Ereignisse, Personen und Erwartungen aus ihrer jeweiligen Position heraus. Schlüssel zur Rekonstruktion dieser Sichtweisen sind die *Habitus*, jene inkorporierten und stets wertenden „Wahrnehmungs- und Gliederungsprinzipien" (Bourdieu 1998a: 22) der Akteure, die als ‚einverleibte Gesellschaft' Ursache dafür sind, dass die soziale Realität gewissermaßen zweimal existiert.

Wenn wir Bourdieu ernst nehmen, kann es keinen ‚habitusfreien' Raum geben – nirgendwo! – und alles, was von Menschen gemacht, gedacht und empfunden wird, muss Spuren ihres Habitus aufweisen. Fiktionaler Literatur kommt hierbei eine wichtige Bedeutung zu, die allerdings bislang in der Soziologie zumeist noch unterschätzt und daher wenig genutzt wird. Da „der soziale Raum", wie Bourdieu sagt, „die erste und die letzte Realität [ist], denn noch die Vorstellungen, die die sozialen Akteure von ihm haben können, werden von ihm bestimmt" (Bourdieu 1998a: 27), zeichnen die in der Literatur transportierten Vorstellungen auch die „impliziten Möglichkeitsbedingungen" (Bourdieu 2000: 39) des sozialen Raumes detailgenau nach – gewissermaßen als Konstruktion ‚literarischer Welten', die mit der Welt außerhalb der Literatur eng verbunden sind. Das heißt, vermittelt über sprachliche Beschreibung und subtiles Spiel mit Konnotationen wird diese literarische Welt mit Gestalten bevölkert, die der „Logik der Praxis" (Bourdieu 1987a: 147) folgen – Geschmack, Distinktion, Erfahrungen von Herrschaft und Beherrscht-Sein usw. werden hier ebenso lebendig und wirksam wie sie es im ‚tatsächlichen Leben' sind. Es gibt also etwas, das der literarische Text besser kann als die Soziologie:

> „Was literarisches Schreiben vom wissenschaftlichen Schreiben unterscheidet: nichts belegt es besser als das ihm ganz eigene Vermögen, die gesamte Komplexität einer Struktur und Geschichte, die die wissenschaftliche Analyse mühsam auseinanderfalten und entwickeln muß, in der konkreten Singularität einer sinnlichen wie sinnlich erfaßbaren Gestalt und eines individuellen Abenteuers, die zugleich als Metapher und Metonymie funktionieren, zu konzentrieren und zu verdichten." (Bourdieu 1999: 53)

Literarische Texte transportieren ihre Gesellschaftsanalyse also in synthetisierter sprachlicher Form, d. h. die soziale Welt wird in Worte gefasst und damit nochmals auf andere Weise zugänglich gemacht. Zudem präsentiert sich die Literatur durch die Sequenzialität der Narration in gewisser Weise geordneter als die unübersichtliche Gleichzeitigkeit des wirklichen Lebens, das zudem stets durch ein unsichtbares Geworden-Sein gekennzeichnet ist und sich auf eine oft unausgesprochene Zukunft hin bewegt, die den sozialen Sinn der Gegenwart mitbestimmt. Auch wenn nicht jede/r Leser/in jedem Autoren oder jeder Autorin folgen mag, so können sich literarische Texte doch des „Erkennens"-Effekts durch die Leser/innen gewiss sein und erfüllen zum einen die Funktion des „Anerkennens", d. h. der affirmativen Zustimmung zu den implizit transportierten gesellschaftlichen Verhältnissen (zu „Erkennen" bzw. „Anerkennen" siehe z. B. Bourdieu 1992a:153, 1998a: 151). Zum anderen können sie aber auch den kritischen Blick auf bestehende Verhältnisse befördern und bieten damit Anlass und Basis sowohl für Selbstreflektion als auch für Kritik an politischen und gesellschaftlichen Verhältnissen.

> „Die literarische Ausdrucksform beruht wie die wissenschaftliche auf konventionellen Codes, gesellschaftlich begründeten Voraussetzungen, historisch konstituierten Klassifikationsschemata [...]. Sie liefert diese Strukturen [...] jedoch nur in konkreten Geschichten, einzelnen Exemplifizierungen, die [...] gewissermaßen *Stichproben der wirklichen Welt* sind. Wie ein Stoffmuster für ein ganzes Tuch, so stehen diese repräsentativen und repräsentierenden Stichproben als ganz konkrete Beispiele für die Wirklichkeit, von der die Rede ist, und treten daher mit allen äußeren Merkmalen der Welt des Common sense auf, Merkmalen, in denen ebenfalls Strukturen stecken, die sich jedoch in kontingente Abenteuer, anekdotische Zwischenfälle und sonderbare Ereignis-

se hüllen. Diese suggestive, anspielungsreiche, elliptische Form bewirkt, daß der literarische Text ganz wie die Wirklichkeit seine Struktur liefert, sie aber zugleich verschleiert und unseren Blicken entzieht." (Bourdieu 1999: 518f.; Hervorhebung M. S.)

Werden uns diese Stichproben der wirklichen Welt in literarischen Texten erzählerisch-performativ vermittelt, so kann die Bourdieu'sche Soziologie sie auf zweierlei Weise entschlüsseln: in Hinblick auf das stillschweigende *Einverständnis* des Autors oder der Autorin mit den Leser/innen über die möglichen Auffassungen der sozialen Welt und in Bezug auf die *Darstellung* gesellschaftlicher Verhältnisse in der Literatur.

„Die soziologische Lektüre bricht den Zauber. Indem sie das geheime Einverständnis aufhebt, das Autor und Leser in der gleichen Beziehung der Verleugnung der durch den Text zum Ausdruck gebrachten Realität verneint, offenbart sie die Wahrheit, die der Text zwar äußert, aber auf eine sie wieder nicht äußernde Weise; zudem bringt sie *a contrario* die Wahrheit des Textes selbst zum Vorschein, dessen Besonderheit sich gerade dadurch auszeichnet, daß er das, was er sagt, nicht so sagt wie die soziologische Lektüre." (Bourdieu 1999: 67; Hervorhebung i. O.)

Neben der Möglichkeit, Rückschlüsse über die Strukturen und sozialen Bedingungen des literarischen Feldes zu ziehen, ermöglicht uns die „Bourdieu'sche Sozioanalyse literarischer Texte, […] in einem ersten Schritt die literarischen Konstruktionen der sozialen Welt" zu untersuchen (Wolf 2011: 124f.). Damit gibt uns Bourdieu ein „wissenschaftliches Analyseverfahren [an die Hand; M. S.] […], das den *Handlungsraum* und die *Handlungsweisen der fiktionalen Romanfiguren* eben nicht hinsichtlich eines anthropologischen Substrats, sondern hinsichtlich ihrer *sozialen Bedingtheit* und ihrer *sozialen Implikationen* konstruiert." (Wolf 2011: 124; Hervorhebungen M. S.)

Die „Anamnesearbeit" der Sozioanalyse (Bourdieu/Wacquant 1996: 96) kann also grundsätzlich zu Einsichten verhelfen, die auch mittels anderer Methoden, wie bspw. durch Ethnographie, Beobachtung oder Interview, gewonnen werden können, und diese sinnvoll ergänzen. Darüber hinaus birgt sie ebenso Potenzial für *soziologisch-historische* Fragestellungen, d. h. für solche Themen, bei denen es nicht mehr möglich ist, die oben genannten Methoden einzusetzen, wie auch für solche Forschungsfragen, die über direkte Erhebungsverfahren keine Ergebnisse versprechen, etwa bei solch *brisanten Themen*, die in gewisser Weise ‚unsagbar' sind, z. B. weil sie gesellschaftliche *Tabus* berühren und den performativen Effekt sprachlicher Umschreibung nutzen müssen, um zum Kern der Sache vordringen zu können und zur Entschleierung beizutragen. Insbesondere bei der soziologischen Beleuchtung von *symbolischen Machtverhältnissen* verspricht die Analyse fiktionaler Literatur Erkenntnisse, die weit über das hinausgehen können, was mittels direkter Erhebungsmethoden möglich scheint, da bei symbolischer Macht immer die Mitwirkung in Form einer „(erpreßten) Billigung des Opfers" und das „geheime Einverständnis [d]er Dispositionen" (Bourdieu 2001b: 297) derer, über die solche Macht ausgeübt wird, thematisiert werden muss. Diese verschleierte Wirkung symbolischer Macht lässt sich daher weder durch einen standardisierten Fragebogen erfassen noch in narrativen Interviews direkt erzählen, da ihr weit gehend die „empirische Gegenständlichkeit" fehlt und an deren Stelle „symbolische Sinnhaftigkeit" rückt (Peter 2011: 26). Neben der ethnographischen Erforschung bietet hierbei die Sozioanalyse literarischer Texte die Möglichkeit, dem „unterirdischen Einverständnis" (Bourdieu 2001b: 217) mit den Machtverhältnissen auf die Spur zu kommen, ohne dabei auf Begriffe wie „falsches Bewusstsein" zurückgreifen zu müssen (Bourdieu 2001b: 227).[8]

Obwohl Bourdieu selbst die Möglichkeit der literaturgestützten Habitusanalyse nutzte und sie uns damit gewissermaßen ‚vorführt', hat er sie nirgends systematisch als eine Methode dargestellt. An vielen Stellen, häufig im Zusammenhang symbolischer Herrschaft, streut Bourdieu eher beiläufig Hinweise auf literarische Texte ein und plausibilisiert mit ihrer Hilfe seine theoretischen Konzepte. Ein besonders ausführliches und eindringliches Beispiel für eine solche Sozioanalyse eines literarischen Textes findet sich in *Die männliche Herrschaft* (Bourdieu 1997, 2005) mit einer detaillierten Analyse einiger Passagen aus dem Roman *Die Fahrt zum Leuchtturm* von Virginia Woolf (1979), mit denen ich mich im Folgenden nun etwas näher beschäftigen möchte.

4. Die männliche Herrschaft und Virginia Woolfs Fahrt zum Leuchtturm

Um aufzeigen zu können, in welcher Weise Bourdieu seine Analyse männlicher Herrschaft mit Hilfe von Romanpassagen durchführt und um schließlich zu beurteilen, inwiefern dies tatsächlich eine hilfreiche Methode bei der empirischen Kontextualisierung des theoretischen Habituskonzeptes sein kann, sollen hier zunächst noch einige einführende Bemerkungen zur besonderen Problematik des Phänomens *männliche Herrschaft* vorangestellt werden (s. a. Engler in diesem Band). Dazu ist zunächst die Klärung des Konzeptes der symbolischen Herrschaft und seiner habitustheoretischen Implikationen notwendig, da Bourdieu die männliche Herrschaft als eine besondere Form symbolischer Herrschaft beschreibt.

Auch bei den theoretischen Begriffen symbolische Herrschaft, symbolische Macht und symbolische Gewalt[9] handelt es sich um offene „Denkwerkzeuge", die als *modi operandi* wissenschaftliches Arbeiten praktisch anleiten und strukturieren sollen (Bourdieu / Wacquant 1996: 197). Im „Entwurf einer Theorie der Praxis" (Bourdieu 1976), worin Bourdieu insbesondere die Ökonomie des Handelns am Beispiel der Kabylen in Algerien reflektiert (s.a. Schultheis in diesem Band), weist er bereits auf die stets „doppelte Wahrheit der essentiell doppelten und mehrdeutigen praktischen Handlungen" hin (Bourdieu 1976: 345). Das Sichtbare als unmittelbar Gegebenes wird immer auch von Unsichtbarem mitbestimmt, sodass die Wahrheit der Interaktion niemals allein durch einfaches Beobachten fassbar wird (vgl. Bourdieu 1992a: 139). Vorhandene, jedoch verschleierte Interessen erfordern nämlich

---

[8] Zur Auseinandersetzung Bourdieus mit dem aus der marxistischen Tradition kommenden und auch in der kritischen Theorie häufig bemühten „falschen Bewusstsein" im Zusammenhang mit der Ermöglichung beharrlicher Ungleichheitskonstellationen siehe auch Suderland (2013).

[9] Zu symbolischer Macht, symbolischer Herrschaft und symbolischer Gewalt siehe bspw. Bourdieu (1992a: 135-154, 1997, 2005); Bourdieu / Passeron (1973) oder Bourdieu / Wacquant (1996: 175-211); in der Sekundärliteratur bspw. Mauger (2005); Schmidt / Woltersdorff (2008); Schmidt (2009); Moebius / Wetterer (2011); Peter (2011) oder Suderland (2013). Zwar hängen die drei Begriffe Macht, Herrschaft und Gewalt bei Bourdieu inhaltlich eng zusammen, sind in ihrem Gebrauch jedoch nicht bedeutungsgleich, sondern beschreiben verschiedene Facetten eines Phänomens. Ihre nuancierten Bedeutungen erläutert Bourdieu nicht systematisch, sondern nur gelegentlich eingestreut (z. B. in Bourdieu / Passeron 1973: 12), meist aber eher nur implizit. In der Bourdieu-Rezeption werden die drei Begriffe allerdings häufig als Synonyme aufgefasst. Prinzipiell lässt sich Herrschaft bei Bourdieu als Verhältnis beschreiben, Macht als Potenzial und Gewalt als spezieller Modus sozialen Handelns. Detaillierter dazu siehe Peter (2011) oder Suderland (2013).

ein „kollektiv abgestimmtes So-tun-als-ob" (Bourdieu 1976: 338), das darum bemüht ist, die Eigenart der verschleierten Interessen zu verneinen. Es seien solche „Wirkungen [...] am durchschlagendsten, die [...] nicht der Worte bedürfen, sondern des Schweigens auf der Grundlage eines objektiven wechselseitigen Einverständnisses" (Bourdieu 1976: 365). Neben die elementaren Formen der Herrschaft, die sich offensichtlicher und brachialer[10] Gewalt bedienen, wie bspw. die Sklaverei, tritt also symbolische Herrschaft, die sich auf „zensierte und euphemisierte, verkannte und anerkannte symbolische Gewalt" stützt (Bourdieu 1976: 369). Ohne eine Grundlegung in den Habitus der sozialen Akteure ist symbolische Herrschaft nicht möglich, denn

> „[d]ie symbolische Herrschaft (des Geschlechts, der Ethnie, der Bildung, der Sprache usw.) entfaltet ihre Wirksamkeit nicht in der reinen Logik erkennenden Bewußtseins, sondern in dunklen Dispositionen des Habitus, denen Wahrnehmungs-, Bewertungs- und Handlungsschemata innewohnen, aus denen vor jeder bewußt getroffenen Entscheidung und willentlichen Kontrolle eine sich selber undurchsichtige Beziehung praktischen Erkennens und Anerkennens hervorgeht. [...] Diese Unterordnung [unter die symbolische Herrschaft; M. S.] hat nichts von einer Beziehung ‚freiwilliger Knechtschaft', und dieses Einverständnis verdankt sich nicht bewußter und überlegter Zustimmung; es wird selbst von der Macht bewirkt, die sich in Form von Wahrnehmungsschemata und Dispositionen (zu achten, zu bewundern, zu lieben usw.) den Körpern der Beherrschten auf Dauer eingeschrieben hat, das heißt in Form von Glaubensinhalten, die für bestimmte symbolische Bekundungen wie etwa öffentliche Vorführungen der Macht *empfänglich* machen." (Bourdieu 2001b: 218f.; Hervorhebung i. O.)

An der Wirksamkeit symbolischer Herrschaft sind daher die Habitus *aller* mitwirkenden Akteure maßgeblich beteiligt. Sowohl die Beherrschten als auch die Herrschenden müssen nämlich über gemeinsame Wahrnehmungs- und Bewertungsschemata verfügen, d. h. nur wenn sie *derselben* sozialen Welt entstammen, deckt sich ihre Selbstwahrnehmung mit der Wahrnehmung durch die Herrschenden. Die deshalb selbstverständlich erscheinenden Herrschaftsverhältnisse fußen jedoch nicht auf „Überlegung und Entschluss" und entziehen sich der schlichten „Alternative Zustimmung oder Zwang" (Bourdieu 2001b: 254f.), sondern haben auf beiden beteiligten Seiten ihre Grundlage im *Habitus*, also den praktischen Dispositionen, die die sozialen Akteure durch die Verhältnisse erworben haben, unter denen sie leben. Diese Wahrnehmung der sozialen Welt schließt eine „sich selber undurchsichtige Beziehung praktischen Erkennens und Anerkennens" von Herrschaft ein (Bourdieu 2001b: 218), die den „dunklen Dispositionen des Habitus" (Bourdieu 2001b: 218) entspringt und lässt sich auch nur dann *intuitiv* verstehen, wenn man als Beobachter/in bereits Erfahrungen in der gleichen sozialen Welt gesammelt hat – die Intuition stützt sich also auf eine vertraute habituelle Praxis, die ein „Erkennen" ermöglicht.

Das Geschlechterverhältnis betrachtet Bourdieu als „paradigmatische Form der symbolischen Herrschaft" (Bourdieu / Wacquant 1996: 208). In seiner zuerst als Aufsatz 1990 erschienenen Schrift „Die männliche Herrschaft" (dt. Bourdieu 1997), die Bourdieu nach heftiger, überwiegend feministischer Kritik schließlich in überarbeiteter und erweiterter

---

[10] Der Begriff der brachialen Gewalt ist m. E. ein sehr geeigneter Gegenbegriff zur symbolischen Gewalt, verweist er doch auf das lateinische „bracchium" („Arm"). Brachialgewalt meint also wörtlich „Gewaltanwendung unter Zuhilfenahme der Arme" und bezeichnet damit als wesentlichen Aspekt die physische, direkte Gewaltanwendung und in übertragenem Sinne offensichtliche Gewalt (vgl. Duden Bd. 7: 79)

Fassung unter gleichem Titel als Buch publizierte[11] (Bourdieu 2005 [1998]), stützt er sich bei der Darstellung dieser „besonderen Form von Herrschaft" (Bourdieu 1997: 164) in weiten Teilen auf seine Analysen der kabylischen Gesellschaft, die er bereits in den 1950er Jahren in Algerien unternommen hatte (s.a. Bourdieu 1976). Er begründet seine Wahl des empirischen Beispiels damit, dass einerseits der Blick auf die fremde Gesellschaft der nordafrikanischen Berber einem „Laborversuch" gleiche (Bourdieu 2005: 14), der es durch die Unvertrautheit mit dem Analysegegenstand und die hierdurch entstehende Distanz erst ermögliche, die gewöhnlichen sozialen Kategorien einer normativen Geschlechterunterscheidung in ihrer Vielschichtigkeit wahrnehmen zu können. „Dieser Umweg über eine fremdartige Tradition ist unvermeidlich, um das Verhältnis trügerischer Vertrautheit aufzubrechen, das uns mit unserer eigenen Tradition verbindet." (Bourdieu 2005: 11) Andererseits seien die in dieser kabylischen Gesellschaft vorfindlichen Traditionen „mediterrane[r] Gesellschaften" (Bourdieu 2005: 14) und in ihnen verbreitete Vorstellungen von ‚Männlichkeit' und ‚Weiblichkeit' weiterhin in der gesamten europäischen Kultur existent (Bourdieu 2005.: 14ff.) und „auch heute noch, wenn auch nur unvollständig und unzusammenhängend, in unseren kognitiven und sozialen Strukturen lebendig" (Bourdieu 2005: 15) und daher keineswegs so fremd, wie sie zunächst bei der Beschäftigung mit der kabylischen Gesellschaft erscheinen mögen (ähnlich in Bourdieu 1997: 155ff.).

Bei der Darstellung symbolischer Herrschaftsverhältnisse im Allgemeinen und männlicher Herrschaft im Besonderen hebt Bourdieu einen Aspekt hervor, der in anderen Herrschaftstheorien und vor allem von der feministischen Kritik übersehen werde (Bourdieu 1997: 190) und daher weitgehend unterbelichtet bleibt: Er betont, dass „auch der Herrschende beherrscht [ist], aber durch seine eigene Herrschaft – was offensichtlich einen großen Unterschied macht" (Bourdieu 1997: 189).[12] Zwar verfügten die Herrschenden über das Machtpotenzial und damit über die Legitimation, symbolische Gewalt anwenden zu können, aber insbesondere bei der männlichen Herrschaft finde dieses „Privileg [...] sein Komplement in der permanenten, bisweilen ins Absurde getriebenen Spannung und Anspannung, in denen die Pflicht, seine Männlichkeit zu bestätigen, jeden Mann hält" (Bourdieu 1997: 188). „So sind auch die Männer Gefangene und auf versteckte Weise Opfer der herrschenden Vorstellung, die gleichwohl so perfekt ihren Interessen entspricht" (Bourdieu 1997: 187; ähnlich Bourdieu 2005: 122). Dabei soll die Analyse der Auswirkungen männlicher Herrschaft auf den männlichen Habitus keineswegs einen „Entlastungsversuch" darstellen (Bourdieu 2005: 195, Fn. 2), wie vor allem die feministische Kritik monierte, sondern plausibel machen, warum eine Befreiung der Frauen von der männlichen Herrschaft ohne die Befreiung der Männer „aus der Falle" (Bourdieu 1997: 189) der sie gleichermaßen beherrschenden Strukturen unmöglich ist (vgl. Bourdieu 1997: 188f.).

Um zu zeigen, dass diese „paradoxe Dimension der symbolischen Herrschaft" (Bourdieu 1997: 190) keineswegs auf die archaisch anmutende Gesellschaft der Berber der nordafrikanischen Kabylei beschränkt ist, beruft sich Bourdieu auf die „Analyse des männlichen Blicks in Virginia Woolfs *Die Fahrt zum Leuchtturm*" (Bourdieu 2005: 14, Fn. 1). Diese

---

[11] Zur Rezeption und Kritik der beiden Fassungen siehe bspw. Feministische Studien (2002); Thébaud (2005); Dölling (2009) oder Krais (2011).
[12] An anderer Stelle beschreibt er diese Pflicht zu herrschen auch mit den Worten „Noblesse oblige" oder „Adel verpflichtet" (Bourdieu 1997: 162 und 172), was nichts anderes bedeutet, als dass der aristokratische Ethos den Adligen „jenseits allen äußeren Zwangs" beherrscht (Bourdieu 1997: 173) und das „Produkt einer sozialen Benennungs- und Einprägungsarbeit" (Bourdieu 1997: 173) ist, die so zu seinem Habitus wird, von dem sich auch der Herrschende nicht ohne Weiteres befreien kann.

Sozioanalyse eines literarischen Textes integriert er in seine eigenen Darlegungen, um die zur Ermöglichung von männlicher Herrschaft erforderlichen *männlichen* wie *weiblichen habituellen Dispositionen* jeweils von beiden beteiligten Seiten zu beleuchten. Bourdieu verweist darauf, dass Virginia Woolf

> „[...] zweifellos dank ihrer spezifisch schriftstellerischen Arbeit und der davon begünstigten Anamnese Dinge enthüllt, die den Blicken der Angehörigen des herrschenden Geschlechts durch das verborgen geblieben sind, was sie [Virginia Woolf; M. S.] ‚die hypnotische Macht der Herrschaft' nennt." (Bourdieu 1997: 190)

In der Buchfassung von *Die männliche Herrschaft* hebt Bourdieu hervor, dass er ohne seine vorangegangenen soziologischen Untersuchungen des Geschlechterverhältnisses in der Kabylei für die Lektüre von Woolfs Roman *als* Analyse dieser widersprüchlichen Facetten männlicher Herrschaft zweifellos nicht hinreichend sensibilisiert gewesen wäre (Bourdieu 2005: 14f.; Fn. 1). Mit anderen Worten: Erst die Konstruktion des theoretischen Konzepts an Hand eines empirischen Falls in der realen sozialen Welt ermöglicht es ihm, die „empirische Gegenständlichkeit" (Peter 2011: 26) eines fiktionalen Textes auszunutzen, um dem bereits anderweitig erkannten und theoretisch umrissenen Phänomen vor allem im Hinblick auf seine in verschiedenen Kontexten differierenden performativen Aspekte weitere Facetten hinzufügen zu können. Bourdieu begründet den methodischen Schritt der Analyse eines fiktionalen Textes damit, dass Literatur grundsätzlich keineswegs simplifizierte, sondern sehr „eigene Wege zur Wahrheit" habe (Bourdieu 2005: 123, Fn. 20, 1997: 190, Fn. 42). Virginia Woolf selbst habe Fiktion immer dort bevorzugt, wo der Wahrheitsgehalt von besonderer Bedeutung sei, da „fiction here is likely to contain more truth than fact" (aus Virginia Woolf 1929, A Room of One's Own; zitiert in Bourdieu 1997: 190, Fn. 42). Vor allem im Kontrast zu theoretischen Abhandlungen klassifiziert Bourdieu Woolfs Analyse als „unvergleichlich luzide" (Bourdieu 2005: 123) und will ihren Roman deshalb zur Erklärung nutzen, wie männliche Herrschaft in einer modernen Gesellschaft funktioniert.

Aber wie geht Bourdieu vor? Was macht er genau und wie bindet er seine Bezugnahmen auf Woolfs Roman in seine theoretischen Reflektionen ein? Um Bourdieus Methode genauer verstehen zu können – und da er selbst niemals eine ‚Gebrauchsanleitung' verfasst hat –, werde ich nun noch einen detaillierteren Blick in die frühere Fassung von „Die Männliche Herrschaft" werfen (Bourdieu 1997).[13]

Bevor Bourdieu „die ganze Logik der Figur" (Bourdieu 1997: 191) des Mr. Ramsey aus Woolfs Roman *Die Fahrt zum Leuchtturm* analysiert (Woolf 1979 [1927]), gibt er hier zunächst eine knappe, zehn Zeilen umfassende, Inhaltsangabe der Romanhandlung (Bourdieu 1997: 190), die die Einordnung der im Zentrum der Analyse stehenden Situationen und Konstellationen ermöglichen soll. Der Roman behandelt die Ferienaufenthalte der Familie Ramsey auf einer kleinen schottischen Insel in den Jahren zwischen 1910 und 1920. In seinem Zentrum steht das Ehepaar Ramsey mit seinen acht Kindern sowie einigen anwesenden Freundinnen und Freunden, und dabei vor allem ihr jeweiliges Verhältnis zueinander. Titelgebend ist eine von Mrs. Ramsey geplante *Fahrt zum Leuchtturm* zusam-

---

[13] In den nun folgenden Ausführungen zur konkreten Anwendung der Sozioanalyse literarischer Texte in seinem Werk „Die männliche Herrschaft" stütze ich mich ausschließlich auf die frühere und leider in Deutschland weniger rezipierte Fassung des Textes (Bourdieu 1997), weil hier die Erläuterungen und Zitate Bourdieus detaillierter sind als in der später erschienenen, veränderten und überarbeiteten Buchfassung (Bourdieu 2005). Auf die Entstehungskontexte und einige Unterschiede der beiden Textfassungen weist Beate Krais hin (Krais 2011: 34-36).

men mit dem jüngsten, sechsjährigen Sohn James, die zunächst ausfallen muss und die Mr. Ramsey Jahre später mit den inzwischen herangewachsenen Kindern nachholt.

Zentral für das Buch – und damit für seine Analyse – sind aus Bourdieus Sicht *zwei* Situationen. Mit der *einen* beginnt *Woolfs Roman*. Hier verspricht Mrs. Ramsey ihrem jüngsten Sohn die bereits erwähnte Bootsfahrt zum Leuchtturm, wenn das Wetter entsprechend gut sei. Mr. Ramsey macht die Aussicht auf den Ausflug und damit die Vorfreude seines kleinen Sohnes jedoch sogleich mit der apodiktischen Bemerkung zunichte, dass es mit Sicherheit schlechtes Wetter geben werde. Damit präsentiert er sich als Vertreter der Welt der Vernunft (vgl. Bourdieu 1997: 191), wogegen seine Frau mit ihrem Versprechen „dem Gesetz des Wunsches und der Lust" zu folgen scheint (Bourdieu 1997: 192). Bourdieu interpretiert vor der Hintergrundfolie des Konzepts symbolischer Macht oder männlicher Herrschaft:

> „Seine [des Vaters; M. S.] Voraussagen haben die *Macht*, sich selbst zu bestätigen, zu bewahrheiten, sei es, daß sie wie *Befehle*, wie *Segen* oder *Flüche* wirken, die auf magische Weise eintreten lassen, was sie zum Ausdruck bringen, sei es, daß sie, mit einem unendlich viel furchtbareren Effekt, einfach aussprechen, was sich ankündigt, was in den *Zeichen* geschrieben steht, die einzig der Voraussicht des gleichsam *göttlichen Sehers* zugänglich sind." (Bourdieu 1997: 191; Hervorhebungen M. S.)

Mit der *anderen* Situation, die sich in Woolfs Roman an mehreren Stellen in ähnlicher Weise wiederholt, beginnt *Bourdieu* seine Reflektionen über die „Wahrheit" (Bourdieu 1997:190; Fn. 42) in Woolfs Roman. Hier wird das Familienoberhaupt und der Ehemann Mr. Ramsey als jemand eingeführt, der in Selbstgesprächen versunken literarische Schlachtenszenen rezitiert, sich selbst lauthals als tragenden Akteur in das kriegerische Szenario hinein fantasiert und damit der Lächerlichkeit preiszugeben droht, weshalb seine Ehefrau Mrs. Ramsey besorgt ist, dass er von anderen gehört werden könnte (Bourdieu 1997: 190f.). Hier überlässt Bourdieu die Beurteilung zunächst Virginia Woolf, die im Roman Einblick in Mrs. Ramseys Gedankengänge gewährt: „Und seine Gewohnheit, laut mit sich selbst zu reden oder sich Gedichte vorzusagen, wurde leider immer stärker; denn manchmal war es peinlich." (Woolf 1979: 88; zitiert in Bourdieu 1997: 191)

Bourdieu folgt also mit seiner Einführung der beiden Hauptprotagonisten nicht der Sequenzialität der Narration, sondern ändert die Reihenfolge, um den *Effekt* des Erzählvorgangs zu fokussieren: Er beginnt mit dem lächerlichen Mr. Ramsey, der ein kindisches Spiel zu treiben scheint, bevor er das väterliche Familienoberhaupt Mr. Ramsey damit kontrastiert. „Die ganze Logik der [literarischen; M. S.] Figur [des Mr. Ramsey; M. S.] liegt in diesem offensichtlichen Widerspruch" (Bourdieu 1997: 191). Bourdieu analysiert diesen scheinbaren Gegensatz nun als zentrales Moment männlicher Herrschaft, um den Charakter der „ernsten Spiele" (Bourdieu 1997: 203) der Männer, in denen sie gewissermaßen gefangen sind, näher zu bestimmen.

Er konstatiert, dass bei der Lektüre des Woolf-Romans „[e]rst nach und nach, durch die *verschiedenen Sichtweisen* der verschiedenen Personen auf das Verhalten von Mr. Ramsey […] dieses einen Sinn [bekomme]" (Bourdieu 1997: 191; Hervorhebung M. S.). Mit Hilfe eingestreuter Paraphrasen oder direkter kürzerer, teilweise aber auch umfangreicher und gelegentlich auch in Fußnoten verlagerter Zitate aus dem Roman[14] demonstriert er Woolfs „Technik der Überblendung" (Bourdieu 1997: 195), die „dank eines freien, indirekten Stils [...] unmerkliche Überg[änge]" zwischen den unterschiedlichen Standpunkten schaffe (Bourdieu 1997: 193). So verweist Bourdieu nicht nur auf den Standpunkt der herrisch-männlichen Neigung des Vaters, „seinen Sohn zu desillusionieren und seine Frau lächerlich zu machen" (Bourdieu 1997: 197) und gleichzeitig höchst verletzlich nach dem Mitgefühl seiner Frau Mrs. Ramsey zu verlangen (Bourdieu 1997: 197). Er reflektiert auch James' stumme Wut gegen seinen Vater und präzisiert (Bourdieu 1997: 192f.), dass dies viel eher eine Wut auf seinen eigenen „unwillkürlichen Gehorsam" und auf „die erste Regung des Habitus" sei, die dahingehe, „ihm [dem Vater; M. S.] zu folgen und sich seinen Gründen zu beugen" (Bourdieu 1997: 193). Aber auch die „zärtliche Aufmerksamkeit" und das „vertrauensvolle Verständnis", das Mrs. Ramsey ihrem Mann entgegenbringt und ihr „*auch* ein tiefes Gefühl von Sicherheit vermittelt" (Bourdieu 1997: 200; Hervorhebung i. O.) thematisiert Bourdieu als den Standpunkt der Frauen – eine Haltung, die den „Scharfblick der Ausgeschlossenen" (Bourdieu 1997: 196) ebenso umfasst wie die Tatsache, dass „die Männer dazu bestimmt sind, die Machtspiele zu lieben, und die Frauen dazu, die Männer, die sie spielen, zu lieben" (Bourdieu 1997: 201).

Mit seinen Verweisen auf Standpunkte und mit ihnen verbundene Sichtweisen knüpft Bourdieu implizit unmittelbar an seine Ausführungen zu den verschiedenen Positionen im sozialen Raum (und in ihm vorhandenen diversen Kampffeldern) an, die den Blick auf die soziale Welt perspektivisch unterschiedlich prägen: „Ich sage, dass wir uns in einem Raum befinden, dass dieser Raum uns prägt und dass wir gleichzeitig einen Blickpunkt auf diesen Raum haben, der mit dem Punkt zusammenhängt, den wir einnehmen." (Bourdieu 2001c: 169). Umgekehrt heißt das für die Analyse eines literarischen Textes, dass die dort präsentierten Habitus Rückschlüsse auf die Verortungen im sozialen Raum (und Positionen in bestimmten sozialen Feldern) und damit verbundenen Prägungen zulassen.

Bei den von Bourdieu zitierten oder paraphrasierten Textstellen aus Woolfs Roman werden sowohl *Gedankengänge* der jeweiligen Protagonisten repliziert, bspw. die von Mrs. Ramsey, ihres Sohnes James oder die von Mr. Ramsey sowie weiterer Personen, als auch deren begleitenden *Körperhaltungen* präzise beschrieben[15], was Bourdieu dazu dient, Männlichkeit nicht nur als mentale, sondern auch als körperliche Herrschafts*haltung* zu interpretieren (vgl. Bourdieu 1997: 195).

Die Konfrontation der scheinbar widersprüchlichen Eigenschaften des Mr. Ramsey, die ihn einerseits als „formidable männliche Persönlichkeit, als Vaterfigur" zeigen, dessen Worte „Verdikte" sind (Bourdieu 1997: 191), der andererseits aber wiederholt Gelegenheit dazu bietet, ihn „in flagranti bei einer Kinderei" zu ertappen (Bourdieu 1997: 191), analysiert Bourdieu als beispielhafte literarische „Verdichtungen" der „Logik der Praxis" (Bourdieu 1997: 197) – eine gewissermaßen ‚zwingende' Logik, die für Männer „Spiele der Herrschaft" (Bourdieu 1997: 196), für Frauen jedoch „die Beschützerfunktion" vor allem gegenüber den Männern (Bourdieu 1997: 197; Fn. 49) vorsieht. Der „Scharfblick" der von diesen männlichen Spielen „[a]usgeschlossenen" Frauen (Bourdieu 1997: 196) fördert die Empathie, die das „mitleidlos ausgesprochene Urteil" des Mannes (Mr. Ramsey) als das

---

[14] Ausgiebige Zitate bspw. Bourdieu (1997: 193; 194-195); Romanzitat in Fußnote bspw. Bourdieu (1997: 192f., Fn. 46).

[15] Z. B. Zitat aus Woolf (1979: 47): „Mr. Ramsey *straffte die Schultern* und stand *sehr aufrecht* da." (zitiert in Bourdieu 1997: 195; Hervorhebung durch P. Bourdieu)

eines im Grunde „bemitleidenswerten Wesens" betrachtet, „das selbst Opfer der unerbittlichen Urteile der Realität ist und das des Mitleids bedarf" (198). Die apodiktischen Feststellungen des Mr. Ramsey können nur dann zu Verdikten einer „formidable[n] männlichen Persönlichkeit" werden (191), wenn durch ein „kollektiv abgestimmtes So-tun-als-ob" (Bourdieu 1976: 338) der Anschein der Unkenntnis seiner „Kinderei" (Bourdieu 1997: 191), mit der Mr. Ramsey sich selbst seine Männlichkeit vorführen muss, aufrecht erhalten wird.

Übersetzt in seine theoretischen Konzepte deutet Bourdieu die Romanpassagen abstrahierend folgendermaßen:

„Die Frauen haben das (gänzlich negative) Privileg, von den Spielen, bei denen um Privilegien gestritten wird, *nicht getäuscht* zu werden und zumindest nicht unmittelbar, nicht in eigener Person in sie involviert zu sein. Sie vermögen sogar deren Eitelkeit zu durchschauen und, solange sie nicht über andere hineingezogen sind, mit *amüsierter Nachsicht* die verzweifelten *Anstrengungen* des ‚Kind-Mannes', *den Mann zu spielen*, und die Anfälle von Verzweiflung, in die ihn sein Scheitern stürzt, zu betrachten. Noch so ernsten Spielen gegenüber können sie den distanzierten Standpunkt des Betrachters einnehmen [...] – was sie in den Ruf bringen kann, leichtfertig zu sein und unfähig, sich für die ernsten Dinge wie etwa die Politik zu interessieren. Da aber diese *Distanz* ein *Herrschaftseffekt* ist, sind sie zumeist dazu verurteilt, *über andere teilzunehmen, durch eine emotionale, solidarische Verbundenheit mit dem Spieler*, [...] die aus ihnen oft *bedingungslose*, aber mit der Realität des Spiels und seiner Einsätze wenig vertraute *Anhänger* macht." (Bourdieu 1997: 196f.; Hervorhebungen M. S.)

Je stärker das im Roman gegebene Bild von Bourdieu als das eines Verhältnisses männlicher Herrschaft analysiert wurde, desto stärker kontextualisiert er seine Ausführungen und erweitert seine Empirie nochmals. So finden sich gegen Ende seiner Analyse des „Scharfblick[s] der Ausgeschlossenen" (196ff.) bspw. Bezugnahmen zu Überlegungen Immanuel Kants (200f.) wie auch erneute Rückgriffe auf die zuvor schon ausführlich dargestellten Verhältnisse der Kabylei (199), Verweise auf ein anderes Werk Virginia Woolfs (Bourdieu 1997: 199) oder „Die Verwandlung" Franz Kafkas (Kafka 1915; erwähnt in Bourdieu 1997: 203).

Die Sozioanalyse dieses literarischen Textes von Virginia Woolf nimmt in Bourdieus früher Fassung von „Die männliche Herrschaft" (1997) etwa ein Fünftel des gesamten Textes ein,[16] was auf ihre Bedeutung in seiner Argumentation zur Erläuterung dieses Herrschaftsprinzips hinweist. Soweit ich es zu überblicken vermag, steht diese Analyse mit einem solchen Umfang allerdings auch in Bourdieus Gesamtwerk als Ausnahme da[17] und bietet sich gerade deshalb zu Reflektionen darüber an, welche Schritte Bourdieus den (an anderen Stellen häufig eher nebenbei eingestreuten) Verweisen auf fiktionale oder essayistische Texte vorausgegangen sein könnten. Er selbst hat sich niemals ausschweifenden methodologischen Überlegungen dazu hingegeben und hätte sicherlich eine Ableitung strenger Analyseregeln zurückgewiesen, denn seine Devise lautete: „Wenn man als Soziologe überhaupt etwas zu geben hat, dann eher Rüstzeug als Lektionen." (Bourdieu 1993b: 91)

---

[16] Der gesamte Text umfasst 65 Druckseiten und die Analyse des Woolf-Romans mit gut 13 Seiten mehr als 20 Prozent des Gesamtumfangs. (Bourdieu 1997: 153-217, 190-203).

[17] Abgesehen von den Analysen zu Flaubert (Bourdieu 1987b, 1999), die jedoch im Kontext des Feldes der literarischen Produktion angesiedelt sind und daher eine völlig andere soziologische Funktion haben (s.o.).

Will man allerdings in der eigenen wissenschaftlichen Arbeit auf dieses Verfahren zurückgreifen, so kommt man schließlich nicht umhin, sich darüber Gedanken zu machen, wie eine solche Sozioanalyse literarischer Texte zu bewerkstelligen sein könnte. Ein Resümee darüber, vor welchen theoretischen Hintergrundannahmen das hier analysierte Beispiel begründet ist und wie Bourdieu selbst eine solche Analyse praktisch angewandt hat, kann hierbei möglicherweise hilfreiches „Rüstzeug" sein und soll deshalb diesen Beitrag abschließen.

5. Sozioanalyse literarischer Texte, Habitus und Literatur

Bourdieu verwendet die oben vorgestellte Sozioanalyse eines literarischen Textes um Aspekte symbolischer Herrschaft genauer zu beschreiben. Die Anzeichen für diese symbolischen Formen von Herrschaft und Macht, ebenso wie die symbolische Gewalt selbst, kommen stets in äußerst subtiler und indirekter Weise zum Ausdruck – Bourdieu spricht auch von „Verschleierung" (Bourdieu 1992b: 52) oder „symbolischer Negierung" (Bourdieu 1992a: 140), die einem „Gesetz des Schweigens" folge (Bourdieu 1976: 338). Ihre Erfassung in sprachlichen Kategorien bleibt daher schwierig, denn es muss in Worte übersetzt werden, was vorsprachlich verinnerlicht und bestenfalls als Anspielung ‚zwischen den Zeilen' oder körperlich-performativ existiert. Da aber solche symbolischen Herrschaftsverhältnisse, Machtpotenziale und Gewaltpraktiken in ihren vielfältigen Facetten *selbstverständlicher Bestandteil der sozialen Welt* sind – und ‚selbstverständlich' ist hier im weiter oben erläuterten Sinne wörtlich zu verstehen –, finden sie ebenso *selbstverständlich Eingang in fiktionale Literatur*. Ihre zumeist minuziöse und sprachlich „luzide" Darstellung mit literarischen Stilmitteln (Bourdieu 2005: 123) lässt sich deshalb auch zu soziologischen Analysezwecken empirisch nutzen. Um den dieser Literatur innewohnenden „Zauber" zu brechen und das „geheime Einverständnis" bei der Lektüre aufzuheben (Bourdieu 1999: 67), ist bei der soziologischen Untersuchung des literarischen Textes jedoch die *Anwendung soziologisch-konzeptioneller Begriffe* erforderlich, damit das Selbstverständnis expliziert, das Phänomen abstrahiert und seine wesentlichen Merkmale über den empirischen Einzelfall hinaus beschrieben werden können.

Bei der praktischen Durchführung steigt Bourdieu in die Sozioanalyse eines literarischen Textes also erst dann ein, wenn das *theoretische Konzept bereits empirisch entwickelt* wurde. Will man selbst das Verfahren anwenden, setzt dies daher eine tief gehende und sehr genaue Kenntnis der Bourdieu'schen Denkwerkzeuge voraus. Er selbst begegnet den Werken mit großer sprachlicher Sensibilität, um die im literarischen Text zum Ausdruck kommenden Verhältnisse in ihrer sozialen Realität erfassen zu können, d. h. er reflektiert die soziologischen Konsequenzen der literarischen Stilmittel. Kennt man Bourdieus Arbeiten zur Sprache als Mittel zur Schaffung sozialer Ordnungen (z. B. Bourdieu 1990, 1991a, 1993b: 91-106, 115-130), so wird in diesem Zusammenhang deutlich, dass er sich weniger für die ästhetischen Aspekte von Sprache interessiert, sondern vielmehr diese Ordnungsfunktion reflektiert, die auf soziale Platzanweisung durch Sprache verweist. So betont er immer wieder, dass „die soziale Welt [...] Unterschiede dadurch [bildet], daß sie sie benennt" (Bourdieu 1993b: 228). Auch der literarische Text schafft mit seiner Wortwahl und Benennung soziale Ordnung, und zwar eine soziale Ordnung, die ihre Entsprechung in der Wirklichkeit hat und in diesem Sinne ‚wahr' ist, oft sogar, wie Virginia Woolf angemerkt hat, in dem Sinne ‚mehr' Wahrheit enthält, als sie grundlegende Elemente, soziale Konstellationen, Handlungen, Charakteristika von Personen schärfer erfasst und wiedergibt als sie im ständigen Durcheinanderlaufen der Handlungen in der alltäglichen Praxis zu erkennen sind. Und: die geschriebene Form schafft Distanz, die für die Betrachtung der eigenen Angelegenheiten nötig ist! Auch der Sequenzialität der Darbietung der Fiktion kommt in diesem Zusammenhang Bedeutung zu, weil der in der Literatur angebotene Blick auf die soziale Welt in bestimmter Weise als Narration (an-)geordnet ist, dadurch die Wahrnehmungen und Erwartungen bei der Rezeption lenkt und so für Überraschungs-, Zustimmungs- oder Zurückweisungseffekte sorgen kann.

Das Verfahren der Sozioanalyse literarischer Texte trägt daher auch dazu bei, die Verknüpfung der literarischen Welt mit der realen sozialen Welt aufzuzeigen und das intuitive Verständnis, auf das die Literatur bei den Leser/innen oft stößt, als ein sozial geprägtes „Kennen und Erkennen" (Bourdieu 1992a:153; 1998a: 151) zu thematisieren und zu explizieren. Die ‚Wahrheit' in der Fiktion kann nämlich nur dann als solche gelesen werden, wenn entsprechende Voraussetzungen im Habitus der Leser/innen für eine solche Erkenntnis gegeben sind. Bourdieu findet in diesen Texten die „empirische Gegenständlichkeit" der „symbolisch sinnhaften Bedeutung[en]" (Peter 2011: 26), die durch die sprachliche „Zurschaustellung" von Gesten und Worten ihre „Signifikanz" (Peter 2011: 15) zu enthüllen vermag.

Hinzuzufügen ist, dass Bourdieu mit diesem Verfahren keineswegs auf Romane fixiert ist, sondern gelegentlich ebenso auf literarische Essays zurückgreift. Diese sind zwar stilistisch frei, behandeln aber zumeist ein konkret benanntes Problem und sind damit in gewisser Weise ‚gegenständlicher' als fiktionale Texte, die eine Geschichte erzählen. Bourdieu verwendet die Texte so, wie sie ihm zur Darlegung seiner theoretischen Aspekte nützlich und sinnvoll erscheinen, und nicht, weil sie einem bestimmten Genre zuzurechnen sind. In den „Meditationen" verweist Bourdieu z. B. ausführlich auf einen bekannten Essay James Baldwins (Baldwin 1963; Bourdieu 2001b: 217f.), den er zur Analyse rassistischer Unterscheidung verwendet – auch hier also um im Habitus verankerte Facetten symbolischer Herrschaft und Gewalt zu konkretisieren.

Mit den vorangegangenen Ausführungen konnte gezeigt werden, dass eine Sozioanalyse auf der Basis von literarischen Texten außerordentlich voraussetzungsvoll ist. Es genügt also keineswegs, das Habituskonzept aus seinem theoretischen Gesamtkontext zu isolieren (s. a. Engler in diesem Band) und bspw. auf fiktional dargebotene Geschmacksfragen anzuwenden. Stattdessen ist hier die Rückbindung des Konzeptes an seine impliziten Herrschaftsaspekte und die damit verbundenen Fragen sozialer „Positionen" und „Positionierungen" unabdingbar (Bourdieu 1999: 365-371), um das Konzept in seiner gesamten Komplexität auf den literarischen Gegenstand anwenden und diese Analyse schließlich auf die reale soziale Welt übertragen zu können. Dies sind freilich sehr spezielle Voraussetzungen, die man sich nicht in kürzester Zeit aneignen kann und die daher den Kreis derer einschränken, die das Verfahren erkenntnisbringend einsetzen können. Es verwundert deshalb wenig, dass die Sozioanalyse literarischer Texte – zumindest bislang – weder in der Soziologie noch in der Literaturwissenschaft in größerem Umfang Eingang gefunden hat.[18]

---

[18] Ausnahme in der Literaturwissenschaft ist das umfangreiche Buch Norbert Christian Wolfs (Wolf 2011), der sowohl die Methode der Sozioanalyse ausführlich erläutert (Wolf 2011: 43-63), als auch sämtliche Figuren aus Musils Roman „Der Mann ohne Eigenschaften" einer Sozioanalyse unterzieht und zudem eine Analyse des literarischen Feldes zur Zeit Robert Musils liefert.

Die Begegnung von Literatur mit Bourdieus Soziologie birgt ein enormes Potenzial, das derzeit noch nicht annähernd ausgeschöpft wird. Dabei ist die in diesem Beitrag vorgestellte Bedeutung literarischer Texte als *empirisches Material* für soziologische Betrachtungen lediglich *ein* Aspekt. Andere Fragen dagegen sind noch nicht hinreichend mithilfe der Bourdieu'schen Konzepte beleuchtet. So steht etwa die Beantwortung der Frage nach der Relevanz literarischer Texte für die *Erfahrbarkeit* der unübersichtlichen sozialen Verhältnisse moderner Gesellschaften oder die nach dem Belang von fiktionaler Literatur für *Selbstreflektion* und *Gesellschaftskritik* oder die *Initiierung von Habitusveränderungen* weitgehend noch aus.

Literatur

Baldwin, James (1963): *The Fire Next Time*. New York: Dial Press.
Bourdieu, Pierre (1974a [1966]): Künstlerische Konzeption und intellektuelles Kräftefeld. In: Pierre Bourdieu: *Zur Soziologie der symbolischen Formen*. Frankfurt am Main: Suhrkamp. S. 75-124.
Bourdieu, Pierre (1974b [1967]). Der Habitus als Vermittlung zwischen Struktur und Praxis. In: Pierre Bourdieu: *Zur Soziologie der symbolischen Formen*. Frankfurt am Main: Suhrkamp. S. 125-158.
Bourdieu, Pierre (1976 [1972]): *Entwurf einer Theorie der Praxis auf der ethnologischen Grundlage der kabylischen Gesellschaft*. Frankfurt am Main: Suhrkamp.
Bourdieu, Pierre (1982): *Die feinen Unterschiede. Kritik der gesellschaftlichen Urteilskraft*. Frankfurt am Main: Suhrkamp.
Bourdieu, Pierre (1985): Sozialer Raum und „Klassen". In: Pierre Bourdieu: *Sozialer Raum und „Klassen". Leçon sur la leçon. Zwei Vorlesungen*. Frankfurt am Main: Suhrkamp. S. 7-46.
Bourdieu, Pierre (1987a): *Sozialer Sinn. Kritik der theoretischen Vernunft*. Frankfurt am Main: Suhrkamp.
Bourdieu, Pierre (1987b): Flaubert. Einführung in die Sozioanalyse. In: *Sprache im technischen Zeitalter* (25), 102: S. 173-189; 103: S. 240-255.
Bourdieu, Pierre (1988 [1984]): *Homo Academicus*. Frankfurt am Main: Suhrkamp.
Bourdieu, Pierre (1990 [1982]): *Was heißt sprechen? Die Ökonomie des sprachlichen Tausches*. Wien: Braumüller.
Bourdieu, Pierre (1991a [1989]): Der Korporatismus des Universellen. Die Rolle des Intellektuellen in der modernen Welt. In: Irene Dölling (Hg.): *Die Intellektuellen und die Macht*. Hamburg: VSA. S. 41-65.
Bourdieu, Pierre (1991b): *Language and Symbolic Power*. Cambridge: Polity Press.
Bourdieu, Pierre (1992a [1987]): *Rede und Antwort*. Frankfurt am Main: Suhrkamp.
Bourdieu, Pierre (1992b): Ökonomisches Kapital – Kulturelles Kapital – soziales Kapital. In: Pierre Bourdie: *Die verborgenen Mechanismen der Macht*. Hamburg: VSA. S. 49-79
Bourdieu, Pierre (1993a): *Satz und Gegensatz. Über die Verantwortung des Intellektuellen*. Frankfurt am Main: Suhrkamp.
Bourdieu, Pierre (1993b): *Soziologische Fragen*. Frankfurt am Main: Suhrkamp.
Bourdieu, Pierre (1997 [1990]): Die männliche Herrschaft. In: Irene Dölling / Beate Krais (Hg.): *Ein alltägliches Spiel. Geschlechterkonstruktion in der sozialen Praxis*. Frankfurt am Main: Suhrkamp. S. 153-217.
Bourdieu, Pierre (1998a): *Praktische Vernunft. Zur Theorie des Handelns*. Frankfurt am Main: Suhrkamp.
Bourdieu, Pierre (1998b [1997]): *Vom Gebrauch der Wissenschaft. Für eine klinische Soziologie des wissenschaftlichen Feldes*. Konstanz: UVK.

Bourdieu, Pierre (1998c [1997]): Das ökonomische Feld. In: Pierre Bourdieu: *Der Einzige und sein Eigenheim*. Hamburg: VSA. S. 162-204.
Bourdieu, Pierre (1999 [1992]): *Die Regeln der Kunst. Genese und Struktur des literarischen Feldes*. Frankfurt am Main: Suhrkamp.
Bourdieu, Pierre (2000 [1971]): *Das religiöse Feld. Texte zur Ökonomie des Heilsgeschehens*. Konstanz: UVK.
Bourdieu, Pierre (2001a): *Das politische Feld. Zur Kritik der politischen Vernunft*. Konstanz: UVK.
Bourdieu, Pierre (2001b): *Meditationen. Zur Kritik der scholastischen Vernunft*. Frankfurt am Main: Suhrkamp.
Bourdieu, Pierre (2001c): *Wie die Kultur zum Bauern kommt. Über Bildung, Schule und Politik*. Hamburg: VSA.
Bourdieu, Pierre (2005 [1998]): *Die männliche Herrschaft*. Frankfurt am Main: Suhrkamp.
Bourdieu, Pierre (2011 [1984]): Das literarische Feld. In: Pierre Bourdieu: *Kunst und Kultur. Kunst und künstlerisches Feld*. Schriften zur Kultursoziologie. Band 4. 12.2. Konstanz: UVK. S. 309-337.
Bourdieu, Pierre / Jean-Claude Passeron (1973): Grundlagen einer Theorie der symbolischen Gewalt. In: Pierre Bourdieu / Jean-Claude Passeron: *Grundlagen einer Theorie der symbolischen Gewalt*. Frankfurt am Main: Suhrkamp. S. 7-87.
Bourdieu, Pierre / Wacquant, Loïc (1996): *Reflexive Anthropologie*. Frankfurt am Main: Suhrkamp.
Dölling, Irene (2009): Männliche Herrschaft (domination masculine). In: Gerhard Fröhlich / Boike Rehbein (Hg.): *Bourdieu-Handbuch. Leben – Werk – Wirkung*. Stuttgart / Weimar: Metzler. S. 172-178.
Dörner, Andreas / Vogt, Ludgera (1994): *Literatursoziologie. Literatur, Gesellschaft, politische Kultur*. Opladen: Westdeutscher Verlag.
Duden Bd. 7 (1963): *Das Herkunftswörterbuch. Etymologie der deutschen Sprache*. Mannheim / Wien / Zürich: Bibliographisches Institut / Dudenverlag.
Elias, Norbert (1994): *Studien über die Deutschen. Machtkämpfe und Habitusentwicklungen im 19. und 20. Jahrhundert*. Frankfurt am Main: Suhrkamp.
Egger, Stephan / Pfeuffer, Andreas / Schultheis, Franz (2000): Vom Habitus zum Feld. Religion, Soziologie und die Spuren Max Webers bei Pierre Bourdieu. In: Pierre Bourdieu (2000 [1971]): *Das religiöse Feld. Texte zur Ökonomie des Heilsgeschehens*. Konstanz: UVK. S. 131-176.
Einfalt, Michael (2006): Pierre Bourdieus Konzept des literarischen Feldes und das Problem des frankophonen Literaturraums. In: Mark Hillebrand / Paula Krüger / Andrea Lilge / Karen Struve (Hg.): *Willkürliche Grenzziehungen. Das Werk Pierre Bourdieus in interdisziplinärer Anwendung*. Bielefeld: Transcript. S. 175-196.
Flaubert, Gustave (1869): *L'Éducation sentimale. Histoire d'un jeune homme*. Paris: Michel Lévy frères.
Jarchow, Klaas / Winter, Hans-Gerd (1993): Pierre Bourdieus Kultursoziologie als Herausforderung der Literaturwissenschaft. In: Gunter Gebauer / Christoph Wulf (Hg.): *Praxis und Ästhetik. Neue Perspektiven im Denken Pierre Bourdieus*. Frankfurt am Main: Suhrkamp. S. 93-134.
Joch, Markus / Wolf, Norbert C. (Hg.) (2005a): *Text und Feld. Bourdieu und die literaturwissenschaftliche Praxis*. Tübingen: Niemeyer.
Joch, Markus / Wolf, Norbert C. (2005b): Feldtheorie als Provokation der Literaturwissenschaft. Einleitung. In: Markus Joch / Norbert C. Wolf: *Text und Feld. Bourdieu und die literaturwissenschaftliche Praxis*. Tübingen: Niemeyer. S. 1-24.
Jurt, Joseph (1981): Die Theorie des literarischen Feldes. Zu literatursoziologischen Arbeiten Bourdieus und seiner Schule. In: *Romanistische Zeitschrift für Literaturgeschichte* (5): S. 454-479.
Jurt, Joseph (1995): *Das literarische Feld. Das Konzept Pierre Bourdieus in Theorie und Praxis*. Darmstadt: Wissenschaftliche Buchgesellschaft.
Jurt, Joseph (2008): *Bourdieu*. Stuttgart: Reclam.
Kafka, Franz (1915): *Die Verwandlung*. Leipzig: Wolff.
Kafka, Franz (1925): *Der Prozess*. Berlin: Die Schmiede.

Krais, Beate (2011): Die männliche Herrschaft. Ein somatisiertes Herrschaftsverhältnis. In: *Österreichische Zeitschrift für Soziologie* (36), 4: S. 33-50.
Krais, Beate / Gebauer, Gunter (2002): *Habitus*. Bielefeld: Transcript.
Kuzmics, Helmut / Mozetič, Gerald (2003): *Literatur als Soziologie. Zum Verhältnis von literarischer und gesellschaftlicher Wirklichkeit*. Konstanz: UVK.
Luhmann, Niklas (1995): *Die Kunst der Gesellschaft*. Frankfurt am Main: Suhrkamp.
Luhmann, Niklas (2008): *Schriften zur Kunst und Literatur*. Frankfurt am Main: Suhrkamp.
Mauger, Gérard (2005): Über symbolische Gewalt. In: Catherine Colliot-Thélène / Etienne François / Gunter Gebauer (Hg.): *Pierre Bourdieu. Deutsch-französische Perspektiven*. Frankfurt am Main: Suhrkamp. S. 208-230.
Moebius, Stephan / Wetterer, Angelika (Hg.) (2011): Symbolische Gewalt. In: *Österreichische Zeitschrift für Soziologie* (36), 4.
Müller-Kampel, Beatrix (2007): *Jakob Wassermann. Eine biographische Collage*. Wien: Mandelbaum.
Peter, Lothar (2011): Prolegomena zu einer Theorie der symbolischen Gewalt. In: *Österreichische Zeitschrift für Soziologie* (36), 4: S. 11-31.
Schmidt, Robert (2009): Symbolische Gewalt. In: Gerhard Fröhlich / Boike Rehbein (Hg.): *Bourdieu-Handbuch. Leben – Werk – Wirkung*. Stuttgart / Weimar: Metzler. S. 231-235.
Schmidt, Robert / Woltersdorff, Volker (Hg.) (2008): *Symbolische Gewalt. Herrschaftsanalyse nach Bourdieu*. Konstanz: UVK.
Suderland, Maja (2009a): Libido (libido). In: Gerhard, Fröhlich / Boike Rehbein (Hg.): *Bourdieu-Handbuch. Leben – Werk – Wirkung*. Stuttgart / Weimar: Metzler. S. 169-170.
Suderland, Maja (2009b): Sozialer Raum (espace social). In: Gerhard, Fröhlich / Boike Rehbein (Hg.): *Bourdieu-Handbuch. Leben – Werk – Wirkung*. Stuttgart / Weimar: Metzler. S. 219-225.
Suderland, Maja (2013): „Worldmaking" oder die „Durchsetzung der legitimen Weltsicht". Versuch einer theoretischen Positionsbestimmung Bourdieus soziologischer Schlüsselkonzepte symbolische Herrschaft, symbolische Macht und symbolische Gewalt. In: Ullrich Bauer / Uwe H. Bittlingmayer / Carsten Keller / Franz Schultheis (Hg.): *Bourdieu und die Frankfurter Schule. Kritische Gesellschaftstheorie im Zeitalter des Neoliberalismus*. Bielefeld: Transcript. S. 125-167 (im Erscheinen).
Thébaud, Françoise (2005): Pierre Bourdieus Die männliche Herrschaft. Ansichten einer Historikerin. In: Catherine Colliot-Thélène / Etienne François / Gunter Gebauer (Hg.): *Pierre Bourdieu. Deutsch-französische Perspektiven*. Frankfurt am Main: Suhrkamp. S. 231-354.
Wolf, Norbert Christian (2011): *Kakanien als Gesellschaftskonstruktion. Robert Musils Sozioanalyse des 20. Jahrhunderts*. Wien / Köln / Weimar: Böhlau (Volltext unter URL http://www.boehlau-verlag.com/download/162727/978-3-205-78740-2_OpenAccess.pdf [Zugriff am 26.11.2012])
Woolf, Virginia (1929): *A Room of One's Own*. London: Hogarth Press.
Woolf, Virginia (1979 [1927]): *Die Fahrt zum Leuchtturm*. Frankfurt am Main: Fischer.

Unbewusste Schemata: Der Habitus in der Psychologie

Michael Zander

1. Einleitung: Die schismatische Sozialpsychologie

Wer danach fragt, wie Pierre Bourdieus Habitustheorie in der Psychologie rezipiert wird, gelangt zunächst zu einem ernüchternden Befund. Zumindest im Hauptstrom des Fachs wurde Bourdieus „genetischer Strukturalismus" nur wenig zur Kenntnis genommen. Auf den ersten Blick mag diese Rezeptionslücke seltsam anmuten, hat sich Bourdieu doch mit Forschungsgegenständen beschäftigt – Geschmacksurteilen, Wahrnehmung, Handlungsstilen, Partnerwahlen usw. –, für die sich eigentlich auch die Psychologie interessieren sollte. Tatsächlich liegt aber der Grund für das geringe Interesse weniger an der Theorie Bourdieus als vielmehr im vorherrschenden Selbstverständnis des Fachs, das als empiristisch, nomothetisch sowie als auf das Verhalten und Erleben von Individuen und Kleingruppen ausgerichtet umschrieben werden kann. Dies gilt nicht zuletzt für die Subdisziplin der Sozialpsychologie, von der man eine entsprechende Rezeption am ehesten erwartet hätte, die sich aber gerade in Abgrenzung zur Soziologie entwickelt hat.

Carl Friedrich Graumann spricht treffend vom „Schisma" zwischen der soziologischen und der psychologischen Sozialpsychologie. Die beiden Richtungen koexistierten, „ohne viel Notiz voneinander zu nehmen" (Graumann 1993: 4), sie unterschieden sich in den Lehrplänen, den Instituten, den Lehrbüchern und Zeitschriften, Berufslaufbahnen, Wissenschaftsauffassungen und in ihren anerkannten Pionieren. Eine wechselseitige Rezeption findet jedoch selten statt. Rare Beispiele sind die psychologischen Untersuchungen von David Rosenhan zur Simulierbarkeit psychiatrischer Erkrankungen (Rosenhan 1973) und von Robert Rosenthal zum „Pygmalion-Effekt" (Rosenthal / Jacobson 1983), die sich auf Robert Mertons soziologische Theorie der „sich selbsterfüllenden Prophezeihung" berufen (Merton 1948). Umgekehrt werden die berühmten Gehorsamsexperimente Stanley Milgrams (1982) und das Stanford Prison Experiment Philip Zimbardos (2008) in der Organisationssoziologie diskutiert (Kühl 2005). Dessen ungeachtet arbeiten die soziologische und die psychologische Sozialpsychologie weitgehend getrennt voneinander: „Die Psychologen", so Graumann (1993: 4), „konzentrieren sich auf mentale (z. B. kognitive) Strukturen und Prozesse von Individuen. Im Gegensatz dazu betonen soziologische Sozialpsychologen meist die Funktionen von Individuen auf dem Hintergrund sozialer Strukturen." Der bevorzugte Untersuchungsgegenstand der psychologischen Sozialpsychologie hat dabei nicht zuletzt methodische Gründe:

> „Heute ist der Vorrang der experimentellen Methode im Vergleich zur Felduntersuchung und der Messung im Vergleich zur Beobachtung in Studienplänen und in den Veröffentlichungskriterien wissenschaftlicher Zeitschriften institutionalisiert. Die Vergabe von Forschungsgeldern und -stipendien hängt zu einem nicht geringen Teil vom methodischen Raffinement der Anträge ab." (Graumann 1993: 17)

Vor diesem Hintergrund versteht man, weshalb der Begriff „Gesellschaft" in dem Lehrbuch, in dem Graumanns Text enthalten ist, kaum vorkommt: Gesellschaft umfasst weit mehr als Kleingruppen und ist auf experimentellem Wege nur sehr begrenzt erforschbar. Sie wird im psychologischen Mainstream entweder auf unmittelbare soziale Kontexte reduziert oder nur als abstrakte Verhaltensbedingung aufgefasst, aber nicht als von Menschen (re-) produziert anerkannt, eine Diagnose, die Klaus Holzkamp (1983) auch auf bestimmte soziologische Paradigmen wie den Strukturfunktionalismus oder die Rollentheorie ausweitet. „Gesellschaft" erscheint in der Mainstream-Psychologie als weitgehend unbeeinflussbare und nicht modellierte exogene Größe, die allenfalls abstrakt und aspekthaft in die Forschung eingeht, etwa in Gestalt von soziodemografischen Merkmalen von Untersuchungsteilnehmern.

Die übermäßige Bevorzugung der experimentellen Methode und das empiristische Selbstverständnis des Fachs machen auch begreiflich, warum in der Psychologie und insbesondere der Sozialpsychologie viele kleinteilige Untersuchungen durchgeführt und viele Theorien kurzer Reichweite (gelegentlich als „Theoriechen" oder „Theoretten" verspottet) entwickelt werden. So konnte Ellen Skinner (1996) in ihrer Übersichtsarbeit Dutzende von sozialpsychologischen Theorien katalogisieren, die sich alle auf den wahrgenommenen Einfluss auf eine Situation beziehen. Versuche, diese Vielzahl durch übergreifende Modelle zu integrieren, sind naheliegend und notwendig (Skinner 1996; Frey / Jonas 2002), scheinen aber das Fach bisher nicht nachhaltig zu verändern. Zumindest als Faustregel kann für den psychologischen Mainstream nach wie vor gelten: „Research is more or less atheoretical, with many researchers avoiding theory as far as possible and seeking to test only hypotheses related to variables that can be closely tied to observations." (Manicas / Secord 1983: 400) Auf diese Situation spielt Bourdieu vermutlich an, wenn er in einem Interview sagt:

> „Wenn z. B. die Sozialpsychologie ein solches Thema [gemeint ist der Zusammenhang zwischen Klassenlage und Geschmacksurteil; M.Z.] angeht, wird eine Reihe isolierter Experimente und Untersuchungen gestartet – über ästhetischen Geschmack, über Wahrnehmung usw. –, und man kann sicher sein, dass es nicht derselbe Wissenschaftler ist, der über beides forscht." (Bourdieu 1993a: 32)

Aus dem von Graumann beschriebenen „Schisma" ergibt sich eine erkennbare Ignoranz gegenüber der Soziologie. Charles W. Tolman (1994) konstatiert einen „nahezu totalen Ausschluss der Gesellschaftstheorie" aus dem (englischsprachigen) Hauptstrom der Sozialpsychologie: „Psychologen wie B.F. Skinner haben viel über die Implikationen der Psychologie für das gesellschaftliche Leben [...] geschrieben, ohne auf Denker wie Marx, Durkheim, Weber oder Horkheimer Bezug zu nehmen" (Tolman 1994: 105). Die soziologischen Klassiker des 19. Jahrhunderts haben für die offizielle Psychologiegeschichte kaum Bedeutung (Eckardt 2010). Nicht nur der theoretisch anspruchsvolle „Habitus", sondern selbst die geradezu empiristisch und ziemlich oberflächlich konstruierten „Kapitalsorten" haben bisher kaum Widerhall in der Disziplin gefunden (Wood / Giles-Corti 2008; zur soziologischen Kritik an Bourdieus Kapitalbegriff siehe Bischoff / Herkommer / Hüning 2002). Selbst die Psychoanalyse wird vielfach als angeblich unwissenschaftlich aus dem Mainstream ausgegrenzt, obwohl es sich wahrscheinlich um die einflussreichste psychologische Theorie überhaupt handelt. Dennoch wurden manche ihrer Ideen im Mainstream aufgegriffen (siehe dazu Jahoda 1985; Holzkamp 1985a), wobei historisch die so genannte "kognitive Wende" in der Psychologie Voraussetzung dafür war, d. h. das Scheitern des bis dahin vorherrschenden strengen behavioristischen Paradigmas und die Hinwendung zu „mentalistischen" Begriffen und Phänomenen wie „Absichten", „Zielen", „Denken" usw. (vgl. Eckardt 2010: 145; Miller 2003). Gelegenheit zur Zusammenarbeit ergibt sich auf bestimmten Themenfeldern, auf denen Interdisziplinarität etabliert werden konnte, wie der Gesundheits- oder der Alternsforschung. Aber auch hier koexistieren eher die Subdisziplinen – in der Alternsforschung etwa die soziologisch orientierte Sozialgerontologie und die Gerontopsychologie –, als das eine wirkliche Integration von Modellen oder Theorien stattfände. Graumanns Befund aus den 1990er Jahren ist nach wie vor gültig; seine Forderung, sich „in das Feld sozialer Kräfte außerhalb des Labors hinauszuwagen" und mit „realen sozialen Fragestellungen" (Graumann 1993: 23) zu befassen, wird rund anderthalb Jahrzehnte später immer noch erhoben (vgl. Scholl 2007).

Aus dieser peinlichen Misere könnte man die praktische Schlussfolgerung ziehen, die Psychologie links liegen zu lassen, wenn man sich für die Habitustheorie interessiert. Es gibt aber zwei wesentliche Gründe, die dagegen sprechen. Erstens stützt sich Bourdieu selbst auf psychologische Ansätze, um seine Habitustheorie zu begründen, was in der wissenschaftlichen Debatte bisher kaum berücksichtigt wurde; zweitens finden sich sowohl innerhalb als auch außerhalb des Mainstreams Beiträge, die entweder die Habitustheorie explizit behandeln oder zumindest für bestimmte ihrer Aspekte relevant sind.

2. Psychologische Quellen der Habitustheorie

Bourdieus Habitustheorie ist Gegenstand des gesamten vorliegenden Sammelbandes, weshalb es hier genügt, ihre wesentlichen Kernaussagen darzustellen (siehe Einleitung: Das Habituskonzept von Pierre Bourdieu). Der Habitus eines Menschen umfasst Wahrnehmungs-, Handlungs- und körperliche Bewegungsschemata (im Sinne einer „Somatisierung" von Herrschaft; siehe etwa Bourdieu 2005: 99f.) oder „Stile". Diese Schemata werden größtenteils unbewusst erlernt und auf disparate Objekte und Praktiken angewendet. Sie sind in wertenden Gegensätzen organisiert. In ihnen schlagen sich Geschichte und Erfahrung von Individuen oder einer Gruppe nieder, die innerhalb von Herrschaftsverhältnissen zwischen Klassen, Geschlechtern, ethnischen oder sexuellen Zugehörigkeiten usw. eine bestimmte soziale Position einnehmen. Insofern konturiert und begrenzt der Habitus mehr oder weniger dauerhaft die Handlungsmöglichkeiten von Individuen und Gruppen.

Anhand der umfangreichen empirischen Studie über *Die feinen Unterschiede* (1982 [1979]) lässt sich diese Theorie vielleicht am besten veranschaulichen. Darin stellt Bourdieu fest, dass ein spezifischer Geschmack an kulturellen Gütern und Praktiken mit statistisch zu ermittelnder Wahrscheinlichkeit bei den Angehörigen bestimmter sozialer Klassen und Klassenfraktionen zu finden ist: Ob man ein Musikinstrument spielt oder ins Museum geht, welche Filme man im Kino ansieht, wie man seine Wohnung einrichtet, mit welchen Adjektiven man seine Freundinnen und Freunde beschreibt oder auch welchen Bildungsabschluss man anzustreben sich zutraut, all dies hängt demnach mit der eigenen Laufbahn und dem biografisch erworbenen Vermögen zusammen. Die Präferenzen des Bürgertums drücken Distinktion, ostentative und eher konservative Konsumgewohnheiten sowie spielerische Souveränität gegenüber kulturellen Standards und Praktiken aus. Die tendenzielle Betonung formaler Aspekte der Praktiken und Erzeugnisse – des Essens, der Kunst, der

Wohnungseinrichtungen – zeigt, dass sie mehr verlangen können als bloße Funktionalität. Der Lebensstil der Mittelklassen ist hingegen geprägt durch den Gegensatz zwischen einem Anspruch auf einen bestimmten Lebensstandard und den im Vergleich zum Bürgertum knapp bemessenen Mitteln, diesen auch einzulösen. Daraus ergibt sich die Problemlage, auf Erfüllung aktuell zu verzichten und diese auf später zu verschieben, was das Risiko einschließt, dass die Aspirationen enttäuscht werden. Für die Arbeiterklasse ist Bourdieu zufolge ein so genannter »Notwendigkeitsgeschmack« charakteristisch: was erschwinglich ist, gefällt.

Der Geschmack ist eine spontane Lebensäußerung, seine Ursprünge entziehen sich tendenziell der Reflexion und man kann sich kaum von ihm distanzieren. Zugleich spiegelt er Laufbahn und Lebenslage eines Individuums oder einer Klasse wider, woraus sich die von Bourdieu nachgewiesene Korrelation von Lebensstil und gesellschaftlicher Position erklären lässt. Geschmäcker folgen mit Distinktion, Prätention und dem Gefallen am Notwendigen bestimmten Prinzipien oder, wie Bourdieu sagt, Schemata, Erzeugungsformeln oder Dispositionen, die ihrerseits den Habitus konstituieren. Kulturelle Praktiken werden dabei nicht selbstgenügsam gepflegt, sie sind vielmehr Ausdruck eines konflikthaften Verhältnisses zwischen Klassen und Klassenfraktionen. Ein Beispiel für eine Disposition im Sinne Bourdieus ist der „ästhetizistische Asketismus" unter Lehrern und Hochschullehrern, die, verglichen mit der Bourgeoisie, über viel Bildung, aber wenig Geld verfügen. Dieser Asketismus mache aus der Not eine Tugend und kompensiere „Antikes durch ‚Rustikales' (…), persische Teppiche durch rumänische, den Landsitz der Familie durch die restaurierte Scheune, den Besitz von Gemälden durch den von Lithografien" (Bourdieu 1987: 449); es handele sich um „uneingestandene Surrogate – wie der Schaumwein und Talmi der tatsächlich Armen –, mit denen der Mangel dem Besitz Tribut zollt" (ebd; s.a. Kastl 2007).

Der Habitus als Gesamtheit derartiger unbewusster Wahrnehmungs- und Handlungsschemata ist Bourdieu zufolge relativ stabil. Dank seiner verhalten sich Menschen regelhaft, ohne bewusst-rational Regeln folgen zu müssen. Statusveränderungen durch soziale Auf- oder Abstiege schlagen sich demnach erst mit Verzögerung in veränderten Sicht- und Handlungsweisen nieder. Bourdieu nennt das den „Hysteresis-Effekt" (Bourdieu 1987: 238).

Zur Untermauerung seiner Habitustheorie verweist Bourdieu einerseits auf die empirischen Phänomene, die sie erklären soll, andererseits stützt er sich auf andere Theorien, Konzepte und Befunde, die er nicht zuletzt auch der Psychologie entnimmt (vgl. ausführlich Zander 2010). Als Quellen sind an erster Stelle Arbeiten zu nennen, die einer Zeit entstammen, in der sich die Psychologie noch nicht vollends zu einem selbstständigen Fach entwickelt hatte, nämlich dem späten 19. und frühen 20. Jahrhundert. Von Emile Durkheim und Marcel Mauss (1993 [1901/02]) hat Bourdieu die Frage nach den gesellschaftlichen Ursprüngen klassifizierender Wahrnehmung geerbt, die, wenngleich unter anderen theoretischen und historischen Prämissen, auch die Ethnologie und die Psychologie beschäftigte (vgl. Lévi-Strauss 1993; Lurija 1987). Mauss soll übrigens, wie später Bourdieu, bewusst von „Habitus" gesprochen haben, um eine Verwechslung mit dem damals den Psychologen geläufigen Begriff der „habitude", der „Gewohnheit", zu vermeiden (Farnell 2000: 401). Für die Konzeptualisierung der „Feinen Unterschiede" dürften Maurice Halbwachs' Studien zu Lebensweisen, Psychologie und Klassen Pate gestanden haben. Bereits Halbwachs studierte die Konsumgewohnheiten der verschiedenen Klassen und legte besonderen Augenmerk auf den Umstand, dass die „mittleren und oberen Klassen" im Unterschied zu den

Arbeitern die Möglichkeit haben, „überflüssige Ausgaben" zu tätigen (Halbwachs 1905: 39; vgl. auch den Beitrag zu Veblen in diesem Band).

Erst seit einigen Jahren wird ernsthaft zur Kenntnis genommen, dass sich Bourdieu auf die Freud'sche Theorie stützt (Fourny 2000; Steinmetz 2006; Kastl 2007), was umso verwunderlicher ist, als er sein ganzes wissenschaftliches Unternehmen eine „Psychoanalyse des Sozialen" (Bourdieu 1987: 31) nennt. Der Habitus, so Bourdieu, könne „als ‚Kompromissbildung' (im Freud'schen Sinn) beschrieben werden" (Bourdieu 2001: 211); seine Entwicklung erfolge über eine „Reihe [...] sozial [...] organisierter Operationen (Projektion, Identifikation, Übertragung, Sublimierung usw.)" (ebd. 210). Zu seiner Erforschung sollten sich „Soziologie und Psychoanalyse [...] zusammentun (aber dazu müssten sie ihre gegenseitigen Voreingenommenheiten überwinden können)" (ebd. 212).

Eine weitere Quelle, die Bourdieu zur Stützung seiner Habitustheorie heranzieht, sind bestimmte sozialpsychologische Untersuchungen und Konzepte: Bourdieu beruft sich auf Experimente, in denen Versuchspersonen »Symbolreihen« (z. B. ihnen unbekannte chinesische Schriftzeichen) vorgelegt werden, die nach einem willkürlichen, aber regelmäßigen Prinzip geordnet sind. Aufgefordert, neue Gruppen nach demselben Prinzip zu bilden, erledigten die Versuchspersonen die Aufgabe, auch wenn sie das Prinzip selbst nicht explizieren konnten (vgl. Bourdieu 1976: 191, 1993b: 137). Ganz ähnlich gehen auch jüngere neuropsychologische Experimente über das Erlernen so genannter »künstlicher Grammatiken« vor. Den Versuchspersonen werden Buchstabenfolgen vorgelegt, die jeweils nach einer komplexen Regel gebildet sind. Anschließend müssen sie weitere Zeichenketten den vorigen regeltypisch zuordnen. Dies gelingt ihnen überzufällig häufig, ohne dass sie die jeweilige Regel der künstlichen Grammatik explizit nennen können (vgl. Kastl 2007).

Was die körperlich-leibliche Seite des Habitus betrifft, zitiert Bourdieu eine Untersuchung, die einen Zusammenhang „zwischen dem Platz, den man sich im öffentlichen Raum zubilligt, und der jeweils eingenommenen sozialen Stellung" (Bourdieu 1987: 739) aufweisen soll (Fisher / Cleveland 1958). Und schließlich geht er, wenn es um die habituelle Kategorisierung von Gruppen geht, auf diverse Arbeiten zur Stereotypie-Forschung ein (Bourdieu 1987: 747).

Für eine Rezeption des Bourdieu'schen Werkes in der Psychologie gäbe es also mehrere unmittelbare Anknüpfungspunkte. Obwohl die Hinweise auf psychologische Arbeiten manchmal wie beiläufig ins Werk eingestreut wirken, sind sie tatsächlich von zentraler Bedeutung. Insbesondere die Annahme eines *unbewussten* Habitus bedarf einer auch psychologischen Begründung, sei das Verständnis des „Unbewussten" nun psychoanalytisch, neuro- oder sozialpsychologisch inspiriert. Ob diese Begründung ausarbeitungsbedürftig ist oder in Bourdieus Ausführungen zum Habitusbegriff bereits vollständig vorliegt, darüber gehen die Meinungen auseinander (Zander 2010; El-Mafaalani / Wirtz 2011).

3. Die Habitustheorie in der psychologischen Rezeption

Bezugnahmen auf den Habitusbegriff in psychologischen Arbeiten bleiben eher allgemein, sofern sie überhaupt vorkommen. So führen Ralf Oerter und Eva Dreher – im Rahmen eines Lehrbuchs zur Entwicklungspsychologie – zwar Bourdieus Studie *Die feinen Unterschiede* an, wenn sie ästhetische Stile von Jugendkulturen beschreiben wollen, ihre Aussage, eine solche Kultur bestehe aus einem „Korpus von Regeln", der individuell erworben, kollektiv koordiniert und interpretiert werden müsste, wirkt jedoch einigermaßen unspezifisch (vgl. Oerter / Dreher 2002: 313). Ihre Gegenüberstellung von „Punks" und „Sportlern" erscheint als recht willkürlich und normativ, im Sinne dessen, was Bourdieu den „legitimen Geschmack" genannt hat:

> „Die Punks negieren Regeln, wie sie Erwachsenengruppen konstituieren, während Sportgruppen ein formales Regelwerk hochschätzen. Die Ästhetik der Punks ist konträr zu derjenigen der Sportler: Letztere halten viel von der Ästhetik des Körpers, der Körperbewegung, Erstere wählen eine Ästhetik der Hässlichkeit und heute auch häufig der Exzentrizität, die gewissermaßen als Kontrastprogramm zum allgemeinen ästhetischen Bewusstsein fungiert. Punks scheinen sich (…) durch ihre Ablehnung und ihr Fernhalten von typischen Konsumformen und Verhaltensweisen der Hauptkultur eine Art Reinheit zu bewahren (…), während Sportler bzw. Sportgruppen sich die (…) gesellschaftlichen Formen bereitwillig zu eigen zu machen. Punks sind typisch antisportlich" (Oerter/Dreher 2002: 313).

An anderer Stelle schreibt Oerter, unter Verweis auf Bourdieu, dass es einen Zusammenhang zwischen sozialer Herkunft und Geschmack gebe, er belässt es aber bei dem Satz, klassische Musik sei „nach wie vor Domäne einer gebildeten Mittelschicht, U-Musik und Volksmusik eher Domäne der Bevölkerungsgruppen mit niedrigerem Bildungsniveau und manuellen Berufen" (Oerter 2002: 794).

Stephan Kröner, Oliver Lüdtke, Kai Maaz, Ulrich Trautwein und Olaf Köller (2008) berufen sich in ihrer entwicklungspsychologischen Längsschnittstudie explizit auf den Habitusbegriff. Sie untersuchen per postalischem Fragebogen die kulturellen rezeptiven Gewohnheiten von Gymnasiasten in der 13. Schulklasse und zwei Jahre danach (N = 4730). Dabei gelangen sie zu dem Ergebnis, dass zwei Faktoren Theaterbesuche vorhersagen. Dies sind erstens der „soziale Hintergrund" der Eltern – gemessen an deren Bildungsabschluss und deren sozioökonomischem Status – und zweitens in Items operationalisierte Persönlichkeitseigenschaften, vor allem „Offenheit für Erfahrungen". Im Laufe ihrer Darstellung scheinen die Autoren die Theorie Bourdieus jedoch wieder aus den Augen zu verlieren. Jedenfalls wird weder der Befund im Licht des Habitusbegriffs interpretiert noch wird die Frage gestellt, was die Antworttendenzen bei bestimmten Items, die als Persönlichkeitseigenschaften imponieren, mit klassenspezifischer Erfahrung zu tun haben könnten.

Genau dies untersuchen unter anderem Johannes Uhlig, Heike Solga und Jürgen Schupp (2009); Persönlichkeitseigenschaften verstehen sie dabei als Aspekt des Habitus: „Jugendliche aus einem akademisch geprägten Elternhaus erreichen im Mittel signifikant höhere Ausprägungen auf dem Faktor Offenheit für Erfahrungen sowie signifikant niedrigere Werte in der Dimension Neurotizismus." (Uhlig / Solga / Schupp: 20, Fn. 19) Zudem hätten Kinder aus nichtakademischen Familien ein erhöhtes Risiko für „Underachievement"; ihre Schulleistungen verbleiben häufiger unter dem Niveau ihrer Leistungen in Intelligenztests. Dem muss allerdings hinzugefügt werden, dass weitgehend unklar ist, was genau Intelligenztests eigentlich messen, weshalb Unterschiede zwischen Schulleistungen und Leistungen in Intelligenztests kaum interpretierbar sind. Ergebnisse von Intelligenztests hängen stark von der Schulbildung der Testpersonen ab. Versuche, insbesondere durch Zwillingsforschung ein von sozialen Faktoren unabhängiges und unveränderliches biologisches Potenzial von Intelligenz zu messen, müssen bislang als gescheitert angesehen werden (Knebel / Marquardt 2012).

Nicole Stephens, Hazel Markus und Sarah Townsend (2007) gehen, veranlasst unter anderem durch die Habitustheorie, der Frage nach, inwiefern die Klassenzugehörigkeit Entscheidungen beeinflusst, wobei sie den materiellen Lebensbedingungen eine besondere Bedeutung zumessen. „Although the material conditions of the sociocultural context do not *determine* people's actions, they do *promote* certain kinds of actions and increase the likelihood that these actions will become normative and preferred." (Stephens / Markus / Townsend 2007: 814) Die Autorinnen gehen deshalb davon aus, dass sich in Arbeiter- und Mittelklasse unterschiedliche Maximen herausbildeten, wie sich eine „gute Person" verhalte, insbesondere im Hinblick auf andere Menschen. Daraus wiederum ergäben sich unterschiedliche Handlungsschemata oder *Skripte* für Entscheidungssituationen. In Anbetracht relativ knapper Ressourcen bekomme man in der Arbeiterklasse eher beigebracht, zusammenzuhalten und mit anderen übereinzustimmen. Erziehung und Berufe, wie sie für die Mittelklasse typisch seien, betonten eher die individuelle Einzigartigkeit und entsprächen damit eher den kulturell dominanten individualistischen Idealen in den USA und der ‚westlichen' Welt. Man könne annehmen, dass sich derartige Unterschiede in Entscheidungen widerspiegeln und entsprechende Situationen für Angehörige der Arbeiter- und der Mittelklasse eine spezifische Bedeutung haben. Fünf kleine Studien sollen diverse Aspekte klassenspezifischer Skripte abbilden, wobei sich Entscheidungssituationen und Operationalisierung von Klassenzugehörigkeit zum Teil stark voneinander unterscheiden. So handelt es sich bei den Teilnehmenden einer Studie ausschließlich um Psychologiestudierende, deren soziale Position durch den Bildungsabschluss der Eltern eingeschätzt wird. Die Wahl, die sie zu treffen haben, ist banal. Zum Dank für das Ausfüllen eines Fragebogens dürfen sie sich einen Stift aussuchen, deren Farben unterschiedlich häufig sind. Erwartungsgemäß entscheiden sich die der Mittelklasse zugeschlagenen Studierenden häufiger für eine seltene Farbe. In einer anderen Studie werden Feuerwehrleute und Betriebswirte gebeten, zu einem hypothetischen Szenario Stellung zu nehmen: Kurz nach ihnen kauft sich ein Freund das gleiche Auto wie sie. Im Interview stehen die Feuerwehrleute dem eher positiv oder neutral, die Betriebswirte eher negativ oder ambivalent gegenüber. In einer weiteren Untersuchung unterziehen die Autorinnen schließlich Autowerbung einer quantitativen und qualitativen Inhaltsanalyse: Anzeigen, in denen Personen und Kontexte vorkommen, die nach bestimmten Merkmalen der Arbeiterklasse zugeordnet werden, betonen eher gemeinsame Erlebnisse, die durch das Auto möglich werden sollen. Andere, eher an der Mittelklasse orientierte Motive, heben dagegen hervor, dass ein Kauf die Individualität des Käufers unterstreicht.

In einer der geschilderten Untersuchungen zeigen sich die Grenzen und Probleme der experimentellen Methode. Die Versuchspersonen, Studentinnen der Psychologie, sollen sagen, welche der ihnen vorgelegten Grafiken ihnen gefällt. Zusätzlich erhalten sie die Information, welche Abbildungen allgemein beliebt sind. Die Hypothese der Forscherinnen lautet abermals, dass Studentinnen aus gebildeten Elternhäusern mehr Wert darauf legen, sich in ihrem Urteil von anderen zu unterscheiden, während den Kindern von Eltern mit geringerer Bildung eher die Gemeinsamkeit mit anderen wichtig sei. Allerdings erklärten Versuchspersonen im Anschluss, sie hätten geglaubt, ihr Verhalten könne als Konformität gedeutet werden, ein Interpretationsrahmen, in dem (in Anbetracht des berühmten Milgram-Experiments) die Herstellung von Gemeinsamkeit natürlich in einem fragwürdigen Licht erscheint. Hier zeigt sich eine Schwierigkeit des psychologischen Experiments, die Holzkamp so auf den Punkt bringt: Man könne nicht wissen,

„ob die objektiv registrierten Verhaltensdaten tatsächlich zur Prüfung der vom Experimentator operationalisierten Zusammenhangsannahme taugen, oder vielleicht eine ganz andere, unerkannt im Kopf der Versuchsperson hausende Hypothese prüfen. Es ist klar, dass Subjektivität bzw. Bewusstsein im Sinne der Möglichkeit des spontanen, aktiven Sich-Verhaltens der Individuen zu den experimentellen Bedingungen für die Variablenpsychologie ein ‚Störfaktor' ersten Ranges sein muss." (Holzkamp 1985b: 21)

Sieht man von diesen grundsätzlichen methodologischen Problemen ab, fallen diese Studien dadurch positiv auf, dass sie im Unterschied zu anderen Arbeiten das mit dem „Habitus" im Bourdieu'schen Sinne Gemeinte gut treffen. Darüber hinaus argumentieren Stephens, Markus und Townsend im theoretischen Teil plausibel und interessanterweise auch weniger deterministisch, als es stellenweise bei Bourdieu selbst der Fall ist (s. u.).

Neben empirischen Beiträgen gibt es auch einige theoretische Aufsätze, die sich mit der Aus- oder Reformulierung des Habituskonzepts befassen. Wenngleich sie nicht aus der Psychologie stammen, beziehen sie doch genuin psychologische Ansätze ein. Andreas Pickel (2005) beispielsweise unterscheidet mehrere relevante Ebenen, das Gehirn, die Psyche *(mind)*, soziale und symbolische Systeme. Hier führt der Habitus ein etwas befremdliches Eigenleben und bedient sich der Individuen als „Träger" (Pickel 2005: 443). Adam Isaiah Green (2008) erörtert Bourdieus Begriff in einem sexualwissenschaftlichen Kontext. Zur Erklärung der Genese sexueller Orientierung und sexuellen Geschmacks dominieren hier Modelle, denen zufolge erotisches Begehren durch soziale Skripte erlernt werde. Während jedoch diese sozialpsychologischen Konzepte stark behavioristisch und kognitivistisch orientiert sind, ermöglicht der Habitus Green zufolge einerseits die Vermittlung von sozialer Mikro- und gesellschaftlicher Makroebene, andererseits die Berücksichtigung psychoanalytischer Befunde. Michael Tomasello beruft sich in seinen entwicklungspsychologischen Arbeiten ebenfalls auf Bourdieu:

> „Der besondere Habitus, in den ein Kind hineingeboren wird, legt die Modi seiner sozialen Interaktionen fest, die Sorten von Lernerfahrungen und Gelegenheiten, denen es begegnen wird, und die Arten von Schlussfolgerungen, die es über den Lebensstil seiner Umgebung ziehen wird. Der Habitus hat somit direkte Auswirkungen auf die kognitive Entwicklung, insofern er das ‚Rohmaterial' zur Verfügung stellt, mit dem das Kind umgehen muss." (Tomasello 2002: 98)

In der Sozialpsychologie ist zwar selten explizit vom Habitus die Rede, aber man ist durchaus mit dem aus der klassischen Philosophie herkommenden Gedanken vertraut, dass Wahrnehmen und Handeln bestimmten Schemata folgt (Lenk 1995). Herbert Bless und Norbert Schwarz (2002) unterscheiden in ihrem Überblicksaufsatz Personenschemata, Ereignisschemata und „Denkregeln". Personenschemata der Wahrnehmung können sich auf bestimmte Personen, etwa die eigene Mutter, oder auf Gruppen beziehen wie „Linke", „Türken", „Kleinbürger" usw. Von der „Motivation" soll es abhängen, ob man bereit ist, irrtümliche Vereinfachungen zu korrigieren oder in feindseliger Absicht zum Vorurteil zu verstärken. Ereignisschemata, meist Skripte genannt, beziehen sich auf mehr oder weniger standardisierte Abläufe. Das Restaurant-Schema impliziert bestimmte Rollen, nämlich Gast, Kellner oder Koch, und bestimmte Handlungen, die eine Reihenfolge haben. Erst wird gewählt, dann gegessen und getrunken, dann gezahlt. (Als ein wiederkehrendes Ereignis- oder Interaktionsschema können übrigens die sogenannten Bindungstypen im Sinne der Bindungstheorie von John Bowlby und Mary Ainsworth gelten.) Unter „Denkregeln" werden Ursachenzuschreibungen verstanden, aber auch Urteilsheuristiken, mittels derer man etwa aus einer leichten Beobachtbarkeit (irrtümlich) auf die Verbreitung eines Phänomens schließt. In Experimenten lassen sich Versuchspersonen in vielfältiger Weise manipulieren. Krasse Stereotypisierungen treten Bless und Schwarz zufolge häufig auf, wenn die Versuchspersonen in Zeitnot oder anderweitig unter Druck gesetzt werden.

Was an diesem Schemabegriff besonders auffällt, ist seine weitgehende Abstraktion von Gesellschaft, sozialer Ungleichheit und Herrschaft. Schematisierungen sind nicht nur allgemeines Merkmal von Wahrnehmen, Denken und Handeln, sie können auch, wie das Beispiel der Stereotypen zeigte, spezifischer Ausdruck von Ohnmacht oder Diskriminierungen sein.

4. Fazit und Ausblick: Der Habitus als nicht-deklaratives Gedächtnis

Aus den geschilderten Theorien und Studien ergibt sich die Frage, welche Freiheit und welche Widerstandsmöglichkeiten der Habitus insbesondere den Beherrschten lässt. Manche Einschätzungen Bourdieus klingen eher pessimistisch:

„Tatsächlich scheine ich mit der Einführung des Habitus-Begriffs und der Analyse der gesellschaftlichen Bedingungen der Produktion dieser Disposition eine deterministische Anschauung von sozialer Welt zu bestärken. Dort, wo gemeinhin ein freies Subjekt gesehen wird, Ursprung all seiner Äußerungen, Handlungen und Gedanken, setze ich gleichsam einen *automaton spirituale*, wie Leibniz es nannte, eine Art gesellschaftlich konstituierten Geistesautomaten. Wenn ich z. B. als Soziologe jemanden befrage, dann soll mein Fragebogen als eine Abfolge von Stimuli funktionieren, die so ausgewählt sind, dass sie in einer begrenzten Zeit den Habitus zu möglichst vielen *responses* provozieren. Ich gehe von der Annahme aus, dass ich eine komplexe Maschine vor mir habe, deren Programm ich herauszufinden suche. Der Habitus ist so etwas wie dieses Programm, auf das ich alle erhaltenen und scheinbar zusammenhanglosen Antworten, aber auch eine Reihe anderer zurückführen kann, die ich zwar nicht erhalten habe, aber hätte erhalten können, hätte ich nur die entsprechenden Fragen gestellt." (Bourdieu 1993a: 33)

Diese Ausführungen dürften in mehrfacher Hinsicht irritierend, wenn nicht provozierend wirken. Wenn man davon ausgeht, dass der Habitus auf einer Verinnerlichung äußerer Gegebenheiten beruht und zugleich automatisch funktioniert, dann scheint für kritische Distanz oder gar Widerstand gegenüber diesen Gegebenheiten nicht viel Raum zu bleiben. Dies ist vermutlich ein Grund, weshalb kritisch-psychologische Autoren dem Konzept des Habitus lange eher reserviert gegenüberstanden (vgl. Holzkamp 1995: 823). Darüber hinaus mag man zweifeln, ob denn die in den obigen Zeilen Bourdieus zumindest nahegelegte hohe Vorhersagevalidität des Habitus tatsächlich hinlänglich belegt ist. Allerdings relativiert Bourdieu seine deterministisch anmutenden Aussagen, indem er nachdrücklich darauf hinweist, dass man sich „zusätzliche Freiheit" (Bourdieu 1993a: 34) verschaffen könne, indem man sich die Grenzen des Habitus bewusst mache. An anderer Stelle geht er noch weiter: „Der Habitus ist nicht das Schicksal, als das er manchmal hingestellt wurde. Als ein Produkt der Geschichte ist er ein offenes Dispositionssystem" (Bourdieu / Wacquant 1996: 167) und in Konfrontation mit neuen Erfahrungen veränderbar. Er manifestiere sich erst im Verhältnis zur jeweiligen Situation und könne dementsprechend „ganz unterschiedliche, ja gegensätzliche Praktiken hervorbringen" (Bourdieu / Wacquant 1996: 168). Dies wirft natürlich neue Fragen darüber auf, wie Dauerhaftigkeit und Veränderbarkeit des Habitus untersucht werden können.

Jörg Michael Kastl (2004) schlägt vor, den Habitus als nicht-deklaratives Gedächtnis im Sinne der Neuropsychologie aufzufassen (s. a. Lizardo 2009). Mit diesem erinnert man sich nicht bewusst an bestimmte „deklarierbare" Inhalte, sondern ruft erlernte implizite motorische oder kognitive Muster ab. Beispielsweise wird durch die Automatisierung von Bewegungsabläufen die bewusste, „deklarative" Aufmerksamkeit entlastet, die man – während man etwa die Gangschaltung eines Autos bedient – anderen Problemen zuwenden kann (vgl. Holzkamp 1993: 289). Non-deklaratives Gedächtnis und Habitus wären demnach nicht nur ein System von Grenzen, sondern auch eine Kompetenz. Darauf weist auch Bourdieu hin, allerdings befindet sich seine Theorie sozusagen in einer Schieflage, weil das deklarative Gedächtnis als Gegenstück zum Habitus fehlt oder zumindest wenig berücksichtigt wird. Damit bleibt jene Fähigkeit unterbelichtet, mittels derer man das Automatisierte hinterfragen kann, sofern es den eigenen Interessen zuwiderläuft bzw. unter dem Einfluss herrschaftlicher Verhältnisse steht.

Dabei ist klar, dass sich Gelerntes je nach Grad seiner Verankerung unterscheidet: Ästhetische Präferenzen sind offenbar leichter aufzugeben als beispielsweise Süchte. Und die Metapher der Automatisierung sollte nicht darüber hinweg täuschen, dass das Erlernte intentional ist. Intentionalität bedeutet hier nicht unbedingt eine bewusste Absicht oder rationale Entscheidung, sondern meint Sinnvermitteltheit, in der man sich wünschend und interessiert auf die Welt bezieht. Auch der Habitus artikuliert Absichten, etwa den (uneingestandenen) Wunsch nach Distinktion. Loïc Wacquant vergleicht den Habitus nicht umsonst mit John Searles „intention in action" (vgl. Bourdieu/Wacquant 1996: 39). Hinter dem Habitus als Struktur oder (scheinbar fertigem und selbstperpetuierendem) „Programm" steht jedenfalls das *Lernen als ebenso voraussetzungsvoller wie offener Prozess*.

Diese Überlegungen können zu einem möglichen Fazit führen: Wenngleich der psychologische Mainstream weitgehend unfähig ist, Gesellschaft angemessen zu konzeptualisieren, so gibt es doch in der Psychologie mehr oder weniger relevante Beiträge, die entweder durch direkte Rezeption der Bourdieu'schen Arbeiten veranlasst sind oder die sich unabhängig von Bourdieu mit ähnlichen Fragen beschäftigen. Der Habitus seinerseits beruht teilweise auf psychologischen Theorien und Erkenntnissen, die auch außerhalb des Mainstreams angesiedelt sind, allen voran auf der Psychoanalyse. *Lernen* ist die zentrale Kategorie, mit der die darin angesprochenen Probleme gefasst werden und mit der sich Psychologie und Soziologie auf einen gemeinsamen Gegenstand beziehen können. Dabei muss Lernen so abgebildet werden, dass nicht nur die Perpetuierung, sondern auch die Reformierung oder Revolutionierung gesellschaftlicher Strukturen durch die Individuen erklärbar und verstehbar wird. Eine wesentliche Herausforderung dürfte darin bestehen, das Verhältnis von Stabilität und bewusster Veränderung des Habitus theoretisch noch deutlicher auf den Begriff zu bringen und noch eingehender empirisch – mit quantitativen und qualitativen Methoden – zu untersuchen.

Literatur

Bischoff, Joachim / Herkommer, Sebastian / Hüning, Hasko (2002): *Unsere Klassengesellschaft. Verdeckte und offene Strukturen sozialer Ungleichheit.* Hamburg: VSA.
Bless, Herbert / Schwarz, Norbert (2002): Konzeptgesteuerte Informationsverarbeitung. In: Dieter Frey / Martin Irle (Hg.): *Theorien der Sozialpsychologie.* Band 3. Bern: Huber. S. 257-278.
Bourdieu, Pierre (1976): *Entwurf einer Theorie der Praxis auf der ethnologischen Grundlage der kabylischen Gesellschaft.* Frankfurt am Main: Suhrkamp.
Bourdieu, Pierre (1987): *Die feinen Unterschiede. Kritik der gesellschaftlichen Urteilskraft.* Frankfurt am Main: Suhrkamp.
Bourdieu, Pierre (1993a): *Satz und Gegensatz. Über die Verantwortung des Intellektuellen.* Frankfurt am Main: Fischer.
Bourdieu, Pierre (1993b): *Sozialer Sinn. Kritik der theoretischen Vernunft.* Frankfurt am Main: Suhrkamp.
Bourdieu, Pierre (2001): *Meditationen. Zur Kritik der scholastischen Vernunft.* Frankfurt am Main: Suhrkamp.
Bourdieu, Pierre (2005): *Die männliche Herrschaft.* Frankfurt am Main: Suhrkamp.
Bourdieu, Pierre / Wacquant, Loïc (1996): *Reflexive Anthropologie.* Frankfurt am Main: Suhrkamp.
Durkheim, Emile / Mauss, Marcel (1993): Über einige primitive Formen von Klassifikation. Ein Beitrag zur Erforschung der kollektiven Vorstellungen. In: Emil Durkheim: *Schriften zur Soziologie der Erkenntnis.* Frankfurt am Main: Suhrkamp. S. 169-256.
Eckardt, Georg (2010): *Kernprobleme in der Geschichte der Psychologie.* Wiesbaden: VS.
El-Mafaalani, Aladin / Wirtz, Stefan (2011): Wie viel Psychologie steckt im Habitusbegriff? Pierre Bourdieu und die „verstehende Psychologie". In: *Journal für Psychologie* (19), 1. http://www.journal-fuer-psychologie.de/index.php/jfp/article/view/22/94.
Farnell, Brenda (2000): Getting Out of the Habitus: An Alternative Model of Dynamically Embodied Social Action. In: *The Journal of the Royal Anthropological Institute* (6), 3: S. 397-418.
Fisher, Seymour / Cleveland, Sidney E. (1958): *Body Image and Personality.* Oxford: Van Nostrand.
Fourny, Jean-François (2000) : Bourdieu's Uneasy Psychoanalysis. In : *SubStance* (29), 3: S. 103-112.
Frey, Dieter / Jonas, Eva (2002): Die Theorie der kognizierten Kontrolle. In: Dieter Frey / Martin Irle (Hg.): *Theorien der Sozialpsychologie.* Band 3. Bern: Huber. S. 13-50.
Graumann, Carl Friedrich (1993): Einführung in eine Geschichte der Sozialpsychologie. In: Wolfgang Stroebe / Miles Hewstone / Geoffrey M. Stephenson (Hg.): *Sozialpsychologie. Eine Einführung.* Heidelberg: Springer. S. 3-23.
Green, Adam I. (2008): Erotic habitus: toward a sociology of desire. In: *Theoretical Sociology* (37): S. 597-626.
Halbwachs, Maurice (1905): Anmerkungen zur Klassenfrage in der Soziologie. In: Maurice Halbwachs (2001): *Klassen und Lebensweisen. Ausgewählte Schriften.* Konstanz: UVK. S. 27-46.
Holzkamp, Klaus (1983): Der Mensch als Subjekt wissenschaftlicher Methodik. In: Karl-Heinz Braun et al. (Hg.): *Karl Marx und die Wissenschaft vom Individuum.* Marburg: Verlag Arbeiterbewegung und Gesellschaftswissenschaften. S. 120-166.
Holzkamp, Klaus (1985a): Zur Stellung der Psychoanalyse in der Geschichte der Psychologie. In Karl-Heinz Braun et al. (Hg.): *Geschichte und Kritik der Psychoanalyse.* Marburg: Verlag Arbeiterbewegung und Gesellschaftswissenschaft. S. 13-69.
Holzkamp, Klaus (1985b): Selbsterfahrung und wissenschaftliche Objektivität: Unaufhebbarer Widerspruch? In: Karl-Heinz Braun / Klaus Holzkamp (Hg.): *Subjektivität als Problem psychologischer Methodik.* Frankfurt am Main: Campus. S. 16-36.
Holzkamp, Klaus (1993): *Lernen. Subjektwissenschaftliche Grundlegung.* Frankfurt am Main: Campus.

Holzkamp, Klaus (1995): Alltägliche Lebensführung als subjektwissenschaftliches Grundkonzept. In: *Das Argument* (212): S. 817-846
Jahoda, Marie (1985): *Freud und das Dilemma der Psychologie.* Frankfurt am Main: Fischer.
Kastl, Jörg M. (2004): Habitus als non-deklaratives Gedächtnis. Zur Relevanz der neuropsychologischen Gedächtnisforschung für die Soziologie. In: *Sozialer Sinn* (2): S. 195-226.
Kastl, Jörg M. (2007): Der Habitus und das Unbewusste. Freud, Bourdieu und die neuropsychologische Gedächtnisforschung. In: Michael Günter / Peter Schraivogel (Hg.): *Sigmund Freud. Aktualität des Unbewussten.* Tübingen: Attempto. S. 83-106.
Knebel, Leonie / Marquardt, Pit (2012): Vom Versuch, die Ungleichwertigkeit von Menschen zu beweisen. In: Michael Haller / Martin Niggeschmidt (Hg.): *Der Mythos vom Niedergang der Intelligenz. Von Galton bis Sarrazin: Die Denkfehler der Eugenik.* Wiesbaden: Springer VS. S. 87-126.
Kröner, Stephan et al. (2008): Wer geht ins Theater? Künstlerisches Interesse und Offenheit für Erfahrungen als Prädiktoren für Veränderungen kultureller Partizipation in der Emerging Adulthood. In: *Journal für Entwicklungspsychologie und Pädagogische Psychologie* (40), 2: S. 100-110.
Kühl, Stefan (2005): Ganz normale Organisationen. Organisationssoziologische Interpretationen simulierter Brutalitäten. In: *Zeitschrift für Soziologie* (34), 2: S. 90-111.
Lenk, Hans (1995): *Schemaspiele. Über Schemainterpretationen und Interpretationskonstrukte.* Frankfurt am Main: Suhrkamp.
Lévi-Strauss, Claude (1993): *Die elementaren Strukturen der Verwandtschaft.* Frankfurt am Main: Suhrkamp.
Lizardo, Omar (2009): Is a „Special Psychology" of Practice Possible?: From Values and Attitudes to Embodied Dispositions. In: Theory & Psychology 19 (6): 713-727.
Lurija, Alexander (1987): *Die historische Bedingtheit individueller Erkenntnisprozesse.* Berlin: VEB Deutscher Verlag der Wissenschaften.
Manicas, Peter T. / Secord, Paul F. (1983): Implications for Psychology of the New Philosophy of Science. In: *American Psychologist* (38), 4: S. 399-413.
Merton, Robert (1948): The self-fulfilling prophecy. In: *Antioch Review* (8), 2: S. 193-210.
Milgram, Stanley (1982): *Das Milgram-Experiment. Zur Gehorsamsbereitschaft gegenüber Autorität.* Reinbek: Rowohlt.
Miller, George A. (2003): The cognitive revolution: a historical perspective. In: *Trends in Cognitive Sciences* (7), 3: S. 141-144.
Oerter, Ralf (2002): Hochleistungen in Musik und Sport. In: Rolf Oerter / Leo Montada (Hg.): *Entwicklungspsychologie.* Weinheim: Beltz. S. 787-799.
Oerter, Ralf / Dreher, Eva (2002): Jugendalter. In: Rolf Oerter / Leo Montada (Hg.): *Entwicklungspsychologie.* Weinheim: Beltz. S. 258-318.
Pickel, Andreas (2005): The Habitus Process: A Biopsychosocial Conception. In: *Journal for the Theory of Social Behaviour* (35), 4: S. 437-461.
Rosenhan, David (1973): On being sane in insane places. In: *Science* (179): S. 250-258.
Rosenthal, Robert / Jacobson, Lenore (1983): *Pygmalion im Klassenzimmer. Lehrererwartungen und Intelligenzentwicklung der Schüler.* Weinheim: Beltz
Scholl, Wolfgang (2007): Plädoyer für eine sozialere und dadurch interdisziplinärere und anwendbarere Sozialpsychologie. In: *Zeitschrift für Sozialpsychologie* (38), 4: S. 373-384.
Skinner, Ellen (1996): A guide to constructs of control. In: *Journal of Personality and Social Psychology* (71), 3: S. 549-570.
Steinmetz, George (2006): Bourdieu's Disavowal of Lacan: Psychoanalytic Theory and the Concepts of "Habitus" and "Symbolic Capital". In: *Constellations* (13), 4: S. 445-464.
Stephens, Nicole M. / Markus, Hazel / Townsend, Sarah M. (2007): Choice as an Act of Meaning: The Case of Social Class. In: *Journal of Personality and Social Psychology* (93), 5: S. 814-830.
Tolman, Charles W. (1994): Die Beharrlichkeit des Kartesianismus im psychologischen Hauptstrom und Anzeichen seiner Überwindung. In: *Forum Kritische Psychologie* (34): S. 95-111.

Tomasello, Michael (2002): *Die kulturelle Entwicklungsgeschichte des menschlichen Denkens.* Frankfurt am Main: Suhrkamp.

Uhlig, Johannes / Solga, Helga / Schupp, Jürgen (2009): *Ungleiche Bildungschancen: Welche Rolle spielen Underachievement und Persönlichkeitsstruktur?* Discussion Paper SP I 2009-503. Wissenschaftszentrum für Sozialforschung Berlin.

Wood, Lisa / Giles-Corti, Billie (2008): Is there a place for social capital in the psychology of health and place? In: *Journal of Environmental Psychology* (28): S. 154-163.

Zander, Michael (2010): Im Schutze der Unbewusstheit. Ansätze zu einer psychologischen Fundierung des Habitusbegriffs im Werk Pierre Bourdieus. In: *Journal für Psychologie* (19), 1: http://www.journal-fuer-psychologie.de/index.php/jfp/article/view/171/169

Zimbardo, Philip (2008): *Der Luzifer-Effekt. Die Macht der Umstände und die Psychologie des Bösen.* Heidelberg: Spektrum Akademischer Verlag.

Habitus und Politik: Zum Habituskonzept in der Politikwissenschaft

Heiko Geiling

1. Einleitung

Sich dem Habituskonzept im Kontext von Politikwissenschaft zu nähern setzt voraus, zunächst an das von Pierre Bourdieu geprägte Verständnis von Sozialwissenschaft zu erinnern und an seine daran anschließende Wahrnehmung des Politischen. Bourdieus eher distanziertes Verhältnis zur Politikwissenschaft hat damit zu tun. Er wirft ihr vor, die sozialen Voraussetzungen politischer Praxis zu vernachlässigen. Dies kommt nirgendwo deutlicher zum Ausdruck als in dem berühmten Kapitel „Politik und Bildung" seines in Deutschland bekanntesten Buches *Die feinen Unterschiede* (Bourdieu 1982: 620-726). Darauf wird hier in Abschnitt 2 eingegangen. Dispositionen des Habitus in der Sphäre der Politik finden sich – wenn überhaupt – alltagssprachlich in oberflächlichen Genrebildern des politischen Feuilletons abgehandelt. Eine dagegen analytische und politikwissenschaftliche Relevanz des Habituskonzepts wird hier in Abschnitt 3 mit Überlegungen zum Hintergrund politischer Delegations- und Repräsentationsbeziehungen umrissen. Es handelt sich um ein Plädoyer für die soziologische Vertiefung politikwissenschaftlicher Perspektiven.

1.1 Das politische Feld

Die Faszination der mit dem Anspruch der Ganzheitlichkeit und einer auf Zusammenhänge ausgerichteten politischen Soziologie Bourdieus hat zugleich die Kehrseite, mit Rezeptionsproblemen in den hochspezialisierten sozialwissenschaftlichen Fachkulturen verbunden zu sein. Bourdieu wird mittlerweile als Klassiker genutzt und dient dabei nicht selten als Steinbruch, aus dem Begriffe herausgebrochen werden und in unterschiedlichen Kontexten ohne Rückbezug zur Soziologie Bourdieus Verwendung finden. Doch Bourdieu arbeitet nicht vom ‚opus operatum' her, nicht vom augenscheinlichen gesellschaftlichen Ergebnis, sondern er rekonstruiert die Ergebnisse in ihren Voraussetzungen. Er geht vom Entstehungsprozess gesellschaftlicher Realität aus, vom ‚opus operandi'. Bourdieu präsentiert damit ein heuristisches und zur Methode entwickeltes „System geistiger Gewohnheiten" (Bourdieu u. a. 1991: 1ff.) im Sinne einer reflektierten Haltung erkenntnistheoretischer Wachsamkeit. Dies bedeutet, dass er kein durchgängiges Theoriegebäude mit geschlossenen Begriffen und methodischen Vorgaben vorlegt, sondern, wie es Wacquant formuliert, eine Methode,

> „die aus einer bestimmten Art der Problemstellung und aus einem Grundstock von Begriffsinstrumentarien und Verfahren besteht, mit denen Objekte konstruiert und die bei der Untersu-

chung eines bestimmten Bereichs gewonnenen Erkenntnisse auf einen anderen Bereich übertragen werden können." (Wacquant 1996: 21)

Diese Übertragbarkeit des Instrumentariums Bourdieu'scher Analyse bedeutet, dass seine zentralen Begriffe – insbesondere Habitus, Kapital und Feld – als anschlussfähige und entsprechend offene Arbeits-Begriffe zu verstehen sind, die für Bourdieu jedoch nur in ihren wechselseitigen Bezügen mit analytischem Sinn gefüllt werden können. Der Begriff des Habitus macht also nur dann Sinn, wenn er in Beziehung zu den anderen genannten Begriffen gesetzt werden kann.

Auf die Sphäre des Politischen übertragen, führt dies in den Arbeiten von Bourdieu zu einer grundsätzlich historisch-spezifischen Analyse all dessen, was im relativ autonomen Mikrokosmos des Politischen von Relevanz ist, und zugleich – wie hier am Beispiel von „Politik und Bildung" zu zeigen sein wird – zu einer Analyse der sozialen Bedingungen und Voraussetzungen für eine mehr oder minder aussichtsreiche Beteiligung an Politik. „Das politische Feld" (Bourdieu 2001) wird dabei im Sinne eines objektiven Systems sozialer Positionierungen und Beziehungen wahrgenommen, in dem sich mit unterschiedlichen Ressourcen („Kapital") und Wahrnehmungs- und Verhaltensdispositionen („Habitus") ausgestattete Akteure bewegen im „Kampf um die Macht, die legitime Sicht der sozialen Welt durchzusetzen" (Bourdieu 2001a: 238). Letztlich zielen die politischen Auseinandersetzungen auf die Macht über den von Bourdieu gelegentlich auch als bürokratisches Feld bezeichneten Staat: „Der Staat ist nämlich der Ort schlechthin für die Durchsetzung des *nomos* als offizielles und effizientes Prinzip der Konstruktion der Welt." (Bourdieu 2001a: 239) Bourdieus begriffliche Anschlussfähigkeit und Offenheit wird von ihm häufig, wie auch in der Konstruktion des politischen Felds, über Analogien zum Ausdruck gebracht:

> „Das religiöse Feld kommt dem politischen Feld am nächsten. Auch hier leitet sich ein sehr großer Teil der Vorgänge aus internen Beziehungen her. Max Weber hat dies sehr gut beschrieben, ohne dafür den Begriff Feld zu haben. Die Beziehungen zwischen dem Priester, dem Propheten und dem Zauberer determinieren die wesentlichen Vorgänge innerhalb des religiösen Felds. Der Priester exkommuniziert den Propheten, der Prophet stellt die Botschaft der Priester in Frage ... Zwischen ihnen passiert eine Menge, aber unter dem Schiedsspruch der Laien, die einem Propheten folgen oder ihn ignorieren, in die Kirche gehen oder ihr fernbleiben können. In diesem Sinne gleicht das religiöse Feld sehr dem politischen Feld, das trotz seiner Tendenz zur Geschlossenheit dem Verdikt der Laien unterliegt." (Bourdieu 2001: 49)

Die als Besonderheit des politischen Felds notwendige Rückkopplung zur Bürger- und Wählerschaft, zu den Laien, die immer noch das letzte Wort haben und so in einer spezifischen Beziehung stehen zu den im Feld agierenden politischen Professionellen – den Repräsentanten, Mandatsträgern, politischen Ideologieproduzenten oder einfach Delegierten – berührt zwangsläufig politikwissenschaftliche Fragen, wie die nach der Differenz zwischen dem feldspezifischen Politik-Habitus der Professionellen und dem der politischen Laien.

1.2 Bourdieus Verhältnis zur Politikwissenschaft

Die Rezeption der politischen Soziologie Bourdieus in der Politikwissenschaft ist mit grundsätzlichen Problemen behaftet. Mit Blick auf die sozialen Voraussetzungen von Politik interessiert sich Bourdieu primär für die „verdrängten ökonomischen und sozialen Bedingungen des Zugangs zum Universellen" (Bourdieu 2001a: 84). Aus dieser Perspektive weigert er sich, mit Hegel gesprochen, die ‚Sache der Logik' der ‚Logik der Sache' voranzustellen. So kritisiert er immer wieder den gängigen Rationalitätsbegriff der Ökonomie wie auch vermeintlich reine Konstrukte der Philosophie. Dementsprechend geht er auf Distanz zu den in der Politikwissenschaft gehandelten formalen – und nicht praktisch oder ‚praxeologisch' gerichteten – Theorien der Gerechtigkeit und zu den sich daran anschließenden Hoffnungen auf konsensbildende Verfahren der Deliberation:

> „Es genügt daher, zur ‚Öffentlichkeit' zurückzukehren, wie sie wirklich ist, um einzusehen, dass der epistemozentrischen Illusion, die dazu verleitet, die Universalität der Vernunft und die Existenz universalisierbarer Interessen zur Grundlage des vernünftigen Konsenses zu erheben, die Ignoranz (oder Verdrängung) der Zugangsbedingungen zur politischen Sphäre und der *Diskriminierungs*faktoren (wie Geschlecht, Bildung oder Einkommen) zugrunde liegt – Faktoren, die nicht nur den Zugang zu Positionen im politischen Feld einschränken, wie dies oft und namentlich im Hinblick auf Frauen gesagt wird, sondern grundsätzlicher den Zugang zu artikulierter politischer Meinung [...] und damit zum politischen Feld überhaupt" (Bourdieu 2001a: 86).

Andererseits wird eine Politikwissenschaft, die mehr oder minder beratungs- und damit anwendungsorientiert ausgerichtet ist, von Bourdieu nicht mehr als Wissenschaft, sondern als ‚Mitspielerin' in den Kämpfen des bürokratischen Staatsfelds wahrgenommen, als Legitimationsbeschafferin jeweils staatlicher Herrschafts- und Regierungsansprüche.

So verwundert es kaum, wenn nach wie vor Frank Jannings (2009: 350) Feststellung gilt, dass Bourdieu den Mainstream der Politikwissenschaft in Deutschland wenig beeinflusst hat. Janning (1991, 1998) selbst und gemeinsam mit Volker Schneider (2006) bilden mit ihren Arbeiten zur Politikfeldanalyse in dieser Hinsicht ebenso eine Ausnahme, wie die Arbeiten von Hilke Rebenstorf (1995) über Reproduktionsstrategien der politischen Klasse und die von Johanna Klages (2009) über die Akteure im politischen Feld des Neoliberalismus. Bourdieus (1991) Studie über die Intellektuellen und die Macht ist Bezugspunkt der Arbeit von Angela Borgwardt (2002) über systemkritische Autoren in der DDR. Darüber hinaus finden sich etliche in der politischen Kulturforschung anzusiedelnde Arbeiten, wie die von Andreas Dörner (1995, 2000) und Tanja Thomas (2003) über die symbolische Macht von Mythen und Medien. Zu den wenigen sich auf Bourdieus Habitus-Konzept beziehende politikwissenschaftlichen Arbeiten zählt beispielsweise Klaus Schlichtes (1998) Studie zum postkolonialen Habitus französischer Afrikapolitik. Sich explizit auf den Bourdieu-Ansatz und dabei auch auf das Konzept des Habitus beziehende Forschungsarbeiten finden sich eher in der am Rand der Politikwissenschaft positionierten politischen Soziologie. Hier sind vor allem die von der Forschungsgruppe um Michael Vester ausgehenden Arbeiten zu nennen, weil sie nicht bei Bourdieu stehen bleiben, sondern dessen Prinzip der heuristischen Wachsamkeit mit eigenständigen Fragestellungen, Theoriebezügen und Operationalisierungen in ihren Milieu- und Habitusanalysen (Bremer 2004; Lange-Vester 2007) weiter entwickeln. Quer zur Strukturierung des wissenschaftlichen Feldes finden sich ihre Arbeiten in den unterschiedlichen Diskursen der Parteienforschung (Vester u. a. 2007; Geiling 2009; Reinhardt 2011), der Gewerkschaftssoziologie (Vester u. a. 2007a; Geiling u. a. 2012), der Religionssoziologie (Vögele u. a. 2002), der Stadtsoziologie (Geiling 2006), der Migrationssoziologie (Geiling u. a. 2011), der Geschlechterforschung (Vester

u. a. 2001; Völker 2004) und insbesondere auch der Bildungssoziologie (Bremer 2007; Bremer / Kleemann-Göhring 2010; Vester 2005; Lange-Vester u. a. 2004).

2. Die Konstruktion des politischen Felds in „Politik und Bildung"

Bourdieus in *Die Feinen Unterschiede* entwickelte „Kritik der gesellschaftlichen Urteilskraft" in Gestalt der letztlich klassenspezifischen Analyse verborgener kultureller und symbolischer Macht und Herrschaft wird von ihm zugespitzt, wenn er sich dort zuletzt im mit „Politik und Bildung" überschriebenen Kapitel 8 dem politischen Feld zuwendet. Die Fülle der dabei vorgestellten und diskutierten empirischen Daten von politischen Meinungsumfragen, Medienanalysen und Wahlverhalten machen es der Leserschaft nicht einfach. Seine zu dieser Zeit weitgehend ungewöhnliche Darstellung folgt der Methode der, wie es Wacquant (1996: 29) nennt, „soziale(n) Praxeologie", die strukturalistische mit konstruktivistischen Ansätzen verbindet:

> „Sie befreit sich als erstes von den *common-sense*-Vorstellungen, um die objektiven Strukturen (den Raum der *Positionen*) zu konstruieren, jene Distributionen der sozial wirksamen Ressourcen, die die von außen auf die Interaktionen und Vorstellungen einwirkenden Zwänge bedingen. Als zweites bezieht sie dann die unmittelbare Erfahrung der Akteure wieder ein, um so die Wahrnehmungs- und Bewertungskategorien (*Dispositionen* [bzw. Habitus, H.G.]) explizit zu machen, die ihr Handeln und ihre Vorstellungen (die von ihnen bezogenen *Positionen*) von innen heraus strukturieren. Zu unterstreichen ist, dass beide Analysemomente notwendig, aber nicht äquivalent sind: Wissenschaftstheoretisch hat der objektivistische Bruch den Vorrang vor dem subjektivistischen Verstehen." (Bourdieu 1996: 29)

Zu Beginn von „Politik und Bildung" verweist Bourdieu auf die Notwendigkeit des sogar doppelten Bruchs mit den common-sense-Vorstellungen, wenn er sich auf das prominente von Marx und Engels gelieferte Beispiel („Es gibt keine Politiker, sondern höchstens Menschen, die u. a. auch politisch tätig sind.") einer möglichen kommunistischen Gesellschaft bezieht. Bourdieu sieht in der sozialen Utopie von Marx und Engels durchaus einen Bruch mit den etablierten elitären Auffassungen von politischer Teilhabe, kritisiert aber die in dieser Utopie angelegte Ausblendung der gesellschaftlichen Mechanismen und Produktionsweisen bewussten politischen Denkens und Handelns. Politisches Bewusstsein ist für ihn ebenso wie politische Kompetenz nicht voraussetzungslos im Sinne einer natürlichen Anlage den Menschen mitgegeben, um mehr oder minder einfach durch die Herstellung entsprechender gesellschaftlicher Bedingungen zum Ausdruck gebracht werden zu können. Bourdieu besteht stattdessen darauf, jeweils die objektivierten (in Institutionen, Regeln und Ressourcen angelegten) und inkorporierten (in Wahrnehmungs- und Bewertungskategorien des Habitus angelegten) Produktionsmittel politischen Bewusstseins zum Gegenstand kritischer Analyse zu machen (vgl. Bourdieu 1982: 620ff.).

Mit Bezug auf die Struktur und die internen Beziehungen des religiösen Felds sieht Bourdieu das politische Feld gekennzeichnet von einem Zusammentreffen von Angebot und Nachfrage bei Gelegenheit der politischen Stimmenabgabe, dem Eintritt in eine politische Partei, dem Ausfüllen eines Fragebogens oder der Lektüre einer politischen Zeitung. Dahinter steht mehr oder weniger sichtbar auf der einen Seite das Experten-Feld der politischen Ideologieproduktion, "jene relative autonome Sphäre, worin – in Konkurrenz und Konflikt – das [...] begriffliche Instrumentarium zur Erkenntnis der sozialen Welt erarbeitet wird und worin zugleich das *Universum des politisch Denkbaren* oder, wenn man will, die *legitime Problemstellung* ihre nähere Bestimmung erfährt" (Bourdieu 1982: 623).

Auf der anderen Nachfrage-Seite des politischen Felds positioniert Bourdieu die Laien als

"soziale Akteure mit unterschiedlichen Positionen innerhalb der Klassenverhältnisse, ausgestattet mit einer mehr oder minder entwickelten *spezifischen politischen Kompetenz*, [...] eine politische Frage nicht nur als solche zu erkennen, sondern auch adäquat auf sie einzugehen, nämlich politisch zu beantworten, unter Zugrundelegung genuin politischer (und nicht etwa ethischer) Prinzipien" (Bourdieu 1982).

Für Bourdieu besteht also eine klare Rollenverteilung: Einerseits das Prinzip des Politischen in Gestalt explizit politischer Denk- und Analyseprinzipien, die in einer abstrahierenden Sprache abseits von klassenspezifischen Alltagserfahrungen als nur von Experten zu beherrschende Diskurse zum Ausdruck gebracht werden; andererseits das Prinzip der auf Habitus-Dispositionen setzenden sozialen Praxis der Laien, die, weil ihnen die notwendigen Ressourcen fehlen und ihnen somit das politische Feld unzugänglich und fremd bleibt, sich notwendigerweise auf der Grundlage ihrer Alltagserfahrungen, ihres im Habitus aufgehobenen Ethos, zum Politischen verhalten müssen. Nicht selten führt dies im Zusammenspiel von Angebot und Nachfrage im politischen Feld zu sozialen Verkennungen; insbesondere jenen, in der nach Vorstellung des common-sense politische Einstellungen und häufig auch Verhaltensweisen auf ‚persönliche Meinungen' zurückgeführt werden. Hier handelt es sich um eine auch in der Politikwissenschaft verbreitete Auffassung, die offenbar wie selbstverständlich bei jedem Individuum vorbehaltlos vorausgesetzt wird (vgl. Bourdieu 1992). Bourdieu stellt dies in Frage und ordnet die Existenz einer persönlichen Meinung der Ideologie der universellen Urteilskraft zu, die er schon im ästhetischen Urteilsvermögen bei Kant angelegt sieht. Die darin allen Menschen gleichermaßen unterstellte Veranlagung, auf gleichsam magische Weise „das Gute vom Bösen und das Wahre vom Falschen scheiden zu können" (Bourdieu 1982: 622), verortet er sozialhistorisch als Erbschaft der Aufklärung. Auf der Basis rationalistischen Glaubens, so Bourdieu, sollte die Idee der zur persönlichen Meinung führenden universellen Urteilskraft das kirchliche Glaubensmonopol in weltlichen Angelegenheiten in Frage stellen und spiegelte

"von Anbeginn die Interessen der Intellektuellen wider[spiegelte], jener unabhängigen Kleinproduzenten in Sachen Meinung also, deren Rolle sich parallel zur Herausbildung eines besonderen Produktionsfeldes und eines spezifischen Marktes kultureller Erzeugnisse, und darunter – in Verbindung mit der Presse, den Parteien und sonstigen Repräsentationsinstanzen – eines Teilfeldes der Erzeugung politischer Meinungen, ebenfalls zunehmend entfaltete" (Bourdieu 1982: 623).

Aus dieser Perspektive verfügen insbesondere die Intellektuellen – wenn man so will: als ‚moderne Priester' – über besondere Interessen und Kompetenzen, die einen Zugang zum politischen Feld voraussetzen. Auf der Grundlage ihrer Fähigkeit, über legitime Bildung und Sprache den kulturellen Markt und darin inbegriffen den symbolischen Markt der Politik diskursiv zu beeinflussen, verfügen sie zugleich über die Kompetenz, im Sinne von gesellschaftlich qua status zugewiesener und von der eigenen Selbstwahrnehmung bestätigter Befugnis, sich im politischen Feld äußern zu können. Bourdieu verweist in „Politik und Bildung" auf zahlreiche empirische Daten, die diese doppelte Kompetenz als Zugangsvoraussetzung des politischen Felds immer wieder erneut bestätigen.

2.1 Produktionsprinzipien politischer Kompetenz

Je nach Zugehörigkeit zu einer sozialen Klasse, einem Bildungsgrad und Geschlecht variiert für Bourdieu das Verhältnis sozialer Gruppen zum Politischen. Er unterscheidet drei idealtypische Produktionsprinzipien politischer Meinungsäußerung und Antwortverhalten, die allerdings mit den Methoden der üblichen politischen Meinungsumfragen kaum erhoben und differenziert werden können, so dass für ihn Meinungsumfragen weiterhin den Mythos von der universellen politischen Urteilskraft pflegen:

Das erste, für ‚Laien' typische und somit häufigste Produktionsprinzip politischer Meinungsäußerung sieht Bourdieu im *Klassenethos*, „eine als solche nicht konstituierte Erzeugungsformel, die auf alle Probleme des Alltags in sich objektiv kohärente und mit den praktischen Postulaten eines praktischen Verhältnisses zur Welt kompatible Antworten zu geben erlaubt" (Bourdieu 1982: 655). Sich bei explizit politischen Fragestellungen allein auf die im Habitus aufgehobenen moralisch-ethischen Werthaltungen und Dispositionen beziehen zu müssen, erklärt den weitgehenden Ausschluss der unteren sozialen Klassen vom politischen Feld und damit zugleich deren Misstrauen gegenüber den mit diesem Feld verbundenen politischen Denk- und Analysepraktiken. Dazu Bourdieu:

> „In diesem Argwohn gegenüber der politischen Szene und der politischen Inszenierung, gegenüber diesem ganzen ‚Theater', dessen Regeln man nicht genau kennt, und demgegenüber der gemeine Geschmack sich waffenlos vorkommt, muss die Ursache für das apolitische Verhalten, das generelle Misstrauen gegenüber allen Worten und Wortführern gesucht werden." (Bourdieu 1982: 726)

Das zweite, den ‚Experten' und damit einer gesellschaftlichen Minderheit zugewiesene Produktionsprinzip politischer Meinungsäußerung fasst Bourdieu als *politische Axiomatik* bzw. als

> „systematische politische ‚Gesamtkonzeption' (analog einer künstlerischen Konzeption), d. h. ein System expliziter und spezifisch politischer Prinzipien, die logischer Kontrolle und reflexivem Denken unterliegen, kurzum, eine Art politischer Axiomatik […], die die unendlich vielen im *Algorithmus* eingeschriebenen politischen Urteile und Akte – und nur sie – zu erzeugen oder vorauszusagen erlaubt" (Bourdieu 1982: 656).

Die im politischen Feld erfolgreichen Experten sind demnach mit ihren kulturellen Ressourcen und mit ihren übrigen Kompetenzen, vor allem jene, von der Alltagsmoral abstrahierende Programmatiken und Regeln entwickeln zu können, Produzenten und herrschende Akteure des politischen Feldes zugleich. Allein sie sind es, die einen angemessenen legitimen, weil feldspezifischen, politischen Habitus repräsentieren können.

Als drittes Produktionsprinzip politischer Meinungsäußerung sieht Bourdieu die *Entscheidung zweiten Grades*, „d. h. eine bewusste Ausrichtung der Antworten an eine durch eine *politische Partei* ausgegebene ‚Linie' in Bezug auf einen Katalog von Fragen, deren politischer Charakter durch die Partei vorausgesetzt wird" (Bourdieu 1982: 656). Auch wenn Bourdieu davon ausgeht, dass die „Entscheidungen zweiten Grades" häufig aus geschmacklichen Gründen erfolgen, also auf Habitus-Ähnlichkeiten zwischen sich anbietenden politischen Parteien und sozialen Gruppen beruhen, soll hier in Abschnitt drei die darin enthaltende Problematik von Delegierung und Repräsentation gesondert diskutiert werden.

Wollte man das im vorliegenden Text nur in einigen Ausschnitten zu skizzierende Kapitel „Politik und Bildung" zusammenfassen, sollte Bourdieus Anmerkung zur Bedeutung von „Lernprozesse[n]" und „politische[r] Erziehung" nicht vergessen werden (Bourdieu 1982: 689). Dem möglichen Eindruck, mit der analytischen Konfiguration von Habitus, Kapital, Feld und politischer Praxis sei das politische Feld von umfassender gesellschaftlichpolitischer Exklusivität charakterisiert, geht Bourdieu damit entgegen. Denn letztlich verfügen für ihn alle gesellschaftlichen Akteure in ‚gewisser Weise' über politisches Urteilsvermögen, auch wenn bestimmten sozialen Gruppen die direkte Teilnahme am politischen Spiel durch eine sozial konstruierte Grenze erschwert wird (vgl. Bremer u. a. 2009: 303).

3. Soziologische Öffnung politikwissenschaftlicher Perspektiven

Das politische Feld als Raum sozialer Beziehungen und Machtverhältnisse ist wesentlich geprägt von Delegations- und Repräsentationsakten, mit denen sich soziale Gruppen über nahestehende Repräsentanten im politischen Feld zu symbolisieren suchen. Die politischen Laien des bürgerlichen Publikums werden in aller Regel nicht hinter die Kulissen dieser Feldbeziehungen schauen können, auch wenn sie es wollten. Denn die von der Politikwissenschaft im Vordergrund wahrgenommene Symbolik in Gestalt politischer Programme, Ideologien oder charismatischer Persönlichkeiten, wie auch die abgegebenen Versicherungen, alle Beziehungen und Praktiken im politischen Feld beruhten auf demokratisch fundierten Verfahren, tendieren dazu, das politische Feld gegenüber der interessierten Öffentlichkeit abzuschließen. Über formale Theorien politikwissenschaftlicher Analyse hinausreichendes soziologisches Erschließen der Feldzusammenhänge bildet eine Voraussetzung für das Verstehen politischer Prozesse. Für den politischen Laien kann sich im Idealfall das politische Feld als transparent erweisen, so dass dessen aus Unverständnis resultierende Wahrnehmung auf der Grundlage von populistischen Mustern irrationaler Verschwörungstheorien zumindest unwahrscheinlicher wird. Doch bevor hier an einem Beispiel gewerkschaftlicher Delegationspraxis darauf näher eingegangen wird, ist nach den von Bourdieu genannten Möglichkeiten von politischer Erziehung und von Lernprozessen im Zugang zum politischen Feld zu fragen.

3.1 Politische Lernprozesse über bürgerschaftliches Engagement

Politische Beteiligung aus politikwissenschaftlicher Perspektive ist häufig eingeengt auf Partizipation in den Institutionen des politischen Systems (vgl. Kaase 1997). Allein mit dem im Habitus fixierten Klassenethos bestehen kaum Chancen für einen Zugang zu diesem System. Lernprozesse jedoch, im Sinne von politischer Sozialisation und Bildung, können bereits in den Alltagsbeziehungen der Akteure und in den dem politischen Feld vorgelagerten intermediären Einrichtungen erfolgen. Sie realisieren sich eher in „bürgerschaftlichem Engagement" (Roth 2000: 32) als in den fest gefügten und nicht zugangsfreien politischen Institutionen. Wenn Bourdieu in seinen Arbeiten immer wieder auf die Voraussetzungen des Zugangs zum politischen Feld verweist, auf die in den milieuspezifisch geprägten Lebenszusammenhängen angelegten Moralvorstellungen und Handlungsoptionen von Habitus und Kapital, stellt sich mit Bezug auf den Großteil der Bürgerschaft die Frage, wie sich der Übergang von der Logik der habitusspezifischen Alltagsmoral zur Logik des politischen Felds gestaltet.

Bürgerschaftliches Engagement ist in der Regel dadurch charakterisiert, dass über die Pflege sozialer Nahbeziehungen hinaus spezifische Praktiken sozialer Verantwortung etwa bei Aktivitäten in Initiativen und anderen intermediären Einrichtungen bis hin zu Vereinen, Kirchen, Gewerkschaften und letztlich Parteien führen. Dabei findet eine *Transformation* von der eher privaten Vergemeinschaftung hin zur Logik öffentlicher Vergesellschaftung mit neuen Regeln wie auch neuen Konkurrenzbedingungen statt. Für die Einzelnen ist dies zwangsläufig mit bisher ungewohnten Anforderungen und Erfahrungen verbunden. Im Sinne einer politischen Sozialisation werden in den unterschiedlichen sozialen Beziehungszusammenhängen – in den Nachbarschaftsinitiativen wie in den Organisationen der Selbsthilfe – gewohnte Dispositionen des Habitus wie auch ursprüngliche Ressourcen herausgefordert und erweitert. Im Idealfall gelingender politischer Partizipation mündet dieser Transformationsprozess im Zugang zum politischen Feld, wo nun über das ursprünglich allein maßgebende und sich im Habitus ausdrückende ‚Klassenethos' hinaus auf der feldspezifischen politisch-ideologischen Ebene der Konkurrenz auf einmal Bündnisse und Kooperationsbeziehungen mit zuvor gegnerischen Parteien und Organisationen möglich und sinnvoll erscheinen, die – allein auf der Grundlage des Klassenethos – völlig ausgeschlossen waren.

Die in diesen Bündnissen oder ‚gesellschaftspolitischen Lagern' – es handelt sich dabei um die über Erfahrungen der Alltagskultur hinausreichende repräsentierte „politisch-ideologische Ebene der Klassenpraxis" (Vester u. a. 2001: 184ff.) – agierenden Akteure machen die neue Erfahrung, weder Habitus und Ressourcen noch Alltagsmoral und politische Ideologie mit den Konkurrenten im politischen Feld teilen zu müssen. Sie haben im Rahmen der Zwänge ihres vorausgegangenen bürgerschaftlichen Engagements und dann insbesondere im Rahmen der Zwänge des politischen Felds gelernt, zeitweise klassenübergreifend kooperationsfähig sein zu müssen, um zumindest einen Teil ihrer spezifischen Interessen zur Geltung bringen zu können. Sie haben also Erfahrungen gemacht, die allein aus den Möglichkeiten und aus der Logik des ‚Klassenethos' und der privaten Vergemeinschaftung sozialer Nahbeziehungen undenkbar waren. Auf vergleichbare Transformationen von klassenspezifischen Erfahrungen und Klassenethos zur politisch sich repräsentierenden Klasse im Feld der Politik haben insbesondere auch historisch arbeitende Autoren, wie

Thompson (1987), Rudé (1977), Moore (1982) oder von Oertzen (1976), hingewiesen und dabei den Begriff von Klasse erweitern können:

> „Klasse in diesem Sinne ist keine Substanzeigenschaft, die bei ihren Trägern jederzeit empirisch festgestellt werden kann, sondern eher ein *latentes Potenzial*, das einer *besonderen Mobilisierung und Repräsentation* bedarf, wenn es wirksam und sichtbar sein soll." (Vester u. a. 2001: 184)

Für Bourdieu (1982: 175) ist das hier genannte *latente Potenzial* einer Klasse aufgehoben in den inkorporierten Merkmalen des Klassenhabitus und in den juristisch abgesicherten Merkmalen des Eigentums und der Macht einer Klasse. Er spricht dabei von *objektiver Klasse*, die er von der *mobilisierten Klasse* als politisches Bündnis unterscheidet. Seine Aufmerksamkeit gilt dabei insbesondere der mit der Mobilisierung verbundenen Gefahr der politischen Entfremdung durch politische Delegation und Repräsentation.

3.2 Politische Delegation und Repräsentation

Analysen sozialer Voraussetzungen und Praktiken politischer Delegation und Repräsentation müssen sich nicht allein auf das Feld politischer Parteien beschränken, um die grundsätzliche Problematik von politischen Entfremdungsprozessen verdeutlichen zu können. Auf Grund der insbesondere in Gewerkschaftsorganisationen ausgeprägten sozialen Nähebeziehungen und Loyalitätsmuster zwischen den gewerkschaftlichen Akteuren lassen sich dort einige typische Muster und Mechanismen politischer Entfremdung in prägnanter Weise herausarbeiten. Ich beziehe mich dabei auf eine eigene Studie über soziale Nähe- und Distanzbeziehungen in der lokalen Praxis einer Industriegewerkschaft (vgl. Geiling u. a. 2012).

Es ist davon auszugehen, dass gewählte wie angestellte hauptamtliche Gewerkschafter eine herausragende symbolische Funktion in den gewerkschaftlichen Handlungsfeldern einnehmen. Sie ‚verkörpern' die Gewerkschaft nach innen und außen. Sie sind Repräsentanten, die nicht allein die betrieblichen Partikularinteressen ihrer Mitglieder, sondern insbesondere auch die Interessen der Gewerkschaft als Organisation vertreten müssen. Ihre besondere Herausforderung besteht also darin, das eher abstrakte gewerkschaftliche Gesamtinteresse mit den spezifisch lokalen Anforderungen verbinden zu müssen. Unvermeidbar tragen sie in ihrer Ausgestaltung lokaler Gewerkschaftspraxis selbst zur Definition dieses Gesamtinteresses bei.

Grundsätzlich sprechen die gewerkschaftlichen Mandatsträger bzw. die mit Vollmacht ausgestatteten Hauptamtlichen im Namen der Mitglieder. Die Mitglieder haben ihnen – vermittelt durch den Wahlakt – die entsprechende Vollmacht ausgestellt. Zugleich konstituieren sich damit die Mitglieder über ihre Repräsentanten als politisch wahrnehmbare Akteure: als ‚Gewerkschafter' oder als ‚die Gewerkschaft'. Aus einfachen Erwerbstätigen mit begrenzten individuellen Ressourcen werden ‚Gewerkschafter'; und zwar zunächst symbolisch über die einfache Mitgliedschaft und dann gegebenenfalls auch faktisch in politischen Auseinandersetzungen von Streiks. Der dabei für die Vertretenen entstehende ‚Mehrwert' gewerkschaftlicher Mitgliedschaft ist zwangsläufig mit dem Problem verbunden, dass die den gewählten Repräsentanten übertragene Vollmacht zu Lasten der Selbstbestimmung und der innergewerkschaftlichen Handlungsspielräume der Mitglieder geht. Dazu Bourdieu:

> „Politische Entfremdung gründet in der Tatsache, dass die isolierten Akteure – und dies gilt um so mehr, je weniger symbolische Hilfsmittel ihnen zur Verfügung stehen – sich nicht zu Gruppen zusammenschließen können, das heißt zu einer Kraft, die sich im politischen Feld Gehör zu verschaffen mag, ohne zugleich zugunsten eines Apparates abzudanken; darin, dass wer politischer Enteignung sich entziehen will, sich immer dem Risiko politischer Enteignung aussetzen muss." (1985: 38f)

Politische Enteignung entsteht immer dann, wenn die in die Sachzwänge der jeweiligen gewerkschaftlichen Handlungsfelder eingebundenen Repräsentanten von deren Logik überwältigt werden und kaum noch in der Lage sind, sich symbolisch wie faktisch zu den Mitgliedern als ihren Auftraggebern rückkoppeln zu können. Hier entsteht eine prekäre Situation zwischen Mitgliedern und Repräsentanten, die sich nicht selten in heftigen Konflikten entladen kann. Die weitgehende Formalisierung innergewerkschaftlicher sozialer Beziehungen ist der Versuch, im Interesse des Organisationserhalts diese Prekarität zu bewältigen. Insofern erklärt sich die für externe Beobachter nicht selten befremdliche Fixierung gewerkschaftlicher, aber auch parteipolitischer Kommunikations- und Handlungsabläufe auf Statuten und Geschäftsordnungen. Denn die darüber sichergestellten Verfahrensstandards garantieren auch den einfachsten Mitgliedern ein Mindestmaß an politischer Teilhabe. Zugleich verschaffen sie den hauptamtlichen Gewerkschaftern die Möglichkeit, ihre Repräsentationspraxis zu legitimieren.

In der nicht selten abwertend gemeinten öffentlichen Rede von ‚den auf die Geschäftsordnung fixierten Funktionären' und ‚Gewerkschaftsbürokraten' wird in der Regel verkannt, dass, wie es Max Weber (1985: 125) bezeichnet, die „unpersönliche Ordnung" „gesatzter Regeln" als „legale Herrschaft mit bürokratischem Verwaltungsstab" ein Mindestmaß an gesellschaftlich anerkannter Vernunft garantiert; wenn man so will, eine Art Berufungsinstanz für mit Kapital bzw. Ressourcen schlecht ausgestattete einfache Mitglieder, die – im Unterschied zu den mit allen Kapitalformen Privilegierten – nicht in der Lage sind, vermeintlich individuell ausgeprägtes Charisma in den gewerkschaftlichen Organisationszusammenhängen für sich zu entwickeln und politisch zu nutzen.

Bourdieu (1985: 38) verweist darauf, dass die Prekarität der politischen Repräsentation in die „charismatische Illusion" abgleiten kann, wenn das übertragene Amt oder Mandat mehr oder minder selbstherrlich ‚auf eigene Faust' unabhängig von den Erwartungen der Mitglieder ausgeübt wird. Das passiert immer dann, wenn sich die Repräsentanten der Schwerkraft des politischen Felds völlig ausliefern und dabei die Interessen der Repräsentierten aus dem Blick geraten. Die Bindungen und sozialen Beziehungen zwischen Repräsentanten und Repräsentierten dürfen dabei nicht allein im Sinne eines ökonomischen Tauschaktes oder gar als einseitiges Abhängigkeitsverhältnis verstanden werden. Denn wird die den Repräsentanten zugebilligte Vollmacht als Blankoscheck verstanden, liegt dem ein grundlegendes Missverständnis zu Grunde über die Art und Weise der Konstituierung und Pflege politischer Loyalitäten. Die ausgestellte Vollmacht stellt hingegen nichts anderes dar als die Bescheinigung „sozialen Kapitals", das der Repräsentant sich erarbeiten muss (vgl. Vester / Geiling 2009: 42ff.).

Dies bedeutet aber auch, dass das Band der politischen Loyalitäten und auch Parteipräferenzen immer dann überdehnt wird, wenn soziales Kapital von den Repräsentanten verwechselt wird mit auf Dauer beanspruchten persönliche Eigenschaften des Habitus, die jederzeit und überall zur Geltung gebracht werden können. Jedoch erweist sich soziales Kapital als eine in soziale Beziehungen eingebundene Ressource, die weder einfach erkauft noch abseits sozialer Beziehungspraxis konstruiert werden kann. Soziales Kapital realisiert sich immer nur persönlich in glaubwürdiger Rückkopplung mit der Praxis der Repräsentierten. Je weiter sich gewerkschaftliche oder politische Mandatsträger von dieser Praxis entfernen, sich primär über mediale Inszenierungen darstellen und dabei den Eindruck erwecken, sich gegen das Ethos der Repräsentierten selbst ermächtigen zu wollen, desto prekärer wird ihre Legitimationsbasis. Übrig bleibt häufig der Hasardeur, der als Repräsentant ad hoc entscheidet und rücksichtslos das ihm Anvertraute – die Interessen der Mitglieder oder Wähler – aufs Spiel setzt. Er wird allenfalls temporäre Bewunderung erwarten können, aber ihm wird nicht mehr vertraut. Im Unterschied zum Hasardeur erfordert der Erwerb und die Pflege sozialen Kapitals einen gemeinsamen Erfahrungshintergrund von Vertretern und Vertretenen, der gegen die Gefahr zunehmender Entfremdung mit hohem zeitlichem Aufwand immer wieder aktualisiert werden muss. Dabei steht die notwendige zeitintensive Pflege der Beziehungen zu den Vertretenen im Mittelpunkt, bei der sich der Mandatsträger in den persönlichen Dienst der ihm Vertrauenden stellen ‚darf', weil er ‚einer von ihnen ist', und weil von ihm erwartet werden kann, dass er sein Mandat nicht einfach als Sprungbrett für individuelle Vorteilsnahmen missbrauchen wird.

Insbesondere im gewerkschaftlichen Organisationszusammenhang basiert dieses Vertrauen auf der Anerkennung der mit dem Delegationsakt erfolgten Arbeitsteilung. Dies steht im Gegensatz zu einer Deutung, die im Akt der Delegation eine bloße Anerkennung damit verbundener symbolischer Macht und Hierarchie sieht. Die dem Wahl- und Delegationsakt praktischen Sinn gebende Voraussetzung der Arbeitsteilung resultiert aus der in der Praxis notwendig inkorporierten Form der Gruppen- und Selbstorganisation auf der Grundlage spezifisch verteilter Kompetenzen. Es handelt sich dabei um Kompetenzen, die nie für sich allein als zugeschriebene individuelle charakterliche oder gar natürliche Eigenschaften wirken können. Es muss ein Vertrauensvorschuss hinzukommen, der sich darüber herstellt, dass der Repräsentant zuvor in seinen sozialen Beziehungen zu den Repräsentierten deren Moralvorstellungen entsprochen und deren Handlungsoptionen durch seine Kompetenzen erweitert hat, was letztlich auch bedeuten kann, dass die Anerkennung jeder Zeit auch wieder entzogen werden kann.

4. Schluss

Arbeitsteilung zum Ausgangspunkt politischer Delegation und Repräsentation zu machen, entspricht der von Bourdieu intendierten Analyse der ‚Logik sozialer Praxis'. Bourdieu zielt mit seiner „Praxeologie" auf die ‚Logik der Sache' und grenzt sie ab von der ‚Sache der Logik', die für ihn beispielsweise in fruchtlosen Diskussionen um verdinglichte Merkmalszuschreibungen wie ‚Klassenbewusstsein' oder Ähnlichem abgehandelt wird. Soziale Praxis ist für ihn weder von objektiven Zwängen losgelöst und als selbstlose Idealisierung zu verstehen, noch verläuft sie eindimensional an vorgegebenen Strukturen funktionalistisch bzw. zweckgerichtet. In soziale Praxis und darüber bekundete Werthaltungen gehen immer beide Seiten ein, das heißt soziale Praxis ist nur historisch-konkret feldspezifisch zu analysieren.

Demnach bedeutet es auch zweierlei, wenn eine Person auf der Grundlage demokratischer Wahlakte in eine bestimmte Funktion delegiert wird: Der Person wird auf Grund spezifischer Vorerfahrungen, welche die Wählergruppe mit ihr verbindet, soziales Kapital zugestanden im Namen der Wähler sprechen zu dürfen. Diese Vollmacht ist aus Sicht der Wähler nur in dem Maße gerechtfertigt, wie die übrigen Erwartungen bezüglich der mit der Funktion verbundenen fachlichen Kompetenz und Arbeitsqualität von der gewählten Person auch erfüllt werden. In diesem Sinne lässt sich die Praxis des unmittelbaren Delegierens zunächst immer als arbeitsteiliges Vorgehen verstehen, das den einfachen Gruppenmitgliedern Vorteile und – auf Kosten des Delegierten – Entlastung verschaffen kann. Jedoch vermag der Delegierte diese Belastung zu kompensieren durch seine ihm von der Gruppe zugestandene Sonderstellung und dem damit einhergehenden symbolischen Machtvorsprung. Dieser Vorsprung findet allerdings nur in dem von ihm vertretenen Kompetenzzusammenhang Anerkennung und kann nicht ohne weiteres auf andere soziale Felder übertragen werden. Denn wie in jeder anderen auf dem Delegationsprinzip existierenden sozialen Beziehung auch, muss die grundlegende Arbeitsteilung verblassen, wenn die Unmittelbarkeit des Delegationsaktes nicht mehr gegeben ist, wenn also Delegierte zweiten oder dritten Grades in Erscheinung treten, die sozusagen von zweiter Hand legitimiert werden. Die Sonderstellung des Delegierten verdinglicht sich dann nicht selten zu einer hierarchischen Beziehungskonstellation und erinnert allenfalls über inszenierte symbolische Merkmale an die anfängliche Praxis gemeinsam begründeter wechselseitiger Arbeitsteilung. Für jeden politischen Repräsentanten stellt sich also das praktische Problem, die ursprünglichen und soziales Kapital hervorbringenden Beziehungen und Dispositionen von Habitus und Kapital im Rahmen seiner mit dem Mandat erweiterten Handlungsfelder transformieren zu müssen, ohne dabei das Vertrauen seiner Auftraggeber zu verlieren.

Die analytische Bedeutung des Habituskonzepts in der Politikwissenschaft ist jüngst mit der Studie *Aufstieg und Krise der SPD* (Reinhardt 2011) unterstrichen worden. Abseits der in der Politikwissenschaft wie auch insbesondere in der politischen Meinungsforschung dominierenden Marktmodelle, die politische Beziehungen auf das bloße Verhältnis von Anbietern und Nachfragern der Ware Politik reduzieren, analysiert Reinhardt die Beziehungen zwischen den Parteipolitikern und den Parteimitgliedern und zwischen Repräsentanten und Repräsentierten im innerparteilichen Machtfeld. Mit Bezug auf Bourdieu, auf dessen Habituskonzeption im Kontext von Kapital und Feld, und auf der Basis von Interviews mit führenden sozialdemokratischen PolitikerInnen unterschiedlicher Generationen kann er die aktuellen Disparitäten zwischen dem Feld der Repräsentierten und dem Feld der Repräsentanten verstehen und erklären. Michael Vester schreibt dazu:

> „Max Reinhardt erklärt die Handlungspotenziale der Einzelnen zunächst aus ihrer Herkunftskultur und ihrem inneren *Habitus*, wie er im Interview zum Ausdruck kommt. Zu diesen *inneren Qualitäten* gehört aber auch eine bestimmte *äußere soziale Stellung*, ein *Kapital*, wie Bourdieu es nennt, an Bildung, materiellen Mitteln, sozialen Einbindungen und Renommee. Wie diese nicht selten auch widersprüchlichen Voraussetzungen sich dann tatsächlich praktisch umsetzen, hängt wiederum von den Chancen und Erfahrungen im gesellschaftlich-politischen Kräfteringen, vom *Feld* des Handelns, ab. So wird in den Analysen jeweils am individuellen Fall anschaulich dargelegt, wie beispielsweise die Erfahrungen des Nationalsozialismus, aber auch der Konflikte um 1968 oder die Frauenrechte individuell Wendungen nach *links* oder *rechts*, in die Aktivität oder Inaktivität bedingen konnten." (Vester 2011: 11)

Literatur

Borgwardt, Angela (2002): *Im Umgang mit der Macht. Herrschaft und Selbstbehauptung in einem autoritären politischen System*. Wiesbaden: Westdeutscher Verlag.
Bourdieu, Pierre (1982): *Die feinen Unterschiede. Zur Kritik der gesellschaftlichen Urteilskraft*. Frankfurt am Main: Suhrkamp.
Bourdieu, Pierre (1985): *Sozialer Raum und ‚Klassen'. Leçon sur la leçon. Zwei Vorlesungen*. Frankfurt am Main: Suhrkamp.
Bourdieu, Pierre (1991): *Die Intellektuellen und die Macht*. Hamburg: VSA.
Bourdieu, Pierre / Chamboredon, Jean-Claude / Passeron, Jean-Claude (1991): *Soziologie als Beruf. Wissenschaftstheoretische Voraussetzungen soziologischer Erkenntnis*. Berlin / New York: De Gruyter.
Bourdieu, Pierre (1992): Meinungsforschung – Eine ‚Wissenschaft' ohne Wissenschaftler. In: Pierre Bourdieu: *Rede und Antwort*. Frankfurt am Main: Suhrkamp. S. 208-216.
Bourdieu, Pierre (2001): Das politische Feld. In: Pierre Bourdieu: *Das politische Feld. Zur Kritik der politischen Vernunft*. Konstanz: UVK. S. 41-57.
Bourdieu, Pierre (2001a): *Meditationen. Zur Kritik der scholastischen Vernunft*. Frankfurt am Main: Suhrkamp.
Bremer, Helmut (2004): *Von der Gruppendiskussion zur Gruppenwerkstatt. Ein Beitrag zur Methodenentwicklung in der typenbildenden Mentalitäts-, Habitus- und Milieuanalyse*. Münster: LIT.
Bremer, Helmut (2007): *Soziale Milieus, Habitus und Lernen. Zur sozialen Selektivität des Bildungswesens am Beispiel der Weiterbildung*. Weinheim / München: Juventa.
Bremer, Helmut / Lange-Vester, Andrea / Vester, Michael (2009): „Die feinen Unterschiede". In: Gerhard Fröhlich / Boike Rehbein (Hg.): *Bourdieu-Handbuch. Leben – Werk – Wirkung*. Stuttgart / Weimar: Metzler. S. 289-312.
Bremer, Helmut / Kleemann-Göhring, Mark (2010): „Defizit" oder „Benachteiligung". Zur Dialektik von Selbst- und Fremdausschließung in der politischen Erwachsenenbildung und zur Wirkung symbolischer Herrschaft. In: Christine Zeuner (Hg.): Demokratie und Partizipation – Beiträge der Erwachsenenbildung. In: *Hamburger Hefte der Erwachsenenbildung* (10), 1: S. 12-28.
Dörner, Andreas (1995): *Politischer Mythos und symbolische Politik. Sinnstiftung durch symbolische Formen am Beispiel des Hermannsmythos*. Opladen: VS.
Dörner, Andreas (2000): *Politische Kultur und Medienunterhaltung. Zur Inszenierung politischer Identitäten in der amerikanischen Film- und Fernsehwelt*. Konstanz: UVK.
Geiling, Heiko (2006): *Zur politischen Soziologie der Stadt. Stadt- und Stadtteilanalysen in Hannover*. Münster: LIT.
Geiling, Heiko (Hg.) (2009): *Die Krise der SPD. Autoritäre oder partizipatorische Demokratie*. Münster: LIT.
Geiling, Heiko / Gardemin, Daniel / Meise, Stephan / König, Andrea (2011): *Migration – Teilhabe – Milieus. Spätaussiedler und türkeistämmige Deutsche im sozialen Raum*. Wiesbaden: VS.
Geiling, Heiko / Meise, Stephan / Eversberg, Dennis (2012): *Die IG Metall lokal. Akteure in gewerkschaftlichen Handlungsfeldern*. Düsseldorf: Hans-Böckler-Stiftung.
Janning, Frank (1991): *Pierre Bourdieus Theorie der Praxis. Analyse und Kritik der konzeptionellen Grundlegung einer praxeologischen Soziologie*. Opladen: VS.
Janning, Frank (1998): *Das politische Organisationsfeld. Politische Macht und soziale Homologie in komplexen Demokratien*. Opladen: VS.
Janning, Frank (2009): Politik. In: Gerhard Fröhlich / Boike Rehbein: *Bourdieu Handbuch. Leben – Werk – Wirkung*. Stuttgart / Weimar: Metzler. S .342-351.
Kaase, Max (1997): Vergleichende politische Partizipationsforschung. In: Dirk Berg-Schlosser / Ferdinand Müller-Rommel: *Vergleichende Politikwissenschaft. Ein einführendes Studienhandbuch*. Opladen: VS. S. 159-174.

Klages, Johanna (2009): *Meinung Macht Gegenmacht. Die Akteure im politischen Feld.* Hamburg: VSA.
Lange-Vester, Andrea / Teiwes-Kügler, Christel (2004): Soziale Ungleichheiten und Konfliktlinien im studentischen Feld. Empirische Ergebnisse zu Studierendenmilieus in den Sozialwissenschaften. In: Steffani Engler / Beate Krais (Hg.): *Das kulturelle Kapital und die Macht der Klassenstrukturen. Sozialstrukturelle Verschiebungen und Wandlungsprozesse des Habitus.* Weinheim / München: Juventa. S. 159-187.
Lange-Vester, Andrea (2007): *Habitus der Volksklassen. Kontinuität und Wandel seit dem 18. Jahrhundert in einer thüringischen Familie.* Münster: LIT.
Moore, Barrington (1982): *Ungerechtigkeit. Die sozialen Ursachen von Unterordnung und Widerstand.* Frankfurt am Main: Suhrkamp.
Oertzen, Peter von (1976): *Betriebsräte in der Novemberrevolution.* Berlin / Bonn: Dietz.
Rebenstorf, Hilke (1995): *Die politische Klasse. Zur Entwicklung und Reproduktion einer Funktionselite.* Frankfurt am Main / New York: Campus.
Reinhardt, Max (2011): *Aufstieg und Krise der SPD. Flügel und Repräsentanten einer pluralistischen Volkspartei.* Baden-Baden: Nomos.
Roth, Roland (2000): Bürgerschaftliches Engagement. Formen, Bedingungen, Perspektiven. In: Annette Zimmer / Stefan Nährlich (Hg.): *Engagierte Bürgerschaft. Traditionen und Perspektiven. Bürgerschaftliches Engagement und Nonprofit-Sektor.* Band 1. Opladen: Leske + Budrich. S. 25-48.
Rudé, George (1977): *Die Volksmassen in der Geschichte. England und Frankreich 1730-1848.* Frankfurt am Main / New York: Campus.
Schlichte, Klaus (1989): La Françafrique. Klientelismus und postkolonialer Habitus in der französischen Afrikapolitik. In: *Zeitschrift für Internationale Beziehungen* (5): S. 309-343.
Schneider, Volker / Janning, Frank (2006): *Politikfeldanalyse. Akteure, Diskurse und Netzwerke in der öffentlichen Politik.* Wiesbaden: VS.
Thomas, Tanja (2003): *Deutsch-Stunden. Zur Konstruktion nationaler Identität im Fernsehtalk,* Frankfurt am Main / New York: Campus.
Thompson, Edward P. (1987): *Die Entstehung der englischen Arbeiterklasse.* 2 Bände. Frankfurt am Main: Suhrkamp.
Vester, Michael / von Oertzen, Peter / Geiling, Heiko u. a. (2001): *Soziale Milieus im gesellschaftlichen Strukturwandel. Zwischen Integration und Ausgrenzung.* Frankfurt am Main: Suhrkamp.
Vester, Michael / Gardemin, Daniel (2001): Milieu, Klasse und Geschlecht. Das Feld der Geschlechterungleichheit und die ‚protestantische Alltagsethik'. In: Bettina Heintz (Hg.): *Geschlechtersoziologie.* Wiesbaden: Westdeutscher Verlag. S. 454-486.
Vester, Michael (2005): Die selektive Bildungsexpansion. Die ständische Regulierung der Bildungschancen in Deutschland. In: Peter A. Berger / Heike Kahlert (Hg.): *Institutionalisierte Ungleichheiten. Wie das Bildungssystem Chancen blockiert.* Weinheim / München: Juventa. S. 39-70.
Vester, Michael / Geiling, Heiko (2007): Das soziale Kapital der politischen Parteien. Die Akzeptanzkrise der Volksparteien als Frage der Individualisierung oder der sozialen Gerechtigkeit. In: Frank Brettschneider / Oskar Niedermayer / Bernhard Weßels (Hg.): *Die Bundestagswahl 2005. Analysen des Wahlkampfes und der Wahlergebnisse.* Wiesbaden: VS. S. 457-489.
Vester, Michael / Teiwes-Kügler, Christel / Lange-Vester, Andrea (2007a): *Die neuen Arbeitnehmer. Zunehmende Kompetenzen – wachsende Unsicherheit.* Hamburg: VSA.
Vester, Michael / Geiling, Heiko (2009): Soziales Kapital und Wählerverhalten – Die Krise einer Volks- und Mitgliederpartei. In: Heiko Geiling (Hg.): *Die Krise der SPD. Autoritäre oder partizipatorische Demokratie.* Münster: LIT. S. 25-52.
Vester, Michael (2011): Vorwort. In: Max Reinhardt: *Aufstieg und Krise der SPD. Flügel und Repräsentanten einer pluralistischen Volkspartei.* Baden-Baden: Nomos. S. 7-13.
Vögele, Wolfgang / Bremer, Helmut / Vester, Michael (Hg.) (2002): *Soziale Milieus und Kirche,* Würzburg: Ergon.

Völker, Susanne (2004): *Hybride Geschlechterpraktiken. Erwerbsorientierungen und Lebensarrangements von Frauen im ostdeutschen Transformationsprozess.* Wiesbaden: VS.
Wacquant, Loïc J.D. (1996): Auf dem Weg zu einer Sozialpraxeologie. Struktur und Logik der Soziologie Pierre Bourdieus. In: Pierre Bourdieu / Loïc J.D. Wacquant: *Reflexive Anthropologie.* Frankfurt am Main: Suhrkamp. S. 17-93.
Weber, Max (1985): *Wirtschaft und Gesellschaft. Grundriss der verstehenden Soziologie.* 5., rev. Auflage. Tübingen: Mohr Siebeck.

Globaler Habitus? Der Habitusbegriff in der Globalisierungsforschung

Christian Schneickert

„Hieraus folgt, daß diese Umwandlung der Geschichte in Weltgeschichte nicht etwa eine bloße abstrakte Tat des ‚Selbstbewußtseins', Weltgeistes oder sonst eines metaphysischen Gespenstes ist, sondern eine ganz materielle, empirisch nachweisbare Tat, eine Tat, zu der jedes Individuum, wie es geht und steht, ißt, trinkt und sich kleidet, den Beweis liefert." (Marx/Engels 1959 [1845/1846]: 46)

1. Einleitung

Bourdieus Habituskonzept wurde in der Globalisierungsforschung bislang nur marginal verwendet (vgl. Illouz / John 2003: 204).[1] Deshalb widmet sich der vorliegende Beitrag zunächst den Gründen für die schwache Rezeption, die in Bourdieus Beiträgen zur Globalisierung einerseits und der kultursoziologisch orientierten Globalisierungsforschung andererseits zu finden sind. Anschließend wird am Beispiel der Globalisierung nationaler Eliten argumentiert, dass das Habituskonzept für die Forschung in diesem Bereich einen Gewinn darstellen kann, sofern es in eine Soziologie der Globalisierung, konkret einen sozialstrukturellen Forschungsansatz, eingebettet ist. Einen solchen Ansatz einer globalen Sozialstrukturanalyse skizziert der Beitrag abschließend anhand der Verbindung von Weltsystemtheorie, transnationalen Milieus und der Wechselbeziehung von Habitus und Feld auf globaler Ebene.

Globalisierungsforschung ist kein einheitliches Fach, obgleich sich an den Universitäten eine wachsende Zahl von *Global Studies* Studiengängen herausbildet (siehe die ausführliche Liste im Anhang). Mittlerweile liegt jedoch recht umfangreiche Einführungsliteratur vor, weswegen insgesamt von einer Institutionalisierung der Globalisierungsforschung gesprochen werden kann (siehe Robertson 1992; Waters 1995; Beck 1997; Held / McGrew 2000; Scholte 2000; Müller 2002a; Osterhammel / Petersson 2003; Robertson / White 2003; Robertson / Scholte 2007; Brock 2008; Rehbein / Schwengel 2008; Moore / Lewis 2009; Jones 2010; Niederberger / Schink 2011; Scherrer / Kunze 2011).

In den Sozialwissenschaften ist der Begriff Globalisierung problematisch, da er uneinheitlich verwendet wird. In der Diskussion wird *global* begrifflich und inhaltlich nicht scharf von *international, supranational, transnational* oder *multinational* getrennt (vgl. Sklair 2001: 2). In Anlehnung an Leslie Sklair (2001) und Michael Mann (1997) werden die Begriffe in diesem Beitrag wie folgt verwendet: Der Terminus *international* bezeichnet die Beziehung zwischen Nationalstaaten; er wird in den Sozialwissenschaften am häufigs-

---

[1] Für die kritische Durchsicht und wertvolle Anmerkungen danke ich Anna Güthler und Jonas Meixner.

ten verwendet. Der Terminus *supranational* schließt daran an und dient der Bezeichnung der Beziehungen mehrerer Staaten; in der Politikwissenschaft besteht hier meist ein Bezug zur Europäischen Union. Obwohl der Nationalstaat noch immer von großer Bedeutung ist, treten immer mehr Akteure auf, die über verschiedene Nationalstaaten hinweg tätig sind, etwa NGOs oder Großunternehmen, die als *transnational* bezeichnet werden. Der Ausdruck *multinational* wird hingegen meist im ökonomischen Bereich für die Beschreibung von Unternehmen verwendet, die in mehreren Nationalstaaten operieren, kann in seiner Bedeutung aber weitgehend dem Begriff *transnational* subsumiert werden. Während also der Internationale Währungsfond oder die Weltbank internationale Institutionen sind, gehören General Motors oder Greenpeace zu den transnationalen Akteuren. Der Begriff *global* bezeichnet schließlich das idealtypische Ziel von Globalisierungsprozessen, insbesondere eine grenzenlose globale Ökonomie und vollständige Denationalisierung (vgl. Sklair 2001: 3) mit der Herausbildung einer Struktur oder eines Netzwerks, das den größten Teil der Erde umspannt (vgl. Mann 1997: 116f.).

Üblicherweise werden für die Globalisierung des 20. Jahrhunderts drei Entwicklungen als Ausgangspunkte angenommen: die Liberalisierung des Welthandels seit den 1970er Jahren, das Ende des Kalten Krieges und die Revolution der digitalen Kommunikation. Auf Basis dieser Voraussetzungen entwickelt sich die globalisierte Welt.

In der Soziologie wird Globalisierung häufig als Zusammenwachsen der einzelnen Gesellschaften zu einer Weltgesellschaft verstanden (vgl. Fuchs-Heinritz 1994: 250). Ulrich Beck definiert Globalisierung demgegenüber als Überbegriff für Prozesse universaler Verflechtung und Vermischung sowie der Hybridbildung kultureller Unterschiede, wodurch eine neue Qualität des Sozialen erzeugt wird (vgl. Beck 1998: 9). Neben den unscharfen Begrifflichkeiten trägt insbesondere die Vielfalt der Themen, die sich unter der Bezeichnung Globalisierungsforschung sammeln, zur bestehenden Unübersichtlichkeit bei. In der Literatur werden zur Vereinfachung häufig folgende drei Bereiche von Globalisierungsprozessen unterschieden, zu deren Bearbeitung es dann verschiedene disziplinäre Zugänge gibt (vgl. Fuchs-Heinritz 1994: 250; Ray 2007: 1956; siehe exemplarisch für die Einführungsliteratur Brock 2008):

(1) Die Entwicklung wirtschaftlicher Verflechtungen gilt als zentraler Motor von Globalisierung. Inhaltlich wird diese vorwiegend von der Volkswirtschaftslehre, zunehmend aber auch von der Wirtschaftssoziologie untersucht. Wirtschaftliche Indikatoren für Globalisierung sind v. a. Import/Export-Quoten und Zölle, ausländische Direktinvestitionen und transnationale Unternehmensverflechtungen (vgl. Sautter 2004: 5). Die Globalisierung der Weltwirtschaft seit den 1970er Jahren zeichnet sich gegenüber früheren Phasen insbesondere durch die zunehmende Unternehmensvernetzung und die Schnelligkeit der Marktverflechtungen aus, was die Bildung globaler wirtschaftspolitischer Institutionen erfordert (vgl. Sautter 2004: 8, 13). Insgesamt lässt sich die Weltwirtschaft aber noch immer als „global governance without global government" (Stiglitz 2002: 21) charakterisieren.

(2) Global Governance ist auch der zentrale Begriff der Forschung zur politischen Globalisierung. Diese wird von Teilen der Politikwissenschaften, insbesondere natürlich den internationalen Beziehungen, der politischen Soziologie und der soziologischen Systemtheorie bearbeitet. Für die Politikwissenschaften sind dabei vor allem die Schwächung der Nationalstaaten sowie die internationalen Institutionen und Organisationen (IWF, Weltbank, UNO, EU etc.) von Bedeutung (vgl. Take 2003: 254).

(3) Die ersten Publikationen der Globalisierungsforschung stammen interessanterweise ursprünglich aus dem dritten Bereich, der kulturellen Globalisierung, namentlich der Stadtsoziologie und den Cultural Studies (vgl. Brock 2008: 118). Allerdings verbirgt sich hinter dem unscharfen Kulturbegriff alles andere als ein einheitliches Forschungsprogramm. Dies liegt nicht zuletzt an dem heterogenen Spektrum von Fachdisziplinen, die diesen Bereich heute bearbeiten, vorwiegend der Ethnologie und Volkskunde, der Anthropologie, Soziologie und der Kulturwissenschaften. Demgegenüber hat die deutsche Soziologie in Anschluss an Luhmann mit dem Konzept der Weltgesellschaft einen ersten genuin soziologischen Zugang zu Globalisierung entwickelt (siehe exemplarisch Luhmann 1998b; Stichweh 2000; Wobbe 2000; Heintz 2005; Meyer / Krücken / Kuchler 2005).

Zusammengefasst existieren aber weder ein übergreifender theoretischer Rahmen noch ein Konsens über Forschungsmethoden in der Globalisierungsforschung, sondern eher diffuse und lose miteinander verbundene Forschungsinteressen. Die meisten empirischen Studien in diesem dritten Bereich haben sich bislang auf Migration, globale Populärkultur sowie Massenmedien konzentriert (vgl. Buchholz 2008: 212). Aus dieser Konzentration auf kulturelle Themen erklären sich die Forschungsschwerpunkte der Globalisierungsforschung, vor deren Hintergrund im Folgenden die Möglichkeit der Herausbildung globaler Habitus diskutiert wird. Es zeigt sich, dass eine solche Fragestellung keiner der drei Bereiche eindeutig zugeordnet werden kann, da hierbei die Verknüpfung von sozialer Ungleichheit und transnationaler Klassenbildung konstitutiv ist. Da es zur Untersuchung solcher Kategorien einer materiellen Basis bedarf, schlage ich vor, für eine Soziologie der Globalisierung nicht auf kultursoziologische oder systemtheoretische Zugänge, sondern auf die Sozialstrukturanalyse zurückzugreifen. Dann ist Gesellschaft allerdings nicht mehr einfach mit Nationalstaat gleichzusetzen, da diese Identifizierung lediglich für die europäischen Gesellschaften des 19. Jahrhunderts Gültigkeit besitzt. Die klassische Sozialstrukturanalyse galt der europäischen Klassengesellschaft, die jedoch in der postkolonialen und globalen kapitalistischen Ökonomie nicht mehr plausibel als universelles Modell von Gesellschaft dienen kann (vgl. Rehbein / Schwengel 2008: 207). Eine sozialstrukturelle Analyse im Rahmen einer Soziologie der Globalisierung lässt sich gleichwohl an Bourdieus Begriffen von Habitus und Feld aktualisieren.[2]

In diesem Sinne untersucht der vorliegende Artikel das Konzept eines globalen Habitus vor dem Hintergrund der Transnationalisierung von Sozialstrukturen. Aus einer solchen Forschungsperspektive ergibt sich die Möglichkeit ungleicher Transnationalisierung verschiedener sozialstruktureller Gruppen (vgl. Mau / Mewes 2008: 260). Daher wird die Frage nach einem globalen Habitus anhand solcher Gruppen erörtert, die die Bedingungen dafür aufgrund der privilegierten Verfügung über ökonomische und kulturelle Ressourcen am wahrscheinlichsten erfüllen: den Eliten.

Dem folgt die Gliederung des Beitrags: In einem ersten Schritt fasst Abschnitt 2 die bisherige Diskussion kultureller Globalisierung zusammen und verbindet sie mit einer Darstellung der Beiträge Bourdieus zur Globalisierung. In einem zweiten Schritt stellt Abschnitt 3 die sozialstrukturelle Perspektive auf Globalisierungsprozesse am Beispiel der Diskussion um globalisierte Eliten dar. Abschnitt 4 führt diese beiden Schritte zusammen und diskutiert anhand der Begrifflichkeiten Bourdieus das Konzept eines globalen Habitus.

---

[2] Ein solcher sozialstruktureller Zugang wendet sich gegen eine kulturzentrierte Analyse (Reduktion auf kulturelle Praktiken ohne sozialstrukturelle Rückbindung) von Globalisierung einerseits und eine systemtheoretische Analyse (Reduktion auf Kommunikation und funktionale Differenzierung) andererseits.

2. Globalisierungsforschung

Globalisierungsforschung hat ihren Ausgangspunkt in der Infragestellung des Nationalstaats als zentraler sozialwissenschaftlicher Analyseeinheit. Demnach führt Globalisierung dazu, dass Nationalstaaten als Bezugspunkte gesellschaftlicher Prozesse immer weniger geeignet sind (vgl. Wasner 2004: 217).

Immanuel Wallerstein hat diesen Punkt bereits in den 1970er Jahren zum zentralen Anliegen seiner Großtheorie gemacht (vgl. Rehbein / Schwengel 2008: 41, 51). Die Weltsystemanalyse beanspruchte, das Konzept der Einzelgesellschaft als Grundeinheit der Analyse zu verlassen (vgl. Wallerstein 1983: 302). Demnach zeichnet sich die Welt durch eine übergreifende Arbeitsteilung aus, die Gesellschaften, Gruppen und Klassen umfasst und Nationalstaaten zu Akteuren unter anderen werden lassen: „State power remains strategic, but it is no longer the only game in town." (Pieterse 2004: 82) Die Soziologie übernimmt jedoch bis heute unhinterfragt die Annahme des internationalen Rechts, wonach ein Individuum jeweils einem Nationalstaat angehört (vgl. Weiß 2005: 709). Heute hat der Nationalstaat auf globaler Ebene jedoch eher eine Strukturierungsfunktion für soziale Mobilität und soziale Ungleichheit (vgl. ebd.: 723) und ist für sozialstrukturelle Gruppen von unterschiedlicher Bedeutung. Entscheidend ist er insbesondere für Mittelschichten, die sich auf nationale Wohlfahrtsstaaten stützen, für Eliten in peripheren Staaten und für MigrantenInnen (vgl. ebd.: 715).

Die Rolle des Nationalstaats wandelt sich zudem historisch, wobei es ebenfalls Wallerstein war, der auf die Historizität von Globalisierungsprozessen hingewiesen hat:

> „Capitalism was from the beginning an affair of the world-economy and not of nation-states. It is a misreading of the situation to claim that it is only in the twentieth century that capitalism has become 'world-wide', although this claim is frequently made in various writings, particularly by Marxists." (Wallerstein 1979b: 19)

Damit stellt sich die Frage, inwieweit Globalisierung überhaupt als neues Phänomen verstanden werden kann (vgl. Borchardt 2001: 3-7; Hopkins 2002: 28). Wirtschaftlich betrachtet ist die Frage nach der nationalen Beschränkung des Kapitals fraglich. Für Wallerstein war der Merkantilismus, wie die heutigen protektionistischen Maßnahmen, stets eine Strategie der Eliten in starken Staaten (vgl. Wallerstein 1979b: 19). Entsprechend hält er die gesamte Debatte um Globalisierung für verfehlt, insofern diese nicht im Kontext der fünfhundertjährigen Geschichte der Entwicklung der kapitalistischen Weltökonomie analysiert wird (vgl. Wallerstein 2000: 250).

Auch der globalisierungskritischen Bewegung ließ sich stellenweise eine mangelhafte systematische und historische Analyse kapitalistischer Globalisierung vorwerfen. Dennoch stieß diese Bewegung die sozialwissenschaftliche Debatte zu Beginn des 21. Jahrhunderts stark an und rückte sie stärker in ein wachsendes öffentliches Interesse. Vor allem drei Punkte wurden kritisiert: Die nicht eingelösten ökonomischen Versprechen nach dem Ende des Kalten Krieges (vgl. Stiglitz 2002: 17, 2006: 7), mangelnde Transparenz bzw. fehlende demokratische Beteiligung der breiten Bevölkerung an Globalisierungsprozessen (vgl. Stiglitz 2006: 12) sowie die wachsende soziale Ungleichheit auf globaler Ebene (vgl. Ziegler 2003: 62; siehe Kreckel 2008).

Interessanterweise stellte gerade die Antiglobalisierungsbewegung eine Intensivierung der Transnationalisierung dar, indem sie so etwas wie eine global wachsende soziale Bewegung bildete. So argumentiert Leggewie, dass sich in der Bewegung ein transnationales „Wir-Gefühl" im Sinne einer weltbürgerlichen und postkolonialen Identität bildete (vgl. Leggewie 2003: 59). Auch für Stiglitz vereint die Gegnerschaft zu Globalisierung Menschen auf der ganzen Welt (vgl. Stiglitz 2002: 4, 2006: 7).

Den Kontrast zu dieser Gemeinschaftsbildung stellt die Vorstellung kultureller Homogenisierung bzw. eines westlichen Kulturimperialismus dar. Dabei wird die Ausbildung eines globalen kapitalistischen Lebensstils in einem Netz aus Produkten, Logos und Werbestrategien transnationaler Unternehmen kritisiert (vgl. Klein 2001: 16). Häufig wird zudem die globale Ausbreitung der US-amerikanischen Kultur mit ihren Symbolen etwa von Hollywood, Coca-Cola und McDonalds postuliert. Die sozialwissenschaftliche Debatte mündete hier in Ritzers These von der ‚McDonaldisierung' der Welt (siehe Ritzer 1993, 1998). Einige Theoretiker gingen davon aus, dass sich eine aus dem nationalen Kontext der USA herausgelöste globale Einheitskultur ausbilden würde (siehe Smith 1990).

Die These, dass die Welt von westlicher (US-)Kultur überrollt wird, wurde in den Sozialwissenschaften allerdings von Beginn an skeptisch gesehen. Entsprechend hat sich die Globalisierungsforschung auf die Kernfrage von kultureller Homo- bzw. Heterogenisierung konzentriert (siehe Friedman 1990). Empirisch zeigte sich, dass kulturelle Botschaften durchaus unterschiedlich aufgenommen werden, so dass selbst die Kulturindustrie auf kulturell differenzierte Märkte Rücksicht nehmen muss (vgl. Robertson 1998: 213). Insgesamt besteht in den Sozialwissenschaften heute weitgehend Einigkeit, dass Globalisierung kein monokausaler und einheitlich homogenisierender Prozess ist, sondern sich auf verschiedene nationale und lokale Kontexte sehr unterschiedlich auswirkt (vgl. Pfau-Effinger / Magdalenić / Wolf 2009: 8f.).

Diese Erkenntnis brachte Roland Robertson mit seiner ‚Glokalisierung' auf den Begriff (vgl. Robertson 1998: 193). Er argumentiert, dass erst Globalisierung zur Wiederherstellung und Produktion von Heimat, Gemeinschaft und Lokalität führt, weshalb das Lokale nicht Gegenspieler, sondern Aspekt des Globalen ist (vgl. Robertson 1998: 200). Eine ähnliche Argumentation findet sich bei Jan Nederveen Pieterse, der den Begriff der Hybridität gegen eine essentialistische Deutung von Identität, Ethnizität und Nation stellt (vgl. Pieterse 2004: 65, 71). Das Anliegen, einer essentialistischen Deutung der sozialen Welt ein relationales Denken entgegenzusetzen, bestimmt auch die Soziologie Bourdieus. Im Gegensatz zur postmodernen Debatte um Hybridität steckt der Antiessentialismus hier jedoch in den empirischen und sozialstrukturellen Konzepten von Habitus und Feld. Umso erstaunlicher ist daher, dass Bourdieus theoretische Konzepte in der Globalisierungsforschung bislang kaum explizit vorkommen (vgl. Illouz / John 2003: 204). Dies liegt meines Erachtens daran, dass Bourdieu zwar über Globalisierung gearbeitet und publiziert hat, allerdings nicht im Rahmen seiner theoretischen Gesamtkonzeption, sondern im Sinne einer politischen Intervention gegen den Neoliberalismus. Bourdieus globalisierungskritische Schriften, insbesondere ‚Gegenfeuer' (siehe Bourdieu 1998b; Bourdieu 2001), haben kein vorrangig wissenschaftliches Anliegen und gehen weit hinter die Möglichkeiten seiner theoretischen Konzepte zurück: Globalisierung erscheint ihm als neoliberaler Mythos, der lediglich zur Aushöhlung der nationalen Wohlfahrtsstaaten dient (vgl. Bourdieu 1998a: 43). Zwar führt er in seiner Kritik mit dem Feldbegriff ein theoretisches Konzept ein, aber dieses dient letztlich nur dazu, die hegemoniale Rolle der Finanzmärkte in der neuen Weltordnung zu kritisieren (vgl. Bourdieu 1998a: 47). Diese verkürzte und geradezu verschwörungstheoretisch angehauchte Kritik an Globalisierung und Neoliberalismus lässt sich zu Recht kritisieren. Zu Unrecht aber hat dies die Rezeption seiner Gesamttheorie in der Globalisierungsforschung in Mitleidenschaft gezogen, vor allem im Blick auf die Konzepte von Kapital, Habitus und Feldern (vgl. Rehbein 2011: 309, 314f.).

Dabei erlauben es gerade diese Konzepte, der falsche Alternative zwischen einer strukturalistischen Globalisierung (ohne konkrete Akteure) und einer akteurszentrierten (strukturlosen, verschwörungstheoretischen) Perspektive zu widerstehen. Das Habituskonzept als Vermittler zwischen Struktur und Praxis ist vielmehr geeignet, das Handeln von Menschen gerade nicht als Ergebnis bewusster Strategien oder Planung, sondern als Resultat der historischen Kämpfe um Distinktion auf (globalen) Feldern zu analysieren (vgl. Buchholz 2008: 218). Die Akteure der Globalisierung sind demnach weniger eine abstrakte, losgelöste und alles beherrschende Elite, sondern Individuen oder Gruppen, die mit einem Habitus an spezifische sozialstrukturelle Kontexte rückgebunden sind (vgl. Bourdieu 2002: 229). Allerdings hat Bourdieu den Habitus in *Die feinen Unterschiede* (1982 [1979]) in engem Bezug zu seinem Begriff des sozialen Raums entworfen, das – wie die Sozialstrukturanalyse – national konzipiert ist.

3. Transnationalisierung und Sozialstruktur

Sozialstruktur bezeichnet in der Soziologie „die Gesamtheit der relativ dauerhaften sozialen Gebilde (Gruppierungen, Institutionen, Organisationen) einer Gesellschaft, der sozialen Beziehungen und Wirkungszusammenhänge innerhalb und zwischen diesen Gebilden sowie deren Grundlagen" (Hradil 2004: 14). Die Sozialstruktur bildet ein dauerhaftes Beziehungsgefüge, das gesamtgesellschaftliche Bedeutung hat. Bereits in dieser sehr allgemeinen Definition zeigt sich, dass die Begrenzung von Sozialstruktur nicht zwangsläufig mit der Grenze eines Nationalstaats übereinstimmen muss.

Sozialstruktur geht über den Nationalstaat hinaus, wenn ein relevanter Teil der sozialen Beziehungen und Interaktionen über nationale Grenzen hinweg stattfindet (vgl. Weiß 2005: 710). Auf diese Inkongruenz von Gesellschaft und Staat weist bereits die systemtheoretische These von der Weltgesellschaft hin. Aus dieser Perspektive stellt sich Globalisierung als kommunikativer globaler Zusammenhang dar. So gesehen muss Transnationalisierung nicht zwangsläufig in der Herausbildung globaler Lebensstile und Habitus münden (vgl. Luhmann 1998a: 150-156). Demnach gibt es überhaupt nur zwei Möglichkeiten, Gesellschaft nicht weltweit zu denken: erstens die Bindung der Gesellschaft an den Kulturbegriff, oder zweitens die Bindung von Gesellschaft an den Staat (vgl. Stichweh 2000: 11). Da beides aus Sicht der Systemtheorie keine Option darstellt, ist die Theorie der Weltgesellschaft für die Überwindung der nationalen Soziologie zweifelsohne von großer Bedeutung. Problematisch ist sie jedoch für die Analyse sozialer Ungleichheit auf globaler Ebene. Denn zur Herausbildung einer globalen Sozialstruktur bedarf es neben der Ausdehnung von Kommunikation auch einer sozialstrukturellen Globalisierung. Erst auf dieser Basis lässt sich sinnvollerweise von der Möglichkeit eines globalen Habitus sprechen.

In diesem Sinne ist Wallersteins Weltsystemanalyse der systemtheoretischen Analyse der Weltgesellschaft überlegen. Die Weltsystemperspektive geht davon aus, dass soziales Handeln primär in einem einzigen globalen Rahmen mit übergreifender Arbeitsteilung stattfindet (vgl. Wallerstein 1983: 303). Diese Arbeitsteilung ist wiederum primär durch die

Dreiteilung der Weltregionen in Kern, Semiperipherie und Peripherie geprägt. Demnach gibt es keine sogenannten ‚unterentwickelten Länder' mit vorkapitalistischer Wirtschaftsweise; Kern und Peripherie sind vielmehr spezifische Sektoren der kapitalistischen Weltökonomie (vgl. Wallerstein 1983: 306f.). Die Semiperipherie hat dabei die Funktion der politischen Stabilisierung in einer von Klassenkämpfen polarisierten Welt (vgl. Wallerstein 1983: 310).

Soziale Klassen waren nach Wallerstein in diesem Weltsystem historisch nie national beschränkt (vgl. Wallerstein 2012: 526). Vielmehr ergibt sich die innere Struktur der Gesellschaften aus deren Position innerhalb der globalen Arbeitsteilung. Gesellschaften aus dem Kern zeichnen sich durch einen hohen Anteil von bürgerlichen Klassen aus, Gesellschaften aus der Peripherie durch einen hohen Anteil proletarischer Klassen (vgl. Wallerstein 2012: 527). Zudem ist auch bei Wallerstein die Bourgeoise keine einheitliche Klasse, sondern in konflikthafte Fraktionen gegliedert. Nicht alle dieser Fraktionen tragen zum Bestand der Herrschaft dieser Klasse auf globaler Ebene bei (vgl. Wallerstein 1979a: 287). Eine empirische Analyse des unterschiedlichen Ausmaßes der Transnationalisierung verschiedener Klassen und Schichten kommt bei Wallerstein jedoch nicht vor.

Demgegenüber sind aus soziologischer Perspektive Eliten diejenigen sozialstrukturellen Gruppen, die über hohe Ressourcenausstattung verfügen. Deswegen wird häufig davon ausgegangen, dass sich diese zuerst transnationalisieren (vgl. Hartmann 2008: 241).[3] Im Blick auf globale Eliten können in der Sozialwissenschaft grundsätzlich zwei Positionen unterschieden werden (vgl. Wasner 2004: 217): Eine Position geht davon aus, dass Eliten in den zentralen Bereichen ihrer Machtbasis weiterhin eng an den Nationalstaat gebunden sind (siehe exemplarisch Hartmann 1999, 2003, 2008; Pohlmann 2009). Andere Theoretiker halten dafür, dass sich globale bzw. supranationale Eliten ausbilden (hier besonders prominent Robinson / Harris 2000; Sklair 2001). Die Annahme globaler Eliten ergibt sich dabei häufig aus der Beobachtung, dass die Eliten vieler Länder heute weitgehend losgelöst von nationalen Kontexten leben und arbeiten. Die Mobilität der Elite konzentriert sich zudem auf ein Netzwerk aus wenigen, besonders wichtigen *global cities* (siehe grundlegend Sassen 1991; aktuell und empirisch Caroll 2010: 68-75).

Insbesondere für höhere Führungspositionen erscheint internationale Mobilität als zunehmend obligatorisch (vgl. Pohlmann 2009: 514). Deswegen werden globale Eliten auch aus demokratietheoretischer Sicht problematisch thematisiert, da die ohnehin schon existierende Entkopplung von der Bevölkerung durch Globalisierung weiter verschärft wird (vgl. Pelfini 2009b: 156). Maßstab für eine globale Elite könnte demzufolge die Indifferenz gegenüber dem Herkunftsland sein, wobei Nationalstaaten rein rational als Standorte bewertet werden müssten (vgl. Müller 2002: 352). Oder wie es Ulrich Beck sehr plakativ zusammenfasst: „Die Führungskräfte können dort leben und wohnen, wo es am schönsten ist, und dort Steuern zahlen, wo es am billigsten ist." (Beck 1997: 17)

Damit wird die Verfügung über Raum zu einer entscheidenden Machtkategorie. Die Eliten werden dabei aber keineswegs grenzen-, raum- und ortlos, wie Jain (2000: 51) meint, sondern lediglich räumlich unabhängig. Die Machtlosen hingegen sind marginalisiert und auf lokale Strukturen verwiesen. Huntington sieht in der Denationalisierung der Eliten gar

---

[3] Dabei ist es in der Forschung durchaus umstritten, ob Mittelschichten, insbesondere MigrantInnen, nicht auch und möglicherweise sogar stärker als Eliten enträumlicht werden und transnationale sozialstrukturelle Gruppen bilden (vgl. Appadurei 1998: 11-14, 2000 [1994]: 4; Weiß 2005: 714). Ähnliches gilt auch für bestimmte ExpertInnen, insbesondere im technischen Bereich, deren Arbeitsfeld per definitionem global ausgerichtet ist.

den entscheidenden Unterschied zwischen Eliten und Bevölkerung (vgl. Huntington 2004: 6), was Castells schlicht auf den Punkt bringt: „Elites are cosmopolitan, people are local." (1998: 415)

Dieses Phänomen ist allerdings nicht neu. Historisch betrachtet wechselten in großen Migrationsbewegungen zwar auch einfache Leute die Nationalität, aber lediglich Eliten wurden wirklich kosmopolitisch (vgl. Hartmann 2008: 242). Die spezifische Entkopplung der Elite verdeutlicht Anja Weiß folgendermaßen:

> „Transnational upper classes are spatially autonomous. In a geographical manner, they can afford advanced technologies of transport and communication. Their social autonomy is ensured by the acquisition of several citizenships or a well-accepted one. They are educated in global and prestigious places and take care that their children incorporate dominant (western) habitus." (Weiß 2005: 714)

Innerhalb der Analyse solcher transnationalen Oberschichten muss aber mindestens zwischen „Superreichen" und Managern transnationaler Unternehmen unterschieden werden. Über erstere gibt es kaum verlässliche Daten; Aussagen darüber kommen meist über journalistische Beschreibungen der Welt der ‚Reichen und Schönen' nicht hinaus. Manager hingegen sind in ihrer Außendarstellung heute sehr transnational, nicht aber in ihrer Praxis (siehe Beaverstock 2002; vgl. Beaverstock / Hubbard / Short 2004: 405). In Aufsichtsräten und Vorständen transnationaler Unternehmen gehört die globale Vernetzung mittlerweile zur Alltagspraxis. Damit einher gehen häufig auch kosmopolitische Einstellungen in den Vorstandsetagen (vgl. Caroll 2010: 98). Bourdieu stellte für die Wirtschaftselite in Frankreich einen Zusammenhang zwischen der Anciennität eines Unternehmens und der sozialen Herkunft der entsprechenden Generaldirektoren fest (vgl. Bourdieu 2004 [1989]: 379). Entsprechend ließe sich heute annehmen, dass in globalen Unternehmen zunehmend auch ein globaler Habitus der Geschäftsführer gefragt sein müsste. Einige Autoren gehen sogar so weit, einen globalen Lebensstil der Eliten auszumachen. So sieht Leslie Sklair einen solchen in erhöhter Mobilität, der Kenntnis einiger weniger globaler Sprachen und der Ausbildung gemeinsamer geschmacklicher Vorlieben, etwa für bestimmte exklusive Restaurants oder Clubs (vgl. Sklair 2001: 11). Darüber hinaus konstruierten sich diese Elitemitglieder neben ihrer nationalen Identität als Weltbürger (vgl. Sklair 2001: 21).[4]

Laut Sklair gibt es konkurrierende Formen von Globalisierung. Die gegenwärtige kapitalistische Globalisierung wird von bestimmten Teilen nationaler Eliten bestimmt, die ein Interesse an dieser Art von Globalisierung haben. Dadurch beginnen diese Akteure zunehmend einheitlich als *Transnational Capitalist Class* (TCC) zu handeln (vgl. Sklair 2008: 213). Die TCC unterscheidet sich von globalen Wirtschaftseliten darin, dass sie deutlich mehr Akteure umfasst, etwa Intellektuelle, Dienstleistungseliten, Anwälte usw. Wie bei Wallerstein wird die globale Elite auch hier als historisch schon immer fragmentiert angesehen (vgl. Caroll 2010: 6). Dennoch ist für die Konstitution einer Klasse auf globaler Ebene wie auf nationaler Ebene die Kontrolle von Produktion und Distribution entscheidend. Sklair folgert daraus: „Consequently, capitalists in the USA or Japan or Brazil or Germany or India may have more interests in common with each other than they have with their noncapitalist fellow citizens." (Sklair 2001: 12)

---

[4] Inwieweit umgekehrt die profunde Kenntnis lokaler kultureller Kontexte notwendig ist, um die ‚feinen Unterschiede' als Distinktionsstrategie auszuspielen, ist eine offene Forschungsfrage.

Zwar ist sich auch Sklair bewusst, dass die Welt in der Praxis noch immer stark national geprägt ist; er geht aber davon aus, dass Interessen und Handlungen der TCC-Mitglieder auf einen Weltmarkt bezogen sind (vgl. Sklair 2008: 217). Darüber hinaus ist das Spannungsverhältnis zwischen Eliten und Massen global anschlussfähig (vgl. Schwengel 2004: 76).

Theoretiker einer globalen Elite oder TCC gehen meist davon aus, dass diese Gruppen erheblichen Einfluss auf die Gestaltung der Globalisierung haben, während sie selbst relativ unsichtbar bleiben (vgl. Jain 2000: 64).[5] Daher dürfte eine eingehendere Untersuchung dieser Gruppen zu einem besseren Verständnis der Machtverhältnisse eines globalen Kapitalismus beitragen (vgl. Beaverstock / Hubbard / Short 2004: 406).

Gegen die Idee globaler Eliten hat sich schnell Widerstand formiert, insbesondere aus der empirischen Forschung. So lässt sich am Beispiel hochqualifizierter MigrantInnen, die in den Zielländern häufig unterqualifiziert beschäftigt sind, zeigen, dass Mobilität nicht per se eine positive Ressource ist (vgl. Weiß 2005: 721). Selbst bei der Rekrutierung von Spitzenpositionen ist eine Bevorzugung von sogenannten (nationalen) ‚Hauskarrieren' festzustellen (vgl. Pohlmann 2009: 523). Lediglich temporäre Auslandsaufenthalte sind als obligatorisches Karriereelement hinzugekommen (vgl. Pohlmann 2009: 529). Dies würde aber bedeuten, dass transnationales Kapital (z. B. internationale Arbeitserfahrung, Mehrsprachigkeit etc.) eher Teil habitueller Distinktionsstrategien innerhalb des nationalen sozialen Raums sind als die Ausbildung eines transnationalen Habitus selbst (vgl. Hartmann 2008: 249).[6]

Wirklich transnational wären demnach nur die „Superreichen", die sich mit ihren Privatjets nahezu unbegrenzte Mobilität sichern und aus einer großen Anzahl von Wohnorten auswählen können (vgl. Beaverstock / Hubbard / Short 2004: 404). Doch selbst in dieser Gruppe ist die Transnationalisierung der Lebensstile nicht sehr weit fortgeschritten. Von den 136 Milliardären Europas hatten 2005 lediglich 17 ihren Wohnsitz außerhalb ihres Heimatlandes, davon sechs Deutsche, die jedoch überwiegend aus steuerlichen Gründen in der Schweiz gemeldet waren (vgl. Hartmann 2007: 212). Auch im wirtschaftlichen Bereich scheint eine wirkliche Transnationalisierung, etwa im Bereich gemeinsamer Eigentümerverhältnisse, organisatorisch schwierig: „When it comes to day-to-day organizational cooperation, differences in national cultures and perceived national interests still carry a heavy weight." (Caroll 2010: 18)

Insgesamt ist die empirische Datenlage bezüglich globaler Eliten dürftig und die systematische empirische Analyse gemeinsamer globaler Lebensstile nahezu nicht vorhanden (vgl. Hartmann 2008: 245). Die klassischen soziologischen Indikatoren „Heirat" und „Sprache" stimmen dabei skeptisch. Die Zahl transnationaler Ehen liegt bei fast allen nationalen Eliten deutlich unter 10 % (vgl. Hartmann 2007: 213). Englisch ist zwar durchaus eine global verbreitete Sprache, hat aber in den Industrienationen die Landessprachen bei Weitem nicht abgelöst (Hartmann 1999: 138). So fassen Caroll und Fennema zusammen:

---

[5] Anders als die meisten Verschwörungstheorien gehen die Sozialwissenschaften überwiegend von Akteuren als treibenden und getriebenen Kräften aus (vgl. Imbusch 2007: 211).
[6] Wobei sich die grundsätzliche Frage stellt, wann die Bedingungen für einen solchen ‚wirklich globalen' Habitus gegeben wären. Das Verhältnis von individuellen, Klassen- und nationalen Habitus bleibt bei Bourdieu offen und ist letztlich nur empirisch zu klären (siehe Schumacher 2013).

"The vast reach of today's TNCs [transnational corporations, C.S.] and the increasingly integrated financial markets may be global, but the governance of corporations and the life of the haute bourgeoisie remain in important ways embedded in national and regional (including transatlantic) structures and cultures." (Carroll/Fennema 2002: 415)

Bezüglich der Globalisierung von Eliten zeigen sich folglich zwei relevante Punkte: Erstens unterscheiden sich Eliten nach nationalen Sozialstrukturen bzw. Elitekonfigurationen, insbesondere bezüglich des Grades ihrer Globalisierung (vgl. Hartmann 2007: 205). Zweitens sind verschiedene Elitesektoren unterschiedlich stark globalisiert, die wirtschaftliche Elite bspw. stärker als die politische Elite. Globalisierung ist insbesondere bei den Kultur- und Medieneliten zu beobachten (vgl. Müller 2002b: 356).[7] Wirklich transnational sind die Wirtschaftseliten lediglich in den kleinen Ländern des Euroraums, in denen überproportional viele transnationale Unternehmen tätig sind und das Angebot einheimischer Führungskräfte begrenzt ist (vgl. Hartmann 2007: 209). Selbst die relativ weit fortgeschrittene Institutionalisierung der EU, insbesondere der Kommission und der Verwaltung, trägt weit weniger zur Denationalisierung einer europäischen Elite bei, als zu erwarten wäre (Hartmann 2007: 195-204).

Das legt die Vermutung nahe, dass die Macht von Eliten sich erst aus der Anwendung transnationaler Ressourcen in lokalen Kontexten entfaltet (vgl. Pelfini 2009: 124). Entsprechend müsste anstelle von einer ‚Weltklasse', vielmehr von globalisierten nationalen Eliten ausgegangen werden (siehe Lenger / Schneickert / Schumacher 2010). Diese Annahme deckt sich mit den Ergebnissen aus Netzwerkanalysen, wonach Elitenetzwerke als übergreifende Strukturen betrachtet werden müssen, die auf starken nationalen Säulen ruhen (vgl. Carroll / Fennema 2002: 414). Entsprechend muss anstelle von globalen Habitus eher von globalisierten Habitus ausgegangen werden. Die Globalisierung der Habitus (individuell oder kollektiv) ist dabei eng an nationale soziale Räume gebunden. Eine Loslösung im Sinne einer globalen Sozialstruktur und Habitus entbehrt momentan (noch) jeder empirischen Grundlage.

Bislang existieren weder transnationale oder globale Existenzbedingungen noch transnationale Ausbildungswege, die Grundlage für die Entstehung globaler transnationaler Habitus sein könnten. Temporäre Auslandsaufenthalte sind in ihrer prägenden Wirkung kaum zur Habitusformierung geeignet (vgl. Hartmann 2007: 209). Zwar teilen bspw. die Topmanager bestimmte wirtschaftliche Interessen, etwa das Interesse an freien Märkten. Daraus ergibt sich aber keineswegs automatisch ein gemeinsamer Klassenhabitus (vgl. Hartmann 2008: 256).

Laut Hartmann sind lediglich die im operativen Geschäft tätigen Manager bislang „tatsächlich über die Grenzen hinweg mobil und können sich auf diesem Wege auch wesentliche Elemente eines transnationalen Habitus aneignen" (Hartmann 2008: 246). Ein transnationaler Habitus ist in dieser Sicht ein empirischer Indikator für eine transnationale Klassenbildung. Diese Perspektive ist hilfreich, soweit sie Habitus und Klassenbildung als empirische Konzepte formuliert. Sie vernachlässigt allerdings den Zeitpunkt der Habitusbildung. Berufliche Karrieren und Auslandsaufenthalte entfalten ihre prägende Wirkung erst

---

[7] Eine interessante Forschungsfrage ist, ob auf der Ebene der Mittelschichten durch Medienkonsum gemeinsame Habitus und Lebensstile ausgebildet werden. Der zunehmend globale Konsum der gleichen Serien, Filme, Bücher hat ohne Zweifel einen prägenden Effekt; allerdings würde dies erneut eine homogenisierende Wirkung von Kultur voraussetzen, die in den vorigen Ausführungen stark bezweifelt wurde.

in einer relativ späten Lebensphase, während sich der Habitus nach Bourdieu zu großen Teilen bereits in der Primärsozialisation gebildet hat (vgl. Lenger / Schneickert / Schumacher in diesem Band). Entsprechende Bedingungen finden sich aber nur in besonderen Fällen, etwa bei Diplomatenkindern. Möglicherweise bedarf es aber für die Ausbildung transnationaler Habitus keiner tatsächlich transnationalen Existenzbedingungen, sondern lediglich ähnlicher bzw. funktional äquivalenter Bedingungen an verschiedenen geografischen und sozialstrukturellen Orten der Welt. Ähnlich der Ausbildung von Klassenhabitus, die Bourdieu zufolge lediglich eine objektive, theoretische Klasse (vgl. Bourdieu 1982 [1979]: 175) darstellt, müsste die Basis globalisierter Habitus dann in der Ausbildung transnationaler sozialer Gruppen, Milieus oder Felder liegen.

4. Transnationale Milieus und globalisierte Felder

Bourdieu stimmt mit der Weltsystemanalyse darin überein, dass Konkurrenz und Konflikt die treibenden Kräfte einer Ausdehnung sozialer Beziehungen darstellen (vgl. Buchholz 2008: 219).[8] In diesem Sinne wirkt die Durchsetzung der neoliberalen Ideologie möglicherweise tatsächlich auf die Ausbildung transnationaler Klassifikationssysteme hin. So legt Bourdieu die Möglichkeit einer Klassenbildung über symbolische Gewalt nahe:

> „Kompetenz bildet heute das Herzstück dieser Soziodizee, die nicht nur, und ganz naheliegend, von den Herrschenden anerkannt wird, sondern auch von allen anderen. (...) Die Armen sind nicht nur unmoralisch, verdorben, Säufer, sie sind dumm und unfähig." (vgl. Bourdieu 1998a: 51f.)

Die soziologische Analyse der Sozialstruktur und die Kritik sozialer Ungleichheit gingen stets miteinander einher und bilden auch heute die Notwendigkeit einer „Sozialstrukturanalyse unter Bedingungen der Globalisierung" (Rehbein / Schwengel 2008: 207). Neuere Ansätze der Sozialstrukturanalyse gehen davon aus, dass sich Gesellschaft heute nicht mehr allein über die Verteilung von Berufen beschreiben lässt, da in Industriegesellschaften nur noch ein Drittel der Bevölkerung von Erwerbseinkommen lebt und der Beruf auch nur in der mittleren Lebensphase eine zentrale Bedeutung hat (vgl. Vester et al. 2001: 142). Dieser Befund gilt auf globaler Ebene umso stärker. Ein geeigneter Ansatz zur Beschreibung von Sozialstrukturen jenseits rein ökonomischer Variablen stellt das Milieukonzept von Michael Vester dar.

Ein Milieu ist das Umfeld von Gruppen mit ähnlichem Habitus und einer ähnlichen Alltagskultur (vgl. Vester et al. 2001: 24). Vester geht davon aus, dass sich die alltägliche Lebensführung von den Klassenhabitus lösen könnte (vgl. Vester 1993: 39). Dies macht das Konzept anschlussfähig zur Beschreibung der Transnationalisierung von Sozialstruktur und der Frage nach globalisierten Habitus. Wie zuvor argumentiert wurde, ist die These des kulturellen Imperialismus dabei irreführend. Hier zeigt der gegenwärtige Aufstieg der Emerging Powers (insbesondere Brasilien, Indien, China, siehe grundlegend O'Neill 2001; Renard 2009), dass die Lebensstilkämpfe der Zukunft nicht allein in westlichen Sozial-

---

[8] Dagegen steht einerseits die Annahme, Globalisierung führe langfristig zu mehr Kooperation, etwa einem globalen Gemeinschaftsgefühl und einem kosmopolitischen Solidaritätsbewusstseins (vgl. Take 2003: 275), andererseits die bereits erörterte funktionalistische Interpretation einer Weltgesellschaft.

strukturen, sondern in globalen Arenen stattfinden werden (vgl. Schwengel 2008: 770). Während der Milieuansatz stärker auf die Alltagspraktiken des Habitus abzielt, fokussiert Bourdieus Feldbegriff die Ausdifferenzierung der Gesellschaft in Teilbereiche. Beide Konzepte sind eng an den Habitus gebunden und prinzipiell nicht auf nationale Gesellschaften beschränkt, so dass sich diese Ansätze kombinieren lassen. Dazu erscheint es sinnvoll, anstelle der von Vester durchgeführten international vergleichenden Milieuforschung (vgl. Vester et al. 2001: 36, 52-54) zu einer Konzeption transnationaler Milieus überzugehen, wie es in der Marktforschung bereits ansatzweise umgesetzt wird.[9] Auch das Feldkonzept wird zunehmend für die Globalisierungsforschung interessant (siehe exemplarisch Rehbein 2003; Buchholz 2008). Einen äußerst vielversprechenden Ansatz, die Wechselbeziehung von Habitus und Feld für die Globalisierungsforschung nutzbar zu machen, haben Eva Illouz und Nicholas John vorgelegt. Sie verwenden die Begriffe globaler Habitus und globales Feld am Beispiel des CEO von McDonalds Israel mittels einer Diskursanalyse (n = 141) und einem Experteninterview (vgl. Illouz / John 2003: 205) und greifen damit die Debatte um Homogenisierung und Heterogenisierung sowie den vermeintlichen Gegensatz von global und lokal erneut auf. Globalen Habitus definieren sie dabei wie folgt: „what we suggest calling a global cultural habitus, that is, a disposition to act and to think in a local context by using global resources and global forms of knowledge and technology." (vgl. Illouz / John 2003: 209)

Dabei entwerfen sie ‚globale Dispositionen' als kognitive und emotionale Fähigkeiten, um verschiedene nationale Kontexte schnell und problemlos zu adaptieren und sich selbst als Akteur in einem globalen Handlungsfeld zu verstehen (vgl. Illouz / John 2003: 211). So verfügte der CEO durch sein akademisches und global vernetztes Elternhaus über bestimmte transnationale Ressourcen, deren Wert sich aber erst in der Wechselbeziehung von nationalem (bzw. lokalem) und globalem Feld entfalten konnte (vgl. Illouz / John 2003: 212).

Im untersuchten Fall mussten die transnationalen Ressourcen des Habitus der Person gegen die mächtigen nationalen, hier: religiösen, Restriktionen ausgespielt werden (vgl. Illouz / John 2003: 217). Insbesondere drei Punkte konnte McDonalds in Israel nur als transnationales Unternehmen durchsetzen: Erstens serviert McDonalds nicht ausschließlich koscheres Essen (Cheeseburger), zweitens haben die Restaurants auch an Samstagen geöffnet, und drittens wurden mit Berufung auf das Franchise-Prinzip keine Restaurants in den besetzten Gebieten eröffnet. Letzteres bringt McDonalds interessanterweise auf eine politische Linie mit Teilen der israelischen Linken, die einen ökonomischen Boykott dieser Gebiete fordert (vgl. Illouz / John 2003: 216). Damit verweisen die Autoren auf das Paradox, dass bspw. im Konflikt mit konservativen religiösen Gruppen ein transnationales kapitalistisches Unternehmen und linke Globalisierungsgegner ähnliche Interessen (hier: ein liberales Staatsverständnis) haben können (vgl. Illouz / John 2003: 220).

Für solche Konstellationen erscheinen mir die sozialstrukturellen Konzepte Habitus und Feld sowie das Milieukonzept deutlich erklärungskräftiger als die klassischen Modelle der Sozialstrukturanalyse. Akteure haben demnach sowohl eine Position im nationalen als auch im globalen Feld inne. Entsprechend gibt es auch ein spezifisches nationales Kapital,

---

[9] So hat das SINUS Institut neben länderspezifischen Milieumodellen mittlerweile auch ein Meta-Milieu-Modell, dass dem Konzept transnationaler Milieus entspricht. Leider stehen die Daten nur kommerzieller Nutzung zur Verfügung, und das methodische Vorgehen ist nicht veröffentlicht. Nichtsdestotrotz ist eine solche Untersuchung auch für die Sozialwissenschaften wegweisend. Für die Auskunft über den Stand der Forschung bei SINUS sei an dieser Stelle Matthias Arnold für seine unbürokratische Hilfe herzlich gedankt.

das auf dem globalen Feld einen bestimmten Wert hat (vgl. Bourdieu 2002: 234). Umgekehrt existiert ein transnationales Kapital, das auf nationalen Feldern bestimmte Werte annimmt. Entsprechend müsste auch empirisch geklärt werden, wie sich die Habitus in lokalen und globalen Kontexten zueinander verhalten. In Anschluss an Bourdieu ist grundsätzlich davon auszugehen, dass der Habitus die unterschiedlichen Einflüsse und Existenzbedingungen in eine kohärente Einheit übersetzt (vgl. Lenger / Schneickert / Schumacher in diesem Band). Dann stellt sich die Frage, inwieweit einheitliche globale Lebensstile entstehen, denen entsprechende Habitus zugrunde liegen. Denn Konsumgewohnheiten sind in ihrer sozialen Bedeutung nur in Relation zu anderen Konsumstilen bedeutsam, d. h. die Klassifikationssysteme von Akteuren ergeben erst in Abgrenzung zu anderen Habitus Sinn (vgl. Bourdieu 1998 [1994]: 15).

Mit der Durchsetzung der kapitalistischen Idee der Meritokratie setzen sich Bourdieu zufolge mittelfristig Bildungstitel bzw. kulturelles Kapital als Legitimation für soziale Ungleichheit durch (vgl. Bourdieu 2004 [1989]: 372). Geht man von einem globalen Kapitalismus aus, ist zu erwarten, dass kulturelles Kapital auch in transnationalen Sozialstrukturen eine entscheidende Strukturierungskraft zukommen wird. Wenn aber, wie Illouz und John annehmen, ein globaler Habitus selbst zu einer Form (trans-)kulturellen Kapitals wird, ist die ungleiche Herausbildung transnationaler Habitus wahrscheinlich. Eine solche ungleiche Transnationalisierung lässt sich empirisch belegen (siehe Mau / Mewes 2008). Inwieweit sich aus einer solchen Entwicklung aber tatsächlich transnationale Klassen bilden, ist eine offene empirische Frage. Bourdieu ging für Frankreichs Eliten von einer Trennung in ‚Etablierte' und ‚Emporkömmlinge' aus. Letztere brauchten einige Zeit, um sich mit den kulturellen Gepflogenheiten der herrschenden Klasse zu ‚akkulturalisieren' (vgl. Bourdieu 2004 [1989]: 405). Analog zu dieser Überlegung ließe sich auch die Bildung einer globalen Elite mit einer erheblichen zeitlichen Verzögerung begründen.

An der Diskussion um globale Eliten wurde deutlich, dass die tatsächlichen Wirkungen von Globalisierung teilweise überschätzt werden. Das (vermeintliche) Bewusstsein über Globalisierung ist den tatsächlichen Strukturen voraus, wie Hans-Peter Müller zusammenfasst: „Und doch scheint es fast, als ob die globale Mentalität und das globale Bewusstsein die tatsächliche Untreue und Indifferenz gegenüber Ort und Raum übertrifft." (vgl. Müller 2002b: 354) Obgleich die subjektive Wahrnehmung von Globalisierung in ihrer strukturierenden Kraft kaum zu unterschätzen ist, bedarf es für die Bildung einer transnationalen kapitalistischen Klasse mit einem globalen Habitus aber auch einer materiellen Basis (vgl. Sklair 2008: 226). Für Kapital und Unternehmen ist diese bereits gegeben. Soziologisch ist nun von Interesse, ob sich eine solche Basis neben abstrakten Strukturen und juristischen Personen auch für natürliche Personen und Sozialstrukturen bildet. Dahinter steht die Frage, wie sich verschiedene sozialräumliche Identitäten in einer Person vereinen lassen. Denn, so Krais und Gebauer:

> „Insofern der Habitus gebunden ist an den lebenden Menschen, an die Person, und damit an die körperliche Existenz des Menschen, wird auch unmittelbar einsichtig, dass ein Mensch einen Habitus hat, nicht mehrere." (Krais/Gebauer 2002: 75)

Ein einheitlicher Habitus ist eng an die sozialstrukturellen (sei es nationaler sozialer Raum, transnationales Milieu oder globalisiertes Feld) Existenzbedingungen der Kindheit gebunden. Die Entstehung globaler Habitus bedürfte dementsprechend einer globalisierten Sozialstruktur. Ob sich diese wirklich bildet, ist theoretisch und insbesondere empirisch zum jetzigen Zeitpunkt fraglich. Untersucht werden könnten die globalen Habitus allerdings mit den Konzepten von transnationalen Milieus und globalisierten Feldern.

5. Fazit

Das Problem der Sozialstrukturanalyse besteht, wie auch beim sozialen Raum Bourdieus, grundsätzlich darin, Nichträumliches zu verräumlichen (vgl. Rehbein 2003: 83). Ohnehin ist empirisch völlig ungeklärt, wie Habitusformierung mit sozialen und geographischen Raumgrenzen zusammenhängt. Entsprechend ist es für zukünftige Forschung vielversprechend, das Habituskonzept in Beziehung zu globalisierten Feldern und transnationalen Milieus zu analysieren.

Demnach ist fraglich, ob eine globale Sozialstruktur für die Ausbildung gemeinsamer Lebensstile respektive Habitus überhaupt notwendig ist. Möglicherweise reichen dafür auch schon funktional äquivalente nationale Lebensbedingungen, die sich in der Relation zur nationalen Sozialstruktur ähneln, aus. Für eine solche These spricht bspw. die Tatsache, dass die Allokation von Spitzenpositionen in fast allen Gesellschaften zunehmend über Zertifikate bestimmter Elitebildungseinrichtungen gesteuert wird (vgl. Hartmann 2007: 43). Dieser Prozess vollzieht sich zwar durchaus in unterschiedlichem Tempo, gilt aber in der Tendenz auch für Gesellschaften des globalen Südens, wie Indien oder Brasilien.

Zwar wäre die globale Elite somit national fragmentiert, andererseits waren auch die nationalen Eliten und Oberschichten nie einheitliche, sondern vielmehr in verschiedene Fraktionen differenzierte sozialstrukturelle Gruppen. In diesem Sinne würde sich die nationale Fragmentierung der globalen Elite kaum von der Fragmentierung nationaler Eliten unterscheiden. Entsprechend müsste auch auf globaler Ebene eher von fragmentierten, transnationalen kapitalistischen Klassen anstelle einer transnationalen kapitalistischen Klasse ausgegangen werden (vgl. Scott 1997: 312).

Sollen fragmentierte transnationale Klassenfraktionen, auch für Mittel- und Unterschichten, empirisch untersucht werden, bieten sich zur Untersuchung globalisierter Habitus zwei Zugänge an: erstens eine typenbildende Habitusanalyse (vgl. Lange-Vester / Teiwes-Kügler und Bohnsack in diesem Band) mit transnationalen Milieus, und zweitens die Analyse des feldspezifischen Habitus, also Karrierewege, transkulturelles Kapital, Strategien usw. (siehe Illouz / John 2003). Da Feldsozialisation insgesamt weniger als Primär-, sondern als Sekundär- und Tertiärsozialisation gedacht werden muss, erscheint es für die Habitusanalyse auf globaler Ebene sinnvoll, beide Vorgehensweisen zu kombinieren. Dass Bourdieus Habituskonzept für eine solche transnationale Sozialstrukturanalyse als Konzept unverzichtbar ist, ist die These dieses Beitrags.

Ähnlich dem Anspruch von Wallersteins Weltsystemanalyse könnte ein solcher Ansatz dazu beitragen, komplexe Formen von Klassenkonflikten auf globaler Ebene verständlich zu machen (vgl. Wallerstein 1979a: 293). In der multipolaren Welt des 21. Jahrhunderts ist es wahrscheinlich, dass sich transnationale Klassenbildungsprozesse zunächst auf einzelne Regionen beschränken und es dann zu massiven Konflikten zwischen den herrschenden Eliten der EU, der USA sowie aufstrebender Mächte wie China und Indien kommt (vgl. Hartmann 2008: 256). Lässt man einen vermeintlichen kulturellen *clash of civilizations* (Huntington 1996) jedoch zunächst außen vor, stellt sich die Frage nach ähnlichen Existenzbedingungen. Beispielsweise ist es denkbar, dass bestimmte Milieus der aufstrebenden Mittelschichten in Indien und Brasilien dem deutschen Kleinbürgertum in Existenzbedingungen und Habitus in Zukunft stärker ähneln, während sich in Europa gleichzeitig Zentrum und Peripherie immer stärker auseinanderentwickeln.

Die empirische Bestimmung transnationaler Klassen ist jedoch äußerst schwierig, da hierzu die transnationale Identität von Gruppen nachweislich stärker ausgeprägt sein müsste als deren nationale oder lokale Identität (vgl. Caroll 2010: 19). Wie die Grenzen (globaler) Felder müssen auch transnationale oder globale Habitus empirisch bestimmt werden. Die Frage nach globaler Klassenbildung und entsprechenden Habitus ist weder rein theoretisch zu begründen noch, wie Sklair anmerkt, die Existenz einer globalen Elite durch reine Aggregierung von Daten zu widerlegen (vgl. Sklair 2001: 47). Häufig wird hier die normative Grundlage der sozialwissenschaftlichen Debatte übersehen, auf die auch schon Bourdieu hinwies. Denn normativ werde überall Homogenität, Konsens und Mobilität gewollt, empirisch aber überall Vielfalt, Konflikt und Reproduktion nachgewiesen (vgl. Bourdieu 1998 [1994]: 26).

Es gibt gute Gründe, die Existenz eines globalen Habitus zu bezweifeln, was daran gezeigt werden konnte, dass selbst globalisierte Eliten stark nationale Züge tragen. Ohne eine Transnationalisierung von Sozialstrukturen bzw. eine globale Sozialstruktur ist auch kein globaler Habitus denkbar. Trotz eines allmählichen Paradigmenwechsels ist die Soziologie, besonders die empirische, noch immer stark auf Nationalstaaten als fundamentale Analyseeinheit ausgerichtet. Entsprechend ist es eine wichtige Frage, ob Transnationalisierungsprozesse sehr viel langsamer vor sich gehen, als bisher angenommen wurde, oder ob die theoretischen und methodologischen Erkenntnisbeschränkungen der Sozialwissenschaften selbst das eigentliche Ausmaß und Geschwindigkeit der Entwicklung verdecken. Vor diesem Hintergrund schlägt der vorliegende Beitrag zur Analyse globalisierter Habitus einen sozialstrukturellen Zugang vor, der Weltsystemanalyse, transnationale Milieus und Feldtheorie kombiniert.

Literatur

Appadurai, Arjun (2000 [1994]): *Modernity at large. Cultural dimensions of globalization.* Minneapolis, Minnesota: University of Minnesota Press.
Appadurei, Arjun (1998): Globale ethnische Räume. Bemerkungen und Fragen zur Entwicklung einer transnationalen Anthropologie. In: Ulrich Beck (Hg.): *Perspektiven der Weltgesellschaft.* Frankfurt am Main: Suhrkamp. S. 11-40.
Beaverstock, Jonathan V. (2002): Transnational elites in global cities: British expatriates in Singapore's financial district. In: *Geoforum* (33), 4: S. 525–538.
Beaverstock, Jonathan V. / Hubbard, Philip / Short, John R. (2004): Getting away with it? Exposing the geographies of the super-rich. In: *Geoforum* (35), 4: S. 401-407.
Beck, Ulrich (1997): *Was ist Globalisierung? Irrtümer des Globalismus – Antworten auf Globalisierung.* Frankfurt am Main: Suhrkamp.
Beck, Ulrich (1998): Einleitung. In: Ulrich Beck (Hg.): *Perspektiven der Weltgesellschaft.* Frankfurt am Main: Suhrkamp. S. 7-10.
Borchardt, Knut (2001): *Globalisierung in historischer Perspektive.* München: Verlag der Bayerischen Akademie der Wissenschaft.
Bourdieu, Pierre (1982 [1979]): *Die feinen Unterschiede. Kritik der gesellschaftlichen Urteilskraft.* Frankfurt am Main: Suhrkamp.

Bourdieu, Pierre (1998a): Der Mythos »Globalisierung« und der europäische Sozialstaat. In: Pierre Bourdieu: *Gegenfeuer. Wortmeldungen im Dienste des Widerstands gegen die neoliberale Invasion*. Konstanz: UVK. S. 39-52.
Bourdieu, Pierre (1998b): *Gegenfeuer. Wortmeldungen im Dienste des Widerstands gegen die neoliberale Invasion*. Konstanz: UVK.
Bourdieu, Pierre (1998 [1994]): *Praktische Vernunft. Zur Theorie des Handelns*. Frankfurt am Main: Suhrkamp.
Bourdieu, Pierre (2001): *Gegenfeuer 2. Für eine europäische soziale Bewegung*. Konstanz: UVK.
Bourdieu, Pierre (2002): Postcriptum: Einigen und herrschen - vom nationalen zum internationalen Feld. In: *Der Einzige und sein Eigenheim* (Hg.): Schriften zu Politik & Kultur 3. Hamburg: VSA Verlag. S. 227-238.
Bourdieu, Pierre (2004 [1989]): *Der Staatsadel*. Konstanz: UVK.
Brock, Ditmar (2008): Globalisierung. Wirtschaft, Politik, Kultur, Gesellschaft. Wiesbaden: VS.
Buchholz, Larissa (2008): Feldtheorie und Globalisierung. In: Beatrice von Bismarck / Therese Kaufmann / Ulf Wuggenig (Hg.): *Nach Bourdieu. Visualität, Kunst, Politik*. Wien: Turia & Kant. S. 211-229.
Caroll, William K. (2010): *The Making of a Transnational Capitalist Class. Corporate Power in the 21st Century*. London / New York: Zed Books.
Carroll, William K. / Fennema, Meindert (2002): Is There a Transnational Business Community? In: *International Sociology* (17), 3: S. 393-417.
Castells, Manuel (1998): *The Rise of the Network Society*. Malden, Massachusetts u. a.: Blackwell.
Friedman, Jonathan (1990): Being in the World: Globalization and Localization. In: *Theory Culture Society* (7), 2-3: S. 311-328.
Fuchs-Heinritz, Werner (1994): Globalisierung. In: Werner Fuchs-Heinritz / Rüdiger Lautmann / Otthein Rammstedt et al. (Hg.): *Lexikon zur Soziologie*. Opladen: Westdeutscher Verlag. S. 250.
Hartmann, Michael (1999): Auf dem Weg zu einer transnationalen Bourgeoisie? In: *Leviathan* (27), 1: S. 113-141.
Hartmann, Michael (2003): Nationale oder transnationale Eliten? Europäische Eliten im Vergleich. In: Stefan Hradil / Peter Imbusch (Hg.): *Oberschichten – Eliten – Herrschende Klassen*. Opladen: Leske + Budrich. S. 273-297.
Hartmann, Michael (2007): *Eliten und Macht in Europa*. Frankfurt am Main: Campus.
Hartmann, Michael (2008): Transnationale Klassenbildung? In: Peter A. Berger / Anja Weiß (Hg.): *Transnationalisierung sozialer Ungleichheit*. Wiesbaden: VS. S. 241-259.
Heintz, Bettina (2005): *Weltgesellschaft. Theoretische Zugänge und empirische Problemlagen*. Stuttgart: Lucius & Lucius.
Held, David / McGrew, Anthony (2000): *The global transformations reader. An introduction to the globalization debate*. Cambridge (u. a.): Polity Press.
Hopkins, Anthony G. (2002): *Globalization in world history*. London (u. a.): Pimlico.
Hradil, Stefan (2004): *Die Sozialstruktur Deutschlands im internationalen Vergleich*. Wiesbaden: VS.
Huntington, Samuel P. (1996): *The clash of civilizations and the remaking of world order*. New York: Simon & Schuster.
Huntington, Samuel P. (2004): Dead Souls. The Denationalization of the American Elite. In: *The American Economic Review* (2004), 75: S. 5-18.
Illouz, Eva / John, Nicholas (2003): Global Habitus, Local Stratification, and Symbolic Struggles Over Identity. The Case of McDonald's Israel. In: *American Behavioral Scientist* (47), 2: S. 201-229.
Imbusch, Peter (2007): Globalisierung, Wirtschaftseliten und soziale Verantwortung. In: Ivonne Bemerburg / Arne Niederbacher (Hg.): *Die Globalisierung und ihre Kritik(er). Zum Stand der aktuellen Globalisierungsdebatte*. Wiesbaden: VS. S. 199-214.
Jain, Anil (2000): Die „globale Klasse". Die Verfügungsgewalt über den (globalen) Raum als neue Dimension der Klassenstrukturierung. In: Johannes Angermüller / Katharina Bunzmann /

Christina Rauch (Hg.): *Reale Fiktionen, fiktive Realitäten. Medien, Diskurse, Texte*. Münster / Hamburg / London: LIT. S. 51-68.

Jones, Andrew (2010): *Globalization. Key thinkers*. Cambridge (u.a): Polity.

Klein, Naomi (2001): *No Logo!* München: Riemann.

Krais, Beate / Gebauer, Gunter (2002): *Habitus*. Bielefeld. transkript.

Kreckel, Reinhard (2008): Soziologie der sozialen Ungleichheit im globalen Kontext. In: Michael Bayer / Gabriele Mordt / Sylvia Terpe et al. (Hg.): *Transnationale Ungleichheitsforschung. Eine neue Herausforderung für die Soziologie*. Frankfurt am Main: Campus. S. 23-69.

Leggewie, Claus (2003): Feinde, Gegner, Kritiker. Typen der Globalisierungskritik. In: Claus Leggewie: *Die Globalisierung und ihre Gegner*. München: Beck. S. 50-88.

Lenger, Alexander / Schneickert, Christian / Schumacher, Florian (2010): Globalized National Elites. In: *Transcience. A Journal for Global Studies* (1), 2: 85-100.

Luhmann, Niklas (1998a): *Die Gesellschaft der Gesellschaft. Erster Teilband*. Frankfurt am Main: Suhrkamp.

Luhmann, Niklas (1998b): Weltgesellschaft. In: Niklas Luhmann: *Die Gesellschaft der Gesellschaft. Erster Teilband*. Frankfurt am Main: Suhrkamp. S. 145-171.

Mann, Michael (1997): Hat die Globalisierung den Siegeszug des Nationalstaats beendet? In: *PROKLA. Zeitschrift für kritische Sozialwissenschaft* (27), 106/1: S. 113-141.

Marx, Karl / Engels, Friedrich (1959 [1845/1846]): *Die deutsche Ideologie. Kritik der neuesten deutschen Philosophie in ihren Repräsentanten, Feuerbach, B. Bauer und Stirner, und des deutschen Sozialismus in seinen verschiedenen Propheten*. MEW Band 3. Berlin: Dietz.

Mau, Steffen / Mewes, Jan (2008): Ungleiche Transnationalisierung? Zur gruppenspezifischen Einbindung in transnationale Interaktionen. In: Peter A. Berger / Anja Weiß (Hg.): *Transnationalisierung sozialer Ungleichheit*. Wiesbaden: VS. S. 259-282.

Meyer, John W. / Krücken, Georg / Kuchler, Barbara (2005): *Weltkultur. Wie die westlichen Prinzipien die Welt durchdringen*. Frankfurt am Main: Suhrkamp.

Moore, Karl / Lewis, David C. (2009): *The Origins of Globalization*. New York, NY (u. a.): Routledge.

Müller, Hans-Peter (2002b): Globale Eliten? Eine soziologische Problemskizze. In: Uwe H. Bittlingmayer / Rolf Eickelpasch / Jens Kastner et al. (Hg.): *Theorie als Kampf? Zur politischen Soziologie Pierre Bourdieus*. Opladen: Leske + Budrich. S. 345-359.

Müller, Klaus (2002a): *Globalisierung*. Bonn: Bundeszentrale für Politische Bildung.

Niederberger, Andreas / Schink, Philipp (2011): *Globalisierung. Ein interdisziplinäres Handbuch*. Stuttgart (u. a.): Metzler.

O'Neill, Jim (2001): Building Better Global Economic BRICs. In: *Global Economics*, Paper No: 66.

Osterhammel, Jürgen / Petersson, Niels P. (2003): *Geschichte der Globalisierung. Dimensionen, Prozesse, Epochen*. München: Beck.

Pelfini, Alejandro (2009): Der Mythos der globalen Eliten. Beschränkte Transnationalisierungsprozesse am Beispiel aufstrebender aktiver Minderheiten in Südamerika. In: Anil K. Jain / Dietram Schneider (Hg.): *Weltklasse. Für Unternehmen, Staat und Gesellschaft: Fiktionen und Realitäten*. München: edition fatal. S. 107-130.

Pfau-Effinger, Birgit / Sakač Magdalenić, Sladana / Wolf, Christof (2009): Zentrale Fragen der international vergleichenden Sozialforschung unter dem Aspekt der Globalisierung. In: Birgit Pfau-Effinger / Sladana Sakač Magdalenić / Christof Wolf (Hg.): *International vergleichende Sozialforschung. Ansätze und Messkonzepte unter den Bedingungen der Globalisierung*. Wiesbaden: VS. S. 7-18.

Pieterse, Jan Nederveen (2004): *Globalization and culture. Global mélange*. Lanham (u. a.): Rowman & Littlefield.

Pohlmann, Markus (2009): Globale ökonomische Eliten? Eine Globalisierungsthese auf dem Prüfstand. In: *Kölner Zeitschrift für Soziologie und Sozialpsychologie* (61): S. 513-534.

Ray, Larry (2007): Globalization. In: George Ritzer (Hg.): *The Blackwell Encyclopedia of Sociology*. IV (F-HE). Blackwell. S. 1956-1960.

Rehbein, Boike (2003): Sozialer Raum und Felder. Mit Bourdieu in Laos. In: Boike Rehbein / Hermann Schwengel / Gernot Saalmann (Hg.): *Pierre Bourdieus Theorie des Sozialen. Probleme und Perspektiven*. Konstanz: UVK. S. 77-95.

Rehbein, Boike (2011): Bourdieu und die Globalisierung. In: Daniel Šuber / Hilmar Schäfer / Sophia Prinz (Hg.): *Pierre Bourdieu und die Kulturwissenschaften. Zur Aktualität eines undisziplinierten Denkens*. Konstanz: UVK. S. 303-316.

Rehbein, Boike / Schwengel, Hermann (2008): *Theorien der Globalisierung*. Konstanz: UVK.

Renard, Thomas (2009): *A BRIC in the World: Emerging Powers, Europe and the Coming Order*. Egmont Paper 31. Herausgegeben von: Egmont Royal Institute for International Relations. Academia Press.

Ritzer, George (1993): *The McDonaldization of Society*. Thousand Oaks: Pine Forge Press.

Ritzer, George (1998): *The McDonaldization thesis. Explorations and extensions*. London (u. a.): Sage.

Robertson, Roland (1992): *Globalization. Social theory and global culture*. London (u. a.): Sage publ.

Robertson, Roland (1998): Glokalisierung: Homogenität und Heterogenität in Raum und Zeit. In: Ulrich Beck (Hg.): *Perspektiven der Weltgesellschaft*. Frankfurt am Main: Suhrkamp. S. 192-220.

Robertson, Roland / Scholte, Jan A. (2007): *Encyclopedia of Globalization*. New York, NY (u. a.): Routledge.

Robertson, Roland / White, Kathleen E. (2003): *Globalization: critical concepts in sociology*. London (u. a.): Routledge.

Robinson, William I. / Harris, Jerry (2000): Towards a Global Ruling Class? Globalization and the Transnational Capitalist Class. In: *Science & Society* (64), 1: S. 11-54.

Sassen, Saskia (1991): *The global city: New York, London, Tokyo*. Princeton: University Press.

Sautter, Hermann (2004): *Weltwirtschaftsordnung. Die Institutionen der globalen Ökonomie*. München: Franz Vahlen.

Scherrer, Christoph / Kunze, Caren (2011): *Globalisierung*. Göttingen: Vandenhoeck & Ruprecht.

Scholte, Jan A. (2000): *Globalization. A critical introduction*. Basingstoke, Hampshire (u. a.): Palgrave.

Schumacher, Florian (2013): *Nationaler Habitus. Zur Entstehung und Entwicklung nationaler Identität*. Konstanz: UVK (im Erscheinen).

Schwengel, Hermann (2008): Emerging Powers as a Fact and Metaphor: Some European Ideas. In: *Futures* (40), 8: S. 767-776.

Schwengel, Hermann (2004): Auf dem Wege zu globalen Eliten. Neue politische Machtkonstellationen im Entstehen. In: Ronald Hitzler / Stefan Hornbostel (Hg.): *Elitenmacht*. Wiesbaden: VS. S. 63-79.

Scott, John (1997): *Corporate Business and Capitalist Classes*. Oxford: Oxford University Press.

Sklair, Leslie (2001): *The Transnational Capitalist Class*. Oxford: Blackwell.

Sklair, Leslie (2008): Die transnationale kapitalistische Klasse. In: Peter A. Berger / Anja Weiß (Hg.): *Transnationalisierung sozialer Ungleichheit*. Wiesbaden: VS. S. 214-240.

Smith, Anthony D. (1990): Towards a Global Culture? In: *Theory Culture Society* (7), 2-3: S. 171-191.

Stichweh, Rudolf (2000): *Die Weltgesellschaft. Soziologische Analysen*. Frankfurt am Main: Suhrkamp.

Stiglitz, Joseph (2006): *Making Globalization Work*. London / New York: Penguin.

Stiglitz, Joseph E. (2002): *Globalization and its discontents*. London (u. a.): Penguin Books.

Take, Ingo (2003): Weltgesellschaft und Globalisierung. In: Siegfried Schieder / Manuela Spindler (Hg.): *Theorien der internationalen Beziehungen*. Opladen: Leske + Budrich. S. 253-277.

Vester, Michael (1993): *Soziale Milieus im gesellschaftlichen Strukturwandel. Zwischen Integration und Ausgrenzung*. Köln: Bund.

Vester, Michael / von Oertzen, Peter / Geiling, Heiko et al. (2001): *Soziale Milieus im gesellschaftlichen Strukturwandel. Zwischen Integration und Ausgrenzung*. Vollständig

überarbeitete, erweiterte und aktualisierte Fassung der Ausgabe von 1993. Frankfurt am Main: Suhrkamp.
Wallerstein, Immanuel (1979a): Class conflict in the capitalist world-economy. In: Immanuel Wallerstein: *The capitalist world-economy. Essays*. Cambridge / Paris: Cambridge University Press and Édition de la Maison des Sciences de l'Homme. S. 283-293.
Wallerstein, Immanuel (1979b): The rise and the future demise of the world capitalist system: concepts for comparative analysis. In: Immanuel Wallerstein: *The capitalist world-economy. Essays*. Cambridge / Paris: Cambridge University Press / Édition de la Maison des Sciences de l'Homme. S. 1-36.
Wallerstein, Immanuel (1983): Klassenanalyse und Weltsystemanalyse. In: Reinhard Kreckel (Hg.): *Soziale Ungleichheiten*. Soziale Welt Sonderband 2. Göttingen: Schwartz. S. 301-320.
Wallerstein, Immanuel (2000): Globalization or the Age of Transition? A Long-Term View of the Trajectory of the World-System. In: *International Sociology* (15), 2: S. 249-265.
Wallerstein, Immanuel (2012): Robinson's critical appraisal appraised. In: *International Sociology* (27), 4: S. 524-528.
Wasner, Barbara (2004): *Eliten in Europa. Einführung in Theorien, Konzepte und Befunde*. Wiesbaden: VS.
Waters, Malcolm (1995): *Globalization*. London / New York: Routledge.
Weiß, Anja (2005): The transnationalization of social inequality. Conceptualising social positions on a world scale. In: Ulrike Schuerckens (Hg.): *Current Sociology. Thematic Issue "Transnational Migrations and Social Transformations"*. Band 53. S. 707-728.
Wobbe, Theresa (2000): *Weltgesellschaft*. Bielefeld: Transcript.
Ziegler, Jean (2003): *Die neuen Herrscher der Welt und ihre globalen Widersacher*. München: Bertelsmann.

Global Studies Programme (exemplarische Auswahl)

- **Freiburg/Cape Town/Buenos Aires/Delhi/Bangkok**
  http://www.global-studies.de/
- **Leipzig/London/Wien/Wroclaw**
  http://www.uni-leipzig.de/~gesi/index.php?id=57/
- **University of Sussex (England)**
  http://www.sussex.ac.uk/global/
- **Sciences Po, Paris (Frankreich)**
  http://master.sciences-po.fr/droit/en/node/75
- **Roskilde University (Dänemark)**
  http://www.ruc.dk/en/education/subjects/global-studies/
- **Karl-Franzens-Universität Graz (Österreich)**
  http://www.uni-graz.at/globalstudies/
- **Monash University (Australien)**
  http://www.monash.edu.au/study/coursefinder/course/3910/
- **Wilfried Laurier University, Waterloo (Kanada)**
  http://www.wlu.ca/homepage.php?grp_id=148
- **University of California, Santa Barbara (USA)**
  http://www.global.ucsb.edu/
- **University of Washington (USA)**
  http://www.uwb.edu/globalstudies
- **University of Minnesota (USA)**
  http://igs.cla.umn.edu

Autorinnen- und Autorenverzeichnis

Jörg Blasius, geb. 1957, ist Professor am Institut für Politische Wissenschaft und Soziologie, Abteilung Soziologie, der Universität Bonn. Seine Forschungsinteressen liegen in den Bereichen der Methoden der empirischen Sozialforschung, der angewandten Statistik (insbesondere Korrespondenzanalyse), der Stadtsoziologie, der Lebensstil- und Medienforschung, der Umweltsoziologie sowie der Soziologie sozialer Ungleichheit.
Email: jblasius@uni-bonn.de

Jochen Bonz, geb. 1969, ist Leiter einer ethnopsychoanalytischen Deutungswerkstatt / Supervisionsgruppe am Institut für Volkskunde und Kulturanthropologie der Karl-Franzens-Universität Graz. Seine Arbeitsschwerpunkte liegen in der Gegenwartskulturforschung und der Kulturtheorie, speziell in der Kulturanthropologie und Kulturgeschichte der Popmusik, der ethnografischen Fankultur-Forschung, der Soziologie des Hörens sowie der Theorie und Praxis qualitativen und selbstreflexiven Forschens.
Email: jochen.bonz@googlemail.com

Ralf Bohnsack, geb. 1948, ist Professor im Arbeitsbereich qualitative Bildungsforschung der Freien Universität Berlin. Er forscht vor allem zur Bildung im Bereich von Adoleszenzentwicklung, Jugendmilieus, Geschlechter- und Generationenverhältnissen, zur Bildung im Bereich von Devianz, zu Ausgrenzungs- und Konflikterfahrungen Jugendlicher sowie zur Bildung im Blick von Organisationskulturen.
Email: bohnsack@zedat.fu-berlin.de

Steffanie Engler †, geb. 1960, war Professorin für Theorie der Sozialisation und Erziehung an der Fakultät für Pädagogik der Universität der Bundeswehr München. Ihre Arbeitsschwerpunkte waren Hochschul- und Wissenschaftsforschung, Bildungsforschung, Biographieforschung, Geschlechterforschung und soziologische Theorie.

Klaus Eder, geb. 1946, ist Professor für Soziologie (Lehrbereich Vergleichende Strukturanalyse) an der Humboldt-Universität zu Berlin. Seine Forschungsschwerpunkte sind Öffentlichkeit und Demokratie in der EU sowie sozialstrukturelle Aspekte des Europäisierungsprozesses.
Email: keder@rz.hu-berlin.de

Heiko Geiling, geb. 1952, ist außerplanmäßiger Professor am Institut für Politische Wissenschaft der Leibniz Universität Hannover. Seine Forschungsschwerpunkte sind die Analyse sozialer Milieus und Mentalitäten, soziale Bewegungen sowie die politische Soziologie der Stadt.
Email: h.geiling@ipw.uni-hannover.de

Thomas Höhne, geb. 1962, ist Professor für Erziehungswissenschaft, insbesondere gesellschaftliche, politische und rechtliche Grundlagen von Bildung und Erziehung, an der Helmut Schmidt Universität in Hamburg. Seine Forschungsschwerpunkte sind Bildungspolitik und die Veränderungen bildungspolitischer Steuerung (Educational Governance), die Ökonomisierung von Bildung und deren Effekte für Bildungsprozesse, Lebenslanges Lernen und Übergangsforschung (bildungsbiographische und institutionelle Übergänge), qualitative und quantitative Methoden in der Bildungsforschung, Diskursanalyse sowie erziehungswissenschaftliche Wissens- und Bildungsforschung.
Email: hoehne@hsu-hh.de

Andrea Lange-Vester, geb. 1961, vertritt die Professur für Arbeit, Technik und Gesellschaft am Institut für Soziologie der TU Darmstadt. Ihre Arbeitsschwerpunkte sind Bildung und soziale Ungleichheit, Theorien und Methoden der Habitus- und Milieuforschung, Sozialstrukturanalyse, Biographie- und Sozialisationsforschung, Qualitative Methoden der Sozialforschung sowie interkulturelle Bildung.
Email: lange-vester@ifs-tu-darmstadt.de

Alexander Lenger, geb. 1978, ist wissenschaftlicher Mitarbeiter im Sonderforschungsbereich „Muße" am Institut für Soziologie der Albert-Ludwigs-Universität Freiburg und im Fachbereich Wirtschaftswissenschaften an der Arbeitsstelle Wirtschaftsethik an der Goethe-Universität Frankfurt am Main. Seine Hauptforschungsgebiete sind Wirtschaftssoziologie, soziale Ungleichheitsforschung und Sozialstrukturanalyse, Hochschul- und Wissenschaftssoziologie, Gerechtigkeitsforschung sowie Normativität in den Sozialwissenschaften.
Email: alexander.lenger@soziologie.uni-freiburg.de

Stefan Priebe, geb. 1985, studiert Soziologie, Wirtschafts- und Sozialgeschichte sowie Wirtschaftspolitik an der Albert-Ludwigs-Universität Freiburg. Seine Arbeitsschwerpunkte sind soziale Ungleichheit, Bildungssoziologie, Theorien der Wissenssoziologie sowie Prozesse der Globalisierung.
Email: stefan.priebe@soziologie.uni-freiburg.de

Boike Rehbein, geb. 1965, ist Professor für Gesellschaft und Transformation in den Gesellschaften Asiens und Afrikas an der Humboldt-Universität zu Berlin. Seine Arbeitsschwerpunkte sind Globalisierung, Sozialstrukturanalyse, Soziologische Theorie sowie Forschungen zu Festland-Südostasien.
Email: rehbeinb@hu-berlin.de

Sven Reichardt, geb. 1967, ist Professor für Zeitgeschichte an der Universität Konstanz. Seine Forschungsgebiete sind die Geschichte des europäischen Faschismus und moderner Diktaturen im 20. Jahrhundert, die Geschichte der Gewalt im 19. und 20. Jahrhundert, die Geschichte der (neuen) sozialen Bewegungen sowie linker Gegen- und Alternativkulturen, Geschichtstheorien.
Email: sven.reichardt@uni-konstanz.de

Andreas Schmitz, geb. 1977 ist wissenschaftlicher Mitarbeiter des DFG-geförderten Projektes „Das Internet als Partnermarkt" an der Otto-Friedrich-Universität Bamberg. Seine Hauptforschungsgebiete sind Feldtheorie, relationale Methodologie und Methoden sowie Partnermarktforschung.
Email: andreas.schmitz@uni-bamberg.de

Christian Schneickert, geb. 1982, ist wissenschaftlicher Mitarbeiter am Institut für Sozialwissenschaften, Lehrbereich Vergleichende Strukturanalyse der Humboldt-Universität zu Berlin. Seine Forschungsschwerpunkte umfassen Bildung und soziale Ungleichheit, Sozialstrukturanalyse, Eliten und Globalisierung sowie Kultursoziologie, insbesondere die Soziologie Pierre Bourdieus.
Email: christian.schneickert@sowi.hu-berlin.de

Franz Schultheis, geb. 1953, ist Professor für Soziologie an der Universität St. Gallen und Präsident der Stiftung Pierre Bourdieu. Seine aktuellen Forschungsgebiete sind Arbeits- und Kunstsoziologie. Darüber hinaus forscht er zu Prekarität und Armut, Kindheit und Jugend, zur visuellen Soziologie sowie zu Interkulturalität.
Email: franz.schultheis@unisg.ch

Florian Schumacher, geb. 1978, ist wissenschaftlicher Mitarbeiter und Direktor des Global Studies Programme am Institut für Soziologie der Universität Freiburg. Seine Forschungsschwerpunkte sind die Soziologie Pierre Bourdieus sowie Globalisierungstheorie und Kunstsoziologie.
Email: florian.schumacher@soziologie.uni-freiburg.de

Maja Suderland, geb. 1959, vertritt eine Professur für Soziologie am Fachbereich Gesellschaftswissenschaften und Soziale Arbeit der Hochschule Darmstadt. Sie arbeitet und forscht zu folgenden Themen: Soziologische Theorie, insbesondere die theoretischen Konzepte Pierre Bourdieus; Bildungssoziologie; soziologische Aspekte von Nationalsozialismus und Holocaust; qualitative Methoden der Sozialforschung.
Email: maja.suderland@h-da.de

Christel Teiwes-Kügler, geb. 1955, ist wissenschaftliche Mitarbeiterin am Fachgebiet Erwachsenenbildung/Politische Bildung des Instituts für Berufs- und Weiterbildung der Universität Duisburg-Essen. Ihre Arbeitsschwerpunkte sind Bildung und soziale Ungleichheit, Theorie und Methoden der typenbildenden Habitus- und Milieuanalyse sowie politische Bildung und interessenpolitische Orientierungen.
Email: christel.teiwes-kuegler@uni-due.de

Jens Wietschorke, geb. 1978, ist Universitätsassistent am Institut für Europäische Ethnologie der Universität Wien. Seine Forschungsschwerpunkte sind Stadtforschung und Stadtanthropologie, Historische Kulturanalyse, Raum- und Architektursoziologie und Wissenschaftsgeschichte.
Email: jens.wietschorke@univie.ac.at

Michael Zander, geb. 1972, ist freier Autor und Doktorand an der FU Berlin. Seine Arbeitsschwerpunkte sind kritische Psychologie, Disability Studies, Gerontologie sowie soziale Ungleichheit.
E-Mail: michael.zander@gmx.net

Stichwortverzeichnis

Abduktion 188, 194

Algerien, Kabylei 15-17, 45-54, 80, 82, 84, 110, 127, 137, 142, 201, 203, 224, 228-230, 234, 251, 286-287, 291, 308-309, 334, 336-337, 340

Altern, soziales Altern 20, 26

Arbeiterklasse, Proletariat, untere Klasse, Unterschicht 20, 25, 28, 46, 48, 60, 66-69, 82-83, 96-100, 102, 104, 133, 138, 140, 151-152, 232, 279, 293, 295, 297, 313, 350, 353, 366, 383

Arbeitsteilung 136, 159, 251, 253, 255, 371-372, 380, 382-383

Ästhetik 28, 51, 67-68, 71, 92, 96-97, 101, 117, 138, 162, 298, 312, 314, 341, 348, 350-352, 356, 365

Béarn 15-16, 51-52, 230, 286-288, 318

Bildung 23, 82, 84, 98, 102, 116-118, 141, 151, 154-156, 159, 167, 169, 185, 194-195, 201, 206, 208, 213-214, 224, 232, 253, 256, 261-281, 295, 297, 310, 311, 314, 317, 335, 349-353, 361-368, 372, 386, 389

- Bildungsforschung 16, 18, 261-262, 268, 270-271, 276, 279, 281, 307, 311

- Bildungssoziologie 23, 102, 111, 117-119, 262-263, 364

- Bildungssystem 16, 29, 117-118, 262, 266, 270, 273, 278, 286, 289, 307-308, 312, 314

- Bildungstitel 139, 255, 314, 389

- Bildungswesen 23, 232, 287

Bourgeoisie, (Groß-)Bürgertum, Oberschicht 28, 67-68, 84, 101-102, 105, 133, 135, 137-142, 154, 206, 232, 270, 293, 297, 307-308, 313, 349-350, 367, 383-384, 386, 390

Denkgewohnheit, Mental habit 91, 95, 100, 103-104, 109-122

Denkschemata siehe Schemata

Determinismus, Determinierung, determiniert 13, 23, 25-2, 30, 59, 64, 67, 79, 86, 101, 120, 135-136, 234, 238, 263-264, 266-269, 276, 312, 318, 354-355, 362

Dialektik 25, 50, 76, 111, 118, 135, 159, 317

Diskurs 59, 113-114, 134, 169, 176, 190, 192, 224, 237, 265, 267, 271, 289, 297, 319, 363, 365, 388

Disposition 13-14, 17, 24, 26, 47, 51-54, 58, 65, 78-80, 82, 95, 104, 116-117, 119, 125, 127, 137, 149, 152, 168, 207, 212, 217, 221, 224, 226-229, 231, 233, 235, 250-251, 264, 269, 2741, 273, 277, 279-281, 287-288, 291, 294, 300-301, 312, 313, 315, 317, 319, 325, 333, 335, 337, 350, 355, 361-362, 364-366, 368, 372, 388

Distinktion, distinktive Praxis 17, 28, 30, 68, 75, 82, 91-93, 96, 97-98, 100-104, 132-133, 137-140, 154, 162, 169, 185, 193, 223, 232, 268, 272, 275, 277, 291, 293-294, 297-301, 312-316, 332, 349, 350, 356, 382, 384-385

Doxa 77-78

Ehre 54, 95-96, 229, 287-288, 301, 309

Einverleibung siehe Inkorporation

Elementarkategorie 31, 161-163, 165, 169

Elite 29, 50, 70, 85, 102, 195, 270, 295, 364, 377, 379-391

Eliteuniversitäten, Grandes écoles 45, 47, 139, 270, 390

Erziehungswissenschaften siehe Pädagogik

Ethnologie 16, 18, 45-46, 52-54, 76, 80, 82, 84, 114, 118, 134, 183, 285-306, 307-310, 312, 316, 350, 379

Feld, Felder 18, 21, 23, 30-33, 45, 50, 54, 64-66, 78, 82, 84, 98, 126, 128, 132, 137, 141, 149, 154, 156, 159, 161-162, 169, 171, 176, 183, 195-196, 201-204, 207, 212, 214, 217, 221-222, 227, 229-230, 232, 238, 247-257, 262, 267-268, 274, 278, 280, 286, 290, 299-301, 309-312, 315, 318-319, 325-329, 331, 339, 362, 365-367, 371-372, 377, 379, 381-382, 387-391

- Bürokratisches Feld 132, 141, 253, 362-363

- Intellektuelles Feld 109-110

- Künstlerisches Feld, literarisches Feld 50, 117, 201, 253, 319, 325-329, 333, 340, 342

- Machtfeld 29, 203, 372

- Ökonomisches Feld 93, 221, 224, 228-231, 238

- Politisches Feld 201, 319, 361-370, 372

- Religiöses Feld 50, 201, 253, 362, 364

- Wissenschaftliches Feld, universitäres Feld 30, 63, 75, 76, 109, 201, 204, 224, 235, 253-254, 257, 262-263, 266-267, 311, 328, 363

Fraktion, Klassenfraktion 24, 31, 102, 127-128, 149, 151, 214, 255, 316, 349-350, 383, 390

Frauenforschung, Gender Studies, Geschlechterforschung 18, 185, 195-196, 247-260, 264, 335-337, 363, 365

Freiheit 17, 20, 30, 80, 86, 120, 138, 169, 237, 250, 355

Gabentausch 21, 230, 288

Geschichte, Geschichtswissenschaft, Historie 16-18, 21-22, 24-25, 29, 45, 53, 58, 60-63, 66, 70, 82-84, 94, 99-100, 103-104, 109, 113-115, 131, 133-137, 139, 140-142, 152, 154, 159, 161, 175, 184-185, 189, 221, 223, 226, 229, 231, 236, 248, 250-251, 280, 289-294, 307-319, 327-328, 330, 332-333, 342, 348-350, 355, 362, 365, 368, 371, 377, 380, 382-384

Geschmack 26-28, 50-51, 62, 66-67, 79, 91-92, 96-102, 104, 140, 150, 154, 211-212, 225, 255, 289, 291, 296-297, 313-314, 328, 332, 342, 347-350, 352, 354, 366-367, 384

- Klassengeschmack 66, 102, 348

Legitimer Geschmack 28, 100, 140, 352
- Notwendigkeitsgeschmack 102, 212, 350

Globalisierung 18, 29, 32, 377-391

Grandes écoles siehe Eliteuniversitäten

Großbürgertum siehe Bourgeoisie

Haltung, Hexis 14, 16-17, 22, 23-24, 28, 71, 79, 135, 149, 160, 311-312, 339

Handlungsschemata siehe Schemata

Hermeneutik
- Habitushermeneutik 30-31, 149-171
- Objektive Hermeneutik 186, 188

Herrschaft 18, 50, 57, 67, 97, 133, 137, 141, 152, 154-155, 158, 162, 168-169, 171, 310, 316, 332, 349, 355-356, 363-364, 370, 383
- Herrschaftsverhältnis/-beziehung 53, 64, 135, 227, 247-248, 250-252, 266, 268, 335-336, 341, 349, 356
- Männliche Herrschaft 248, 251-253, 257, 326, 329, 334-341
- Symbolische Herrschaft 18, 155, 162, 334-336, 341-342, 364

Hexis siehe Haltung

Hierarchie 50, 91, 100, 102, 112, 151, 154-156, 162-163, 165, 169, 186, 268, 278, 288, 298, 371-372

Homo oeconomicus 52, 82, 222, 224-225, 235-236,

Homologie 49, 111, 117, 138, 154, 187-188, 195, 203, 252, 268, 274, 296-297, 319, 326

Hysteresis, Trägheit 24-26, 206, 280-281, 292, 318, 350

Illusio, Glauben 32, 65-66, 69-71, 78, 126, 249, 254, 327-328, 331,

Inkorporation, Einverleibung 14, 19, 22-25, 27-28, 32, 46, 52, 66, 79, 85, 99, 101-102, 120, 127, 132-133, 135, 141, 149-150, 157, 180-182, 186, 188, 195, 201, 214, 221, 226-227, 230-231, 234- 236, 251, 255, 277, 280, 291-293, 314, 317-318, 331-332, 364, 369, 371,

Institutionalisierung 50, 71, 177, 179, 181-182, 184, 280, 314, 386

Intersektionalität 60, 195, 268

Intersubjektivität 77, 78, 184

Interview (Methode) 30, 45, 70, 86, 153, 156, 160, 164-168, 176, 217, 275, 280, 299, 333, 388

Kabylei siehe Algerien

Kapital
- Kulturelles Kapital 21, 57, 65, 97, 99-100, 102, 104-105, 151, 201, 206, 211-216, 222, 255, 271-272, 279, 289, 294, 300, 311, 314-315, 389, 390
- Ökonomisches Kapital 21, 57, 65, 99-100, 102, 104, 151, 201, 206, 211-216, 226, 288, 314-315
- Soziales Kapital 65, 100, 151, 201, 203, 222, 255, 271-272, 279, 314-315, 370-372
- Symbolisches Kapital 21, 45, 57, 66, 69, 100, 222, 288, 309, 313, 315, 319

Klasse 14, 16-17, 20, 22, 24, 27-29, 31, 51-52, 57-71, 82-83, 86, 92-105, 114-119, 127-128, 132-135, 137-142, 149-165, 195, 205, 207, 212-215, 227-228, 255-256, 264, 266-272, 278-279, 293, 295-297, 300, 302, 308-310, 312-316, 328, 349-353, 363-366, 368-369, 371, 379-380, 383-387, 389-391

- Klassenbewusstsein 17, 57-74, 371

- Klassenhabitus 16-17, 22, 27-28, 57-74, 84, 97, 102, 115, 119, 133, 135, 138, 140-142, 149, 196 202, 214, 292, 369, 386-387

- Klassenkampf, Konflikt, soziale und symbolische Kämpfe 18, 32-33, 57, 100, 123, 126, 137-138, 140-142, 150, 159, 169, 201, 221-222, 231-232, 235, 239, 254, 271, 293, 297, 311, 313, 315, 318-319, 325-326, 328, 350, 362-363, 365, 370, 372, 382-383, 387, 388, 390, 391

- Klassenlage 24, 51-52, 58, 61-62, 67-68, 70-71, 313, 348

- Klassenstruktur 28, 61, 64-65, 154, 308, 310

Klassifikation, Klassifizierung 24, 26-27, 59, 62, 66, 95, 150, 157, 159-161, 167, 211, 236, 248, 250-252, 256, 287, 293, 296, 315, 317, 319, 325, 332, 337, 350, 387, 389

Klassifikationsschemata siehe Schemata

Kleinbürger, Mittelklasse 28, 60, 67-68, 105, 139, 151-152, 155, 195, 212, 275, 279, 350, 352-354, 380, 383, 386, 391

Konfiguration 27, 138, 156, 253, 278, 367, 386

Konkurrenz 15, 67, 95, 126, 137-138, 140, 155, 221, 227-228, 230, 232, 235, 238-239, 253-254, 262, 318, 329, 365, 368, 384, 387

Konsum 24, 50, 64, 82, 91-105, 202, 207, 214-215, 223, 236-239, 281, 295-296, 313, 349-350, 352, 386, 389

Korrespondenzanalyse 30-31, 201-217

Körper, Leib (siehe auch Haltung, Hexis) 17, 20, 22-25, 27-28, 32, 52, 66-69, 71, 76, 79-80, 85, 96, 99, 109-110, 124, 125, 134-135, 138, 141, 157, 160, 163, 180, 182, 188, 235, 249-252, 255-257, 264-266, 269, 277-278, 290, 292-293, 299-301, 308, 311-312, 318, 331-332, 335, 339, 341, 349, 351-352, 369, 389

Kosten-Nutzen-Kalkül 21, 226, 230, 238, 265, 271

Kultur (siehe auch kulturelles Kapital) 16, 19, 23-24, 28, 31, 47-48, 52-54, 57, 59, 62, 66, 68, 79, 82, 92, 95, 102-104, 109, 114, 116, 118-119, 135-140, 155, 165, 175-179, 182-183, 186, 191-193, 195-196, 222, 228-230, 233-234, 237, 239, 255, 266, 268-269, 271, 274-275, 285-302, 307-317, 326-328, 336, 349-353, 361, 363-366, 368, 372, 377-379, 381-382, 384, 386-387, 389-390

- legitime Kultur 28, 91, 100, 140

Kulturelles Kapital siehe Kapital

Kunst 13, 16, 28-29, 32, 50, 69, 75, 79-80, 82, 98, 109-120, 138, 175, 181, 186, 189, 201,205, 253, 289, 301, 312, 319, 326-329, 349, 366

Laufbahn 20, 24, 26, 201, 289, 347, 349-350

Lebensstil 24-28, 51, 66, 76, 79, 83, 92-94, 99, 102, 138-139, 154, 156, 205, 207-214, 232, 237, 255, 293, 312-313, 315, 331, 350, 354, 381-382, 384-390

Legitimität, Legitimierung (siehe auch Geschmack und Kultur) 24, 27-28, 50, 53, 82, 92, 99, 100, 113, 140, 159, 169, 171, 179, 182-183, 230, 270-271, 280, 313, 315, 319, 336, 352, 362-363, 365, 366, 389

Leib siehe Körper

Logik der Praxis siehe Praxeologie

Macht 21, 31, 50, 57, 63, 69-70, 92, 95, 118-119, 133, 137-139, 141, 154-156, 178, 222, 227, 230-233, 236, 238-239, 247, 250, 251, 254, 263-264, 266-268, 270, 278, 307, 310, 312-313, 315-316, 319, 325-329, 333-339, 341, 362-363, 367, 369, 372, 383, 385-386, 388

- Feld der Macht 29, 203, 372

- Symbolische Macht 57, 67-68, 119, 316, 333-334, 338

Markt 49, 50-51, 127, 204, 221-222, 224, 229-232, 234, 236-238, 314-315, 365, 372, 378, 381, 385-386, 388

Mental habits siehe Denkgewohnheiten

Milieu 18, 31, 33, 82, 149-171, 176, 178-179, 184-185, 188, 193-195, 215, 256, 264, 266-269, 271-272, 274-279, 294-295, 298, 312-313, 317, 363, 368, 377, 387-391

Mittelklasse siehe Kleinbürger

Modus operandi 19, 25, 118, 149, 156, 180-182, 186-187, 190, 287, 290, 327

Nationalstaat, Staat 50, 60, 65, 127, 132, 134, 137, 139, 141, 307, 311, 362-363, 377-383, 388, 391

Neigung siehe Präferenz

Neoliberalismus, neoliberale Ideologie 363, 381-382, 387

Netzwerk 24, 30, 32, 67, 255, 295, 314, 378, 383, 386

Oberschicht siehe Bourgeoisie

Objekt, Objektivismus, Objektivität 14, 18-19, 24, 26-27, 33, 46-47, 52-53, 61, 66-67, 70-71, 77, 82-86, 102, 109-111, 113-115, 117, 119, 125, 132-134, 142, 157-158, 160-161, 171, 177, 183-184, 186, 195, 202-206, 211-212, 214, 222, 227-228, 231, 235, 238, 248-250, 253, 261, 263, 265-268, 271, 280, 287, 293, 296, 299, 302, 309, 314, 316, 318, 331, 335, 349, 354, 361, 362, 364, 366, 369, 371, 387

Objektive Hermeneutik 167, 186, 188

Objektivierung 31-32, 45, 66-69, 84-85, 113, 158-159, 201-203, 214, 217, 299

Ökonomie, Wirtschaftswissenschaft 18, 52, 54, 58, 93, 94, 102-104, 221-239, 291, 293, 316, 326, 363, 378-380, 383

Ökonomie der Praxis 92, 103-104, 221-239

Ökonomisches Kapital siehe Kapital

Opus operatum 19, 25, 186-187, 195, 290, 327, 361

Pädagogik, Erziehungswissenschaft 18, 29, 79, 261-281

Phänomenologie 19, 75-89, 124, 175-184, 186, 196, 203, 208, 265-267, 276

Philosophie 14-18, 49, 53, 75-77, 80-87, 92, 109-111, 115, 117, 123-128, 134, 142, 176, 204-205, 312, 316-317, 354, 363

Politikwissenschaft 18, 361-372, 378

Position 14, 19, 26, 28, 58-60, 62, 67-68, 70, 78, 84, 91, 96-98, 100-102, 109-1101, 117, 126-127, 132, 137, 150-152, 154, 156, 158-160, 169, 171, 178, 195, 201-202, 205, 212-213, 227-228, 231-232, 234-235, 238, 249, 253-256, 268, 281, 293, 296-297, 299-302, 311, 313-314, 319, 325-327, 331, 339, 342, 349-350, 353, 362-365, 383, 385, 288, 390

Präferenz, Neigung, Vorliebe 20, 23, 28, 67-68, 80, 83, 93, 95, 98-101, 150, 163, 207, 225, 231-232, 236-237, 239, 255, 272, 291, 296, 313, 349, 356, 370, 384

Praxeologie, Theorie der Praxis, Logik der Praxis 16, 18-19, 21-22, 32-33, 80-87, 102, 104, 109, 123-124, 175-196, 223-226, 228, 230, 251, 286-289, 307, 312, 315, 332, 334, 339 363-364, 371

Psychoanalyse 348, 351, 354, 356

Psychologie 16, 18, 29, 77, 83, 95, 113-114, 136, 262, 269, 279, 291, 347-356

Qualitative Methoden 30, 46-47, 51, 86-87, 153-154, 156, 167, 178, 189, 194-195, 217, 274, 285, 299, 330, 353, 356

Quantitative Methoden 30, 46-47, 86-87, 202-203, 236, 272, 315, 330, 353, 356

Rational choice 223, 226, 265, 271-272, 315

Rationalität 20-21, 49, 51-53, 82, 84, 101-102, 112, 177, 182-183, 196, 221, 222-231, 234-236, 247, 252, 265-266, 271-272, 276, 278, 314-315, 350, 356, 363, 365, 383

Regel, Regelhaftigkeit, Regelmäßigkeit 17-23, 32, 46, 52, 59, 63, 79-80, 83, 94, 97-100, 103, 110, 118, 123-128, 136, 159-160, 167-169, 183, 187-188, 212, 221, 226-228, 231-238, 261, 287-289, 293, 311, 315, 317-319, 327, 348, 350-352, 354, 364, 366, 368, 370

Rekonstruktive Sozialforschung 86-87, 175-200, 268

Relation, Relational 21, 26, 31-32, 62, 69, 91, 138, 168, 171, 183, 187, 189, 195, 196, 201-206, 231-232, 247-250, 253, 255-256, 261-262, 267-268, 270, 277-278, 280, 297, 313, 315-317, 319, 325, 350, 381, 389-390

Religion 32, 50-51, 59, 156, 176, 204, 233, 326, 363

Reproduktion 25-27, 29, 53, 57-58, 60, 63-67, 69-70, 78, 82, 84, 86, 92, 94, 98, 102, 104-105, 118-119, 127, 135, 141-142, 151, 181, 201, 221, 224, 230, 232, 239, 251, 255, 262-264, 266, 268, 270-271, 273-274, 277-280, 291-293, 312, 314, 316, 318, 363, 391

Revolution 52-53, 68-69, 318, 356, 378

Ritual 50-51, 140, 278, 295, 308, 311

Rolle, soziale Rolle 22-23, 59, 64, 177, 179, 181-182, 184, 348, 354, 365

Schema, Schemata 19, 24, 118, 119, 125, 150, 157, 167, 179, 181-185, 190, 193, 196, 227, 231, 249-253, 257, 278, 287-288, 317-318, 335, 347-356

- Denkschemata 111, 115-116, 318

- Handlungsschemata 14, 19-20, 54, 115, 119, 125, 134, 149, 201, 234, 312, 335, 350, 353

- Klassifikationsschemata 27, 160, 250-252, 296, 319, 325, 332

- Unbewusste Schemata 347-356

- Wahrnehmungsschemata 237, 335

Scholastik 14, 84-85, 110-113, 116-118, 330

Sinnstruktur 83, 157, 186-187

Soziale Herkunft 23, 25, 59, 151, 185, 195, 232, 253, 271-272, 279, 289, 294-295, 301, 328, 352, 372, 384

Soziales Altern siehe Altern

Soziales Kapital siehe Kapital

Sozialer Raum 18, 21, 26, 28, 31-32, 65-66, 78, 86, 92, 98, 100, 102, 138, 140-142, 150-152, 154-155, 161-162, 169, 171, 201-217, 221, 247-257, 262, 267-268, 271, 276-278, 281, 292, 297, 299, 315, 325, 331-332, 339, 382, 385-386, 389-390

Sozialisation 22-24, 26, 29-31, 67, 86, 104, 185, 234, 236, 250, 254, 263-265, 267, 269, 277-279, 295, 300-302, 3313-314, 317, 368, 387-391

Sozialstruktur, Sozialstrukturanalyse 14, 19, 32-33, 93, 101, 150, 152-153, 255, 293, 313, 377, 379-383, 386-391

Sozialpsychologie 22, 94, 249, 347-348, 351, 354

Sozialwissenschaften 13-14, 17-19, 21, 29, 49, 51, 54, 62, 70, 75, 82-83, 86-87, 103, 157, 162, 164, 169, 175-178, 189, 195, 203, 207, 217, 233, 247-249, 253, 257, 293-294, 316, 361, 377, 380-381, 383, 385, 388, 391

Sozioanalyse 18, 325-327, 329, 333-334, 337, 340-342

Spiel 32, 67, 123, 125-126, 251, 253-255, 264, 275, 288, 298, 311, 326-328, 332, 338-340, 349, 363, 367

- Spielregel siehe Regel

- Sprachspiel 124, 125-128

Sprache 14, 16, 19, 30, 67, 110, 118, 123-128, 139, 161, 183, 187, 189, 277, 293, 311-312, 317-318, 329-333, 335, 341-342, 365, 384-385

Staat siehe Nationalstaat

Staatsadel (siehe auch Elite) 139, 141, 224, 286, 311

Strategien 15, 26, 29, 47-48, 52, 96, 126-127, 151, 155-156, 162, 224, 227-228, 264, 266, 276-277, 288, 298, 307, 310, 312, 314-319, 363, 380, 382, 384-385, 390

Strukturierende Struktur 31, 175, 186, 196, 250

Subjekt, Subjektivismus, Subjektivität (siehe auch Intersubjektivität) 14, 16, 18-20, 22, 24, 28, 33, 46, 52, 54, 66, 76, 79-82, 86, 109-111, 113-117, 119-120, 127, 132-135, 142, 158-160, 167, 177-178, 186-187, 195, 217, 225, 228, 236-239, 248-250, 261-263, 265-270, 276-278, 280-281, 287-289, 294-297, 300-302, 309-310, 312, 317, 354-355, 364, 389

Symbolische Gewalt 45, 128, 141, 247, 252, 262, 334-336, 341, 387

Symbolische Herrschaft siehe Herrschaft

Symbolische Macht siehe Macht

Symbolischer Interaktionismus 196, 267, 309

Symbolisches Kapital siehe Kapital

Systemtheorie 57, 178, 187, 195, 328-329, 377-379, 382

Theorie der Praxis siehe Praxeologie

Trägheit siehe Hysteresis

Ungleichheit 18, 22-24, 27, 29, 31-33, 57, 59, 62, 66-67, 76, 82, 87, 102, 104-105, 126-128, 133, 137, 140, 142, 152, 161, 222, 232, 237, 238-239, 253, 256, 262-263, 266, 268, 270-274, 277-279, 293, 310, 315, 318, 334, 355, 379-380, 382, 387, 389

Unterschicht siehe Arbeiterklasse

Vorliebe siehe Präferenz

Wahrnehmungsschemata siehe Schemata

Weltsystemanalyse, Weltsystemtheorie 380, 382, 387, 390-391

Wirtschaftswissenschaft siehe Ökonomie

Personenverzeichnis

Adorno, Theodor W. 68, 161, 168

Aristoteles 17, 317

Aron, Raymond 49f

Beck, Ulrich 26, 29, 65, 154, 276, 293, 377f, 383

Becker, Gary S. 21, 223, 225f, 232, 236

Benzécri, Jean-Paul 205

Bohnsack, Ralf 6, 31, 158, 160, 175f, 178, 180f, 183ff, 194f, 217, 267, 278, 390

Boltanski, Luc 63, 65, 224, 292

Boudon, Raymond 271

Bouveresse, Jaques 127f

Bremer, Helmut 29ff, 149, 151ff, 156, 160, 167f, 264, 268f, 363f, 367

Chomsky, Noam 19, 22, 118, 131

Darbel, Alain 80, 82

Durkheim, Émile 17, 45, 50, 136, 152, 158, 249, 310, 317, 348, 350

Eder, Klaus 5, 17, 57, 83, 313

Elias, Norbert 6, 17, 131ff, 249, 291, 317, 330

Engels, Friedrich 61, 70, 364, 377

Engler, Steffani 6, 18, 29, 247ff, 251ff, 256, 334, 342

Esping-Andersen, Gøsta 59

Flaig, Egon 93, 308, 315f, 318

Flaubert, Gustave 327, 340

Foucault, Michel 14, 18

Frege, Gottlob 123, 125

Freud, Sigmund 266, 328, 351

Fröhlich, Gerhard 13, 86, 93, 101, 109, 132ff, 221

Garfinkel, Harold 76, 81, 176ff, 187

Gebauer, Gunter 13, 18ff, 24, 27, 65, 81, 93, 109f, 118, 126, 132, 163, 281, 327, 389

Geiger, Theodor 152

Goffman, Erving 329

Goldthorpe, John 59, 62, 271

Habermas, Jürgen 71

Halbwachs, Maurice 49, 179, 350f

Hartmann, Michael 29, 299, 383ff, 390

Hegel, Georg Wilhelm Friedrich 363

Heidegger, Martin 76, 81, 83, 176, 184

Hradil, Stefan 299, 382

Husserl, Edmund 5, 17, 24, 53, 75ff, 131, 178

Kafka, Franz 329, 340

Kant, Immanuel 92, 115, 340, 365

Kopernikus, Nikolaus 85, 266, 328

Krais, Beate 13, 15, 17ff, 24, 27, 65, 81, 93, 109f, 118, 126, 132, 163, 247f, 251f, 257, 281, 311, 327, 336f, 389

Lebaron, Frédéric 203f, 221, 223ff, 228

Leibniz, Gottfried Wilhelm 16, 20, 48, 234, 355

Lévi-Strauss, Claude 45, 110, 286f, 296f, 310, 350

Luhmann, Niklas 31f, 177f, 186ff, 195, 281, 329, 379, 382

Mannheim, Karl 160, 175ff, 184ff

Marx, Karl 5, 17, 57f, 60ff, 77, 97, 184, 223, 229, 309f, 317, 334, 348, 364, 377, 380

Mauss, Marcel 17, 21, 24, 79, 134, 249, 317, 350

Mead, George Herbert 187, 263

Merleau-Ponty, Maurice 24, 49, 76, 79, 81f, 85

Merton, Robert K. 347

Meuser, Michael 182, 257

Milgram, Stanley 347, 353

Moore, Barrington 62f, 369, 377

Nietzsche, Friedrich 20

Oevermann, Ulrich 157, 167, 188

Panofsky, Erwin 5, 16f, 19, 95, 109ff, 131, 175, 186, 188f, 249, 316

Pascal, Blaise 249f

Passeron, Jean-Claude 23, 75, 102, 104, 118f, 266, 270, 289, 334

Peirce, Charles S. 114, 188

Popper, Karl 84, 224

Reckwitz, Andreas 14, 30, 228, 263, 275, 287

Said, Edward 308

Sartre, Jean-Paul 76, 81, 83, 109, 110, 116, 120

Schultheis, Franz 5, 13, 15, 17, 45, 47ff, 110, 142, 228f, 286f, 328, 334

Schütz, Alfred 76, 81f, 157, 176, 177ff, 184, 186, 190

Simon, Herbert A. 226, 236

Veblen, Thorstein 5, 17, 91ff, 131, 223, 351

Vester, Michael 6, 31, 150ff, 159, 161, 248, 256, 274, 312, 363, 364, 368ff, 372, 387f

Wacquant, Loïc 13f, 28, 31f, 58, 65, 70, 83, 93, 132, 141, 150, 171, 201f, 204, 223, 235, 249, 266, 287, 291f, 326ff, 331, 333, 334f, 355f, 361f, 364

Wallerstein, Immanuel 380, 382ff, 390

Weber, Max 5, 16f, 26, 45f, 49ff, 92, 94, 96, 138, 152, 157, 160f, 168f, 177, 224, 229, 231, 237, 310, 317, 326, 348, 362, 370

Wehler, Hans-Ulrich 62, 310, 314, 318

Wittgenstein, Ludwig 6, 17, 123, 124ff, 131

Woolf, Virginia 334, 336f

Wright, Erik Olin 59, 62

CPSIA information can be obtained at www.ICGtesting.com
Printed in the USA
LVOW02s0102290813

350123LV00006B/91/P